W0083578

CHRISTINA VON BRAUN

DER PREIS
DES GELDES

Eine Kulturgeschichte

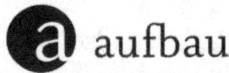 aufbau

Mit 33 Abbildungen

ISBN 978-3-351-02710-0

Aufbau ist eine Marke der Aufbau Verlag GmbH & Co. KG

2. Auflage 2012
© Aufbau Verlag GmbH & Co. KG, Berlin 2012
Einbandgestaltung hißmann, heilmann, hamburg
Satz und Reproduktion LVD GmbH, Berlin
Druck und Binden CPI – Ebner & Spiegel, Ulm
Printed in Germany

www.aufbau-verlag.de

INHALT

EINLEITUNG

›Gier‹: Dieser Begriff wird zum Schlagwort fast jeder Finanzkrise. Ich glaube, es ist das falsche Wort. ›Gier‹ ist eine schlechte Charaktereigenschaft: eine Todsünde, die sich durch Disziplinierung beherrschen lässt. Finanzkrisen erklären sich jedoch schwerlich mit den Eigenschaften einzelner Menschen – und seien sie noch so verbreitet. In diesem Buch möchte ich einigen strukturellen Problemen nachgehen, ohne die Frage erschöpfend behandeln zu können. Das strukturelle Problem scheint mir darin zu liegen, dass alle, die mit Geld zu tun haben, mit einem hohen Grad an Abstraktion fertig werden müssen. Vor allem heute, wo das Geld nur noch Zeichen ist. Je mehr Geld sie verdienen, desto mehr fürchten sie – zu Recht – den Moment, in dem sich das Geld als eine Anhäufung an Nullen offenbart. Mit jedem neuen Gewinn steigt diese Angst, und sie – nicht die Gier – wird zum eigentlichen Motor eines Strebens nach immer mehr und schnellerem Geld. Angst ist ein Impetus, der Menschen zum Spielball von Gefühlen macht – und mit dieser Ohnmacht steigt wiederum das Bedürfnis nach Geld.

Wenn man so will, stellt das Geld das einzige Beispiel einer funktionierenden Ponzi-Pyramide* dar. Bernard Madoffs System musste irgendwann an der Realität scheitern: der Realität, dass die Zahl der Investoren begrenzt ist. Beim Geld hingegen sind der Vermehrung – zumindest in der Phantasie – keine Grenzen gesetzt. Das beflügelt, aber es beängstigt auch. Man konnte es am erleichterten Lächeln von Kweku Adoboli sehen, als er von der Polizei festgenommen wurde, nachdem er 2,3 Milliarden Dollar der UBS ›verspielt‹ hatte: Es gibt sie also doch, so schien dieses Gesicht zu sagen, Grenzen, die der Multiplikation meiner Nullen gesetzt sind. Angst ist ein schlechter Anlageberater. So geht es letztlich um die Frage, ob es möglich ist, eine Brücke zu schlagen zwischen den vielen Nullen und dem größten Gegner der Angst: dem Vertrauen. Denn das ist das Paradox: Geld richtet sich an den Einzelnen, aber es kann seine Funktionen nur erfüllen, wenn *alle* von seiner Glaubwürdigkeit überzeugt sind.

Soziale und ökonomische Strukturen sind am besten von außen zu erkennen. Man

---

* Ponzi-Pyramide: Schneeballsystem, bei dem durch das Geld neuer Anleger die ›Gewinne‹ voriger Anleger bezahlt werden. Benannt nach dem US-Amerikaner Charles Ponzi, der das System zwar nicht erfand, aber der Erste war, der das System in großem Umfang einsetzte. Er wurde 1920 zu fünf Jahren Gefängnis verurteilt.

kann Distanz gewinnen, indem das ›Hier und Jetzt‹ aus der Perspektive einer anderen Kultur betrachtet wird. Große Anthropologen wie Marcel Mauss und Claude Lévi-Strauss, die ›andere‹ Kulturen untersuchten, haben auf diese Weise viel über die modernen Gesellschaften zutage gefördert. Eine andere Möglichkeit, Strukturen zu begreifen, besteht in der historischen Perspektive. Man betrachtet Entwicklungsverläufe und sieht zum Beispiel den Abstraktionsprozess, den das Geld im Laufe der Geschichte durchlaufen hat. Es ist zwar richtig, wie Mitchell Innes schon Anfang des 20. Jahrhunderts schrieb, dass Geld und sein materieller Träger, die Münze oder Edelmetalle, noch nie mit einander korreliert haben und der Wert eines ›Dinars‹ im Buch anders war als der geprägte und zirkulierende ›Dinar‹. Dass dem Geld also von Anfang an ein hoher Grad an Immaterialität eigen war.[1] Dennoch lassen sich historische Veränderungen beobachten. Es ist ein Unterschied, ob eine Gesellschaft den Zins verurteilt, wie Aristoteles es tat, oder das Kreditwesen als den wichtigsten Motor der Wirtschaft betrachtet, wie dies seit Adam Smith der Fall war. Es ist ein Unterschied, ob Papiergeld auf ›realen‹ Werten wie dem Grund und Boden der Katholischen Kirche beruht, wie das zunächst bei den Assignaten der Französischen Revolution der Fall war, oder auf der Hoffnung, dass ich eine Tulpenzwiebel (noch bevor sie in der Erde ist) zu einem höheren Preis verkaufen kann, als ich sie gekauft habe. Im einen Fall geht es um Anbindung des Geldes an ›Realien‹, im anderen um die pure Hoffnung – und weil letzterer die Bodenhaftung fehlt, löst sie leicht Ängste aus.

Eine dritte Möglichkeit, Strukturen zu erkennen, besteht in der Betrachtung der Metaphorik, die Phänomene wie das Geld umgibt. Die Metaphern des Geldes verweisen vor allem auf Fruchtbarkeit und Liquidität; sie schließen an Wasser und Blut als Symbole für Leben an. Eine solche Metaphorik hängt mit dem Vertrauen zusammen, das Geld herstellen muss, um die Ängste, die es umgeben, zu besänftigen. Und sie verdankt sich der Tatsache, dass das Geld das Wissen darüber, dass es *nicht* Natur ist, zum Verschwinden bringen muss. Aristoteles sprach sich gegen den Zins mit der Begründung aus, es sei widernatürlich, dass sich ein unorganischer Stoff vermehrt.[2] Anfang des 20. Jahrhunderts sah John Maynard Keynes in seiner Studie *Allgemeine Theorie der Beschäftigung, des Zinses und des Geldes,* die bestimmend wurde für einen Gutteil der Geldpolitik der Industrieländer, im Kreditwesen den produktivsten Faktor der Ökonomie; und eine Begleiterscheinung des Kreditwesens sind eben die Zinsen: »Es ist eine Eigenart des Geldes, daß sein Erträgnis *Null* ist und seine Durchhaltekosten unbeachtlich, aber seine Liquiditätsprämie beträchtlich.«[3] Mit ›Liquiditätsprämie‹ bezeichnete Keynes die Entschädigung, die der Kreditgeber dafür erhält, vorübergehend nicht ›liquide‹ zu sein. Was ist in diesen zweieinhalbtausend Jahren zwischen Aristoteles und Keynes geschehen, damit das

›westliche‹ Denken von der Idee einer widernatürlichen zu einer quasi-natürlichen Vermehrungsfähigkeit des Geldes kommen konnte? Es ist eine der Fragen, die mich zu diesem Buch führten. Und sie erzählt implizit von einem Prozess, in dessen Verlauf sich die Kultur die Eigenschaften der Natur aneignete. Die Metaphorik ist allerdings die gleiche geblieben: Sowohl Aristoteles als auch Keynes sprechen von der Fruchtbarkeit des Geldes. Entwicklungen wie diese sind ein Indiz dafür, dass das Geld »Träger einer Realität ist, die die rein wirtschaftlichen Beziehungen übersteigt«.[4]

Die Zahl an Theorien und Geschichten des Geldes ist geradezu einschüchternd groß. Ich werde mich auf einige, wie mir scheint, relevante Perspektiven beschränken. Dazu gehört der Topos der Fruchtbarkeit des Geldes. Er kommt in Analogien zum Ausdruck, wo vom ›Kreislauf‹ des Geldes, von der ›Blüte‹ der Wirtschaft, von der ›Fruchtbarkeit‹ des Kapitals und dem ›Wachstum‹ des Bruttosozialprodukts die Rede ist. Viele Schöpfungsmythen beginnen mit dem Wasser – oder der Trennung von Wasser und Erde. Solche Bilder tauchen auch in der Symbolik des Geldes auf, das – wie der Gott der drei ›Religionen des Buches‹ (Judentum, Christentum und Islam) – ›ex nihilo‹ oder aus dem Wort, dem Zeichen eine materielle Wirklichkeit erschaffen kann. Ist das Blut ein Symbol für ›Leben‹, so ist das Wasser ein Symbol für den Mutterschoß. Das altägyptische Wort für Wasser, ›mēm‹ (auf dessen Hieroglyphe das ›M‹ des griechischen und lateinischen Alphabets beruht) ist die Grundlage des Wortes ›mama‹, das auch den Brunnen bezeichnet. Dieselbe Doppelbedeutung taucht auch im französischen Homonym von ›mère‹ (Mutter) und ›mer‹ (Meer) auf. Auch der hebräische Begriff ›mayim‹ bezeichnet sowohl ›Wasser‹ als auch ›Gebärmutter‹.[5] Daneben ist das M noch Grundlage zahlreicher anderer Ideogramme: Tod (mors), Ehe (matrimonium), das einzelne ›ich‹ (engl. ›me‹ oder franz. ›moi‹). Das hebräische Wort ›min‹ bedeutet: ›sich aus der Gebärmutter erheben‹. Das ›ich‹ und ›mein‹ betritt die Bühne »in der vollen Erwartung, die Welt zu besitzen«. Ein einsames, allmächtiges Ich: »Der erste Mensch war allein und ›ganz eins‹, griechisch ›monos‹, den einsamen ›Mönch‹ widerspiegelnd: ein Mann in Frauenkleidern‹.«[6] Kann es verwundern, dass diese ganzen Bedeutungen, die auf Leben, zyklische Zeit *und* auf Herrschaft über die Schöpfung verweisen, vom Geld aufgegriffen wurden: dem ›money‹, dessen englischer Name sich von der römischen Geburts- und Fruchtbarkeitsgöttin Juno Moneta ableitet?

Es ist von ›Kapitalströmen‹ die Rede; der Kapitaleigner ist ›liquide‹ oder er ›schwimmt‹ in Geld (wie Walt Disney es so schön an der Figur des Dagobert Duck dargestellt hat), die Geldbeträge ›fließen‹ ab (obwohl sie eigentlich ›abgebucht‹ werden); der Geschäftsmann hat seine ›Geldquellen‹; in Inflationszeiten gibt es eine ›Geldflut‹. Durch diese Metaphorik eignet sich das Geld eben jene Körperlichkeit, Leiblichkeit, Sinnlichkeit an, die ihm als Zeichensystem fehlen. Heute werden die beiden Symbole für Leben auch tatsächlich in Geld umgesetzt: In den Blutspenden wird das Blut zum ›realen‹ Äquivalent für Geld. Seit 1922 gibt es ›Blutbanken‹. Auch Wasser ist zunehmend zu einer käuflichen Ware geworden. Bezogen auf die Symbolik des Wassers oder des Blutes als ›Fruchtbarkeit‹ und ›Leben‹ heißt dies, dass wir für unsere Reproduktionsfähigkeit und unser Leben ›blechen‹ müssen. Laut den Vereinten Nationen gehört das Anrecht auf Wasser zu den Menschenrechten. Aber auf Menschenrechte darf offenbar ein Preis erhoben werden.

Dem Blut, dem Wasser, dem Geld: allen drei ›Elementen‹ ist gemeinsam, dass sie sowohl Signifikant als auch Signifikat, sowohl Symbol als auch Symbolisiertes sind. Allerdings auf fast konträre Weise: Wasser und Blut sind zunächst natürliche und materielle Stoffe, die dann als Symbole verwendet werden. Das Geld hingegen ist ein Symbol, das sich den Anschein materieller Realität gibt und dann auch tatsächlich über materielle und natürliche Existenzen bestimmt. Je abstrakter das Geld wurde – je mehr es sich in ein reines Zeichen verwandelte (auf dem Weg von der Münze über das Papiergeld bis zum elektronischen bit) –, desto größer wurde seine Wirkmacht über die ›Realität‹. Nicht nur über die wirtschaftliche und soziale Realität, sondern auch über die körperliche und psychische Realität des Menschen. Zuletzt wurde das Geld auch fähig, seine eigenen Körper zu produzieren, wie das gegen Ende des 20. Jahrhunderts mit der Reproduktionsmedizin der Fall ist. Das, was Aristoteles noch für undenkbar hielt, ist Wirklichkeit geworden: Das Geld bekommt tatsächlich ›Junge‹. Die Entwicklung ist schon im Wort Kapital angelegt, das sich von ›caput‹, lat. Kopf ableitet und ›die Köpfe einer Herde‹ bezeichnet, deren ›Junge‹ die ›Zinsen‹ sind.[7] Im amerikanischen Wort ›cattle‹ für Rinderherde ist dieser Ursprung des ›Kapitals‹ noch enthalten. Zunächst bedeutete ›cattle‹ (von chaptel) soviel wie ›Reichtum, Eigentum‹, bevor es auf die Bedeutung von ›live stock‹ eingeschränkt wurde.[8] Der Zusammenhang von Geld und Vieh hängt auch mit dem sakralen Opferkult zusammen: Dieser Ursprung des Geldes lebt bis heute im kulturellen Unbewussten weiter. ›Holy Cow‹ entfuhr es der französischen Finanzministerin Christine Lagarde, als sie von der Lehman-Pleite erfuhr.[9]

Der Weg von Aristoteles' ›widernatürlichem‹ Zins zu Keynes' ›fruchtbarem‹ Kapital war mit Umwegen verbunden. Sonst hätte es keiner zwei Jahrtausende bedurft. Er führte über schmerzhafte Domestizierungsprozesse. Das Ziel war bei der Erfindung des Geldes weder gesteckt noch erkennbar. Wie bei der Erfindung vieler umwälzender Techniken – der Räderwerkuhr, dem Buchdruck – zeigen sich die Konsequenzen erst rückblickend. Auch nahm das Geld in anderen Kulturen, etwa der chinesischen, eine derartig anderen Weg, dass man davon ausgehen kann, dass auch im Westen die historische Entwicklung des Geldes nicht notwendigerweise zu einer immer größeren Abstraktion führen musste.

Dennoch gab es mehrere Faktoren, die über diesen Weg bestimmten. Er führte in die Abstraktion *und* in die ›Rematerialisierung‹ des Abstrakten. Der eine Faktor ist das griechische Alphabet, das eine Wirkmacht entfaltete, die eng mit dem Geld verbunden ist. Die bedeutende Rolle, die der Schrift bei der Entstehungs- und Durchsetzungsgeschichte des nominalistischen Geldes zukommt, ist bisher noch wenig berücksichtigt worden: weder bei Althistorikern wie Bernhard Laum,[10] der die Entstehungsgeschichte des Geldes in der Antike (1924) aus einem Substitutionsvorgang von lebendigen Körpern durch ein Symbol nacherzählt, noch bei Rudolf Wolfgang Müller, der den engen Zusammenhang von Geld und Rationalität/Bewusstsein analysiert hat (1977).[11] Bei beiden gibt es so gut wie keinen Bezug zum Alphabet: dieser großen Abstraktionsmaschine, die mit der Sprache, die sie in visuelle Zeichen überführt, auch das Denken aus dem Körper herauslöst. Da das griechische Alphabet – im Gegensatz zu den ursprünglichen Formen der semitischen und arabischen Konsonantenalphabete – auch die Vokale schreibt, ging der Abstraktionsprozess in diesem Kulturraum am weitesten, und so ist es kein Zufall, dass das nominalistische Geld in Griechenland erfunden wurde: circa 150 Jahre nach der Einführung des Alphabets. Beim Alphabet geht es, wie beim Geld, um eine ›Zivilisationsleistung‹, deren Rolle bei der Domestizierung des menschlichen Körpers kaum zu überschätzen ist. Die Entwicklung dieses Schriftsystems verlief in enger Parallele zur Geschichte des Geldes. Der Buchdruck mündete zwangsläufig in die Erfindung des reproduktionsfähigen Papiergeldes ein.

Ein anderer Faktor, der für die Geschichte des Geldes eine wichtige Rolle spielte, war die christliche Religion, deren Heilsbotschaft eine frappierende Ähnlichkeit mit der des Geldes aufweist. Hier wie dort ein Zeichen, das sich materialisiert: ein Wort, das ›Fleisch wird‹. Hier wie dort ein Signifikant, der sich in ein Signifikat verwandelt und bei der ›Messe‹ (in jedem Sinne des Wortes) als ›von oben‹ gegebenes und verbindliches Zeichen begriffen wird. Die Geschichte des westlichen Geldes ist ohne die christliche Religion nicht zu denken, aber es ist bemerkenswert, wie gering diese Rolle in den Wirtschaftstheorien veranschlagt wird. Da, wo die Religion Berücksichtigung findet – und das ist in den letzten Jahren zunehmend der Fall –, geschah dies fast ausschließlich aufgrund der Untersuchungen von Wissenschaftlern und Wissenschaftlerinnen, die *nicht* den wirtschaftswissenschaftlichen Fakultäten angehören. Sie betrachteten den Zusammenhang von Theologie und Geld aus der Sicht von Kunstgeschichte (Marc Shell), Kirchengeschichte (Jacques Le Goff), Literatur-, Kultur- und Medienwissenschaft (Jochen Hörisch, Bettina Mathes, Rámon Reichert, Joseph Vogl), politischer Geschichte, Anthropologie und Soziologie (Horst Kurnitzky, Sitta von Reden, Leslie Kurke, Gunnar Heinsohn, Waltraud Schelkle, Manfred Nitsch, Marcel Hénaff), Psychoanalyse (Ernest Borneman) oder auch aus der religionskritischen Perspektive des Marxismus (Walter Benjamin, Rudolf Wolfgang Müller), gelegentlich auch der Mathematik (Brian Rotman). Das Interesse der Geisteswissenschaften für das Geld – dieses Interesse hat übrigens eine beträchtliche Tradition: angefangen von Hamann, Novalis, Adam Müller, Marx bis zu Nietzsche, Simmel, Spengler, Lukács, Adorno, Sohn-Rethel[12] – korreliert ziemlich genau mit dem Nicht-Interesse der Wirtschaftswissenschaften an deren Werken. Viele Schriftsteller und Geisteswissenschaftler haben über Geld nachgedacht; in der Ökonomie jedoch werden sie kaum oder gar nicht wahrgenommen.

Natürlich gibt es Ausnahmen: Werner Sombart ist nicht der einzige Nationalökonom, der sich für die kulturhistorische oder religiöse Dimension des Geldes interessierte. Zu den Ausnahmen gehören auch Haio Riese, Michael Hutter oder Hans-Joachim Staderman und der Schweizer Nationalökonom Hans Christoph Binswanger, der in seinem wunderbaren Buch *Geld und Magie* zeigt, dass Goethe im *Faust II* eine moderne Geldtheorie vorlegt, bei der es um die Verlagerung religiöser Vorstellungen auf die weltliche Ökonomie geht. Schon im 19. und Anfang des 20. Jahrhunderts hatten sich Althistoriker (Ernst Curtius, Bernhard Laum) für den religiösen Ursprung des Geldes in Griechenland interessiert und dabei Wichtiges zutage gefördert, während Georg Simmel, zu dessen Lebzeiten das Papiergeld Eingang in den Alltag fand, über den hohen Abstraktionsgrad des Geldes reflektierte. Tatsächlich ist der Weg, den das Geld von einem anorganischen Symbol für das Opfer im griechischen Tempel bis zur Fruchtbarkeitsmaschine zurückgelegt hat, deren ›Kinder‹ in Samenbanken deponiert werden oder als eingefrorene Embryos in Reproduktionskliniken auf ihre Einpflanzung warten, ohne die Theologie kaum zu begreifen. »Auch unter Ökonomen«, so Sitta von Reden, »erzählt die monetäre Theorie von einem Zustand, der mehr mit Theologie als mit Wissenschaft zu tun hat.«[13]

Solche Überlegungen bleiben jedoch eher den Kulturwissenschaften überlassen – als scheuten die Wirtschaftswissenschaften davor zurück, den das Geld umgebenden ›Schleier‹ zu lüften.[14] Natürlich gibt es auch hier Ausnahmen. So fordert der französische Ökonom André Orléan eine vollkommene Neuordnung der Wirtschaftswissenschaften, weil »in der Mainstream-Wirtschaftswissenschaft dem Geld überhaupt keine Bedeutung zugemessen wird. Man sieht in ihm ein neutrales Instrument, mit dem der Erwerb nützlicher Gegenstände leichter fällt als beim direkten Tauschhandel.«[15] Für ihn leitet sich das Geld nicht vom Gesetz von Angebot und Nachfrage ab, sondern stellt vielmehr eine »institutionelle Hypothese« dar, die »den Marktbeziehungen vorausgeht«.[16] Zusammen mit Michel Aglietta spricht Orléan von der »Gewalt des Geldes«[17] und der »Leidenschaft im Wirtschaftsleben«: In den Industriegesellschaften sei das Geld »die Institution«, in der sich die »emotionale Energie« der Gesellschaft »in konzentriertester Form wiederfindet«.[18] Tatsächlich: Das Geld, das keine materielle Basis hat, löst ein tiefes Begehren aus, das nichts mit den Waren und Dienstleistungen zu tun hat, die damit zu erwerben sind. Bei Waren erlischt das Begehren, wenn man sie hat; beim Geld verstärkt es sich noch. Denn dem Geld kommt eine symbolische, das Ökonomische weit überschreitende Bedeutung zu. Eine solche Leidenschaft, die sich bis zur Gewalt steigern kann, kennen wir sonst nur aus der Sexualität und den Religionen, in deren Zentrum der Tod und der Glaube an eine – wie auch immer gedachte – Unsterblichkeit stehen. Auch diese Leidenschaft ist ein Indiz, dass das Geld in den Bereich des Sakralen gehört: Es verweist auf die Opfergemeinschaft, es verspricht ›Leben‹, und es fordert bedingungslosen Glauben.

Die Ökonomie tut sich schwer, über diese sakralen Aspekte zu *reflektieren*, was Hans Christoph Binswanger veranlasst, von der ›Glaubensgemeinschaft der Ökonomen‹ zu sprechen.[19] Sowohl die Theologie als auch die Wirtschaftswissenschaften kennen viele Dogmen; sie *schreiben vor*. Aber sie tun sich schwer damit zu *beschreiben*: das ›Wesen Gottes‹ zum Beispiel oder das ›Wesen des Geldes‹. Dabei ist es nicht so schwer. Beide – Gott wie das Geld – haben eine Geschichte und machen Geschichte. Wir wissen, wann und wo welche Religion (mithin ihr wirkmächtiges Gottesbild) entstanden ist. Dasselbe gilt für das Geld: Es hat eine Ursprungsgeschichte – und diese gibt Aufschluss über die Art seines Wirkungsvermögens.

In der ersten Hälfte des 20. Jahrhunderts gab es durchaus Nationalökonomen, die die religiösen und kulturellen Dimensionen des Geldes betrachtet und – mit Gewinn – thematisiert haben: allen voran Max Weber, aber auch Werner Sombart und Günter Schmölders. Hinzu kamen später Theoretiker wie Lloyd deMause, den Peter Krieg in seinem anregenden Film von 1987 *Die Seele des Geldes* zu Wort kommen ließ. Sie haben sich als Wirtschaftswissenschaftler mit den mythischen oder psychologischen Dimensionen des Geldes beschäftigt. Aber sie sind in dieser Hinsicht nicht repräsentativ für ihr Fach, wenn sie nicht sogar in andere Fächer abgewandert sind, wo ihre Arbeiten breiter und anders rezipiert werden als in den Wirtschaftswissenschaften. Das galt schon für Joseph A. Schumpeter, der immer wieder die Bedeutung der Kulturgeschichte für die Wirtschaftswissenschaften betont hat – mit dem Erfolg, dass er von dem dominanten Teil der Wirtschaftswissenschaften, die sich der Mathematisierung der Ökonomie verschrieben hatten, den Sozialwissenschaften zugeordnet wurde. Dort wird er gern gelesen und gelehrt. In seiner *Geschichte der Ökonomischen Analyse* schrieb er: »Die Wissenschaft hat insgesamt niemals eine logisch strukturierte Architektur erhalten: Sie ist ein Urwald, kein nach Plan hergestelltes Gebäude. […] Dies trifft besonders auf die Ökonomie zu, die keine Wissenschaft im Sinne etwa der Akustik ist, sondern eher – wie die ›Medizin‹ – eine Anhäufung schlecht koordinierter und sich überlappender Forschungsfelder.«[20]

Schumpeter war nicht nur Ökonom, er interessierte sich – wie Weber, Sombart und Schmölders – auch für kulturhistorische Prozesse: daher sein Einblick in die Mehrdeutigkeit und das Prozesshafte ökonomischer Fakten und Formen. Er betonte immer wieder die Bedeutung der Geschichte als Nachbardisziplin der Wirtschaftswissenschaft. »Keiner sollte glauben, daß er ökonomische Phänomene irgendeiner, auch der heutigen Zeit, nur ansatzweise begreifen kann, wenn er nicht eine angemessene Kenntnis historischer Tatsachen und eine gute Portion historischen Gespürs besitzt oder was man *historische Erfahrung* nennt.«[21] Schumpeter hat die Umbrüche, die der Erste Weltkrieg und die darauf folgende Inflationen mit sich brachten, am eigenen Leibe erfahren. Dass viele moderne Wirtschaftstheoretiker solche tief einschneidenden historischen Ereignisse wie die deutsche Hyperinflation der 1920er Jahre oder die ›Great Depression‹ der 1930er in Amerika nicht hautnah erlebt haben, könnte einer der Gründe für ihre Vernachlässigung kulturhistorischer Entwicklungen sein. Paul Krugman, Nobelpreisträger für Wirtschaftswissenschaft im Jahr 2008, veröffentlichte 2009 einen längeren Aufsatz im *New York Times Magazine,* in dem er die Frage stellt: »Warum haben sich die Ökonomen so geirrt?« Warum hatte niemand den Crash vorhergesehen? Seine Antwort: Nicht nur die mangelnde Regulierung war schuld: »Die Wirtschaftswissenschaften lagen falsch, weil die Ökonomen – als Gruppe – Schönheit, gekleidet in beeindruckende Mathematik, für die Wahrheit hielten. […] Mit dem Schwinden der Erinnerung an die große Depression fielen die Ökonomen zurück in die alte, idealisierte Vision einer Wirtschaft, in der rationale Individuen in perfekten Märkten miteinander interagieren, dieses Mal aufgemotzt durch phantasievolle Gleichungen.«[22] Einen anderen Grund erwähnt Krugman freilich nicht: Wenn es stimmt, dass der US-Finanzsektor in den letzten zehn Jahren den amerikanischen Business Schools rund fünf Milliarden Dollar ›spendete‹,[23] stellt sich die Frage, wie dieser Zweig der Wissenschaft überhaupt noch klar denken konnte. Krugman kommt zum Schluss: »Ökonomen werden lernen müssen, mit Unordnung *(messiness)* zu leben. Sie werden die Bedeutung von irrationalem und oft unvorhersehbarem Verhalten anzuerkennen, sich der idiosynkratischen Unvollkommenheit der Märkte zu stellen haben und akzeptieren müssen, dass wir von einer eleganten ökonomischen *theory of everything* weit entfernt sind.«[24] Sie werden aber vielleicht auch lernen müssen, sich den Verführungen von Wall Street zu entziehen.

Andersherum ist das Geld mit seiner »Macht, Bewußtsein, Abstraktion, Denken, ja Transzendentalsubjekte freizusetzen«, aber auch, laut Jochen Hörisch, der »schwarze Fleck philosophischer Selbstbeobachtung«.[25] Einer der Gründe für diese heilige Scheu der Philosophie vor dem Geld ist in seiner Ursprungsgeschichte zu suchen: Sie erzählt von der Kastration als Voraussetzung für Potenz. Das gilt für das Geld wie für die Philosophie. Die geschlechtliche Dimension des Geldes ist – neben der Theologie und dem Alphabet – das dritte Gebiet, das in der Betrachtung des Geldes eine untergeordnete oder gar keine Rolle spielte. Die Unterschätzung der geschlechtlichen Perspektive ist umso erstaunlicher, als die Sexualphantasien, die das Geld umgeben, überall präsent sind: ob im Vergleich von Geld und Prostitution bei Georg Simmel, dem Askese-Ideal als Voraussetzung für das kapitalistische Gewinnstreben bei Max Weber oder der Gleichsetzung von Markt und Hysterie in den zahlreichen ›Ratgebern für den Börsenprofi‹. Es hat in den letzten Jahren einige Untersuchungen gegeben, die sich mit der *Triebstruktur des Geldes* (Horst Kurnitzky) oder *Geld und Geschlecht* (Irmgard Schultz) befasst haben. Aber auch sie wurden von Männern und Frauen verfasst, die das Geld nicht als Ökonomen, sondern aus historischer, psychologischer, sozialwissenschaftlicher, philosophischer oder kulturwissenschaftlicher Perspektive betrachteten. Zu ihnen gehört Urs Stäheli, der mit seinem schönen Buch *Spektakuläre Spekulation* die Erregungsdimensionen der Börse um 1900 dargestellt hat und darin die sexuellen Komponenten durchaus berücksichtigt: Auch er ist Sozial- und nicht Wirtschaftswissenschaftler. Viele dieser Untersuchungen haben mir wichtige und weiterführende Anstöße gegeben. Dennoch blieben viele Fragen offen: so etwa die Frage nach dem Zusammenhang zwischen den Kastrationsmechanismen des Geldes und seiner Fruchtbarkeit. Dass das Geld dem weiblichen Körper nicht wohl gesonnen ist, thematisieren viele Untersuchungen – egal, ob sie aus psychoanalytischer oder feministischer Perspektive argumentieren. Doch dass die männliche Herrschaft über das Geld auch vom männlichen Körper einen hohen Preis verlangt, darüber herrscht beredtes Schweigen.

Es gibt zahlreiche Untersuchungen über die ungleiche Bezahlung von Männern und Frauen oder die berühmten ›glass ceilings‹, an die Frauen in ihren Karrieren stoßen, gerade im Finanzsektor. Diese Faktoren werden zwar quantitativ erfasst, zumeist von der Wirtschaftssoziologie. Aber es wird selten nach den Gründen gefragt, warum sich der Finanzsektor als besonders resistent gegen Frauen erweist – und dies, obgleich Frauen seit 1900 nicht nur das aktive und passive Wahlrecht, den Zugang zu akademischer Ausbildung erhielten und in fast allen Berufen Fuß gefasst haben. Wenn ich die Frage nach den Gründen in einem Satz zusammenfassen müsste, würde ich es so formulieren: In der Logik des Geldes sollen Frauen das Geld nicht *haben*, sondern *sein*.

Auch Geschlecht – wie Blut und Wasser – ist Signifikat und Signifikant zugleich. Es gibt eine biologische Realität, die Männer und Frauen unterscheidet und zumindest bis vor kurzem die conditio sine qua non dafür war, dass sie ›Junge‹ haben können. Daneben muss Geschlecht auch für viele andere Bedeutungen herhalten: etwa den ›Unterschied‹ zwischen Oralität und Schriftlichkeit, zwischen Subjekt und Objekt, zwischen rationalem Wissen und dem Unbewussten, den Konzepten von zyklischer und fort-schreitender Zeit usw. Auf der Ebene des Geldes führen diese ›Unterschiede‹ dazu, dass der Spekulant ›männlich‹ und die Börse ›weiblich‹ gedacht werden, wie Urs Stäheli es an den Semantiken des amerikanischen Finanzmarktes gezeigt hat.[26]

Über lange Zeit bildete Geschlecht die ideale Projektionsfläche für die definitorischen Bedürfnisse nach Unterscheidung. Sexualbilder wurden so zu einer Grundlage der Wis-sensformation und in dieser Funktion zum Motor von Innovation.[27] Mit der Moderne scheint sich diese Funktion zu erübrigen. Dafür sprechen viele Symptome: Nicht nur der (staatsbürgerliche, ökonomische und intellektuelle) Subjektstatus, der Frauen zuge-standen wurde, sondern auch die ›femininen‹ Eigenschaften, die Wirtschaft, Politik und Wissenschaft für sich in Anspruch nehmen, wie Eva Illouz am Ideal des neuen ›Mana-gers‹ mit Sensibilität und sozialer Kompetenz gezeigt hat.[28] Mentalitätsgeschichtlich gesehen hat sich in den letzten hundert Jahren eine Revolution vollzogen, auf die man nur staunend blicken kann. Warum dieser – rasant schnelle – Wandel in der Geschlech-terordnung? Könnte es sein, dass der Signifikant Geld fähig wurde, sein eigenes Signifi-kat – darunter auch den geschlechtlichen Körper – hervorzubringen? Dies ist eine der Schlussfolgerungen, zu denen mich die lange und spannende Geschichte des Geldes führte.

Es gibt heute einen breiten Konsens, dass das Geld keine Deckung hat und ohne die-se gut auskommt. Die Grundthese des Buches weist in eine andere Richtung: Ich be-haupte, dass das Geld eine Deckung hat, ihrer auch bedarf und dass das, was man – in Anlehnung an den ›lender of last resort‹ – als die ›letzte Deckung‹ bezeichnen könnte, der menschliche Körper ist. Was ich damit sagen möchte, ist sehr einfach: Unser Glaube ans Geld beruht auf der Tatsache, dass viele Menschen dran glauben müssen, wenn das Geld in eine Krise gerät. Je fragiler das Geld, desto mehr Menschen trifft es. Allmählich hat sich daneben eine zweite Form der Deckung herausgebildet, die sich ebenfalls auf den menschlichen Körper bezieht und als ›Inkarnationslogik‹ umschreiben lässt. Beides scheint zusammenzugehören und entwickelte sich parallel zueinander: Die Opferlogik des Geldes schuf die Voraussetzungen für die Fruchtbarkeit des Geldes. In der christ-lichen Religion kamen beide Arten der ›Logik‹ zusammen. Deshalb wurde die christliche Religion auch zu *dem* Terrain der Geldgeschichte.

Bei der Arbeit an diesem Buch haben mich viele begleitet, und vielen zolle ich Dank an verschiedenen Stellen des Buches. Aber mein Dank gilt auch jenen, die ich nicht zitiere: ganz besonders Inge Stephan und Annette Wunschel. Sie waren bereit, das Manuskript im Rohzustand zu lesen. Ihre Kritiken, Anregungen und Ermutigungen waren unend-lich hilfreich. Danken möchte ich auch meiner Familie, meinem Mann Tilo Held, der mich mit Klugheit, Sachverstand und Kritik begleitete, meinen beiden Kindern Anna-Céline und Valentin Elias, die mich mit ihrer Zuversicht und ihrem Optimismus immer wieder beflügelt haben, wenn ich mich im Labyrinth der Geldgeschichte zu verlieren drohte. Dank auch an Franziska Günther und den Aufbau Verlag, die so geduldig und großzügig auf meine Rückkehr aus diesem Labyrinth gewartet haben.

I. GABE, GOLD, GELD, GENUS

EINFÜHRUNG

Am Anfang dieses Buch steht das Plädoyer, moderne Geld- und Wirtschaftskrisen – und damit einhergehend die Frage nach der Glaubwürdigkeit des Geldes – unter der Perspektive der drei Ursprungsgeschichten des Geldes zu betrachten. Unter diesen ist die theologische Komponente zweifellos die mächtigste. Warum? Weil die Religion die Frage nach den letzten Dingen – dem Menschenleben – stellt. Sowohl Wirtschaftstheoretiker als auch Theologen neigen dazu, zwischen Religion und dem Geld strikt zu unterscheiden: Die Religion gehöre dem Bereich des Transzendenten an und entziehe sich dem logischen Denken, das Geld dagegen sei rational und weltimmanent. Aber angesichts der auffallenden Parallelen zwischen den Glaubensgrundsätzen vor allem der christlichen Religion (mit ihrer Jungfrauengeburt und ihrem ›Fleisch gewordenen Wort‹) und dem Geld, das materielle Werte ›aus dem Nichts‹ zu erschaffen vermag, und angesichts der Tatsache, dass gerade der Finanzmarkt schwerlich Anspruch auf Rationalität und Berechenbarkeit erheben kann, erscheint die strikte Trennung zwischen Geld und Glauben wenig überzeugend. Die ›Irrationalität‹ ist schon in der Antike und im theologischen Ursprung des Geldes angelegt. Sie erfuhr in den christlichen Heilslehren eine Ausformulierung und in den Neuerungen der modernen Wirtschaft (vor allem seit dem Papiergeld) ihre Umsetzung. Die Finanzwirtschaft steht keinem ›Fachgebiet‹ so nah wie der Theologie – und das hat mit der Ursprungsgeschichte des Geldes zu tun.

Geld, so schreibt Jochen Hörisch, hat zwei Strategien der Verführung: Es verfügt über die Macht, »Sema in Soma, Zeichen in Bezeichnetes zu konvertieren – et vice versa.«[1] Je abstrakter das Geld wurde – sein Wandel über die Münze, das Papiergeld bis zum modernen elektronischen bit –, desto größer wurde seine Macht über das Wirtschaftsleben. Für Aristoteles (384–322 v. Chr.) war das Geld noch ein Ersatz für die Ware, inzwischen ist – wie Marx schon gezeigt hat – die Ware ein Ersatz für das Geld. Mit dem Finanzkapitalismus erübrigt sich auch der Umweg über die Ware: Geld wird gegen Geld getauscht und produziert wiederum neues Geld. Man kann die Parallele zwischen Abstraktion und Fruchtbarkeit des Geldes für einen historischen Zufall halten. Man kann darin aber auch eine eigene historische Dynamik erkennen. Sie besagt: Je mehr sich das Geld exkarniert, desto mehr verlangt es nach einer Re-Materialisierung. Symbole können eigenmächtig sein – gerade die Geschichte des Abendlandes zeigt es. Aber diese Eigenmacht begnügt sich nicht damit, Geldzeichen mit immer mehr Nullen zu versehen. Wenn diese Nullen nicht auf eine materielle Welt – nennen wir sie: Produktionsmittel, Grund und Boden oder menschliche Arbeitskraft – zurückverweisen, erweisen sie sich bald als genau das, was die Null ist: als ein *Zeichen* für das Nichts. Ein Zeichen, das es erlaubt, ›das Zeichen als Zeichen zu denken‹, wie Brian Rotman es ausdrückt.[2] Wie sich die Null von der Funktion einer ›Verlängerung‹ des Geldzeichens in ein Zeichen für das Nichts verwandeln kann, führt jede Bankenkrise anschaulich vor.

URSPRUNGSGESCHICHTEN

Geld ist Wertmesser, Zahlungsmittel, Wertaufbewahrungsmittel, Tauschmittel und manches mehr. Es hat grob gesagt drei Ursprünge, die zeitlich und geographisch nicht weit auseinander liegen und in einem inneren Zusammenhang stehen: Der eine Ursprung ist der materielle Wert des Geldes: Das können einerseits Grund und Boden oder auch Naturalien wie Gerste, andererseits aber auch Gold oder ein anderes Edelmetall wie Silber oder Elektron (eine Mischung aus Gold und Silber, die auch natürlich vorkommt) sein. Sie gelten als ein Wert, der für sich oder stellvertretend für andere Waren getauscht, gesammelt oder als Wertmaßstab bewahrt wird. Bei den Edelmetallen kann es sich um einen Klumpen handeln, der gewogen wird, eine bestimmte Form annimmt oder mit einem Zeichen versehen wird, aus dem sein Gewicht/Wert ersichtlich ist. Der zweite Ursprung des Geldes ist schon viel abstrakter: Ein Zeichen auf einem Stück Edelmetall, Blech oder Papier beglaubigt den Wert einer Währungseinheit. Diese Form von Beglaubigung bedarf eines ›Eigentümers‹, der das Geld emittiert und garantiert: ein Herrscher oder eine Gemeinschaft.[3] Für diese Beglaubigungsform bedarf es ikonischer oder schriftlicher Zeichensysteme. Der dritte Ursprung des Geldes liegt im Opfer. Hier ist das Geld dem Tempeldienst geschuldet: Im Laufe eines längeren Prozesses trat an die Stelle des realen Opfers (Opfertieres) ein Symbol – in Form einer Münze, auf der das Opfer oder Opferwerkzeuge dargestellt wurden. In diesem Fall sind es die Priester, die das Geld beglaubigen. Sie garantieren, dass die Götter das Opfer, auch in seiner symbolischen Form, annehmen, also im Tauschgeschäft mit den Menschen akzeptieren. Der Wert der Münze wird also theologisch begründet. Diese drei Ursprünge des Geldes haben auch über die wechselnden Beglaubigungsstrategien des Geldes bestimmt – und das gilt bis heute.

In den Jahren 2008 bis 2010 stellten mehrere Industrieländer auf einen Schlag Hunderte von Milliarden Euro oder Dollar bereit, um die Folgen der ›Finanzkrise‹ zu überwinden. Dieses Geld war aus dem Nichts – aus dem Kredit – geschaffen worden und sollte der ›Realwirtschaft‹ neue Triebkraft geben: Polemisch ausgedrückt waren es ›Blüten‹, die die Ökonomie erneut zum Blühen bringen sollten. Woher bezieht der Staat das Recht, Geld aus dem Nichts zu schaffen? Neben der gesetzlichen Autorität und dem Emissionsrecht definiert sich ein Staat auch über Grenzen und ein bestimmtes geographisches Territorium, also über Grund und Boden. Als 1923 die Rentenmark eingeführt wurde, um die Inflation zu besiegen, fand sie ihre Deckung »mittels einer imaginären Hypothek auf alle deutschen Grundstücke«.[4] Die Rentenmark war zwar eine Übergangslösung, aber das Territorium eines Staates ist faktisch auch heute der einzige Garant, dass ein Staat weiter existiert, also zahlungs- und emissionsfähig ist. Keynes hielt dagegen: »Geld im eigentlichen Sinne des Wortes kann nur in Verbindung mit einer Rechnungseinheit bestehen.«[5] Und der Währungsstandard konnte für ihn auch Weizen sein.[6] Grund und Boden sind jedoch bessere ›Standards‹, denn im Gegensatz zum Weizen sind sie unvergänglich. Das Geld versucht, seine Glaubwürdigkeit durch einen Wert zu decken, der nicht verfällt oder verrottet. Zudem verursacht Grundeigentum keine Aufbewahrungskosten. Deshalb ist »Grundeigentum das Pfand höchster Sicherheit und damit höchster Liquiditätsprämie«.[7] Wenn also der Staat über die Autorität verfügt, Kredite aus dem Nichts zu schaffen, so deshalb weil er wortwörtlich auf ›festem Boden‹ steht.[8]

Die Vorstellung, dass die Glaubwürdigkeit des Geldes an materielle Werte, vor allem Grund und Boden, gebunden ist, stimmte historisch über lange Zeit. In der Antike wurde die Handelsschifffahrt fast immer durch reiche Grundbesitzer vorfinanziert, »denn ging die Ladung auf See verloren, brauchten die Händler oder seine Bürgen das Darlehen nicht zurückzuzahlen«.[9] Auch heute noch bindet sich der Staat an Grund und Boden – einer der Gründe, weshalb die Bundesrepublik Deutschland in der Finanzkrise von 2008 an der Hypo Real Estate festhielt und diese mit Garantien von rund 130 Milliarden Euro unterstützte. Die Finanzkrise, die als Immobilienkrise begann, zeigte aber auch, dass die Verbindung von Geld und Boden immer prekärer geworden ist. Die ›Blase‹ platzte, weil die Spekulation auf Häuser die Immobilienpreise auf unrealistische Höhen steigen ließ – und das Ausfallrisiko in Subprimes und Derivaten verpackt wurde. »Weil das so gut klappte, wurden immer mehr Kredite vergeben, deren Ausfall eigentlich schon am ersten Tag absehbar war. Von Anfang 2005 bis zum Platzen der ›Blase‹ Mitte 2007 wurden so riskante Kredite im Wert von insgesamt 1,2 Billionen Dollar ausgegeben.« Zusätzlich investierten die Banken mit geliehenem Geld in diese Wertpapiergattung; durch das geborgte Geld wollten sie die Rendite noch erhöhen. »Durch den Einsatz von Fremdkapital in Höhe des 35-fachen des Eigenkapitals konnte die Branche allein 2005 aus 500 Milliarden Dollar an Subprimekrediten einen Gewinn von 18,8 Milliarden Dollar machen«, rechnet Ex-Lehman-Mitarbeiter Larry Tabb vor.[10] In ihrem Buch *This Time is different* (2009) weisen Carmen M. Reinhart und Kenneth S. Rogoff nach, dass Immobilienpreise keine Sicherheit mehr bieten, wohl aber zuverlässiger Indikator für kommende Finanzkrisen sind. Sie sehen einen generellen Zusammenhang zwischen Immobilienkrisen und Finanzkrisen: Beide wiesen ähnliche Zyklen, ähnliche Dauer und ähnliche Bewegungen auf. Meistens träten Bankenkrisen »auf dem Höhepunkt von Immobilienbooms oder unmittelbar nach dem Platzen der Blase« auf.[11] Für die beiden Ökonomen stehen Immobilienpreise »an oberster Stelle auf der Liste der Indikatoren bevorstehender Bankkrisen« – mehr als die Aktienkurse, von denen oft falsche Alarmsignale ausgingen.[12]

Für diese Entwicklung gibt es einige Gründe: zunächst der, dass Grund und Boden potentiell ebenso ›virtuell‹ geworden sind wie das Geld selbst. Land kann aus dem Nichts erschaffen werden. In seiner Interpretation von Goethes *Faust II* zeigt Hans Christoph Binswanger, dass Goethe genau dies thematisiert: wie Faust im Pakt mit Mephisto und mit Hilfe von Papiergeld dem Meer das Land entreißt.[13] Für die Niederlande gilt dies auch faktisch: Etwa ein Drittel des Territoriums der Niederlande liegt unter dem Meeresspiegel und wäre überflutet, würde es nicht durch hohe Deiche geschützt. Auch durch Bewässerungsanlagen kann Land gewonnen werden. Auf der anderen Seite ›verschwindet‹ Land aber auch – mit steigendem Meeresspiegel, wie dies mit der globalen Erwärmung der Fall ist. Der ›unvergängliche‹ Grund und Boden, der beim Kredit ›die letzte Sicherheit‹ darstellt, ist also keineswegs so sicher, wie es den Anschein hat.

Historisch scheiterte die Beglaubigung des Geldes durch Grund und Boden von dem Moment an, wo sie den Prinzipien der Marktwirtschaft unterworfen wurden. Das hat Karl Polanyi in *The Great Transformation* (1944), seiner großartigen Untersuchung über die Geschichte der Industrialisierung, gezeigt: »Was wir als Grund und Boden bezeichnen, ist ein mit den Lebensumständen des Menschen untrennbar verwobenes Stück Natur. Dieses Stück Natur herauszunehmen und einen Markt daraus zu machen, war das vielleicht absurdeste Unterfangen unserer Vorfahren.«[14] Traditionell waren Grund und Boden immer verbunden mit »Verwandtschaft, Nachbarschaft, Handwerk und Glauben, mit Stamm und Tempel, Dorf, Gilde und Kirche«. Die Marktwirtschaft dagegen brachte die Trennung von Mensch und Boden; Polanyi spricht von der »Mobilmachung des Bodens« durch den Agrarkapitalismus. Die Kommerzialisierung des Bodens setzte einerseits dem Feudalismus und der Leibeigenschaft ein Ende, andererseits hatte sie aber auch die Bereitstellung von Grund und Boden für eine schnell expandierende städtische Bevölkerung zur Folge. Parallel dazu entstand eine neue staatliche Vorstellung von Souveränität, die durch Papierwährungen garantiert wurde. Es entstand ein »Typus der Souveränität, der eifersüchtiger und strenger war als irgendeiner aus der Vergangenheit. [...] Wenn das Geld nun offen die Welt regierte, dann war dieses Geld mit einem nationalen Stempel geprägt.«[15]

Für die Folgen dieser Umwälzung ist die Französische Revolution ein gutes Beispiel. Um die Revolution zu finanzieren, wurden die ›Assignaten‹ geschaffen: »Die Deckung bestand aus Land, also gerade dasjenige, worum es der Revolution hauptsächlich ging. Land ließ sich nicht verstecken. Auch der raffinierteste Emigrant konnte es nicht mitnehmen. Außerdem war es etwas, das sich in seiner Gesamtmenge nicht vergrößern ließ. Aus diesem Grunde bildete es ein Besitztum, das diejenigen, die in Frankreich blieben, ebenso gerne haben wollten wie Gold selbst.«[16] Das Land gehörte eigentlich der Kirche: Man schätzt, dass der kirchliche Landbesitz um 1789 ein Fünftel des gesamten französischen Grundbesitzes ausmachte. »Die Ländereien der Kirche waren für die Revolution gewissermaßen ein Geschenk des Himmels.« Nach fünf Jahren sollten die ausgegebenen Assignaten durch den Verkauf des Landes eingelöst werden. Doch die Zahl der Papiere wurde erhöht – durch die Revolutionärsführer selbst und durch Fälschungen aus dem Ausland. »Durch einen neuartigen Schritt in der wirtschaftlichen Kriegführung gestattete Pitt nach 1793 den emigrierten Royalisten, Assignaten zum Export nach Frankreich herzustellen.« Frankreich musste den ›Bodenstandard‹ verlassen: Die Assignaten konnten nicht mehr in Land eingetauscht werden. »Aber zu dieser Zeit war die Revolution bereits eine feststehende Tatsache. Sie war finanziert worden, und zwar mit Hilfe der Assignaten. Sie verdienen es mindestens ebenso wie die Guillotine, im Gedächtnis der Menschen fortzuleben.«[17] John Kenneth Galbraiths Vergleich zwischen Assignaten und Guillotine kommt ein wenig überraschend. Aber, wie wir noch sehen werden, bot die Terreur tatsächlich eine alternative Beglaubigungsstrategie: Mit der Entstehung des Papiergeldes wurde Menschenleben zunehmend zum Garanten des Geldes.

DIE GOLDILLUSION

Auch die Beglaubigung des Geldes durch Edelmetalle hielt lange. Das hat einerseits rationale Gründe: ihre Haltbarkeit, Schönheit, Einheitlichkeit, Formbarkeit und ihre Knappheit. Wie begrenzt das Gold ist, zeigt Keynes' Berechnung von 1930: »Ein moderner Dampfer könnte auf einer einzigen Reise alles Gold, das im Laufe von sieben-tausend Jahren gewonnen wurde, über den Ozean befördern.«[18] Aus demselben Grund erwiesen sich Goldreserven aber auch als unpraktikabel: Sie reichten nicht aus, um die Ströme des Papiergeldes und der Aktien zu garantieren. Die Prekarität des Goldes galt auch schon für die Antike: Nur die Staaten, die über eigene Edelmetallressourcen ver-fügten oder diese durch Kriege und Eroberungen in Besitz genommen hatten, konnten ihren Geldbedarf durch Edelmetalle decken. Auch ein *Zuviel* an Edelmetallen provo-zierte Wirtschaftskrisen. So gab es nach Cäsars erfolgreichen gallischen Eroberungszügen einen Überschuss an Edelmetallen in Rom, der die Grundstückspreise rasant ansteigen ließ, »weil Geld nichts mehr wert war und die Nachfrage nach Grundstücken als einzig sicherem Wertaufbewahrungsmittel immens zunahm«.[19] Als Spanien im 15. Jahrhun-dert aus Südamerika Gold zu importieren begann, brachte dies das Osmanische Reich in ökonomische Schwierigkeiten.[20] Mit dem Verlust der begrenzten Verfügbarkeit verlor das Gold seine Kreditwürdigkeit. Das heißt, Gold ist eine Mangelware, aber als Garant des Geldes eine Illusion.

Vor allem aber: Der Wert des Goldes war von Anfang an eine Fiktion. Diese funktio-nierte dort am nachhaltigsten, wo sie sich mit einer theologischen Begründung verband, etwa in Babylon. Über Jahrhunderte wurde dort der Wert der Edelmetalle nach *sakralen* Gesichtspunkten festgelegt: Gold galt als Sinnbild der Sonne, Silber als das des Mondes, Kupfer als Symbol der Venus. Von diesen symbolischen Rollen – nicht von ihrem ma-teriellen Gehalt – leitete sich der Wert der Edelmetalle ab. »Das Wechselverhältnis zwischen Gold und Silber betrug während der ganzen Antike und noch weit in Mittel-alter und Neuzeit hinein 1:13⅓. Wir Modernen würden, um dies Verhältnis zu erklären, ohne Bedenken von Angebot und Nachfrage reden, damit aber völlig in die Irre gehen. Das Wertverhältnis stammt vielmehr [...] aus dem Verhältnis der Umlaufzeiten der betreffenden Gestirne zueinander; nur aus diesem Grunde steht Gold zu Silber wie 1:13½.«[21] Der Wert von Gold und Silber wurde also gewissermaßen vom Himmel ge-holt, weil die babylonischen Priester »die Funktionen des Astronomen, des Astrologen, der obersten Eichungsbehörde, des Finanzministeriums, des Banquiers, des Kaufmanns, des Notars usw. in sich vereinigten«.[22]

Dass es sich um eine willkürliche Festlegung handelt, zeigt das Gegenbeispiel Japan, wo über Jahrhunderte das Verhältnis von Gold und Silber mit 1:10 festgelegt wurde. Eine Silbermünze war wiederum zehn Kupfermünzen wert, und eine Kupfermünze hatte den Wert eines Maßes Reis. Die Relationen waren genauso willkürlich, verbanden aber einfachere Rechensysteme (1:10) mit materiellen Werten (Reis).[23] Diese simple Ratio, die auf einem gesellschaftlichen Konsens beruhte, sollte sich in Japan erst ändern, als die Häfen Japans für Europäer geöffnet wurden und diese den japanischen Markt mit Silber überschwemmten, mit dem sie das (nach westlichen Standards) unterwertige Gold kauften. Es wurde eine Vertrauensbasis zerstört, auf der die Ökonomie über Jahrhunderte geruht hatte.[24]

Das mythische Wechselverhältnis von Gold und Silber galt bis weit in die christlich-europäische Geschichte hinein und ging mit der Sakralisierung von Herrschaft einher. Gold war ein Symbol für Göttlichkeit und verlieh dem Herrscher göttlichen Status. Während im republikanischen Rom das Verhältnis von Gold und Silber mit 1:10 (oder 1:9) festgelegt wurde, führten Cäsar und Augustus ein Verhältnis von 1:12 ein: Die sakrale Zahl sollte dem Gold (und dem Herrscher, der das Geld emittierte) sakralen Status verleihen.[25] Dasselbe geschah unter christlichen Herrschern. »War unter den Merowingern das Verhältnis von Silber und Gold 1:10 gewesen, so wandelte es sich unter Charlemagne allmählich zur sakralen Ratio von 1:12«, schreibt Alexander Del Mar.[26]

In der modernen Finanzwirtschaft sind Spuren der babylonischen Verhältnisse bis heute spürbar. 1988 wurde in dem sogenannten Basel I-Abkommen festgelegt, dass Banken für alle Kreditgeschäfte eine Eigenkapitalrücklage von mindestens 8,4 Prozent vorweisen müssen. Warum ausgerechnet 8,4 Prozent? Das sind ›Erfahrungswerte‹, ist die geläufige Erklärung. Das Verhältnis von Eigenkapital und Finanzvolumen der Bank entspricht aber ziemlich genau dem ›sakralen‹ Wechselverhältnis von Gold und Silber: 1:13. Könnte es sich also um ›Erfahrungswerte‹ handeln, die schon von den babylonischen Priestern festgelegt wurden? Heute bilden die Eigenkapitalrücklagen der Banken eine moderne Form des ›Goldstandards‹. Mit den Bestimmungen von Basel II im Jahr 2007 durfte die Kreditmenge das 40-fache des Eigenkapitals betragen. Das war der Beginn der allgemeinen Deregulierung. Und wenn nach der Finanzkrise von 2008 von der Erhöhung des Eigenkapitals der Banken die Rede ist, kommt erneut »eine harte Kernkapitalquote von sieben bis zehn Prozent als Untergrenze« ins Spiel.[27] Die babylonischen Priester wären zufrieden.

Über ein knappes Jahrhundert (je nach Land länger oder kürzer) diente der Goldstandard der Deckung von Geld, und diese Deckung ermöglichte einen Gutteil der beachtlichen Neuerungen des Industriekapitalismus.[28] Solange es den Goldstandard gab, schreibt Günter Schmölders, wurde um das Geld nicht viel psychologisiert. Denn das Gold selbst *war* der ›psychologische Faktor‹ des Geldes. Dabei setzt das Gold »zum mindesten *eine* nicht ökonomisch zu erklärende Einstellung aller seiner Teilnehmer voraus […], die psychologischer Erklärung bedarf, nämlich die *Wertschätzung des Goldes* und das unbedingte, allseitige Vertrauen in den stets gleich bleibenden Wert dieses

Edelmetalls.«[29] Auf der einen Seite wurde dieses Vertrauen als »kindischer ›Deckungs-wahn‹« kritisiert, andererseits war es aber auch »eines der wichtigsten Elemente des Währungsvertrauens und als solcher im Geldwesen absolut eine Realität«. Der Anstieg des Goldpreises in den Währungskrisen seit 1900 – also mit der Ablösung vom Gold-standard – verweist jedoch darauf, dass Gold heute eher zum *Ersatz* für Währungen geworden ist, vergleichbar mit Grund und Boden oder Rohstoffen. »Die Phantasie der Massen wird jedenfalls von der Vorstellung goldener Berge in Notenbankgewahrsam weit wirksamer angesprochen als von einem nüchternen Hinweis auf die strenge Pflicht-erfüllung der verantwortlichen Leiter der Bank, die Währungsstabilität mit den ihnen zu Gebote stehenden Mitteln zu sichern.«[30] Da sich in den Finanzkrisen gerade das Vertrauen auf die ›Verantwortlichkeit der Banken‹ als höchst prekär erwiesen hat, ist es nicht erstaunlich, dass viele Anleger ins Gold ›flüchten‹ – gerade seit dem Verlassen des Goldstandards.

Das Gold, das eigentlich das Geld beglaubigen soll, verlangt selber nach einer Beglau-bigung. Das scheint das Grundproblem zu sein. Die theologische Begründung hat lange gehalten und ist noch in Georg Simmels Beschreibung der Goldreserven in den Kellern der Banken »als ›unbewegter Beweger‹« enthalten.[31] Obgleich sich mit der Industrialisie-rung die Knappheit der Goldreserven als Bremsfaktor erwies, hielt man daran fest. In seiner *Psychologie des Geldes* von 1966 spricht Günter Schmölders von der ›Goldillu-sion‹ – in Anlehnung an den Begriff der ›Geldillusion‹: Die ›Geldillusion‹ besagt, dass Inflationen in der Öffentlichkeit nicht auf die Instabilität des Geldes, sondern auf die Preissteigerung von Waren zurückgeführt werden. Die ›Goldillusion‹ unterscheidet sich von der ›Geldillusion‹ dadurch, dass sie, »noch weit tiefer als jene, im Irrationalen ver-wurzelt« ist. Sie wird von »einer mehr als tausendjährigen Tradition getragen« und ist von keiner Regierung oder Staatsform, von keinem Kulturkreis oder Wirtschaftssystem abhängig. Außerdem ist sie international, wenn nicht gar supranational. »Bei allen Ge-gensätzen und Verschiedenheiten im kulturellen, politischen und wirtschaftlichen Be-reich ist der allen gemeinsam Fetisch des Goldes, dessen Anziehungskraft aus der Ver-gangenheit der einstigen internationalen Goldwährung bis heute fortwirkt, ein Abglanz der Einen Welt, die es wiederherzustellen gilt, und vielleicht ein Ansatzpunkt dazu.«[32]

Mit anderen Worten, die ›Überlegenheit‹ der Goldillusion beruht darauf, dass sie – noch mehr als die Geldillusion – im Magischen verwurzelt ist, wofür Schmölders ein schönes Bild findet: »Ein mit rationalen Verstandeskräften begabter Marsmensch, der heute die Erde beträte, müsste sich aufs äußerste darüber verwundern, dass die Men-schen in Südafrika, auf der einen Seite der Erdkugel, mit größtem technischen Aufwand alles tun, um möglichst viel Gold aus den Tiefen der Erde zu fördern, nur um das gelbe

Metall auf der anderen Seite, z. B. in Nordamerika, gereinigt, gestempelt, registriert und kontrolliert, wiederum in gewaltige Tresore und Schatzkammern tief unter der Erde zu versenken. Die Erklärung dieses verblüffenden Sachverhalts gelingt nur der Psychologie.«[33] Wenn das Geld also im Gold eine Beglaubigungsstrategie findet, so deshalb, weil es mythische (oder psychologische) Faktoren umfasst, die den Glauben erleichtern. Die Sache selbst steht jedoch auf schwankendem Boden.

Die traditionelle chinesische Wirtschaft scheint ganz gut ohne die Goldillusion ausgekommen zu sein. Zwar wird auch heute – vor allem nach der letzten Finanzkrise und damit unter dem Einfluss westlicher Wirtschaftsformen – Gold in größerem Maßstab angekauft. Aber historisch diente Gold nicht der Deckung des Geldes, sondern war eine Kapitalanlage wie Rohstoffe. Unter allen Nationen, so schreibt Ferdinando Galiani 1751 in seiner berühmten Abhandlung *Über das Geld,* lässt sich nur ein Beispiel dafür finden, dass das Wertverhältnis zwischen dem geprägten Kupfer und den Edelmetallen nicht festgelegt ist: China. Dort werde auch Silber und Gold gekauft und verkauft »so wie eine beliebige Ware«.[34]

GELD ALS AUTORITÄTSSYSTEM

Webster's Dictionary definiert ›seigniorage‹ als das Recht, Geld zu prägen, und als das »Einkommen einer Regierung, das sich aus dem Recht, Münzen zu prägen, ergibt und aus dem Unterschied zwischen dem Wert des ungemünzten Edelmetalls und dem monetären Wert errechnet«.[35] Das Recht des Herrschers, den monetären Wert von Geld festzulegen, hat Regierungen von Anfang an dazu verleitet, Profit aus ihrem Recht zur Geldemission zu schlagen. Das begann schon mit den ersten Münzen und ist der Tatsache geschuldet, dass hier Zeichen der Beglaubigung dienen.

Michael Hutter hat die Entstehung der Münzen im östlichen Mittelmeer nachgezeichnet, wo bohnenförmige Klümpchen aus Silber und Gold gebräuchlich waren. Diese ›phthoides‹ entsprachen Gewichtseinheiten von 0,13 bis 20 Gramm: »Damit konnte man eine Ziege, einen Sklaven oder die jährlichen Leistungen eines Söldners bezahlen.«[36] Die auf ihnen gefundenen Zeichen markierten den Eigentümer. »Die Markierung ersetzte die materielle Überprüfung durch das Vertrauen in den Markierer.«[37] Ab 670 v. Chr. entwickelte sich zwischen Sardis und der ionischen Küste Kleinasiens eine neue Art von ›Geld‹, die aus Elektronstücken mit Abbildungen bestand: Erst diese Form wurde als ›Münze‹ bezeichnet. Elektron setzt sich aus Gold und Silber zusammen. Da diese in der Natur vorkommende Zusammensetzung aber unregelmäßig ist und zudem die Beimischung von Silber erlaubt, bedurfte es einer zusätzlichen Markierung, um den Wert eines Stückes zu bestimmen.[38] Die Markierung machte Anleihen bei alten Wertmessern: Vieh und Gerätschaft, die als Zahlungsmittel gedient hatten und religiöse Konnotationen hatten, weil sie auch bei der Opferhandlungen verwendet wurden. Auf den Münzen erschienen Bilder von Äxten und Vieh. »Das, was in der Beziehung zu übernatürlichen Kräften funktionierte, war auch vertrauenswürdig genug für den Tausch zwischen Menschen, außerdem waren die Gerätschaften dadurch magisch gegen unbefugte Veränderung geschützt.«[39] Wegen ihrer Gleichförmigkeit waren diese markierten Stücke gut erkennbar und fanden bald Eingang in den Handel.

Damit fand eine Erweiterung der Zahlungskommunikation statt; die zirkulierende Geldmenge wuchs, was wiederum politische Folgen hatte. »Es gibt deutliche Hinweise darauf, daß die Finanzmacht von Händlern um 670 v. Chr. in Lydien so stark anstieg, daß sie die politische Macht übernahmen und dabei eine neue Form der politischen Herrschaft, die *tyrannis,* schufen.« Händler konnten sich Söldnerheere leisten und die Aristokratie entmachten. Mit Gyges (687–652) regierte zum ersten Mal ein Herrscher, dessen Machtanspruch nicht auf dynastischer Herkunft, sondern auf Geld beruhte. Der Begriff der ›Tyrannei‹ bedeutet ursprünglich nichts anderes als ein Herrschaftsanspruch, der nicht transzendental oder dynastisch legitimiert ist. Erst später erhielt er die Bedeutung einer Gewaltregierung. Gyges begründete eine Dynastie, deren Herrschaft darauf basierte, dass er das Münzrecht zum Staatsmonopol machte.

Auf der Rückseite der Münzen des Gyges war ein Löwenkopf zu sehen. Der Löwe war das Totemtier von Astarte, der höchsten lydischen Gottheit. Dadurch wurde die Münze auch religiös beglaubigt und ihre materielle Verletzung »unter hohes magisches Risiko gestellt«. Bald ahmten andere ionische Siedlungsgebiete das System nach: als erstes Milet, Ephesos, Samos und Phokaia, wo die Prägung zumeist in den Händen der Stadtregierungen lag.[40]

Schriftzeichen, die später zu einem entscheidenden Element des nominalistischen Geldes* wurden, spielten in dieser Zeit so gut wie keine Rolle. Zwar war die Markierung

---

* Nominalistisches Geld (von lat. ›nomen‹ – Namen, Benennung) bezeichnet Geld, das seinen Wert nicht von stofflichem Material, sondern von einem abstrakten und allgemein anerkannten Wert ableitet. Beim nominalistischen Geld unterscheidet man zwischen verschiedenen Arten: Konvention (eine allgemein anerkannte Vereinbarung); die staatliche Rechtssetzung (Geld als ›Geschöpf der Rechtsordnung‹) ein zeichentheoretisches Verständnis von Geld (Geld als Zertifikat oder Anrecht); Geld als Funktionswert (Recheneinheit), das bestimmte soziale Dienste leistet. Bei dieser letzteren Funktion spielt die sozialpsychologische Dimension des Geldes eine wichtige Rolle: Entscheidend für den Werterhalt des Geldes ist das Vertrauen der Bevölkerung, dass das im Geld dokumentierte Wertversprechen Gültigkeit behält. (Vgl. Bernhard Nibbrig, Geldpolitik, in: Hans-Jürgen Albers (Hg.), Handbuch der ökonomischen Bildung, München 2005, S. 403–449, S. 405 f.)

von Eigentum durch Schriftzeichen schon lange bekannt – schon in Sumer und Babylon hatte man durch Schriftzeichen auf Tontafeln Eigentumsverhältnisse und Kaufverträge festgehalten.[41] Aber auf den meisten Münzen befanden sich Bilder.[42] In den Jahrzehnten nach der Einführung der Münzen stieg der Silberanteil auf fast 100 Prozent, während der des Goldes und Elektrons zurückgenommen wurde; dennoch wurden sie zum offiziellen Preis von Elektron gehandelt. Schon bei den ersten Münzen weicht also der Geldwert vom Materialwert ab; das Zeichen ermöglichte die Geldausweitung.[43]

Nachdem das Reich der Lyder 546 v. Chr. von den persischen Archämeniden eingenommen worden war, »behielten die Perser für über 20 Jahre das Münzbild bei, verringerten allerdings den Edelmetallgehalt. Das Münzbild leistete ihnen gute Dienste, um eine (nicht vorhandene) Geldstabilität zu suggerieren.« Unter Dareios I. (549–486 v. Chr.) wurde das Bild des Herrschers auf die Münzen geprägt. »Dareios muss als Erster die Wirkungsmöglichkeit der Münzen erkannt haben, die als serielle Objekte in hoher Anzahl gefertigt wurden. Indem sie von Hand zu Hand gingen, verbreiteten sie das Bild des Großkönigs.«[44]

Die Münztechnik wanderte von Ionien nach Griechenland: Auf den Münzen wurden jedoch nicht die Herrscher, sonder Götter abgebildet. Auf der Vorderseite »erschien der Kopf Athenes mit Helm und damit ein Verweis auf die Götterwelt, die dem gesamten griechischen Kulturkreis gemeinsam war«. Diese Münzform breitete sich schlagartig über ganz Griechenland aus und wurde von den erst jetzt entstehenden Geldwechslern betreut.[45] Griechenlands Geld bezog seine Beglaubigung aus den Göttern: »Alles hellenische Geld ist sakral, das Münzfeld heiliger Boden, einem Tempelhaus gleich, welches ohne schwere Versündigung von keinem Sterblichen bewohnt werden darf, und nirgends trat der Unterschied zwischen Hellenen- und Barbarensitte handgreiflicher zutage, als wenn man auf ausländischem Geld die Gestalten des Großkönigs und seiner Satrapen erblickte, während bei den Hellenen auch die eigenwilligsten Tyrannen es nicht wagten, sich mit ihrer Person vorzudrängen.«[46]

Staat und Tempel stellten in Griechenland keinen Gegensatz dar, denn alle Gemeinschaften basierten zunächst auf religiöser Grundlage. »Die Götter waren die ersten Kapitalisten in Griechenland«, schreibt Ernst Curtius, der 1869 zum Thema Geld und Tempel vor der Preußischen Akademie der Wissenschaften vortrug, »ihre Tempel die ältesten Geldinstitute. Die durch regelmäßige Einkünfte, durch Weihungen und Vermächtnisse gebildeten Tempelschätze standen unter der Obhut der Priester, welche mit überlegener Weltkenntnis dieselben auf alle Arten zu mehren wußten. Sie nutzten die Heiligkeit der Tempelörter, um in Zeiten allgemeiner Unsicherheit wertvolle Deposita anzunehmen; sie machten Vorschüsse an Gemeinden und Private, sie beteiligten sich an gewinnbrin-

Silbertetradrachme von Athen, um 460 v. Chr.: Pallas Athene und ihr Symbol, die Eule.

genden Unternehmungen; von ihrer Unterstützung war die Möglichkeit überseeischer Ansiedlungen oder auch einer nachdrücklichen Kriegführung abhängig.«[47] Das Münzwesen gehörte ebenso zur Domäne der Priesterschaft wie Maße und Gewichte, Zeiteinteilung und Kalender.

Später ging das Geld in die Hände des Staates über. Es entstand eine zwischen Bürgerschaft und Priestern geteilte Geldverwaltung – mit der Folge, dass der Staat Beschlag auf die priesterlichen Kassen legte, »wie dies zur Tyrannenzeit in Athen begonnen haben muß, als die Priesterschaft auf Rente gesetzt und von Staats wegen das große Tempelkassenhaus gebaut wurde, welches zugleich der Staatsschatz war«. Auch Münzprägung und Kredit gingen an die weltliche Gemeinde über. Der Übergang war fließend und scheinbar ohne größere Konflikte, »indem man die Säkularisierung der Sache nach vollkommen durchsetzte, aber der Form nach versteckte, also dem Schatzgebäude Tempelform gab, den Schatzbeamten priesterlichen Charakter verlieh und die Gottheit scheinbar im Vollbesitz ihres Eigentums beließ«. Auf der Rückseite der Münzen erschienen nun die Initialen des Stadtnamens. Sie waren »die staatliche Kontrasignatur des priesterlichen Symbols, welches man unverändert ließ; ihr Eintritt bezeichnet die Säkularisierung der Münze«.[48] Bis heute dient der Finanzwirtschaft die Berufung auf den Ursprung des Geldes aus dem Tempel als Beglaubigungsstrategie. Deshalb erinnert die Architektur vieler Banken und Börsen an die Tempelarchitektur Griechenlands.

Parallel zur Verweltlichung der Macht – sichtbar in der Verlagerung der Geldemission

Bank of England.

auf den Staat – vollzog sich in Griechenland eine Anthropomorphisierung der Gottheiten. Die Griechen lösten den Konflikt zwischen göttlicher und menschlicher Herrschaft dadurch, dass sie den Gottheiten ›menschliche Gesichter‹ gaben; auch auf den Münzen. »Die Doppeldeutigkeit, die in der Abbildung eines menschlichen Kopfes und in dessen Interpretation als Götterform liegt, ist genau das Paradox, das den so beobachtenden Kulturkreis schließt.«[49] Das nominalistische Geld, das sich aus dieser Tradition entwickelte, hing also eng mit einem Kult zusammen, der das Transzendente mit dem Weltlichen verband.

Die Anthropomorphisierung der Götter bereitete den Boden für die Vergöttlichung der Herrscher – auch dieser Vorgang ist an den Münzprägungen zu erkennen. Zeigten die frühen Münzen noch »Stiere mit menschlichen Gesichtern und andere Zwischenbildungen«,[50] so wurde das Symbol der Gottheit schließlich durch die Darstellung eines Gottes in Menschengestalt abgelöst. Das geschah unter Alexander dem Großen (356–323 v. Chr.): Nun erschien das *Bild* des Herrschers auf dem Geld. Alexander vermied zwar, das Bild der Götter durch das seine zu ersetzen, aber er gab »den göttlichen Ahnen des Geschlechts ein Profil [...], welches dem des regierenden Enkels ähnlich sah«.[51] Seine Nachfolger, die Diadochen, legitimierten ihre Herrschaft wiederum mit dem Abbild Alexanders auf ihren Münzen.[52] Damit war der Bann endgültig gebrochen: Sobald sich Göttliches und Menschliches vermischt hatten, »ward auch das Münzfeld durch Menschenbilder entweiht«.[53]

In Rom wird die priesterliche Vorherrschaft endgültig durch die politische ersetzt. Zwar befindet sich die Münze weiterhin im Tempel, aber die ›Beglaubigung‹ des Geldes untersteht dem Staat: Die Münze zeigt das Herrscherbild; in Rom verleiht der Kaiser dem Geld seine Glaubwürdigkeit. Dazu muss er freilich zur Gottheit erklärt werden. Die römischen Herrscher legen die »Maske von Göttern« an.[54] Wenn Gottheiten überhaupt noch auf den römischen Münzen dargestellt werden, so mit dem Ziel, die Unterscheidung zwischen einzelnen Münzen von höherem oder niederem Wert zu erleichtern: Jede Münze erhielt einen bestimmten Götterkopf. »Der Römer benutzt religiöse Bilder zu praktischen Zwecken; das wäre in Griechenland unmöglich.«[55]

Münzen werden nun auch für propagandistische Zwecke eingesetzt. »Der erste Akt eines römischen Souveräns nach Amtsantritt, Wahl oder Proklamation durch die Legionen bestand darin, Münzen zu prägen, denn dieser Akt galt als sicherstes Zeichen von Herrschaft.« Die Münzen selbst, so schreibt der Geldhistoriker Alexander Del Mar, wurden auf diese Weise zu »einer Art ›Staats-Gazette‹, in der alle großen Ereignisse der Reiches veröffentlicht wurden«.[56] Unter den römischen Kaisern war Cäsar der erste, der das Bildnis eines Menschen – sein eigenes – auf eine römische Münze prägte.[57] Bei seinem Nachfolger Augustus, der 47 Jahre lang über Rom herrschte, zeigte der ›Aureus‹ das

Autorisierung des Geldes durch den Souverän. Links: das Abbild des deutschen Kaisers auf dem Aachener Tournus-Groschen (1374). Rechts: Fünf-Francs-Stück mit dem Kopf Napoleons (1807).

Bildnis des Kaisers. Daneben stand der Text: *Augustus Divi F(ilius)*, Augustus, Sohn des vergöttlichten Julius Gaius Cäsar.[58] »Julius Caesar verwandelte das Prägen von Goldmünzen in ein heiliges Amt; dieses Vorrecht war an den Souverän und seine Nachfolger gebunden, aber nicht als Kaiser, sondern als Hohe Priester Roms«, so Del Mar. »Als die Anbetung des Kaisertums vom Christentum abgelöst wurde, erschien auf ihnen das Bild Christi.«[59] Die Sakralisierung des Herrschers durch die göttliche Macht blieb für lange Zeit bestimmend, auch unter christlichen Herrschern. Nach der Entmachtung der Kirche wurde das Bildnis auf den Münzen zum Indikator des Souveräns: Bis heute sind viele Münzen mit dem Abbild des Herrschers versehen, gleichgültig, ob dieser monarchisch bestimmt oder gewähltes Staatsoberhaupt ist.

Egal, ob die Beglaubigung göttlicher oder weltlicher Art ist, es ist das geprägte Zeichen, das den Münzen ihren Wert verleiht. Dies verleitete Herrscher von Anfang an zu Fälschungen: Im 4. Jahrhundert v. Chr. lieh sich Dionysios, der Herrscher über Syrakus, von seinen Untertanen Geld gegen Schuldscheine. Um diese zu tilgen, erließ er ein Dekret, wonach – unter Androhung der Todesstrafe – alle Münzen, die eine Drachme wert waren, abgeliefert werden mussten. Auf die eingesammelten Münzen setzt er ein Zwei-Drachmen-Zeichen, mit denen er die Schuldscheine einlöste. Seine Schulden waren so halbiert.[60] Ähnliche Vorgänge gab es auch in Ägypten und anderswo. »Die Fälschung von Münzen war in der Antike so verbreitet, dass ›falsche Münze‹ (griech. *kibdelos*) sprichwörtlich für einen schlechten Charakter stand. (Übrigens heißt im Griechischen *charaktēr* sowohl Gesichtszug als auch Münzstempel).«[61] Ähnlich bezeichnet der Begriff ›falscher Fuffziger‹ bis heute Geldfälschungen *und* betrügerische Personen.

Im Römischen Reich gehörte die Emission von unterwertigen Münzen zur gängigen Praxis, durch die sich Gouverneure und Regierungen bereicherten,[62] und die Praxis der Staatssanierung durch unterwertige Münzen war auch bei späteren Herrschern beliebt. Vor allem das französische monetäre System kennzeichnet eine lange Kette von Abwertungen, die oft reine Fälschungen waren – und dies von Beginn des 11. Jahrhunderts bis 1774, der Thronbesteigung des letzten französischen Königs Ludwig XV. Ludwig IX. (1226–1270) gilt als Ausnahme, aber sogar in seiner Zeit wurde das Livre auf einen Viertel seines Ursprungswertes herabgesetzt. Als Ludwig XI. im Jahr 1461 den Thron bestieg, repräsentierte das Livre nur noch ein Fünfzehntel seines Ausgangswertes.[63] Allein im Jahr 1303 entwertete Frankreich den Silbergehalt seiner Münzen um mehr als 50 Prozent. »Gelegentlich überstieg das Staatseinkommen Frankreichs durch Währungsmanipulationen das aller anderen Einnahmequellen.«[64]

Ähnlich sah es in anderen europäischen Ländern aus. »Unter Ökonomen war Heinrich VIII. von England für seine Beschneidung der Reichsmünzen mindestens ebenso bekannt wie für die Enthauptung seiner Königinnen.«[65] In der Zeit der Herrschaft Heinrichs VIII. und seines Nachfolgers verlor das Englische Pfund 83 Prozent seines Silbergehaltes.[66] Mit der Beglaubigung durch die ›Seigniorage‹ ist es also nicht weit her, und mit diesem Problem setzen sich alle Geldtheorien der letzten 800 Jahre auseinander: von Nikolaus Oresme, der im 14. Jahrhundert das Geld den französischen ›Falschmünzerkönigen‹ entziehen wollte, bis zu Friedrich von Hayek, der 1977 in seinem Buch *Die Entnationalisierung des Geldes* für eine generelle Abschaffung nationaler Währungen plädierte: »Wenn man die Geschichte des Geldes studiert, kann man nicht umhin, sich darüber zu wundern, dass die Menschen den Regierungen so lange Zeit eine Macht anvertraut haben, die sie über 2000 Jahre hinweg in der Regel dazu gebraucht haben, sie auszunützen und zu betrügen.«[67]

Bei der Beglaubigung des nominalistischen Geldes durch eine Autorität sind Zeichensysteme von zentraler Bedeutung. Aber der Zusammenhang von Geld und Schriftlichkeit beginnt nicht erst mit der Münze. Laut Denise Schmandt-Besserat stellen die Schriftsysteme vielmehr die Fortentwicklung früher Formen von Buchhaltung dar, die sich aus den ›Zählsteinen‹ für die Herdenzählung entstanden.[68] Schon in babylonischer Zeit gab es ein reges Vertragswesen, das Kredite und andere Formen von Finanztransaktionen auf Tontafeln festhielt. In seiner einflussreichen Schrift von 1913 *What is Money* stellt der britische Diplomat und Privatgelehrte A. Mitchell Innes dar, dass Geld von Anfang an Schuld und Kredit war, die der Schriftform bedürfen: Das konnte ebenso gut das mittelalterliche Kerbholz wie der moderne Wechsel sein. »Es sind einfache Schuldanerkennungen und allgemeines Handelsinstrument.«[69] Man handelte mit ›Pfandbriefen‹ schon in der Frühgeschichte, und es gab sie – als Währung, die von Hand zu Hand geht – auch auf der italienischen Halbinsel, lange bevor die ersten Münzen geschlagen werden.

In den römischen Schatzkammern fand man frühe Formen von Verträgen: formlose oder in Rundform gepresste Kupfer- und Eisenstücke. Diese ›aes rude‹ und ›aes signatum‹ wurden bei der Herstellung in zwei Teile geteilt, die Symbole eines Versprechens darstellten. Das Wort ›Symbol‹ bezeichnet ursprünglich ein materielles Element, das einen Pakt beglaubigt. Es kommt von *sym-bolon* (›das, was zusammengefügt ist‹). In Griechenland und Rom brach man ein Tongefäß oder ein Metallstück entzwei, jeder Partner erhielt eine Hälfte als Beweis für die Vereinbarung. Es war letztlich dasselbe Prinzip, nach dem Bankkunden noch heute über den einen Schlüssel zu ihrem Safe verfügen, zu dem die Bank den Ergänzungsschlüssel hat. Nur wenn beide Schlüssel zusammenkommen, kann der Safe geöffnet werden. Dieses System von Fragmenten wurde nicht nur bei Schuld- und Kreditverschreibungen verwendet, sondern die Teile selbst konnten auch als Geld – als Schuldanspruch – weitergegeben werden, »so dass wir kaum daran zweifeln können, dass der Handel schon in primitivster Zeit als Kreditsystem und nicht mit irgendeinem ›Tauschmittel‹ betrieben wurde«.[70]

Die Verdrängung des materiellen Wertes durch das Zeichen findet also lange vor der Entstehung des nominalistischen Geldes statt. Das veranlasst Innes zu der Erkenntnis: »Es gibt eine überwältigende Evidenz, dass es nie eine monetäre Einheit gab, die vom Wert einer Münze oder dem Gewicht eines Metalls abhing. […] Faktisch gab es nie so etwas wie einen metallischen Wertstandard.«[71] Innes' Erkenntnisse eines Ursprungs des Geldes aus dem Kredit interessierten John Maynard Keynes und beeinflussten seine Theorie einer (staatlichen) Herstellung von Geld und Reichtum durch den Kredit.[72]

WERT, TAUSCH, GABE, GELD

Der dritte Ursprung des Geldes – aus der Opfergabe – wird nur verständlich, wenn man den Aspekt der Gabe einbezieht, der vor- oder frühmonetäre Gesellschaften kennzeichnet. Er beruht auf dem Prinzip des zeremoniellen Tausches und unterliegt völlig anderen Prinzipien als die der Geldgesellschaften. Dennoch begreift man viele der Phänomene, die das moderne Finanzwesen kennzeichnen (darunter die geschlechtlichen Implikationen des Geldes), nur, wenn man die (hoch komplizierten) Gesetze berücksichtigt, nach denen diese Gesellschaften funktionierten. Sie bestimmen noch heute über einige unserer Verhaltensweisen.

In den Gesellschaften der zeremoniellen Gabe gibt es kein ›nominalistisches‹ Geld, dafür aber viele Naturalien, die die Funktionen von Geld – als Tausch- oder Wertaufbewahrungsmittel – übernehmen: Vieh, Salz, Muscheln, Stockfisch, Tabak, Zucker, Federn, Häute, Leder. Nach dem Zweiten Weltkrieg wurde in Deutschland mangels einer anderen ›glaubwürdigen‹ Währung mit Zigaretten gehandelt. Voraussetzung für diese Art von Tauschmittel ist die Haltbarkeit. Daneben gibt es auch Tauschmittel, deren Wert in ihrer symbolischen Bedeutung liegt: so etwa das ›Steingeld‹ auf der Südseeinsel Yap, die heute zu Japan gehört.[73] Es bestand aus riesigen Steinen, in die ein Loch gebohrt wurde, damit sie transportiert werden konnten. Um die Steine zu holen, mussten die jungen Männer auf die 400 Meilen entfernte Insel Palau fahren und die Steine auf beschwerlichen Kanu- oder Floßfahrten nach Hause transportieren. Sie waren Prestigeobjekte. »Niemand versteckt sein Geld, je mehr Geld vor dem Haus oder dem Dorf steht, desto mächtiger sind seine Bewohner.«[74] Die Steine hatten sogar dann einen Wert, wenn man sie nicht ausstellen konnte. »Als einmal ein großer Stein auf der Fahrt von Palau nach Yap über Bord fiel und seine Hebung unmöglich war, minderte das den

Sammelbilder von
Liebigs Fleisch-
extrakt um 1900.

Reichtum seines Besitzers nicht im Geringsten. Noch Generationen später konnte Eigentum an diesem Stein erworben und übertragen werden, als handle es sich um einen Goldbarren im Tresor einer Bank.«[75] Als die deutsche Kolonialmacht 1899 Yap von den Spaniern erwarb, verschafften sich die Funktionäre solche großen Steine und wurden prompt als Obrigkeit anerkannt. »Nur so konnte sie mit nur einer Handvoll Beamter die Insel regieren.« Die Einführung der Dampfschifffahrt setzte der Symbolik der Steine ein Ende: Der Transport war nun weniger beschwerlich, und es konnten größere Steine transportiert werden. Es kam zur ›Inflation‹ und die Steine verloren ihren Wert.[76] Nur noch die Liebig-Suppe verwendete die Steine als Werbung: Mit Liebigs Fleischextrakt wird man stark und ›steinreich‹ wie die Männer von Yap.

Adam Smith (1723–1790) hat darauf hingewiesen, dass der Begriff ›Wert‹ zwei Bedeutungen hat: den Nutzwert und den Tauschwert. Ersteres gilt etwa für Wasser, letzteres für einen Diamanten.[77] Die Gabe fällt unter die Kategorie des Tauschwertes. Auch Geld ist ein Tauschmittel, aber es funktioniert anders als die Gabe: Es ist ein Zeichen für den *allgemeinen* Tauschwert. Ihm *darf* keine bestimmte Symbolik anhaften, damit es in alles getauscht werden kann: Grund und Boden, Waren oder Dienstleistungen. Nur dann bleibt Geld umlauffähig – wie das englische Wort ›currency‹ für Währung zum Ausdruck bringt. Die Gabe erfüllt eine andere Funktion, die Anthropologen und Ethnologen wie Marcel Mauss, Claude Lévi-Strauss und zuletzt Marcel Hénaff untersucht haben. Bei Gaben gilt das Prinzip der Gegenseitigkeit. Manche Ethnologen nennen das ›wildes Geld‹, Marcel Hénaff spricht von ›zeremonieller Gabe‹.[78] Gaben erfüllen keine ökonomische Funktion; sie haben die Aufgabe, ein soziales Netz von interpersonellen und interkommunalen Bindungen zu schaffen, die das friedliche Zusammenleben von

Gemeinschaften, Clans oder Personen garantieren. Die zeremonielle Gabe impliziert die Anerkennung des Anderen, und diese Praxis, so der französische Anthropologe Marcel Mauss (1872–1950) in seinem Standardwerk *Die Gabe* (1950), beherrscht das Leben der traditionellen Gesellschaften.[79] »Das Netz dieser wechselseitigen Beziehungen bildet die Totalität des sozialen Bandes. Das ist die unsichtbare Hand der Gabenbeziehung«, schreibt Hénaff.[80] Er verwendet mit Absicht den Begriff der ›unsichtbaren Hand‹, der von Adam Smith geprägt (zum ersten Mal in seiner Schrift *Theorie der ethischen Gefühle*[81]) und ab 1800 zu *dem* Schlagwort für den funktionierenden Markt wurde: ein Markt, der sich selbst überlassen und durch das Gesetz von Angebot und Nachfrage geregelt wird. Bei den Gesellschaften, die nach dem Gesetz der zeremoniellen Gabe leben, bezeichnet die ›unsichtbare Hand‹ das soziale Netzwerk, das Gesellschaften mit Hilfe dieses Instruments knüpfen.

Während beim kommerziellen Tausch mit Geld ein Objekt angenommen oder abgelehnt werden kann, beinhaltet das System der zeremoniellen Gabe die Verpflichtung, die Gabe anzunehmen und sie mit einer anderen Gabe zu erwidern. Eine Nicht-Annahme wie auch die Nicht-Erwiderung kommt einer Kriegserklärung und offener Feindseligkeit gleich.[82] Zwar gibt es daneben auch den Handelstausch, aber er gehört einer anderen Sphäre an.[83] Erst beim ›normalen‹ Handelstausch – ohne Gabe und Gegengabe – kann von ›Geld‹ die Rede sein. Die Unterscheidung zwischen Gabe und Tauschmittel wird allerdings dadurch kompliziert, dass ein und dieselben Materialien für beides verwendet werden können: »Das klassische Beispiel ist die Gesellschaft der Baruy, wo innerhalb der Gemeinschaft Salz als rituelle Gabe getauscht und emotional hoch bewertet wird, während es im Austausch mit anderen Gemeinschaften die Funktion einer Währung einnimmt; es bewertet den Wert von und bezahlt für importierte Waren.«[84] Auch Münzen, so haben John Parry und Maurice Bloch dargestellt, können manchmal zu Gaben werden: etwa dann, wenn sie – wie der Maria-Theresien-Taler – als Schmuckstück getragen werden oder ein Gefäß zieren.[85] »Man kann also feststellen, daß ein und dasselbe Gut dadurch, daß es einen anderen Kreislauf nimmt, vom Status einer Einheit ritueller Leistung in den eines Zahlungsmittels übergeht; bemerkenswert ist dabei, daß sich die beiden Logiken nicht vermischen.«[86] Dasselbe galt auch für die frühen griechischen Münzen, die oft anlässlich von Wettkämpfen verliehen wurden, oder für manche chinesische Münzen, die auch als Auszeichnungen vergeben wurden.

Während Geldgeschäfte oft ›im Stillen‹ durchgeführt werden – je höher die Summe, desto wichtiger die Diskretion –, muss die zeremonielle Gabe öffentlich stattfinden: »Nicht nur *muß sie bekannt sein,* sondern sie würde, sollte sie es nicht sein, ihren Zweck verfehlen, der ja gerade darin besteht, gegenseitige und öffentliche Anerkennung zu bewirken, das soziale Band zu knüpfen oder zu verstärken.«[87] Auch in den modernen Gesellschaften existiert die zeremonielle Gabe als gegenseitige Anerkennung: etwa bei der Einladung zum Abendessen oder der Überreichung von Geburtstagsgeschenken. Das sind ›Aufmerksamkeiten‹, die eine soziale Funktion haben. Manchmal vermischt sich allerdings die ökonomische Funktion mit der Funktion der Gabe – etwa bei Geschäftsessen.

Bei der Gabe, so Marcel Mauss, gibt man sich selbst, »und zwar darum, weil man sich selbst – sich und seine Besitztümer – den anderen ›schuldet‹«.[88] Diese Implikation des Gebers in die gegebene Sache, so Hénaff, ist nicht metaphorisch gemeint: »Das ganze Netz der Leistungen besteht darin, daß jeder *anderswo* etwas von sich riskiert und *bei sich* etwas von dem anderen erhält.«[89] Das spielt für den Tausch von Frauen eine wichtige Rolle, wie das Beispiel des Federgelds von Santa Cruz, einer Insel der Salomonen-Gruppe, zeigt. Es besteht aus den leuchtend roten Brustfedern des kleinen Nektarvogels, die auf eine Rolle aufgeklebt werden: »Diese 60 000 winzigen Federchen geben der Doppelrolle ihr prächtiges Aussehen« und werden als Brautpreis überreicht. Solches ›Federgeld‹ wurde auf der Hauptinsel Ndende hergestellt und hier wie auf den 100 Kilometern entfernten Riffinseln als Brautgeld verwendet. Die Männer der Riffinseln fuhren zur See, es gab einen Frauenüberschuss. Die Bewohner von Ndende heirateten diese Frauen und bezahlten den Riffleuten den Brautpreis in Form von Federgeldrollen. Der Brautpreis betrug 10 Rollen. Die Riffbewohner verwendeten das Federgeld, um auf Ndende Holz zum Bau ihrer Boote zu kaufen, das dort reichlich vorhanden war.[90] Das Brautgeld – und damit auch die Braut – bilden also einen Teil des zeremoniellen Tausches, der die beiden Gruppen miteinander verbindet und ökonomisch absichert. Deshalb, so Hénaff, ist der Begriff ›Brautpreis‹ auch falsch: »Dieser berühmte ›Preis‹ ist in Wahrheit nur eine der am weitesten verbreiteten und wichtigsten Formen der Gabe/Gegengabe-Beziehungen. Infolgedessen haben die bei dieser Gelegenheit verwendeten ›Gelder‹ nichts mit dem Handelsgeld zu tun.«[91]

Wie dieses Beispiel zeigt, findet das Beziehungsgeflecht, das durch die Gabe etabliert wird, seine größte Verdichtung im Austausch der Frauen: der höchsten Gabe, die eine Gruppe vom ›Eigenen‹ zu geben vermag. Der Anthropologe Claude Lévi-Strauss (1908 bis 2010) hat den Gabentausch von Marcel Mauss in diesem Sinne weiterentwickelt und schlug vor, in der Exogamie den zentralen Teil des Gabentausches zu sehen.[92] Dass Frauen in den Gabentausch einbezogen werden, bedeutet *nicht,* dass sie zur ›Ware‹ werden, die ›zwischen Männern‹ getauscht werden, wie manche Autoren und Autorinnen Lévi-Strauss interpretiert haben. Denn erstens werden sie nicht zwischen Männern, sondern zwischen Gemeinschaften getauscht, denen auch Frauen angehören; und zweitens bedeutet dieser Tausch, dass sie das wichtigste Band des sozialen ›Netzwerks‹ bilden. So schreibt Marilyn Strathern über melanesische Stämme, dass diese »tatsächlich eine gewisse Äquivalenz zwischen Frauen und Reichtum herstellen. Aber ich würde argumentieren, dass dies nichts mit Eigentum – im Sinne von Verfügungsrecht über Objekte – zu tun hat. Es hat mehr mit der Art zu tun, wie Reichtum mit einer Person in Beziehung gesetzt wird.«[93]

Das Inzestverbot, so Lévi-Strauss, beruht nicht auf angeborenem oder psychologischem Widerwillen gegen Geschlechtsverkehr mit engen Verwandten. Vielmehr entspricht es einem gesellschaftlichen Regelwerk: »Wie die Exogamie, die seinen erweiterten sozialen Ausdruck bildet, ist auch das Inzestverbot eine Regel der Gegenseitigkeit. Die Frau, die man sich versagt und die man dir versagt, wird gerade dadurch angeboten. Wem wird sie angeboten? Bald einer durch Institutionen definierten Gruppe, bald einem unbestimmten und stets offenen Kollektiv, begrenzt nur durch den Ausschluß der nahen Verwandten, wie es in unserer Gesellschaft der Fall ist.«[94] Auf diese Weise bildet die Exogamie den »Archetypus aller anderen auf Gegenseitigkeit beruhenden Ausdrucksformen«.[95] Da die Gabe zugleich einen Teil des Selbst darstellt, ist sie als »Substitut des Lebens« zu verstehen, wobei unter ›Leben‹ nicht nur die biologische Tatsache, sondern auch das Leben (die Kontinuität) der Gemeinschaft zu verstehen ist: »Dieses ›Geld‹ und diese Güter sind das Pfand dafür, daß der Gebergruppe zu gegebener Zeit eine andere Gattin zurückgegeben wird.«[96] Mit dieser Bezahlung, so schreibt Lewis Hyde in seinem Buch *Die Gabe* (1979) ist der künftige ›Kinderreichtum‹ gemeint.[97]

»Die zeremonielle Gabe hat die wunderbare Fähigkeit, das Ferne in die Nähe zu rücken, es zu zähmen, vertraut zu machen. Doch gleichzeitig macht sie die Anerkennung des Fremden *als solchen* nahezu unmöglich. Die Wahl scheint zwischen vereinnahmen und ausschließen zu bestehen. Und eine Funktion des Marktes wird es gerade sein, den Unterschied zwischen dem Nächsten und dem Fremden zu ignorieren; für den Verkäufer ist jeder, der das nötige Geld besitzt und den angegebenen Preis zahlen kann, ein gültiger Partner.«[98] Wenn aber der Unterschied zwischen dem Nächsten und dem Fremden dank des Geldes verschwindet, so erfüllt auch die Exogamie als Prinzip der gegenseitigen Gabe keinen Sinn mehr; und tatsächlich gibt es in den Gesetzbüchern einiger Staaten – etwa Brasilien oder Frankreich – keinen Paragraphen, der die Eheschließung zwischen Geschwistern verbietet. Noch bis ins 17. Jahrhundert untersagte die katholische Kirche Eheschließungen zwischen Verwandten 4. oder 5. Grades – ein Verbot, das mit der Etablierung der Macht der Kirche ausgeweitet worden war.[99] Im Verlauf des 19. Jahrhunderts (in dem sich der Triumphzug des Kapitalismus und des Papiergeldes vollzog) kam es auf juristischer und sozialer Ebene zu einer faktischen Aufweichung des

Inzestverbots, wie der Historiker David Sabean in einer mikro-historischen Studie der Familien- und Verwandtschaftsverhältnisse in der kleinen süddeutschen Stadt Neckarshausen nachgewiesen hat.[100]

Die Kehrseite der Gabe ist die Rache. »Die zeremonielle Rache der traditionellen Gesellschaften ist bei weitem keine Entfesselung schierer Gewalt, sondern eine Art und Weise, sie streng zu begrenzen; sie ist eine höchst ausgeklügelte Form, Justiz zu üben.« Wie die Gabe beruht sie auf Gegenseitigkeit: »Die Beleidigung wird als kollektiv empfunden und verpflichtet die ganze Gemeinschaft gegenüber dem Beleidiger.«[101] In die Logik der Rache gehört auch der Frauenraub, der oft mit Töten auf eine Stufe gestellt wird. In vielen Kulturen, so Hénaff, besteht eine Homologie von ›Blutpreis‹ und ›Brautpreis‹. Dies werde durch die Tatsache bestätigt, »daß die Entschädigung für die Tötung eines Menschen sehr häufig in der Gewährung einer Gattin besteht«.[102] Da sich das Rachesystem potentiell unendlich perpetuiert, entstanden zentrale Autoritäten, die das Prinzip ›Leben‹ gegen ›Leben‹ durch eine Schuldform ersetzten: Substitute wie Rinder oder Geld traten an die Stelle der Blutrache. Eine solche Autorität setzt sowohl eine Art von ›Währung‹ (Vieh oder Kamele) als auch ein Schriftsystem voraus: »Man stellt hier die Entstehung eines öffentlichen Raums fest, der immer stärker als Raum der Stadt und ihrer Gesetze bekräftigt werden sollte, die niedergeschrieben, allen bekannt und für alle gleich sein müssen.«[103] Geld tritt nun an die Stelle der Entschädigung für Leben oder Schmerzen.

Das Geld löst also traditionelle Gesellschaftsformen auf. Zugleich tritt eine neue Form des Schuldverhältnisses auf – die Schuld gegenüber der Schöpfung. »Der Wandel zeichnet sich überall ab, wo sich die Beherrschung des Lebens durchsetzt und die Beherrschung der veränderten Welt über die wilde Welt, des Gekochten über das Rohe (für die Kulturen, die im Zeichen des Feuers stehen) sich festigt: die Welt des Opfers. Die Opfergeste wird die Antwort auf die neue Form der Schuld sein; sie wird auch deren Heiligung sein.«[104] Mit diesem Opfer wird ein zentrales Moment der Geldwirtschaft vorweggenommen, und dies schlägt sich unter anderem in der Bedeutung nieder, die der Metaphorik des Blutes in der Geldwirtschaft zugewiesen wird.

Das Blut ist das wichtigste Symbol in der Logik der zeremoniellen Gabe: Sowohl beim Tausch von Frauen als auch bei der Blutrache symbolisiert es ›Leben‹. Dabei bezieht es sich auf »eine Gesamtheit von Personen und Gütern, Kräften und Werten, Glaubensvorstellungen und Riten, die die Einheit und den Zusammenhalt der Gruppe begründen«. Es ist »Symbol der Vereinigung und Kontinuität der Sippe und der Generationen«.[105] An sich müsste dieses Symbol mit der Aufhebung des Prinzips der Gabe und Rache seine Bedeutung verlieren. Es wanderte jedoch in die Geldwirtschaft hinüber und wurde zum Symbol des Geldes: als ›das rote Blut des Kapitals‹. So etwa wenn Thomas Hobbes (1588 bis 1679) im *Leviathan* den Kreislauf des Geldes in der Volkswirtschaft mit dem Blutkreislauf im menschlichen Körper vergleicht.[106] Oder wenn der französische ›Volksmund‹ die »Angewohnheit französischer Monarchien in Episoden externer Schulden, einheimische Gläubiger hinzurichten (eine frühe und entscheidende Form der ›Schuldrestrukturierung‹), in der Umgangssprache als ›Aderlass‹ bezeichnet«.[107] Die Macht des Symbols Blut für die moderne Geldwirtschaft ist nur vor dem Hintergrund seiner langen Geschichte und Symbolik im zeremoniellen Tausch zu verstehen. Das abstrakte Geld will sich einerseits im ›Leben‹ verankern: sowohl im biologischen Leben des Einzelnen als auch im Leben der Gemeinschaft, die als ein Sozial*körper* verstanden wird.[108] Andererseits bedarf es aber auch des Bezugs zum ›realen Opfer‹, das den Schuldverhältnissen und ihrer Auslösung bei der Blutrache eignet. Im Übergang von der Gesellschaft der zeremoniellen Gabe zur reinen Geldwirtschaft wird so aus dem Blut, das für ›Leben‹ steht, das Kapital, das seine Beglaubigung im Bezug zum Leben sucht. Insofern wird im Zusammenhang mit dem Geld, das an die Stelle der Blutrache und des ›Brautpreises‹ getreten ist, die Symbolik des Blutes als Repräsentant des Lebens aufgegriffen, nun aber dient das Blut als Beglaubigungsstrategie.

DIE LOGIK DES OPFERS

Was hat es mit dem Ursprung des Geldes aus dem Opfer auf sich? Das Wort ›Geld‹ leitet sich ab vom germanischen Wort ›gelt‹, Götteropfer. Es hängt zusammen mit ›gelten‹, das soviel wie zurückzahlen, zahlen, kosten, wert sein, vergelten, entschädigen, aber auch zerschneiden bedeutet. Also ist Geld »die der Gottheit zu entrichtende Abgabe«.[109] Es besteht aber nicht nur eine etymologische Beziehung zwischen dem sakralen Opfer und der Entstehung des nominalistischen Geldes. Das zeigt die Entstehungsgeschichte des Opfers. Paläolithische Gesellschaften kennen das Opfer nicht. »Ganz allgemein fehlt es in den Jäger/Sammler-Gesellschaften oder in den Gesellschaften, die die Viehzucht nicht kennen und einen begrenzten Gartenanbau betreiben.« Deren Schöpfungsgeschichten, so Hénaff, bestehen niemals aus Opferszenarien; »von keinem Opferritus wird angenommen, daß er das Universum erneuert (wie bei den Azteken). Das Universum der Jäger und Sammler ist eine geschenkte, von Anfang an verfügbare Welt. […] Diese natürliche Welt *ist* die göttliche Welt.«[110]

Der Opferkult tritt erst in sesshaften Gesellschaften auf, die Landwirtschaft betreiben und Tiere domestizieren. »Überall, wo das Opfer anzutreffen ist, ist die geopferte Weihgabe ein Haustier oder eine Kulturpflanze, kurz, ein von den Menschen erzeugtes Leben.« Nie wird ein wildes Tier geopfert, immer nur ein Haustier: Hammel, Ziege, Ochse, Huhn, Büffel oder Schwein. Denn erst in den Hirten- und Ackerbau-Gesellschaften tritt eine ›Schuld‹ gegenüber den Gottheiten auf: für den Eingriff des Menschen in die Natur, die eigentlich den Gottheiten gehört und von ihnen geschenkt wird. »Das Opfer scheint die Funktion zu haben, darauf hinzuwirken, daß die Götter diese Macht akzeptieren, indem man ihnen zeigt, daß man symbolisch darauf verzichtet: man opfert ihnen ein von den Menschen produziertes Leben.« Andersherum erkennt der Mensch durch das Opfer aber auch an, »daß die Welt, die er erzeugt, ihm dennoch von den Göttern gegeben wird; daher die Notwendigkeit, daß die geopferte Sache dem Produkt seiner technischen Tätigkeit entnommen wird oder allem, was seine Macht offenbart, als erstes die gefährliche und allzu befriedigende Macht, die er über das Leben erworben hat.«[111]

Aus dieser Logik einer ›Schuld‹ gegenüber der Schöpfung und dem Schöpfer leitet sich die in der Hebräischen Bibel geforderte Abgabe des Erstgeborenen einer Herde oder des Zehnten des Ertrags der Ackerfrucht an Gott (oder den Tempel) ab. Auf diese Weise zeigt der Mensch, dass er »Gottes Eigentumsanspruch« anerkennt.[112] Vom Erstlingsopfer sind nur die Menschen ausgenommen: Die erstgeborenen Kinder sollen ›gelöst‹, d. h. durch ein junges Tier ersetzt werden.[113] So wird in Genesis 22 auch ausdrücklich darauf hingewiesen, dass Gott zwar berechtigt wäre, »ein Menschenopfer zu verlangen, es aber nicht will«.[114] Von diesem Ersatz handelt die verhinderte Opferung Isaaks, für den stellvertretend ein Widder dargebracht wird. Insgesamt ist das Opfer »das Verfahren, durch das die Menschen, indem sie ein Lebewesen opfern, den Göttern die letzte Kontrolle über die Natur und vor allem über das Leben zurückgeben, das sie sich zum Teil angeeignet haben«.[115]

Mit anderen Worten: Wie die Gabe besteht auch das Opfer darin, »*etwas von sich selbst als Pfand abzutreten, etwas, was mit dem Körper oder den Gütern des Opfernden oder der Gruppe, die die Opfergabe darbringt, assimiliert wird«.* Daher, so Hénaff, auch die Hypothese, dass die Opfer zunächst Menschenopfer waren, bevor diese durch Tiere ersetzt wurden. Er betrachtet diese Genealogie als »nicht bewiesen, sie ist sogar unwahrscheinlich. Es ist sehr gut möglich, daß die beiden Typen von Schlachtopfern – Menschen und Tiere – nebeneinander bestanden.«[116] Tatsächlich ist die Existenz des Menschenopfers unter Ethnologen und Antikenforschern umstritten. Doch die Symbolik des Opfers meint immer auch das Leben des Opfernden selbst: »Anthropologisch gesagt, kann man insofern von vollkommener Gabe sprechen, als das gemachte Geschenk der Geber in Person ist.«[117] Deshalb verzichteten die Orphiker auf den Verzehr von Fleisch, wie der Philologe und Religionswissenschaftler Karl Kerényi (1897–1973) an den Aussagen des neuen Pythagoras von Akragaras darstellt: »Die unglücklichen Menschen wissen nicht, daß sie ihre Väter, Mütter und Söhne schlachten und das eigene Fleisch hinunterschlingen.« Er führt den Widerwillen gegen das Rindsopfer auf uralte religiöse Gründe aus jener Vorzeit zurück, »in der das Rind das heilige Tier der altmediterranen Welt war«.[118] Aber nicht nur die Tatsache, dass das Rind als ›heilig‹ begriffen wurde, ist als Indiz für die enge Verbindung zum Menschen und die Rolle des Rinds als Substitut bei den Opferriten zu verstehen.

In seinem Buch *Die Zahlungsmittel der Naturvölker in Afrika* (1957) verdeutlicht Jürgen Deutsch den Zusammenhang. Lange bevor Araber und Europäer Afrikaner versklavten, gehörten Versklavung und Sklavenhandel zum innerafrikanischen Brauch. Das hing weniger mit dem Bedarf an Arbeitskräften als mit kultischen Zwecken zusammen: Die Versklavung von Stammesfremden diente »ursprünglich der Bereitstellung von Menschenopfern […]. Die Sklaverei war also ursprünglich nicht ökonomisch, sondern kultisch begründet.« Der Kult entsprach einer zyklischen Zeitvorstellung, in der sich der Wechselrhythmus der Natur mit Untergang und Neugeburt widerspiegelt. Die Vorstellung besagt, »daß ebenso, wie die Pflanze im Jahresverlauf stirbt, um aus dem Samen neu zu erwachsen, auch das menschliche Leben des Todes bedarf, um erhalten zu werden«. Sie schuf die Notwendigkeit, »stets eine Anzahl von Sklaven für Opferzwecke bereitzuhalten; das gehörte zur normalen Lebensvorsorge«. Zugleich waren die Sklaven aber auch »verwendbar als Zahlungseinheiten«. Da alle Gemeinschaften Sklaven brauchten und »nur gesunde, kräftige Sklaven und Sklavinnen für Opferzwecke verwendet werden durften«, wurden sie zu einem begehrten Tauschmittel. »Der Sklavenbesitz bedeutet damit ein Vermögen in jenem Doppelsinne, wie er unter primitiven Verhältnissen so häufig ist; Vermögen war sowohl ökonomische wie durchaus unökonomische Kategorie, letzteres wohl im überwiegenden Maße.«[119]

In der Einleitung wies ich auf den Wortursprung des Wortes ›Kapital‹ hin, der sich von den Köpfen einer Herde ableitet, deren Junge wiederum die ›Zinsen‹ sind. Hier geht es um dieselbe Logik – übertragen auf den menschlichen Körper: »Die Akposso in Togo nennen z. B. das Kind einer Sklavenfamilie ›njidome‹, den ›Gewinn‹. In Unfreiheit geborene Kinder gehören dem Besitzer der Eltern. Die Aufzucht von Sklavenkindern führte daher zur Vermögensvermehrung und war in Afrika sicher gewinnbringender als die Verwendung der Sklaven selbst im Arbeitseinsatz. Der Sklavenbesitz war deshalb eine regelrechte Kapitalanlage, die in Form von Kindern reiche Zinsen trug.« Nach dem Eindringen arabischer und europäischer Kultur verschwindet der kultische Aspekt des Sklavenhandels »aus dem Zahlungsverkehr Afrikas«; zurück blieb nur der kommerzielle. Deutsch geht davon aus, dass die Hamiten »die Ablösung des Menschenopfers durch das

Rind fertig ausgebildet nach Afrika hineingetragen haben«. Andersherum wurde auch mit Vieh als ›Geld‹ Menschenleben gekauft. Das gilt nicht nur für den Sklavenhandel: »1 Sklave = 30 Stück Stoff = 6 Ochsen = 10 Thaler (Sudan)«.[120]

Die Substitution von Mensch durch Vieh zeigt sich auch in der griechischen und römischen Antike: so etwa, wenn Stieropfer für Tote erbracht wurden, die eines gewaltsamen Todes gestorben waren (meistens waren sie in der Schlacht gefallen): »Dieser Stier ist offenbar zunächst nichts anderes als der Stellvertreter der Feinde, die den Held erschlagen haben, deren man aber nicht habhaft werden kann«.[121] Das heißt, auch hier handelt es sich um einen Vorgang der Substitution, bei der – wie bei der Rache – ein Tier für Menschenleben einsteht. Das Vieh wird so zum *Zahlungsmittel* für menschliches Leben.

Genau besehen, bedarf es also gar keiner direkten Ableitung des Tieropfers vom Menschenopfer, sobald im Tauschgeschäft das Vieh zu einem *Symbol* für ›Menschenleben‹ wird. Anders als bei der zeremoniellen Gabe zwischen Menschen, die untereinander Güter, oft auch lebendige Güter tauschen, beruht die Macht der sakralen Opfergabe darauf, »dass durch die *Zerstörung* der dargebotenen Sache etwas *Irreversibles* erzeugt wird; besonders dann, wenn es sich um ein Leben handelt, besagt es, daß kein Rückzug mehr möglich ist.«[122] Weil die Gottheit, anders als der Mensch, als Adressat der zeremoniellen Gabe nicht zu fassen ist, muss das Opfer besonders groß sein. Das hat zur Folge, »die Wahl eines Lebewesens als Opfergabe zu begünstigen […] Selbst wenn auch Pflanzen oder – selten – Gegenstände ›geopfert‹ werden können, so scheint doch das Vergießen von Blut eine außerordentliche Bedeutung zu haben. Überall kommt das Blut dem Leben selbst gleich, und das Leben ist das, was den höchsten Wert darstellt.«[123] Die Zerstörung der Opfergabe, so Marcel Mauss, zielt »gerade darauf ab, eine Schenkung zu sein, die notwendig vergolten wird«.[124] Die zeremonielle Gabe verlangt nach einer Gegengabe, aber das Opfer ist mehr: Es hängt »mit einer Wette zusammen – was an Erpressung grenzt: Wie kann eine derart *riskante*, derart endgültige Geste nicht *günstig* beantwortet werden?«[125]

DER URSPRUNG DES GELDES AUS DEM OPFER

Alle materiellen Deckungen des Geldes erweisen sich bei näherem Hinsehen als Illusion. Dasselbe gilt für die Autorität als Beglaubigungssystem des Geldes: Gerade sie verleitet zu Fälschungen und Abwertungen. Wenn aber beide Formen der Geldbeglaubigung so unzuverlässig sind, warum haben sich dann die Menschen immer wieder auf das Geld als Mittel des Tausches oder der Wertaufbewahrung verlassen? Könnte es sein, dass der dritte Ursprung des Geldes – aus dem Opferkult – eine nachhaltigere Form von Glaubwürdigkeit bietet? Die ersten Münzen Chinas und anderer Kulturgebiete hatten oft eine Spatenform; sie verwiesen damit auf ›die Schuld‹ gegenüber der Schöpfung der ersten sesshaften und Landwirtschaft betreibenden Gesellschaften: ein Beispiel unter anderen, dass sich das Geld, um Glaubwürdigkeit zu erlangen, auf den Ursprung aus dieser ›Schuld‹ beruft.

1924 veröffentlichte der Altertumswissenschaftler Bernhard Laum ein Buch unter dem Titel *Heiliges Geld*. Seine Darstellung begründet das Geld im Opferkult. Anders als die Lyder verfügten die Griechen über wenig Edelmetallvorkommen; umso größer die Rolle, die dem Zeichen auf der Münze zukam. Als ab etwa 600 v. Chr. viele griechische Städte ihre eigenen Münzen zu prägen begannen, kam es zu einem »Währungsanarchismus«.[126] Doch eines vereinte die verschiedenen Zeichen: Sie verwiesen alle auf den mit der Verehrung der Gottheit verbundenen Opferkult: Tieropfer (Stierköpfe), Opferwerkzeuge (ein Beil) oder auch Fruchtbarkeitssymbole. Es waren Symbole, die sich an den Opferkulten sesshafter Agrargesellschaften ausrichteten.

Weil die Münzen auf das Opfer verwiesen, befanden sich die Prägestätten im Tempel: Das Geld der Tempel, so stellt Laum dar, entstand als ein Substitut für das klassische Objekt der Wertbemessung, in homerischer Zeit das Rind, das auch in anderen Kulturgebieten eine gängige Form der Währung war. Auch das lateinische Wort für Geld, ›pecunia‹ (bis heute erhalten im ›Pekuniären‹), leitet sich ab von pecus, Rind. Bei den Griechen wurde das geopferte Rind von der Opfergemeinschaft verzehrt.[127] Die Teilnahme am Opfermahl stellte »die Entlohnung dar für Dienste, die dem Staat geleistet werden«. Sie war somit »ein Symbol des Bürgerrechts«. Das gemeinsame Opfermahl war konstitutiv für die Gemeinschaft: Nomos, womit später ganz allgemein das staatliche Gesetz bezeichnet wird, bedeutet ursprünglich die ›Verteilungsordnung‹ und liegt zugleich dem griechischen Wort für ›Geld‹ und dem Begriff der Numismatik zugrunde. »Im sakralen Nomos liegen die Anfänge der staatlichen Währung.« Bei Ausgrabungen fand man in den Inventaren der Tempel Opferspieße, die von den Opfermahlzeiten erzählen. Das Wort *obolós,* von dem sich unser ›Obolus‹ ableitet, heißt nichts anderes als ›Opferspieß‹. Die bekannteste griechische Münzeinheit hieß *obolós* - in direkter Ableitung vom ›Bratenspieß‹. »In diesen öffentlichen Mahlzeiten«, so Laum, »liegt der Keim der öffentlichen Finanzwirtschaft, sie stellen die primitivste Form des öffentlichen Haushaltes dar.«[128]

Die Gemeinschaft konstituierte sich also über ein gemeinsames Opfermahl; die Teilnahme implizierte die Unterwerfung unter das *Prinzip* der Gemeinschaft. In Rom war

Frühe Münzen aus Ephesos: auf den Münzen Symbole für Opfertiere oder Opfergeräte.

›Moneta‹ der Beiname der Göttin Juno (davon leiten sich das Monetäre ebenso wie das Englische ›money‹ und die französische ›monnaie‹, das Münzgeld, ab). Der Name ›Moneta‹ kommt von lat. ›monere‹: ›erinnern‹ wie auch ›mahnen, auffordern, zureden, veranlassen‹ und ›zurechtweisen, züchtigen‹ – allesamt Bedeutungen, die auf Domestizierung und Unterwerfung hinweisen. »Als Moneta ist die Göttin die Verteilerin oder die Zuteilerin, die mit Waage, Scheffel oder Elle – den ihr auf Münzen beigegebenen Sinnbildern ihrer Tätigkeit – den einzelnen ihren Anteil an den Gaben der öffentlichen Verteilung, die häufig auch öffentliche Ehrungen und Belohnungen sind, zumißt.«[129] Das Opfermahl als Gemeinschaft konstituierender Ritus findet später im Heiligen Abendmahl der christlichen Kirche ebenso seinen Ausdruck wie in der Gilde (der Zunft), die ihren Namen vom Begriff des ›Geldes‹ ableitet und ›Opfergemeinschaft‹ bedeutet.[130]

Allmählich »wird das Zahlungsmittel der Götter auch Zahlungsmittel zwischen den Menschen. Die ›für den kultischen Verkehr geschaffene Norm‹ geht in den privaten Verkehr über.«[131] An die Stelle der Spieße traten Münzen, auf die Opfersymbole geprägt waren. »In der Geschichte der griechischen Eigentumswirtschaft wird diese erste Währungsumstellung von Tempelgeräten zu Münzen König Pheidon von Argos zugeschrieben (konventionell irgendwann zwischen dem frühen 8. Jh. und 669 v. u. Z. datiert).«[132] Für die ausgegebenen Münzen zog er die Spieße ein. Es handelt sich also um eine ganz andere Herkunft der Münzen als im Fall des lydischen Herrschers Gyges. Doch der Vorgang geschieht etwa zur gleichen Zeit. Die griechischen Münzen entstanden als Symbole und Ersatz für das geopferte Tier, während den Münzprägungen der Lyder Edelmetalle zugrunde lagen, die zusätzlich mit einem (religiös konnotierten) Bild versehen wurden. Die griechischen Münzen hatten keinen materiellen Wert. Mit ihnen traten an die Stelle von realen, wertvollen und vergänglichen Gütern, die dem Tempel vermacht wurden, imaginäre, wertlose Dinge, die jedoch als Tauschmittel im Verkehr zwischen Göttern und Menschen die gleiche Geltung hatten. Das Symbol war manchmal nur ein Opferkuchen in Tiergestalt, in anderen Fällen ein Tierbild aus Ton, Kupfer oder Bronze; gelegentlich war es auch nur ein dünnes, innen hohles Blech. »Ihr Wert liegt nicht in ihrem materialen Gehalt, sondern nur in der Funktion, die sie im Verkehr zwischen Gott und Mensch erfüllen.« Das nominalistische Geld beruhte also auf seinem Wert als *Symbol* für das Opfer[133] – und dieses Symbol selbst wurde immer abstrakter: Auf den Münzen erinnerten bald nur noch zwei Stierhörner oder ein Beil an den ursprünglichen Opferakt. Aus diesem Verweis bezog das Geld seine Glaubwürdigkeit – und dies bis heute.

Münzen ohne Edelmetallgehalt waren auch für den profanen Handel geeignet. Sie konnten von Hand zu Hand wandern, ohne ihren Wert einzubüßen. Bald war ganz Griechenland mit Münzstätten überzogen; es entstand eine neue Wirtschaftsform. »Obwohl sich der Nennwert der Münzen deutlich von ihrem Metallwert zu entfernen begann, war doch das Vertrauen auf die Rücknahme der Münzen groß genug geworden,

Die deutsche Rentenbank wirbt mit diesem Bild für ihre weltweiten Aktivitäten.

um sie ›in Zahlung‹ zu nehmen.«[134] Bald spielte der metallische Wert der Münzen überhaupt keine Rolle mehr. Viele Gelehrte, so schreibt Mitchell Innes, haben versucht, die griechischen Münzen zu klassifizieren, um den Standardwert verschiedener griechischer Prägungen herauszufinden. Aber das erwies sich als eine Illusion: Es gab keinen Standard. »Für eine metallische Theorie gibt es im alten Griechenland keine Belege. Die antiken Münzen Roms hatten unterschiedliche Wertzeichen, aber das Auffallendste an ihnen ist die extreme Irregularität ihres Gewichts.«[135] Das nominalistische Geld war eine Währung, deren Wert auf einem Glaubensvorschuss beruhte – und dieser war allein dadurch bestimmt, dass die Münze ein symbolisch hoch aufgeladenes Stück vom Opferfleisch *repräsentierte.*

Der frühe *obolós* war als »eine primitive Form von ›notalem Geld mit Deckung‹« zu verstehen. Die ›Deckung‹ bestand im sakralen Ursprung aus dem Opfer.[136] Der Stempel auf der Münze erklärte diese zum Eigentum der Gottheit: »Von hier aus begreift man, dass Fälschen von Münzen ein sakrales Verbrechen ist und in allen griechischen Staaten mit dem Tode bestraft wird.«[137] Dasselbe traf auch auf späteres Geld zu, das von profanen Herrschern oder Gemeinschaften ›beglaubigt‹ wurde: Auf die Weigerung, Geld anzunehmen, stand sowohl in europäischen Ländern als auch in China die Todesstrafe. Dasselbe galt für die Assignaten, das Papiergeld der Französischen Revolution: »1790 erhielten die Assignaten Zwangskurs. Anfang 1793 wurde mit sechsjähriger, später mit zwanzigjähriger Haftstrafe bedroht, wer Papiergeld nicht so wie Gold und Silber in Zahlung nahm. Als das immer noch nichts half, verschärfte man die Strafe im September 1793 abermals: auf dieses ›Delikt‹ stand nun Tod und Vermögenskonfiskation. Schon diskreditierende Äußerungen über die Assignaten oder der Gebrauch des Wortes ›Staatsbankrott‹ waren streng verboten.«[138] Auch so kann man dem Geld durch Menschenleben Beglaubigung verschaffen.

Um die Macht der Beglaubigungsstrategie des symbolischen – oder nominalistischen – Geldes zu begreifen, muss man sich erinnern, dass im Opfer das Selbst enthalten ist. Das geopferte Tier war nicht notwendigerweise ein Ersatz für das Menschenopfer. Dennoch *erinnerte* es daran, dass der Mensch etwas von sich selbst gibt, um seine Schuld gegenüber der Gottheit für den Eingriff in ihre Schöpfung abzutragen. »In Ägypten stellte das Siegel, mit welchem die Opfertiere bezeichnet wurden [d. h. zur Opferung freigegeben wurden, weil sie als rein galten], einen knienden Mann dar, der mit auf den Rücken gebundenen Händen an einen Pfahl befestigt ist und dem das Messer ›an der Kehle sitzt‹. Darin kommt zum Ausdruck, daß das Vieh Stellvertreter des Menschen ist; das Siegel stellt die Verbindung her zwischen dem Original- und dem Ersatzopfer. Die gleiche Idee liegt den ältesten Münzbildern zugrunde.«[139] Erst aus dieser ursprünglichen Idee, dass das Geld nicht nur ein Substitut für das Tieropfer, sondern letztlich selbst ein symbolisches Menschenopfer ist, begreift man, warum einem reinen Zeichen soviel Glauben geschenkt werden kann. Laums Buch erschien, wie erwähnt, 1924, kurz nach der Hyperinflation, die Deutschlands Ökonomie und den Glauben an das Geld erschüttert hatte. Diese Inflation hatte viele Menschen am eigenen Leibe erfahren lassen, wie eng der Opfergedanke und der Glaube an das Geld zusammenhängen.

In denselben Tempeln, in denen die Stiere der Göttin – Hera oder Aphrodite – dargebracht wurden, befand sich die Münze. Der Fruchtbarkeitskult um diese Göttinnen bedurfte der Opferriten, und diese ließen wiederum den Handel blühen. Der Heratempel auf dem lakinischen Vorgebirge, welcher das religiöse Zentrum aller Italioten und mit allen Städten durch Prozessionsstraßen verbunden war, wurde »zugleich ein Sitz des Reichtums, ein Kreuzpunkt des überseeischen wie binnenländischen Verkehrs, ein Zentrum des Gewerbefleißes und wahrscheinlich auch der Ausgangspunkt für Ausbeutung und Bergwerke am skylletischen und terinäischen Meerbusen«. Auch in den Aphroditetempeln verband sich Geld mit Fruchtbarkeitskult. »In Paphos zum Beispiel wurden geweihte Bildchen der Göttin feilgeboten, und die Schiffer stiegen vom Hafen herauf, um sich davon einzukaufen.«[140] So entstand in Griechenland in einem sich über Jahrhunderte hinziehenden Prozess eine komplexe Wirtschaftsform, »die niemand erfunden hatte und die dennoch verständlich war. Diese Form des Geldmediums hat die griechische Wirtschaft revolutioniert und ihr zu ihrer jahrhundertelangen Vorherrschaft im östlichen Mittelmeerraum verholfen – bis die Römer lernten, ein zumindest ähnliches Zeichensystem zu erzeugen.«[141]

An die Bilder der ›Fruchtbarkeitsgöttinnen‹ schließen Finanzinstitute bis heute an. So etwa, wenn die Deutsche Bank ihre Anlageberater mit dem Bild einer Gärtnerin mit Gießkanne bewirbt, die sich um »Ihre zarten Pflänzchen« kümmert: »Erfolgreiche Gärtner und Anleger haben etwas gemeinsam: Nur wer frühzeitig den Boden richtig vorbereitet, Saatgut und Pflanzen sorgfältig auswählt, hat eine Chance, sich morgen über eine gute Ernte zu freuen.«[142] Bis ins 20. Jahrhundert tragen viele Münzen Fruchtbarkeitssymbole; man erinnert sich an das Zehnpfennig-Stück mit seiner Getreideähre. Das heißt, der religiöse Ursprung des Geldes aus dem Opferritus, der einen integralen Bestandteil der Fruchtbarkeitskulte bildete, mag schon vor 2000 Jahren aus dem Gedächtnis verschwunden sein, doch unbewusst wird immer wieder daran appelliert. Und je mehr den in den modernen Banken hinterlegten Depots und Währungen die materielle Glaubwürdigkeit fehlt, desto deutlicher wird der Appell an den Ursprung aus dem Opfer: Nur so lässt sich im kollektiven Imaginären der ›Glaube‹ ans Geld aufrechterhalten. Wenn aber Opfer und Fruchtbarkeit so eng miteinander verbunden sind, wie sollte dann die moderne Wirtschaft *ohne* Opfer zum Erblühen gebracht werden?

Von den drei Ursprungsgeschichten des Geldes scheint sich der Ursprung aus dem Opfer am nachhaltigsten erhalten zu haben. Laut Alfred Kallir erinnern die Zeichen unserer Währungen bis heute an das ursprüngliche Stieropfer, das der Entstehung des nominalistischen Geldes vorausging: Die zwei Striche, die den Dollar ($), das englische Pfund (£) und neuerdings auch den Euro (€) zieren, sind Relikte der Stierhörner.[143] Sie wurden auch vom japanischen Yen (¥) und dem chinesischen Yuan (¥) übernommen, obgleich die japanische wie die chinesische Geldgeschichte auf ganz anderen Traditionen beruhen. Das heißt, noch heute beziehen sich moderne Geldzeichen auf die sakrale

Herkunft des Geldes aus dem Opferkult. Der Bezug zum Opfer hat nicht durchweg die Geschichte des Geldes begleitet: D-Mark und Franc, um nur diese zu nennen, kamen ohne den Bezug zum Opfer im Geldzeichen aus. Stattdessen verwiesen sie auf den Souverän, die Nation. Währungsbegriffe wie ›Livre‹ oder ›Pfund‹ erinnern an Gewichte und damit an materielle Werte. Warum dann der Bezug in den modernen Geldzeichen – und warum taucht das Opferzeichen zunächst bei den Währungen auf, die als Erste mit dem Papiergeld experimentierten wie das englische Pfund und der amerikanische Dollar? Im Museum der Bundesbank in Frankfurt werden die zwei Striche im Euro als »Parallellinien, die für die Stabilität der gemeinsamen Währung stehen«, interpretiert. Warum sie dann auch Dollar, Pfund, Yen und Yuan schmücken, erklärt diese Deutung schwerlich. Wohl aber kann man an diesen Zeichen erkennen, dass sich die modernen Währungen auch heute – und verstärkt seitdem es Papier- und elektronisches Geld gibt – auf das Opfer berufen, um ihre Glaubwürdigkeit zu sichern. Auch der Stier an der Börse ist ein Symptom für das lange Weiterwirken der Erinnerung an den Ursprung des Geldes aus dem Opfer.

£ $ €   ¥

Moderne Geldzeichen: die zwei Striche verweisen auf die Hörner des Stiers.

Für den französischen Ökonomen André Orléan ist es evident, dass das Geld in den modernen Gesellschaften ein Netzwerk konstituiert, das der Gesellschaft der Gabe nicht unähnlich ist. Für ihn stellt das Geld kein ›Instrument‹ des Handels dar, sondern ist Kernbedingung sozialer Kohäsion. Das Geld sei »ein öffentliches Gut, das an das Sakrale stößt, wie der soziale Glauben, auf dem es beruht, zeigt«. Geld zu haben heiße, bei der Gemeinschaft über einen ›Kredit‹ zu verfügen. Denn im Geld ist die Gesellschaft selbst gegenwärtig: »Wenn das Geld ›spricht‹, d. h. sichtbar wird, geschieht dies nie in der Sprache der Ökonomie, sondern immer in der des Souveräns.« Seine ›Sprache‹ kann ebenso gut im Gesetzbuch (das dem Staat die Emission vorbehält und dem Einzelnen verbietet, Geld zu drucken) zum Ausdruck kommen wie im Spruch auf den amerikanischen Dollarnoten: »In God we trust«. Kurz: Das Geld erhält seine Glaubwürdigkeit durch die Anrufung des Glaubens an die Gemeinschaft.[144]

Diese Anrufung geht über die Lebenszeit des Einzelnen hinaus. Wenn Menschen in eine Rentenkasse einzahlen, so Orléan, kommt dieses Geld nicht ihnen selbst, sondern den Generationen vor ihnen zugute. Sie tun es aber in der Erwartung, dass das Geld auch dann, wenn sie selber das Rentenalter erreicht haben, noch etwas wert sein wird. Er schließt daraus: »Was die Bereitschaft, Geld anzunehmen, motiviert, ist der Glaube, dass auch die künftige Generation dieses Geld akzeptieren wird – und so weiter über viele Generationen.« So entsteht eine »eine Kette des Glaubens« – vergleichbar der Nation selbst, der nicht nur die Lebenden, sondern auch die Verstorbenen und noch nicht Geborenen angehören. Man solle, so sagt er, das Verhältnis von Individuum und Gemeinschaft auf der Ebene einer »Lebensschuld« denken, in der das Geld ein wichtiges Medium bildet. Das »finanzielle Band ist konstitutiv für die menschliche Gemeinschaft«, denn es ermöglicht den Menschen, »die Lebensschuld abzutragen«.[145]

Allerdings widerspricht dieser ›Glaube‹ an die Gemeinschaft dem Grundgedanken der freien Marktwirtschaft, in deren Zentrum das Individuum steht. Deshalb kann das Geld als Glaubenssystem nur funktionieren, »wenn die Gemeinschaft als außerhalb der Individuen stehend gedacht wird«. Auch in den Gesellschaften der Gabe ist die Gemeinschaft dem Individuum übergeordnet. Der individuelle Tod wird durch die Fortdauer der Gemeinschaft ›überwunden‹. In den modernen Gesellschaften erfüllt das Geld diese Funktion: Es bindet eine Generation an die nächste. »Das Geld wird gebraucht, weil Menschen sterben.«[146] Darauf beruht wiederum seine Glaubwürdigkeit: Das Vertrauen ist die Kehrseite der Gewalt, dem der sterbliche Mensch ausgesetzt ist.[147] Einen Faktor übersieht Orléan allerdings: die Rolle des Opfers bei diesem Vorgang. Er erkennt die Sakralität des Geldes wie auch die Tatsache, dass es seine Macht der Nähe zur Religion verdankt. Er bezieht den Tod ein – aber er denkt die Gemeinschaft in Kategorien von Nation, nicht von Opfergemeinschaft. Deshalb entgeht ihm auch die Symbolik des Euro-Zeichens, wenn er schreibt: »Da es keine gemeinsamen nationalen Symbole gibt, haben die Scheine keine Zugehörigkeitssymbolik mehr, sondern nur architekturale Gestalten. Das ist bezeichnend für die Erosion der Gemeinschaft«.[148] Umso aufschlussreicher, dass sich die Euro-Gemeinschaft bei der Wahl ihres Währungssymbols darauf beruft, eine Opfergemeinschaft zu bilden: eine Gemeinschaft, die älter ist als die europäischen Nationen und ausgerechnet in Griechenland ihren Ursprung hatte.

DAS SYMBOLISCHE OPFER*

Seit der völligen Ablösung des Geldes von materiellen Werten scheint der Gedanke des Opfers als ›Garant‹ der Wertigkeit des Geldes immer stärker geworden zu sein. Allerdings nahm der Opfergedanke dabei neue Züge an, die auch der Veränderung des Geldes

---

* Ich verwende den Begriff des ›symbolischen Opfers‹ in einem anderen Sinne als Jacques Lacan dies tut. Dort impliziert der Begriff die Erkenntnis der eigenen Sterblichkeit. Dagegen bezieht er sich hier auf den Ritus des Stieropfers und sein symbolisches Weiterleben im Geldwesen.

entsprachen. Die Einführung von Münzen, so schreibt Reden, »verweist auf eine Verschiebung der Autorität über soziale Gerechtigkeit von den Göttern zur Polis. Die ersten Schritte zur Einführung von Münzen entsprachen somit einem Niedergang des Glaubens an die Zuverlässigkeit der göttlichen Gerechtigkeit.«[149] Die Münzen entstanden zwar im Tempel, und ihr Prägebild berief sich auf den Opferkult, doch bereiteten sie auch den Weg für den Niedergang der Götter und damit des Opferkultes. Die Einschränkung des Opferwesens begann im späten 7. Jahrhundert v. Chr. mit Solon.[150] Im 4. Jahrhundert, so Hénaff, waren die großen Opferriten in Griechenland weitgehend verschwunden.[151] Das Prägebild auf den Münzen zeigte aber weiterhin Symbole für das Opfer. Das Symbol hatte sich also verselbständigt, und es bedurfte zur Wahrung der Glaubwürdigkeit des Geldes nicht mehr des realen Opfers. Wenn sich aber eine Gesellschaft von den Göttern soweit unabhängig gemacht hat, dass sie ihnen nicht mehr opfert, warum hält sie dann noch an den Symbolen für das Opfer fest? Und wenn das nominalistische Geld seine Glaubwürdigkeit nicht mehr aus der Erinnerung an das Opfer bezieht – woraus bezieht es dann seine Gültigkeit?

Indem Staat oder Polis – statt des Tempels – die Garantie für das Geld übernahmen, entstand ein Paradoxon: Eine der beiden Säulen, auf denen der weltliche Staat ruht, ist das Recht zur Emission von Geld. In Aristoteles' *Nikomachischer Ethik* folgt die Definition des Geldes auf mehrere Kapitel, die der Frage der Gerechtigkeit gewidmet sind. »Es muß also Eines geben, welches das gemeinsame Maß vorstellt, und zwar kraft positiver Übereinkunft vorstellt, weshalb es auch Nomisma heißt, gleichsam ein vom Gesetz, Nomos, aufgestelltes Wertmaß. Denn alles wird nach ihm gemessen.«[152] Geld erscheint bei Aristoteles nicht als die Folge »eines von Menschen gesetzten Gesetzes, sondern als das mächtige ›Eine‹, als eine in jeder Weise Maß und Orientierung gebende Macht, als die eigentliche, eigentümlich subjektlose, Subjekte unterwerfende Monarchie.«[153] Für ihn sind alle Bürger gleich vor dem Gesetz, und einer der ›Schiedsrichter‹ dieser Gerechtigkeit ist das Geld. Das heißt, für Aristoteles wird das Geld »zu einem grundlegenden Aspekt der Gerechtigkeit, genauer der gerechten Beziehungen zwischen den Staatsbürgern«.[154] Für *den* großen Theoretiker des neuen Staatswesens ist also das politische Leben, die ›koinōnia‹, was soviel wie ›Gemeinschaft‹ bedeutet, nicht vom ökonomischen Leben zu trennen. Vielmehr ermöglicht gerade das Geld den gerechten Tausch innerhalb dieser Gemeinschaft, so wie das Gesetz die Gleichheit aller Bürger sichert. Das Wort *koinon* (allgemein, öffentlich), von dem sich später das lateinische ›com-‹ und ›cum-‹ ableitet, wurde schon in der griechischen Antike zu einem Begriff für das Prägerecht von Münzen.[155] Damit dreht Aristoteles das Verhältnis von Geld und *nomos* auf spektakuläre Weise um. War das Geld zunächst aus der Verteilungsordnung beim Opfer entstanden, das die Gemeinschaft konstituierte, so wird es nun (neben dem Gesetz) zu einer der *Grundlagen* der Gemeinschaft. Wie aber kann der Staat dem Geld Glaubwürdigkeit verleihen, wenn er selbst seine Glaubwürdigkeit aus dem Geld (dem Emissionsrecht) bezieht?

Könnte es nicht sein, dass sich mit der Verweltlichung der Macht auch eine dieser Weltlichkeit angemessene Form des Opfers durchgesetzt hatte? Es entstand eine neue Art des *sacrificium,* bei dem der Opfernde beim Opferakt, wie bisher, einen ›Teil des Selbst‹ darbietet. Doch anders als zuvor ist der ›Empfänger‹ des Opfers keine Gottheit, sondern das allgemeingültige Prinzip Vernunft und Logik, das die Polis regiert. Die Unterwerfung unter das Prinzip der Vernunft impliziert einen hohen Preis: die Art von Entkörperung, die mit jeder Abstraktion einhergeht. Das heißt, nicht nur hat sich das Opfer entmaterialisiert und ist nur noch symbolisch auf der Münze repräsentiert, sondern auch der ›Opferakt‹ selbst nimmt symbolische Gestalt an: Er findet seinen Ausdruck in den vielen Domestizierungsstrategien und Askeseforderungen, die die Geschichte des nominalistischen Geldes begleiten: von Aristoteles über Calvin, Webers *Protestantischer Ethik* bis zum modernen Finanzmanagement. Jérôme Kerviel, der 2008 fast fünf Milliarden Euro der Société Générale verspielte, sagte der Polizei bei seiner Befragung, dass er in den Tagen, bevor er sich in die letzten Investitionen stürzte, nicht mehr geschlafen, nichts gegessen und eine Zigarette nach der anderen geraucht habe. Bis auf die Zigaretten hielt er sich an die Klosterordnung des Heiligen Benedikt: *ora et labora* – nur dass die Konzentration auf Gott durch die auf das Geld ersetzt wurde. ›Dein Wille geschehe‹, betet der Christ im Glaubensbekenntnis. Eine ähnliche Ergebenheit fordert auch das Geld ein. Und es liefert ähnliche Erfahrungen. Für den Mystiker führte die spirituelle Erfahrung zu einer Versenkung in das Jetzt: »Wo sieht man Gott?«, fragt Meister Eckehart. Seine Antwort: »Wo nicht Gestern noch Morgen ist, wo ein Heute ist und ein Jetzt, da sieht man Gott.«[156] Eine ähnliche Erfahrung der vollkommenen Versenkung in das Jetzt macht heute jeder Trader, wenn er vor seinem Computer sitzt und in Bruchteilen von Sekunden Entscheidungen treffen muss.

Die neue Form des symbolischen Opfers wird allerdings nur verständlich, wenn man einen weiteren Faktor einbezieht: das Alphabet, das neue Schriftsystem Griechenlands, das ebenfalls eng mit Religion und Opfer zusammenhängt und das einen ähnlich domestizierenden Effekt wie das nominalistische Geld hat.

Die Griechen, wie vor ihnen Babylon oder Ägypten, verfügten schon lange vor der eigentlichen Geldwirtschaft über Banken, Depositen, Kapitalien, Verzinsungen. »Der Banker führte Bücher, in denen auch Überschreibungen auf andere Bankkunden vorgenommen wurden. In Rom verwalteten öffentliche und private argentarii für das Publikum Geld als depositum oder als creditum. Sie führten genaue, vor Gericht anerkannte Bücher, in denen alle Banknutzer eine zu bilanzierende pagina mit debit und credit hatten, die insgesamt mit den Buchungen in einem Kassenbuch der Bank übereinstimmen mußten.«[157] Die vormonetäre Form der Geldwirtschaft ging oft mit Wucher einher; die Verschuldung konnte mit dem Verlust der Freiheit des Zahlungsunfähigen enden und dazu führen, dass er und seine ganze Sippe in die Sklaverei ins Ausland verkauft wurden. Solons Gesetzgebung setzte dieser Form von Verschuldung ein Ende.[158] Er verfügte die Möglichkeit einer Entschuldung für die in Not Geratenen, zumeist Bauern. Dabei gingen die Schulden vom Gläubiger, meist ein Großgrundbesitzer, auf eine zentrale Instanz über, mit dem Effekt, »dass die bäuerliche Abhängigkeit vom örtlichen reichen Landbesitzer auf den Tyrannen übertragen wurde; auf diese Weise wurde die *patronage* zentralisiert und die Tyrannei unterstützt«.[159] (Der Begriff des ›Tyrannen‹, daran sei hier erinnert, bedeutet ursprünglich nichts anderes als die Machtausübung durch einen Herrscher, der nicht transzendental oder dynastisch legitimiert ist.) Die ›Patronage‹ (Schutzmacht) implizierte also die Abschaffung der Leibeigenschaft und bildete die Grundlage für die Entstehung der Polis mit ihren gleichberechtigten Bürgern. Sie war möglich, weil Menschen mit Geld freigekauft wurden.

»Moderne Wissenschaftler argumentieren, dass das 6. Jahrhundert eine Periode war, in der Bindungen individueller Abhängigkeit gelockert und in die Bindung des Staatsbürgers überführt wurden«, schreibt Sitta von Reden. Der Wandel begleitete die Ablösung des Geldes vom traditionellen (Land)-Eigentum. Die Anerkennung des Münzgeldes als Möglichkeit der Entschuldung implizierte zugleich die Anerkennung der *polis* als Institution, die Gerechtigkeit und Wohlstand verwaltet. Berief sich die Aristokratie mit ihrem ererbten Vermögen auf ein göttliches Recht, so ging dieser Anspruch nun verloren. Mit der Einführung des Münzwesens vollziehen sich also mehrere Prozesse: Einerseits kommt es zu einer »Rückläufigkeit des Glaubens an die Zuverlässigkeit des göttlichen Rechts«,[160] andererseits aber auch zu einer Rückläufigkeit der Herrschaft der alten Aristokratie.

John H. Kroll und andere Wissenschaftler haben die Einführung des Münzwesens mit den solonischen Reformen und der Abschaffung des Schuldregimes in Verbindung gebracht.[161] Reden argumentiert dagegen, weil »Münzen erst im zweiten Viertel des 6. Jahrhunderts in Griechenland eingeführt wurden«[162], also nach Solons Reformen. Doch, wie Kroll zeigt, erfüllte Silber in der Form von gewogenen Klumpen oder Barren in einigen Gegenden Griechenlands schon hundert Jahre zuvor alle Funktionen des Geldes.[163] Vor allem aber fielen Solons Reformen unbestreitbar in die Zeit nach der Einführung des Alphabets in Griechenland um 800 v. Chr. Dieses bildete noch vor dem nominalistischen Geld die Grundlage des neuen Staatswesens.

Ende des 6. Jahrhunderts »beginnen die drei wichtigsten Münzen Griechenlands standardisierte Embleme zu zeigen«.[164] Einen ähnlichen Standardisierungsprozess durchlief auch das griechische Alphabet, bis um 403 v. Chr. in Athen das jüngere ionische Alphabet zur Amtssprache erhoben und für den Schulunterricht vorgeschrieben wurde. Dieser Akt, »die erste Schriftreform auf europäischem Boden«, implizierte, so Haarmann, die Vereinheitlichung der griechischen Schriftsysteme und damit die »Normierung des Alphabets«. Danach entwickelte sich das klassische Alphabet allmählich »zum zentralen Kulturträger des antiken Hellenismus«.[165] Das Wort ›koine‹, das laut Aristoteles mit der koinōnia zur Basis des Staates wird, bezeichnet ursprünglich die gemeinsame Sprache eines Gebietes, in dem viele verschiedene Sprachen gesprochen werden, eine ›lingua franca‹ wie später Latein; darüber hinaus ist es der Name für die »Schriftsprache der Griechen vom Ende des klassischen Zeitalters bis zur byzantinischen Zeit«.[166] Bei der koinōnia handelt es sich also um eine Gemeinschaft, deren Sprache durch Verschriftung vereinheitlicht wurde.

Mit seinen 21 bis 26 Zeichen hat das Alphabet den Vorteil, dass jeder dieses Schriftsystem schnell erlernen kann. Damit war es (anders als etwa in Ägypten mit seinen zahlreichen hieroglyphischen Schriftzeichen) keiner Elite mehr möglich, Herrschaftsanspruch über das Gedächtnis der Gemeinschaft zu erheben – ein Anspruch, der meist zur Legitimierung der gegenwärtigen Herrschaftsverhältnisse dient. Mit dem alphabetischen Schriftsystem war Wissen potentiell jedem zugänglich.[167] Auch die Geldwirtschaft ermöglichte die Aufbrechung traditioneller Hierarchien. Das zeigt schon das oben beschriebene Beispiel von Gyges, dem ersten ›Händlerkönig‹. Seit der Existenz des nominalistischen Geldes gibt es keinen anderen Faktor, der so deutlich neuen sozialen Schichten den Weg zum Aufstieg ebnet. Die Geldwirtschaft bewirkte in Griechenland wie später in Rom eine hohe soziale Mobilität innerhalb der freien Schichten und sogar die Freilassung ehemaliger Sklaven. Sowohl in Athen als auch in Rom, so hat Elisabeth Herrmann-Otto es in ihrer Darstellung der Sklaverei in der Antike dargestellt, blieben Finanzgeschäfte zumeist Unfreien überlassen, die auf diese Weise oft in der sozialen Hierarchie über freie Bürger aufstiegen. Freie römische Bürger nahmen sogar freiwillig die

Unfreiheit in Kauf, um in die Finanzgeschäfte einsteigen zu können. Sklaven konnten als Vertrauenspersonen ihrer Herren hoch in der sozialen Skala aufsteigen und genügend Geld erwerben, »um sich später freizukaufen und rechtskräftig freigelassen zu werden, weil eine *iusta servitus* vorliegt«.[168] Deshalb stand der Aristokrat Platon den Händlern auch so ablehnend gegenüber: Handel und Geld stellten den Herrschaftsanspruch der alten Elite in Frage. Er sah im Geld ein ›Gift‹ für die Gemeinschaft.[169] Der Handel sollte Fremden überlassen bleiben – Menschen ohne Bürgerrechte. »Die Maßnahme ist deutlich präventiv: eingrenzen, absondern, überwachen. Die Handelstätigkeit wird weniger als eine Krankheit betrachtet, die sich behandeln läßt, sondern vielmehr als eine Epidemie, die eine Quarantäne erfordert.«[170]

Aristoteles nennt – neben dem Geld – das Gesetz als zweite Basis des Staates: Auf der Basis eines allgemeingültigen und gemeinsamen Rechts beruhen alle modernen Staatswesen (auch dann, wenn sie das Gesetz brechen). Das Gesetz ist aber nichts anderes als eine verschriftete Form von Gemeinschaftsregeln, die den Einzelnen binden und die Gemeinschaft als solche konstituieren. In seiner schriftlichen – und damit unvergänglichen – Form steht das Gesetz über dem Sterblichen. Der Antike war dies bewusst, wie Nicole Loraux, die sich als »Historikerin des Imaginären« bezeichnete,[171] am Beispiel von Euripides' *Schutzflehenden* gezeigt hat. Da heißt es: »Nichts ist dem Volke so verhaßt wie ein Tyrann./Dort gelten nicht als Höchstes die gemeinsamen/Gesetze; *einer* schaltet als Gesetzesherr/ganz unumschränkt; und das ist keine Gleichheit mehr./Doch wurden die Gesetze schriftlich festgelegt,/genießt der Arme wie der Reiche gleiches Recht.«[172]

Geld und Alphabet entwickeln sich parallel zueinander, und auch die Auswirkungen dieser beiden Zeichensysteme sind sehr ähnlich. Das Hauptmerkmal alphabetischer Schriftsysteme besteht darin, dass sie (verglichen mit Piktogrammschriften) erstens sehr wenige Zeichen brauchen und dass sie zweitens Phoneme – also gesprochene Laute – in visuelle Zeichen überführen. Das Wort wird so dem lebendigen und sprechenden Körper entrissen, was einen hohen Grad an Abstraktion und einen Prozess der Entkörperung impliziert. Das Schreiben, so Walter Ong, »ist eine ›imperialistische‹ Tätigkeit«: »Obwohl Wörter im oralen Sprechen wurzeln, bannt sie die Schrift für alle Zeit in ein visuelles Feld.«[173] Auf der anderen Seite ermöglicht die Schrift es aber auch, das orale Kulturgut – Gedanken, Worte, Gesänge, etwa Homers Epen – zu verewigen.

Die der alphabetischen Schriftlichkeit inhärente Abstraktion brachte im semitischen Sprachraum eine abstrakte Gottesvorstellung hervor: einen Gott, der nicht zu sehen ist, der sich nur in den Zeichen der Schrift offenbart und der ›durch das Wort‹ oder den Gedanken die Welt erschafft. Dieser Gott entsteht mit dem jüdischen Monotheismus. In Griechenland hingegen setzte sich der Gedanke durch, dass die menschliche Vernunft die Welt zu gestalten vermag. Das griechische Alphabet schuf eine Hierarchie zwischen dem ›höheren‹ geschriebenen und dem ›niederen‹ gesprochenen Wort – anders als das semitische Alphabet, das in der jüdischen Religion zu einer Gleichwertigkeit von Schriftlichkeit und Oralität führte: Die Thora bildet einen unveränderbaren Kanon, während in der griechischen, lateinischen und später christlichen Tradition ein Kanon den vorhergehenden ablöst.[174] Hier entsteht ein ›fließender Kanon‹: Die Texte erzeugen ihre eigenen ›Sprösslinge‹.[175] Deshalb ist es auch kein Zufall, dass der Buchdruck in der christlichen Kulturwelt erfunden wurde; er war eine Notwendigkeit, um die Reproduktionsfähigkeit des Textes zu sichern: So wie das Geld will auch das Buch sich vermehren und ›Junge‹ zeugen.

Literalität, so schreibt Ong, »ist unumgänglich für die Entwicklung nicht nur der Naturwissenschaft, sondern auch der Geschichtswissenschaft, der Philosophie, für das erklärende Verstehen von Literatur und Kunst, sowie für die Erklärung der Sprache selbst (einschließlich der oralen Rede).«[176] Diese Aussage gilt vor allem für Griechenland. Während mit der Hebräischen Bibel eine ›Heilige Schrift‹ entstand, in der sich ein außerweltlicher Gott offenbart, entwickelt sich in Griechenland das abstrakte Denken, das es dem Menschen erlaubt, sich selbst außerhalb der umgebenden Realität zu stellen. Platons *Staat,* die erste Utopie des Abendlandes, ist dafür ein beredtes Beispiel. Platon hatte ein tiefes Misstrauen gegenüber der Schrift – aus Gründen, die mit den demokratisierenden Tendenzen des Alphabets zusammenhängen. Doch im *Staat* entwickelt er ein soziales Modell, das nur im abstrakten Schriftdenken möglich ist: etwa die Phantasie einer menschlichen Fortpflanzung, die nicht dem Gesetz der Natur, sondern dem der Berechenbarkeit unterliegt.

Die Tatsache, dass sich das nominalistische Geld – als Zeichensystem – nur 150 Jahre nach dem griechischen Alphabet durchsetzt, findet in den ökonomischen Geldtheorien nur wenig Berücksichtigung. Wenn aber die Griechen eine Geldform entwickelten, bei der sich der Wert der Münzen weitgehend von ihrem materiellen Gehalt unabhängig macht, so deshalb, weil durch das griechische Alphabet eine eigenständige Denkform entstanden war, die auf der Verschriftung des Denkens beruht. Sie entsprach dem Prinzip, auf dem auch das nominalistische Geld basiert: Die Exkarnation der Sprache verläuft parallel zur Exkarnation der Tauschmittel. Im einen Fall (dem Alphabet) ersetzt ein visuelles Zeichen das gesprochene (an den Körper gebundene) Wort; im anderen Fall (dem Geld) tritt ein Zeichen an die Stelle des materiellen Opfers. Beim Geld wie beim Alphabet findet ein Abstraktionsprozess statt, der den Körper einer ›Entleibung‹ und die Materie einer Entmaterialisierung aussetzt.

Die abstrakten Symbole, die durch Alphabet und Geld geschaffen wurden, implizierten einen neuen Ewigkeitsgedanken. In seinem Buch über die Gestalt des Dionysos weist Karl Kerényi darauf hin, dass die griechische Sprache zwei Begriffe für ›Leben‹ kennt: *bios* und *zoë*. *Bios* ist das einzelne, begrenzte Leben; *zoë* dagegen das Prinzip Leben. *Zoë* ist »der Faden, auf den jeder einzelne *bios* wie eine Perle aufgereiht wird und der im Gegensatz zum *bios* nur als *unendlich* gedacht werden kann«.[177] *Zoë* wird so zur Grundlage aller religiösen und philosophischen Reflexionen über ›das Leben‹, und vom griechischen Standpunkt aus müsste die moderne Biologie auch ›Zoologie‹ heißen.[178] In Gesellschaften des zeremoniellen Tausches verbindet sich das ›ewige Leben‹ mit der Gemeinschaft, die den Einzelnen überlebt. Mit dem Alphabet trat dagegen ein neuer Ewigkeitsgedanke auf: Das abstrakte Zeichen kann weiterleben, wenn es sich vom Körper trennt. Dasselbe gilt für das Geld, wo sich ebenfalls ein Zeichen von der Materie loslöst hat und ein Eigenleben führt.

Diesen Gedanken verfolgt Mark Shell in seinem Buch *The Economy of Literature*. Das Geld hat nicht nur den Wandel politischer Herrschaftssysteme (etwa die Entstehung des Tyrannen, der sich ein Heer kaufen kann), sondern auch das Aufkommen neuer Denkformen ermöglicht.[179] Die vom Geld herbeigeführte Abstraktion von der Realität führte zu einer allgemeinen Unterscheidung zwischen Idee und Wirklichkeit, womit der Grundstein für die Entstehung der Philosophie gelegt wurde. Die Philosophen der Antike, so Shell, sind sich dieser Erbschaft aus der Ökonomie durchaus bewusst, verbirgt sich doch schon hinter dem Mythos um Gyges der Gedanke des abstrakten politischen Denkens: Er gilt nicht nur als erster Münzer, ihm wird auch die Fähigkeit unterstellt, sich unsichtbar zu machen. Der Mythos, so Shell, verweist auf eine Art, Wirklichkeit zu denken, die das Unsichtbare einschließt und die abstrakte Form als Realität betrachtet. »Die Genealogie der Geldform entspricht der Studie einer neuen Logik, die das Geld des Geistes ist.«[180] Mit dieser Bemerkung zitiert Shell Karl Marx, der die Logik als »das Geld des Geistes« bezeichnet hat.[181] Aber anders als Marx meint er dies nicht metaphorisch, sondern historisch: Er sieht einen engen Zusammenhang zwischen dem Abstraktionsprozess, aus dem das Geld hervorgeht, und der Abstraktion des Denkens durch die Verschriftung der Sprache, wie sie sich mit dem griechischen Alphabet vollzieht. Das Alphabet schuf das Modell und damit auch die Voraussetzungen dafür, dass sich ein Symbol oder Zeichen (das Geld) an die Stelle von materieller Realität setzen konnte. Beim Alphabet handelt es sich um den exkarnierten Gedanken, der sich von den Fesseln des Fleisches (der oralen Sprache) befreit hat. Beim Geld tritt an die Stelle der Materie oder des leiblichen Opfers ein Zeichen, das dieses ersetzt und zugleich überflüssig macht.

Das griechische Alphabet impliziert einen Vorgang der Entkörperung, auf den der Begriff des ›symbolischen Opfers‹ zutrifft. Nur wird in diesem Fall nicht ein stellvertretendes Opfer (das Tier) dargebracht, sondern jeder, der lesen und schreiben lernt, hat dieses Opfer zu erbringen. Walter Ong hat den großen Verlust der ›primären Oralität‹*mit Worten dargestellt, die deutlich an den Opfervorgang erinnern: Für Menschen, welche in der Oralität verwurzelt sind und die Literalität anstreben, »bedeutet diese Erkenntnis ein Verhängnis. Sie wissen, daß der Schritt in die aufregende Welt der Literalität auch bedeutet, schöne und geliebte Dinge aus der frühen oralen Welt zu verlieren. Um weiterzuleben, müssen wir sterben.«[182] Das Opfer, das mit der Aneignung des Alphabets einhergeht, verbindet sich in Schriftgesellschaften mit dem Prinzip Rationalität, Geistigkeit, Philosophie und Wissenschaftlichkeit. Soviel Zivilisatorisches diese Abstraktionsfähigkeit auch bringt, sie fordert auch einen hohen Preis vom menschlichen Körper: die Trennung zwischen Denken (Kopf) und Leib (Sinnlichkeit, Gefühl) – ein Einschnitt, den jedes Kind beim Erlernen des Alphabets am eigenen Körper erfährt.

* Bei der sekundären Oralität handelt es sich um die mündliche Kommunikation von Menschen, die lesen und schreiben können, den Verlust also am eigenen Leibe schon erfahren haben.

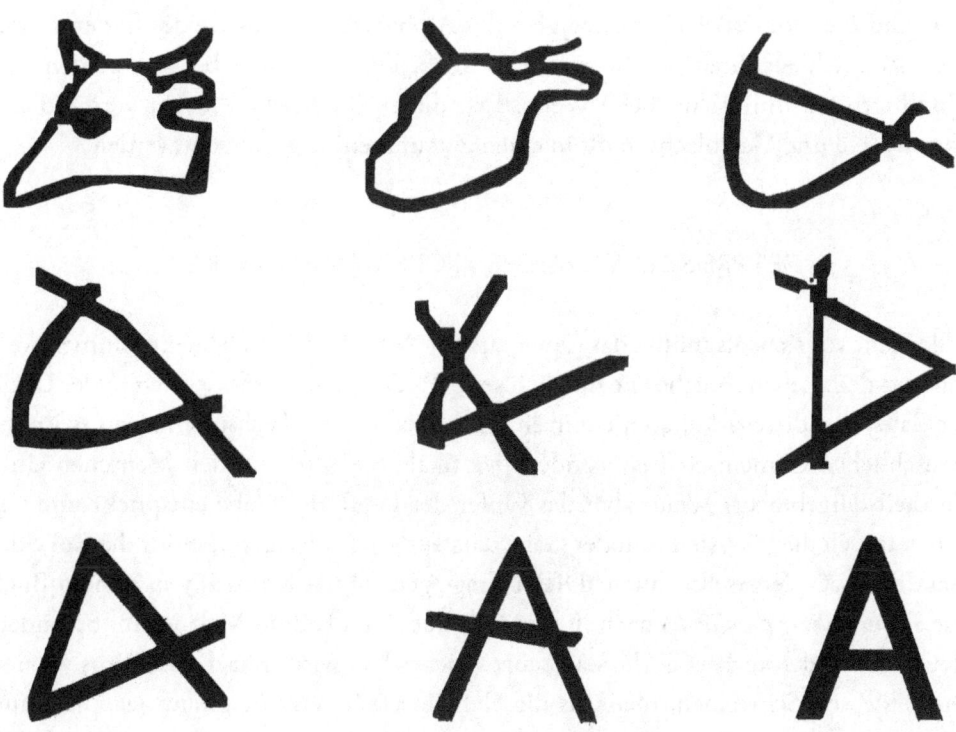

Die Entwicklung des Buchstaben Alpha vom Stierkopf bis zum modernen A.

Dass mit dem Alphabet wie mit dem Geld tatsächlich ein Opfervorgang gemeint ist, davon erzählen die einzelnen Buchstaben des Alphabets. Alle Buchstaben unseres Alphabets sind ursprünglich Piktogramme, und alle haben ihren Ursprung in magischen Opfer- und Fruchtbarkeitsriten.[183] Wie beim nominalistischen Geld spielt auch in diesen Riten der Stier die Hauptrolle: In allen semitischen Sprachen rund ums Mittelmeer bedeutet das Wort *Aleph* (Alpha) oder *eleph* ›Stier‹ bzw. ›Ochse‹: Der erste und wichtigste Buchstabe des Alphabets – die Reihenfolge der Buchstaben ist nicht willkürlich, sondern entspricht einer Hierarchie der Zeichen, der sogenannten *Akrokratie* – verweist also auf das höchste Opfertier. Nicht durch Zufall taucht das Alpha auch heute wieder auf: im @, *dem* Logo der digitalen Kommunikationstechniken, die zugleich im Abstraktionsprozess des Geldes eine entscheidende Neuerung brachten: das elektronische Geldzeichen. Auch die Tatsache, dass die modernen Rating-Agenturen ihre Bewertungen mit dem Zeichen ›Alpha‹ – dem begehrten ›Triple A‹ – versehen, gehört in diesen Kontext.

Die neue Form des Opfers – ob im Alphabet oder im Geld – impliziert eine Symbolisierung des Opfers. Das bedeutet einerseits die Überwindung, andererseits aber auch die Festschreibung des Opfers. Das ›symbolische Opfer‹ fordert die ›Vergeistigung‹ des Körpers, und die Domestizierungsstrategien des Alphabets und des Geldes finden in der Geschlechtlichkeit ihren deutlichsten Ausdruck. Dies geschieht bei den beiden Geschlechtern auf unterschiedliche Weise. Erst dieser Unterschied macht verständlich, warum Geld und Geschlecht so oft in einen Zusammenhang gebracht werden.

DER PREIS DES WEIBLICHEN KÖRPERS FÜR DAS GELD

»Alles geht vor sich, als müßte das Opfer aus der Welt der Menschen entnommen werden und dem Leben so nahe wie möglich sein.«[184] Das Opfer befindet sich in der Logik der Gabe, aber diese zirkuliert nicht in einem ›horizontalen‹ Wechselverhältnis zwischen menschlichen Gemeinschaften, sondern ›vertikal‹: Sie wird von den Menschen einer Gottheit dargebracht. Wenn aber das Opfer der Logik der Gabe entspricht und der Frauentausch die höchste Form der Gabe darstellt – was bedeutet dies für die Rolle der Frau in den Opfergesellschaften? Dieser Frage geht Horst Kurnitzky in seinem Buch *Die Triebstruktur des Geldes* nach. Er verweist auf einen Kult in Melanesien, besonders Neu-Guinea, der auch von Thomas Lautz beschrieben wird: Für diesen Ritus werden Dutzende von Schweinen, mehr als die Gemeinschaft verzehren kann, geopfert und zubereitet. »Damit will der Gastgeber zeigen, wie reich er ist und dass er jetzt als Big Man, ein Häuptling, angesehen werden muss. Nur Reichtum verleiht Ansehen und eine hohe Stellung im Dorfrat, und damit Macht. Die Unterkiefer der Schweine werden zur Erinnerung ins Männer- und Versammlungshaus gehängt.« Bevor sie getötet werden, werden die Ferkel von den Frauen der Gemeinschaft gehätschelt und manchmal sogar gesäugt.[185] Lautz' Beschreibung ist ein Beispiel für die Blindheit vieler Autoren für die Sexualsymbolik, die sich in solchen Riten verbirgt. Wenn die Trophäen der Schweine ins Männerhaus kommen und die Ferkel von den Frauen wie eigene Kinder behandelt werden, dann geht es hier um mehr als nur die Darstellung von ›Reichtum‹ und die Erringung von ›Big Man‹-Ansehen. Es geht, wie Kurnitzky dargestellt hat, auch um den Zusammenhang von Fruchtbarkeit und Frauenopfer, die direkt in die Geschichte des Geldes – als Opferersatz – einmünden.

Kurnitzky fokussiert die sexuelle Komponente des Opferkultes. Er betont, dass Freud mit seiner Theorie von der Tötung des Urvaters als Gründungsmythos der Zivilisation den dahinter liegenden Tötungsakt an der Mutter übersehen hat, und zitiert als Beleg eine Volkserzählung von der Molukken-Insel Ceram, in der es um das junge und anziehende Mädchen ›Hainuwele‹ geht, die die Menschheit beschenkt und alle Männer betört. Am Ende wird sie von ihrem Vater getötet, er zerstückelt ihre Leiche und vergräbt die Teile in der Erde. Daraus entstehen neue Nutzpflanzen, die die Menschheit bisher nicht kannte. In dieser Erzählung wird also der Gedanke des Opfers aufgegriffen: Eine Ackerbau-Gesellschaft bringt den Göttern als Entschädigung für den Eingriff in die Natur ein Opfer dar. Kurnitzky schreibt dazu: »Diese Geschichte ist deshalb bedeutsam, weil sie, wie wenige nur, die Entstehung der Kultur nicht mit Hilfe eines Zeugungsvorganges erklärt – denn das wäre bereits eine Rationalisierung bestehender Produktionsverhältnisse –, sondern weil sie die Entstehung der Kultur, insbesondere des Geldes [...] als Produkt der Verdrängung des weiblichen Geschlechts beschreibt.« Die Gestalt der Hainuwele repräsentiert den »nicht sozialisierten Sexus, der als verdrängt zugleich mit dem weiblichen Geschlecht identifiziert wird«, und ihre Tötung die Errichtung der Inzestschranke. Symbole dieser Vernichtung sind wiederum Wertgegenstände wie etwa das Muschelgeld oder andere Objekte, die Fruchtbarkeit oder damit auch den Ackerbau repräsentieren.[186]

Im ›Brautgeld‹ sieht Kurnitzky eine ›Entschädigung‹ für den Verzicht auf die Frauen des eigenen Stamms (der eigenen Familie etc.), übersieht dabei freilich die eigentliche Logik des Frauentausches, wie sie Lévi-Strauss und Hénaff beschrieben haben: Für sie ist das Brautgeld Garant dafür, dass der andere Stamm später auch eine Frau zu geben bereit ist. Dadurch wird, wie oben beschrieben, eine auf Gegenseitigkeit beruhende Relation gefestigt. Für das Inzestverbot bedarf es keiner Entschädigung. Deshalb ist es auch irreführend, das Inzestverbot mit dem ›Frauenopfer‹ gleichzusetzen.

»Durch den Brautpreis«, so schreibt Kurnitzky, »wird die Ehe als Opferzusammenhang konstituiert und zugleich auch ein Begriff der Fruchtbarkeit wie später der Produktivität, der die ganze menschliche Geschichte rationalisierend durchzieht.« Damit bezieht er die Ehe in die Logik des Opfers ein und folgert daraus: Die »Unterdrückung der Sexualität, wie sie durch das unterdrückte weibliche Geschlecht verkörpert wird, ist nicht nur die Voraussetzung der Kultur, sondern auch des gesellschaftlichen Reichtums als materielle Basis der Kultur.« Das weibliche Geschlecht wird so »zum Kunstwerk«, das »der Welt der Sachen zugeschlagen« wird. Diese verdankt ihr Entstehen »der Verdrängung des weiblichen Geschlechts«, weshalb »in der kapitalistischen Welt die Frauen Warencharakter haben«.[187]

Als Belege dienen Kurnitzky vor allem zwei Beispiele: das eine ist das bis ins 20. Jahrhundert weit verbreitete Muschelgeld: die Gehäuse der Kaurischnecken, in denen er, das lässt sich nicht bestreiten, Symbole für die weiblichen Genitalien sieht. Zugleich erkennt er darin auch Symbole für das Frauenopfer: Als Symbole der weiblichen Scham, so schreibt er, verweisen Muscheln und Schneckenhäuser »auf eine Form menschlicher Assoziation unter Produktionsverhältnissen, die die weibliche Gebärfähigkeit zu ihrer Basis erkoren und daraus ein System gesellschaftlicher Reproduktion entwickelt haben, das auf der Verdrängung und Unterdrückung des konkreten weiblichen Sexus aufbaut. Lust wird durch die Rationalisierung der Fruchtbarkeit verdrängt.«[188] Die weibliche Sexualität wird eingeordnet in die Reihe der Haustiere und der domestizierten Natur, für die es ein Opfer zu erbringen gilt.

Kurnitzkys anderes Beispiel ist ebenfalls eng mit dem ›Brautgeld‹ verbunden und führt zurück zu der von Lautz beschriebenen Darstellung von ›Reichtum‹ durch das Schlachten von Schweinen. Auch Schweine, so Kurnitzky, stehen in ursprünglichem Zusammenhang mit der Entstehung des Geldes (das Sparschwein ist dafür ein Beispiel); sie sind ein Symbol für weibliche Fruchtbarkeit. »Es ist ein primäres Opfertier, das die Opfer zumeist weiblicher Gesellschaftsmitglieder ersetzt hat.« In dem von Lautz wie von Kurnitzky zitierten Ritus in Neu-Guinea werden die von den Frauen großgezogenen Schweine vor ihren Augen auf blutige Weise erschlagen. Das Schlachten sei deshalb so blutig und die Menschen bei diesem Ritus so außer sich, weil »die geopferten Schweine Stellvertreter sind für ein Menschenopfer, und zwar ein weibliches Menschenopfer, das für die Verdrängung und Unterdrückung von Natur und Triebnatur einsteht und dem schließlich die gesamte Kultur zu verdanken ist«. Für Kurnitzky verbirgt sich hinter Brautpreis wie Schweineopfer »das gesellschaftlich vermittelte Naturverhältnis«. Das geopferte Schwein substituiert das Frauenopfer, mit dem wiederum der Eingriff in die Natur entsühnt werden soll. »Ob für die Familie oder den Staat, das Schweineopfer hat die gleiche

Funktion, nämlich einem sich über die Natur erhebenden Gemeinwesen zur Herrschaft über die Natur zu verhelfen, um sie ausbeuten zu können. Dadurch wird sie zum Lebensmittel der Gemeinschaft, deren Zusammenhalt zugleich auf jener Unterdrückung aufbaut. In diesem Sinne war das römische Staatswesen, wie jedes Staatswesen, eine einzige imperialistische Unternehmung.«[189]

Dass mit dem geschlachteten Schwein die Weiblichkeit selbst – als Repräsentationsfigur einer domestizierten ›Natur‹ – gemeint ist, leuchtet ein. Die Logik einer Gleichsetzung von Weiblichkeit mit Natur und Materie durchzieht auch später die gesamte Kultur der drei monotheistischen Religionen. (Das Wort Materie leitet sich ab von lat. ›mater‹, der Mutter.) Doch stellt sich dann die Frage, ob der Verzicht auf Schweinefleisch, der sowohl die jüdische Religion als auch den Islam kennzeichnet, nicht auch mit einem Verzicht auf das Frauenopfer zusammenhängt. Immerhin war die jüdische Religion die erste, die das Menschenopfer ausdrücklich verboten hat. Mehr noch: Sie hat das Menschenopfer durch die männliche Beschneidung – also durch ein Opferzeichen am *männlichen* Körper – ersetzt (vgl. 1. Mose 17,9). Wenn Kurnitzky schon so ausgiebig auf das Schwein als Substitut für das (weibliche) Menschenopfer eingeht, hätte es nahe gelegen, auch nach dem Verbot des Verzehrs von Schweinefleisch in der jüdischen Religion zu fragen.

Noch viel weniger lässt sich die Ursprungsgeschichte des *Geldes* auf ein Frauenopfer reduzieren. Überhaupt ist es erstaunlich, mit welcher Geschwindigkeit Kurnitzky seine Erkenntnisse über einen Stamm in Neu-Guinea auf die modernen Industriegesellschaften (der Warencharakter von Frauen in der kapitalistischen Welt) oder das Römische Reich überträgt. Die Macht des Römischen Reiches basierte auf ganz anderen Faktoren: Der eine war das verschriftete Gesetz: »Die geschriebene Chronik«, so Harold Innis, der als einer der Ersten über den Zusammenhang von Schriftlichkeit und Staatsbildung nachgedacht hat, »bezeichnete, versiegelte und übertrug geschwind das, was für die Militärmacht und die Verbreitung der Regierungshoheit essentiell war. Kleine Gemeinschaften wurden größeren Staaten eingeschrieben, und Staaten konsolidierten sich als Imperien. Die Monarchien Ägyptens und Persiens, das Römische Reich sowie die Stadtstaaten waren vornehmlich Produkte der Schriftlichkeit.«[190] Der andere Faktor war die auf dem nominalistischen Geld beruhende Ökonomie. Beide Faktoren stellten schon die Basis der griechischen Polis dar und wurden auch später zur Grundlage der modernen ›Staatsbildung‹.

Dennoch: Es gibt in der Tat einen engen Zusammenhang zwischen der Entstehung des nominalistischen Geldes und dem Opfer im Tempel. Ebenso gibt es auch eine Korrelation zwischen der Domestizierung der Natur und der Domestizierung von Weiblichkeit.

Sie wird deutlich in der von drei US-Wirtschaftswissenschaftlern angestellten Beobachtung, dass die Gesellschaften, die Frauen (bis heute) besonders wenig Eigenständigkeit zugestehen, identisch sind mit den Kulturräumen, in denen der Pflug in der frühagrarischen Gesellschaft zum Einsatz kam. Die Wissenschaftler führen das Phänomen (das von einer frappierenden longue durée der Mentalitäten zeugt) auf die Tatsache zurück, dass die Landwirtschaft durch den Pflug zur ›Männerarbeit‹ und den Frauen damit ein Herrschaftsbereich entzogen wurde.[191] Dass die Führung des Pfluges dem einen Geschlecht vorbehalten blieb, erklären sie mit der physischen Überlegenheit des Mannes. Diese Erklärung übersieht freilich die symbolische Bedeutung des Zusammenhangs von Pflug und Frauenrechten, die sich aus der Logik einer ›Schuld‹ gegenüber der Schöpfung anbietet. Mit der Erfindung des Pfluges griff die Landwirtschaft tiefer in die Natur ein, als dies bei traditionellen Werkzeugen der Fall ist. Deshalb war der ›Preis‹, der dafür zu zahlen war, auch höher: in Form domestizierter Weiblichkeit.

Die geschlechtliche Dimension des Zusammenhangs von Opfer und Geld erschöpft sich aber nicht im Frauenopfer. In Kurnitzkys Geldtheorie fehlt ein entscheidender Schritt: Stellt die Domestizierung der weiblichen Sexualität die Basis der Gaben- und Opferökonomie dar, so bildet domestizierte Männlichkeit die Voraussetzung für die Wirkungsmacht des nominalistischen Geldes.

DER PREIS DES MÄNNLICHEN KÖRPERS FÜR DAS GELD

Das männliche Opfer zeigt sich an den griechischen Opferriten der Antike. Bei den Riten im Tempel wurden Fruchtbarkeitsgöttinnen wie Artemis oder Diana Stiere dargebracht. Artemis war die letzte der großen vor- und frühgeschichtlichen Muttergottheiten. Ihr Kult war noch in christlicher Zeit über das ganze römische Reich verbreitet. Die antike Muttergottheit war Lebensspenderin, und mit ihrer Jungfräulichkeit wurde ihre von der Natur abgeleitete Fähigkeit der eigenmächtigen Regeneration unterstrichen. Die Opferung von Stieren – Symbol für Männlichkeit – gehörte zum wichtigen Bestandteil ihres Kultes. »Artemis ist *tauropolos,* von Stieren umgeben. Beim Fest finden *Taurokathapsien,* vielleicht ausgerichtet von den *taureastai* – einer Stierbruderschaft –, statt. Was diese *taureastai* genau taten und wie die *Taurokathapsien* ausgesehen haben, entzieht sich unserer Kenntnis, aber man weiß, daß die Stiere schließlich rituell geopfert und danach verspeist wurden.«[192]

Bei diesen Riten wurden die Hoden des Stieres der Göttin als Opfer dargebracht. Die berühmte Skulptur der ›vielbrüstigen‹ Artemis (oder Diana) von Ephesos, die auf ihrem

Diana (Artemis) von Ephesos, 1. Hälfte des
2. Jh. n. Christus.

Oberkörper Gebilde trägt, die lange als weibliche Brüste oder als Darstellung von Früchten – Trauben, Datteln, Eier – interpretiert wurden, zieren in Wirklichkeit die Hoden von Stieren: »Den geopferten Stieren wurden die Hoden abgetrennt und der Göttin angeheftet. Die Reihe der Stiere, die geopfert wurden, vermehrten die Hoden am Brustpanzer der Göttin. [...] Im Anschluß an die Opferung zog die mit Stierhoden behängte Göttin in feierlicher Prozession durch die Stadt.« Die Schädel der geopferten Stiere (Bukranien) wurden an geschmückten Pfählen oder an den Wänden des Tempels befestigt, »wobei die zunehmende Reihe der Bukranien der abnehmenden Reihe der zu opfernden Stiere entsprach«.[193]

Hénaff schreibt: »Wenn sich die Operation also am Stier vollzieht, so deshalb, weil das Opfer nicht allein darin besteht, das Fleisch in den kultivierten Raum einzuführen. Es besteht darin, *das Leben zu nehmen* und diese Opferung zu einem symbolisch überaus befrachteten und wirksamen Akt zu machen.« Denn der Stier, »das Opfertier schlechthin, befindet sich an der Nahtstelle der beiden Hauptelemente der Nahrung, des Fleisches und des Getreides, da er nicht nur gegessen werden kann, sondern als Arbeitstier auch den Vorgang ermöglicht, der die Grundlage des Getreideanbaus bildet. Insofern ist er das Symbol des eigentlich menschlichen Lebens: Nahrung und Arbeit.«[194] Allerdings übersieht Hénaff hier ein nicht unbeträchtliches Detail: ein blinder Fleck, auf den man immer wieder bei der Interpretation von Stiermythos und Rinderopfer stößt. Der Stier ist keineswegs für die Landwirtschaft als Arbeitstier geeignet, das gilt nur für den Ochsen, also den kastrierten Stier – worauf auch die Hoden auf dem Brustkorb der Fruchtbarkeitsgöttin hinweisen. »Auf den frühen ägyptischen Darstellungen sind Kühe, nicht Ochsen vor dem Pflug zu sehen. Die Bezähmung des Ochsen ist die große Errungenschaft der sich entwickelnden Agrarzivilisation und stellt, wie die Erfindung des Alphabets, einen Meilenstein im Fortschritt des Menschen dar. Die beiden Ereignisse scheinen sich zeitgleich vollzogen zu haben: wahrscheinlich Anfang des zweiten vorchristlichen Jahrtausends.«[195] Deshalb konnte Freud den Pflug – neben Tötungswerkzeugen – zu einem phallischen Symbol erklären. In der *Traumdeutung* schreibt er: »Ganz unverkennbar ist es auch, daß alle Waffen und Werkzeuge zu Symbolen des männlichen Gliedes verwendet werden: Pflug, Hammer, Flinte, Revolver, Dolch, Säbel usw.«[196]

Die ›Bezähmung‹ des Stieres entspricht also seiner Kastration, und diese muss als ein besonders gewalttätiger Übergriff an der Natur erfahren worden sein. Auch das könnte erklären, warum der Stier – abgesehen von seiner Größe, seiner Kraft und seinem Fleischgehalt – zum wichtigsten Opfertier wurde. Wie bei den oben beschriebenen Riten zum Schweineschlachten ist es auch hier bemerkenswert, wie wenig die sexuellen Implikationen dieses Opferaktes mitgedacht werden: Da die meisten Wissenschaftler den Unterschied zwischen dem Stier und dem Ochsen kennen dürften, lässt sich dieser Punkt nur als eine Ausblendung in der Forschung begreifen. »Der in die Welt der Menschen integrierte Stier«, so schreibt Hénaff, »ist ein maßvolles, zurückhaltendes Tier, das am stärksten vermenschlichte, also das beste aller Tiere. Deshalb ist er für die Griechen auch das für das Opfer geeignete Tier schlechthin.«[197] Ist es nicht eher so, dass sich der Preis für den Übergang vom wilden zum domestizierten Tier am Stier (als die ›große Errungenschaft der Agrarzivilisation‹) besonders deutlich zu erkennen gibt – und dass er eben deshalb zum Opfertier schlechthin wird? Aus diesem höchsten aller Opfertiere sollte sich wiederum das nominalistische Geld entwickeln, bei dem der Opferakt symbolisch dargestellt wird.

Dass es sich um einen solchen Zusammenhang handelt, zeigt Alfred Kallir am Beispiel des Buchstaben *Alpha*. Kallir, der sich mit dem ›Design‹ der Buchstaben des Alphabets beschäftigt hat, geht bei der Entstehung der Buchstaben von einer »progressiven Assimilation« verschiedener Bedeutungen durch das Zeichen aus. Der Buchstabe A oder ›Alpha‹ stand einerseits für den Stier, der männliche Fruchtbarkeit inkarniert, andererseits aber auch für das Haupt bzw. die Krone (oft dargestellt als Hörner), also für geistige Kräfte, sowie für alle Bedeutungen, die mit dem Begriff ›vorwärts‹- oder ›aufwärts‹-strebend zusammenhängen. Die Gestalt des *Alpha* durchlief viele Phasen, die von einem klar erkennbaren Stierkopf bis zu den drei uns bekannten geraden Linien führten. Die Schrägstriche liefen zunächst nach oben auseinander und stellten die Hörner des Stieres dar; rechts und links markierten zwei Punkte die Augen. Im Laufe seiner Geschichte (die sich über zweitausend Jahre hinzog) stellte sich das Zeichen quer, dabei u. a. die Bedeutung des Pfluges assimilierend, um schließlich auf dem Kopf stehend durch einen Querstrich ergänzt zu werden. Der Querstrich verweist auf das Joch und damit auf den kastrierten Ochsen: Das heißt, die Geschichte des Buchstaben *Alpha* erzählt von einem Prozess, in dessen Verlauf aus dem Stier der kastrierte, bezähmte Ochse wird, der mit seinem Joch zugleich eine wertvolle Unterstützung des Ackerbaus darstellt. Beide Prozesse – die ›Domestizierung‹ des Stiers, die Entwicklung der Agrarzivilisation sowie die Erfindung des Alphabets – vollzogen sich parallel zueinander. Kallir macht schließlich auch darauf aufmerksam, dass das A-L-P-H im Buchstaben ›Alpha‹ eine metatethische Umkehrung des P-H-A-L in Phallus darstellt.[198]

Die Verlagerung vom Stier zum Ochsen wurde von einem gegenläufigen Prozess begleitet, in dessen Verlauf das Zeichen ›A‹ zunehmend anthropomorphe Gestalt annahm. Zwar hatten Semiten und Griechen dasselbe Design für ihren ersten Buchstaben. Doch zeigte das (alte) *aleph* seitwärts, während das griechische *Alpha* aufwärts zeigte. Dass später auch alle anderen semitischen Buchstaben senkrecht gestellt wurden, interpretiert Kallir folgendermaßen: »Erst als der Buchstabe beginnt, Mensch (bzw. Mann) zu symbolisieren, erscheint er von vorne und stehend. […] Die Aufrichtung der semitischen Buchstaben um 90 Grad fällt zusammen mit dem Übergang von einem theriomorphischen zu einem anthropomorphischen Weltkonzept; dies scheint uns die eigentliche Erklärung für das Phänomen zu sein. Der Übergang vom aleph, dem Stier, zum alpha, Abbild des Menschenwesens, typisiert dieses Ereignis.«[199]

Die Buchstaben des griechischen Alphabets erzählen von einem Prozess, in dessen Verlauf sexuelle Fruchtbarkeit und Fruchtbarkeitsriten abgelöst werden von einer Vorstellung *geistiger* Zeugung und Fruchtbarkeit. Der Prozess zeigt sich einerseits am Stieropfer, andererseits aber auch am Wandel der Vorstellung von Potenz. Unter der Ägide des Alphabets und der Schriftlichkeit wurde aus *sexueller* Potenz allmählich *geistige* Potenz – und diese wurde wiederum mit Männlichkeit gleichgesetzt. Diesen Wandel zelebriert noch heute jeder Stierkampf. Betritt der Stier zunächst als Symbol für körperliche männliche Potenz die Arena und erscheint der Torero – in seiner fragilen Gestalt und ausgeschmückt nach fast ›femininer‹ Art – als der schwächere der beiden Gegner, so drehen sich im Verlauf des Kampfes die Verhältnisse um.[200] Zuletzt unterliegt der Stier

der Körperbeherrschung und ›geistigen Potenz‹ des Stierkämpfers, der zur Inkarnation einer neuen und ›überlegenen‹ Form von Männlichkeit wird.

Kurnitzky interpretiert die Tatsache, dass der Torero zur Anerkennung seines Sieges als Trophäen den Schwanz und die beiden Ohren des Stiers erhält, folgendermaßen: »Es ist nicht schwer zu erraten, wofür der Schwanz und Ohren stehen. Der Schwanz, als Penis, symbolisiert die Kastration, und die Ohren symbolisieren das Pendant im weiblichen Genitale, die Kastration des weiblichen Geschlechtes.«[201] Diese Interpretation bedarf einer Ergänzung: Das Ohr ist nicht nur ein Symbol für Weiblichkeit, sondern auch für Oralität. Alle Verkündigungsbilder des Mittelalters – also vor dem Buchdruck – zeigen die jungfräuliche Muttergottes (deren Jungfräulichkeit sich von den jungfräulich gebärenden Muttergottheiten der Antike ableitet[202]), wie sie das ›Wort Gottes‹, ihren Sohn Jesus, durch das Ohr empfängt: Auf einem Strahl, der vom Mund oder der Brust Gottes ausgeht und den Heiligen Geist repräsentiert, empfängt sie eine Taube oder das Kind: »Kein anderer wurde von Maria geboren als Er, der durch das Ohr glitt und den Leib der Jungfrau erfüllte«, schreibt der Heilige Gaudentius.[203] Mit dem ›Atem Gottes‹, der durch *Gehorsam* oder *Hörigkeit* Eingang in ihren Leib findet, ist das gesprochene Wort gemeint. Nach der Erfindung des Buchdrucks zeigen die Verkündigungsdarstellungen die Jungfrau beim Lesen eines Buches: Sie empfängt nun, da die Gesellschaft nicht mehr vom Prinzip der Oralität, sondern der Literalität bestimmt ist, das Wort Gottes mit den Augen. Bei den Trophäen des Stierkampfs geht es also nicht nur um den Sieg über weibliche Reproduktionsfähigkeit und männliche sexuelle Potenz – es geht auch um den Sieg der Schrift (geistiger Männlichkeit) über das gesprochene Wort, das mit

Leiblichkeit gleichgesetzt wird. Das ist es, was mit der ›neuen Gestalt‹ des Opfers gemeint ist: Sie entwickelt sich mit dem Alphabet und dem nominalistischen Geld und verlangt in erster Linie vom männlichen Körper eine ›Gabe des Selbst‹.

»Das Verbot der Stieropfer durch Solon scheint wirtschaftlichen Erwägungen entsprungen zu sein«, schreibt Laum, »(es ist ein Teil seiner Gesetzgebung, die Einschränkung des Luxus bezweckte).«[204] Es fragt sich, ob die Einschränkung des Opferwesens nur mit ›wirtschaftlichen Erwägungen‹ zu erklären ist. Könnte es nicht sein, dass das Opferwesen eingeschränkt wurde, weil sich das Prinzip des ›symbolischen Opfers‹ durchgesetzt hatte? Beim Geld genauso wie beim Alphabet forderte es die Unterwerfung des männlichen Körpers unter das Gesetz der Schrift und der Vernunft. Wenn im 4. Jahrhundert die großen Opferriten weitgehend verschwunden sind, so deshalb, weil das Alphabet und das nominalistische Geld, die beiden großen ›Kastrationsmaschinen‹, die alte Funktion der Opferriten übernommen hatten.

Michel Foucault hat dargestellt, dass das Ideal von Tugend und Mäßigkeit, das sich in der Antike entwickelte, nicht am weiblichen, sondern am männlichen Körper entwickelt wurde.[205] Später schlug sich die Askese im christlichen Zölibat des Mönchs und des Geistlichen nieder – eine Idealisierung der sexuellen Askese, wie sie weder die jüdische Religion noch der Islam kennen. Kurnitzky hat recht, wenn er schreibt, dass die Kultur einen hohen symbolischen Preis vom weiblichen Körper fordert. Er war der ›Preis‹, den der weibliche Körper für die Domestizierung der Natur zu zahlen hatte. Mit dem Alphabet und dem nominalistischen Geld Griechenlands verlangt die Kultur jedoch vom männlichen Körper einen ebenso hohen Preis, der mit dem Begriff des ›Triebverzichts‹ nur unzulänglich umschrieben ist. Trieb*verzicht* setzt Freiwilligkeit voraus. Die Geschichte des Geldes und des Alphabets ließen dem männlichen Körper gar keine andere Wahl: Das Alphabet und das Geld wollen fruchtbar sein, und dazu bedarf es eines Agenten, der sich ihrem Gesetz unterwirft.

Der Preis des Geldes besteht in der Abstraktion, die die gesamte bisherige Geschichte des Geldes begleitet hat, und der Exkarnation derer, die zu den Agenten des Geldes werden. Aus ihrer Entkörperung bezieht das Geld noch heute seine Wirkmacht. Denn die Exkarnation erinnert an das ursprüngliche Opfer, aus dem es hervorgegangen ist und durch das es bis heute beglaubigt wird. Die Erinnerung an dieses Opfer ist die Voraussetzung dafür, dass das Geld Glaubwürdigkeit erlangt und sich vermehren kann. Der enge Zusammenhang zwischen dem nominalistischen Geld und dem ›symbolischen Opfer‹ (in Form von Domestizierung der männlichen Sexualität) zeigt sich am englischen Begriff ›to geld‹: Der *Oxford English Dictionary* definiert den Begriff ›to geld‹ (der mit dem deutschen Wort Geld verwandt ist) als: »to deprive (a male) of generative power or virility, to castrate or emasculate«.[206] * Diese Bedeutung von ›Entmannung‹ war wörtlich gemeint, wurde aber auch figurativ verwendet, um von der ›Unfruchtbarkeit‹ einer Mine, eines Vermögens oder einer Herde zu sprechen. Der Begriff wurde auch auf die Austilgung von obszönen Passagen aus einem Buch angewandt. Erst im 16. Jahrhundert wurde der Begriff ›castration‹ eingeführt, doch noch bis in die neuere Zeit war der Begriff ›to geld‹ gebräuchlich. Auch der Begriff der ›Kastration‹ verweist auf ein solches ›Opfer‹. Gary Taylor bringt das lateinische Wort *castrare* in Verbindung mit Worten aus dem Hebräischen und aus dem Sanskrit, die ›Eunuch‹ bzw. ›Messer‹ bedeuten.[207] Lutz Mackensen verweist auf einen ähnlichen Zusammenhang, indem er die Kastration vom altlateinischen Wort ›castrum‹, Messer, ableitet.[208] Die genaue Bedeutung von *castus* ist wiederum: ›rein zum Opfer‹.[209] Da das Englische ›to geld‹ – wie ›guild‹ und Gilde als Opfergemeinschaft – etymologisch mit dem germanischen Wort ›gelt‹ (Götteropfer) verwandt ist, blieb das männliche Opfer noch bis in die Moderne den kollektiven Imaginationen über das Geld eingeschrieben und ist eine – womöglich die wirksamste – Glaubwürdigkeitsstrategie des Geldes.

Die enge Beziehung des Geldes zur symbolischen Kastration mag erklären, warum das Geld eine der letzten Hochburgen ›reiner‹ Männlichkeit darstellt und der Abschluss finanzieller Transaktionen gern in Bordellen gefeiert wird. Die Askese verlangt nach einer Kompensation – und diese liefert das Geld selbst: durch die käufliche Sexualität. Das Bordell repräsentiert Sex ohne Fortpflanzung, denn diese soll sich ins Geld verlagern. Der Zusammenhang erklärt auch das Paradoxon, dass das Geld einerseits mit Enthaltsamkeit, Abstinenz und Askese in Verbindung gebracht wird (etwa in Max Webers *Die protestantische Ethik und der Geist des Kapitalismus*), andererseits aber auch so viele Begierden erzeugt (wie es etwa Émile Zola in seinem Roman *Das Geld* dargestellt hat). Der Umgang mit Geld lässt den Testosteron-Spiegel steigen, haben Untersuchungen gezeigt. Ungeklärt bleibt nur, ob die Hormone für die Gewinne oder die Gewinne für die Hormone sorgen. Denn es entwickelte sich ein Regelwerk, das die Sexualität selbst dem Gesetz des Geldes unterwirft. Auf das Verhältnis von Geld und Prostitution komme ich in einem späteren Kapitel zurück. Hier sei nur angemerkt, dass sich Askese und käufliche Sexualität keineswegs widersprechen und beide ein durchgängiges Merkmal der Geldgeschichte sind. Das gilt offenbar so sehr, dass die Deutsche Bank im April 2008 neue Spesenrichtlinien für die Mitarbeiter erließ, laut denen Bordellbesuche nicht auf Firmenkosten gehen dürfen. Wortwörtlich heißt es: »Die Deut-

* ›Einem männlichen Wesen seine generativen Fähigkeiten und seine Männlichkeit zu nehmen, es zu kastrieren oder zu entmannen‹.

sche Bank billigt keinerlei Erwachsenen-Vergnügungen und wird solche Ausgaben nicht ersetzen.«[210] Die neuen Richtlinien waren einerseits eine Folge des VW-Skandals, lassen andererseits aber auch den Schluss zu, dass bis dahin Bordellbesuche durchaus abgerechnet wurden. Wie die ›Lustreisen‹ der Hamburg-Mannheimer-Versicherungen von 2007 und die Aufzeichnungen von Jérôme Kerviel über die Vorzugsbehandlung von erfolgreichen Tradern bei der Société Générale zeigen,[211] sind sie branchenüblich. Zu diesem Schluss kommt auch ein Bloomberg Report von 2009, laut dem Ausgaben für »Entertainment« fünf Prozent des Einkommens von New Yorker Derivaten-Brokern ausmachen; sie umfassen Strip, Prostitution und Drogen. In dem Film *Inside Job* berichtet eine Bordellbesitzerin, die ein Etablissement in der Nähe der Wall Street unterhält, dass ihre Kunden mehrheitlich aus dem Finanzmarkt kommen und üblicherweise mit Kreditkarten ihres Unternehmens bezahlen.[212]

Rational sind die hohen Einkommen von Finanzmanagern nicht zu rechtfertigen. Schon gar nicht erklären sich die Einkommensunterschiede zu Berufen wie Ärzten, von denen die wenigsten – trotz langer Ausbildungszeiten und intensiver Arbeit – zu den Topverdienern gehören. Die Einkommensunterschiede lassen sich eigentlich nur damit erklären, dass es einen breiten Konsens darüber gibt, dass Menschen, die mit Geld zu tun haben, für irgendetwas entschädigt werden müssen. Bei der Herkunft des Geldes scheint dies die symbolische Kastration zu sein. Ärzte dagegen, die mit dem Körper zu tun haben, müssen nicht den Preis der Exkarnation zahlen, so das unausgesprochene Argument. In Anlehnung an Keynes' Begriff der ›Liquiditätsprämie‹ (Zinsen sind als Prämie dafür zu verstehen, dass der Kreditgeber durch das Verleihen seines Geldes auf Liquidität verzichtet), könnte man auch von einer ›Kastrationsprämie‹ sprechen. Sie erklärt sich – ebenso wie die Spesenabrechnungen in den Bordellen – mit einem (offenbar konsensfähigen) Entschädigungsanspruch. Über das, was da eigentlich kompensiert werden muss, herrscht allerdings Schweigen.

Der Finanzsektor ist heute weitgehend ›frauenrein‹. Während sich die Wissenschaft und sogar ein Teil der Religionsgemeinschaften mittlerweile für Frauen in geistigen und geistlichen Ämtern geöffnet haben, bleibt das Geldmanagement – wie die katholische Kirche – den Frauen weitgehend verschlossen. Jochen Hörisch hat bemerkt, dass die Uniformität der Anzüge auf den höheren Etagen der Banken in der mönchischen Einheitskleidung ihre Parallele findet. Auch im Ausschluss von Frauen können die großen Finanzinstitute mit dem Vatikan konkurrieren. In den Vorständen der 100 größten Banken und 58 größten Versicherungsunternehmen Deutschlands ist der Frauenanteil mit 1,9 beziehungsweise 2,4 Prozent verschwindend gering (obwohl die meisten Beschäftigten im Finanzsektor Frauen sind).[213] Der Anteil von Frauen im Jahr 2008 war

im Vergleich zu 2007 sogar rückläufig. Als Begründung heißt es: »Diese ›vergeschlecht-
lichten Rahmenbedingungen‹ sind an eine spezifische Anforderungsstruktur und -kultur
geknüpft, die potentiell nur Arbeitskräfte erfüllen können, die von familiären Pflichten
freigestellt sind.«[214] Abgesehen davon, dass Frauen in vielen Sektoren arbeiten, die oft
schwer mit ihren ›familiären Pflichten‹ vereinbar sind, macht diese ›Erklärung‹ auch
deutlich, worum es geht: Wer in einem Intimverhältnis zum Geld steht, darf keinen
Intimverkehr zum Körper haben. Denn was sind ›familiäre Pflichten‹ anderes als Intimverkehr mit anderen Menschen?

Es lässt sich auch anders ausdrücken: Dass sich – trotz aller Aufrufe zur Freiwilligkeit
und aller Gleichstellungsgesetze – die schlechtere Bezahlung von Frauen so hartnäckig
hält, hat seinen Ursprung in einer unbewusst bis heute tradierten Wahrnehmung: Da
das nominalistische Geld von den Frauen nicht das symbolische Opfer der Kastration
fordert, haben sie auch kein Anrecht auf die größte Befriedigung, die die ›geistige Potenz‹
zu bieten hat, der Besitz von Geld. Deshalb wird auch innerhalb der Familien der
Verdienst von Männern und Frauen oft unterschiedlich bewertet. Die amerikanische
Soziologin Viviana Zelizer hat in ihrem Buch *The Social Meaning of Money* Beispiele aus
dem späten 19. und frühen 20. Jahrhundert für diese geschlechtliche Codierung des
(angeblich neutralen) Geldes zusammengetragen. Sie greift den Begriff des ›pin money‹
(›Nadelgeld‹) auf, der schon im 17. Jahrhundert in England das Geld bezeichnete, das
Frauen durch spezifisch weibliche Sonderleistungen einbrachten: als Schneiderin, für die
Verpflegung von Untermietern etc. Der Begriff wurde im Industriezeitalter auf den
Lohn der Frauen übertragen, behielt aber seine Konnotation des ›Zubrotes‹. »Unabhängig von der Menge und selbst wenn es der Familie ein notwendiges Einkommen
sicherte, blieb das Gehalt der Frau oder das Nadelgeld eine weniger fundamentale Art
von Geld als das Gehalt des Mannes. Es wurde entweder kollektiviert, trivialisiert oder
dem Haushaltsgeld einverleibt und stand somit nicht für sich selbst. Oder es wurde als
ein Zusatzeinkommen betrachtet, durch das Sonderausgaben (wie die Ausbildung des
Kindes oder Urlaub) bestritten oder das für frivole Zwecke (Kleidung und Schmuck)
eingesetzt wurde. [...] Das Einkommen der Frau wurde systematisch stigmatisiert als
Geld für Spielzeug und Plunder.«[215] Diese Zuordnung hielt sich sogar dort, wo das Einkommen der Frau das des Mannes überstieg.[216] Die amerikanische Soziologin Arlie
Hochschild hat in einer Untersuchung gezeigt, dass da, wo Frauen mehr verdienen als
ihre Ehemänner, sie dies ›auszugleichen‹ versuchen, indem sie mehr Hausarbeit leisten.[217]
Auf die Frage, warum sich Paare und Unternehmen heute über die geschlechtliche
Codierung des Geldes und den männlichen Anspruch auf ›geistige Potenz‹ hinwegsetzen,
werde ich in späteren Kapiteln eine Antwort zu geben versuchen. Hier möchte ich aber

eine Überlegung vorwegnehmen: Das Alphabet wie das Geld waren gewaltige Domesti-zierungsmaschinen und ihre zähmende – wie fruchtbringende – Potenz sollte die ge-samte westliche Schrift- und Geldgeschichte begleiten. Die Abstraktionsleistung, die beiden von Anfang an zugrunde lag, verstärkte sich durch die zunehmende Demateria-lisierung des Geldes, das inzwischen hauptsächlich als elektronisches Zeichen in Erschei-nung tritt: Statt die fünf Milliarden Euro der *Societé Générale* falsch anzulegen, hätte Jérôme Kerviel an seinem Computer auch den Knopf ›delete‹ drücken können. Das Ergebnis wäre das gleiche gewesen. Er habe vergessen, dass es sich um Geld handelte, sagte er der Polizei bei seinem Verhör, und in einem späteren Interview erklärte er, man verliere in diesem Job »das Gefühl für Summen«.[218] Kerviel hatte nur Zahlen (oder Zei-chen) wahrgenommen und diese in keinen Bezug zum Geld – schon gar nicht zu mate-riellen Werten – gesetzt.

Der Prozess der Abstraktion, der dahintersteht, betraf vor allem den männlichen Kör-per, und er verstärkte sich mit der Ablösung des Geldes von jeder Bindung an materi-elle Werte. Das erklärt einerseits den steigenden Bedarf nach rascher sexueller Befrie-digung, wie sie in der modern organisierten Prostitution (die ihre höchsten Gewinne in den Industrieländern einfährt) zum Ausdruck kommt. Andererseits erklärt sie aber auch ein Phänomen, das, wie ich meine, fälschlicherweise unter dem Begriff der ›Gier‹ gehan-delt wird. Worum es hier geht ist Angst: die Angst vor der völligen Entleibung, die in einer Art von Panikreaktion nach der Multiplikation der Gewinne verlangt. Da aber das Geld immer weniger einem ›realen‹ Wert entspricht und das Nichts sich auch nicht durch Vermehrung in eine ›Realität‹ verwandeln lässt, die die Nerven beruhigt, wächst die Angst und führt zu Maßlosigkeit. Statt von ›Gier‹ sollten wir also von der Unmöglich-keit der Befriedigung sprechen. »Jeder Mensch kann am Markt verrückt werden«, sagt Londoner Ex-Trader Thami Kabbaj, Autor des Buches *Psychologie des Traders,* anlässlich des Prozesses gegen Jérôme Kerviel. »Jeden Tag investieren die Trader kolossale Summen, gewinnen, bevor sie verlieren, und geraten dabei innerhalb von Minuten von einem Zustand der Euphorie in den einer schweren Trauer. Das menschliche Wesen ist von Natur her nicht geschaffen, solche Dosen von Adrenalin zu ertragen.«[219]

Weil dieser Zustand auch für viele Männer nicht mehr zu ertragen ist, beginnt ein Umdenken: Seit der Finanzkrise von 2008 wird der Ruf nach mehr Frauen in den Vorstandsetagen laut. Die Begründung lautet zumeist, dass Frauen weniger risikofreudig seien.[220] Tatsächlich dürfte es kaum ein Zufall sein, dass – angesichts der Lehman-Pleite und der Sexaffäre um den IWF-Chef Dominique Strauss-Kahn – mit Christine Lagarde eine Frau an die Spitze des Internationalen Währungsfonds berufen wurde. Die gerin-gere Risikobereitschaft von Frauen genügt aber nicht als Erklärung für das Umdenken.

Ebenso wenig wie die Erklärung von Neelie Kroes, der Europäischen Wettbewerbskommissarin, die »absolut überzeugt ist, dass Testosteron einer der Gründe dafür war, dass das Finanzsystem in die Knie gezwungen wurde«.[221] Was sich hinter dem ›Umdenken‹ verbirgt, ist eher etwas anderes: Das Geld verlangt mittlerweile nach einem zu hohen Preis; die mit dem modernen Geld einhergehende symbolische Kastration übersteigt die Möglichkeiten jedes ›realen‹ männlichen Körpers. Auf diesen ersten Gedanken folgt eine zweite Überlegung: Da im Gegensatz zum männlichen der weibliche Körper nie den Preis der symbolischen Kastration zu entrichten hatte – er hat wie beschrieben einen anderen Preis zu zahlen –, könnte er vielleicht besser geeignet sein, dem Gesetz des Geldes zu widerstehen. Denkbar, dass sich diese Hoffnung als Illusion erweist und auch Frauen der Eigendynamik des Geldes unterliegen werden. Unbestreitbar ist jedoch, dass das Geld in seiner langen Geschichte, vergleichbar dem katholischen Geistlichen, den weiblichen Körper gescheut hat wie der Teufel das Weihwasser. Darin liegt eine historische Chance. Denn diese Codierung hat sich dem kulturellen Unbewussten mindestens ebenso tief eingeschrieben wie die symbolische Kastration als Preis für Männlichkeit.

Bleibt die Frage, wie es kommt, dass das weibliche Opfer in den Geldtheorien präsent ist, nicht aber das männliche. Einer der Gründe mag im Konzept der ›Erfindung‹ liegen: Weder das Alphabet noch das Geld haben einen ›Erfinder‹. Dass so großartige Innovationen wie das Alphabet oder das Geld keinen Schöpfer haben, ist schwer zu ertragen für eine Gesellschaft, deren Selbstbild auf ›männlicher Zeugungskraft‹ beruht. Die narzisstische Wunde ist umso tiefer, als das Geld (wie das Alphabet) nicht nur zu den wichtigsten Motoren historischer Erneuerung gehören, sondern auch eine Geschlechterordnung schufen, die dem männlichen Körper die Rolle des Subjektes zuwies. Ein anderer Grund ist in der Tatsache zu suchen, dass die männliche Wunde – oder der Preis, der vom Mann für die Verfügung über das Geld bezahlt werden muss – an andere delegiert wird. Darauf komme ich am Ende dieses Kapitels zurück.

GEISTIGE POTENZ UND GELD

Das Wort ›Preis‹ hat zwei konträre Bedeutungen – die eine ist die Summe, die man zu zahlen hat, um sich einen Wunsch zu erfüllen; die andere bezeichnet einen ›Gewinn‹. Beim Geld gilt beides: Während die symbolische Kastration der Preis ist, den der Körper zu *zahlen* hat, stellt die ›geistige Potenz‹ den *Gewinn* dar, der daraus zu ziehen ist. Die Korrelation von beidem macht das nominalistische Geld zum ›echten‹, weil zinsfähigen Geld – im Gegensatz zum Muschelgeld. Zwar lehnte Aristoteles im 4. Jh. v. Chr. die

Fortpflanzungsfähigkeit des Geldes durch den Zins ab: »Daher hat der ›Zins‹ *(tokos)* auch seinen Namen bekommen. Ähnlich ist nämlich das Geborene selber dem Gebärenden, so bedeutet Zins Geld vom Geld. Demnach ist diese Art des Kapitalerwerbs die, die am meisten der Natur zuwiderläuft.«[222] (*Tokos* heißt sowohl Kind, Geburt, Junges als auch Zins, das Wort kommt von einer Wurzel, die auch ›erzeugen‹ bedeutet.[223] Von dem Begriff *tokos* leitet sich das englische Wort ›token‹ ab, was soviel wie ›Pfandzeichen‹ bedeutet.) Doch schon ein Jahrhundert vor Aristoteles hatte Euripides (480–406) seinen Titelhelden *Hippolytus* von der Sehnsucht nach einer Fortpflanzung durch das Geld träumen lassen: »O Zeus, was brachtest du ans Sonnenlicht die Frauen,/ein heuchlerisches Übel für die Menschheit? Denn/gedachtest du den Stamm der Menschen fortzupflanzen,/so brauchtest du das nicht durch Frauen zu gewähren,/nein, brauchten nur die Sterblichen in deinen Tempeln/für Gold, für Eisen oder schweres Kupfer sich/die Sprösslinge zu kaufen, jeder für den Preis,/der seinem Steuersatz entspricht.«[224]

Euripides' Schaffen fiel in eine Zeit des aufblühenden Sophismus und war Ausdruck für eine tiefgreifende Veränderung der griechischen Gesellschaft. Die Sophisten repräsentierten eine neue Klasse von Bürgern und den Gedanken einer Gleichheit vor dem Gesetz, den die alte und erbliche Aristokratie ablehnte. »In dieser demokratischen Gesellschaft definiert sich die Macht nicht mehr durch Waffen, sondern durch das Wort. Die wahre Macht hängt von der Fähigkeit zu überzeugen ab.«[225] Viele der neuen Bürger gehörten aufsteigenden Schichten an; sie waren Händler und Handwerker, die durch das erworbene Geld höhere Stellungen errungen hatten. Zwar verfügten sie selbst nicht über die nötige Bildung, um politisch einflussreich zu sein. Aber sie konnten ihren Söhnen die entsprechende Bildung kaufen – und die, von denen sie dieses Wissen kauften, waren die Sophisten.[226] Eben deshalb waren diese den Repräsentanten der alten Aristokratie wie Platon suspekt oder gar verhasst.

Mit den Sophisten, so schreibt Hénaff, betritt eine Erscheinung, die später ›Hellenismus‹ genannt wird, die Bühne der Geschichte. »Was aus dieser Bewegung hervorgeht, ist die unbestreitbare Intellektualisierung der griechischen Eliten. […] Das Auftreten der Sophisten in Griechenland ist das Symptom dieser Veränderung. Doch im Fall Griechenlands hängt die Bedeutung, die sie nach mehreren Generationen von *sophoi* erlangen, zweifellos mit zwei Phänomenen zusammen. Das erste ist der demokratische Charakter der alphabetischen Schrift […]. Das zweite Phänomen hat mit der fast völligen Abwesenheit einer Priesterkaste zu tun (zwar existiert die Funktion noch, jedoch in einer sehr reduzierten Form). Diese Intellektualisierung bedeutet das Ende der homerischen, also der heroischen Welt. Es beginnt nun die Zeit der Schönredner, aber auch der Gelehrten, der Gebildeten, der Männer des Buchs.«[227] Mit anderen Worten: Die Männer des Buches sind auch die Männer des Geldes. »Kein Wunder, daß die frühe platonische Kritik am Medium Schrift mit einer philosophischen Verwerfung des Geldes einhergeht. [...] Sophisten schwant, daß Philosophie ein Epiphänomen des Geldverkehrs ist und sie also nicht etwa das Projekt der Philosophie verraten, sondern vielmehr erfüllen, wenn sie (für) Geld denken.«[228]

Dass mit dem Geld – als geistiger Potenz – tatsächlich eine Form von ›geistiger Sexualität‹ gemeint ist, zeigen griechische Vasenmalereien, die Sitta von Reden und Eva C. Keuls untersucht haben. Auf den Abbildungen sind erwachsene Männer manchmal mit jungen Liebhabern und Schülern (erômenos), manchmal mit Ehefrauen und manchmal mit Hetären zu sehen. In allen drei Fällen halten sie einen Geldbeutel in der Hand. Griechische Vasenmalerei, so schreibt Reden, ist nicht als eine Darstellung der Realität zu lesen, sondern als eine »Serie von Zeichen, die eine neue Realität herstellen«. In diesem Fall geht es um soziale Macht. Im Verhältnis zwischen dem erâstes (dem Lehrenden und älteren Liebhaber) hat das Geld eine symbolische Funktion, die nicht auf sexuelle Dienstleistung verweist, sondern auf Hierarchie. »Die moralische und politische Aussage des Bildes bezieht sich nicht auf das Geschenk an sich, sondern auf den vom Geber verkörperten Status.« Vom erômenos wird erwartet, dass er keine Freude am Sexualakt hat: »Geschenke, Geld und paideia (Unterrichtung) konnten deshalb alle als Erwiderung und als Symbol für die Unterwerfung eines Jugendlichen unter einen Erwachsenen verstanden werden. Umgekehrt symbolisierte die Befriedigung beim Sexualakt den Status des Bürgers: die Macht, Geld zu geben, und die Fähigkeit, Unterricht zu erteilen.« Die Körperhaltung zeigt, dass in diesem Verhältnis von beiden Männern körperliche Selbstdisziplin erwartet wird: »Das Begehren des erâstes überlagert sich mit einer Körperhaltung, die nicht Exzess, sondern Selbstkontrolle und Maß suggeriert; das Begehren des erômenos nach dem Geld überlagert sich mit einem Kleidungsstil und Faltenwurf, die Keuschheit und zögerliche Unterwerfung verraten.«[229] Die ›Initiation‹ impliziert also eine Lehre in Selbstdisziplin.

Die Körperhaltung auf den Darstellungen ›päderastischer‹ Verhältnisse ähnelt den Abbildungen, auf denen griechische Bürger mit Hetären zu sehen sind. »Die visuelle Assoziation von Hetären- und päderastischen Bildern kann auf ähnliche Weise interpretiert werden. Bei ersteren nahm der Geldbeutel eine kommerzielle Bedeutung an, die die Assoziation von Geld mit Markt und der Zahlung von misthoi [Trinkgeld, Entlohnung] an Sklaven und Ausländer evoziert. Im zweiten Fall hatte er eine politische Bedeutung, mit der die asymmetrische Beziehung zwischen den erâstai und erômenoi gemeint ist.« Auf einer Vase ist ein griechischer Bürger mit einem Geldbeutel in der Hand mit zwei Frauen zu sehen, deren unterschiedlichen Status man an ihren Attributen erkennt: eine

Hetäre und eine Ehefrau. Die beiden Seiten der Vase, so Reden, stellen die beiden Seiten des männlichen Verhältnisses zu Frauen dar: Sexualität und Reproduktion. Aber auch hier symbolisiert der Geldbeutel mehr als Zahlungsfähigkeit: »Es geht hier nicht um das Geld, mit dem ein Sexualpartner entlohnt wird. Vielmehr stellen die beiden Seiten der Vase zwei Funktionen des Geldes dar: unterschieden und dennoch ähnlich.«[230] In beiden Fällen geht es um Potenz: Im einen Fall wird der Sexualakt beherrscht, im anderen die Fortpflanzungsfähigkeit – und das Geld ist das Symbol dieser doppelten ›Potenz‹.

Der Geldbeutel im Bezug zur Hetäre, so argumentiert Eva C. Keuls, bezieht sich nicht auf die Zahlung des Bürgers an seine Hetäre, sondern ist zu verstehen als »symbolischer Ausdruck für die Macht des Geldes in den menschlichen Beziehungen. In den päderastischen und den Hetäre-Szenen wird nicht auf das tatsächlich übergebene Geld verwiesen, sondern auf die Tatsache, dass Geld die Interaktion zwischen den Teilnehmern beherrscht. In den häuslichen Szenen […] heißt dies, dass der Mann über den Geldbeutel verfügt. Der Geldbeutel ist ein ökonomischer Phallus. Der Umstand, dass das Objekt von bemerkenswert genitaler Gestalt ist, ist vielleicht nicht rein zufällig.«[231] Mit anderen Worten: Das Geld ist zum Samen geworden, und es befindet sich in einem ›Beutel‹, der den Hoden gleicht, aus denen männliche Zeugungskraft stammt. Die in diesem Geldbeutel erfassten Münzen symbolisieren also sowohl sexuelle Leistungsfähigkeit (die Hetäre) als auch Fortpflanzungsfähigkeit (die Ehefrau); und sie indizieren die Fähigkeit, ›geistige Söhne‹ zu zeugen *(erômenos)*. Alle drei Bedeutungen werden in der Geschichte des Geldes noch eine wichtige Rolle spielen. Die Vasenmalereien erzählen davon, dass sich das *sêma* (Zeichen) auf dem Geld nun mit dem *semen* (Sperma) verbunden hat und fähig ist, Sprösslinge *(tokoi)* zu zeugen.

Gewiss, in den letzten Jahren haben eine ganze Reihe von Wissenschaftlern und vor allem Wissenschaftlerinnen wie Beate Wagner-Hasel[232], Elke Hartmann[233] oder Irmgard Schultz[234] die Vorstellung der dem Mann unterstellten Frau in der griechischen Polis zurechtgerückt: »Der Vorstellung, daß die attischen Ehefrauen auf die Sphäre des Hauses beschränkt gewesen seien, liegt ein Mißverständnis von *oíkos* als einem räumlichen und nicht als einem sozialen Beziehungen konstituierenden ›Ort‹ zugrunde«, schreibt Irmgard Schultz.[235] Auch die Behauptung, dass Frauen in der Antike außerhalb von Ökonomie und Politik standen, ist nicht haltbar: Eine Fülle von Belegen zeigt, dass Frauen als ökonomisches Subjekt – etwa bei Eigentumsübertragungen – selbständig handelten.[236] Ihre Rolle in der Wirtschaft war in Griechenland viel ausgeprägter, als in den meisten Geschichtsbüchern dargestellt. Frauen traten als Eigentümerinnen von Land auf, sie nahmen Darlehen auf und erteilten ihren Ehemännern Zustimmung für vermögenswirksame Handlungen.[237] Es gab sogar Geldwechslerinnen und Geldverleiherinnen. Mit dem attischen Bürgerrecht von 451/450, so schreibt Schultz, gilt als Athener Bürger, wer väterlicher- *und* mütterlicherseits attischer Herkunft ist. Damit wird für jeden Athener die Heirat einer Athenerin zur Pflicht. Für das Konzept eines ›Eigentums‹ an der Frau ist in dieser Konstruktion ebensowenig Raum wie im Gesetz der jüdischen Gemeinden, wo als Jude definiert wird, wer eine Jüdin zur Mutter hat. Grund für die neue Definition ›attischer Identität‹ war die Abwehr gegen fremde wirtschaftliche Übermacht, die schon vorher Tyrannen – also Herrscher, die über keine dynastische Herkunft verfügten – hervorgebracht hatte.[238] Mit dem attischen Bürgerrecht werden Geschlechterbeziehungen und Genealogie in Beziehung zum Bürgerrecht der Polis gesetzt.[239]

Dies ist alles richtig, lässt aber die symbolischen Geschlechterrollen außer Acht, vor allem die Tatsache, dass sich in Griechenland etwas anbahnt, das die Sozialordnung des Abendlandes prägen wird: eine Definition von Männlichkeit, die Geistigkeit und Entkörperung besagt. Die Vorstellung von Männlichkeit als *geistiger* Potenz schlug sich in einer Vielzahl von späteren Regeln nieder, die die Schriftlichkeit – und mit ihr Logik, Wissenschaft, Rationalität und Definitionsmacht – zu einem ›männlichen‹ Gebiet erklärten, während Oralität – und mit ihr Leiblichkeit, Irrationalität und Vergänglichkeit – als ›weiblich‹ verstanden wurde.[240] Nicht durch Zufall nannten die Gelehrten des Mittelalters die geschriebene Sprache (Latein) ›Vatersprache‹, während sie die gesprochenen Mundarten und Landessprachen als ›Muttersprache‹ bezeichneten. Diese Zuweisungen an die Geschlechter waren symbolischer Art, aber sie wurden schon bald nicht mehr als solche verstanden und beherrschen bis in die Jetztzeit das soziale und psychische Leben der einzelnen Körper: Aus ihnen leitete sich über Jahrhunderte das Verbot für Frauen ab, geistliche Ämter auszuüben, geistiges Wissen zu erwerben oder auch über ihr Geld frei zu verfügen.

Das in Griechenland entwickelte Konzept der ›geistigen Zeugungsfähigkeit‹ schlug sich in einem Wandel der jungfräulich gebärenden Muttergottheiten nieder: Um 500 v. Chr. taucht auf den Münzen Athens die Eule auf, das Totemtier der Pallas Athene. Damit setzt sich eine neue Art von jungfräulicher Gottheit durch, die aus einem männlichen Kopf geboren wird. Sie repräsentiert Weisheit und Intelligenz, aber nicht die Leiblichkeit der alten Fruchtbarkeitsgöttinnen. In ihrem Abbild spiegelt sich das vom Geld repräsentierte Prinzip ›geistiger Potenz‹ wider, das auch in neuen Formen von Kreditwesen seinen Ausdruck findet. Bis dahin wurden Kredite über Land, Edelmetalle oder andere Realien wie Getreide abgedeckt. Das änderte sich nun. Es wurden Kreditprogramme entwickelt – unter anderem zum Bau der Akropolis.[241]

Das Prinzip, das John Maynard Keynes viele Jahrhunderte später als ökonomisches Prinzip zur Belebung der Wirtschaft und des nationalen Vermögens verkünden wird – es

sollen staatlich oder kollektiv getätigte Investitionen für öffentliche Ausgaben bereitgestellt und das Geld für diese aus dem Nichts geschaffen werden –, dieses Prinzip wird
schon in Athen angewandt: zu einem Zeitpunkt, als einerseits die großen Opferriten
verschwinden und sich andererseits für Alphabet und nominalistisches Geld standardisierte Formen durchsetzen. »Es spricht demnach einiges dafür, Athens Aufstieg zum
Geld- und Handelszentrum der griechischen Welt zumindest teilweise auf eine Dynamik zurückzuführen, die sich aus den Reproduktionserfordernissen der neuen Münzform
ergab. Zu dieser Entwicklung gehörte auch die Entstehung von Banken, also neuen
Unternehmen, die sich auf den Wechsel und die Aufbewahrung von Geldformen spezialisierten.« Zum ersten Mal gibt es Institutionen, die allein mit der »Reproduktion des
Geldmediums beschäftigt« sind.[242]

DIE MODERNE BEGLAUBIGUNG DES GELDES DURCH DAS OPFER

Angesichts des Dilemmas, dass Geld weder durch materielle Werte noch durch Autorität eine bleibende Beglaubigung findet, vertritt Niklas Luhmann die Ansicht, es sei
sinnlos, nach einer letzten Deckung des Geldes zu fragen. »Die Garantie liegt vielmehr
in der Knappheit selbst.«[243] Gewiss ist die Knappheit ein wichtiger Faktor für den Werterhalt des Geldes. Doch zeigten die Krise von 2008 wie auch die Euro-Krise von 2011,
in denen Milliarden von Dollars oder Euros buchstäblich aus dem Nichts gezaubert
wurden, dass auf die Knappheit wenig Verlass ist. Jochen Hörisch löst das Problem auf
andere Weise. »Die einzig halbwegs plausible Antwort auf die Frage nach der Deckung
des Geldes klingt wiederum zu heikel und abenteuerlich, um von liberalen Volkswirten
liebevoll akzeptiert zu werden: Geld ist durch (den Glauben an) Geld gedeckt.« Denn,
so führt er aus, »nur wenn ›alle‹ glauben, daß alle glauben, daß Geld beglaubigungswür-
dig ist, funktioniert Geld«.[244] Das ist einerseits richtig, gilt aber nicht für Inflationszeiten
und Finanzkrisen, wenn der Zweifel die Überhand gewinnt. Menschen ›glauben‹ ans
Geld, solange kein Beglaubigungsproblem auftaucht. Kommt es aber zur Glaubenskrise,
so greifen sie auf die einzige Beglaubigungsstrategie zurück, die ihnen sicher erscheint:
die durch das Opfer. Dann glauben sie ans Geld, weil einige dran glauben müssen.

»Wir betreten ein Universum der Hierarchie und der Schuld. Und es ist genau das
Universum des Opfers«, schreibt Marcel Hénaff. Wie oben beschrieben, entstand das
Opfer als Entsühnung für die mit »der erworbenen Macht über die natürliche Welt
verbundene *Lebensschuld*«.[245] An die Stelle dieses Opfers trat später das Geld. Wie aber
kann das Geld entsühnen, wenn es seine Glaubwürdigkeit eingebüßt hat? In solchen

Momenten scheint hinter dem Geld das reale Menschenopfer auf. ›Rote Messe‹ nannte der Volksmund die Hinrichtungen der Französischen Revolution.[246] Es war die Zeit des ersten Papiergeldes.

Für Marcel Hénaff, gibt es »keine *direkte* Verbindung zwischen dem Opfer und der modernen Wirtschaft. […] Für die moderne Gesellschaft ist das Opfer abgeschlossen.« Denn die allgemeinen Voraussetzungen des Opferrituals, die agropastorale Tätigkeit, existieren nicht mehr. Dennoch muss er konstatieren: »Diese nicht opfernden modernen Gesellschaften (so wie seit etwa zweitausend Jahren die Gesellschaften Europas) sind die Erben einer sehr langen kulturellen Vergangenheit, in der das Opfer das Herzstück des Dispositivs war.« Kann man angesichts dieser langen Erbschaft davon ausgehen, dass der Opfergedanke wirklich verschwunden ist? Und sind die Eingriffe in die Natur, die eine neue ›Schuld‹ etablieren, nicht noch viel tiefer geworden? Hénaff fragt sich selbst, »ob die riesige Bewegung der modernen Wirtschaft – die ganze inzwischen weltweite Produktionsmaschine – am Ende nicht das letzte und radikalste Mittel ist, Schluß zu machen mit den Göttern, Schluß zu machen mit der Gabe, Schluß zu machen mit der Schuld.«[247] Wenn aber die moderne Wirtschaft den Sinn hat, mit der Gabe und der Schuld Schluss zu machen, dann heißt dies doch, dass wir uns gar nicht so sicher sein können, dass das Opfer tatsächlich ausgedient hat. Auch der Abstraktionsprozess, den das Geld durchläuft, verlangt nach einer Beglaubigung: Entweder verweist das Geld weiterhin auf das Opfer, oder es hat keine Deckung.

Die Vergnügungsindustrien der Moderne, so Hénaff, »mobilisieren riesige Kapitalien, um Zerstreuung zu produzieren. Eine ungeheure Wirtschaftsmaschinerie (Investitionen, Kontrolle, Gewinn- und Verlustrechnungen, Löhne) wird in den Dienst des Unproduktiven gestellt. Das ist das Paradoxon.«[248] Ist es wirklich so paradox? Niemand möchte wirklich wissen, dass das Geld nichts anderes ist als ein »knapp gehaltenes Nichts«, wie Hajo Riese es genannt hat.[249] Von dieser Verdrängung leben die Vergnügungsindustrie wie auch der Markt an Antidepressiva: als Industrien der ›Ausblendung‹ schlagen sie Gewinn aus der Drohung des Geldes (die Kastration) *und* aus seinem Versprechen (die Fruchtbarkeit).

Gegen dieses ›Betrügerische‹ des Geldes anzukommen, gibt es mehrere Möglichkeiten: Die eine Strategie besteht in Ablenkung und Konsum; die andere im schnellen Erwerb von mehr Geld. Doch indem viele Finanzspekulanten durch Geschwindigkeit der Unzuverlässigkeit des Geldes zuvorzukommen versuchen, erhöhen sie noch die Geschwindigkeit, mit der das Geld seine Zuverlässigkeit verliert. So ist es letztlich das Geld selbst, ›das betrügt‹ – ein Gedanke, der die Geldwirtschaft von Anfang begleitete: »Was diesen Betrug erlaubt, ist die Fähigkeit des Geldes, ein *Substitut* zu sein. Es kann alles ersetzen und folglich Plätze einnehmen. Es ist der *Usurpator* schlechthin, der allgegenwärtige Usurpator. Daher ist es stets mit dem Drama des *Verrats* verbunden (von der Gestalt des Judas bis hin zu den modernen Spionen).«[250] Wenn aber das Geld als Betrüger wahrgenommen wird, dann verlangt es erst recht nach einem Opfer zur Sicherung seiner Glaubwürdigkeit.

Und wenn wir noch immer den Preis für die Glaubwürdigkeit des Geldes mit Menschenleben zu zahlen haben? Die Ordnung der Gabe, so sagt Marcel Mauss, setzte einen ›Glauben‹ voraus.[251] Das gilt auch für die moderne Geldwirtschaft, die nicht funktionieren kann, wenn nicht alle an das Geldsystem glauben. Für die Gesellschaften der zeremoniellen Gabe bestand der Glaube im sozialen Netz, das durch die Gabe gesichert wurde. Auch das nominalistische Geld schafft ein soziales Netzwerk, wie wir an den Darstellungen von André Orléan gesehen haben. Doch der Klebstoff dieses Netzwerks ist der Opfergedanke. Er erklärt, warum sich der Staat zwei Monopole vorbehalten hat: das über die Emission des Geldes und das über die Ausübung von Gewalt. Sie bilden die beiden Stützen des modernen Gemeinschaftskörpers

Es stimmt, dass es keine Opferaltäre mehr gibt, auf denen Menschen oder stellvertretend Tiere ›geopfert‹ werden. Richtig ist aber auch, dass bei jeder Krise des Geldes – ob es sich um die Inflation der 1920er Jahre in Deutschland, die ›große Depression‹ von 1929 oder die Finanz- und Bankenkrise von 2008 und 2009 handelt – Menschen auf ganz existentielle Weise den ›Preis‹ für den Verlust der Glaubwürdigkeit des Geldes zu zahlen haben: als Arbeitslose oder durch den Verlust ihrer Behausung, wie dies seit 2009 in einem seit der großen Depression nicht gekannten Maße in den USA der Fall war. In den USA gingen nach der letzten Finanzkrise mindestens sechs Millionen Arbeitsplätze verloren. Das ist eine abstrakte Zahl, aber dahinter verbergen sich Einzelschicksale wie das eines der 1200 Befragten der im Sommer 2009 von der Rutgers University durchgeführten Untersuchung: »Mein Alter (59) gibt mir das Gefühl, wertlos zu sein. SEHR alt und isoliert von der Arbeitswelt – mit wenig Aussicht auf eine neue Beschäftigung.«[252] In Krisenzeiten zeigt das soziale Netz, dass es durchlässig ist.

Dieser ›Preis des Geldes‹ zeigt sich auch an anderen Erscheinungen: Einer der wenigen Bereiche, die nach der Finanzkrise *keinen* Beschäftigungsrückgang zu verzeichnen hatten, war die US-Armee. Im Oktober 2009 verkündete das Pentagon, dass es zum ersten Mal seit 35 Jahren das Rekrutierungssoll erfüllen kann, »indem sich Hunderttausende von jungen Freiwilligen meldeten, obwohl es so gut wie sicher ist, dass sie in den Krieg müssen«.[253] Seit der Umwandlung in eine Armee von Freiwilligen im Jahr 1976 war dies das erste Mal, dass die US-Armee einen solchen Zulauf verzeichnen konnte. »Die Rezession war eine Kraft«, sagte Bill Carr, der stellvertretende Staatssekretär des Pentagon für

Personalwirtschaft, »dank der Arbeitslosigkeit, die wir nicht vorausgesehen hatten, befinden wir uns für den Großteil des Jahres in einer komfortablen Situation«.[254] Nicht nur die Armee, auch das Geld versetzt dieser Zulauf in eine ›komfortable Situation‹: Es verfügt über eine Deckung. Eben das ist der Punkt, auf den ich hinaus möchte: Könnte es nicht sein, dass die enge Verknüpfung von Geld und Menschenleben auf einer bis heute spürbar gebliebenen Verbindung zwischen dem Menschenopfer und dem Geld basiert? Könnte es nicht sein, dass das ›Selbst‹, das in die Gabe und das Opfer eingeht, auch heute eine Beglaubigungsstrategie des Geldes bildet – vielleicht sogar die wichtigste, weil sie die einzige Form von Glaubwürdigkeit bietet, über die das Geld noch verfügt?

Ich führte weiter oben aus, dass der männliche Körper durch die symbolische Kastration den Preis des Geldes zu zahlen hat. Das ist noch nicht ganz zu Ende gedacht. Denn es gelingt einigen dieser männlichen Körper – und zwar gerade denen, die viel mit Geld zu tun haben –, ihre ›Wunde‹ an andere Körper zu delegieren, die stellvertretend für sie die Rolle des beglaubigenden Opfers übernehmen. In den tatsächlichen Menschenopferkulten waren es Sklaven oder Kriegsgefangene, die für die Opferhandlungen herhalten mussten. Hier sind es keine Sklaven, aber auch Menschen, die der Macht von anderen ausgeliefert sind. Die Delegation des Opfers trifft auch, aber keineswegs nur Frauen. Es sind im Gegenteil oft Männer, die den Preis des Geldes zu zahlen haben, weil das Opfer im Diskurs des nominalistischen Geldes männlich codiert ist. Der weibliche Körper, darauf komme ich im letzten Kapitel zurück, hat – neben der Rolle als Symbol der domestizierten Natur – eine andere Funktion: Er symbolisiert die ›Beleibung‹, Fruchtbarkeit und das Wachstum des Geldes. Er verleiht dem exkarnierten Geld eine neue Inkarnation: in der Prostitution wie in der Reproduktion. Der männliche Körper dagegen muss für die Beglaubigung des Geldes durch die Erinnerung an das Opfer im Tempel einstehen. Die beiden Vorgänge – symbolische Kastration und Fruchtbarkeit – bedingen sich gegenseitig: Das Geld kann nur wachsen, wenn vorher der Preis der Askese und Vergeistigung entrichtet wurde.

Ein anderes Beispiel für die Deckung des Geldes durch die Erinnerung ans Opfer sind neue Fonds, die Wall Street ein Jahr nach dem Crash der Immobilienfonds entwickelte: Sie basieren auf Lebensversicherungen, die, wie vorher die Immobilienpapiere, in ›Pakete‹ zusammengefasst sind und zum Kauf angeboten werden: Sie enthalten die Lebensversicherungen von älteren Menschen und Kranken mit geringer Lebenserwartung. Die Versicherungen werden ›securitized‹, indem Hunderttausende in ein Paket zusammengeschnürt und diese wiederum als Fondsanteile Investoren angeboten werden, die beim Tod der Versicherten die Auszahlung erhalten. »Je früher der Policen-Inhaber stirbt, desto höher ist der Ertrag – wenn jedoch Menschen länger als erwartet leben, könnten die Investoren auch geringe Erträge einfahren oder gar Geld verlieren.« In jedem Fall gewinnt Wall Street bei diesen neuen ›Anlagen‹, weil Gebühren durch die Einrichtung der Fonds und die Vermittlung der Anteile anfallen. »Wir hoffen auf eine *Stampede* nach dem ersten Angebot«, sagt einer der Investmentbanker. Die Verkäufer der Lebensversicherungen sind oft Menschen, die ihre Police verkaufen wollen oder müssen; von den Fonds erhalten sie einen höheren Preis (20 bis 30 Prozent) als bei einer Rücknahme durch die eigene Versicherung. Generell spielen Versicherungen inzwischen auf dem Finanzmarkt eine mindestens ebenso einflussreiche Rolle wie die Banken. In den USA umfasst allein der Lebensversicherungsmarkt 26 Billionen Dollar. Wenn nur ein Bruchteil dieser Policen verkauft wird, »könnte dies Wall Street dazu verhelfen, die Verluste für den Zusammenbruch des Hypothekenmarktes auszugleichen, der von $ 941 Milliarden im Jahr 2005 auf $ 169 Milliarden geschrumpft ist«.

Die Bank Crédit Suisse bietet schon seit einiger Zeit Produkte in diesem Marktsegment an, und Goldman Sachs hat einen handelbaren Index geschaffen, »der es Investoren erlaubt, darauf zu setzen, ob Menschen länger als erwartet leben oder früher als geplant sterben«. Einen Markt für weiterverkaufte Lebensversicherungen gab es also schon vorher, aber die Zusammenfassung in Fonds ist neu. Diese haben Ähnlichkeit mit Börsen-Indices, wo Investoren auf allgemeine Trends setzen können, und sie sollen durch Diversifikation den Investor vor den Gefahren schützen, die beim Kauf einzelner Lebensversicherungen entstehen. Die Möglichkeit, dass Menschen länger als erwartet leben »ist kein hypothetisches Risiko. Genau das passierte in den 1980ern, als neue Behandlungen plötzlich das Leben von HIV-Patienten verlängerten. Investoren, die ihre Policen in der Erwartung gekauft hatten, dass die meisten Opfer *(victims)* innerhalb von zwei Jahren sterben würden, verloren am Ende Geld.« (Paradoxerweise konnten manche der Patienten die Medikamente bezahlen, *weil* sie ihre Police verkauft hatten.)

Wall Street will mit den neuen Fonds das Modell der ›subprime mortgage securities‹ wiederholen (das entscheidend zum Zusammenbruch des Marktes im Jahr 2008 beitrug). Die Philosophie basiert auf dem Gedanken, dass der Immobilienmarkt nur in einem Gebiet, nie aber landesweit erodieren kann. Entsprechend besteht »der ideale ›Bond‹ [oder Fonds] aus Lebensversicherungen mit einem breiten Spektrum von Krankheiten – Leukämie, Lungenkrebs, Brustkrebs, Diabetes, Alzheimer. Denn wenn zu viele Menschen mit Leukämie im Portfolio sind und eine Kur gefunden wird, stürzt der Bond ab.« Je geringer das Leben veranschlagt wird, desto höher die Gewinnchancen. Das ist zynisch und entspricht zugleich der Logik, dass das Geld nach einem Opfer verlangt, um seine Glaubwürdigkeit zu stabilisieren.

»Der Tod korreliert nicht mit dem Steigen und Sinken des Aktienmarktes«, sagen

Experten zu den neuen Bonds.[255] Doch die Korrelation ist viel enger, als der ›rein öko-nomische‹ Blick auf die neuen Anlagen zu erkennen gibt. Es handelt sich um nicht weniger als eine Resubstantialisierung des symbolischen Menschenopfers, das durch das Geld desubstantialisiert worden war. Das wird deutlich, wenn der Trader Jérôme Kerviel seine ersten Spekulationserfolge aus dem Jahr 2005 folgendermaßen beschreibt: »Damals hatte ich eine Position von Allianz-Titeln gehalten und dabei auf einen Marktabschwung gewettet. Kurz darauf geschah das tatsächlich, und zwar in der Folge der Attentate auf die Londoner U-Bahn: Das bedeutete für mich einen Jackpot von 500 000 Euro. Das war nur kurz nachdem ich bei der Société Générale als Händler eingestiegen war. Schon damals hatte ich zum Ziel, meine Position mit einem Deal abzusichern. Heute sehe ich das Ganze mit gemischten Gefühlen, denn über das Resultat bin ich gleichzeitig irgendwie stolz – aber auch verblüfft. Das Ganze machte Lust auf mehr, da kam es zu einer Art von Schneeballeffekt.«[256] Kerviels ›gemischte Gefühle‹ sind nicht etwa der Tatsache geschuldet, dass er seinen ›Jackpot‹ den Londoner Opfern verdankte, sondern den späteren Fehlspekulationen, die der Bank einen Verlust von 4,9 Mrd. Euro und ihm eine Verurteilung einbrachten.

Noch ein Beispiel: Versuche in der medizinischen Forschung am Menschen finden zunehmend an ›vulnerable people‹ statt. Das gilt vor allem für Forschungen der Pharma-Industrie. Ein Bloomberg Report von 2005 zeigte, dass die pharmazeutische Industrie zwischen 2001–2004 fast vierzigtausend klinische Versuche durchführte; das waren sechs Mal mehr als im Jahr 1981. Die Versuchspersonen waren zumeist mittellose Menschen und Immigranten ohne Papiere. Oder die Forschung wurde in Entwicklungsländer verlagert. So berichtet der Jurist Osagie K. Obasogie im *New Scientist* im Januar 2011: »Eine Studie des *New England Journal of Medicine* von 2009[257] offenbarte, dass ein Drittel der klinischen Versuche der dritten Phase, die von den 20 größten Pharmafirmen Amerikas in Auftrag gegeben wurden, im Ausland durchgeführt worden sind.«[258] Seit 2002 nahm die Anzahl der im Ausland durchgeführten Versuche um 15 Prozent zu, während die im Inland (USA) um 5,5 Prozent zurückging. »Die Firma Pfizer zahlte kürzlich dem Staat Nigeria 75 Millionen Dollar, um eine Klage abzuwenden, ohne Schuldeingeständnis. Die Firma hatte illegale Versuche mit experimentellen Antibiotika an Kindern durchgeführt, elf von ihnen waren gestorben. Inzwischen ist davon die Rede, dass die Pharma-Industrie Zugang zu Gefängnisinsassen erhalten soll.«[259] Das Risiko einer Klage oder eines Image-Verlustes wird mittlerweile dadurch aufgefangen, dass ›contract research organizations‹ den Pharmafirmen anbieten, an ihrer Stelle die Recherchen in Billigländern durchzuführen,[260] was zur Folge haben dürfte, dass die Rücksichtnahme weiter abnimmt.

Geld hat, wie anfangs dargestellt, drei unterschiedliche Ursprünge, die auch drei ›Strategien der Glaubwürdigkeit‹ hervorgebracht haben: erstens materielle Werte, zu denen neben den Edelmetallen auch Grund und Boden gehören. Zweitens den Souverän, der eine Währung emittiert und garantiert. Drittens das Opfer. Die Glaubwürdigkeit des Souveräns erwies sich von Anfang an und historisch immer wieder als die prekärste dieser drei Strategien, weil das Recht zur Emission und Garantie von Geld viele Betrugs- und Fälschungsmöglichkeiten bietet, die auch regelmäßig umgesetzt wurden. Auch die Anbindung des Geldes an scheinbar materielle Werte wie Gold erwies sich als eine Illusion. So blieb vor allem die Beglaubigung durch das symbolische Opfer. Damit sind einerseits die Exkarnation, der körperliche Abstraktionsprozess gemeint, andererseits aber auch das Menschenleben, das den Wert des abstrakten Geldes garantiert. Die Exkarnation bildete die Voraussetzung für die Potenz und Vermehrungsfähigkeit des Geldes; das Opfer steht für das Menschenleben, mit dem der Preis des Geldes bezahlt wird. Beides verbindet bis heute das Geld mit der Theologie, um die es im nächsten Kapitel geht.

II. GELD UND GLAUBE

EINFÜHRUNG

Wie konnte sich die doppelte Beglaubigungsstrategie des Geldes so lange halten? Indem das Geld den Rückbezug zum theologischen Ursprung nie aufgegeben hat. Dafür erwies sich keine andere Religion als so geeignet wie die christliche. Sie gab aus mehreren Gründen den idealen kulturellen Nährboden für die Glaubwürdigkeit des Geldes ab. Vor allem zwei Faktoren sind ausschlaggebend: einerseits der Glaube. ›Non aes sed fides‹ – nicht Erz, sondern Glaube – lautet der Spruch, den der Malteserorden auf seine Münzen prägte. Dieser Glaube wird durch eine seltsame Paradoxie erzeugt. Anders als die jüdische Religion oder der Islam verlangen die christlichen Lehren von ihren Anhängern, an Begebenheiten zu glauben, die mit der rationalen, empirischen Erfahrung nicht vereinbar sind: die Menschwerdung Gottes, die unbefleckte Empfängnis, die Jungfrauengeburt. Zwar verkünden die jüdische Religion und der Islam den Glauben an einen unsichtbaren Gott, aber für die diesseitige Wahrheit halten sie sich an das, was empirisch erfassbar ist. Die Christen dagegen, so Michel de Montaigne (1533–1592), in seinem unnachahmlichen Spott, »finden allezeit eine Gelegenheit zu glauben, wenn sie etwas Unglaubliches antreffen. Eine Sache ist um so viel vernünftiger, je mehr sie der menschlichen Vernunft widerspricht. Käme sie mit der Vernunft überein: so würde sie kein Wunder mehr seyn.«[1] In Wirklichkeit steht hinter der christlichen Religion eine andere Vorstellung von Rationalität, die Max Weber am Vergleich mit dem Konfuzianismus charakterisiert hat: »Der konfuzianische Rationalismus bedeutet Anpassung an die Welt. Der puritanische Rationalismus: rationale *Beherrschung* der Welt.«[2] Das christliche *credo quia absurdum* eignet auch dem Geld, dem ebenfalls, jeder empirischen Logik zum Trotz, Vertrauen geschenkt wird: Denn es ist, wie im letzten Kapitel dargestellt, der Klebstoff, der die Generationen über den Tod hinweg miteinander verbindet.

Der andere Faktor, der das Christentum zu einem günstigen kulturellen Nährboden für das Geld werden ließ, waren vor allem seine Opfer- und Inkarnationslehren, in denen sich die Ursprungsgeschichte des Geldes widerspiegelt. Sie zeigten sich an *dem* Symbol des Christentums: dem christlichen Kreuz, das sowohl Tod/Opfer als auch Auferstehung bedeutet. Das ist das sogenannte ›Kreuzesparadox‹. Damit deutet das Symbol auch auf den engen Zusammenhang zwischen Kastration und ›geistiger Potenz‹.[3] In seinem Buch *The Sexuality of Christ* hat der Kunsthistoriker Leo Steinberg auf die vielen phallischen Darstellungen des Gekreuzigten hingewiesen, an denen er den Zusammenhang zwischen ›Erektion‹ und ›Resurrektion‹ festmacht.[4] Das Gegenstück dazu ist die ikonologische Darstellung Gott-Vaters. Auf manchen Bildern ist der Vater zu sehen: auf seinem Schoß der hingeschiedene Sohn in einer Pose, die ihn wie das Geschlecht Gottes erscheinen lässt, aber in kastrierter, geopferter Gestalt. Die Darstellungen enthalten die beiden Aspekte des Kreuzesparadoxes, erklären die ungeheure Macht dieses Glaubenssymbols – und sie sind wie ein Spiegelbild der Beglaubigung des Geldes: Eine am männlichen Körper exerzierte Kastration wird zur Voraussetzung für geistige Zeugungsfähigkeit.

Die intime Nähe von christlicher Theologie und Geldwirtschaft erklärt, warum das monetäre Vokabular mit seinem ›Kredit‹ und seinem ›Fiatgeld‹ so theologisch klingt. Warum Hostie und Münze dieselbe Form haben. Und vor allem erklärt sie auch, warum die moderne Geldwirtschaft im christlichen Kulturraum entstand und sich hier der Kapitalismus zuerst durchsetzte.

GELDWIRTSCHAFT IN MESOPOTAMIEN

Um die kulturellen Voraussetzungen für die Entstehung einer auf der jüdischen Religion basierenden ›Geldtheorie‹ zu verstehen, muss man noch einmal einen Blick auf Mesopotamien werfen. Dort zirkulierte kaum Geld, aber es gab eine florierende Wirtschaft. Johannes Renger spricht von einer ›Tabuwirtschaft‹.[5] Sie galt auch für das alte Ägypten wie für die kretisch-minoische Palastwirtschaft und die Frühzeit Griechenlands. Relikte dieser Wirtschaftsform existierten in abgewandelter Form noch bis in den europäischen Feudalismus: Der Begriff ›feudal‹ leitet sich ab von ›Vieh‹ und bedeutet ›Lehen‹; er erhielt sich im englischen Begriff ›fee‹, der Gebühr.[6] In vielen bäuerlichen Dorfgemeinschaften des vorderen Orients spielte das Geld keine oder eine sehr restriktive Rolle.[7]

Schon zu Beginn des 4. Jahrtausends entstanden, laut Renger, auf dessen Untersuchungen ich mich im folgenden Abschnitt stütze, im südlichen Mesopotamien (Babylon) große städtische Siedlungen und frühe Staatsformen, die zwar ohne Münzen, aber mit großen Verwaltungssystemen funktionierten. Sie ›führten Buch‹ über umfangreiche Herden und landwirtschaftliche Flächen. Ihre Verwaltung war im Tempel zentralisiert, dessen Haushalt mit dem des Gemeinwesens identisch war. Mitte des 2. Jahrtausends vor Chr. übernahm der Palast die Hauptaufgaben der zentralen Verwaltung: insbesondere die Wasserwirtschaft und die Bewässerungssysteme, die die landwirtschaftlichen Erträge sichern sollten. In diesem Kontext entstand eine Form von Geld, die auf Getreide oder Edelmetallen basierte. Daneben wurde ab dem 3. Jahrtausend auch Silber als Tauschvermittler, Zahlungsmittel und Wertmesser verwendet. Weder im Sumerischen noch im Akkadischen gibt es ein Wort für Geld: nur den Begriff ›šám‹, was soviel wie ›äquivalent‹ bedeutet. Äquivalenzen wurden oft in Silber angegeben, das Silber war also ein Wertmesser, kam aber nicht notwendigerweise in den Handel. Nichts wies in Richtung einer Geldwirtschaft. Unter den Metallen nahm Silber eine Sonderstellung ein. Die Metalle wurden gewogen, Gewichtseinheiten sind schon ab 2650 v. Chr. nachweisbar: Schekel heißt auf Akkadisch wörtlich ›das Gewicht‹. Auch ›Mann-Tage‹ waren Werteinheiten. Die Haushaltsangehörigen wurden in Naturalien bezahlt, vor allem in Gerste, die zugleich Hauptnahrungsmittel war und in Relation zu Mann-Tagen gemessen wurde. Allerdings verlor Gerste mit jeder neuen Ernte ihren Wert. Ihr waren »als *money stuff*« also Grenzen gesetzt. Die wohlhabenden Schichten verfügten über Silber – etwa in Form von ›Ringsilber‹: spiralförmige Armreifketten, von denen bei Bedarf ein Segment abgeschnitten wurde. »Silber wurde weniger als ›Geld‹ denn als Sache, als Stoff betrachtet.« Obgleich Münzen schon bald nach ihrer Erfindung im gesamten Mittelmeerraum verbreitet waren, haben sie »weder in Babylonien noch in Assyrien, d. h. in

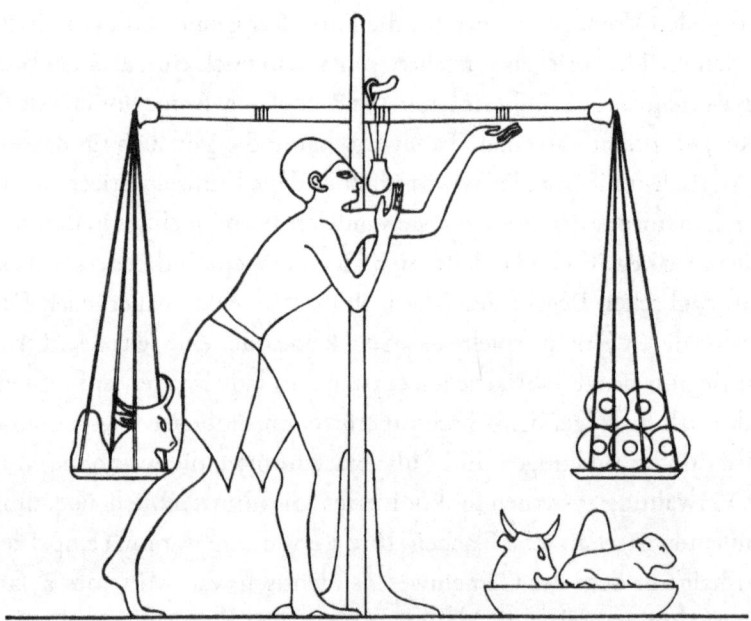

Ägyptisches Wandgemälde aus Theben. Das Aufwiegen von Ringgeld gegen Vieh.

der Zeit seit dem 8. Jh. v. Chr., eine besondere Rolle gespielt«. Bisher waren auch keine Münzprägungen mit den Namen oder Symbolen babylonischer oder assyrischer Herrscher nachzuweisen. Die geprägten Silberbarren aus Sam'al waren »als Eigentums- und nicht als Garantievermerk« zu verstehen.[8]

Wie schon erwähnt, war in Babylon das Verhältnis von Gold und Silber von den Priestern nach dem Verhältnis der Umlaufbahnen von Sonne und Mond – also nach einem göttlichen Prinzip – festgelegt worden. Mag sein, dass sich Babylon deshalb dem Prinzip des nominalistischen Geldes Griechenlands, das eine andere Art der Beglaubigung aus dem Tempel bezog, widersetzte. Der Tempel übernahm auch keine Garantiefunktion für das Geld. Kurz: Das ›Geld‹ Babylons basierte *nicht* auf einer Beglaubigung durch das Opfer, sondern auf Edelmetallen, auf Tauschhandel und einer zentral gesteuerten ›Palastwirtschaft‹. Es gab ›Buchgeld‹, aber Münzen wurden nach ihrem Gehalt an Edelmetall bemessen. Der Opfergedanke als Geldbeglaubigung taucht überhaupt nicht auf. Die meisten dieser Prinzipien galten auch für das Geldwesen Israels.

DAS GELD UND DIE JÜDISCHE RELIGION

In Palästina, so Elie Borowski, war bis zur Zerstörung des Salomonischen Tempels um 586 v. Chr. die Münzprägung unbekannt.[9] Erst im babylonischen Exil kam die jüdische Gemeinde mit geprägten Zahlungsmitteln in Berührung, die freilich auf dem Edelmetallwert beruhte. Aus den Geschichten der Hebräischen Bibel geht hervor, dass in der Frühzeit der Bibel Metalle als Tauschmittel gebräuchlich waren: »Am häufigsten wurden schwere, bis über 30 Kg. wiegende, flache Kupferbarren in der Form eines Schaffelles gebraucht.«[10] Man nimmt an, dass ein Barren ein Schaf wert war – das Vieh stellte also einen Wertmesser dar. Neben Kupfer wurde auch mit Gold und Silber gehandelt. In der hebräischen Sprache, so Borowski, ist ein Wort für ›Geld‹ nur aus der postalttestamentarischen Epoche – also aus der Zeit des Talmud – bekannt. Das Wort ›Schekel‹ leitet sich, wie im Akkadischen, von ›schakal‹ ab, was soviel wie ›wägen‹ heißt. Wie in Babylon war das Gewicht des Edelmetalls ausschlaggebend.

Da, wo vom ›heiligen Schekel‹ die Rede ist, bedeutet dies, dass Geld für heilige Zwecke und rituelle Aufgaben verwendet wird. Seine ›Heiligkeit‹ bezieht sich auf die *Bestimmung,* nicht auf die *Beglaubigung.* Dem Schekel wie dem Geld überhaupt wurde »jede Heiligkeit abgesprochen. Hierin besteht der wesentliche Unterschied in der Rolle des Geldes zwischen Hebräern und anderen Völkern.« Hatte das Geld bei den Griechen durch die Ableitung vom Opfermahl sakralen Charakter, so rührt die Idee des Geldes in der Bibel »aus dem profanen Tauschhandel der frühesten biblischen Zeit her«. Es stand sogar im Gegensatz zum Opferkult, der heilig war und »nicht profaniert werden« durfte. Borowskis Fazit: »Obwohl das Tier, das zum Opfermahl geweiht ist, ein erworbenes Wertobjekt darstellt, kann das Opfer in der Bibel zu keiner Zeit durch Geld oder durch andere Werte ersetzt werden. Durch Opfer kommt der Mensch dem Gotte näher, und Gott nähert sich dem Menschen. Diese Annäherung geschieht durch ein Opfer, das einen Leidensweg darstellen soll. Der Ursprung war ja das Feueropfer des Moloch, ein Opfer von einem dem Opfer nahe stehenden Menschenleben, wobei der Opfernde und der Geopferte zu leiden hat. Die Bibel untersagte den Moloch-Kult. Der Mensch wurde durch das Tier ersetzt.«[11]

Das heißt, der erste Substitutionsprozess – Tieropfer anstatt Menschenopfer – entspricht dem des griechischen Geldes. Aber es fehlt der nächste Schritt: Es findet keine Substitution des Opfers durch Geld statt: »In der Bibel war das Opfer ein Liebes- und Gemütsausdruck, der durch Geld nicht ersetzt werden konnte.«[12] So musste auch die Abgabe an den Tempel in Form von Naturalien geleistet werden. Allerdings sah die josianische Reform um 620 v. Chr., also noch vor dem babylonischen Exil, eine Möglichkeit vor, die Abgabe zu standardisieren: Falls der Weg zum Tempel zu lang war, um das Opfer dorthin zu tragen, konnte der Gläubige die Naturalien am Heimatort verkaufen: »und nimm das Geld in deine Hand, und gehe zu der Stätte, die der Herr, dein Gott, erwählen wird, und kaufe für das Geld, worauf du Lust hast: Rinder, Schafe, Wein, Bier und was sonst dein Herz begehrt, und iss dort vor dem Herrn, deinem Gott, und sei fröhlich, du und dein Haus.« (Dtn 14,24–26) Das ›Opfer‹ wurde zu Geld gemacht, um Gott anschließend wieder in Form von Naturalien dargeboten zu werden.

Borowski verweist auf das Beispiel der Opferung Isaaks, wo Abraham zwar bereit ist, seinen Sohn zu opfern, dieses Opfer dann aber von Gott durch einen Widder ersetzt wird. Stattdessen fordert Gott ihn auf, alles Männliche in seinem Haus zu beschneiden, was als Symbolisierung des Menschenopfers interpretiert wird. Bruno Bettelheim zum Beispiel sieht darin Fruchtbarkeits- und Wachstumsriten, »als ein Opfer an die Göttin der Fruchtbarkeit«.[13] Aber dieses Substitut spielt für das Geldwesen keine Rolle. Es finden in der jüdischen Religion keine Riten statt, bei denen männliche sexuelle Potenz geopfert wird, damit ›geistige Potenz‹ entstehen kann. Beide – sexuelle wie geistige Fruchtbarkeit – bestehen neben-, nicht als Voraussetzung füreinander. Durch die Beschneidung wird das männliche Zeugungsglied sogar ›geheiligt‹. Andererseits lässt sich die Tatsache, dass die Beschneidung am 8. Tag nach der Geburt durchgeführt wird, als Beginn einer ›zweiten Schöpfungsgeschichte‹ lesen,[14] was dem Konzept einer ›geistigen Fruchtbarkeit‹ durch das Gesetz der Schrift nahekommt: Sie ist Sakralisierung des Geistigen und Individuation.[15] Das betont Jacques Derrida in seiner autobiographischen *Zirkumfession.* Er setzt dieses »Opfer« aber auch mit der »Schrift des Körpers« gleich und stellt sich damit in die Tradition Griechenlands: »Das Wort, beschnitten, CIRCONCIS, vermittelt durch unzählige, von meiner ›Kultur‹, dem Lateinischen, der Philosophie etc. vermittelte Schaltstellen, so, wie es sich meiner ihrerseits beschnittenen Zunge *eingraviert hat.«*[16] Da sich in den jüdischen Traditionen geistige und sexuelle Potenz gegenseitig ergänzen,[17] kann die Vorstellung ›geistiger Fruchtbarkeit‹ keine Übertragung aufs Geld erfahren. Denn dieses duldet keine sexuelle Potenz neben sich.

Ebenso wenig wird Weiblichkeit ›geopfert‹. Die weibliche Sexualität erfährt in den jüdischen Traditionen keine Abwertung. Zwar werden die Reinheitsgesetze der *nidda,* die sich auf das weibliche Blut (während der Menstruation und nach der Niederkunft) beziehen, oft als Herabsetzung des weiblichen Köpers interpretiert. Doch gerade die Aufmerksamkeit, die dem weiblichen Körper zukommt, so die Judaistin Susannah Heschel, »machen die Vagina zu einem transzendenten Zeichen der Geschlechtsidentität *und* des jüdischen Status«.[18] Beides – die Beschneidung wie die *nidda* – betonen die Differenz und die ›Unvollständigkeit‹ von Mann und Frau, und in dieser Differenz spiegelt sich die unüberwindliche Differenz zwischen Gottes Ewigkeit und menschlicher Sterblichkeit wider.[19] Die Bejahung der Sexualität im Judentum ging mit der Bejahung der Fortpflanzung einher, die für den jüdischen Mann eine Pflicht darstellt, die die Mishna aus Versen der Thora ableitet.[20] Eine Herabsetzung der Sexualität, die Idealisierung von männlicher Askese, die schon in Griechenland ihren Anfang nahm und im Frühchristentum weiterentwickelt wurde,[21] gab es in der jüdischen Religion nicht. Die Fortpflanzungsverweigerung der Klöster war ihrerseits eine der Voraussetzungen dafür, dass das Geld fortpflanzungsfähig werden konnte.

Die Israeliten waren, anders als ihre engsten Nachbarn, die Phönizier, kein Handelsvolk. Sie lebten vom Ackerbau und Viehzucht. Erst mit dem Erstarken des Königtums unter David und Salomon änderte sich das. Doch auch dann blieb der gesamte Außenhandel »wegen seines politischen Charakters Sache der Könige«. Wie in Griechenland war auch in Palästina das Vieh ein Wertmesser: Vieh – *mikne* – war »des Menschen Besitz, Geld und Geschäft«. Das in der Bibel dreimal erwähnte Zahlungsmittel Kesita (Gen 33,19; Jos. 24,32; Hiob 42,11) verweist ebenfalls auf Vieh als Zahlungsmittel. »Fast alle Übersetzungen des alten Testaments: die griechische Septuaginta, die lateinische Vulgata, die syrische Peschitta und der aramäische Unkelos, geben dieses Wort mit Lamm wieder.« Das geschah unabhängig davon, ob in den erwähnten Stellen die Leistungen tatsächlich in Lämmern oder in Metallstücken (die die Bezeichnung Kesita-Lamm trugen) gemacht wurden. Die Phönizier trugen zur Beschaffung der Edelmetalle bei – und, wie in Babylon, oszillierte auch in Palästina der Gold-Silber Wert um 1 zu 13⅓.[22]

Erst während des Exils in Babylon stießen die Israeliten auf ein reges Handels- und Geschäftsleben. In dieser Zeit der Vertreibung verstärkte sich die Textgebundenheit der Gemeinschaft. Hier entwickelte sich das Volk Israel zur ersten ›textual community‹ der Welt: eine Gemeinschaft, deren Zusammenhalt weder auf einem gemeinsamen Territorium noch auf einer Herrscherdynastie, sondern auf einer Heiligen Schrift beruhte.[23] Später wird Heinrich Heine die Bibel als ›portatives Vaterland‹ der Juden bezeichnen. In Griechenland dagegen entwickelt sich in derselben Zeit das nominalistische Geld, das ebenfalls auf Schriftzeichen beruht. In der griechischen, später der christlichen Kultur wurde das Geld zum ›portativen Vaterland‹.

Juden passten sich dem regen Geschäftsleben in Babylon an: so sehr, dass, nachdem Kyros den Juden die Erlaubnis zur Rückkehr nach Palästina gab (538 v. Chr.), »der größte Teil der reichen und besitzenden Juden Babylonien nicht verlassen wollte«. Die zurückgekehrten Juden waren zu arm, um den Phöniziern im Handel Konkurrenz zu machen. »Erst in der späteren hellenistischen Periode begannen die Juden sich am Handel wieder zu beteiligen und reisten als Kaufleute nach Kleinasien, Griechenland und Italien.« Diese Entwicklung nahm in den letzten vorchristlichen Jahrhunderten zu. »Allerdings wurde das geistige Leben, die Beschäftigung mit der ›Weisheit‹ und dem Gesetze, trotz dieser Entfaltung und Verbreitung des Handels als eine viel wichtigere Beschäftigung angesehen.«[24] Sogar Ackerbau und Handwerk galten als weniger wertvoll. Die Struktur der Textgemeinschaft prägte also nicht nur im Exil die jüdische Gesellschaft. Dennoch begannen Münzen, eine wichtige Rolle zu spielen: im Kampf um Autonomie und um Abgrenzung gegen Rom und den Hellenismus.

Unter den Persern erhielten die Israeliten das Recht, eigene Münzen zu prägen.[25] Es gab kleinere Geldstücke mit der Inschrift ›Jehud‹. Das persisch geprägte Judäa war noch weit vom späteren strengen Bilderverbot entfernt: Die Münzen zeigen eine auf einem Flügelwagen sitzende Gottheit, von der der israelische Numismatiker Ja'akov Meshorer vermutet, dass es sich um eine Münzausgabe für die Provinz Jehud/Judäa handelt, »auf der man dessen Nationalgott nach einer Vision des Ezechiel dargestellt« hat. Die letzte Jehud-Münze wurde um 280 v. Chr. geprägt. Die jüdische Währung erhielt nun ihren Namen ›Schekel‹. In der hellenistischen Zeit musste Jerusalem Geld verwenden, auf dessen Prägung es keinen Einfluss hatte.[26] Um 160 v. Chr. bildete sich ein nationalistischer Widerstand, der in den Aufstand der Makkabäer-Brüder mündete. Grund war, dass Antiochus IV. den Israeliten die hellenistische Kultur aufzuzwingen versuchte. Er hatte zwei Tetradrachmen pressen lassen: Auf der einen Seite sah man Apollon mit Pfeil und Bogen, auf der anderen seinen eigenen Kopf mit Diadem und Stern. Nach seinen Siegen über die Ptolomäer (168–164 v. Chr.) ließ er in Antiochia Münzen mit seinem Kopf in Zeusangleichung mit Lorbeerkranz und Bart prägen, auf der Rückseite eine griechische Inschrift, in der er sich selbst sakralisierte. »Die Münzen spiegeln die Provokation, die die Hohepriester in Jerusalem empfunden haben müssen: Antiochus hatte beschlossen, Jerusalem zu hellenisieren, verbot den Jahwekult und errichtete einen Altar des Zeus Olympios.«[27] Das war der Auslöser für den Aufstand der Makkabäer.

Als 37 v. Chr. die Römer Judäa eroberten, wurde Herodes der Große zum König ernannt. Er bezeichnete sich selbst als: ›rex socius et amicus populi Romani‹. Israel durfte zwar eigene Bronzemünzen prägen, doch alle althebräischen Inschriften verschwanden. Herodes achtete darauf, dass keine Lebewesen abgebildet wurden, aber er verwendete viele Motive aus der heidnischen Welt, darunter auch Opfergefäße, die an den Ursprung des nominalistischen Geldes aus dem Tempelkult erinnerten. Danach gab es nur noch einmal ein ›authentisch‹ jüdisches Geld: die Münzen, die die Aufständischen im Bürgerkrieg ab 66 n. Chr. prägen ließen. »Sie gaben zum ersten Mal in der jüdischen Geschichte Silber(!)stücke aus.«[28] Das war ein Affront gegen Rom. Im Römischen Reich blieben die Gold- und Silbermünzen dem Kaiser vorbehalten, der Senat durfte Kupfer- und Messingmünzen prägen, die Konsuln und Praetoren hatten das Recht, Kupferprägungen für die jeweilige Provinz vorzunehmen.[29] Die Münzen der Aufständischen implizierten also die höchste Widerstandsform. Zudem waren ihre Aufschriften auf Althebräisch »und umrahmten Symbole des jüdischen Kults und Kalenders: Kelch mit Granatapfelzweig oder Lulavbündel mit Dattelpalme«. Sie trugen Aufschriften wie: »Jerusalem die Heilige«, »Freiheit Zions«, »Schekel Israel« oder »für die Erlösung Zions«.[30]

Rom reagierte mit der Zerstörung des Tempels im Jahr 70 n. Chr. und einer eigenen Münzprägung, die »Judäa capta«: Sie zeigt eine verschleierte, trauernde Judäa und einen gefesselten Juden. 71 n. Chr. wurde der Tempelschatz von Jerusalem nach Rom gebracht: mit Menora, Schaubrottisch und den beiden Silbertrompeten. Als Kaiser Hadrian 130/131 die Neugründung Jerusalems als römische Stadt Aelia Capitolina verkündete, wo fortan die römischen Götter als offizielle Schutzgottheiten verehrt werden sollten, brach unter den Juden Palästinas die letzte großer Insurrektion, der Bar-Kochba-Aufstand, aus. Wieder kamen Münzen in Umlauf, die auf der Vorderseite ein Idealbild des Tempels von Jerusalem aus dem Goldenen Zeitalter des biblischen Israel und auf der Rückseite Symbole der jüdischen Religion zeigten. Dieses Geld war Kampfaufruf und politisches Manifest zugleich. Es verlieh dem Einsatz der Aufständischen sichtbaren Ausdruck und zirkulierte zugleich als Geheimsignal unter der Bevölkerung. »Die Geschichte der ›jüdischen‹ Münzausgabe liest sich wie ein Barometer der Autonomie des antiken Judäa.«[31] Das ›symbolische‹ Geld erhielt so einen ›sakralen Charakter‹ spezifischer Art: Die Sakralität bezog sich auf die Autonomie der jüdischen – nationalen und religiösen – Identität.

Die Bewertung von Geld als Edelmetall hielt sich auch in nachbiblischer Zeit, wie die Aussagen im Talmud bezeugen. Dieser entstand über mehrere Jahrhunderte und war um etwa 500–600 n. Chr. abgeschlossen – zu einem Zeitpunkt also, als die christliche Religion in weiten Teilen des Mittelmeerraums und Europas offiziell zur Staatsreligion wurde und kurz vor der Entstehung des Islam. Der Talmud besteht aus Rechtslehren, Auslegungen und Kommentierungen der Heiligen Schrift. Er legt Bestimmungen über das Eherecht, die Agrarabgaben an den Tempel, die Festtage, Opferwesen, Reinheitsbestimmungen usw. fest – allerdings nicht auf einheitliche Weise. Für jede dieser Fragen gibt es von unterschiedlichen Gelehrten abweichende Auslegungen, und diese stehen nebeneinander, manchmal kommentieren sie sich auch gegenseitig. Der Talmud ist bis heute die meist konsultierte Schrift der jüdischen Gelehrten.[32]

Was sagt der Talmud zum Geld? Da schon in nachbabylonischer Zeit viele Beiträge für den Tempel von den Juden aller Länder nach Jerusalem strömten, trafen dort verschiedene Währungen und Münzen ein. Das hatte zur Folge, dass sämtliche Währungen auch in Palästina, vor allem in Jerusalem, in Umlauf waren. In dieser Zeit verlor die Wirtschaft Palästinas ihr ursprünglich naturalwirtschaftliches Gepräge und ging zur Geldwirtschaft über. Als Geld diente ausschließlich das Metall: Gold, Silber und Kupfer. Nach der zweiten Zerstörung des Tempels fand eine massive Auswanderung von Juden aus Palästina statt. Nur die Ärmsten blieben zurück; der Handel kam zum Erliegen; es gab erdrückende Steuern durch die Römer und damit kaum ökonomische Entfaltungsmöglichkeit. Anders war es bei den in Babylonien sesshaft gebliebenen Juden, deren Wohlstand wiederum viele Juden aus Palästina anzog. Das Zentrum jüdischen geistigen Lebens verlagerte sich nach Babylon, wo ein Gutteil des Talmud entstand und wohin sich auch der Mittelpunkt der wirtschaftlichen Betätigung verlegte.[33]

Das Geldwesen des Römischen Reichs war weit entwickelt. Das bedeutete für die jüdischen Gemeinden, dass es in den Tauschverkehr einbezogen werden musste – jedoch nach eigener Gesetzlichkeit, etwa dem Zinsverbot untereinander. Die Rabbiner mussten nun von Fall zu Fall über den Umgang mit Geld entscheiden. Diese Fälle sind im Talmud festgehalten. Der Talmud enthält keine eigene Geldtheorie, die auch bei den Griechen und Römern noch nicht entwickelt war. Doch gibt es im Talmud Einzelentscheidungen, aus denen eine allgemeine Linie ersichtlich wird. Eine der Linien zeigt das Festhalten an der engen Anbindung des Geldes an materielle Werte. Daneben taucht auch ein anderer Gedanke immer wieder auf, der ebenfalls dem Konzept des griechischen Geldes konträr ist: Zur Annahme einer Münze genügt, so die talmudischen Gelehrten, nicht die staatliche Anerkennung, sondern es bedarf auch »der Anerkennung und Annahme seitens der Bevölkerung«. Ihre Überlegungen bezogen sich ausschließlich auf Metallgeld, und sie vertraten die Ansicht, dass »die staatliche Proklamation allein« nicht genügt, um Geld zu beglaubigen, es bedurfte auch der »Marktgängigkeit der betreffenden Geldart«. Das heißt, Münzen wurden zur Schuldentilgung nur dann anerkannt, wenn die Möglichkeit ihrer Weitergabe bestand. »Die Wesensvoraussetzung des talmudischen Geldwesens ist die Kurantfähigkeit, d. h. die Eigenschaft des Geldes, zu jeder Zeit ungehindert seine Funktionen im Verkehr auszuüben.«[34]

Dieses Prinzip galt auch für die Auslösung des »Zweiten Zehnten«, das heißt, die Abgabe an die religiöse Gemeinschaft. Zur Ablösung dieser und anderer Schulden wurden nur ›kurantfähige‹ Münzen zugelassen. Der Talmud bezeichnet ein in seiner Kurantfähigkeit beschränktes Geld als »schlechtes Geld« (es gilt wegen seines Metallgehalts höchstens als »Ware«), während kurantfähiges Geld »gutes Geld« ist.[35] Damit stellten die Rabbiner lange vor Oresme, Kopernikus und Thomas Gresham (Gründer der Londoner Börse und Finanzberater von Elisabeth I.) das nach letzterem benannte Gresham'sche Gesetz (1558) auf den Kopf. Das Gresham'sche Gesetz besagt: ›bad money tends to drive out good money‹, weil Hartgeld gehortet und unterwertiges Geld weitergegeben wird.[36] Hier hingegen gilt als ›gutes Geld‹ das, was weitergegeben werden kann, während ›schlechtes Geld‹ – als Ware – aus dem Verkehr zu ziehen ist.

Daneben kennt der Talmud auch ›absolutes‹ und ›relatives‹ Geld: ›Absolutes Geld‹ bewahrt immer den Geldcharakter. Das gilt für Silber. ›Relatives Geld‹ verliert gelegentlich den Geldcharakter und wird zur Ware: Gold oder Kupfer z. B. Die besondere Stellung des Silbers basiert wiederum auf seiner Kurantfähigkeit und relativen Wertbeständigkeit. Die Betonung der Kurantfähigkeit hing mit der Gefahr der Inflation und der Fälschung zusammen, die im Römischen Reich oft praktiziert wurde. Oft widerrief der Staat Münzen: Er schmolz sie ein und prägte minderwertige Münzen zu dem früheren Nennwert. Geschah dies, behielt die Bevölkerung – trotz Verbot – die höherwertigen Münzen oder gab sie geheim in den Handelsverkehr. Da Prägegeld oft widerrufen wurde, sobald ein neuer Kaiser den Thron bestieg, betonten die Gelehrten im Talmud, dass die Münze – mangels dauerhaften Charakters – nicht zum Tauschgut werden konnte.[37]

Stand in Griechenland wie später im christlichen Europa auf die Nicht-Akzeptanz einer vom Priester, König oder Kaiser autorisierten Münze die Todesstrafe, so betont der Talmud, dass die Akzeptanz der Währung bei der Bevölkerung liegt. Das heißt, das Geld hat in den hebräischen Traditionen nie seinen Bezugspunkt zum materiellen Wert verloren – egal, ob in Form von Vieh oder von Edelmetallen. Das nominalistische Geld hingegen hatte auf diesen Bezugspunkt verzichtet und entweder auf die Autorität oder die Sakralität des Geldes gesetzt. Dennoch wurde auch im Talmud das Geld zu einem Wertmesser. Wollen beispielsweise zwei Leute eine Kuh gegen einen Esel tauschen, so wird deren Wert in Geld bemessen; stimmt die Rechnung, findet der Tausch statt. »Auch da, wo es sich um Ersatzleistungen handelt, so bei Diebstahl, Verlust und Entschädigung muss der zu ersetzende Gegenstand abgeschätzt werden – und zwar in Geld.«[38]

Durch das Geld wurde auch das Talionsystem (›Auge um Auge‹, ›Zahn um Zahn‹) durch eine finanzielle Abfindung ersetzt. Die von den Rabbinern angeführten Begründungen waren manchmal etwas abenteuerlich, aber durchaus logisch: »wie könnte man in dem Fall, wenn das Auge des einen gross und das des anderen klein ist, die Worte der Schrift aufrechterhalten (Ex 21,24): Auge um Auge – es wäre doch ein Unrecht jemandem das grosse Auge wegzunehmen statt ein beschädigtes kleineres. Durch das Geld lässt sich also das beschädigte Auge einschätzen und die Geldentschädigung genau bemessen. Auch sonstige nach dem Talmud vorgenommene Schätzungen werden sämtlich in Geld ausgeführt.« Dieses Beispiel ist auch aus anderem Grund aufschlussreich: Wird das griechische nominalistische Geld durch den Bezug zum lebendigen Körper (im Opfer) beglaubigt, so wird hier das Geld zum Maßstab für den Wert des menschlichen Körpers. In beiden Fällen lag natürlich ein großer Abstraktionsprozess vor: in Griechenland vom Körper zum Geld, beim ›jüdischen Geld‹ von der körperlichen Rache zur Geldentschädigung. Das heißt, auch im jüdischen Tauschverkehr setzte sich der Symbolcharakter des Geldes durch, wie an der im Talmud festgehaltenen Aussage des Gelehrten (Mechilta d'Rabbi Simon ben Jochaj) deutlich wird: »Überall wo in der Schrift ›an Stelle‹, ›statt‹ gesagt wird, bedeutet es Geldzahlung.«[39] Doch dieser Symbolcharakter des Geldes bezog sich nicht auf die Substituierung des Opfers.

Schon während der Zeit des Zweiten Tempels flossen verschiedene Münzen nach Jerusalem und Palästina, um die jährlichen Abgaben an den Tempel zu bestreiten. Alle männlichen Juden (mit Ausnahme der Priester, der Proselyten und der Sklaven), die das 20. Lebensjahr abgeschlossen hatten, mussten jährlich einen halben Schekel abführen. Der Ertrag dieser Abgabe pflegte für Gemeindeopfer verwendet zu werden, um »somit jedem Einzelnen, der die Abgabe zahlte, einen Anteil an der Versöhnung und Vergebung zu gewähren«. Denn »die Gemeindeopfer versöhnen Israel mit ihrem Vater im Himmel«. (Das Geld ist also heilig wegen seiner Bestimmung.) Es war den Juden sämtlicher Länder erlaubt, »die Hälfte [ihrer Abgabe] in der Währungseinheit des betreffenden Landes zu entrichten, insofern sie dem Werte des mosaischen Halbschekels mindestens gleich war«.[40] Durch den Zufluss von fremden Währungen wurde der Tempel von Jerusalem

»zu einer Art von zentraler Börse und Wechselmarkt, während die Tempelverliese als ›safe deposits‹ dienten, in denen jede Art von Münze vertreten war«.[41]

Zur korrekten Umrechnung des einfließenden Geldes wie auch zur Bewachung des ›Tempelschatzes‹ bedurfte es zuverlässiger Leute, die in den Gemeinden anerkannt waren. Das war der *shulhani*, dem auch die Bewirtschaftung des Tempelgeldes oblag. Dieser Geldwechsler genoss das Vertrauen der Gemeinde, »sei es wegen seiner Gelehrsamkeit und Frömmigkeit, sei es wegen seiner hervorragenden Fachkenntnis«. Die Geldwechsler zählten deshalb »zu den Meistern der jüdischen Gemeinden«.[42] Diese Tatsache wird bei der oft zitierten Vertreibung der Geldwechsler aus dem Tempel durch Jesus schlicht übergangen. In Jerusalem bauten die *shulhanim* ihre Tische im äußeren Hof des Tempels auf; für die jährliche Kollekte, die am 25. Adar fällig war, standen ihre Tische sogar im Tempel selbst. Der *shulhani* »diente auch als ein Banker und nahm Geld für Investitionen in Verwahrung, für das er eine festgelegte Zinsrate zahlte (Matt, 25,27), obgleich dies dem Jüdischen Gesetz widersprach«.[43] (In allen drei monotheistischen Religionen gibt es einerseits ein striktes Zinsverbot, andererseits aber auch Möglichkeiten, dieses zu umgehen; darauf gehe ich noch ein.) Das heißt, auch in Jerusalem befand sich das Geld im Tempel.[44] Aber anders als in Griechenland hatte es dadurch keinen sakralen Status.

Zusammenfassend gibt es zwei wichtige Unterschiede zwischen dem griechischen Geld und dem Geld im Talmud. *Erstens:* Im Talmud geht es um die Anbindung des Geldes an Edelmetalle und an Naturalien, die einzig als Wertmesser gelten und dem Geld seine Glaubwürdigkeit verleihen. Zugleich wird das Geld nur dann akzeptiert, wenn es kurantfähig ist, also von der Bevölkerung als Tauschmittel akzeptiert wird. Kurantfähig ist es, wenn damit eine Ware oder Dienstleistung erworben werden kann. Dieser auf die Sache bezogene Umgang mit Geld mag einer der Gründe dafür sein, dass auch später viele Juden ein pragmatisches Verhältnis zum Geld entwickelten, bei dem dieses der Anbindung an reale Werte bedarf, um seine Kurantfähigkeit zu erhalten. Hinzu kamen auch historische Gründe: Für Juden, die sich in der Diaspora immer wieder in äußerst prekären Lebenssituationen befanden und wiederholt vertrieben wurden, war das bewegliche Geld eine Lebensgrundlage, die mehr Sicherheit bot als etwa Bodenbesitz, der ihnen im christlichen Europa zudem lange verwehrt blieb.

Zweitens: In Griechenland entschieden die Priester, die die Herkunft des Symbols aus dem Opfer beglaubigten, über die Annahme des Geldes. Später waren es sakralisierte Kaiser und Könige, die das Geld autorisierten. Das Geld unterstand der Münzhoheit des Staates. Die Juden der Diaspora hatten keinen Staat. Deshalb entschied in der jüdischen Gemeinde die Glaubwürdigkeit des Geldwechslers über die Geldannahme. Er kannte sich in den Währungen aus und genoss auch wegen seiner guten Kenntnis der heiligen Texte das Vertrauen des Tempels. Die jüdische Gemeinde der Diaspora hatte kein Territorium, sie war eine Textgemeinschaft, und dies zeigte sich auch in ihrem Verhältnis zum Geld: Das Vertrauen in die Geldwechsler schuf Vertrauen in das Geld, das ihnen – oder ihrer Sachkenntnis – anvertraut wurde. Zugleich gehörten sie zu den Gelehrten, die den Text immer wieder – den jeweiligen historischen und kulturellen Bedingungen entsprechend – auslegten und in ein ›portatives Vaterland‹ zu verwandeln verstanden. In Griechenland dagegen – wie später auch im christlichen Europa – implizierte der Umgang mit Geld die Bereitschaft, an die jeweilige Währung zu ›glauben‹. Und zwar auch dann, wenn die Herrscher, wie in Rom oder unter den europäischen Fürsten oder Regierungen, unterwertige Währungen emittierten.

Der Gott der Hebräischen Bibel unterscheidet sich erheblich von den anthropomorphen Göttern Griechenlands oder Roms. Er ist nicht sichtbar, hat keine menschliche Gestalt. Die jüdische Religion besteht auf einer strikten Trennung zwischen dem Bereich des Göttlichen/Transzendenten und dem Bereich des Menschlichen – und wenn der Name Gottes nicht ausgesprochen werden darf, so deshalb, weil er sonst über den Mund, die Zunge, den Atem in Berührung mit dem menschlichen Körper gerät. Auf der einen Seite also ein abstrakter Gott; auf der anderen anthropomorphe Gottheiten. Beim Geld ist es genau umgekehrt. In den Traditionen des Judentums bleibt der Bezug zwischen dem Geld und dem materiellen Gut erhalten. In der griechischen Tradition hingegen löst sich das Geld von dem materiellen Bezug. Es wird abstrakt und bezieht seine Glaubwürdigkeit aus dem Credo des Priesters: Er bezeugt, dass das Symbol auf dem Geld auch tatsächlich dem Wert eines Opfers entspricht – eines Tieres, das ein geopfertes Menschenleben substituiert. Die Götter Griechenlands sind also materieller, menschlicher. Doch das Geld ist abstrakter als in den jüdischen Traditionen. Paradoxerweise wird die ›griechische‹ Immaterialität des Geldes die Voraussetzung für seine Wirkmacht über die Substanz sein. Das zeigt besonders deutlich der Zusammenhang zwischen dem Geld und der christlichen Inkarnationslehre, auf die ich zurückkomme. Zunächst möchte ich noch das Konzept des Geldes im Islam skizzieren.

DAS GELD IM ISLAM

Das Geld im Islam hat viel Ähnlichkeit mit dem oben beschriebenen Konzept von Geld in der Hebräischen Bibel und im Talmud. Deshalb behandle ich es – entgegen der Chronologie –, bevor ich auf das ›christliche Geld‹ eingehe. Da ich schon an anderer

Stelle das Konzept des Geldes im Islam thematisiert habe, halte ich mich kurz.[45] Der französische Soziologe und Orientalist Maxime Rodinson hat in seinem breit rezipierten Buch *Islam und Kapitalismus* gezeigt, dass sich, entgegen einer weit verbreiteten Meinung, Islam und Kapitalismus keineswegs ausschließen.[46] Für den Marxisten Rodinson lässt sich die Wirtschaftsordnung der islamischen Länder nicht aus den religiösen Strukturen heraus begreifen. Ist diese These schon für das ›jüdische Geld‹ schwer nachzuvollziehen, weil dort das Konzept von Geld so eng mit der scharfen Differenz zwischen dem Weltlichen und dem Transzendenten – also der spezifischen Art von Gottesglauben – verbunden ist, so verliert sie mit der christlichen Religion jede Glaubwürdigkeit. Warum sollte dann der Islam eine Ausnahme bilden?

Laut Rodinson ist nur die Sozial- und Wirtschaftsgeschichte zur Interpretation der islamischen Gesellschaft und Ökonomie geeignet. Seine Begründungen: Erstens hat es die orientalische Herrschaftsform nicht zur Entwicklung einer staatsfreien gesellschaftlichen Sphäre kommen lassen, die ihrerseits die Grundlage einer ›Zivilgesellschaft‹ bildet; zweitens hat die Exegese des Koran viele Möglichkeiten geboten, seine Vorschriften den aktuellen, auch ökonomischen Notwendigkeiten anzupassen. Der Islam, so argumentiert Rodinson, entstand in der Gesellschaft von Mekka, das »bereits ein Zentrum kapitalistischen Handels« war. Die wirtschaftliche Tätigkeit, das Streben nach Gewinn, der Handel und die Produktion für den Markt wurden durch die Überlieferung und durch den Koran begünstigt. Auch das Recht auf Eigentum widerspricht nicht dem Koran. Der Prophet verpachtete Land, sogar gegen Zinsen.[47] Zinsen gibt es auch in anderer Form: So erlaubt es der Koran, einem Mann, der ein Geschenk entgegengenommen hat, ein Gegengeschenk von höherem Wert zu geben.[48] Da nicht präzisiert wird, dass das Geschenk nicht aus Geld bestehen darf, eröffnet sich damit die Möglichkeit eines verzinsten Leihgeschäftes. Auch praktische Modifikationen des Koran wurden akzeptiert. Im Mittelalter und danach war es Moslems erlaubt, Zinsen auf Kapital zu nehmen, wenn der Gläubige ein Risiko einging.[49]

»Auf ökonomischem Gebiet besteht für den Koran die Gerechtigkeit darin, einen speziellen Typ unmäßigen Gewinns, den ribā, zu verbieten.« Ribā, ein Begriff, der zunächst Zins bei Geld- oder Lebensmittelanleihen bedeutet, ist das Hauptargument derer, die eine Unvereinbarkeit zwischen Islam und Kapitalismus sehen. Tatsächlich aber, so zeigt Rodinson, gab es sogar Wucherzinsen, die durch ökonomische Tricks mit dem Koran vereinbar waren. Islamische Rechtsgelehrte erfanden immer wieder Mittel und Wege, die Zinsverbote zu umgehen. Solche Schliche hießen *hiyal* und wurden – wie in westlichen Ratgebern zur Umgehung von Steuern – in Spezialbüchern veröffentlicht. Aus der Umgehung des Zinsverbots entstanden einige Formen von Wucher, die oft drückender waren als ein durch Banken regulierter Zinsverleih. Um den Wucher zu bremsen, wurden 1887 in das osmanische Recht Gesetze eingeführt, laut denen die Zinsen 9 Prozent nicht übersteigen dürfen und die Zinssumme unter der Hauptsumme des Kredits bleiben muss: Damit wurde der Grundstein für einen Übergang von der Praxis des *hiyal* zur Kreditpraxis gelegt, die »geregelt ist und wo Institutionen mit moderner Technik, die Banken also, die erklärte Aufgabe haben, dieses Kreditwesen zu praktizieren«.[50]

Rodinson führt weitere Gründe für die Unhaltbarkeit der These einer Unvereinbarkeit von Islam und Kapitalismus an. Erstens verfügt der islamische Staat des Mittelalters über eine ebenso lückenlose Verwaltung wie die europäischen Staaten. Zweitens sind auch andere Gebiete, in denen der Islam keinen Einfluss hatte – China oder Japan zum Beispiel –, nicht den kapitalistischen Weg gegangen.[51] Drittens sei der Koran eine ›rationale‹ Religion, die nach empirischen Beweisen verlangt und rational argumentiert. Gegen die Argumente Rodinsons ist zunächst nur einzuwenden, dass Kulturgebiete wie Japan und China inzwischen durchaus den Weg des Kapitalismus beschreiten – und dies als Folge einer Übernahme der Gesetze der freien Marktwirtschaft, die im christlichen Abendland entstanden. Vor allem ließe sich an Rodinson aber die Gegenfrage richten: Ist es nicht so, dass *nur* der Westen den Weg des Kapitalismus eingeschlagen und diesen als Erster beschritten hat? Und könnte es nicht sein, dass es sich hier um zwei unterschiedliche Formen von ›Rationalität‹ handelt? Ich erinnere an Max Webers zwei Arten von Rationalität: rationale *Anpassung* an die Welt versus rationale *Beherrschung* der Welt.

Zweifellos kann der Islam eine ökonomische Rationalität für sich in Anspruch nehmen. Darauf verweist der Orientalist Charles C. Torrey: »Allah ist der ideale Kaufmann. Er schließt das ganze Universum in seine Kontoauszüge ein. […] Wer ein gutes oder schlechtes Werk vollbringt (wer das Gute oder das Böse ›gewinnt‹) erhält dafür eine Bezahlung, selbst in diesem Leben. […] Jede Seele wird als Kaution für die Schulden zurückbehalten, die sie gemacht hat. Am Tag der Auferstehung rechnet Allah zum letzten Mal mit den Menschen ab. […] Jedem zahlt man genau seinen Betrag, niemand wird geprellt. Es ist schwierig, sich eine noch mathematischere theologische Summa vorzustellen.«[52] Eine solche ›Buchführung‹ gibt es auch in der christlichen Religion, wie Marc Shell in seinem Buch *Art and Money* gezeigt hat: »Christus starb, um von den Sünden zu erlösen und Schulden zu tilgen. Er ist auch der Vater oder Hauptbuchhalter. Denker des 15. Jahrhunderts verglichen die Beziehung zwischen dem Sünder und Gott mit der zwischen dem Kunden und dem Ladenbesitzer; sie zogen Parallelen zwischen der brieflichen Korrespondenz eines Händlers mit einem unsichtbaren fremden Kunden und der betenden Person, die Gott um ewiges Leben anruft; und sie legten nahe, dass Gott in erster Linie ein Geld-machender Banker sei.«[53] Mit dem Ablasshandel nimmt diese Buchhaltung sogar pekuniäre Form an. Aber es handelt sich um unterschiedliche Formen von ›Buchhaltung‹. Die christliche Scholastik versuchte, Göttlichkeit und Vernunft miteinander zu vereinbaren: Die *Summa* eines Thomas von Aquin handelt nicht von der Welt des Sichtbaren, sondern von einer transzendenten Ordo, die von Dreieinigkeit und der Menschwerdung Gottes bestimmt war. Diese Vernunft entsprach einer göttlichen Ordnung und sollte zugleich über das Diesseits bestimmen. So sah die *Summa* für das Gottesreich (in Anlehnung an Augustinus) eine Fortpflanzung ohne Begierde vor, und diese bestimmte wiederum über das diesseitige Keuschheitsideal.

Das ist eine ganz andere Art von ›Vernunft‹ als die, die in derselben Zeit (dem 11. und 12. Jahrhundert) die islamische Medizin und Wissenschaft, etwa in Spanien, zur fortschrittlichsten Europas machte. Die Vernunft, auf der diese Wissenschaft basierte, war empirischer Art, und sie bezog sich auf keine Transzendenz, sondern auf das irdische Leben.[54] Ibn Rushd (Averroës), so schreibt Rémi Brague, vertrat die Ansicht, »daß die religiösen (›göttlichen‹) Gesetze nach ihrer Übereinstimmung mit den ›menschlichen Gesetzen‹ bewertet werden müssen, das heißt, nach den Regeln, die definieren, welche Ordnung der letzten Bestimmung des Menschen gemäß sei. [...] Er dreht damit auf spektakuläre Weise die Perspektive um, nach der die menschlichen Gesetze sich im Gegenteil nach den göttlichen zu richten hätten.«[55] Dieser Gedanke, dass sich das Göttliche nach dem Menschen zu richten hat, nicht umgekehrt, spielt sogar beim Gründer der Muslimbrüder, Hasan al-Bannā, eine wichtige Rolle, wie Ivesa Lübben konstatiert: »Das politische System, dessen Konturen al-Bannā zeichnet, ist kein außerweltliches System. Al-Bannās Gott ist in die Welt getreten und denkt in der Logik dieser Welt. Die Welt wird nicht sakralisiert, sondern das Göttliche wird im Weltlichen existent: Was für die Menschen gut ist, was für die *umma* gut ist, ist auch für Gott gut.«[56]

Wenn aber die ›Rationalität‹ der christlich-westlichen Welt eine andere ist als die des Orients – in Griechenland eine mathematische *theoria*, die sich der Materie einschreibt; im Orient eine Wissensaneignung, bei der die sichtbare Materie erkenntnisleitend ist –, dann muss dies auch unterschiedliche Formen von Ökonomie zur Folge haben, zumindest was das Verhältnis von Ware und Geld (Symbol) betrifft. Rodinsons These, dass der Orient schlecht oder recht mit dem westlichen Kapitalismus umgehen kann, ist nicht zu widerlegen. Aber kann der Westen mit einem Vernunftbegriff umgehen, der sich nicht auf die schöpferische Potenz der Zeichen bezieht? Rodinson muss geahnt haben, dass sich die Frage nach dem Zusammenhang von Kapitalismus und Islam nicht mit dem Fokus auf den Islam, sondern eher mit dem auf das westliche religiöse Denken beantworten lässt. Denn er wettert, ganz Marxist, gegen alle, die an die Macht der Zeichen glauben: »Nebenbei, und um auf modische Thesen zu antworten, sei bemerkt, daß die Welt der Symbole und Bedeutungen höchstens eine sekundäre, relativ wenig autonome Rolle spielt, zumindest unter dem Gesichtspunkt der globalen Evolution.«[57] Begreift man jedoch das Geld als ein Zeichensystem mit Wirkungsmacht, so ist die Rolle des Symbols alles andere als ›sekundär‹.

Der Tempel als Ort des Tauschgeschäftes und der Kreditwürdigkeit gilt für alle drei monotheistischen Religionen. Aber wie für die jüdischen Gemeinden hat er auch für den Orient eine andere Bedeutung als in Griechenland. »Mekka ist nur wegen der Kaaba zu einem Handelsmittelpunkt für einen großen Teil der mohammedanischen Welt geworden«, schreibt Laum.[58] Doch in der Kaaba wird nicht eine alte Opferstätte, sondern der ›Gründungsstein‹ des Islam verehrt. Hinzu kommt, dass Mekka schon lange vor der Entstehung des Islam ein wichtiger Handelsort des Orients war und der Islam, in dessen Lehren Einflüsse von Judentum und Christentum deutlich zu erkennen sind, gerade dort entstanden ist, *weil* Mekka ein wichtiger Handelsort war, also einen Umschlagplatz für ›importiertes‹ Denken darstellte. Rodinson selbst schreibt, dass nichts Erstaunliches daran sei, »daß unser mekkanischer Kaufmann, wenig gelehrt, aber abgestoßen durch die intellektuelle Grobheit seiner Umgebung, geblendet durch das Prestige der Schriften, die aus der Welt der Zivilisierten und Gelehrten kamen, keinen Widerspruch in dieser allgemeinen Botschaft der Kultur sah und sie seinen Landsleuten als die einzige vernünftige und rationale Alternative zu ihrer Arroganz vorschlug«.[59]

Zu den ›Botschaften‹, die ›unser mekkanischer Kaufmann‹ übernahm, gehörte neben dem Monotheismus das Alphabet, das zur Verschriftung des Korans und zur Entstehung eines eigenen Gesetzescodex führte. Das Geld selbst hatte schon vorher den Raum erreicht, doch ohne die kulturellen Hintergründe seines sakralen Ursprungs. Ebenso wie dem jüdischen Denken blieb auch dem islamischen Raum und seinem spezifischen Verständnis von Ökonomie der Zusammenhang zwischen Opferkult und Nominalismus, zwischen credo und Kredit fremd. Dieser Unterschied sollte für Ökonomie und Gesellschaft von großer Bedeutung sein und u. a. dazu führen, dass in den Handelsbeziehungen neben Wertmessern wie Salz und Zucker vor allem die Edelmetalle dominierten.

Das bedeutet nicht, dass die orientalische Ökonomie nicht den Ersatz von Edelmetall durch ein Zeichensystem kannte. Schon im ersten Jahrhundert u. Z. hatten persische Kaufleute Kreditbriefe, sogenannte *sakhs* (wovon sich ›Scheck‹ ableitet), verwendet. Das waren die Vorläufer der späteren Wechsel, und sie entstanden aus demselben Grund, aus dem der Wechsel im 12. Jahrhundert in Norditalien eingeführt wurde: Man vermied so die gefährlichen Geld- und Goldtransporte. Doch im Orient wurden solche Zeichensysteme nur als Ersatz für den ›echten‹ Wertmesser, die Edelmetalle, betrachtet, während sie im christlichen Europa diese allmählich verdrängten. Das Geld im arabischen Raum – und bei der Bedeutung, die dem Handel zukam, war dies weit verbreitet – galt als ein pragmatisches Zeichensystem, es konnotierte keine Herkunft aus dem Opfer und bezog sich auf materielle Werte.

Noch im 14. Jahrhundert schrieb Ibn Haldūn: »Gott hat die beiden Mineralien, das Gold und Silber, geschaffen, damit sie als Wertmaßstab für jegliche Anhäufung von Reichtümern dienen. Für die meisten Menschen dieser Welt bedeuten sie den Maßstab für die Güter, die sie besitzen oder erwerben. Verschafft man sich unter bestimmten Umständen andere Arten von Gütern, so nur zu dem Zweck, (in der Endrechnung) diese kostbaren Metalle (in größerer Menge) zu erhalten, indem man von den Fluktuationen der Marktkurse profitiert, von denen sie selbst unberührt bleiben. Sie sind die Grundlage für jeden Gewinn, jeden Erwerb und jegliches Vermögen.«[60] Die Ehefrau des geschassten tunesischen Diktators Ben Ali hielt sich noch 2011 an diese Regel, als sie eineinhalb Tonnen Gold mit ins Exil nahm.

Auf die Rolle, die das Christentum für die Durchsetzung des ›Fiatgeld‹* spielt, wird noch einzugehen sein. Hier sei nur festgehalten: Der entscheidende Unterschied zwischen dem griechischen und dem ›orientalischen‹ Wertesystem besteht weder in der Sakralität des Wertmessers noch in der Staatsstruktur, sondern darin, dass im Fall des ›Orients‹ ein materielles Gut über die Währungseinheiten bestimmte; Edelmetalle wurden mit symbolischer Bedeutung versehen. Im Fall Griechenlands war es das Symbol selbst, dem die Macht zugewiesen wurde, über die Materie zu bestimmen. Beide Wertmesser haben ihre eigene Rationalität und Fragilität. Die Fragilität des Goldes besteht in seiner begrenzten Verfügbarkeit, die zudem das Gefüge ins Wanken bringt, sobald ein Überangebot an Edelmetallen besteht. Die Fragilität des Symbolgeldes beruht darauf, dass der Wertmesser ein ›leerer Signifikant‹ ist, dem manchmal, wie in der Inflation, die Glaubwürdigkeit abhanden kommt.

›JÜDISCHE‹ GELDTHEORETIKER

Elemente des jüdischen Konzepts vom Geldwesen scheinen auch in den modernen Geldtheorien auf, von denen wir viele Juden verdanken. Die Geldtheorien des Spätmittelalters und der Renaissance waren christlich geprägt: Thomas von Aquin und die Scholastik

---

* Fiatgeld (von lateinisch ›fiat‹: ›es geschehe‹) ist Geld, das mit keiner Einlösepflicht verbunden ist und dessen Akzeptanz nur durch gesetzliche Vorschriften sichergestellt wird: eine Form von nominalistischem Geld.

trieb die Frage des Geldes ständig um. Sie thematisierten Wucher, Handel, den gerechten Preis oder willkürliche Abwertungen.[61] »Die Frage nach der *Natur des Geldes* blieb bei ihnen weitgehend ausgespart.«[62] Zu den christlichen Geldtheoretikern gehörten Nikolaus Oresme und Jean Bodin. Unter dem Eindruck des ›Fälscherkönigs‹ Philipp IV. (genannt Philipp der Schöne), der nicht nur der Banken der Templer habhaft zu werden versuchte und Juden enteignete, sondern außerdem auch unterwertiges Geld in Umlauf brachte, schrieb Nikolaus Oresme (ab 1377 Bischof von Lisieux und Berater des französischen Königs) ein Traktat über das Geld, in dem er vorschlug, das Geld den Fürsten zu entziehen und das Recht zur Emission auf die Gemeinschaft zu übertragen. Der Fürst sollte nur noch Hüter der Münze sein. Auch Jean Bodin (1529 bis 1596) kam aus dem Stand der Geistlichen, aber er stellte die Macht des Staates über die der Kirche; für ihn bildete das Geldwesen eine der wichtigsten Säulen der Staatsmacht. Diese Theoretiker, wie später auch Adam Smith (1723–1790) oder John Stuart Mill (1806–1873) waren an der Rolle des Geldes für die Nationalökonomie – oder für das Gemeinwesen – interessiert; sie reflektierten über das Geld als Instrument staatlicher Autorität. Aber es ging ihnen weniger um das abstrakte ›Medium‹, wenngleich Bodin auch schon die ersten Theorien zum Geldumlauf vorlegte. Erst ab etwa 1800 rückte die Frage der Beglaubigung des Geldes in den Mittelpunkt. Das hing mit der Einführung des Papiergeldes zusammen.

Einen Großteil der nun folgenden grundsätzlichen Debatten über das Geld wurde von Juden geführt: säkularisierten Juden. Karl Marx (1818–1883) war einer der ersten, auch wenn er sich selbst nicht als Juden betrachtete. Sein polemischer Text über die ›Judenfrage‹ macht das hinreichend klar. »Das Geld ist der eifrige Gott Israels, vor welchem kein andrer Gott bestehen darf. Das Geld erniedrigt alle Götter des Menschen – und verwandelt sie in eine Ware. Das Geld ist der allgemeine, für sich selbst konstituierte *Wert* aller Dinge. Es hat daher die ganze Welt, die Menschenwelt wie die Natur, ihres eigentümlichen Wertes beraubt. Das Geld ist das dem Menschen entfremdete Wesen seiner Arbeit und seines Daseins, und dies fremde Wesen beherrscht ihn, und er betet es an.«[63] Gerade die hohe Emotionalität, die diesen Text durchdringt, zeigt aber auch, dass Marx etwas ›abzuwehren‹ versucht. Er möchte die Religion überwinden: »Die *politische* Emanzipation des Juden, des Christen, überhaupt des *religiösen* Menschen, ist die *Emanzipation* des Staats vom Judentum, vom Christentum, überhaupt von der *Religion*.«[64] Doch sein Text gegen die ›Geldjuden‹ ist von einem solchen Zorn geprägt und hat zudem sowenig mit historischer Realität zu tun, dass man nach den unbewussten Gründen für diesen Ausfall fragen muss. Man denkt an den von Theodor Lessing beschriebenen ›Jüdischen Selbsthass‹.[65] Lessing entwickelte den Begriff am Beispiel von Otto Weininger. Der Mensch, so verheißt Weiningers Werk *Geschlecht und Charakter,* werde die Erlösung finden, wenn er alles Weibliche und alles Jüdische in sich überwunden hat. Frau und Jude werden bei ihm zum ›Nicht-Ich‹, an dem sich das Ich misst, oder, wie es bei Weininger heißt: »der Abgrund, über dem das Christentum aufgerichtet ist«.[66]

Etwas Ähnliches findet sich bei Marx. Seine Eltern stammten beide aus hoch angesehenen Rabbiner-Familien, traten jedoch zum Christentum über, damit der Vater von Karl, Hirschel Marx, der sich ab 1814 Henry nannte, als Anwalt arbeiten konnte. Mit diesem Schritt, so Volker Elis Pilgrim, brachen die Eltern mit ihrer eigenen Gemeinschaft, und Karl, das erste Kind, das nach diesem Bruch geboren wurde, »sollte die Sühne übernehmen, sollte ihre Entscheidung nachträglich rechtfertigen, ein guter, ihren Schritt billigender (neuer) Vater werden, ein ›säkularisierter Rabbi‹. Er sollte seinen Eltern in seiner eigenen Person neue Geborgenheit verschaffen und ihrer Tat Absolution erteilen.«[67] Die Eltern selbst bestätigten, wie viel Erwartungen sie in diesen Sohn setzten. Wurden seine Eltern auch durch gesellschaftliche Bedingungen zum Religionswechsel gezwungen, so hatte dieser Schritt doch »psychische Folgen für sie selbst und ihren Sohn. Der Sohn schlug aus seinen psychischen Schwierigkeiten ›Kapital‹, wälzte sie – wie vor ihm kein anderer Mann – um in eine Theorie, mit deren Hilfe gesellschaftliche Veränderungen betrieben werden konnten.« In Marx, so Pilgrim, blieb nur ein Hass auf das, was die Eltern an ihn delegiert hatten. »Mit seinem Judenverriß in seinem Aufsatz ›Zur Judenfrage‹ und mit seinen brieflichen Rundumschlägen gegen ›praktische Juden‹ kritisiert Karl nachträglich unbewußt den Schritt seiner Eltern, der ihm ein Wahnsinnslebensprogramm einbrockte, unter dem er zerbrechen sollte und das ihn schon als Jüngling in eminente seelische Spannung zog. Karl ist 26, als er diesen Kurzschluß zwischen Jude und Geld, Jude und Kapital zündete.«[68]

Mit seiner Polemik gegen die Juden sollte Marx unter den Geldtheoretikern eine Ausnahme bleiben. Im Verlauf des 19. Jahrhunderts fand – parallel zum Aufkommen eines ›nationalen Judentums‹, also einer jüdischen Identität, die sich selbst nicht mehr religiös, sondern kulturell definierte – eine stärkere Hinwendung zu den *geistigen* Traditionen des Judentums statt. Die Entstehung der ›Wissenschaft des Judentums‹ in Berlin ist dafür ein prägnantes Beispiel: Der Begriff bezeichnete die Bemühungen großer jüdischer Gelehrter, einen modernen, der Aufklärung angemessenen Ausdruck für jüdische Denktraditionen zu formulieren. Ein anderes Beispiel ist das, was der Historiker Yosef Hayim Yerushalmi am Beispiel Sigmund Freuds als den ›psychologischen Juden‹ bezeichnet: »Den klassischen jüdischen Texten entfremdet, spricht der psychologische Jude gern von unveräußerlichen jüdischen Zügen. Befragt man ihn weiter, so nennt er als typische jüdische Eigenschaften unter anderem Intellektualität und geistige

Unabhängigkeit, höchste ethische und moralische Normen, Sinn für soziale Gerechtigkeit und Unbeirrbarkeit angesichts der Verfolgung.«[69] Die Entstehung neuer Denk- und Deutungsmuster, wie sie mit Freud, Georg Simmel oder Franz Kafka das geistige Klima der Jahrhundertwende in Wien, Berlin oder Prag prägen, ist im Kontext einer solchen *geistigen* Tradition zu sehen: Zugehörigkeit zur jüdischen Gemeinschaft bedeutete nicht Besuch der Synagoge, sondern Ausbildung einer bestimmten Kritik- und Denkfähigkeit.[70] Diese Entwicklung sollte sich auch in den Geldtheorien widerspiegeln.

Um 1800 erhielten europäische Juden in England und Frankreich die (mehr oder weniger) vollen bürgerlichen Rechte. In Deutschland geschah das erst mit der Reichsgründung 1871. Dass Juden vorher nicht ›dazugehörten‹, war einer der Gründe, weshalb sie nun erst an den ›Debatten über die Natur des Geldes‹[71] teilnahmen. Der andere Grund ist der Wandel des Geldes selbst, vor allem die Einführung des Papiergeldes. Das ›Experiment‹ des schottischen Pastorensohnes John Law mit Papiergeld in Frankreich (1720) und die Spekulationsblase um die Aktien der South Sea Company in London (1724) hatten bei der Bevölkerung eine tiefe Abneigung gegen Papiergeld hinterlassen. Doch der anstehende Prozess der Industrialisierung verlangte nach einem neuen Geldsystem, das die Bank of England auch realisierte, als sie 1794 die Verpflichtung, Schuldscheine einzulösen, aufhob. Im Jahr 1811/12 wurde erneut im englischen Parlament und in der Finanzwelt über diese Frage debattiert: »Mit Abstand der denkwürdigste Teilnehmer an dieser Debatte«, so schreibt John Kenneth Galbraith, »war ein Londoner Börsenmakler jüdischer Herkunft, der durch diese Diskussionen – obwohl er es damals selbst nicht einmal wußte – den Grundstein zu einer der berühmtesten Karrieren in seinem Fach legte. Einige hielten ihn später überhaupt für den größten aller Nationalökonomen. Es war David Ricardo. Er trat kompromisslos für den Barrengold-Ausschuß und für das ein, was man bald in der ganzen Welt mit dem Wort ›Goldstandard‹ bezeichnen sollte.« Ricardo hatte nichts gegen Banknoten, sie besaßen seiner Meinung nach einen großen praktischen und ökonomischen Wert. »Aber man sollte sie auf Anforderung stets in Edelmetalle umtauschen können.«[72] Und Marx? »Die Natur produziert kein Geld, so wenig wie Bankiers oder einen Wechselkurs. Da die bürgerliche Produktion aber den Reichtum als Fetisch in der Form eines einzelnen Dings kristallieren muß, sind Gold und Silber seine entsprechende Inkarnation. Gold und Silber sind von Natur nicht Geld, aber Geld ist von Natur Gold und Silber.«[73] Solche Aussagen ähneln denen von Ibn Haldūn, laut denen hinter dem Geld immer das Edelmetall stehen muss.

Das Festhalten an ›Realwerten‹ wie Edelmetallen – von denen Ricardo durchaus wusste, dass auch sie nicht immer sicher sind: »sie unterliegen größeren Schwankungen, als für ihre Rolle als Standard wünschenswert wäre. Sie sind jedoch das Beste, was uns bekannt ist«[74] – steht in direkter Nachfolge der rabbinischen ›Geldtheorien‹ aus dem Talmud. Aber es ist nicht das Einzige, was die ›jüdischen‹ Geldtheoretiker des 19. und frühen 20. Jahrhunderts miteinander verbindet. Wenn man einen gemeinsamen Nenner für die Theorien von Karl Marx, Moses Hess, Georg Simmel, Walter Benjamin, Ludwig von Mises, Friedrich von Hayek oder Alfred Sohn-Rethel[75] nennen sollte, so würde ich von einem tiefen Erschrecken sprechen, das allen gemeinsam zu sein scheint: das Erschrecken darüber, dass etwas so Fragiles und Substanzloses wie das Geld soviel Macht über die Substanz auszuüben vermag. Die »Magie des Geldes«, so Marx, besteht darin, verschwinden zu können, ohne eine Spur zu hinterlassen.[76] Ähnlich formuliert es Georg Simmel in seiner 1900 veröffentlichten *Philosophie des Geldes:* »Man macht sich im allgemeinen selten klar, mit wie unglaublich wenig Substanz das Geld seine Dienste leistet.«[77] Beide erkennen, dass es eben diese Substanzlosigkeit ist, die dem Geld seine Wirkmacht über die Substanz verleiht. In seiner Schrift *Das Geld* (1844) schreibt Marx: »Die *Quantität* des Geldes wird immer mehr seine einzige *mächtige* Eigenschaft; wie es alle Wesen auf seine Abstraktion reduziert, so reduziert es sich in seiner eigenen Bewegung als *quantitatives* Wesen. Die *Maßlosigkeit und Unmäßigkeit* wird sein wahres Maß.«[78] Ähnlich Simmel: Im Geld feiert die Fähigkeit, »das Körperhafte zum Gefäß des Geistigen zu machen«, ihre höchsten Triumphe.[79] Dieses Erstaunen bis Entsetzen über die Wirkmacht des reinen Zeichens (dem Ricardo mit dem Goldstandard zu begegnen suchte) hat viel gemeinsam mit den Warnungen der Talmudgelehrten vor einem Geld, das wegen Unterwertigkeit oder mangelnder Kurantfähigkeit soziale und ökonomische Beziehungen vernichten kann.

Bezeichnend ist in dieser Hinsicht auch die ›österreichische Schule der Nationalökonomie‹, wie sie von Ludwig von Mises (1881–1973) oder Friedrich von Hayek (1899 bis 1992) vertreten wurde. Beide waren scharfe Gegner der Lehren von Keynes, dem sie vorwarfen, er habe die »Inflation gesellschaftsfähig gemacht und Agitatoren mit Argumenten versorgt, die zu widerlegen professionelle Politiker unfähig sind«.[80] Sie sahen in der Inflation die Vorbedingung für Depression und Arbeitslosigkeit. »*Jede* Inflation ist so äußerst gefährlich, gerade weil viele Leute, eingeschlossen viele Ökonomen, eine schwache Inflation als harmlos oder sogar wohltätig betrachten.«[81] Mises kam aus einer alten jüdischen Familie, die 1881 geadelt worden war, Hayek aus einer Familie von Wiener Intellektuellen und Wissenschaftlern (sein Vater war Arzt und Botaniker, der Philosoph Ludwig Wittgenstein sein Cousin). Obwohl er sehr bekannt war, wurde Mises in Wien (wie Simmel in Berlin) nie auf einen Lehrstuhl berufen. Er lehrte in einem ›Privatseminar‹, dessen Schüler später zu berühmten Ökonomen wurden. Fast alle wanderten aus, Mises und Hayek verließen Wien in den frühen 1930er Jahren. Auch in den

USA blieben sie Außenseiter: Die von Mises in den Jahren 1945 bis 1969 ausgeübte Lehrtätigkeit an der New York University war nur wegen der Unterstützung einer Stiftung möglich, die auch für Hayeks Gehalt in Chicago aufkam.

Beide Ökonomen waren strikte Gegner einer Aufhebung des Goldstandards, und als dieser nicht mehr zu retten war, setzte sich Hayek für die festen Wechselkurse zwischen den Währungen ein, wie sie 1944 in Bretton Woods vereinbart worden waren. Als Anfang der 1970er Jahre auch dieser Kampf verloren war, vollzog Hayek eine Kehrtwende: Er setzte sich für die Entnationalisierung des Geldes ein. Das Emissionsmonopol sollte den Staaten entzogen und freien Institutionen übergeben werden, die untereinander um das beste und stabilste Geld konkurrieren könnten. Es genüge, ihre Währungen zu einem Güterbündel ins Verhältnis zu setzen, das aus Gold, Rohstoffen und den Großhandelspreisen für Agrarprodukte besteht: Dieser »Waren-Reserve-Standard« erinnert an sich schon an die Aussagen der Talmud-Gelehrten über die Anbindung des Geldes an reale Werte. Dasselbe gilt aber auch für die Konkurrenz der verschiedenen Noten untereinander, hinter der letztlich der Gedanke der Kurantfähigkeit des Geldes steht: Geld, das nicht weitergegeben werden kann, braucht nicht angenommen zu werden. »Weder ich noch anscheinend irgend jemand anderer hatte an die viel effektivere Kontrolle gedacht, die wirksam werden würde, wenn den Anbietern von Geld die Macht genommen würde, das von ihnen ausgegebene Geld gegen die Rivalität *konkurrierender Geldarten* abzuschirmen.«[82]

Einige unter diesen Geldtheoretikern – Moses Hess und Walter Benjamin – machten keinen Hehl daraus, dass sie eine große Nähe zwischen christlicher Religion und Kapitalismus sahen. In demselben Jahr, in dem Marx das Geld zum »eifrigen Gott Israels« erklärte, schrieb Hess: »Das Wesen der modernen Schacherwelt, das *Geld,* ist das *realisirte* Wesen des Christentums«.[83] Benjamin bezeichnete den Kapitalismus als ›Parasiten des Christentums‹ und beschrieb ihn als eine Religion ohne Erlösung: »Der Kapitalismus ist vermutlich der erste Fall eines nicht entsühnenden, sondern verschuldeten Kultus.«[84] In Anlehnung an Yerushalmis Begriff des ›psychologischen Juden‹ könnte man bei diesen Geldtheoretikern von einem ›geistigen‹ Judentum sprechen, das in einer scharfen Kapitalismuskritik seinen Ausdruck findet. Bei keinem ›christlichen‹ Autor – weder bei Max Weber noch bei Werner Sombart oder bei John Maynard Keynes – findet man eine derartig scharfe Abrechnung mit der Abstraktheit des Geldes. Sombart sieht in der Verschwendung (dem materiellen Luxus) eine Voraussetzung für einen blühenden Kapitalismus.[85] Aber wenn er über die Abstraktheit des Geldes nachzudenken beginnt, macht er den Kapitalismus zu einer ›jüdischen Angelegenheit‹.[86] Weber thematisiert die Askese, die das Geld erfordert, aber er betont die Produktivität dieser Askese;

und Keynes hebt die Fruchtbarkeit des Kreditwesens hervor. Keiner von ihnen kritisiert die Abstraktheit selbst.

Bevor ich auf die Geschichte des ›christlichen Geldes‹ eingehe, möchte ich noch einmal einen Schritt zurückgehen und mich der Frage zuwenden, warum überhaupt so andersartige Geldkonzepte entstanden sind. An sich befanden sich der ›orientalische‹ Raum und der des Hellenismus wie des Römischen Reichs in großer geographischer Nähe; es gab einen intensiven ökonomischen und kulturellen Austausch. Wie konnten sich so unterschiedliche Vorstellungen über die Beglaubigung des Geldes entwickeln – und erhalten? Auf diese Frage kann man gewiss nicht monokausal antworten. Aber es gibt einen Aspekt, der mir wichtig erscheint, und er hängt eng mit der Abhängigkeit des Geldes vom Schriftsystem zusammen, auf die ich schon im vorigen Kapitel hinwies. In diesem Fall geht es aber um die Unterschiede zwischen den Alphabeten.

DIE DREI ALPHABETE UND DAS GELD

Da alle drei ›Religionen des Buches‹ – Judentum, Christentum und Islam – auf Heiligen Schriften basieren, die in alphabetischen Schriftsystemen verfasst sind, finden wir auch in den Gesellschaften, die nach den Gesetzen dieser Religionen leben, viele Ähnlichkeiten: ein machtvoller, unsichtbarer Gott, der aus dem Geist (oder durch das Wort) die Welt erschafft und über sie bestimmt; eine Geschlechterordnung, in der das Männliche das Gesetz und die Schrift repräsentiert und das Weibliche die Leiblichkeit und Oralität verkörpert. Dennoch gibt es Unterschiede, die auch oft Anlass zu Konflikten gaben, darunter das Bilderverbot in Judentum und Islam gegenüber christlicher Bilderverehrung – und diese Unterschiede haben u. a. mit der Tatsache zu tun, dass sich die Alphabete unterscheiden und zudem divergierende Entstehungsgeschichten haben.

Das *hebräische Alphabet* war das erste überhaupt und um etwa 1000 v. Chr. voll entwickelt. Ab diesem Zeitpunkt bildet sich der Monotheismus heraus und wird um etwa 600 v. Chr. vorherrschend. (In etwa dieser Zeit prägten die Lyder ihre ersten Münzen.) Das hebräische Alphabet schrieb ursprünglich nur die Konsonanten (die diakritischen Zeichen als Hinweis auf die einzusetzenden Vokale wurden erst später eingefügt), und das hat zur Folge, dass die in dieser Schrift geschriebenen Texte nur lesen kann, wer auch die Sprache spricht, also aus dem Inhalt erschließen kann, welches Wort gemeint ist: Wenn dort ein ›r‹ und ›s‹ steht, muss der Kontext sagen, ob ›Riese‹, ›Rose‹ oder ›Iris‹ gemeint ist. In der jüdischen religiösen und weltlichen Tradition erhielt sich so eine hohe Bewertung des gesprochenen Wortes. Schriftlichkeit und Mündlichkeit galten als komplementär. Auf der einen Seite gab es die Heilige Schrift, an der seit ihrer Veröffentlichung durch Esra vor den Toren von Jerusalem um 440 v. Chr. kein Wort verändert werden durfte. Andererseits sorgte aber die mündliche Exegese für eine immer wieder erneuerte – und der jeweiligen Zeit angepasste – Auslegung und Rezeption des kanonisierten Textes. Die Weitergabe der Heiligen Schrift verlief von Generation zu Generation, von Lehrer zu Schüler über die sprechenden Körper. Auch dann, wenn die Exegese verschriftet wurde, wie das im *Talmud* geschah, galt diese als ›mündliche Thora‹.

Auch das *arabische Alphabet* besteht ursprünglich nur aus Konsonanten; entsprechend hoch ist im Islam die Wertschätzung mündlicher Traditionen. Moslems, egal welcher Glaubensströmungen, sind »sehr empfänglich für die vorgetragene Rede, die verbunden mit Sprachkunst, religiösen Assoziationen und Rückgriffen auf die frühislamische Zeit zu einer starken Emotionalisierung der Zuhörerschaft führen kann«.[87] Beim Gebet ist die Rezitation wichtig. Viele Moslems verstehen die in Hocharabisch geschriebenen Texte nicht, aber die »musikalische oder poetische Rezitation von Koranversen steht am Anfang aller Gemeinschaftsveranstaltungen«. Sie empfinden ein ästhetisches Vergnügen allein an der »reichen, klangvollen, gereimten Prosa des Korans mit ihren Wiederholungen und subtilen Wendungen«.[88] Die hohe Bewertung von Rezitation und Gesang ist ein typisches Phänomen von oralen Gesellschaften: Das Gedächtnis der Sprache findet hier seinen Träger nicht im geschriebenen (körperlosen) Text; vielmehr werden durch Reim und Rhythmus Erinnerung und Wissen dem Körper *eingeschrieben*.

Anders das *griechische Alphabet,* das um 800 v. Chr. entstand und später zusammen mit der lateinischen Schrift zum wichtigsten Vehikel einer Verschriftung der christlichen Theologie wie der christlichen Mission wurde: Es schreibt auch die Vokale und erfasst so die Sprache vollständig. Das impliziert einen hohen Grad an Abstraktion, der sich die Vorstellung verdankt, dass es nur *eine* (berechenbare, unwiderlegbare, der Entkörperung verpflichtete) Form von Logik und wissenschaftlicher Wahrheit gibt. Es entstand eine Rationalität im Weber'schen Sinne einer ›Beherrschung der Welt‹. Der Vorgang der Entleibung, den das ›volle Alphabet‹ impliziert, schlägt sich u. a. in der Tatsache nieder, dass sich die meisten unserer wissenschaftlichen Begriffe aus ›toten Sprachen‹ – Altgriechisch und Latein – ableiten. Nur über tote Sprache lassen sich eindeutige – ›neutrale‹ – Begriffe bilden, die dem Zugriff des Einzelnen und seiner Körperlichkeit wie Subjektivität und Geschlechtlichkeit entzogen sind.

Anders als bei den Konsonantenalphabeten führte das volle griechische Alphabet nicht zu einer Komplementarität von Oralität und Schriftlichkeit; vielmehr kam es zu einer Dominanz des Textes über das gesprochene Wort. Damit ging eine Höherbewertung des Visuellen (der Schrift) gegenüber dem Gehör (der Oralität) einher. Durch die hierarchische Überlegenheit der geschriebenen Sprache und die Abwertung der Oralität vollzog sich eine allmähliche Umgestaltung der gesprochenen Sprache nach den Gesetzen und der Logik des Geschriebenen. Die Geschichte der christlichen Gesellschaft lässt sich lesen als die Geschichte eines langen historischen Prozesses, in dessen Verlauf das gesprochene Wort allmählich nach den Gesetzen des geschriebenen gestaltet wurde: ein Prozess, der sich mit der Erfindung des Buchdrucks rasant beschleunigte und um 1800, parallel zum Beginn einer allgemeinen Alphabetisierung, zur Ununterscheidbarkeit von Mündlichkeit und Schriftlichkeit führte. Man sprach so, wie man schrieb, und man schrieb so, wie man sprach. Die Zeichen der Schrift hatten sich der mündlichen Sprache bemächtigt. Und andersherum verlieh die Mündlichkeit, die in die geschriebene Sprache einfloss, den Zeichen eben jene ›Leiblichkeit‹ und ›Lebendigkeit‹, die die ›ewigen, aber toten Buchstaben‹ nicht haben.

Betrachtet man nun die Konzepte von Geld in den drei monotheistischen Religionen, so kann man eine große Affinität zwischen der jeweiligen Art, wie Schrift und mündliche Sprache (oder Leiblichkeit) zueinander stehen, erkennen. Beim Konsonantenalphabet, das auf Oralität und damit den Körper angewiesen ist, ein ›Geld‹, das an der materiellen Welt festhält: Das Geld ist hier nur ein ›Ersatz‹ für Naturalien oder Edelmetalle. Beim vokalisierten Alphabet, das des Körpers nicht bedarf, ein Geld, das seine Beglaubigung aus dem reinen, d. h. entkörperten Zeichen bezieht. Ganz gewiss sind die unterschiedlichen Schriftsysteme nicht die einzige Erklärung für die unterschiedlichen Geldkonzepte. Aber sie sind ein wichtiger Faktor, wenn man bedenkt, dass das nominalistische Geld Griechenlands kurz nach dem Alphabet entstand und ihm auch in seiner Logik ähnlich ist.

Selbstverständlich spielten auch andere historische Faktoren eine wichtige Rolle. Doch angesichts des großen Einflusses, den die Alphabete auf Sprache und Denken wie auch auf die Gottesvorstellung ausgeübt haben – in Judentum und Islam ein unsichtbarer, undarstellbarer Gott; in der griechischen Götterwelt anthropomorphe Gottheiten und im Christentum ein Mensch gewordener Gott – kann es nicht verwundern, dass auch unterschiedliche Vorstellungen vom Geld entstanden sind: In der jüdischen Religion und im Islam entspricht der Segregation und Komplementarität von Schrift und oraler Tradition die Segregation und Komplementarität von einem unsichtbaren, abstrakten Gott und dem sterblichen Menschen. Das Geld wird hier dem irdischen Leben zugeordnet. Daher seine Profanität und Beglaubigung durch materielle Werte. Dagegen entwickelte sich in den griechischen Traditionen, aus denen später die christliche Theologie mit ihrer Vorstellung vom Mensch gewordenen Gott hervorging, ein Zeichensystem, das über die materielle Welt bestimmt und diese zu gestalten und hervorzubringen vermag.

Hier löst sich das Zeichensystem Geld von der Materie ab und erringt eben deshalb seine Macht über die Materie. So wie die Kastration des Männlichen Voraussetzung für die Vorstellung einer Potenz der Zeichen oder des Geldes ist, löst sich auch die Schriftlichkeit von der gesprochenen Sprache, bevor sie diese ›nach ihrem Ebenbild‹ gestalten kann. Christus ist das ›Fleisch gewordene Wort‹ – und das Geld ist materialisierungsfähiges Zeichen. Das volle, die gesprochene Sprache beherrschende Alphabet wird eine tiefere Einschreibung der Abstraktion und des Geschriebenen in den Körper vornehmen, als dies bei den Konsonantenalphabeten der Fall ist – ein Vorgang, der sich in der Leidensfigur Christi wiederholt.

DAS GELD UND DIE DURCHSETZUNG DES CHRISTLICHEN GLAUBENS

Von den drei Religionen des Buches hat die christliche am deutlichsten an die im vorigen Kapitel beschriebene Entstehung des ›sakralen‹ oder nominalistischen Geldes Griechenlands angeschlossen. So wie es auch das volle griechische und dann lateinische Alphabet übernommen hat. Die Verlagerung der Geldemission von den Priestern auf die weltliche Macht wurde in Griechenland von der Anthropomorphisierung der Götter begleitet. Diese bereitete ihrerseits den Weg für die Sakralisierung der Herrscher Roms. Als sich Augustus auf den Münzen als ›Sohn des göttlichen Cäsar‹ ausgab, war der Weg zur Vergöttlichung des christlichen Religionsstifters vorgegeben – eine Lehre, die sich im 3. Jahrhundert durchsetzte.

Nach der Zeit der Römischen Herrschaft schrumpften die Gold- und Silbervorräte. Den Barbarenfürsten stand der Sinn nach Gold, dafür traten sie auch gerne und oft in römische Dienste »wie der Frankenfürst Childerich, (gest. 481/82), der Vater des berühmten Chlodwig, der gegen reichliche Goldzahlung die römische Ostfront verteidigte«.[89] Bei den barbarischen Invasionen waren zudem Personal aus den Silberminen abgezogen und Bergwerke stillgelegt worden. »Man schätzt, dass sich um etwa 800 n. Chr. der Gesamtbestand an Gold- und Silbermünzen auf 33 Millionen verringert hatte, ein Elftel des Bestandes beim Tod von Augustus.«[90] Germanenkönige traten bald auch auf dem Feld der Münzen dem römischen Kaiser in Byzanz (der auf das Ostreich beschränkt war) entgegen. Theudebert von Metz (533–548) prägte als erster Germanenfürst seinen Namen auf Goldmünzen und ließ diesem Namen noch die kaiserliche Titulatur folgen.[91] Das war ein antikaiserlicher Affront, der in Rom Empörung auslöste. »Die Frankenkönige«, so schrieb Prokopios in seinem Buch über den Gotenkrieg, »prägen aus gallischem Gold eine Münze, welche nicht, wie es sich gehört, das Bildnis des

Kaisers, sondern ihr eigenes zeigt.« Und er fügte hinzu: »Selbst der Perserkönig prägt nur Silbermünzen; Goldmünzen aber darf kein Barbarenherrscher prägen, selbst wenn sein Land Gold hervorbringt – das darf nur der Kaiser tun.«[92]

Der Beginn des Mittelalters wird unterschiedlich datiert: Manchmal wird das Datum 476 angegeben (Absetzung des letzten weströmischen Kaisers Romulus Augustulus), manchmal 500 (die Taufe des Frankenkönigs Chlodwig); gelegentlich wird auch 800 (Kaiserkrönung Karls des Großen in Rom) genannt. Auf jeden Fall handelt es sich um einen langen Prozess, der von der Christianisierung Europas und der allmählichen Verbreitung der Schriftkundigkeit, die die christliche Mission begleitete, geprägt ist. Um 1000 n. Chr. war die Mehrheit der Bevölkerung Europas noch weit davon entfernt, alphabetisiert zu sein, aber sie lebte schon nach dem Gesetz der Schrift, auf dem die Macht der Kirche und bald auch die der Höfe beruhte.[93]

In dieser Zeit setzte sich auch ein neuer Totenkult durch. Noch bis ins 10. Jahrhundert gab es für die Toten wertvolle Grabbeigaben – bestehend aus Gold und Silber. Die Tatsache, dass das Geld wortwörtlich ›vergraben‹ wurde, war, laut Georges Duby, einer der Gründe dafür, dass es keine Geldwirtschaft gab. Diesem Totenkult setzte das Christentum ein Ende: Es sorgte dafür, dass keine Münzen und kein Edelmetall in die Gräber kam. »Die Thesaurierung, die sich vorher in den Gräbern befand, verlegte sich auf die Sanktuarien des Christentums, wo nun die Reichtümer gelagert wurden.«[94] Das Geld diente dem Bau der Kathedralen oder der Unterstützung der Armen. »Aus einer definitiven, und damit sterilen Grabbeigabe wurde das temporale und fruchtbare Geld.«[95] Das Geld begann also zu zirkulieren, weil es den Toten entrissen wurde.

Parallel dazu nahm das Geld sakralen Charakter an. Der Prozess hatte schon im 3. Jahrhundert begonnen. Das ist daran zu erkennen, dass bis etwa 300 u. Z. alle Münzen (mit Ausnahme des ›Scheidegelds‹), die über die Grenzen des Römischen Reichs hinaus akzeptiert wurden, mit ihrem Edelmetallgewicht identisch waren (oder zumindest Anspruch darauf erhoben).[96] Doch nun etablierte sich ein neues, mit den Symbolen des Christentums versehenes Geld, dem die Inkarnationslehre zu Glaubwürdigkeit verhalf: In derselben Zeit setzten sich auch die Lehren von der göttlichen Herkunft Christi durch. Sie waren im Frühchristentum umstritten, wurden jedoch im 3. Jahrhundert zum festen Bestandteil des christlichen Glaubens. Die Kongruenz von sakralisiertem Geld und christlichen Lehren zeigt sich einerseits an historischen Entwicklungen, andererseits aber auch an theologischen Lehren.

Wie in Griechenland verstärkten sich im Christentum sakrale und weltliche Macht gegenseitig. Die Wechselbeziehung hat Ernst Kantorowicz in seinem Buch *Die zwei Körper des Königs* (1957) beschrieben: Er zeigt die christologischen Elemente, die im

Mittelalter und der frühen Neuzeit zur Legitimierung der Könige dienten.[97] Dabei spielte der Fiskus als unvergängliches Eigentum der Krone eine wichtige Rolle, »indem man die Fortdauer des Fiskus mit der Ewigkeit Gottes oder Christi verglich. […] Die Herrscher des 13. Jahrhunderts hatten letztlich das eine gemein, daß sie den Hauch von Ewigkeit nicht so sehr der Kirche als den von Rechtsgelehrten ausgelegten Begriffen von Gerechtigkeit und öffentlichem Recht entliehen, ob sie nun *iustitia* oder *fiscus* sagten.«[98]

Die Nähe von Christentum und nominalistischem Geld beruhte auch auf theologischen Lehren, wie Jochen Hörisch am Beispiel des Abendmahls zeigt: Bei Brot und Wein wie beim Geld handelt es sich um Symbole, die »versprechen, daß an ihnen substantiell etwas dran sei«. Beide sind »transsubstantiationstauglich«: Aus Geld werden Waren, aus Brot und Wein der Leib und das Blut Christi. Bei beiden hat sich eine Autorität das »Emissionsrecht« vorbehalten: beim Geld der Staat, beim geweihten Brot und Wein der Priester. »Beide sind Absenzüberbrücker«: Das Geld wirkt weiter, auch wenn sein Eigentümer nicht da oder verstorben ist (soweit er ein Testament hinterließ). Auch »der am Kreuz gestorbene und himmlisch entrückte Erlöser ist in Brot und Wein real präsent«. Schließlich seien auch beide »Unwahrscheinlichkeitsverstärker«: Das Geld sorgt dafür, »daß egoistische Menschen kampflos einem andren ihre wertvollen Güter überlassen; die Eucharistie macht die frohe Botschaft, daß Gott einen Sohn für uns geopfert hat, trotz ihrer Unwahrscheinlichkeit suggestiv«. Schließlich seien beide auch »Interaktionskoordinatoren«: Beim Tausch bedarf es notwendigerweise zweier Geschäftspartner, und »wo zwei oder drei in Christi Namen versammelt sind, da ist er mitten unter ihnen«. Eine weitere Gemeinsamkeit besteht in der Teilnahmepflicht: Ebenso wie niemand aufs Geld verzichten kann, ohne aus dem Leben der Gemeinschaft ausgeschlossen zu werden, führt die Nicht-Teilnahme am Heiligen Abendmahl zur Exkommunikation.[99]

Hörisch sieht in dieser vielfachen Ähnlichkeit den Grund für eine Konkurrenz zwischen Geld und Abendmahl. Man kann darin aber auch eine Komplementarität sehen. »Laut der theologischen Lehre kann eine geoffenbarte Tatsache nur durch die Berufung auf die Quellen des Glaubens bewiesen werden«, schreibt die Katholische Enzyklopädie in einem vom Vatikan autorisierten Artikel zur Transsubstantiationslehre. Als weitere ›Beweisquelle‹ führt der Artikel noch Schrift und Tradition an, »die mit der unfehlbaren Obrigkeit der Kirche verbunden sind«.[100] Dieselben Faktoren gelten auch für das Geld: Einerseits basiert es auf dem Glauben, wird andererseits aber auch durch Schriftlichkeit und eine ›unfehlbare Obrigkeit‹ autorisiert.

Die Komplementarität ist vielfältig: Der Begriff der ›Konversion‹ spielt sowohl in der Geldwirtschaft als auch in der christlichen Religion eine wichtige Rolle. Die ›Erlösung‹

(ein christlicher Gedanke: In der jüdischen Religion und im Islam gibt es keine ›Erb-sünde‹) findet im ›Erlös‹ ihre pekuniäre Entsprechung. Die ›Emission‹ des Geldes und die ›Mission‹ der Kirche sind nicht nur etymologisch miteinander verwandt. Weil Christen es gewohnt sind, mit der ›Illusion‹ des Abendmahls zu leben, akzeptieren sie auch die ›Geldillusion‹. Adam Smiths ›Unsichtbare Hand‹ der freien Marktwirtschaft weist eine erstaunliche Ähnlichkeit mit den christlichen Lehren einer lenkenden Hand Gottes auf.[101] So wie Christus am Kreuz die Schuld der Menschheit auf sich nimmt, werden heute den ›bad banks‹ die Schulden derer aufgeladen, die sich im Finanzmarkt versündigt haben. Schrecken Theologen vor der Aufgabe zurück, das ›Wesen Gottes‹ zu erklären, so entziehen sich Geldtheoretiker der Aufgabe, nach dem ›Wesen des Geldes‹ zu fragen. Wenn sie es dennoch versuchen, gehört es oft zum unvollendeten Teil ihres Schaffens. So im Fall von Joseph Schumpeter.

Der wichtigste gemeinsame Nenner von Geld und christlicher Lehre besteht jedoch im Glauben: Anders als in der jüdischen Religion, die den Zweifel zulässt und die Ex-kommunikation nicht kennt, sind Glaubenszweifel für die christliche Religion die tiefste Sünde. Dabei geht die Forderung nach dem blinden Glauben mit Glaubensinhalten einher, die jeglicher Plausibilität entbehren: etwa der »völlig unwahrscheinlichen Bot-schaft, die im Glaubensbekenntnis notifiziert ist: daß Gott einen eingeborenen und mit ihm gleichaltrigen bzw. ewigen Sohn hat, und daß dieser Sohn von einer menschlichen Frau empfangen und geboren wurde, die dabei jungfräulich blieb, daß Gott die Men-schen so geliebt hat, daß er seinen Sohn einem Foltertod von ausgesuchter Grausamkeit überließ«.[102] Aus der Unwahrscheinlichkeit dieser Glaubensinhalte bezieht das Christen-tum aber wiederum seine Attraktivität.

Auch das Geld ist auf den Glauben angewiesen: Es vermehrt sich in einem jungfräu-lichen Schoß und erzeugt ›gleichaltrige Kinder‹, die potentiell ›ewig‹ sind. Die »Geld-sphäre« hat die »religiöse Sphäre« in sich aufgesogen, schreibt Hörisch. Nicht nur, dass Münzen und Hostien dasselbe Grunddesign aufweisen; auch das Vokabular der Finanz-wirtschaft verdankt sich einer religiösen Semantik: »Begriffe wie Kredit und Emission, Schuldner und Gläubiger, Offenbarungseid und (Handels)-Messe, Preis und Erlösung machen jedem, der Ohren hat zu hören, deutlich, daß nicht nur Gott, sondern auch Geld auf Beglaubigung angewiesen ist.«[103] Dabei spielt auch der Opfergedanke eine wichtige Rolle: Die Christen glauben an die Göttlichkeit des Gekreuzigten, weil er als Mensch geopfert wurde. Ebenso mit dem Geld: Es festigt seine Glaubwürdigkeit, wenn einige dran glauben müssen.

Gleichgültig, ob sich das Geld der christlichen Religion bemächtigt hat oder um-gekehrt: Es ist unbestreitbar, dass das Geld des Christentums und seiner spezifischen

Die Hostie erhält die Form der Münze: Kreuzigung und sakrale Beglaubigung des Geldes durch das Opfer. (Die Bluthostie von Dijon, Stundenbuch des René d'Anjou, König von Sizilien, Burgund, 15. Jh., London British Library)

theologischen Lehren bedurfte, um sich zu entfalten. Dazu gehören Passionsgeschichte, Inkarnationslehre, Transsubstantiationslehre, Dogma der unbefleckten Empfängnis. Sie verhalfen ihm – trotz seines Symbolcharakters – zur notwendigen Glaubwürdigkeit. Nicht durch Zufall entwickelten sich die christlichen theologischen Leitsätze in enger Parallele zum Aufkommen der Geldwirtschaft.

SCHULD, SCHULDIGKEIT UND SCHULDEN

Die Rolle, die das Christentum bei der Durchsetzung der Geldwirtschaft spielte, zeigt sich besonders in der Geschichte des Antisemitismus – sowohl des christlichen Antijudaismus als auch in seinen nationalistischen und rassistischen Ausprägungen. Der Judenhass hat wenig mit der verbreiteten Vorstellung vom ›Geldjuden‹ zu tun, sehr viel jedoch mit einer der christlichen Religion inhärenten Vorstellung von ›Schuld‹. Im vorangegangenen Kapitel war von der Bedeutung der Schuld für die Entstehung des Geldes die Rede: als Schuld gegenüber der Gottheit (daher das Opfer) oder als Lebensschuld gegenüber der Gemeinschaft. In der christlichen Religion nimmt dieses Schuldverhältnis eine spezifische Form an, und auch diese machte die christliche Kultur zum Nährboden für die Entwicklung der Geldwirtschaft. In diesem Zusammenhang wies die christliche Gesellschaft dem Juden eine Schlüsselrolle zu.

Es gibt keine antijüdische Ritualmord- und Hostienfrevelbeschuldigung, bei der es nicht auch um finanzielle Schulden ging, die eine Ortschaft gegenüber der jüdischen Gemeinde angehäuft hatte.[104] Vor allem in Zeiten, in denen das Geld seine Glaubwürdigkeit verlor – entweder durch Schuldenberge oder weil es einen neuen Abstraktionsgrad durchlief –, wurde die ›Geldbeglaubigung‹ durch antijüdische Pogrome aktiviert: Der Jude sollte für das Opfer einstehen, nach dem das Geld verlangte. Für die Christen war der Jude dafür die ideale Projektionsfläche, weil Jesus Christus – in den Augen der Christen – zum ›Opfer‹ eines ›jüdischen Verbrechens‹ geworden war. Wenn das Geld in Krisenzeiten nach einer Beglaubigung verlangte, forderte die Gemeinschaft statt des ›symbolischen Opfers‹ (beim Heiligen Abendmahl) ein reales Opfer, um die Glaubwürdigkeit des Geldes wieder herzustellen. Dass die Christen das Geld für eine ›jüdische Erfindung‹ halten, so Shell, ist eine »Projektion auf die Religion des Anderen von Vorstellungen, die der Sprecher als Teil des Selbst fürchtet«.[105]

Um die christliche Schuldzuweisung an den Juden zu begreifen, muss man sich vergegenwärtigen, dass der christlichen Religion eine Schuld-Struktur zugrunde liegt, die eigentlich unauflösbar ist. Worin besteht sie? In der christlichen Religion, die in der Tradition des Opfers steht, ist es nicht der Mensch, der Gott ein Opfer darbringt, sondern andersherum: Gott opfert sich – in seinem Sohn – für den Menschen. Auf eine solche göttliche Gabe kann der Gläubige mit keiner Gegengabe antworten. Es entsteht eine Schuld, die niemals zu begleichen ist. Dieses Schuldverhältnis prägt die christliche Religion, denn es lässt dem Christen nur drei Möglichkeiten.

Die *erste* ist der blinde, gehorsame Glaube. »Die Gabe des Gläubigen ist zuerst die Gabe seiner selbst durch den Glauben, die Geste absoluten Vertrauens.«[106] Ein Teil der christlichen Theologie entwickelte daraus die Lehre von der Gnade, die den ›Überschuss‹ an göttlicher Gabe bezeichnet. Aber der Sprachwandel, den der Begriff der ›gratia‹ laut dem französischen Sprachwissenschaftler Emile Benveniste (1902–1976) durchlief, ist aufschlussreich: »Anhand von lat. *gratia* lässt sich beobachten, wie ein Begriff mit ursprünglich religiöser Bedeutung auf ein wirtschaftliches Verhalten angewandt wird. Das Wort für ›Gunst‹ und ›Gefälligkeit‹ wird schließlich zum Ausdruck der Unentgeltlichkeit *(gratis)*.«[107]

Die *zweite* Möglichkeit des Christen besteht im ›Ausgang aus der selbstverschuldeten Unmündigkeit‹ (Kant) durch Aufklärung, ökonomische Unabhängigkeit, Emanzipation von der kirchlichen Bevormundung. Die Aufklärung ist deshalb auch ein spezifisches

Phänomen der christlichen Kultur: Es war die Aufkündigung eines Tauschverhältnisses, in dem es keine Schuldlösung gibt. Allerdings zeigt die Formulierung Kants auch deutlich, dass diese Option ihre Tücken hat. Denn eine ›selbstverschuldete Unmündigkeit‹ setzt voraus, dass sich der Mensch von Anfang an freiwillig in Abhängigkeit begeben hat. Will er sich daraus befreien, bleibt ihm nichts anderes übrig, als Gott ›zu töten‹: in sich absterben zu lassen. Diesen Weg schlug Nietzsche vor. Eine Rettung bietet für ihn nur der Atheismus, »ja die Aussicht ist nicht abzuweisen, dass der vollkommene und endgültige Sieg des Atheismus die Menschheit von diesem ganzen Gefühl, Schulden gegen ihren Anfang, ihre *causa prima* zu haben, lösen dürfte. Atheismus und eine Art *zweiter Unschuld* gehören zueinander.«[108] Wenn sich aber der Mensch aus seiner Abhängigkeit von Gott nur befreien kann, indem er ihn ›tötet‹, entsteht erneut eine Schuld, die nicht einzulösen ist.

Für den Christen wird ›der Jude‹ zur Gestalt, mit der er dieses ›unlösbare Problem‹ seiner Religion – die unauflösliche Schuld gegenüber Gott – dennoch zu lösen versucht. Denn die *dritte* Möglichkeit, sich aus der unlösbaren Schuld gegenüber Gott zu lösen, besteht darin, die ›Schuld‹ für das Selbstopfer Gottes an den Juden zu verweisen, den der Christ zum ›Gottesmörder‹ erklärt; Beschuldigungen des Ritualmords und der Hostienschändung stellen die jeweilige ›Aktualisierung‹ einer solchen Schuldzuweisung dar, die den Christen von der Gegengabe entbindet: Wenn Gott einem ›Verbrechen‹ zum Opfer fiel, hat er sich nicht selbst geopfert.

Diese Konstruktion zeigte Wirkmacht nicht nur in den Zeiten des religiösen Antijudaismus. Als im 17. und 18. Jahrhundert das Papiergeld und die ersten Aktien aufkamen (als das Geld also eine ›Glaubenskrise‹ durchlief), nahmen die Debatten sofort antisemitische Dimensionen an. Die Figur des ›Spekulanten‹ wurde mit ›Krankheit‹ und ›Wahnsinn‹ gleichgesetzt[109] – Topoi, die ihre Verwandtschaft zum Antisemitismus schwerlich leugnen können. In der Geschichte des christlichen Antijudaismus war der Jude immer wieder als Träger von ›Krankheiten‹ gebrandmarkt worden – etwa der Syphilis als Krankheit des ›Bösen Blutes‹.[110] Als John Law 1719 in Frankreich eine Papierwährung einzuführen versuchte, beschrieb Daniel Defoe den ›Börsenjobber‹ als Betrüger, Schwindler, Lügner, Fälscher, Schwätzer, Heuchler und Verführer.[111] Auch diese Bilder stammen aus der Asservatenkammer des frühesten christlichen Antijudaismus. Im Kodex Justinianus aus dem Jahre 554, in dem die christliche Kirche zum ersten Mal ihre am Gegenbild des Juden orientierte Selbstdefinition formulierte, werden die Juden wegen ihrer anderen Auslegung der Heiligen Schrift als ›Söhne des Teufels‹ bezeichnet: »Die Juden sind *falsch,* juristisch falsch, wie gefälschte Schriftstücke; sie sind die *falschen Nachkommen Abrahams,* sie haben den Text *falsch* verstanden, die Formel Abrahams

›et semen eius‹ *falsch interpretiert.*«[112] Dieser Topos wurde aufs Geld übertragen: Juden seien nicht nur ›Falschmünzer‹ (ein schon seit dem Mittelalter verbreiteter Topos), sondern sie repräsentieren auch das ›falsche Geld‹.

Wie eng die uneinlösbare Schuld (gegenüber Gott) mit dem monetären Antijudaismus verknüpft ist, zeigt das Beispiel von Joseph Süß Oppenheimer.[113] Als ›Jud Süß‹ sollte seine Gestalt zur Leitfigur des rassistischen Antisemitismus werden. Mit der historischen Person hat sie wenig zu tun. Joseph Oppenheimer wurde in eine Zeit hineingeboren (1698–1738), in der die christliche Gesellschaft das moderne Geldwesen entwickelte und sich für das Geld ein großer Abstraktionsschub vollzog: Nach den Wechseln und Endossamenten des 14. und 15. Jahrhunderts gab es in England, Schweden und Frankreich die ersten Versuche mit Papiergeld. Die ersten Aktiengesellschaften und Börsen waren entstanden. Ein Zeitalter kündigte sich an, in dem Geld nur noch aus Zeichen bestehen würde – ohne Bezug zu materiellen Werten. Das ermöglichte zwar die Ausweitung des Handels, erforderte aber auch die Rationalisierung nationaler Ökonomien. Weil er dieser Entwicklung Rechnung zu tragen verstand, gelang es Oppenheimer, als Hoffaktor des Herzogs Karl Alexander von Württemberg ein neues staatliches Rechnungswesen einzuführen und eine Rationalisierung des Staatshaushaltes zu bewirken. Es führte zu steigenden Einnahmen der Staatskassen[114] und blieb natürlich erhalten, als man ihn schon längst dafür vor Gericht gestellt und hingerichtet hatte.

Jeder Modernisierungsschub erzeugt Angst, vor allem dann, wenn es sich um einen Abstraktionsschub handelt, wie es in der Geschichte des Geldes immer wieder der Fall war. Diese Angst wurde auf das Feindbild des Juden übertragen, mit den entsprechenden Folgen. »Immer dann also, wenn die Menschen ihre technischen Fähigkeiten entwickeln und ihre Abhängigkeit von der natürlichen Welt vermindern, grenzen sie die erworbene Macht durch die Opferhandlung symbolisch ein.«[115] Darüber hinaus spielte aber auch die christliche Inkarnationslehre eine Rolle: Wenn die christliche Heilsbotschaft auf der Materialisierung des Zeichens – dem Fleisch gewordenen Wort – beruht, wird jede Form von Abstraktion notwendigerweise als Widerspruch zur Heilsbotschaft verstanden. Deshalb überließ die christliche Gesellschaft auch gerne ihre Abstraktionsschübe den Juden: nicht nur weil diese damit pragmatisch umgehen konnten, sondern auch, weil man sie dafür beschuldigen und dann ›opfern‹ konnte. Zugleich stilisierte man sich selbst zum ›Opfer‹ ihres ›Verbrechens‹ – in diesem Fall die Modernisierung. Daher auch die Doppelbedeutung des Wortes ›Opfer‹ in der deutschen Sprache: Einerseits ist der Heiland das ›Opfer‹ eines jüdischen Verrats; andererseits opfert er sich zur Erlösung der Menschheit.

Im Deutschen gibt es eine sprachliche Vermischung von Geld-Schuld (franz. *dette* oder engl. *debt*) und Schuld im Sinne von ›schuldig werden‹ (franz. *coupable,* engl. *culpable*).

Das Lateinische hat zwei unterschiedliche lexikalische Felder für diese Begriffe: »das eine bezieht sich auf Verpflichtung im Sinne der Gegenseitigkeit (wir befänden uns daher im Bereich der Gabe/Gegengabe) und das andere auf die Verpflichtung, eine ausgeliehene Sache oder Summe zurückzugeben (dann befinden wir uns im Bereich des Vertrags).«[116] Dennoch ist der Zusammenhang von Geldschuld und religiöser Schuld nicht nur durch den deutschen Sprachgebrauch vorgegeben. Im italienischen Vaterunser werden die eigenen ›Sünden‹ nicht etwa als ›peccati‹, sondern als ›debiti‹ bezeichnet; und die ›Schuldigen‹, denen es zu vergeben gilt, heißen ›debitori‹. Auch für die Vergebung wird ein ökonomischer Begriff verwendet: ›rimettere‹, was soviel wie zurückgeben bedeutet.[117] Beim Antijudaismus geht es um eine prinzipielle Korrelation von Schuld und Schulden; sie blieb nur in der deutschen Sprache deutlich erhalten, während die englische und französische Sprache zwischen *sacrifice* und *victim/victime* unterscheiden.

Strukturell ist die Doppelbedeutung der ›Schuld‹ der Geschichte des Geldes bis heute eingeschrieben. Jedes Schuldverhältnis der Moderne, jeder ›produktive Zins‹, der die Wirtschaft antreiben soll und dies in der Tat auch tut, schafft neue Schuldverhältnisse, die ihrerseits nach einem ›Ablass‹ verlangen (zum Beispiel durch ver- oder gekaufte Emissionsrechte für Luftverschmutzung) oder zu Schuldzuweisung an einen Anderen führen. Das Geld kam aus dem Tempel, und es blieb auch in der christlichen Kultur seinem Ursprung, der Beglaubigung durch das Opfer, treu. Bis heute. Auch dann, wenn »eine Beleidigung, ein Schaden oder sogar ein unfreiwilliger Mord […] wie eine gewöhnliche Rechnung mit einer Geldsumme« beglichen werden.[118] Gerade dieses Tauschgeschäft beweist, dass Geld und Opfer weiterhin zusammenhängen. Mag sein, dass das Versicherungswesen eben deshalb zu einem der wichtigsten Player des Finanzkapitalismus geworden ist, weil in dieser ›Gegenrechnung‹ sein ureigenstes Geschäft besteht.

Dieser paradoxe christliche Emanzipationsdrang *aus* der Schuld, der immer wieder *in* die Schuld führt, wurde zu einem der Motoren des Kapitalismus und der Geldakkumulation: Wenn es nur genügend Geld gibt, so der Gedanke, lassen sich endlich alle Schulden gegenüber Gott tilgen. Vielleicht werden Finanzmanager auch deshalb so teuer bezahlt: Man erhofft sich von ihnen – durch die Akkumulation von Kapital – den Sieg über eine uneinlösbare Schuld. Umso bitterer die Enttäuschung, wenn sie dennoch Schuldenberge hinterlassen. Der bemerkenswert geringe Widerstand gegen die politische Entscheidung, die Gemeinschaft für Schulden dieser Finanzmanager einstehen zu lassen, indiziert, dass man ihnen unterstellt, ›in unserem Auftrag‹ tätig zu sein. Das lehnen zwar viele von ihnen ab. So etwa der Deutschland-Chef der US-Investmentbank Goldman Sachs, Alexander Dibelius, der 2010 erklärte: »Private und börsennotierte

Institute haben keine Verpflichtung, das Gemeinwohl zu fördern.«[119] Doch der Vorstandsvorsitzende derselben Investmentbank, Lloyd Blankfein, vertritt die Ansicht, dass die Finanzinstitute »das Werk Gottes vollbringen«.[120] Solche Aussagen zeigen, dass auch in den modernen Gesellschaften, die mehr Schulden akkumuliert haben als alle zuvor, die (christliche) Religion als Motor des Kapitalismus dient.

DAS GELD UND DIE ENTWICKLUNG DER CHRISTLICHEN THEOLOGIE

Wie Jochen Hörisch hat auch Marc Shell – auch er nicht Ökonom, sondern Literatur- und Bildwissenschaftler – Wichtiges zur Darstellung der strukturellen Ähnlichkeiten von Geld und Christentum beigetragen. In seinem Buch *Art and Money* (1995) schreibt er, dass das Geld deshalb »ein besonders heikles Thema im christlichen Denken« sei, weil es »als Manifestierung von Autorität und Substanz, von Geist und Materie, von Seele und Körper verstanden wird. Das bringt das Geld in beunruhigende Nähe zu Christus als einem konkurrierenden architektonischen Prinzip.« Hostie und nominalistisches Geld haben gemeinsam, dass sie Symbol und Symptom, Signifikant und Signifikat sind; beide wollen sich ›materialisieren‹ – und die Theologie machte sich diese Ähnlichkeit zunutze. »Die Erzeugung von Geld und die Beschaffung von Dingen mittels Geld – also Münzprägung und Handel – gehörten zu den wichtigsten Analogien des Mittelalters zur Erklärung der Lehre von der Dreieinigkeit. Pierre Abaelard zum Beispiel schuf eine nominalistische Trinitätsdoktrin durch ein komplexes Bild, das Stempeln und Prägen beinhaltet. Er verbindet Vater, Sohn und Heiligen Geist, indem er zwischen dem Metall des Stempels, der Stempelprägung und der produktiven Verwendung des Stempels unterscheidet.« Die Ablehnung des Geldes im Christentum, so Shell, basiert gerade auf eben dieser Nähe von Theologie und Ökonomie. Zwar wird im Christentum immer wieder der ›Geldteufel‹ in Bild und Text thematisiert, aber selten wird »die Internalisierung der Geldform in die Doktrin« behandelt.[121]

Den Bestimmungen des Laterankonzils von 1215, bei der die Transsubstantiationslehre in die christliche Dogmatik einging*, gingen erbitterte Kämpfe voraus, die auch eng mit dem Bilderstreit zusammenhingen, also der Frage, ob in einem Bild Christus (oder ein Heiliger) ›präsent‹ sind oder dieses ihnen nur ähnlich ist. Schon die Evangelisten hatte diese Frage beschäftigt, wie der Disput zwischen Jesus und den Pharisäern um

---

* Sie besagt, dass sich Hostie und Wein bei der Heiligen Messe in das reale Fleisch und Blut des Erlösers verwandeln.

den Denar des Kaisers zeigt.[122] Jesus lässt sich auf die Frage der Pharisäer einen Denar bringen, auf dem das Bild des Kaisers zu sehen ist. »So gebt dem Kaiser, was dem Kaiser gehört, und Gott, was Gott gehört«, antwortet er dem Tribunal. Er spielt damit, so Jean Pierre Lémonon, auf das Verhältnis von Eikon und Epigraphè an: »Bild und Aufschrift sind des Kaisers, folglich hat er einen Anspruch darauf. Das gleiche gilt für Gott: Auch er hat einen Anspruch auf sein ›Bild‹ (eikôn, häufig mit ›Abbild‹ oder ›Ebenbild‹ übersetzt), und auf seine ›Aufschrift‹, epigraphè. [...] Jesus fordert auf, dem Kaiser sein Bild zu geben, aber der Mensch, Bild Gottes, muss Gott gegeben werden. [...] Gott müssen jene Menschen zurückgegeben werden, die sein Bild sind und auf ihrem Herzen sein Wort als Aufschrift tragen.«[123] Der Mensch ist also gewissermaßen Gottes ›lebende Münze‹, während die tote Münze, der Denar, dem weltlichen Kaiser gehört. Diese Antwort Jesu hat allerdings mehr mit den jüdischen Traditionen zu tun – und nicht durch Zufall bezieht Lémonon seine Interpretationshilfen aus Genesis, also einem jüdischen Text.

Die christliche Interpretation des Geldes und der Gestalt Jesu weisen in eine andere Richtung. In dem Maße, in dem Jesus göttliche Gestalt annimmt, wird das Geld sakralisiert. Beides geschieht unter Bezug aufeinander. »Der Heilige Johannes von Damascus [um 730 u. Z.] betonte gern, dass das Neue Testament Christus als ›Münzabdruck‹ (charaktēr) Gottes verstand, und für viele bildgläubige Kirchenväter wurde der numismatische Begriff des charaktēr zum Schlüsselbegriff der Inkarnationslehre – sie wollten zeigen, dass Bild und Imagination identisch sind.« Die Ikonoklasten bestritten, dass Gott sich ›materialisieren‹ kann, so war er für sie auch nicht darstellbar. Sie bedrohten damit das Fundament der Inkarnationslehre. Für die Ikonophilen hingegen war Christus Gottes ›lebende Münze‹. »Die Hostie wurde ausdrücklich wie eine Münze hergestellt: Sie wurde zwischen zwei Hostieneisen gepresst und wie Münzen mit Insignien versehen.« Das Insignum konnten die drei Buchstaben IHS (in hoc signo) sein, die auf das Kreuz verwiesen, und auf dem H erschien oft das Kreuz selbst. »Interpretiert als Iesus Hominum Salvator (Jesus Erlöser des Menschen), bezog es sich auf Gott, der gegen die beschriftete Hostie getauscht werden oder sich in sie verwandeln konnte.«[124] Auch der Heilige Geist wurde in die »münzähnliche Hostie investiert oder eingepresst«, damit die Menschen »das Fleisch gewordene Wort vom Hostienteller oder dem Eucharistischen Gefäß essen und in sich aufnehmen« konnten.[125] Für die Ikonophilen war Christus – als Mensch gewordener Gott – also nicht nur darstellbar, sein Abbild konnte auch auf Münzen erscheinen. Damit fand das nominalistische Geld, das aus dem Opfer hervorgegangen ist, in der Gestalt Christi eine Beglaubigung. Das Beglaubigungsprinzip blieb das gleiche; es wandert nur vom Hellenismus in die christliche Theologie.

Kruzifix, Frankreich 1750-75. Im Dollarzeichen ist das christliche *in hoc signo* eingebettet.

Der Übergang von einem weltlichen zu einem christlich legitimierten Herrschaftsanspruch zeigte sich bereits deutlich bei Constantin dem Großen, dem ersten ›christlichen Herrscher‹ (auch wenn er sich erst auf dem Sterbebett taufen ließ). Er verdankte, so sagte er, seinen Sieg über Maxentius im Jahre 312 einer Kreuzesvision. Nach diesem Ereignis wurde das »unbesiegbare Siegeszeichen des Kreuzes« zu einer gängigen Ausdrucksweise.[126] Constantin schaffte die Kreuzigung als Todesstrafe ab: Von nun an wurde das Kreuz zu dem Symbol des Christentums und nahm seine widersprüchliche Bedeutung an, die auf Tod *und* Auferstehung verweist. Auch das ›Kreuzesparadox‹ fand im Geld seinen Niederschlag. Marc Shell zitiert eine bulgarische Legende, laut der das Holz des Kreuzes, das Helena (die Mutter von Constantin) in Jerusalem ›fand‹, in Stücke geschnitten und als Sägespäne und Holzstücke in ein Tuch gewickelt wurde. Constantin, so die Legende, vermischte diese Teile mit geschmolzenem Gold und Silber und ließ daraus Münzen schlagen.[127] Die Beglaubigung dieser Münzen setzte auf Edelmetalle *und* aufs Opfer.

Constantins Regierung bedeutete nicht nur das Ende der Christenverfolgung, sondern auch den Beginn einer gegenseitigen Legitimierung von Christentum und weltlicher Macht. Auf Helmen von Constantins Soldaten erschien das Christogramm, auf dem Schild die römische Wölfin. Beide Zeichen wurden auf ein und dieselbe Münze geprägt. »Somit ist hier zum ersten Mal das Hauptemblem der neuen christlichen Religion, das Zeichen Christi selbst, zusammen auf einem Münzbild mit dem traditionellen heidnischen Symbol aus der Gründungssage Roms dargestellt. Das war Programm und sicher kein Ideenkonflikt für den Kaiser.«[128] Das Münzbild war mit der Umschrift versehen: ›Imperator Constantinus Pius Felix Augustus salus rei publicae‹*. »Teil dieses Wohlseins ist nicht nur die altrömische Tradition der lupa Romana, sondern auch jenes Symbol Christi am kaiserlichen Helm. Wie revolutionär das ist, wird deutlich, wenn man bedenkt, daß noch unter Diocletian die Christen systematisch verfolgt worden waren.«[129]

Eine Bronzemünze, die 326/27 in der Reichshauptstadt Constantinopel geprägt wurde, durchbrach die religiöse Neutralität, an die sich Constantin zunächst noch hielt. Ihre Vorderseite zeigt den mit Lorbeeren umkränzten Kopf Constantins als Sieger, »die Rückseite zeigt einen völlig neuen, geradezu revolutionären Entwurf: Über einer sich am Boden windenden Schlange steht eine Standarte, das Fahnentuch mit drei Punkten verziert und ganz oben bekrönt von einem Christogramm. Diese symbolhafte Szene wird von folgender Umschrift begleitet: SPES PUBLICA, die Hoffnung des Staates.«[130] Das christliche Banner, Labarum, zermalmt die Schlange. Die Münze wurde zur Feier des Siegs Constantins über seinen zweiten Gegner Licinius geprägt, den er 324 unter dem ›unbesiegbaren‹ Zeichen errang. Die Schlange als negatives Symbol war neu. In den heidnischen Religionen war sie ein Zeichen für Weisheit, Fruchtbarkeit und zyklische Regeneration.[131] Die christliche Tradition betonte dagegen den Schlangen- und Drachentöter. Rund tausend Mythen erzählen von Helden und Heiligen, die Schlangen besiegten und Drachen enthaupten.[132] An die Stelle des alten Konzepts von Fruchtbarkeit (zyklische Zeit) trat ›geistige Fruchtbarkeit‹, die auch der Fruchtbarkeit des Geldes entspricht.

Unter Theodosius I. (379–395) wurden die heidnischen Kulte verboten, Tempel und heidnische Kultstätten geschlossen. Zur wirklichen ›Staatsreligion‹ wurde das Christentum allerdings erst einige Jahrhunderte später, unter Justinian (527–565). Doch der Wandel bahnte sich lange vorher an. »Mit dem wachsenden Einfluss des Christentums in der Zeit der Herrschaft der Söhne Constantins [gewinnt] christliche Symbolik auch in der Münzprägung immer mehr an Bedeutung.«[133] Münzen wie die von Constantin zeigen, dass das nominalistische Geld um 300 in die christliche Kultur Einzug gehalten hatte. Zu dieser Zeit etablierte sich nicht nur die Lehre von der göttlichen Herkunft Christi, es war auch das Zeitalter, in dem an den Münzen die umfassendsten Geldfälschungen der Spätantike vorgenommen wurden. »Hatte der goldene *aureus* unter Augustinus noch ein 45stel Pfund gewogen, so betrug er unter Constantin nur noch ein

---

* Der Kaiser Constantin, der Fromme und Glückliche, verkörpert das Wohlsein unseres Staates.

72stel Pfund.«[134] An die Stelle von ›echtem Gold‹ trat das ›unbesiegbare‹ Zeichen. Immer öfter tauchten nun das Kreuz oder der Gekreuzigte auf Münzen auf: besonders auf Steuermünzen. Justinian II. (669–711) ließ eine Goldmünze, den *solidus* prägen: Auf der Vorderseite trug sie das Abbild Christi, auf der Rückseite war er selbst wiedergegeben, was zu heftigen Auseinandersetzungen führte.[135]

Von Anfang an war die christliche Theologie mit Hilfe des jüdischen Feindbildes ausformuliert worden. Mit der neu einsetzenden Geldwirtschaft im 13. und 14. Jahrhundert verband sich der christliche Antijudaismus mit Geld. Der Kunsthistoriker Thomas Rainer zeigt dies eindrucksvoll an der Geschichte der Judas-Münze. Sie gehörte zum Schatz der Templer, dann der Johanniter auf Rhodos und wurde zu einem der dreißig Silberlinge, die Judas für seinen Verrat erhielt, erklärt. Als schutzbringende Reliquie wurde sie am Karfreitag verehrt; Wachsabgüsse mit ›heilender Wirkung‹ zirkulierten über ganz Europa.[136] Dass eine Münze verehrt wird, grenzt an sich an Idolatrie. Aber in diesem Fall verband sich die Verehrung der Münze mit dem Opfertod Christi. Das verlieh ihr sakralen Status. Die englischen und französischen Könige verstanden es, diese Verbindung zur Legitimierung der eigenen Währungen zu nutzen. »›Christus vincit, Christus regnat, Christus imperat‹, so lautet die Umschrift, die die französischen Goldmünzen seit Ludwig dem Heiligen ziert.«[137] Bei der Herausbildung der königlichen Währungen spielten antijudaistische Polemiken eine wichtige Rolle. Die Judas-Münze lieferte für diese Polemik die Rechtfertigung.

1278/79 – nur wenige Jahrzehnte nach der Verkündung der Transsubstantiationslehre – ließ Eduard I. von England (1272–1307) ein Viertel der jüdischen Gemeinde, vor allem die Familienoberhäupter verhaften. Viele von ihnen wurden hingerichtet; das Vermögen der Familien eingezogen, um die Staatskasse zu bereichern. Kurz darauf (1290) wurden die Juden aus England vertrieben. Ihr angebliches Verbrechen: die ›Manipulation der königlichen Münze‹. »Wo liegen die Wurzeln des dabei zur Plünderung des jüdischen Vermögens vorgeschobenen Arguments, die Juden würden sich am königlichen Geld vergehen? Ich glaube, zu einem Gutteil in der Psychologie der christlichen Münze, die untrennbar mit dem Opfermahl und der mörderischen Logik des Judasverrats verbunden war. Die als Oblation während der Messe gegebenen Opfergaben der Gläubigen, bis in karolingische Zeit Brot und Wein der Wandlung, wurden ab dem zehnten Jahrhundert zunehmend durch Münzen ersetzt.« Der Prozess vollzog sich in zeitlicher Parallele zum Wandel der Hostienform, die sich der Münze anzugleichen begann. Die kirchliche Begründung für diese Veränderung lieferte der Scholastiker Honorius Augustodunensis (erste Hälfte des 12. Jahrhunderts): Die Hostie werde »in Form von Münze gereicht, weil Christus um Münzen verraten« wurde. Und er fügt hinzu: »Deshalb wird das Bild des Herrn mit Buchstaben auf diesem Brot dargestellt, weil auch auf der Münze das Bild und der Name des Herrschers geschrieben stehen.«[138]

Indem sich die Hostie der Münze anglich und die Sakralität der Hostie auf die Münze überging, kam auch dem königlichen Geld eine sakrale Legitimität zu. Das hatte für Juden erhebliche Konsequenzen: So wie es als eine Profanierung galt, wenn Ungläubige die Hostie in die Hand nahmen, so war es nun eine Profanierung des Geldes, wenn dieses durch ihre Hände ging. Beim Vorwurf der ›Manipulation der königlichen Münze‹ handelte es sich also um eine abgewandelte Form von Hostienschändungsbeschuldigung. »Hostienschändung und Missbauch des Geldes waren austauschbar. Sie stempelten wechselseitig den Verräter am Corpus Christi, dessen Gestalt, profaniert, sowohl Geld wie Hostie annehmen konnte.«[139]

Beide ›Vergehen‹ hatten die Ermordung und Vertreibung von Juden zur Folge. »Das angeblich so neutrale Geld wandelte sich dabei zu einem Propagandamittel des Glaubens an die Eucharistie. Hier liegt der tiefere Grund, warum in den antijüdischen Traktaten und Mirakelberichten ab dem 12. Jahrhundert Geld und Hostie verschmilzt.« Das Verhältnis von christlicher Theologie und Geld lässt sich also dahingehend zusammenfassen, dass Hostie und Münze sich gegenseitig legitimierten und Glaubenshilfe leisteten: Die Münze verhalf der Transsubstantiationslehre zum Durchbruch; andersherum fand die Geldwirtschaft durch die Nähe zur Sakralität der Hostie Akzeptanz. An diesem Vorgang hatte die ›Judas-Münze‹ entscheidenden Anteil: »Als Opfermünze Christi verehrt, bannte die Reliquie die Angst vor der Idolatrie des Geldes.«[140] Auf der anderen Seite bannte die Judas-Münze auch die Angst vor der Geldwirtschaft, die in dieser Zeit tief in die Ökonomie einzugreifen begann.

DIE ZEUGUNG DURCH DEN BLICK

Von den fünf Sinnen spricht das Geld vor allem den Sinn des Sehens an, und seit dem Papier- und elektronischen Geld ist es auch der einzige Sinn, an den das Geld appelliert. Auch in dieser Hinsicht steht das Geld eher in christlichen als in anderen religiösen Traditionen. Die jüdische wie auch die islamische Religion gehen von einem verborgenen Gott aus, der nicht gesehen und nicht abgebildet werden darf. Sowohl Moses als auch Mohammed verschleiern sich das Haupt, bevor sie Gott begegnen und sein Wort empfangen. Als Enthüllungsreligion folgt das Christentum einer anderen Logik. Das griechische Wort für Offenbarung heißt *apokalypsis,* wörtlich ›Entschleierung‹ und ist zusammengesetzt aus *kalypta,* was so viel wie ›schleierartiger Umhang‹ bedeutet, und dem

Präfix *apo* (= weg, entfernt). Auch der lateinische Begriff *revelatio* versteht die Offenbarung als einen symbolischen Akt der Entschleierung (*velum* = Schleier, Vorhang). Der Gedanke der Entschleierung besagt, die Wahrheit Christi, d. h. das Geheimnis Gottes, unverhüllt sehen und begreifen zu können – in manchen Kirchen, wie der Schlosskappelle von Lublin, wird das als ein Vorhang dargestellt, der über dem Altar aufgerissen ist.

Der christliche Topos der *revelatio* – als Zugang zur Wahrheit und zum Geheimnis – wurde bestimmend für eine westliche Wissenschaft, die vom Sehen bestimmt ist. Auf der Suche nach der wissenschaftlichen ›Wahrheit‹ entwickelte das Abendland eine Fülle von Sehgeräten und Sehtechniken – Fernrohr, Mikroskop, camera obscura, später die Photographie –, die neue ›Ent-Deckungen‹ ermöglichten. Oder auch ›bildgebende Verfahren‹, die etwas sichtbar machen, das man mit den Augen gar nicht erfassen kann (Vorgänge der Neurologie zum Beispiel). Ohne die christliche Tradition der Erkenntnis ist die westliche Vorstellung, die ›Wahrheit anschauen‹ zu können, kaum denkbar. Dieser Enthüllungsdrang der westlichen Wissensordnung ist sexuell konnotiert: Egal, ob es sich um den menschlichen Körper, die Natur oder um fremde Kontinente handelte, das ›Objekt‹ des Wissens wurde immer als ein weiblicher Körper imaginiert, der durch die Wissenschaft geöffnet und enthüllt wird. Dank der neuen Sehgeräte wurden unbekannte Welten penetriert und ›dunkle Kontinente‹ ans Licht gebracht.

Eine Folge christlicher Ikonophilie war der zentralperspektivische Blick, den Erwin Panofsky als »eine überaus kühne Abstraktion von der Wirklichkeit« beschreibt, die behauptet, »daß wir mit einem einzigen und unbewegten Auge sehen würden«.[141] Durch die Zentralperspektive wird der Blick einerseits domestiziert und kanalisiert; andererseits wird er aber auch ermächtigt, neue Räume zu schaffen und neue ›Wahrheiten‹ sichtbar zu machen. Im Schoß der Jungfrau Maria erzeugt der Blick auch eine neue materielle Wirklichkeit: Jesus. In vielen Bildern leitet der Fluchtpunkt der Zentralperspektive den Blick des Betrachters in den Schoß der Jungfrau. Das im vorangegangenen Kapitel beschriebene Phantasma einer ›Befruchtung‹ durch das Ohr verlagert sich auf das Sehen. Die Verlagerung von Ohr (Oralität) zu Auge (Schriftlichkeit) fand parallel zur Entwicklung des Buchdrucks statt, der ebenfalls das Sehen privilegiert. Beide – Buchdruck und Zentralperspektive – ›disziplinierten‹ die Menschen, und beide verliehen ihnen Wirkmacht über die empirisch erfassbare Welt. Sie waren – wie das Geld – Instrumente der Realitätsveränderung.

Die Gestalt der jungfräulich gebärenden Gottheiten Griechenlands und Roms, Artemis und Diana, floss in das Bild der christlichen Jungfrau Maria ein. Die antiken Gottheiten standen, wie im ersten Kapitel beschrieben, in enger Verbindung zu den griechischen Opferritualen mit ihren Stieropfern. In Spanien (wo sich die Verehrung der

Verkündigung der Jungfrau Maria durch das Ohr und das Auge (Buch), Albrecht Dürer, um 1503.

Muttergottheiten am längsten hielt) hinterließ dieser Einfluss besonders tiefe Spuren, unter anderem im Stierkampf. Keine Corrida, bei der nicht die Muttergottes oder eine Heilige Jungfrau in der Nähe ist. Auch finden die Stierkämpfe meistens an Feiertagen statt, die dem Marienkult geweiht sind.[142] Auch zur Darstellung der Empfängnis Mariae diente ein Vorbild aus der Antike: die Gestalt der Danaë. Sie war die Tochter von König Acrisius von Argos, der seine Tochter einschloss, damit sich die Voraussage, dass ihr Sohn ihn einst erschlagen werde, nicht erfüllen kann. Doch Jupiter/Zeus schwängert Danaë durch einen Goldregen. Sie gebiert Perseus, den die Griechen chrusopartos (›vom Vater durch Gold gezeugt‹) und die Römer aurigena (durch Gold hervorgebracht) nennen.[143] Auf vielen Darstellungen dieses Mythos' (von Tizian, Bernardo Martorell oder Botticelli) wird die Parallele zwischen der Empfängnis Danaës und der christlichen Muttergottes gezogen, indem sie einen durch ›goldene Worte‹ befruchteten Schoß zeigen. Auf einigen Bildern wird der Goldregen auch als ein Regen von geprägten Münzen dargestellt: Christus wird so zur ›lebenden Münze‹ Gottes, die durch Maria zur Welt kommt. Die Parallele von Danaë und Maria wurde von Theologen ganz bewusst instrumentalisiert. »Wenn Danaë von Jupiter durch einen Goldregen empfangen konnte«, bemerkt Franz von Retz im frühen 15. Jahrhundert, »warum soll dann die Jungfrau nicht auch gebären, was sie vom Heiligen Geist empfangen hat«.[144] Der *Ovid Moralisé*, ein Text aus dem 14. Jahrhundert, übernahm die Idee, dass das Wort Gottes aus Gold sei und Maria durch das Ohr befruchte. Gold heißt im Französischen ›or‹ und das Ohr ›oreille‹.[145]

Auch die Heilige Schrift wurde als ›Schoß‹ gedeutet. Das B, der zweite Buchstabe des Alphabets leitet sich in der hebräischen Schrift von einem Piktogramm für Haus *(bayit)* ab und wurde auch im griechischen Alphabet ›feminisiert‹. Warum ist der erste Buchstabe der Bibel nicht ein A, sondern ein B? Die Heilige Schrift stellt das ›befruchtete‹ Feld dar, das durch den Samen des ›geistigen Vaters‹ ›imprägniert‹ wurde.[146] Das Neue Testament überträgt diesen Gedanken eines göttlichen Samens auf Christus als das ›Fleisch gewordene Wort‹. Marias Leib wird zum Buch, in das Gott seine Botschaft, Christus, schreibt. Diese sexuellen Imaginationen wurden wiederum von den Buchdruckern aufgegriffen, die die Wachsbuchstaben als ›matrix‹ und die bleiernen Buchstaben, mit denen sie druckten, als ›patrix‹ bezeichneten. Die leeren Seiten nannten sie das ›Fleisch‹, damit implizierend, dass die bedruckten Seiten vom Geist ›befruchtet‹ werden müssen.

Alle diese Beispiele offenbaren die enge Verbindung zwischen dem Konzept der jungfräulich gebärenden Muttergottheit und dem jungfräulich sich reproduzierenden Geld. Auch in dieser Hinsicht erweisen sich die christlichen Lehren als sehr viel geldkompatibler als andere theologische Konzepte – etwa die der jüdischen Religion oder des Islam.

Befruchtung der Jungfrau durch einen Goldregen. Dionisio Flammingo, Danaë, ca. 1600.

Es liegt nicht gerade nahe, ein dem Glauben geschuldetes Konzept wie das der Jungfrauengeburt mit dem weltlichen Geld in Verbindung zu bringen. Aber das Vokabular und die Metaphorik, die neue Techniken wie den Buchdruck umgab,[147] zeigen, wie gut sich transzendente Lehre und Geldwirtschaft miteinander verbanden. Gerade der Buchdruck sollte für die Entstehung des Papiergeldes noch eine entscheidenen Rolle spielen.

Die Jungfrauengeburt verwies einerseits auf das Paradigma einer Ablösung der sexuellen durch die geistige Fruchtbarkeit; andererseits bot sie aber auch ein Modell für das Kreditwesen, bei dem Geld durch einen sprachlichen Schöpfungsakt geschaffen wird. Sie bot das Idealmodell für die wundersame Vermehrung des nominalistischen Geldes, das jene parthenogenetische Regenerationsfähigkeit entwickelte, die den jungfräulich gebärenden Muttergottheiten der Antike entsprach und später in den christlichen Lehren neu ausformuliert wurde. Mit anderen Worten: Kredit, der gerne mit einer Schöpfung ex nihilo verglichen wird, ist eher mit der Metapher der Erzeugung in einem jungfräulichen Schoß zu vergleichen. Das zeigt Marc Shell am Motiv des Geldwechslers und seiner Frau. Auf vielen Darstellungen wird die Muttergottes mit Kind als Gegensatz zur kinderlosen Frau des Geldwechslers gesetzt. »Vielleicht erklärt die ambivalente Aufmerksamkeit der Frau für das unnatürliche Geldgeschäft ihre natürliche Kinderlosigkeit.« Kirchenmänner und Ärzte des 15. Jahrhunderts, so Shell, glaubten, dass die Ehefrauen der Geldverleiher unfruchtbar seien, »weil Wucher oder die unnatürliche Produktion von monetärem Nachwuchs die natürliche Fortpflanzung ausschloss«.[148] Andererseits war durch die leibliche Unfruchtbarkeit der Ehefrau aber auch gesichert, dass sich das Geld des Wechslers vermehrte.

GELD UND SAMEN

Die Gebärmutter, so besagt eine verbreitete Analogie, »ist ›ein dicht verschlossenes Gefäß‹, ähnlich einem Münzbeutel oder einem ›Seckel‹«.[149] Im Englischen bedeutet das Wort ›purse‹ sowohl ›moneybag‹ (Geldbeutel) als auch Inhalt des Geldbeutels oder beides zusammen.[150] Ab dem Beginn des 10. Jahrhunderts tauchten regelmäßig Münzen mit dem Abbild der Jungfrau Maria auf, die auf diesen ›geheiligten Schoß‹ verwiesen. In vielen Fällen war mit dem Beutel aber auch das Skrotum, also der ›Samensack‹ gemeint. Beide Bedeutungen fließen in das französische Wort für Beutel, ›bourse‹ ein, aus der sich später ›la bourse‹, die Börse, entwickelt: der ›Schoß‹, der Geld und Werte enthält. In der Kirche wird der Klingelbeutel zu einem heiligen Gefäß, in dem das Wort Gottes – als Geld – zur Welt kommt. Vergleichbar den Diskussionen über die Hostie gab es

Die Fruchtbarkeit des Geldes in Parallele gesetzt zur jungfräulichen Muttergottes im Buch, Quentin Metsys, Der Geldwechsler und seine Frau, ca. 1514.

Debatten darüber, ob Gottes Samen irdischer Art ist: »wie ein goldener Klumpen aus der Erde«. Oder intellektueller Art: »wie eine Inschrift, die einem goldenen Klumpen aufgedrückt ist, in welchem Fall der Klumpen zu einer Goldmünze wird«.[151]

Zu den wichtigsten Reliquien des Mittelalters gehörte die Vorhaut Christi. »Was der Vorhaut in den Debatten um die Transsubstantiationslehre eine privilegierte Rolle verlieh, ist die Tatsache, dass das *praeputium* schon das ist, was das Brot nur symbolisieren kann. Dank der Heiligen Vorhaut, konnte Jesus' Gebot ›Iss mich‹ buchstäblich ausgeführt werden.«[152] Klosterfrauen wie die Heilige Birgitta oder Agnes Blannbekin, eine

Nonne aus dem 13. Jahrhundert, deren ›Offenbarungen‹ der Psychiater und Schriftsteller Oskar Panizza 1897 publizierte, hatten eine tiefe Verehrung für die Vorhaut Christi. Nachdem sie am Tag der Beschneidung Jesu das Abendmahl zu sich genommen hatte, so berichtet Agnes Blannbekin ihrem Beichtvater, begann sie zu überlegen, »wo die Vorhaut des Herrn hingekommen sein möge. Und siehe da: bald fühlte ich auf der Zunge ein kleines Häutchen, nach Art des Häutchens eines Eies, von äußerster Süßigkeit und ich schlukte es hinunter. Kaum hatte ich es geschlukt, fühlte ich aufs Neue ein solches Häutchen mit süßem Geschmack, und ich schlukte es wiederum. Und so fort ungefähr hundertmal. Und nachdem sich das so oft wiederholt hatte, ward ich versucht, es mit den Fingern zu berühren. Im Begriffe aber es zu tun, entschwand das Häutchen von selbst durch den Schlund. Und es wurde mir gesagt, daß die Vorhaut mit dem Herrn am Tag der Auferstehung werde auferstehen.«[153]

Die christliche Faszination für die Vorhaut Christi wird erst verständlich, wenn man berücksichtigt, dass mit ihr die Fruchtbarkeit – oder der Samen Gottes – verhandelt wird. Da die Beschneidung ein Zeichen für die jüdische Herkunft Christi war, musste sie christlich umgedeutet werden: Bei Paulus wird die Beschneidung mit der Taufe gleichgesetzt und als ›geistige Beschneidung‹ umschrieben. Augustinus bezeichnete die Beschneidung Christi als einen Akt der Reinigung von der ›Erbsünde‹[154] – eine Vorstellung, die der jüdischen Religion fremd ist, wohl aber auf die Taufe verweist. Im 12. Jahrhundert sah Bernhard von Clairvaux in der Beschneidung den Beweis, dass Jesus der »wahre Sohn Abrahams« sei und die Christen das eigentliche ›Erwählte Volk Gottes‹. Andere Autoren interpretierten die Beschneidung als Beginn der Passionsgeschichte. Deshalb, so erklärt der Heilige Ambrosius, erübrige sich dieser Ritus auch für den Christen. »Da sich Christus für alle geopfert hat, braucht der einzelne nicht mehr das Blutopfer der Beschneidung zu erbringen.« Das heißt, die Beschneidung, die in der jüdischen Tradition *an die Stelle* des Blutopfers tritt, wird zu einem *Teil des christlichen Blutopfers* erklärt. In diesem Sinne interpretieren auch Kirchenväter vom 2. Jahrhundert bis zu Thomas von Aquin im 13. Jahrhundert die Beschneidung als Teil einer *neuen* Schöpfungsgeschichte. Da die Welt in sieben Tagen erschaffen wurde und die Beschneidung am 8. Tag nach der Geburt erfolgt, sei in dieser symbolischen Handlung die Auferstehung Christi – und damit die Auferstehung der Menschen und der Beginn einer neuen Welt – vorweggenommen: einer neuen Welt des transfigurierten Leibes, in der die menschliche Fleischlichkeit endgültig überwunden ist. Ähnlich hatte auch der englische Benediktiner Beda (673–735) die Beschneidung als Vorwegnahme der endgültigen Reinigung »von allen Flecken der Sterblichkeit« bezeichnet. Wir freuen uns, so verkündet er, auf »unsere wahre und völlige Beschneidung, wenn am Tag des Jüngsten Gerichts alle Seelen die Verderbnis des Fleisches überwunden haben«.[155] Die Beschneidung des Erlösers wird so zur Voraussetzung eines neuen Konzepts von Fruchtbarkeit – nach christlichem Maßstab eines fruchtbaren Zeichens.

Auch aus einem anderen Grund wurde Christi Vorhaut zu einer der wertvollsten Reliquien der christlichen Kultur: Sie symbolisiert eine ›beschnittene‹ Form von Männlichkeit, die die Voraussetzung für geistige Fruchtbarkeit darstellt. Zugleich wird die im ersten Kapitel (am Beispiel der griechischen Vasenmalerei) beschriebene Gleichsetzung von männlichem Samen und Geld aufgegriffen. Die Reliquie wurde in einem Beutel verwahrt, der – wie der Schoß der Jungfrau Maria oder das Scrotum des Mannes – dem Geldbeutel nachgebildet war. Als der Aachener Dom einen Teil der Vorhaut als Reliquie erhielt, ließ Karl der Große eine aus Gold und Edelsteinen bestehende ›Bursa‹ anfertigen, die sich heute im Domschatz der Basilica von St. Foye in Conques-en-Rouergue (Aveyron) befindet. Diese Bursa hat die Form eines Geldbeutels, und sie wird später zum Vorbild für den männlichen Hosenlatz (die ›Schamkapsel‹ oder gepolsterte ›Braguette‹), die das männliche Geschlecht ab dem Spätmittelalter verbirgt und zugleich betont. »Es waren Christen, nicht Juden«, schreibt Shell, »die die Vorhaut Christi verehrten: als eine geldähnliche Reliquie oder Reliquien, weil sie darin die Quintessenz einer idealen Verwirklichung sahen und weil sie diese zugleich bewahren und in sich aufnehmen wollten.«[156]

Bursa als Reliquienschrein für die Vorhaut Jesu. 9. Jahrhundert. Schatz der Abteikirche Sainte-Foy in Conques-en-Rouergue.

Der kirchliche ›Opferstock‹ (Obolus) schloss an die antike Bedeutung des Opfers im Tempel an. Als im Mittelalter aus der Eucharistie die Messe wurde, so schreibt Arnold Angenendt, verwandelte sich der Sinn des Messopfers. Die altkirchliche Eucharistie bezog sich auf ein ›geistiges Opfer‹ (Röm 12,1); daraus wurde ein Sühneopfer für die Sünden. »Bei dieser Deutung wurden aus den materiellen Gaben der Eucharistie (Brot und Wein) nunmehr Opfergaben, die den Eindruck erweckten, dass im Vollzug der Messe ein Geben und Nehmen geschehe. Das ehemals rein praktische Herbeibringen von Brot und Wein erhielt damit die Wertigkeit eines Opfers, sogar nach der Maßgabe des *do-ut-des*. Wer in der Messe sein materielles Opfer darbringt, darf von Gott eine segensreiche Wiedergabe erhoffen. In diesem Austausch lebt der alte Zusammenhang von Opfer und Zählen wieder auf.«[157] Das Opfer Christi sollte durch einen Beitrag des Gläubigen erwidert werden: Dieser lieferte Opfergaben in Naturalien, als Sachgüter und in Form von Geld. Mindestens fünf Mal im Jahr, zu den Hochfesten, gab es Pflichtopfer, die dem Unterhalt des Klerus dienten. Nach diesen Pflichtopfern fand der Markt statt, wo die Opfergaben in Geld umgewandelt wurden. So entstanden die Messen, deren Name und Ursprung deshalb sowohl auf Gottesdienst als auch auf den Marktcharakter verweisen.[158]

Schon die Kelten hatten Totenfeiern und Jahrmärkte miteinander verbunden. Dagegen schritt die Kirche ein,[159] stellte aber selbst den Zusammenhang von Gottesdienst und Markt her. »Der Handel knüpfte an die Kirchenfeiern und Prozessionen an, zu denen die Bewohner der umliegenden Orte an bestimmten Tagen zusammenkamen, er machte sich die durch diese Feste veranlaßten Menschenansammlungen zunutze. Neben dem Zusammenströmen der andächtigen Menge war die Furcht vor Feindseligkeiten und Raubüberfällen der Grund dafür, daß der Handel unter dem Schutze des Krummstabes stattfand, wo der ›Gottesfrieden‹ verkündet wurde, der Tauschverkehr daher ungehindert sich vollziehen konnte, ohne durch Gewalttätigkeiten Unterbrechungen zu leiden.«[160] ›Marktkirchen‹ erhielten diesen Namen, weil sie Pfarrei einer Marktansiedlung waren. »Diese Kirchen, die auch Kaufmannskirche (ecclesia mercatorum) hießen, dienten vor allem dem Handel. Vor der Kirche, ja vielleicht zum Teil in der Kirche selbst spielte sich der Warenaustausch ab. Waren doch auch noch viel später die hansischen Kirchen vornehmlich Warenlager, da man nur dort die Warengüter sicher bewahren konnte.«[161] Wie schon in Griechenland, war das christliche Gotteshaus also einer der wichtigsten Orte des Handels. In Amsterdam, wo später die erste Börse entstand, fand der Aktienhandel zunächst in einer Kirche statt.

Die ersten Privilegien zur Gründung von Märkten wurden an Kirchen und Klöster verliehen: Bis zum Ausgang des 12. Jahrhunderts, so schreibt Kulischer, ergingen in Deutschland neun von zehn Privilegien für Marktgründungen an die Geistlichkeit. »Die bedeutendsten mittelalterlichen Handelszentren – Basel, Straßburg, Konstanz, Köln, Aachen, Nürnberg, Prag, Utrecht, Westminster, Deventer, York – verdankten ihr Emporkommen im Handel vor allem ihren Reliquien, die Wallfahrten der Gläubigen von nah und fern veranlaßten.« Durch den Erwerb von Reliquien versuchten die Kirchen sich Ansehen zu verschaffen und zugleich zu einem begehrten Handelsplatz zu werden. »Die Kunde von den Wunderzeichen machte den Wallfahrtsort nicht nur zu einem religiösen Verkehrszentrum, sondern auch zu einem viel besuchten Marktorte. Zuweilen wird als Zweck der Marktgründung am Klosterort direkt angegeben, das zusammenströmende Volk solle die Möglichkeit haben, hier zugleich irdische und himmlische Bedürfnisse zu befriedigen.«[162]

Mangels echter Reliquien wurden gelegentlich Märtyrer auch erfunden: So wurde der Tod des William von Norwich im Jahr 1144 nachträglich zu einer Ritualmordlegende umgestaltet, damit für den ›Märtyrer‹ eine Wallfahrt und ein Markt eingerichtet werden konnten. Die Venezianer, die großen Kaufleute des Mittelmeers, versuchten mit Gewalt und Geld in den Besitz von Reliquien zu gelangen. Auf diese Weise wanderten die Hand des heiligen Bartolomäus und die Gebeine des heiligen Marcus nach Venedig.[163] Weil Reliquien im Mittelalter Handelsobjekte, Tauschobjekte und häufig auch das Ziel von Diebstahl oder Fälschung waren, musste jede von ihnen auf ihre Echtheit geprüft werden. Das Urteil fällte die Kirche. Tausch und Täuschen, so schreibt Kurnitzky: »hatten einmal die gleiche Bedeutung«.[164]

Wegen des Gottesdienstes fand der Handel vor allem an Sonn- und Feiertagen statt – gegen den Willen der Kirche und dennoch unter ihrer Einwirkung. Der Schutz des Königs und der Kirche, unter dem die Marktbesucher standen, galt auch für die zum Marktort führenden Straßen. Für jeden Markt wurden eigene Münzen geprägt – durch wandernde Münzer, die als Geldwechsler einen eigenen Stand bildeten. Das Münzrecht und die Erhebung der Marktgefälle wie auch das Recht der Marktgründung waren ursprünglich königliches Regal, gingen aber später auf Lehnsherren über. Im Frühmittelalter war das nominalistische Geld noch kaum üblich: Als ›Geld‹ für die Abgaben, Tribute, Bußen, Steuern dienten Edelmetalle, aber auch Korn, Eier, Hühner, Schweine, Wein, Waffen oder Vieh. Im England des 10. Jahrhunderts wurden auch Tuch, Pfeffer, Handschuhe, Essig entgegengenommen; in anderen Gebieten lieferte man Abgaben in Form von Honig, Salz, Vieh, Pelzwerken. Die Münzen hatten nur für die Zeit der Märkte Geltung und waren nicht von einem Markt auf den anderen übertragbar. Unter Chlodewig, dem Gründer des Frankenreichs (466–511), gab es in Frankreich etwa 900 Prägestätten und 2000 verschiedene Münzmeister, deren Namen auf den Münzen standen. Das Kreditwesen fehlte noch, aber es gab ein geregeltes Schuldwesen: Wurde das Eigentum eines ›Schuldners‹ gepfändet, so wurde ihm eine Frist eingeräumt, innerhalb derer er das Eigentum auslösen konnte. Vermochte er das nicht, ging sein Eigentum in die Hände des ›Gläubigers‹ über. Erst später entwickelte sich das Kreditwesen.[165]

KREUZ UND GELD

Um 800, mit der Krönung Karls des Großen, hatte sich die Kirche endgültig etabliert: nicht nur als religiöse, sondern auch als politische und ökonomische Instanz. Das Datum stellt einen wichtigen Einschnitt für die Geschichte des Geldes dar. In Spanien öffneten die Mauren wieder die Silberminen; dasselbe geschah in Sachsen, im Harz und in Österreich. Karl der Große (768–814) führte zum ersten Mal seit der römischen Herrschaft eine einheitliche Währung ein, basierend auf dem Silberpfund, das noch lange Bestand haben sollte. Mit seiner 794/95 durchgeführten Reform war er der eigentliche Schöpfer des mittelalterlichen Münzwesens. Er nahm eine Unterteilung in Pfund, Schilling, Denare vor; andere Münzen als Denare gibt es nicht. »Der Denar bedeutete nach heutiger Kaufkraft einen Geldschein. Man kann sich vorstellen, welche Wellen die Einführung dieser neuen Münzen geschlagen haben dürften. Zur Beruhigung der Bevölkerung sind deshalb Höchstpreise für Getreide und Brot erlassen worden.« Die Nahrung blieb erschwinglich, viel teurer waren Waffen. Ein Schwert kostete 80 bis 90 Denare. »Ein gutes Pferd war nicht unter 240–360 Denaren zu haben. Zusammen kostete die Rüstung eines fränkischen Reiterkämpfers also mindestens 600 Denare. Das war für einen normalen Freien nicht zusammenzubringen und einer der Gründe für die Herausbildung des professionellen Kriegerstandes.«[166]

Ludwig der Fromme entwickelte eine zentrale Emissionspolitik und führte Obolen ein: Halbpfennige, die die gleiche Form wie Pfennige hatten, aber nur halb so groß und halb so schwer waren. Es entstand der ›Christiana-Religio-Pfennig‹, die gängigste karolingische Münze: auf der Vorderseite das kaiserliche Brustbild, auf der Rückseite ein Kreuz im Lorbeerkranz mit der Umschrift ›Munus Divinum‹ (göttliches Geschenk).[167] Wie schon in Rom verschmolzen auf den Münzen religiöse und kaiserliche Autorität. Das galt später auch für den ›Kreuzer‹: um 1300 die meist verbreitete Münze; auch sie war (wie der Name schon sagt) mit einem Kreuzeszeichen versehen. In seinem Geldtraktat im späten 14. Jahrhundert schrieb der Bischof von Lisieux, Nikolaus Oresme: »Einigen Geldstücken ist der Name Gottes oder eines Heiligen oder das Kreuzzeichen eingeprägt. Das wurde erfunden und als alter Brauch eingerichtet, um die Echtheit von Stoff und Gewicht des Geldes zu bezeugen.«[168] Ebenso wenig wie das Kreuz auf der Hostie etwas über den Mehlgehalt des Brotes besagt, garantiert es den Edelmetallgehalt des Geldes. Im Gegenteil: Oresmes Traktat richtete sich ja gerade gegen die Emission unterwertiger Münzen. Das Kreuz auf der Münze beglaubigte also nicht den Metallgehalt, sondern die Heiligkeit des Geldes.

Um 864 wurde das *Edictum Pistense* erlassen, das einzig vollständige königliche Münzgesetz des frühen und hohen Mittelalters: In allen Orten des Königreichs wurden besonders vereidigte Personen eingesetzt, »die darüber zu wachen haben, dass nur gutes Geld im Verkehr ist und dieses Geld nicht zurückgewiesen wird. Wir stoßen hier auf ebenso eindeutige wie schwer zu erklärende Akzeptanzprobleme selbst guten Münzgeldes.« Schon mit dem Beginn einer neuen Geldwirtschaft gab es also Probleme mit dem Wert des Geldes. Die Strafen waren drakonisch: Falschmünzern wurde die Hand abgehackt und Goldschmiede, die vermischtes Edelmetall verkauften, wie Falschmünzer bestraft. Der Kurs von Gold und Silber wurde auf das sakrale Verhältnis von 1:12 festgesetzt. Auch das Aussehen der Münzen unterlag festen Bestimmungen: auf der einen Seite der Münze der königliche Titel, in der Mitte das königliche Monogramm, auf der Rückseite der Namen der Münzstätte – und in der Mitte das Kreuz.[169]

Kaiser Otto (936–973), dessen Kaiserkrönung 962 in Rom stattfand, führte eine weitere Geldreform durch – vor allem für die Münzen seiner Heimat Sachsen, »die durch Analphabetismus auffallen. Selten ist der Königsname auf ihnen zu lesen, auf den meisten dieser sog. Sachsenpfennige stehen anstelle von Buchstaben und Schrift nur Striche. Der mächtige Herrscher, Sieger über die Ungarn und Slawen, hat recht einfältige Münzen. Imperialen Glanz wie die Münzen der gleichzeitigen Kaiser in Byzanz versprühen sie nicht.«[170] Otto beanspruchte aber seit der Kaiserkrönung die Gleichrangigkeit mit Byzanz. Der dortige Hof war sehr viel reicher. Der Bischof Liutprand von Cremona, der im Auftrag Ottos 968 den Hof von Byzanz aufsuchte, berichtete staunend, dass der Kaiser zu Ostern seine Hofbeamten so großzügig mit Gold beschenkte, dass sie es nicht tragen konnten, »sondern mit großer Anstrengung und fremder Hilfe hinter sich herzogen«.[171] Eine Münze dieser Zeit, der Otto-Adelheid-Pfennig, gibt Historikern bis heute Rätsel auf. Es ist darauf von einem ›numismatischen Wunder‹ die Rede: der Vermehrung von Geld, das für den Bau einer Kirche erforderlich war. Man nimmt an, dass es sich um eine Form von Kredit handelte. Das Geld begann nun also seine göttliche Zeugungskraft unter Beweis zu stellen. Als Kaiser Heinrich II. im Jahr 1024 kinderlos starb, setzte er zu seinem Erben Gott ein:[172] Das Testament zeigt, dass sich das weltliche Geld endgültig mit dem transzendentem Glauben verbunden hatte.

Mit den Kreuzzügen wuchs die Geldwirtschaft. Auf diese beschwerliche Reise wurden nur Münzen mitgenommen, die bekannt waren und Vertrauen genossen. Oft befanden sich die Münzen, in denen sie geprägt wurden, in den Gebieten von Anführern der Kreuzzüge, die auf diese Weise entschädigt wurden. Die Kreuzzüge verursachten derartig hohe Kosten, dass manche Adelige ihr Land, manche Fürsten sogar ihr ganzes Herzogtum verpfänden mussten.[173] Auch von den Unvermögenden verlangten die Kreuzzüge große Opfer; in einigen Gegenden wurden hohe Steuern erhoben, der sogenannte ›Saladin-Zehnt‹: Zehn Prozent des Jahreseinkommens und des Wertes der beweglichen Güter mussten abgeführt werden.[174] Denn bei der Kriegsführung ging es um hohe Summen. Als Richard Löwenherz gefangen genommen wurde, musste für seine Freisetzung ein Lösegeld von 100 000 Mark Silber in bar entrichtet werden, darunter ein hoher Anteil an Sterlingen, einem 1180 eingeführten englischen Münztyp, der auf diese Weise in ganz Europa Verbreitung fand. Durch ihre hohen Kosten trugen die Kreuzzüge zur Entwicklung der Geldwirtschaft bei, und die Opfer, die sie forderten, stützten die Glaubwürdigkeit des Geldes.

Christliche Kaufleute aus Genua, Pisa oder Venedig stellten den Kreuzfahrern Schiffe, Verpflegung und Geld zur Verfügung. Sie erhofften sich nicht nur Gewinne aus den Darlehen, sondern auch eine Beherrschung des Handels mit den von den Kreuzrittern eroberten Gebieten.[175] Auch führten sie gewaltige Geschäfte für die Kirche durch. »Sie streckten dem Papst beträchtliche Summen vor, führten für ihn alle notwendigen finanziellen Operationen durch und verfügten in einem gewaltigen geographischen Raum über die unvergleichliche Manövriermasse, die das Geld der Kirche für ihre Geschäfte darstellte.«[176] Daneben hatten auch die Templer begonnen, Netze der Geldkommunikation aufzubauen.

Kurz: Während des Christianisierungsprozesses verwandelte sich die europäische Gesellschaft langsam und fast unmerklich in eine Gesellschaft der Geldwirtschaft. Es entstanden Städte, und mit den Städten nahm auch der Handel zu. Der Warentausch intensivierte sich, und da er vom Geld bestimmt war, trug er zur Akzeptanz des Geldes bei. Man könnte meinen, dass sich im Verlauf dieses Prozesses, der von Kaufleuten vorangetrieben wurde, der enge Zusammenhang von Geld und Kreuz allmählich lösen und das Geld in einen nicht-religiösen Zusammenhang hinüberwandern würde. Das Gegenteil war der Fall.

Am Ursprung des nominalistischen Geldes stand der Bezug von Gotteshaus und Bankwesen, und dieser erhielt sich auch im christlichen Europa. Der französische Historiker Jacques Le Goff zitiert einen venezianischen Kaufmann, der sich über die Schwankungen des Geldes beschwert: »In Rom oder überall, wo sich der Papst aufhält, schwankt der Geldpreis gemäß der Zahl der vakanten Benefizien und der Reisen des Papstes, der den Geldpreis überall dort in die Höhe treibt, wo er sich aufhält.«[177] Alle Handelsbücher, so schreibt Le Goff, beginnen mit dem folgenden Satz: »Im Namen unseres Herrn Jesus Christus und der Heiligen Jungfrau Maria Seiner Mutter und aller Heiligen des Paradieses, durch ihre heilige Gnade und Barmherzigkeit sei uns Gesundheit und Gewinn gegeben, sowohl auf dem Land wie zur See, und dank dem seelischen und körperlichen Heil mögen sich unsere Reichtümer und unsere Kinder vermehren. Amen.«[178] Bemerkenswert an dieser Formulierung ist der Hinweis auf die Fortpflanzung durch Kinder *und* durch Geld: Sie setzt die sexuelle und die ökonomische Reproduktion in Parallele zueinander.

Wurde in Italien eine Handelsgesellschaft gegründet, so erhielt Gott daran eine Teilhaberschaft: »Als Sozius hatte Gott ein laufendes Konto, erhielt seinen Gewinnanteil, der in den Büchern unter dem Namen ›Messer Domeneddio‹ eingetragen war; bei Bankrott wurde er bei der Geschäftsauflösung an erster Stelle ausbezahlt.« Aus den Büchern des Kaufmanns Bardi wird ersichtlich, dass im Jahr 1310 Gott auf diese Weise 864 Pfund und 14 Sous erhielt. »Gott stand für die Armen, die ihn auf der Erde repräsentierten.« Das heißt aber auch, dass die Armut die Beglaubigung durch das Kreuz ersetzte. Auf diese Weise erhielt sich der Gedanke des symbolischen Opfers. »Bei einer Vertragsunterzeichnung war es üblich, Gott als Zeugen anzurufen und ihm als Dank ein Opfergeld zu zahlen, das in Frankreich *Denier à Dieu,* in Italien *Denario di Dio* und in Deutschland *Gottespfennig* hieß. Es wurde an die Armen verteilt.«[179]

Die Kirche bildete keine monolithische Einrichtung, weder im Mittelalter noch später, und auch ihre Einstellung zum Geld war komplex. Einerseits stand sie den Handelsleuten ablehnend gegenüber, jedenfalls in den Beichtbüchern, Synodalstatuten und Beichtspiegeln. Thomas von Aquin sprach davon, dass »der Handel an sich einen gewissen schamhaften Charakter hat« – ein Bild, das das Geld gleich neben die sexuelle Sünde stellte. Oft nannte die Kirche den Kaufmann in einem Atemzug mit »Prostituierten, Jongleuren, Köchen, Soldaten, Fleischern, Wirten sowie Advokaten, Notaren, Richtern, Ärzten und Chirurgen«. Das sind allesamt Berufe, die mit der menschlichen Leiblichkeit zu tun haben; ihnen wird der Handel zugeordnet. Auf der anderen Seite befürwortete die Kirche aber auch den Warentausch und Geldverkehr. An sich war der Handel mit Ungläubigen verboten, wurde aber rund ums Mittelmeer, besonders von Italien aus, betrieben – und die Kirche gab den Kaufleuten Schutz und erkannte sie als gute Christen an.[180]

Mit der Scholastik begann sich in der Kirche die Vorstellung durchzusetzen, dass der Handel dem Gemeinwohl dient. Nachdem antikes Gedankengut und römisches Recht in die christliche Theologie Eingang und im kanonischen Recht einen Niederschlag gefunden hatten, wandten christliche Autoren »den Gedanken des ›Gemeinwohls‹ und der ›Gemeinnützlichkeit‹, der zum Beispiel Aristoteles so wichtig war, auf die Aktivität der Kaufleute an. Diesen Gedanken mit dem Begriff der Arbeit verbindend, schreibt der Heilige Thomas: ›Wenn man den Handel im Hinblick auf die Gemeinnützlichkeit treibt, wenn man verhindern will, daß lebensnotwendige Dinge fehlen, dann wird der Gewinn, anstatt als Zweck betrachtet zu werden, lediglich als eine Entlohnung der Arbeit beansprucht‹.«[181] Für dieses Entgegenkommen der Kirche revanchierten sich die Händler: Sie zeigten zunehmend religiöse Neigungen; vor allem gegen Ende des Lebens traten einige ins Kloster ein.[182] Denn die Kirche verfügte über den Zutritt zur Ewigkeit, und dieses Bestimmungsrecht sollte sie sich bald versilbern lassen.

Angesichts der engen Beziehung von Gott und Geld ist es nicht erstaunlich, dass im 13. Jahrhundert nicht etwa die Geldwechsler, die ›bancheri‹ und Vorläufer der Banker, und auch nicht jüdische Geschäftsleute (deren Bedeutung sich durch den Handel erst allmählich entwickelte) über die größten Bankhäuser verfügten, sondern der Templerorden und der Deutsche Ritterorden. Beide waren intensiv sowohl mit der Mission als auch der Ausweitung des Handels beschäftigt. Die Kirche wechselte »vom Pakt mit dem Feudalismus zum Pakt mit dem Kapitalismus über und erwies sich dadurch im Hinblick auf die Kaufleute als überraschend weitsichtig«. Viele Priester und Mönche kamen aus dem Handelsbürgertum, von wo sie ökonomisches Wissen mitbrachten, das dem Orden zugute kam. »Paradoxerweise trifft man die eifrigsten Verteidiger der Kaufleute in den neuen Orden des 13. Jahrhunderts, in den Bettlerorden, an.« Vor allem die Franziskaner und Dominikaner übten sich »als Sprachrohre der ideologischen und religiösen Rechtfertigung des Kaufmanns«.[183] Das geschah aus gutem Grund, denn ab dem 14. Jahrhundert nahmen die Dominikaner, trotz Armutsgelübde, Geld von den Gläubigen und begründeten dies mit ihren geistlichen Dienstleistungen.[184]

Die *Montes Pietatis,* die in mehreren italienischen Städten von Geistlichen gegründet wurden, schufen eine frühe Form von Wertpapieren und Schuldscheinen, auf denen sich christliche mit säkularen Beglaubigungsstrategien verbanden. So zeigt das ›Logo‹ des *Monte di Pietà della Città di Firenze* »das Wappen der Medici und, gleich zweimal, den auferstandenen Christus«.[185] Dieser ist mit erhobenen Händen dargestellt, »als Zeichen des Sieges des Lebens über den Tod«. In den von Geistlichen gegründeten *Montes Pietatis,* die bald weniger für die Armen als für die Finanzen von Städten und Staaten verantwortlich waren, findet man die Ursprünge des modernen Bankwesens. Bis zum 17. Jahrhundert häuften sie derartige Kapitalmengen an, dass sie »sich damit den Namen *Montes impietatis* einhandelten«.[186]

GELD UND SÜHNE

Worin bestanden die ›geistlichen Dienstleistungen‹? Wenn sich in der alten Kirche ein Sünder reuig zeigte, nahm ihn die Kirche wieder auf in ihren Schoß. Der Bischof sprach die Versöhnung aus. Ab dem Frühmittelalter änderte sich die Praxis. »Die ›Tarifbuße‹ kommt auf; für jede Sünde gilt ein genaues (zählbares) Bußpensum, meistens muss der Büßende für Tage, Wochen, Monate oder bei schweren Vergehen sogar für Jahre fasten.« Diese Buße konnte aber auch stellvertretend von einem anderen abgeleistet werden: durch »einen ›Gerechten‹, der bei Gott einen Verdienstüberschuss erworben hat«. Üblicherweise waren das Mönche und Geistliche. Der Sünder hatte ein »Entgelt für den Lebensunterhalt des Stellvertreters zu entrichten« bzw. eine Schenkung ans Kloster vorzunehmen. Es war eine Vorform des Ablasses. Die Scholastiker verlangten als Bußhandlung vom Sünder auch weiterhin Reue und Beichte. Sie bestanden auf dem Prinzip, dass für jede Sünde eine angemessene Strafe vorgesehen war. Diese Forderung erhöhte nur noch den Wunsch nach Ablass. Zugleich stellte sich die Frage, ob es überhaupt genügend Überschuss von Gerechten gab, um für alle Sünden aufzukommen. »In der scholastischen Theologie zählte man darum zu den vielen Verdiensten der Kirche die unendlichen Verdienste Jesu Christi hinzu. Das ergab einen ›unausschöpflichen Kirchenschatz‹, und darüber verfügte der Papst; er konnte seit dem Mittelalter aus diesem Schatz Anteile zuwenden, wobei als Eigenbeteiligung auch Geldopfer verlangt wurden. [...] Die alte Pflicht des Büßers, zum Lebensunterhalt des stellvertretend Büßenden beizutragen, war schließlich in eine finanzielle Selbstbeteiligung umgewandelt worden, die den Ablass endgültig monetarisierte.«[187]

Eine andere Möglichkeit, die Buße pekuniär zu gestalten, bot die Erfindung des Fegefeuers. Der Teufel spielte in den Kirchenlehren ab 1000 eine wichtige Rolle.[188] »Zwischen 1150 und 1300 unternahm die Christenheit eine große kartographische Umgestaltung des Jenseits und dieser Welt. Für eine christliche Gesellschaft wie die des mittelalterlichen Abendlandes lebt und wirkt alles im Himmel und auf Erden, im Diesseits und im

Jenseits gleichzeitig.«[189] Die Rechtssprechung im Diesseits fand ihr Spiegelbild in der Justiz des Himmels. Die Lebenden und die Toten bildeten eine ›Solidargemeinschaft‹, bei der die Lebenden für die Erlösung der Verstorbenen beteten oder durch Spenden beten ließen – in der Hoffnung, dass sich die Seelen der Verstorbenen für die Lebenden einsetzten. In diesem Kontext wurde das Konzept des Fegefeuers entwickelt, das auch dem letzten Sünder die Möglichkeit bot, nach entsprechend langer Strafe, Eingang ins Paradies zu finden.

Ein Schüler des Zisterzienserabtes Bernhard von Clairvaux schrieb dem Heiligen fälschlicherweise die Erfindung des Fegefeuers zu. In Wirklichkeit wurden die ersten Ausformulierungen erst 20 Jahre nach seinem Tod verfasst. Der Heilige Bernhard wurde jedoch zum »ersten namentlich bekannten Nutznießer des Glaubens an diesen Ort«. Warum musste der Heilige überhaupt durch das Fegefeuer gehen? Bernhard war zwar der Jungfrau Maria ergeben, aber er widersetzte sich der Lehre von der unbefleckten Empfängnis. »Um der Phantasie Nahrung zu geben und ihre Gegner zu diskreditieren, behaupteten die Anhänger dieses Glaubens, der Abt von Clairvaux sei für seinen geringfügigen Irrtum bestraft worden. Im 13. Jahrhundert wurde es gang und gäbe, berühmte Männer ins Fegefeuer zu schicken. Der heilige Bernhard eröffnete vermutlich den Reigen und Philipp-August, der Frankreich von 1180 bis 1223 regierte, sollte als erster französischer König durchs Feuer gehen.«[190] Angesichts des Zusammenhangs zwischen der Lehre von der unbefleckten Empfängnis (die erst im 19. Jahrhundert zum Dogma erhoben wurde), der Jungfrauengeburt Mariae und der Zeugungsmacht des Geldes entbehrt es nicht der Paradoxie, dass sich der Erste, der in den Genuss der Reinigung durch das Fegefeuer kam, ausgerechnet der Sünde schuldig gemacht hatte, das Dogma der unbefleckten Empfängnis anzuzweifeln.

Im 13./14. Jahrhundert wurde die Lehre vom Fegefeuer theologisch ausformuliert, und diese Ausformulierung verdankte vieles dem kaufmännischen Geist. »Diese Buchhaltung kam im 13. Jahrhundert auf, als die Kartographie einen Aufschwung erlebte und das Kalkül entfesselte.« Die Vorstellung einer Verdammnis ›auf Zeit‹ entsprang einer neuen, um Gerechtigkeit bemühten Geisteshaltung. Das »führte allerdings zu einer wahren Buchhaltung über das Jenseits, der die von den ersten Kirchenvätern, von Augustinus entwickelte und im folgenden immer wieder aufgenommene Theorie zugrunde liegt, daß die Strafen proportional zu den Sünden sind«. Es gab nun eine ›zeitlich begrenzte‹ Hölle, und die Sünden wurden mit der Zeit verrechnet, die der Sünder im Fegefeuer zu verbringen hatte, und der Anzahl der Gebete, die die Lebenden für ihn zu verrichten hatten. Das Purgatorium führte so »ein Kalkül in die Eschatologie« ein. Mit Spenden konnten die Lebenden die für sie oder ihre Angehörigen vorgesehene Zeit im Fegefeuer verkürzen. »Welch ein ungeheueres Machtinstrument war die Gewalt über den Tod für die Kirche! Sie festigte ihre (Teil-)Befugnisse über die Seelen im Fegefeuer, indem sie sie als Mitglieder der streitenden Kirche betrachtete und ihr Recht auf Kosten des göttlichen Rechts ausdehnte, obwohl Gott die Gerichtsbarkeit im Jenseits innehatte. Es ging nicht nur um geistliche Macht, sondern auch ganz einfach um finanziellen Gewinn, von dem die Brüder der Bettelorden, die glühendsten Propagandisten des neuen Glaubens, mehr als alle anderen profitierten. Das ›teuflische‹ Ablaßsystem fand beachtliche Nahrung in diesem Glauben.« Kein Wunder, dass das Fegefeuer ab dem 14. Jahrhundert »die Testamente beinahe invasionsartig« durchdrang.[191]

Nicht nur die Bettelorden, auch der Handel profitierte von der neuen Buchhaltung für

Ablasshandel und Ablasspredigt in einem Kirchenraum (Holzschnitt auf dem Titelblatt einer anonymen Schrift gegen den Ablasshandel).

das Jenseits. Für das Diesseits stellte das Purgatorium, so Le Goff, eine Verinnerlichung religiöser Gefühle dar; es forderte eine interne Konversion des Sünders mehr als externe Handlungen. Dabei sozialisierte es das religiöse Leben und richtete sich vor allem an die Mitglieder einer bestimmten sozialen und beruflichen Gruppe: die Kaufleute und vor allem die Wucherer.[192] Unter den Kaufleuten war die Angst vor Höllenqualen besonders verbreitet.[193] Doch das Konzept des Purgatoriums gab ihnen auch die Hoffnung, dass sogar der schlimmste aller Sünder, der Wucherer, in den Himmel kommen konnte. »Der Gläubiger ist geneigt, diese irdische Hoffnung einer anderen, himmlischen Hoffnung vorzuziehen. Hoffnung gegen Hoffnung. Aber die Hoffnung aufs Purgatorium führt zur Hoffnung aufs Paradies. Nach einem mehr oder minder langen Aufenthalt im Fegefeuer führt eine Verpflichtung (Obligation) ins Paradies. Reichtum und Paradies: eine doppelte Hoffnung.« Für Le Goff gehört die Angst vor der Sünde des Wuchers zu den Haupttriebkräften der nun entstehenden Geldökonomie: »Die Hoffnung, dank des Fegefeuers der Hölle zu entkommen, erlaubte es den Wucherern, die Wirtschaft und Gesellschaft des 13. Jahrhunderts voranzutreiben: in den Kapitalismus.«[194]

Insgesamt, so Le Goff, stellte die Kirche – später auch die Katholische Kirche – kein Hemmnis in der Entwicklung des Kapitalismus dar. Sogar die kirchliche Verdammung des Zinses heizte den Handel an, denn sie zwang die Kaufleute, ihre Methoden zu verfeinern. »Der Wechsel, das Hauptelement im Aufstieg der Kaufmannsschicht, hatte seinen Ursprung im Wunsch der Kaufleute, der Kirche zu gehorchen.« Andersherum änderten sich durch die Kaufleute auch die Gewohnheiten der Kirche: Für die Buchhaltung war eine gleichbleibende, kalkulierbare Zeitrechnung wichtig. Da die beweglichen Feiertage Ostern und Pfingsten den Bedürfnissen der Geschäftsleute nach festen Jahrestagen widersprachen, wählten sie für ihre Buchhaltung unter den liturgischen Festen »ein zweitrangiges Fest, die Beschneidung Christi, und ließen ihre Konten vom 1. Januar bis zum 1. Juli laufen«.[195] Diese Wahl war angesichts der Bedeutung und Umdeutung der Beschneidung im christlichen Sinne kein Zufall und das Fest für die monetären Interessen keineswegs so ›zweitrangig‹, wie es erschien: Die Beschneidung Christi galt als Symbol für den Beginn einer ›*neuen* Schöpfungsgeschichte‹; sie versprach die neue ›Welt des transfigurierten Leibes, in der die menschliche Fleischlichkeit endgültig überwunden‹ war. In solchen Bildern spiegeln sich auch die Phantasien, die sich mit dem Geld verbinden, wider: die Überwindung der materiellen Welt durch das Zeichen, die Verdrängung der sexuellen Fruchtbarkeit durch die geistige Fruchtbarkeit. 1566 fällte die Katholische Kirche die Entscheidung, dem Vorbild der Kaufleute zu folgen und das Kalenderjahr nicht mit dem Osterfest, sondern mit dem 1. Januar beginnen zu lassen. Auch das spricht für die Bedeutung, die diesem Fest – und dem Buchhaltungsjahr – beigemessen wurde.

Mit der Entstehung des Protestantismus – der sich auch gegen den Ablasshandel heraus-bildete – erfuhr die enge Beziehung von Geld und Kirche eine neue Dimension. In seiner 1904 zuerst erschienenen Untersuchung *Die protestantische Ethik und der Geist des Kapitalismus* sieht Max Weber im Protestantismus eine Nachfolgeerscheinung des mön-chischen Ideals von Askese und Klosterreglement. »Das Leben des ›Heiligen‹ war aus-schließlich auf ein transzendentes Ziel, die Seligkeit, ausgerichtet, aber *eben deshalb* in seinem diesseitigen Verlauf durchweg *rationalisiert* und beherrscht von dem ausschließ-lichen Gesichtspunkt: Gottes Ruhm auf Erden zu mehren.« Ähnlich richtet sich das Leben des Puritaners, der zu einer innerweltlichen Askese gefunden hat, auf die *Mehrung des Kapitals* aus. Ob im Kloster oder außerhalb, das Prinzip bleibt das gleiche: Askese und ›industria‹ verstärken sich gegenseitig. Der Puritaner darf das Kapital vermehren, sich aber nicht am Vermögen erfreuen. »Die innerweltliche protestantische Askese [...] wirkte also mit voller Wucht gegen den unbefangenen *Genuß* des Besitzes, sie schnürte die *Konsumtion,* speziell die Luxuskonsumtion, ein. Dagegen *entlastete* sie im psycholo-gischen Effekt den *Gütererwerb* von den Hemmungen der traditionalistischen Ethik, sie sprengte die Fesseln des Gewinnstrebens, indem sie es nicht nur legalisierte, sondern [...] direkt als gottgewollt ansah.«[196]

Webers Analyse übersieht einen wichtigen Aspekt: Der puritanische Erwerbstrieb hätte sich nie auf Edelmetalle richten können, was die Katholische Kirche, die im Mittel-alter über die größten Goldreserven verfügte, durchaus tat. Er konnte sich nur am Geld festmachen, das zur Zeit der Reformation begonnen hatte, zu einem ›substanzlosen‹ Gut zu werden: zu einem Zeichensystem, das nicht nur Wechsel und Schecks, sondern als-bald auch Aktie, Papiergeld und schließlich auch elektronisch notierte Währungen her-vorbringen wird. Nur das abstrakte Geld erfüllt die Bedingungen des protestantischen Ethos': eine »absolut negative Stellung des Puritanismus zu allen sinnlich-*gefühls*mäßigen Elementen in der Kultur und subjektiven Religiosität [...] und damit zur grundsätz-lichen Abwendung von aller Sinnenkultur«.[197] Es ist nicht nur der sakrale Ursprung, sondern auch die Zeichenhaftigkeit des nominalistischen Geldes, die das Geld mit dem christlichen Glauben so kompatibel machen.

Webers Thesen sind aus vielen Perspektiven kritisiert worden, darunter auch der, dass er in seiner Untersuchung einen entscheidenden Faktor nicht wahrgenommen hat: die höheren Bildungsraten der protestantischen Länder. Die beiden Wirtschaftswissen-schaftler Sascha O. Becker und Ludger Wößmann weisen nach, dass im Preußen des 19. Jahrhunderts (das Weber vor Augen hatte) die protestantischen Länder nicht nur ökonomisch fortschrittlicher waren, sondern auch höhere Alphabetisierungsraten vorzuweisen hatten: Sie lagen im Durchschnitt um zehn Prozent höher als in den katholischen Gebieten.[198] Bereits seit Luther war Bildung ein Anliegen der protestantischen Kirche (der Gläubige sollte die Bibel selber lesen können); und die Autoren zeigen, dass sich die Alphabetisierung um 1500 mit dem Protestantismus selbst ausbreitete – ablesbar an der Anzahl neu eingerichteter Schulen, Universitäten oder anderer Bildungseinrichtungen in den Klöstern. Mit dem Faktor Bildung erklären die Autoren die ökonomische Produktivität der protestantischen Gebiete. Dieser Faktor gilt bis heute: Protestanten haben auch heute im Schnitt höhere Einkommen als Katholiken, und sie haben ein höheres Bildungsniveau, durchschnittlich ein ganzes Bildungsjahr. Derselbe Unterschied zeigte sich auch an der Mission: In den Kolonien vernachlässigten katholische Missionare den Bildungsfaktor weit mehr als protestantische. Kurz, Weber liegt falsch, so die Autoren, wenn er die Nähe von Kapitalismus und Protestantismus auf Gottgefälligkeit und Askese statt auf die Förderung der Alphabetisierung zurückführt. Die Wissenschaftler argumentieren vornehmlich in Kategorien von ›Humankapital‹, laut dem Bildung eine Investition ist, die sich volkswirtschaftlich ›auszahlt‹.

Gegen diese Argumentation wäre einzig einzuwenden, dass sich Webers Askese-These und die Frage der Alphabetisierung nicht ausschließen, im Gegenteil. In der *Dialektik der Aufklärung* schreiben Adorno und Horkheimer: »Furchtbares hat die Menschheit sich antun müssen, bis das Selbst, der identische, zweckgerichtete, männliche Charakter des Menschen geschaffen war, und etwas davon wird noch in jeder Kindheit wiederholt.«[199] Was ist dieser männliche Charakter, der durch ›furchtbare Verwundungen‹ entsteht? Ich habe im vorangegangenen Kapitel dargestellt, dass das Alphabet als Domestizierungsmaschine des Körpers zu verstehen ist – und dieser Vorgang wiederholt sich in jeder Kindheit. Ebenso hat auch das Geld dem männlichen Körper eine Wunde in Form symbolischer Kastration zugefügt. Mit der Zueignung von geschriebener Sprache und Geld an den männlichen Körper konstituieren beide das Prinzip ›Männlichkeit‹. Das bedeutet, dass der Einfluss der Alphabetisierung auf den Geist des Kapitalismus in keinem Widerspruch zu Webers These von der Askese steht. Die allgemeine Alphabetisierung, die Luther und nach ihm die protestantische Kirche vorantrieben, waren von Anfang an ein Instrument, durch das die Askese aus dem Kloster in die Außenwelt getragen wurde.

Das asketische Ideal gilt inzwischen auch für den weiblichen Körper. Becker und Wößmann konstatieren in ihrer Untersuchung, dass Luther und die protestantischen Länder nicht nur Bildung allgemein, sondern auch speziell die Bildung von Mädchen beförderten. In den protestantischen Gebieten Preußens ist bereits ab dem 18. Jahrhundert eine Steigerung des Schulbesuchs von Mädchen zu konstatieren. Man kann diese Angleichung der Geschlechterrollen als ›Emanzipation‹ und Demokratisierung beschreiben, man kann in ihr aber auch eine Erweiterung des Askese-Ideals auf beide Geschlechter sehen. Horst Feldmann, US-Ökonom an der University of Bath, konstatiert, dass protestantische Länder nicht nur im Vergleich zu katholischen Ländern, sondern auch zu islamischen, shintoistischen und hinduistischen Gebieten erhöhte Erwerbsquoten aufweisen. Er untersuchte insgesamt 80 Staaten, darunter neben den ›christlichen‹ Staaten auch China, Indien, Marokko, die Türkei sowie einige Länder Lateinamerikas. Feldmann bezieht verschiedene Faktoren wie Steuern, Einkommensstruktur, Gewerkschaften, Arbeitsschutzgesetze, Krieg und geographische Lage ein. »Im Mittel liegt die Erwerbsquote, also der Anteil Arbeitender an der Bevölkerung, in protestantischen Ländern um sechs Prozent über dem von Staaten, die durch andere Religionen geprägt sind. [...] Bei Frauen ist die Quote sogar um 11 Prozent größer. Da sie rund die Hälfte der Bevölkerung ausmachen, kann man durchaus sagen, dass vor allem sie den Unterschied ausmachen.«[200] Der Unterschied, so präzisiert Feldmann, hängt nicht vom Anteil an Protestanten ab, sondern von der Tatsache, ob ein Land protestantisch *geprägt* ist.

Auf dem Konzil von Trient (1545–1563) schrieb die Katholische Kirche den christlichen Glaubenssatz vom Fegefeuer fest. Auch der Ablasshandel blieb bestehen. Die Protestanten lehnten beides ab. Auf diese Weise kamen beide Kirchen zu ihrer eigenen ›Geldschöpfungsmethode‹: die Katholische Kirche durch Fegefeuer und Ablasshandel, der zu Beginn des Zweiten Vatikanums (1962–1965) bestätigt und im katholischen Kirchengesetz von 1983 erneut festgeschrieben wurde. Auch anlässlich des Heiligen Jahres 2000 verkündete Johannes Paul II. einen Ablass. Seine Begründung: Der »Sünder ist unfähig, sich von sich aus Gott um Rettung zuzuwenden oder seine Rechtfertigung vor Gott zu verdienen oder mit eigener Kraft sein Heil zu erreichen«.[201] Die Geldschöpfungsmethode der Protestantischen Kirche beruht auf dem Geist eines Kapitalismus, der sich aus der Askese der ›Protestantischen Ethik‹ nährt. Keynes, der aus einem protestantisch geprägten Land kam, nannte Zinsen eine Prämie für ›Liquiditätsverzicht‹. Dem Begriff liegt der Webersche Gedanke zugrunde, dass Geld nicht genossen, sondern in Industrieanlagen oder andere Unternehmen investiert werden soll. Dass sich dieser Verzicht ›auszahlt‹, hat Galbraith an den Anstrengungen der US-Bevölkerung beim Eintritt in den Zweiten Weltkrieg beschrieben. »Wahrscheinlich ist seit den Tagen der christlichen Märtyrer im alten Rom nicht wieder so viel über Opferbereitschaft gesprochen worden wie in den Vereinigten Staaten während jener Jahre. Es ging dabei um das Materielle, nicht um Blutopfer. [...] Aber bei Beendigung des Krieges hatten die Amerikaner, pro Kopf und pro Familie, mehr zu verbrauchen als je zuvor. Selten hat sich ein

Opfer in so hohem Maße bezahlt gemacht.«[202] Kein Wunder, dass das alte christliche Monogramm IHS *(in hoc signo)* in das Zeichen für den US-Dollar einfloss (vgl. S. 123). Der Dollar umfasste so das antike Opferzeichen (die Stierhörner) wie auch das christliche Opferzeichen (das Kreuz). Und es stärkte die Produktivität der Opferlogik des Geldes.

Angesichts der langen gemeinsamen Geschichte von Geld und christlichem Glauben, die sowohl in der Glaubens*struktur* als auch in der Kirchen*geschichte* verankert ist, kann man nur staunend zur Kenntnis nehmen, was ein großes Religionslexikon zum Stichwort ›Geld‹ schreibt: »Die Ursprünge des Geldes sind mithin soziologisch zu deuten. Religiöse Motive spielen keine ausschlaggebende Rolle dabei, wohl aber glaubt man – vor allem bei ›Juwelen-Geld‹ – an eine magische Wirkungskraft. Die früher von B. Laum entwickelte Anschauung einer sakralen Entstehung des Geldes aus der Opferpraxis wirft ein Licht auf Hortungsvorgänge in bestimmten antiken Kulturen, ist aber als generelle Theorie vom Ursprung des Geldes nicht haltbar.«[203] Über dem Geld liegt in der Tat ein Schleier, wie Waltraud Schelkle schreibt.[204] Aber dieser Schleier bezieht sich nicht nur auf die Ökonomie (dort bedeutet der Begriff des ›Geldschleiers‹, dass es sich erübrigt, über Geld nachzudenken, weil es mit Gütern korreliert), er bezieht sich auch auf die enge Beziehung von Christentum und nominalistischem Geld. Im Gegensatz zu den beiden anderen monotheistischen Religionen begreift sich die christliche Religion als eine Religion der ›Entschleierung‹.[205] Doch im Zusammenhang mit dem Geld wird mehr verborgen als offengelegt. Das wird auch deutlich, wenn man sich der Frage von Zins, Schuld und Schulden zuwendet.

ZINSEN

Das Wort ›Zins‹ kommt von ›census‹, Zählung. Um ›geschätzt‹ zu werden, musste jeder für die Mitglieder seiner Familie den Namen, das Alter, den Stand, das Vermögen an Grundstücken, Geld, Sklaven angeben. Nach diesen Angaben bemaß der Zensor die Höhe der Steuern oder Abgaben. Der Zins hat also ursprünglich mit Steuerabgaben zu tun.[206] Kreditzinsen gab es schon in Babylon in der zweiten Hälfte des 3. Jahrtausends, wie aus dem Gesetz des Hammurapi hervorgeht. Jedes Darlehenswesen setzt eine entwickelte Wirtschaft voraus. »Unter Wandernomaden gibt es keine Zinsen. Als sich jedoch in Ostanatolien und in Mesopotamien städtische Gesellschaften bildeten, war der Boden für ein Darlehenswesen geebnet.« Es entstanden Produktivkredite, die von Regierungen, Tempeln oder Bankhäusern vergeben wurden, um Notlagen wie Ernteausfall, Sach- oder Gebäudeschäden zu überbrücken. Das »transferierte Kapital konnte dabei aus

Naturalien, Edelmetall, Münzgeld oder in einer Schuldverschreibung bestehen«.[207] Die Kreditgeber wollten nicht nur Rückzahlung, sondern auch Gewinnbeteiligung. So entstanden Schuldurkunden, Pfandaufnahmen, Zinsaufschläge. Die Rückzahlung fand meist nach der nächsten Ernte oder nach der Rückkehr der Handelskarawane statt. Hohe Zinsen waren üblich: Im Babylon des 2. Jahrtausends konnten sie 20 bis 30 Prozent der Summe betragen. Schuldsklaverei war die Folge. Auch in Griechenland und Rom gab es Zinsen. Ab dem 5. Jh. v. Chr. gab es ein einheitliches griechisches Wort für Zins, »das jeden Geldpreis bedeutet, und seit der Zeit waren Zinsrelationen über ein erstes Bankensystem übersetzbar«.[208] Der Zinsfuß hing von Angebot und Nachfrage ab. Die Autoritäten versuchten, Wucher auszuschalten, aber in Rom war der Geldverleih eine wichtige Erwerbsquelle. Dort wurde der Zinsfuß auf monatlich zwei Prozent festgelegt und dennoch oft überschritten.[209]

Als einzige Religion des Altertums verhängte die jüdische Religion ein Verbot über Zinsen – innerhalb der eigenen Gemeinschaft. An drei Stellen ist davon die Rede: in Ex 22,24–26, Lev 25,35–37, Deut 23,20. Das hing einerseits damit zusammen, dass Juden keine prominente Rolle im Handel spielten: Auch in relativ spät entstandenen Teilen der Bibel werden als Händler und Kaufleute eher Canaaniten als Israeliten und Hebräer erwähnt. Wichtiger war aber ein anderer Grund: »Die deuteronomischen Gesetze werden einem viel späteren Datum zugeordnet als die Hebräische Bibel. Die Frage ihrer Redaktion und Inkorporation in den Pentateuch ist schwierig, aber was die Zinsvorschriften betrifft, sind allen bestimmte Elemente gemeinsam: Sie betonen direkt oder indirekt einen speziellen Bund zwischen Gott und Israel und die sich daraus ableitende Pflicht zur Brüderlichkeit zwischen den Mitgliedern der Gemeinschaft.«[210] Das Zinsverbot stellte also einen Teil des Regelwerks dar, durch das sich die Gemeinschaft konstituierte. Erhard Gerstenberg betrachtet es als »eine Sondernorm für die Jahwe-Glaubensgemeinschaft«, die erst seit dem Exil entstand: Damals musste sich die Gemeinschaft »neu formieren und eine neue Identität schaffen. Untereinander keine Zinsen zu nehmen war ein Verhalten, das die Juden von den umliegenden Völkern unterschied.«[211]

Aus ähnlichen Gründen verschärfte sich in dieser Zeit auch das Bilderverbot. Weil das Zinsverbot einen Teil der Pflicht zur Brüderlichkeit beinhaltet und die Gemeinschaft zusammenhalten soll – den gleichen Sinn verfolgen auch die Speise- und Reinheitsgesetze der jüdischen Religion[212] –, durften Juden nur von *Fremden* Zinsen nehmen. (Deut 23,21) In der Diaspora wurde der Gemeinschaftszusammenhalt noch wichtiger. »Das mosaische Zinsverbot wurde von den Talmudgelehrten verschärft und bis aufs Äusserste hin zugespitzt, so dass keine Möglichkeit bestand, für irgendwelche Leistungen der Bank oder des Kunden zu bezahlen, da es wie Zins ›aussehen konnte‹.« Anleihen waren deshalb selten, kamen aber vor – ohne Zinsen. »Vielmehr trug eine Anleihe den Charakter einer Liebenswürdigkeit seitens des Bankiers. Diesen Charakter verliert die Anleihe auch dann nicht, wenn der Bankier eine Vergütung für die Gewährung bekommt. Damit diese Vergütung nicht den Charakter des Zinses trage, ist es erforderlich, dass der Kunde bei sich zu Hause die geborgte Summe vorrätig zur Rückzahlung hat.«[213] So etwa, wenn sich ein Mann Geld leiht, um einen Tagelöhner auszuzahlen, oder den Bankier bittet, den Dienst an seiner Stelle zu entlohnen: In diesem Fall erteilt er eine Anweisung und erstattet später den Betrag. Das bedeutet: Geld kann nur an den verliehen werden, der selber Geld besitzt.

Dennoch sind Schulden im alten Palästina nicht unbekannt, und einer der Gründe für das Zinsverbot ist die Schuldsklaverei, die auch in Griechenland und Rom verbreitet war. In der Hebräischen Bibel wurden die Konsequenzen von Verschuldung durch die Einrichtung des Sabbat- oder Erlassjahres eingeschränkt. »In jedem siebten Jahr sollst du die Ackerbrache einhalten. Und so lautet die Bestimmung für die Brache: Jeder Gläubige soll den Teil seines Vermögens, den er einem anderen unter Personalhaftung als Darlehen gegeben hat, erlassen. Er soll gegen den anderen, falls dieser sein Bruder ist, nicht mit Zwang vorgehen; denn der Erlass wurde zu Ehren des Herrn ausgerufen.« (Deut 15,1) Zugrunde liegt eine Bestimmung aus Ex 23,10 f., nach der im siebten Jahr Land, Weinberge und Ölbäume ruhen sollen: »Die Armen in deinem Volk sollen davon essen, den Rest mögen die Tiere des Feldes fressen.« Sie hat den Sinn, die landwirtschaftliche Fruchtbarkeit der Felder zu erhalten, andererseits hat sie aber auch eine theologische Bedeutung: »Das Land gehört nämlich JHWJ und in diesem Jahr ist es ihm und seiner Schöpfung überlassen.«[214]

Mit der Schuldregelung wird diese Bestimmung auf den Schuldner übertragen, auch hier mit dem Ziel, ihn nicht ›auszubluten‹, weil dieser Mensch Gott gehört. »Das zitierte Gesetz aus Deuteronomium überträgt die landwirtschaftliche Brache auf den städtischen Bereich, wo man, statt zu säen und zu ernten, mit Geld handelte.«[215] Der aus der Schuld entlassene Schuldner soll vom Gläubiger sogar mit Mitteln versehen werden, die ihm einen Neuanfang ermöglichen. »Und wenn du ihn als freien Mann entlässt, sollst du ihn nicht mit leeren Händen entlassen. Du sollst ihm von deinen Schafen und Ziegen, von deiner Tenne und von deiner Kelte soviel mitgeben, wie er tragen kann. Wie der Herr, dein Gott, dich gesegnet hat, so sollst du ihn bedenken.«(Deut 15,13–14) In diese Regel werden auch die Fremden einbezogen. (Lev 25,47–55)

Angesichts einer derartig langen Tradition von Brüderlichkeit kann man sich vorstellen, welchen Schock das Verhalten von Bernard Madoff bei den jüdischen Gemeinden weltweit ausgelöst haben muss: Er hatte Geld von jüdischen Unternehmern, Kapitaleignern und Stiftungen unter der Vorgabe jüdischer Solidarität eingeworben. Dieses Vertrauen, so schreibt *Le Monde,* gewann er durch den Hinweis auf ›Blutsverwandtschaft‹ (relation consanguinaire), so dass seine Papiere an der Wall Street schon als ›Jewish bonds‹ bezeichnet wurden (in der Doppelbedeutung von Anleihe und Bindung).[216]

Obgleich das Zinsverbot in der Diaspora besonders wichtig war, sah die Realität oft anders aus. Die Aramäischen Papyri zeigen, dass sich die Juden der militärischen Kolonie von Elephantine im 5. Jahrhundert gegenseitig Geld liehen und dafür auch Zinsen nahmen – mit einer Rate von 60 Prozent per anno. Auch andere Dokumente, die Zeugnis von den Lebensbedingungen von Juden unter hellenistischem Einfluss ablegen, zeigen Ähnliches.[217] Da Juden auch in der Diaspora mitunter Zinsen von Juden verlangen mussten, suchten die Rabbiner nach Lösungen: »Ein vorweg vereinbarter Zins war unerlaubt, aber eine – scheinbar freiwillige – Gegengabe des Schuldners wurde zugelassen (babTalmud Baba Mesi'a 61b67a). In ländlichen Gebieten durfte der Gläubiger das Land des Kreditnehmers bewirtschaften und zeitweise die Erträge einstreichen. Oder der jüdische Geldgeber war an dem Gewinn beteiligt, den das verliehene Kapital einbrachte. Diese Zahlung des Schuldners galt nicht als ›Zins‹.«[218]

Je wichtiger das Geldwesen wurde, desto mehr ›Lösungen‹ mussten gefunden werden. Rabbi Jakob von Orléans (gest. 1189) »konstruierte einen Vertrag, in dem ein jüdischer Glaubensbruder dem anderen ein zeitlich befristetes zinsloses Darlehen gewährte und der Schuldner sich verpflichtete, dem Gläubiger zusätzlich [...] für jede Zahlungsverzugswoche soundso viel Geld zu schenken.«[219] Dieses Modell verfeinerten spanische und osteuropäische Juden dahingehend, »dass einfach jedes Darlehen als Produktivkredit deklariert wurde, für den eine Gewinnabgabe anfiel«. Die Schuld wurde nur dann erlassen, wenn der Schuldner unverschuldet Verluste gemacht hatte. Ein anderes Mittel, das Zinsverbot zu umgehen, bestand darin, »Kreditgeschäfte über *pro forma* zwischengeschaltete Christen abzuwickeln«.[220] Der Talmud untersagte zwar ausdrücklich die Einschaltung eines nicht-jüdischen Mittlers, dennoch kam es oft vor. Ähnliche Tricks hatten auch schon römische Kaufleute praktiziert, um das Römische Recht zu umgehen. Livius berichtet, dass Anfang des 2. Jahrhunderts v. Chr. römische Bürger ein Konto auf den Namen von Bürgern verbündeter Staaten (die nicht dem Römischen Recht unterstanden) übertrugen und diese so zu echten oder fiktiven Gläubigern wurden.[221] Mit vergleichbaren Tricks einer Verlagerung ihres Wohnsitzes in ›Steuerparadiese‹ umgehen heute Anleger die Steuerpflicht in den Ländern ihrer jeweiligen Staatsbürgerschaft.

In der Diaspora wurde der Geldverleih für viele Juden zur einzigen Einnahmequelle. Landbesitz war ihnen untersagt, die Zünfte verwehrten ihnen den Zutritt zu vielen

Berufen, und je mehr die christliche Gesellschaft auf das Geldwesen angewiesen war (das sie zugleich verurteilte), desto mehr überließ sie den Geldverleih, der überhaupt erst die Wirtschaft ermöglichte, den Juden. Die rabbinischen Bestimmungen des frühen Mittelalters erleichterten viele jüdisch-christliche und jüdisch-jüdische Geldtransaktionen. Jacob ben Meïr Tam, der Enkel des großen rabbinischen Gelehrten Raschi von Worms (1040–1105), gab dafür als Grund an, dass Juden nicht unter anderen Völkern leben können, ohne Handel mit ihnen zu treiben, um ihren Lebensunterhalt zu bestreiten.[222]

Zwischen dem 12. und 15. Jahrhundert wurde der Geldverleih zur Haupteinkommensquelle für die jüdischen Gemeinden, deren Mitglieder oft ihr Geld zusammenlegten, um diese Tätigkeit ausüben zu können. Wie sehr sie zu diesem Erwerbsfeld gezwungen waren, zeigt das Beispiel der Juden in Polen. Als sich 1264 die ersten Juden in Polen niederlassen durften, wurden sie zunächst als Geldverleiher aufgenommen und übten diese Tätigkeit auch aus. Als sie bald danach auch in andere Berufszweige gehen konnten, wurde der Geldverleih zu einem Tätigkeitsbereich unter anderen. »Gegen Ende des 16. Jahrhunderts erforderte der jüdische Handel mehr Kapital, als die Juden selbst besaßen, so verschuldeten sich viele jüdische Händler bei Christen. Von nun ab wurde der Geldverleih mit Zinsen explizit eingeführt und legalisiert: durch die Einrichtung der *hetter iska,* ein legaler Kunstgriff, der eine formelle Partnerschaft zwischen Gläubiger und Schuldner herstellte.«[223]

Jüdische Gemeinden erlebten am eigenen Leibe, wie das Geldgeschäft – und damit auch der Geldverleih – allmählich zu einer ›christlichen Angelegenheit‹ wurde. Ab 1215 – auf dem Laterankonzil war beschlossen worden, dass sich Juden durch einen gelben Fleck zu erkennen geben mussten – wurde der Geldverleih zum Anlass für Pogrome und christliche Beschuldigungen gegen Juden, laut denen diese Hostienfrevel oder Ritualmorde an christlichen Kindern begingen. Auf demselben Konzil war die Transsubstantiationslehre verkündet worden, von deren symbolischer Bedeutung für das Geld schon die Rede war. Hier begann die Aneignung des Geldwesens durch die christliche Gesellschaft – und die allmähliche ›Vertreibung‹ der Juden aus diesem Bereich der Ökonomie. Die großen Transaktionen der Kirche und der Höfe wurden zunehmend von christlichen Geldhändlern betrieben, während den Juden das Geschäft mit den ›kleinen Gläubigern‹ überlassen blieb, deren antijüdische Gefühle auf diese Weise auch geschürt werden konnten.

Auf der einen Seite gewöhnte sich die christliche Gesellschaft im Verlauf des Mittelalters ans Geldwesen; in Italien errichteten die Lombarden die ersten Banken; das Stadtwesen entwickelte sich, woran Juden, die später überhaupt zu Schrittmachern der

Moderne werden sollten, Anteil hatten. Auf der anderen Seite wuchsen aber auch die antijüdischen Gefühle. Die christliche Gesellschaft entdeckte den Geldverleih als einträgliche Erwerbsquelle. Das lateinische Wort *interesse,* von dem sich das französische Wort für Zins, *interêt,* ableitet, bedeutet soviel wie ›dabeisein‹, ›teilnehmen‹, und davon abgeleitet auch ›ins Gewicht fallen‹ oder ›Bedeutung haben‹. Im mittelalterlichen Latein bedeutete es ›Verlustausgleich‹.[224] Das entspricht Keynes' Vorstellung vom Zins als Prämie für einen Liquiditätsverzicht. Es vollzog sich also eine radikale Bedeutungs-verschiebung, die sich nicht nur mit einer dem Säkularisierungsprozess geschuldeten Lockerung des Zinsverbots erklären lässt.

Das gleiche gilt für den Begriff der ›usura‹. Der Begriff bedeutet eigentlich ›Gebrauch, Nutzen, Genuß‹. Mit ihm »verbindet sich die Vorstellung des ›Genießens‹, der in der Fachsprache des Geldwesens bis heute in der Gestalt des Wortes ›Genußscheine‹ als Wertpapier auftaucht, das verschiedenartige vermögensrechtliche Ansprüche (Genuß-rechte) gegenüber einen Unternehmen gewährt«.[225] Mit der Geldwirtschaft wurde aus dem Genuss der Wucher. Die Kirche bezeichnete jede Operation, die Zinsen beinhal-tete, als ›Wucher‹. Dadurch war der Kredit als Basis des Handels verboten. Die Begrün-dungen der Kirche für das Zinsverbot lauteten: 1. leistet der Geldgeber keine wirkliche Arbeit, er beutet vielmehr die Arbeitskraft des Schuldners aus. 2. kann sich Geld nicht fortpflanzen, womit sich die Theologen auf Aristoteles beriefen. Der Gedanke breitete sich im 13. Jahrhundert mit der Wiederentdeckung der antiken Schriften aus. Hinzu kam 3. die christliche Auffassung von Zeit: Durch die Zinspraxis wird »die Zeit ver-kauft«; diese gehört jedoch Gott. Faktisch gab es mit der Entwicklung eines christlichen Geldwesens aber auch »Wucher im Dienst der Kirche«.[226] »Gewiß waren den Klerikern wucherische Praktiken ausdrücklich untersagt, aber ebenso wie Klöster im Frühmittel-alter eine Rolle als Kredithäuser hatten spielen können, so betätigten sich auch Äbte und Bischöfe, die über ausreichende Kapitalien verfügten, auch trotz der Verbote als Geld-geber und Wucherer.«[227] Der Verzicht auf leibliche Kinder – genau dies, nicht die sexu-elle Enthaltsamkeit, ist der Sinn des Zölibats – steigerte den Wunsch nach der Zeugung ›geistiger Kinder‹: Bücher einerseits und Kapital andererseits.

Die Renaissance, so schreibt Jochen Hörisch, »das heißt eben und vor allem auch Erosion des Zinsverbots, Etablierung eines Bankwesens und Einführung der doppelten Buchführung. Doppelte Buchführung bedeutet aber nicht nur, zwischen Aktiva und Passiva zu unterscheiden und zu erkennen, daß Soll und Haben die zweieinige Seite eines Möbiusbandes sind; doppelte Buchführung meint auch, das Herrenwort ernst zu nehmen, man solle dem Kaiser geben, was des Kaisers ist, und Gott, was Gottes ist, dieses Diktum nun jedoch so zu verstehen, daß Verbindlichkeitsansprüche aus der religiöstheologischen Sphäre in die monetäre Sphäre wechseln.« Daraus ergibt sich der »dramatische Wertverlust« des Abendmahls, während das Medium Geld »seine Wiedereinsetzung als Leitmedium« erfährt.[228] Anders ausgedrückt: Das Abendmahl erübrigt sich, weil das Geld viele seiner Funktionen übernommen hat. Die historischen Forschungen von Le Goff (über das Fegefeuer) wie auch die Arbeiten von Marc Shell und Jochen Hörisch zeigen, wie eng christliche Lehren und Geldwesen miteinander zusammenhängen, so dass hier vielleicht weniger von einer Verlagerung aus der religiösen in die monetäre Sphäre die Rede sein kann als von einer Etablierung der Religion *in* der monetären Sphäre. Aus der Perspektive des Geldes gesehen, hat das Christentum ›seine Pflicht erfüllt‹: Es hat dem Zeichensystem einen Machtanspruch verschafft (über die physische Welt), es hat das Prinzip der Askese in ›die Welt‹ getragen, es hat den menschlichen Körper diszipliniert und reif für das Prinzip der ›geistigen Potenz‹ gemacht. Nun kann das Geld auch anfangen, Kinder zu zeugen und auszutragen. In Form von Zinsen. Freilich sollten diese ›Kinder‹ ›christliches Blut‹ haben.

Alle drei monotheistischen Religionen übernahmen zunächst das alttestamentarische Zinsverbot, und alle drei beriefen sich auf das Prinzip einer ›geschwisterlichen Gemeinschaft‹. Für die Kirche waren Zinsen ein »Verstoß gegen die christliche Bruderliebe«. Dasselbe gilt bis heute für den Islam, wenn auch Moslems – wie Christen und Juden – viele Tricks entwickelten, um das Zinsverbot zu umgehen. Doch der tiefste Wandel vollzog sich innerhalb der christlichen Gesellschaft. Unter Karl dem Großen waren Kapitalzinsen staatlich geächtet. Diese Haltung wurde von den scholastischen Theologen verstärkt und hemmte den wirtschaftlichen Aufschwung des 11. bis 13. Jahrhunderts. Der Geldleiher wurde zum Urbild des Sünders, verstärkt durch das Neue Testament,[229] in dem Zöllner, Händler, Geldwechsler fast durchweg eine negative Rolle spielen.[230] Die Verurteilung des Zinses blieb Bestandteil des römisch-katholischen Kirchenrechts *(Corpus Iuris Canonici)* bis zu dessen Neufassung von 1983. In der *Enzyklika Centesimus Annus* von 1991 »hat Johannes Paul II. endgültig den (maßvollen, sozial verantwortlichen) Kapitalismus akzeptiert«. Das christliche Zinsverbot war eher theoretisch denn faktisch, und es gab viele Möglichkeiten der Umgehung: Entweder man übergab das Geschäft den Juden. »Jüdische Geldverleiher wurden auch, analog zum jüdischen Modell, als Mittelsleute zwischen christlichen Handelspartnern eingesetzt.« Oder man funktionierte Zinsen zu freiwilligen Geschenken, zu Schuldverschreibungen, Beteiligungen, Warenpreisaufschlägen, Rentenkäufen, Leibrenten oder Pfandnutzungen um. »Die von den Franziskanern seit 1462 errichteten Pfandleihhäuser, *Montes Pietatis,* betrieben die Geldleihe zinslos, verlangten aber eine Bearbeitungsgebühr, die bald bis zu 10 Prozent anstieg.«[231]

Luther verhängte kein striktes Zinsverbot – bis zu 6 Prozent hielt er für angemessen. Aber er beschuldigte die Juden des Wuchers.[232] Calvin befürwortete den Zins (wenn auch nicht den Wucher) – mit der Begründung, dass alle Menschen Brüder seien und es deshalb ›den Fremden‹ nicht gebe. »Die Ereignisse der letzten 150 Jahre«, so schreibt die *Encyclopaedia Judaica,* »strafen eine solche Gleichsetzung von dem ›Bruder‹ und dem ›Fremden‹ Lügen. [...] Das volle Bewusstsein für den Bund zwischen Gott und Israel sowie zwischen Jude und Jude ist weiterhin tief in den Gefühlen verankert. Bis heute zeigen viele jüdische Banken sowohl in als auch außerhalb Israels einen Vermerk, laut dem es sich versteht, dass Geschäfts- und Kredittransaktionen zwischen Juden nach den Regulationen von *hetter iska* durchgeführt werden.«[233]

Zinsen sind zu einem der wichtigsten Konfliktpunkte zwischen den drei monotheistischen Religionen geworden. Dahinter stehen unterschiedliche Konzepte von Gemeinschaft und die Frage, wem das Recht auf ›Fortpflanzung‹ zusteht. Wie eng die Rolle des Geldes (in der Synagoge als Tempelabgabe, in der Kirche als Opferstock) mit der Idee des Nachwuchses zusammenhängt, hat Marc Shell zusammengefasst: »Juden zahlen Sühnegeld statt zu opfern, während Christen das Opfer auf eine dermaßen göttliche Ebene erheben, dass Jesus als Sicherheit zu seinem eigenen Sühnegeld wird. Hier hilft der Begriff der *Oblation* weiter: Durch Oblation* – von Lateinisch *oblatum* – zahlten christliche Eltern Gottvater für das Geschenk oder ›Opfer‹ seines Sohnes Jesus; oder sie ersuchen ihn um seine Unterstützung bei der Zeugung eigener Kinder. Juden zahlen für dieses Geschenk menschlichen Lebens, indem sie dem Tempel Tempelgeld zahlen, das der Bewahrung des geschenkten Lebens dient. Christen dagegen nehmen das Gesetz der Vergeltung wortwörtlich: sie zahlen für Leben mit Leben.«[234] Das ›christliche Geld‹ in der Kirche ist also mit dem Opfer Gottes für seinen ›eingeborenen Sohn‹ verbunden. Dass der Gläubige seinerseits auf eigene Kinder als ein Geschenk Gottes hofft, ist in diesem ›Geschäft‹ fast zweitrangig. Als ›Oblate‹ wurde auch ein Kind bezeichnet, das von seinen Eltern dem Klosterstand übergeben wurde. Diese Sitte gab es von der Spätantike bis ins Hochmittelalter. In der Synagoge hingegen gehört der Erstgeborene – also auch das älteste Kind – Gott, so wie der Gläubige von allen Herden und Früchten der Felder den ersten Zehnt Gott darbringt. Das erstgeborene Kind kann jedoch durch ein Geldgeschenk ausgelöst werden. Das sind sehr unterschiedliche Vorstellungen vom Zusammenhang zwischen Geld, Opfer und Nachkommenschaft.

---

* Oblation: von ›oblatus‹, der ›Dargebrachte‹. Nach der römisch-katholischen Liturgie die für die Eucharistie-Feiern bestimmten Gaben (Brot und Wein) und die von den Gläubigen gegebenen Spenden.

Die Begründungen für den Wandel, der sich innerhalb der christlichen Kirche im Verhältnis zum Zins vollzog, hat Benjamin Nelson in seinem Buch *The Idea of Usury. From Tribal Brotherhood to Universal Otherhood* (1949) nachgezeichnet. Er spricht von drei Stufen: Zunächst war das Verhältnis zum Zins von der ›Ethik der Stammesgesellschaft‹ bestimmt, »die auf Blutsbrüderschaft, der Ethik des Stammes der Hebräer« beruhte. An deren Stelle trat der ›Bruder im Glauben‹, die ›universelle Brüderlichkeit‹ des mittelalterlichen Christentums, die den Schirm der Kirche über die gesamte Menschheit zu spannen suchte; zuletzt kam der zweckmäßige Liberalismus der modernen Zeit, in der sich alle als ›Fremde‹ begegnen.[235] Diese Entwicklung weist viele Parallelen zu der im vorigen Kapitel beschriebenen Beziehung zwischen Schrift, Geld und Männlichkeit auf: Sexuelle Männlichkeit wird durch geistige Männlichkeit ersetzt. An die Stelle der Blutsbande treten ›virtuelle‹ oder geistige Bindungen.

Die mittelalterliche Christenheit, die einen Universalitätsanspruch erhob, erklärte die deuteronomische Unterscheidung zwischen dem Eigenen und dem Fremden für anachronistisch und anstößig. Es gelte, die Ethik des Klans zu überwinden, indem ›der Andere‹ (the other) zum Bruder (the brother) werde.[236] Nelson zeichnet die verschiedenen Etappen dieses Prozesses der Universalisierung nach. Der jüdisch-hellenistische Philosoph Philon von Alexandria (13 v.–45/50 n. Chr.) »bezeichnet mit dem Begriff des Bruders nicht nur das Kind derselben Eltern, sondern auch jeden Mitbürger oder Stammesgenossen«. Auf dieser Basis kann der Heilige Hieronymus (ca. 340–420) das Zinsverbot universalisieren. Klemens von Alexandria schließt in die ›Bruderschaft‹ all jene ein, »die desselben Glaubens sind und an demselben *logos* teilhaben«. Der Heilige Ambrosius definiert den Bruder als »deinen natürlichen Mitbruder, deinen Miterben in der Gnade, alle Menschen, die zunächst im Glauben und dann unter dem Römischen Recht zusammengehören«. Durchgesetzt hat sich die universalistische Interpretation des Begriffs ›Bruder‹ aber erst im 12. und 13. Jahrhundert – mit dem Neubeginn der Geldwirtschaft. Schon gegen Ende des 12. Jahrhunderts »überholten christliche Wucherer die jüdischen und waren auf dem besten Weg, eine internationale Bedrohung zu werden«. Christliche Geldverleiher schürten antisemitische Gefühle und riefen dazu auf, die Juden zu verbannen; zugleich entstanden in vielen Städten christliche Institutionen für den Geldverleih. Im Jahre 1509 gab es in Italien schon 87 der franziskanischen Banken: die *Montes Pietatis,* die mit päpstlicher Genehmigung geschaffen worden waren. Der Papst ›tolerierte‹ sie, »um größeres Übel abzuwenden«.[237]

Luther beschuldigte die Römisch-Katholische Kirche des Wuchers und den Papst,

Deutschland durch ›Zinskauf‹ auszubluten. Er plädierte für eine Reform des Zinswesens, die von den Fürsten, nicht von der Kirche ausgehen müsse. Für ihn waren die Christen des 16. Jahrhunderts ebenso wenig an die Bestimmungen der Gesetze Moses gebunden »wie an die Beschneidung«. Luther setzte sich für eine Trennung von weltlicher und transzendenter Sphäre ein; großen Wucherern sollten die Geistlichen allerdings die Kommunion und die Bestattung in Heiliger Erde verweigern. Ein Zinskauf von bis zu 8 Prozent erschien ihm zulässig, solange es ein Unterpfand gibt. Daneben sei auch »ein Wucherlein« von vier oder fünf Prozent angemessen. Zwingli bestritt, dass sich ein Zinsverbot aus der Bibel ableiten lässt. Da es Privateigentum gebe, sei es ›Raub‹, Zinsen für Vermögen oder Miete zu untersagen. Die Protestanten Luther, Melanchthon und Zwingli trennten sich nicht ausdrücklich von der Ethik der Brüderlichkeit. Aber durch die scharfe Trennung zwischen christlicher Ethik und politischer Sphäre trug vor allem Luther dazu bei, dass die Ethik der Brüderlichkeit nicht zur Basis der Zivilgesellschaft wurde.[238]

Mit dem Calvinismus erschien eine völlige neue Denkweise auf der theologisch-ökonomischen Bühne. Calvin attackierte das antike, patristische und scholastische Konzept der Sterilität des Geldes. »Selbstbewusst und verbrieft wies Calvin den Weg zur Welt der universellen Andersheit (Otherhood), wo alle zu Brüdern werden, indem sie gleichermaßen Andere sind.« Als ausgebildeter Jurist konnte Calvin den Gedanken Luthers weiterführen, »dass sich die Regeln des Alten und des Neuen Testament auf den Gedanken des individuellen Gewissens übertragen lassen«. Ein völliges Zinsverbot lege dem Gewissen engere Fesseln an als Gott selbst. Das Gesetz Moses habe für eine politische Gemeinschaft der Vergangenheit gegolten; nun sei es überholt, und die Diskriminierung gegen den Fremden ohne Sinn. Denn alle sind Brüder: »Nous sommes frères, voire sans aucune distinction.« Calvin legte die Höchstrate für Zinsen in Genf auf fünf Prozent fest. Er erteilte auch Geistlichen das Recht, im limitierten Umfang Geld zu verleihen.[239]

Calvins religiöses Konzept wanderte in den politischen Raum hinüber. Wie vor ihm schon Max Weber, sieht Nelson den modernen Kapitalismus als eine Folge der protestantischen Reformen, aber er verlagert den Fokus auf die Gemeinschaftsbildung. »Weber wusste – und er erinnerte Sombart daran«, schreibt Nelson, »dass der moderne Kapitalismus auf den Ruinen des tribalistischen Kommunalismus jüdischer Brüderlichkeit gewachsen ist. […] Wäre er beim Gedanken zusammengezuckt, dass der Weg zum Kapitalismus mit den besten Vorsätzen des christlichen Universalismus gepflastert ist?«[240] Das katholische Konzept der ›Brüderlichkeit‹ zielte dagegen auf eine nationale Brüderlichkeit ab, bei der »die Bürger eines Staates in Beziehung zueinander stehen«. Napoleon verlangte von den Juden, auf die alte deuteronomische Diskrimination zu verzichten, um

Teil der französischen ›Bruderschaft‹ zu werden. Der *Grand Sanhedrin,* der 1807 von Napoleon berufene Oberste Rat der Juden in Frankreich, schlug dann auch eine neue Auslegung der Bestimmungen vor und beeilte sich zu betonen, das Juden immer schon Geld mit Zinsen an Juden wie an Nicht-Juden verliehen hatten. »Frankreich ist unser Vaterland, die Franzosen sind unsere Brüder.« (Das hinderte Frankreich nicht, in einem Edikt von 1808 diskriminierende Bestimmungen gegen die politische und ökonomische Chancengleichheit von Juden festzulegen.) »Wir verwenden den Begriff der ›Andersheit‹«, so Nelson, »um darzulegen, dass der moderne Liberalismus auf ein gewisses Konzept von ›Brüderlichkeit‹ aufbaut: einer Brüderlichkeit, in der alle insofern Brüder sind, als sie gleichermaßen Andere sind.« Sein Buch erschien 1949, und er kommt darin zu dem Schluss, dass »der verhasste atomisierte Individualismus des bürgerlichen Liberalismus allemal besser ist als der Konflikt zwischen ›Brüderschaften von Blut und Boden‹«.[241]

Bei der Auflösung der alten Gemeinschaft und der Herausbildung des vereinzelten Individuums spielte das Christentum auch in anderer Hinsicht eine wichtige Vorreiterrolle. *Der erste Single. Jesus, der Familienfeind* nennt der Ex-Mönch und Publizist Hans Conrad Zander sein Buch, in dem er am Beispiel großer Christen – von Jesus von Nazareth über die frühen Eremiten (Antonius) und Kirchenväter (Paulus, Origines, Hieronymus) bis zu Franz von Assisi, Theresia von Avila oder Søren Kierkegaard – die Bedeutung darstellt, die das Christentum dem ›Aufstand‹ gegen die Familie und eheliche Bindung beimisst. Diesen Aspekt christlicher Individualisierung hat auch schon Peter Brown in seinem schönen Buch *Die Keuschheit der Engel* über die asketischen Bewegungen des frühen Christentums und der Gnosis dargestellt.[242] Ähnlich auch Julia Kristeva in ihrem Buch *Fremde sind wir uns selbst:* Die frühen Christen, so Kristeva, verließen ihre Eltern, Ehegatten und Geschwister, um in Gemeinschaften zu leben, in denen Blutsverwandtschaft oder die Zugehörigkeit zu einer Polis keine Rolle spielen. An die Stelle der Familie trat die ›Ecclesia‹ als Glaubensgemeinschaft.[243]

Dieser Entzug aus der traditionalen Gesellschaft der Antike war ein Skandal, der ausschlaggebend war bei der Verfolgung der frühen Christen. Zander möchte sein Buch als eine Entlastung und Bestätigung für »die Millionen Menschen, die heute als Singles leben«, betrachtet wissen.[244] »Jäh – mit der donquichottesken Figur des Heiligen Josef – endet die Geschlechterfolge. Jäh ist Schluss mit der steinalten Familienmystik aus dem Lande Ur. Jäh erscheint Er, der etwas Neues, etwas radikal anderes im Sinn hat als Geschlecht, Stammbaum und Familienleben: de qua natus est Jesus …'. Jesus, der erste Single.« Den »zweiten Single« sieht er in Paulus, der sich auf (missionarische) Wanderschaft begab: »Wer auch nur versucht, auf der Landkarte all die Reisen des Apostels zu Lande und zu Wasser selber nachzuzeichnen, verschlingert und verheddert sich in einen mediterranen Knäuel von abenteuerlichen Reiserouten.« Paulus sei das Vorbild für die modernen Singles, die ebenfalls immer auf Reisen sind. »Singles sitzen nicht fest. Singles sind mobil. Singles trekken, Singles surfen gern. Singles lieben den Duft der großen weiten Welt.«[245]

Allerdings versäumt es Zander, auf einen entscheidenden Faktor hinzuweisen: Zwischen den Singles der Antike und dem modernen Single lag die Einführung der freien Marktwirtschaft, in deren Mittelpunkt ebenfalls das Individuum steht. Die modernen Singles sind ein Produkt der freien Marktwirtschaft. Bereitet wurde das Terrain jedoch durch das Christentum mit seiner hohen Bewertung des Individuums. »Das Christentum ist die *Theorie,* die *Logik* des Egoismus. – Der klassische Boden der egoistischen *Praxis* dagegen ist die moderne christliche Krämerwelt.« So hatte es Moses Hess in seinem Aufsatz über das Geldwesen formuliert.[246] Die freie Marktwirtschaft ist ohne die Einführung des Papiergeldes undenkbar. Sie ist aber auch die Folge eines kulturellen Umfeldes, das dem Zeichen eine derartige Wirkmacht über die physische Realität beimisst: das Fleisch gewordene Wort. Die Linie, die vom frühen Christentum zum modernen Finanzkapitalismus führt, ist nirgendwo deutlicher als an der Geschichte des Geldes zu erkennen. Der moderne Finanzkapitalismus – und diesen Punkt zu vermitteln, war das Anliegen des vorliegenden Kapitels – ist in erster Linie ein Produkt der christlichen Kultur.

III. GELD UND GEMEINSCHAFT

EINFÜHRUNG

Aufklärung und freie Marktwirtschaft erschienen zeitgleich auf der Bühne der Geschichte. Wir sind es gewohnt, die beiden historischen Einschnitte getrennt zu betrachten. Zu Unrecht. Sowohl die Aufklärung als auch die Marktwirtschaft entstanden nicht nur gegen die Kirche, sondern auch als Konsequenz eines aus der christlichen Kultur hervorgegangenen Denkens. Die Säkularisierung* ist ein ›Kind‹ des Christentums mit seinem Mensch gewordenen Gott. Die Inkarnationslehre stellte die Weichen für einen Prozess, bei dem das Transzendente ›zur Welt‹ kam, wie es Max Weber am Beispiel der ›innerweltlichen Askese‹ für die Entstehung des Kapitalismus gezeigt hat. Der italienische Philosoph Giorgio Agamben hat in seinem *Buch Herrschaft und Herrlichkeit. Zur theologischen Genealogie von Ökonomie und Regierung* (2010) gezeigt, wie eng die moderne Ökonomie mit christlichen Lehren zusammenhängt. Im letzten Abschnitt seines Buchs geht er auf die Genealogie von Adam Smiths ›Unsichtbarer Hand‹ ein und zeigt, dass sie sich aus den christlichen Lehren über Leibniz und Bossuet bis zur modernen Ökonomie entwickelte. Die Marktwirtschaft habe das christliche Werk Gottes vollbracht. Sein Buch endet mit der conclusio: »Indem die Moderne Gott aus der Welt verbannt hat, ist sie nicht nur nicht der Theologie entkommen, sondern hat gleichsam nichts anderes gemacht, als das Projekt der providentiellen *oikonomia* zu vollenden.«[1]

Ähnliches gilt auch für die modernen staatlichen Gemeinschaften – vor allem die mehrheitlich protestantischen Staaten, in denen, wie José Casanova und andere gezeigt

---

* Sprachlich leitet sich der Begriff ›Säkularisierung‹ von lat. *saeculum* – in der Bedeutung von Geschlecht, Generation oder auch Zeitalter – her. In der Vulgata ist *saeculum* ambivalent besetzt: Einerseits verweist er auf eine große Zeitspanne, andererseits aber auch auf ›diese Welt‹ unter der Macht Satans. Im mittelalterlichen Sprachgebrauch steht der ›weltliche Mensch‹ als *saeculis* dem durch das Mönchsgelübde gebundenen *religiosus* gegenüber. Seit Ende des 16. Jahrhunderts wird der Begriff der *saecularisatio* von französischen Kirchenrechtlern und Juristen zur Bezeichnung des Übergangs eines Ordensgeistlichen in den weltlichen Stand benutzt. Später erweitert sich der Begriff zur Bezeichnung des Übergangs kirchlichen Eigentums in weltliche Hände. Erst im 19. Jahrhundert wird der Begriff der ›Säkularisierung‹ zu einer geschichtstheoretischen oder geschichtsphilosophischen Kategorie, nun aber mit einer ambivalenten Bedeutung – er beinhaltet die Emanzipation aus der Bevormundung durch die Kirche bzw. einen Prozess der Entkirchlichung und verweist zugleich auf die schwindende Integrationskraft der Religion bzw. die Entleerung religiöser Gehalte. Insa Eschebach, Susanne Lanwerd, Säkularisierung, Sakralisierung und Kulturkritik, in: Metis, 9. Jg., H. 18, Schwerpunkt ›Säkularisierung – Sakralisierung‹, Berlin (Ebersbach) 2000, S. 10–26.

haben, die Nationalgemeinschaft die Religionsgemeinschaft ablöste.[2] Als weltliches Phänomen entstand der Nationalismus zwar gegen die Kirche, trat zugleich aber auch ihre Nachfolge an. Vergleichbar dem im vorigen Kapitel thematisierten säkularen ›psychologischen Juden‹ entwickelte sich in der christlichen Gesellschaft der ›kulturelle Christ‹. Das gilt vor allem für den Protestantismus. In seinem Buch *Religion in der Verantwortung* bezeichnet Ex-Bundeskanzler Helmut Schmidt die Kirchen als unverzichtbar – nicht etwa wegen ihrer transzendenten Heilsbotschaft, sondern wegen der weltlichen Aufgaben, die sie erfüllen: die Sicherung des Friedens und die Sorge um die sozial Schwachen und Kranken der Gesellschaft.[3] Er vertritt einen Protestantismus, der von den kirchlichen Lehren das Ethos übernommen hat und der die »Glaubensfrüchte« dann genießt, »wenn sie in der Gestalt klassischer Kirchenmusik dargereicht werden«.[4] Auch der katholische Philosoph Charles Taylor weist darauf hin, dass sich manche modernen und laizistischen Staaten enger an christliche Prinzipien halten, als dies für Gesellschaften vor der Aufklärung der Fall war.[5]

Der amerikanische Theologe Harvey Cox unterwirft sogar die Theologie dem Säkularisierungsprozess. In seinem wiederholt aufgelegten und in viele Sprachen übersetzten Buch *The Secular City* (1965) fordert er, das Reden über Gott durch eine ›politische Theologie‹ zu ersetzen.[6] Er meint damit etwas anderes als Eric Voegelin, der 1938 den Begriff der ›politischen Religion‹ einführte, um die Geistesverfassung totalitärer Systeme in der ersten Hälfte des 20. Jahrhunderts zu umschreiben.[7] Cox beruft sich auf Bonhoeffers Forderung: »Wenn man von Gott ›nichtreligiös‹ sprechen will, dann muß man so von ihm sprechen, daß die Gottlosigkeit der Welt dadurch nicht irgendwie verdeckt, sondern vielmehr gerade aufgedeckt wird und gerade so ein überraschendes Licht auf die Welt fällt. Die mündige Welt ist gottloser und darum vielleicht gerade Gott-näher als die unmündige Welt.«[8] In der säkularen Gesellschaft, so Cox, erfüllt die Politik den Zweck, den einst die Metaphysik erfüllte: »Sie bringt Einheit und Sinn in menschliches Leben und Denken.« Denn die Wahrheit wird heute nicht mehr in metaphysischen Systemen zusammengefasst; vielmehr versucht ein Team von Lehrenden und Forschenden gemeinsam Antworten zu suchen. »Die Form der Theologie, die die metaphysische Theologie ersetzen muß, ist die politische. Damit lautet die Antwort auf Bonhoeffers Frage, daß die Art, von Gott weltlich zu reden, die ist, politisch von ihm zu reden.«

Worin besteht dieses ›politische Reden‹? Es gilt, Gott in den Ereignissen der Gegenwart wahrzunehmen. Prüfte die Kirche einst die Fragen der Gesellschaft im Lichte der in der Bibel beschriebenen Ereignisse – Exodus und Ostern –, um daraus »die Absicht Gottes« abzuleiten, so blickt nun »die Kirche auf die Zeichen, die Gott in der Vergangenheit aufgerichtet hat, um zu erkennen, was er heute tut«.[9]

Die jüdische Religion und der Islam haben sich dem Säkularisierungsprozess erst durch die Konfrontation mit den Entwicklungen der christlichen Gesellschaft gestellt und stellen müssen. Für sie gibt es keine innere Notwendigkeit der ›Säkularisierung‹, weil sie zwischen dem Bereich des Transzendenten und dem des Irdischen eine unüberwindbare Grenze ziehen. Wenn sie eine eigene Form der Säkularisierung entwickelten, so deshalb, weil sie aus *historischen* Gründen dazu gezwungen wurden. Für die im christlichen Umfeld lebenden jüdischen Gemeinden stellte sich die Frage schon ab etwa 1800 (es entstand die *Haskala,* die jüdische Aufklärung), für einige islamische Kulturgebiete stellte sie sich mit dem Kolonialismus, für andere ist sie erst mit der Globalisierung im 20. Jahrhundert aktuell geworden.[10]

Ebenso wie der Säkularisierungsprozess ein ›Kind‹ der christlichen Religion ist, entstand auch die freie Marktwirtschaft nicht gegen Christentum und Kirche. Das habe ich im vorigen Kapitel an einer Entwicklung darzustellen versucht, die vom Papiergeld über die Zinslehren bis zur Idealisierung des ›Singles‹ reicht. Man wird einwenden, dass das Papiergeld keine Erfindung der christlichen Gesellschaft ist. In der Tat kannte China Papierwährungen, lange bevor es im Abendland zur Anwendung kam. Es ist der *spezifische* Gebrauch und der ›Glaube‹ an die Zeichen auf dem Papier, die dem Papiergeld im christlichen Kulturraum zu einem erheblich höheren Umlauf verhalfen, als dies für China der Fall war. Ich komme im nächsten Kapitel auf die Ähnlichkeiten und Unterschiede zwischen der Geschichte des chinesischen und des westlichen Papiergeldes zurück.

Besonders deutlich tritt die Nähe von Christentum und freier Marktwirtschaft beim Geld zutage. Vergleichbar der Idealisierung des ›Singles‹ im frühen Christentum, der sich aus den Gemeinschaftsregeln herauslöste, um sich einer neuen Gemeinschaft von ›Fremden‹ anzuschließen, hat auch das Geld eine Gemeinschaft bildende und zerstörende Wirkmacht.

DAS GELD ALS ZERSTÖRER UND ERZEUGER DES GEMEINWESENS

Im Lateinischen, so schreibt der französische Sprachwissenschaftler Emile Benveniste, war *hostis* »derjenige, der meine Gabe durch eine Gegengabe ausgleicht oder vergilt«.[11] Das Verb *hostire,* so Hénaff, bedeutet, sich gegenseitig einen Gefallen zu tun. »*Hostis* ist nicht der Fremde, sondern der Gast [...] *Hostis* ist, wer zur selben Sprachgemeinschaft gehört, dieselben Bräuche, Verpflichtungen und Glaubensvorstellungen teilt.«[12] Gemeinsam die Hostie zu nehmen, konstituiert die Glaubensgemeinschaft. Ähnlich das Geld:

Auch die Münze kann nur zirkulieren, wenn die Gemeinschaft an sie glaubt, sie stiftet Gemeinschaft. Wie aber konnte dasselbe Wort die Bedeutung von Feindseligkeit *(hosti-lité)* annehmen? Benvenistes Antwort: »Die klassische Bedeutung ›Feind‹ ist wohl aufgetaucht, als die Tauschbeziehungen von Sippe zu Sippe durch Ausgrenzungsbeziehungen von *civitas* zu *civitas* abgelöst wurden.«[13] Als der Staat an die Stelle der Stammesbeziehungen trat – das war zum ersten Mal mit der Polis der Fall – und stattdessen »*Individuen* als solche in der Gesellschaft zusammenschloß, wurde der *hostis* – also das Mitglied einer anderen *civitas* – gleichzeitig derjenige, mit dem man keine Statusbeziehung der Gegenseitigkeit haben konnte, derjenige, mit dem die Heiratsallianz unwahrscheinlich war«.[14] Die ursprüngliche Bedeutung von *hostis* stammt also aus der Gesellschaft der zeremoniellen Gabe, seine neue und abgewandelte Form aus der Geldgesellschaft, in der ein auf dem Prinzip der Reziprozität beruhender *hostis* keine Funktion hat. Er kann zum Feind werden – oder er wird zum ›Fremden mit gleichen Rechten‹.[15]

Das spätere Verständnis von *hostis* setzt allerdings eine Konvention voraus, und diese basiert unter anderem auf dem Geld, das die Bürger eines Staats miteinander verbindet. Bereits Aristoteles, der erste Geldtheoretiker, wies in der *Nikomachischen Ethik* dem Geld eine Einheit stiftende Rolle zu: »Das Geld macht also wie ein Mass alle Dinge kommensurabel und stellt dadurch eine Gleichheit unter ihnen her.«[16] Aus der dritten Bedeutung von *hostis,* die soviel wie ›Gleichwertigkeit‹ besagt, leitet sich wiederum die ›Hostie‹ bei der Messe ab: Sie ist einerseits der Ökonomie geschuldet und besagt, »daß die geleistete Arbeit genau durch den Ertrag der Ernte aufgewogen wurde«; andererseits bezieht sie sich aber auch auf das Tauschgeschäft mit der Gottheit: Sie bezeichnet »das Opfer, das den Zorn der Götter aufwiegen soll, also ein Löseopfer«.[17] Im Begriff des christlichen Messopfers fließen also sowohl die alte Konnotation von Gabe und Gegengabe als auch der moderne ökonomische Gedanke der ›Gleichwertigkeit‹ (durch Konvention) zusammen.

Dieser paradoxen Bedeutung von ›hostis‹ entsprechen zwei widersprüchliche Auffassungen in der Theoretisierung des Geldes: Einige Theoretiker machen das Geld für die Auflösung der Gemeinschaft und für die Dominanz des Individualismus verantwortlich; andere sehen in ihm den Motor eines Prozesses der Vergesellschaftung und der Vereinheitlichung. In seinem *Traktat über Geldabwertung* aus dem 14. Jahrhundert erklärt Nikolaus Oresme das Geld zum Gemeinwesen, auch dann wenn die Münze das Gesicht eines einzelnen Herrschers trägt. Die Gemeinschaft vergleicht er mit dem menschlichen Körper, dessen ›Saft‹ aus Geld besteht: »Der Körper wird geschwächt, wenn Säfte im Übermaß in eines seiner Glieder strömen, das sich dadurch entzündet und anschwillt, während andere austrocknen und schrumpfen. Die Proportionen sind nicht mehr gewahrt und ein solcher Körper wird nicht lange überleben.« Wenn das Oberhaupt das Geld monopolisiert, so ist der Gemeinschaftskörper – das Reich – dem Untergang geweiht. Geld hat also einerseits eine egalisierende und gemeinschaftsbildende Macht, andererseits bietet es aber auch die Möglichkeit einer Akkumulation von Reichtum und Macht und damit die Grundlage von Ungleichheit. Der Unterschied zwischen Fürst und Tyrann, so Oresme, besteht darin, »daß letzterer das Eigenwohl mehr liebt und sucht als das Gemeinwohl«. Das Gemeinwohl hingegen ist dann gesichert, wenn das Geld – und die Münze – zum Gemeinschaftseigentum wird.[18]

Oresmes Analogie von menschlichem und kollektivem Körper durchzieht das Mittelalter und wird von Ernst Kantorowicz an vielen Beispielen beschrieben. Wurde diese Analogie zunächst noch aus christologischen Elementen abgeleitet – so wie Christus ›zwei Naturen‹, eine menschliche und eine göttliche Herkunft hat, ist auch der Herrscher mit zwei Körpern ausgestattet: einem unsterblichen, der das Reich repräsentiert, und einem sterblichen, der ihm von der Natur gegeben wurde[19] –, so wird sich später ein staatlicher Sozialkörper entwickeln, der des königlichen Repräsentanten nicht mehr bedarf. Das Geld, das vom Staat emittiert wird (und dessen Münzen das Porträt des Herrschers aufgeprägt ist), übernimmt die Rolle der Gemeinschaftsbildung: Es wird zum Souverän. Diese Verschiebung ist bei Thomas Hobbes zu beobachten, der Zeuge des Bürgerkriegs zwischen Herrscher und Parlament und der Hinrichtung des Königs ›im Namen des Königs‹ wurde. Das Geld, so schreibt er im *Leviathan,* wandert »innerhalb des Staates von Mensch zu Mensch« und »ernährt« auf seinem Umlauf jeden Teil, den es berührt. Im Kapitel 24 *Von der Ernährung und Nachkommenschaft eines Staates* wird das Geld zum lebenserhaltenden Stoff des Staates, dessen Mittelpunkt nicht der Kopf, sondern das Herz ist: »Insofern ist diese Verarbeitung gewissermaßen der Blutkreislauf des Staates, denn das natürliche Blut entstand auf die gleiche Weise aus den Früchten der Erde und ernährt durch Zirkulation unterwegs jedes Glied des menschlichen Körpers. […] Und auch darin bleibt die Ähnlichkeit des künstlichen Menschen mit dem natürlichen bestehen, dessen Venen das Blut aus verschiedenen Teilen des Körpers erhalten und zum Herzen leiten, so es aus dem Herzen belebend gemacht und durch die Arterien ausgesandt wird, um alle Glieder des Körpers zu beleben und zur Bewegung fähig zu machen.«[20] Anders als im Mittelalter, wo der ›politische‹ Körper des Königs »für die Lenkung des Volks und des öffentlichen Wohls« sorgte,[21] ist bei Hobbes von einem Gemeinwesen die Rede, für das der königliche Körper nicht mehr zwingend benötigt wird. Hobbes schuf den ersten Entwurf einer konstitutionellen Monarchie, in der der König nur dann eine Seinsberechtigung hat, wenn er für das Gemeinwesen einsteht.

Karl Marx dachte diesen Gedanken zu Ende: Er sah zwar im Geld den Motor einer sozialen *Zerstörung,* zugleich aber auch das wichtigste Band des Gemeinwesens: »Die Geldgier oder Bereicherungssucht ist notwendig der Untergang der alten Gemeinwesen. Daher der Gegensatz dagegen. Es selbst ist das *Gemeinwesen* und kann kein andres über ihm stehendes dulden.«[22] Wo das Geld »nicht selbst das Gemeinwesen ist, muss es das Gemeinwesen auflösen«.[23] Die Französische Revolution entmachtete den König, setzte aber einen neuen ein: das Geld, das dem Bürgertum zum Aufstieg verhalf. »Wenn das Geld das Band ist, das mich an das *menschliche* Leben, das mir die Gesellschaft, das mich mit der Natur und den Menschen verbindet, ist das Geld nicht das Band aller *Bande?* Kann es nicht alle Bande lösen und verbinden? Ist es darum nicht auch das allgemeine Scheidungsmittel? Es ist die wahre *Scheidemünze,* wie das wahre *Bindungsmittel,* die *chemische* Kraft der Gesellschaft.« Und weiter heißt es in seinem Aufsatz zum Geld: Dieses ist »die allgemeine Hure, der allgemeine Kuppler der Menschen und Völker«. Denn das Geld ist auch »die Verbrüderung der Unmöglichkeiten«.[24]

In allen diesen Theorien zum Geld wird der Prozess deutlich, der im ersten Kapitel behandelt wurde. Auf der einen Seite zerstörte das Geld die Gemeinschaft der Gabe und der Reziprozität, auf der anderen Seite wurde es aber auch selbst zu einem mächtigen Band der Gemeinschaftsbildung. Das zeigt das Beispiel der ›Euro-Krise‹ im Jahr 2011. Das Problem der europäischen Währung, so sagt André Orléan, besteht darin, dass die Gemeinschaft selbst keine Glaubwürdigkeit ausstrahlt. Der Nationalgedanke sei noch zu dominant. Damit hat auch das Geld dieser Gemeinschaft keine Glaubwürdigkeit. Das eine bedingt das andere. Als ab dem 12. Jahrhundert in Frankreich die Steuern in Form von Geld (nicht Naturalien) erbracht werden mussten, wurde das Geld zu einem glaubwürdigen Instrument des ökonomischen Tausches. Es war der Beginn der Geldwirtschaft. »Die moderne Form dieser monetären Artikulation des Ökonomischen und Politischen ist die Unabhängigkeit der Zentralbanken«.[25] Bis heute bedingen sich Gemeinschaft und Währung gegenseitig.

Bei der Euro-Krise geht es um das Aufgehen der alten Gemeinschaften in einer gemeinsamen neuen. Erst wenn dies gelingt, kann sich der Euro seiner Glaubwürdigkeit sicher sein. »Die Perspektive der Gemeinschaft bleibt auch im modernen Geld bestehen, selbst dann, wenn es um deren tendenzielle Auslöschung geht.«[26] Allerdings gelingt das Zusammenschweißen von Gemeinschaften oft nur unter der Bedingung eines gemeinsamen Feindes. Das Nationalgefühl der ›christlichsten Königreiche‹ Spanien und Frankreich bildete sich gegen das von Rom abgefallene und kolonialreiche Britische Empire heraus. Das Nationalgefühl der USA in Abgrenzung gegen das ›Mutterland‹, der deutsche Nationalismus gegen Napoleon. Alle zusammen bedienten sich des Bildes vom Juden als dem ›inneren Feind‹, um das nationale Selbst zu festigen. Andersherum galt das auch für Israel. Als es Ende der 1980er Jahre zu einer starken Inflation kam und der Shekel erheblich an Wert verlor, gab es den Vorschlag, die Krise dadurch zu lösen, dass der Dollar als Währung eingeführt wird. Es erhob sich ein Sturm der Entrüstung, der dem Projekt ein Ende setzte. Stattdessen dienten die Palästinenser als ein nationaler ›Klebstoff‹ Israels: Die Bewegung der Siedler wurde zur nationalen Angelegenheit. Aber es ist fraglich, ob dies der Glaubwürdigkeit der Währung genügt. Es stimmt, dass »die monetäre Bestätigung mit der nationalen Bestätigung untrennbar verbunden ist«.[27] Aber Europas wie Israels Währungen werden davon abhängen, ob es gelingt, den Glauben an die Gemeinschaft herzustellen, ohne ein Feindbild zu bemühen.

DIE MÜNSTERANER TÄUFERBEWEGUNG

Der Zusammenhang von Geld und Gemeinschaft wird besonders deutlich an einem historischen Beispiel: der ›Täuferbewegung‹ von Münster in den Jahren 1534–35. Sie stellte eine Abspaltung von der Reformation dar, die sich ihrerseits von der Gemeinschaft der Katholischen Kirche abgespalten hatte: Sowohl die Konstitution des vatikanischen Gemeinschaftskörpers als auch die Ablösung der Reformation von Rom vollzog sich über Fragen des Geldes und die Definition des Geldwesens. Dabei ging es nicht nur um Luthers Kampf gegen den Ablasshandel. Der Widerstand religiöser Sekten, die in der Reformation aufkamen, richtete sich auch gegen »den neuen (römischen) Eigentumsbegriff, der es zum Beispiel den Landesfürsten durch die magische Kraft des kodifizierten Rechts erlaubte, die ›Allmende‹ – gemeinschaftliche Felder, Wälder und Flüsse – in private Nutzung zu überführen«. Es ist kein Zufall, so Hyde, dass eine der ersten Handlungen der Münsteraner darin bestand, »alle urkundlichen Berichte über Verträge und Schuldverhältnisse« zu verbrennen.[28]

Das Beispiel der Münsteraner ist zugleich symptomatisch für ein fundamentalistisches Religionsverständnis, wie es sich oft in Zeiten sozialen, kulturellen und ökonomischen Umbruchs herausbildet. Der Religionssoziologe Martin Riesebrodt charakterisiert den Fundamentalismus als ›Literalismus‹, den er als gemeinsames Charakteristikum aller fundamentalistischen Bewegungen betrachtet. Mit ›Literalismus‹ ist einerseits die Fähigkeit zum Lesen und Schreiben gemeint; andererseits aber auch eine dogmatische Form von Schriftgläubigkeit, die keine Auslegungsfreiheit für die Heiligen Texte vorsieht. »Das fundamentalistische Denken ist von einer Krisenerfahrung geprägt und sieht die Ursache für die Krise der Gesellschaft im Abfall von ewig gültigen, göttlich-geoffenbarten und schriftlich-wörtlich überlieferten Ordnungsprinzipien, die in einer idealen Gesellschaft schon verwirklicht waren: dem ›Goldenen Zeitalter‹ der christlichen, islamischen oder sonstigen Urgemeinde.«[29] Der Fundamentalist konstruiere eine in die Vergangenheit projizierte Utopie, bei der von einer vollkommenen Übereinstimmung von Text und Leben ausgegangen wird. Riesebrodt spricht von einem »utopischen Regreß«,[30] womit er das Zurücktreten jeder Eigenverantwortlichkeit hinter eine bedingungslose Textgläubigkeit meint: Der Heilige Text wird zum Urzustand der Gesellschaft erklärt. Diese Form von Schriftgläubigkeit findet sich in allen drei ›Religionen des Buches‹. Die Münsteraner ›Wiedertäufer‹, wie sie von ihren Gegnern genannt wurden, sind ein Beispiel dafür, dass der ›Literalismus‹ nicht nur im Text, sondern auch im Geld seine Ausdrucksform findet. Ich stütze mich bei der Darstellung auf die Beschreibung von Gerd Dethlefs.[31]

Das Erkennungsmerkmal der Münsteraner ›Täufer‹ war die Erwachsenentaufe: Die Täufer wollten strikt nach den Vorschriften der Bibel handeln, wo die Kindstaufe nicht vorkommt. In Münster sollte eine ›ideale christliche Gemeinschaft‹ entstehen, die nach dem Vorbild der urchristlichen Gemeinde lebte. Der frühere Kaplan und Reformator Bernhard Rothmann, der den ersten Anstoß zu der Bewegung gab, predigte zwar die Selbständigkeit der Gläubigen: »Jedes Mitglied sollte sich an der Wahrheitsfindung beteiligen. Die Reformation bedeutete also auch hier eine Aufwertung des einzelnen Gläubigen, auch eine Intellektualisierung der Laien.«[32] Zugleich forderte er jedoch eine strikte Unterwerfung unter das Gesetz der Gemeinschaft, die die ›richtige‹ Auslegung der Schrift vorsah. Schriftkundigkeit – ›Intellektualität‹ – verband sich also nicht mit Individualismus, sondern mit einem ›Literalismus‹, der den Verzicht auf Individualität implizierte.

Bei seinen Bestrebungen um eine strikte Auslegung der Reformation wurde Rothmann von den 17 Gilden der Kaufleute und Handwerker unterstützt, die durchsetzten, dass er zum Prediger der städtischen Hauptkirche ernannt wurde. Bald danach besetzten die Gilden auch die Mehrheit der Ämter im Rat der Stadt. Dieser wurde gezwungen, für die Kanzeln der übrigen fünf Pfarrkirchen Anhänger von Rothmann zu berufen. Rothmann gehörte zu den Anhängern von Zwinglis Lehren und verstand die Eucharistie als Gedächtnismahl. Deshalb verwendete er für das Heilige Abendmahl auch nicht die Hostie, sondern einfaches Weizenbrot, das weder ein Symbol noch ein Zeichen trug. Dennoch war ihm die Gemeinschaft stiftende Funktion des Abendmahls wichtig.[33]

Der Bischof von Münster erhielt von Kirche und Reich den Auftrag, die Täufer zu bekämpfen. Inzwischen hatten 10 bis 15 Prozent der Einwohner von Münster die Glaubenstaufe empfangen. »Als eine Elite der Auserwählten, die mit den sündigen Gottlosen, Katholiken und Lutheranern in der Stadt nichts mehr zu schaffen haben wollten, erkannten die Gemeindemitglieder sich an einem bestimmten Gruß auf der Straße und an internen Erkennungsmarken.«[34] Der Konflikt mit dem Bischof verschärfte sich, als im Februar 1534 der selbsternannte ›Täuferprophet‹ Jan Matthjis aus Haarlem in Münster eintraf. Unter seinem Einfluss wie unter dem Eindruck der drohenden Belagerung schloss sich die Täufergemeinde noch enger zusammen.

Im Februar 1534 begann die Belagerung der Stadt. Unter Matthjis brach die Bewegung mit allen bisherigen Regeln der Reformation: »Bildersturm am 25. Februar, Vertreibung der Taufunwilligen am 27. Februar, Terror gegen Widerstrebende, der in den folgenden Tagen einsetzte, die Verbrennung aller Bücher außer der Bibel, des geschäftlichen Schriftgutes und der Archive, die Abschaffung des Geldes und die zentrale Verteilung der Güter durch die Diakonie sind die wichtigsten Veränderungsmaßnahmen der ersten Wochen, die sich fast sämtlich in der Apostelgeschichte des Neuen Testaments vorgebildet finden und zugleich auch durch die praktischen Erfordernisse der Belagerung begründet wurden. Münster wurde zum Neuen Jerusalem proklamiert.« Bis Ostern 1534 werde der Messias wiederkehren, versprach Matthjis. »Als am Ostertag 1534 nichts geschah, suchte Jan Matthjis das Martyrium.«[35] Er starb bei einem Ausfall aus der belagerten Stadt.

Sein Nachfolger Jan van Leiden verstärkte die biblische Orthodoxie. Er orientierte das Leben am Alten Testament und ließ sich als »neuer David, oberster Richter und militärischer Oberbefehlshaber« zum König proklamieren. An die Stelle von Bürgermeister und Rat trat nun die Herrschaft der Zwölf Ältesten über das ›Neue Israel‹. Im Juli wurde die Polygynie eingeführt. Jede Frau, die in der Stadt verblieben war, musste eine Ehe eingehen; Männer durften mit mehreren Frauen verheiratet sein. Die Bestimmung wurde einerseits mit einer Anpassung an alttestamentarische Vorbilder begründet; andererseits sollte sie auch dazu beitragen, außereheliche sexuelle Kontakte zu vermeiden. In der Stadt lebten dreimal so viele Frauen wie Männer.[36] Zweimal, Pfingsten und im August 1534, versuchte der Bischof die Stadt zu erobern. Als das scheiterte, begann man, die in der Stadt verbliebenen Anhänger auszuhungern.

Auf das Verbot der Geldwirtschaft folgten die Rückkehr zum Tauschhandel und die Verbrennung der Schuldurkunden. Das Stadtarchiv ging in Flammen auf. Das eingezogene Geld wurde für die Kriegführung verwendet. Aber es wurden Münzen geprägt: als interne Erkennungsmarken, auf denen ›Ein Herr – ein Gelove – Ein Doepse (Ein Herr – ein Glaube – eine Taufe) stand. Damit war die Erwachsenentaufe gemeint. »Auf der Rückseite waren die Buchstaben DWWF eingeprägt: Sie standen für: ›Das Wort ward Fleisch‹. Die Lehre der ›Wiedertäufer‹ besagte: »Christus sei das reine, fleischgewordene Wort Gottes: er sei durch seine Mutter hindurchgegangen, ohne von ihr menschliche, also sündige Eigenschaften anzunehmen. Hier spiegelt sich die Auffassung, Irdisches und Göttliches müßten streng geschieden sein, weil eine Vermengung die Reinheit des

Göttlichen verletzt hätte.«[37] Wie im vorangegangenen Kapitel dargestellt, sah die christliche Gesellschaft im Geld jedoch den Beleg, dass sich das Transzendente, das Zeichen mit dem Irdischen, der Materie verbinden kann: dass der Signifikant also ein Signifikat zu erzeugen vermag. Dem widersprach die Münsteraner Sekte mit ihrer Interpretation der Jungfrauengeburt. Das Verbot des Geldwesens war eine logische Folge dieser Auffassung.

Die Münzen, die ab Mai 1534 zirkulierten, durften keinem Warentausch dienen, nur der heiligen Sache: Sie waren einerseits Erkennungszeichen, anderseits aber auch Missionshilfe, etwa zur Anwerbung von Landsknechten aus dem bischöflichen Belagerungsheer. Die Münzen wurden so zum »Werbegeld im ursprünglichen und doppelten Sinne des Wortes – übrigens nicht ohne Erfolg«. Da sie kein Umlaufgeld waren, verriet sich draußen, wer damit zu zahlen versuchte. Drinnen waren sie das Eintrittsbillett zur Stadt. Später wurden auch andere Münzen geprägt, die fast alle nur Text oder Bibelsprüche aufwiesen, keine Bilder. In dieser Hinsicht bildeten sie »einen strikten Gegensatz zu anderen Münzen jener Zeit, die in der Regel neben Wappen Heiligenfiguren und das Kreuz zeigten«.[38]

Mit dem auf den Talern geprägten Spruch ›Das Wort ist Fleisch geworden und wanet unter uns‹ war, anders als im Johannesevangelium, nicht nur Christus gemeint, sondern auch die Gemeinde der Münsteraner selbst. »Das Wort sei nicht nur unter ihnen, sondern in ihnen: Die Täufer selbst seien die Verkörperung der göttlichen Vorhersagen.« Die von den Täufern emittierten Münzen dienten ihrer Missionstätigkeit. Ein Gefangener berichtete den Belagerern von einer intensiven Prägetätigkeit in der Stadt. »›Sie lassen Tag und Nacht dicke Pfennige und andere Münzen schlagen‹ – denn man erwartete damals den Befehl zum Auszug aus der Stadt, um die Vernichtung der Gottlosen zu realisieren und die Weltherrschaft anzutreten. Dabei spielte das Geld keine unerhebliche Rolle: ›Das Geld, das sie schlagen ließen und noch schlagen lassen wollten, das sollte gelten in der ganzen, weiten Welt‹ – so der Augenzeuge Heinrich Gresbeck.«[39] Die Münsteraner Sekte hatte also das Geldwesen abgeschafft. Aber sie führte eine eigene Währung ein: mit dem Ziel einer universellen Religionsgemeinschaft.

Im Jahr 1536 erschienen auch Münzen mit dem Abbild des ›Täuferkönigs‹ Jan van Leiden. Neben seinem Porträt war der Leitspruch »Gottes Macht ist meine Kraft« eingeprägt. Den Wiedertäufern erschien das Göttliche verfügbar; sie wollten (wie auch viele moderne fundamentalistische Bewegungen) den Himmel auf Erden, und sie verstanden sich als die Erwählten, die den Weg zu diesem irdischen Paradies ebnen würden: »›Wer nicht geboren ist aus dem Wasser und dem Geist, mag nicht eingehen in das Reich Gottes‹, verkündeten ihre Münzen den Monopolanspruch.« Es ist deutlich zu erkennen, wie mit zunehmender Radikalisierung der Gruppe auch eine Hinwendung zu weltlicher

Macht verbunden war. Sie benutzten biblische Sprüche und Bilder, aber der Anspruch war innerweltlich. Im Gegensatz zu Max Webers ›innerweltlicher Askese‹ der Protestantischen Ethik, die zur Akkumulation von Kapital führt, zielte die ›Ethik‹ der Münsteraner auf die Geschlossenheit der Gemeinschaft ab. »Gerade die Abschaffung des Geldes zeigt die Unmöglichkeit, mit den ›bösen anderen‹ zu kommunizieren, den demonstrativen Bruch mit der Außenwelt.«[40]

Für den Einsatz von Münzen zur Gemeinschaftsbildung und Abgrenzung gegen die ›bösen anderen‹ gab es bereits vor den Münsteranern Beispiele: etwa die im vorangegangenen Kapitel beschriebenen Autonomiebewegungen im alten Palästina. Auch in der christlichen Gesellschaft hatten Münzen gelegentlich eine ähnliche Funktion, oft in Verbindung mit der Auslegung des Heiligen Abendmahls. Ab dem frühen Mittelalter zirkulierten die so genannten ›méreaux‹: Abendmahlsmarken, die als Eintrittsbillett zum Heiligen Abendmahl dienten und deren Erhalt mit Auflagen verbunden war: Teilnahme am Katechismusunterricht, die finanzielle Unterstützung der Gemeinde. Wenige Jahrzehnte nach den Münsteranern führte der Protestant Calvin (an dessen Lehren Max Weber seine Thesen vom Zusammenhang zwischen Kapitalismus und protestantischer Ethik exemplifizierte) den Gebrauch von méreaux ein. (Er sprach von ›marreau‹.) Calvin verwendete sie ab 1561, »um Kontrolle über die Menschen, die am Heiligen Abendmahl teilnehmen wollten, auszuüben«. Zugleich diente die Marke als »Schutz gegen Verräter und Informanten« und war deshalb auch unter den verfolgten Hugenotten Frankreichs verbreitet. Die méreaux waren der Hostie mit ihrem Prägestempel nachgebildet und hatten als Abbild oft den Abendmahlskelch, flankiert von zwei Brotlaiben. Méreaux erfüllten noch im 19. Jahrhundert ihren Zweck in vielen Gemeinden in den USA und Kanada und kamen erst um 1825 – mit der Einführung des Papiergeldes – außer Gebrauch. In Nordamerika erschien nun Christus auf einigen Geldscheinen.[41]

GEMEINSCHAFTSBILDENDE DOMESTIZIERUNGSMASCHINEN: GELD, BUCHDRUCK, RÄDERWERKUHR

Die integrative Wirkmacht des Geldes beruht auf der Tatsache, dass es zu den großen Domestizierungsmaschinen des christlichen Abendlands gehört. Das war schon im Ursprung angelegt und sollte sich im Mittelalter mit der christlichen Theologie verstärken. Unterstützt wurde das Geld durch andere abendländische Domestizierungsmaschinen, denen ebenfalls eine gemeinschaftsbildende Wirkmacht eignet. Zu ihnen gehören vor allem der Buchdruck und die Räderwerkuhr. Nicht durch Zufall sind beides Erfindungen des christlichen Abendlandes, das sonst viele seine Neuerungen aus dem arabischen Raum importierte.[42] Zusammen mit dem Geld veränderten diese Erfindungen das Gesicht des Abendlandes.

Wir sind es gewohnt, das christliche Mittelalter als Zeitalter der Dunkelheit zu betrachten. Doch während dieses ›Tiefschlafs‹ vollzog sich eine enorme und tiefgehende Umwandlung des Menschen, die erst die spätere Blüte ermöglichen sollte. Ihr Hauptziel bestand in der Neugestaltung des menschlichen Körpers. Alle Innovationen, die Europa nicht aus dem islamischen Raum übernahm, waren geistige Disziplinierungstechniken, und sie waren zugleich die wichtigsten ›Alliierten‹ des Geldes bei der ›Egalisierung‹ und Homogenisierung Europas. Ihren Ursprung verdanken sie deshalb auch christlichen Einrichtungen und Lehren. Das gilt insbesondere für Buchdruck und Räderwerkuhr.

Auch wenn der BUCHDRUCK schon bald nach seiner Erfindung zum Instrument der Reformation wie auch der antiklerikalen Wissensformationen werden sollte – Luthers 95 Thesen erreichten innerhalb von 14 Tagen den letzten Winkel Europas –, so war er doch *zunächst* ein Produkt der Bedürfnisse der Katholischen Kirche, die während des gesamten Mittelalters die Hoheit über die Kommunikationsmittel, und das war vor allem das Buch, innehatte. Viele Klöster waren gegen Ende des Mittelalters zu besseren Kopieranstalten geworden: Für sie bedurfte es des Buchdrucks. So wie das Papiergeld die logische Folge christlicher Lehren von der Wirkmacht der Zeichen war, entsprang auch der Buchdruck einem innerchristlichen Bedürfnis.

Der Zusammenhang von Buchdruck und Geld liegt schon wegen der Nähe beider ›Medien‹ zum Alphabet nahe: Es ist viel leichter, eine Drucktechnik für ein phonetisches Schriftsystem, das nur 25 bis 30 Zeichen umfasst, zu entwickeln als für ein Schriftsystem, das aus Piktogrammen abgeleitet ist und aus mehreren tausend Zeichen besteht. Darüber hinaus schuf der Buchdruck die Voraussetzungen für das gedruckte Papiergeld. Aber die Gemeinsamkeit geht weiter. Mit dem Buchdruck verstärkte sich der Einfluss der Schrift auf den Körper. Er vertiefte den Prozess der Exkarnation, den das phonetische Schriftsystem wie das Geld bewirkten. Der Literatursoziologe Erich Schön hat den Vorgang in seinem Buch *Der Verlust der Sinnlichkeit/oder Die Verwandlung des Lesers* (1987) detailreich beschrieben.[43] Der Buchdruck disziplinierte nicht nur das Sprechen, indem er die Regionalsprachen zugunsten einer (von der Schrift regulierten) Gemeinschaftssprache zum Verschwinden brachte; er richtete auch den Körper des Lesenden ab. Im Mittelalter unterlagen nur Mönche dem Disziplinierungsdruck, den das Lesen und Schreiben vom stillgestellten Körper verlangte. Heute ist das Sitzen am Schreibtisch, im Büro, am Computer – oder im Auto, im Flugzeug, im Kino – zu einer Disziplinierungstechnik geworden, die in den Industrieländern fast jeden menschlichen Körper betrifft.

Die lebende Schreibmaschine, 1925.

Ab etwa 1400 ergab sich durch die wirtschaftliche Entwicklung einer zunehmend von Städten und Handel bestimmten Gesellschaft für viele Menschen die Notwendigkeit einer elementaren Lesefähigkeit. Es entstanden die ersten städtischen Schulen, in denen vor allem die Söhne des Bürgertums unterrichtet wurden. Die Raten der Alphabetisierung waren noch gering, aber sie zeigten schon deutlich das Stadt-Land-Gefälle, das auch später die Schriftgesellschaft von dem Teil der ländlichen Bevölkerung unterschied. Die Fähigkeit zu lesen und zu schreiben wurde zum deutlichsten Indiz eines aufsteigenden Bürgertums. Der Prozess wurde noch durch den Absolutismus verstärkt, der einerseits den niederen Adel entmachtete, andererseits aber auch ein neues Beamtentum und eine Schicht von Wirtschaftsfachleuten benötigte, die für den Souverän tätig waren. Ihr Einfluss beruhte auf einer qualifizierten Ausbildung, die der Adel vernachlässigt hatte.[44]

Das Merkmal der neuen sozialen Schicht war einerseits Bildung, andererseits aber auch die Verfügung über Liquidität: »Das Bürgertum besitzt im Gegensatz zu anderen, vielleicht sogar kaum schlechter gestellten, aber noch stärker naturalwirtschaftenden Gruppen, wie z. B. reichen Bauern oder sogar niedrigen Adligen, disponibles Geld zum Kauf von Büchern, für die Mitgliedschaft in einer Lesegesellschaft oder für die Gebühr in einer Leihbibliothek.«[45] Das Geld verband sich mit Belesenheit – und diese ebnete den Weg für eine neue Buchkultur im säkularen Raum, der sich auch in dieser

Hinsicht in ein ›öffentliches Kloster‹ verwandelte. Der Vorgang zeigte sich am Körper des Lesenden.

In der christlichen Ikonographie tauchen Bücher vornehmlich in Verkündigungsdarstellungen auf: Meistens liegt das Buch auf dem Schoß der Jungfrau und symbolisiert die Befruchtung dieses Schoßes durch das Wort Gottes. In den säkularen Darstellungen des Buch-Lesens sieht man Menschen, die auf einem Stuhl sitzen oder an einen Tisch ›gebunden‹ sind, auf dem das Buch liegt. Oft legt der Leser auch die Ellbogen auf den Tisch, er stützt den Kopf auf eine oder beide Hände; die Darstellungen zeigen ruhiggestellte Körper. Das heißt, der Leser wird denselben Körpererfahrungen ausgesetzt, »die für ihn mit Arbeit assoziiert sind«. Zu den Disziplinierungsmaßnahmen des Körpers gehörte auch das Verbot, den Text zu vokalisieren, den Zeilen mit dem Finger oder einem Bleistift zu folgen. Auch »Kopfbewegungen während des Lesens« seien überflüssig. »Der Sinn dieser Merkmale arbeitshafter Lektüre läßt sich auf eine Formel bringen: Der Körper wird nicht freigegeben, *seine* Erfahrungen im Lesen zu machen, sondern ist nur Instrument für die Zwecke des intellektuellen Subjekts.« Auch hier eine strukturelle Ähnlichkeit zum Geld, das einerseits die Domestizierung des Körpers fordert, diesen andererseits aber zur ›geistigen Potenz‹ ermächtigt. Die Disziplinierungsmaßnahmen, denen der Leser unterworfen wird, gelten nicht nur für Arbeitslektüren: Unsere Art zu lesen, so Schön, »ist offenbar von Disziplinierungen unseres Körpers gekennzeichnet, die in dem instrumentellen Verhältnis gründen, das wir zu ihm entwickelt haben«.[46]

Auch im Theater, das in einer Zeit zunehmender Alphabetisierung breitere Bevölkerungsschichten anzog, setzte sich eine Tendenz zur Immobilisierung durch. Vorher saßen nur die Besucher der Logen auf Stühlen, das allgemeine Publikum stand, im Parkett gab es keine Sitzplätze. Nun tauchten auch hier Bänke auf. Damit wurden nicht nur die Bewegungen des Körpers, auch das Mitsingen, Zwischenrufen, das Klopfen auf den Boden mit einem Stock, das Mitagieren und Ausagieren von Zustimmung oder Ablehnung eingeschränkt. Zuletzt war nur noch das Klatschen mit den Händen erlaubt. Das Gefühl selbst sollte eingeschränkt werden. Höchstes Ziel war das »An-sich-Halten« oder die »Contenance«; man bemühte sich um »Affektdämpfung«.[47] Wir werden denselben Vorschriften später in den Ratgebern für Börsenprofis wieder begegnen.

Die Konsequenz einer »Eliminierung des Körpers aus dem Erleben« bereitet die Psyche für »ein Erleben in nur mentaler Phantasie« vor. Triebunterdrückung als Voraussetzung für geistige schöpferische Kraft, heißt das im Vokabular der Psychoanalyse. In der Metaphorik des Geldes geht es um Unterdrückung der sexuellen zugunsten der geistigen Potenz. Hatte das Buch im Kloster zunächst zur Durchsetzung des ›Prinzips Schriftlichkeit‹ beigetragen, so ermöglichte nun die massive Verbreitung von Büchern die Ausweitung dieses Prinzips auf den öffentlichen und weltlichen Raum. Für heutige Leser und Computernutzer ist der Zustand einer »Eliminierung des Körpers aus dem Lesen und die Dominanz des inneren Erlebens selbstverständlich geworden«. Der Cyberspace als Raum, in den sich der Benutzer ausschließlich mit den Augen und dank einer alphabetischen Tastatur hineinbewegt, ist eine plastische Umsetzung dieser Erfahrung. Doch für den Menschen der frühen Neuzeit war diese Erfahrung eine Gewalt, die seinem Körper angetan wurde.[48] Diese Erfahrung begann mit dem Buchdruck, und sie verbreitete sich mit der Rotationspresse um 1800: Die ›leichte Literatur‹ – Kolportageromane, Unterhaltungszeitschriften und die Fortsetzungsromane von Zeitschriften wie der *Gartenlaube,* die schon um 1880 eine Auflage von 400 000 erreichte – integrierte auch den letzten widerständigen Körper in die Welt des Buches. Es entstand ein Massenpublikum, in dessen Rahmen »die abgrenzenden Unterschiede zwischen Bürgertum und Kleinbürgertum im Leseverhalten wie die zwischen der bisher ausgeprägten proletarischen Kultur und der kleinbürgerlichen« verschwanden.[49]

Wie das Geld bewirkte auch der Buchdruck sowohl Vereinzelung als auch Gemeinschaft. Die politischen Auswirkungen dieses Vorgangs hatten Marshall McLuhan auf die Erkenntnis gestoßen, dass ›das Medium die Botschaft ist‹: »Das gedruckte Wort zerbrach mit der Intensität der Spezialisierung die körperschaftlichen organisierten Zünfte und Klöster des Mittelalters und schuf die extrem individualistischen Formen des Unternehmertums und der Monopole. Aber die typische Umkehrung trat ein, als extreme Formen der Monopole wieder zur Bildung von Körperschaften führten, mit ihrer großen Macht über viele Menschenleben. Das ›Aufheizen‹ des Mediums Schrift bis zur Intensität des wiederholbaren Drucks führte zum Nationalismus und den Religionskriegen des sechzehnten Jahrhunderts.« Für diese Auswirkungen bedurfte es allerdings des Papiers, das sich leicht transportieren und beschriften ließ: Das bedruckte Blatt wurde zum heißen Medium, »das dazu dient, Räume horizontal zusammenzuschließen«.[50]

Um 1800 griff das Papiergeld zunehmend in die Wirtschaft ein. Seine Ablösung von der Materie implizierte für die ökonomische Phantasie eine kaum zu überschätzende Veränderung. Doch durch das Buch waren die Mentalitäten und Körper der Menschen auf diesen Wandel vorbereitet. Dank seiner Substanzlosigkeit eröffnete das Papiergeld den Raum für neue durch das Geld zu schaffende ›Realitäten‹. So auch das Buch, das den menschlichen Körper einer Entleibung unterwirft, dann aber auch den Weg frei macht für die Entstehung imaginärer ›Realitäten‹. »Als Gewinn aus der ›Abwesenheit des Körpers beim Lesen‹ ist die phantasiehafte Erfahrung leichter und weiter gehend zu realisieren.«[51] Das sind die besten Voraussetzungen für ein Kreditwesen, bei dem – wie bei der Utopie – die Phantasie der Realisierung vorausgeht.[52]

Der Buchdruck zersprengte nicht nur Institutionen und Körperschaften; durch die massive Verbreitung von Lesestoff wurde der Einzelne auch auf sich selbst zurückgeworfen. Bis zum Beginn der allgemeinen Alphabetisierung, die in Europa um 1800 und damit etwa zeitgleich mit dem Papiergeld einsetzt, ist das Lesen eine Gemeinschaftserfahrung: Ob im Refektorium der Klöster oder im evangelischen Pfarrhaus, die Texte wurden laut vorgelesen. Das implizierte eine Ritualisierung, bei der Stimme und Intonation – also die ›leibliche Sprache‹ – mindestens ebenso wichtig waren wie der Text selbst. Es trug »zur Erhöhung der sinnlichen Kraft des Leseeindrucks« bei. Die Körper kommunizierten miteinander. Nach dem Beginn der allgemeinen Alphabetisierung wurde das Lesen zu einer ›einsamen‹ und schweigenden Angelegenheit. Jeder las für sich allein und versank einzeln in die Welt seines Buches.[53] Das einsame Lesen schuf die Voraussetzung für eine ›Individuierung‹, die in der Ökonomie ihr Spiegelbild fand: Mit der freien Marktwirtschaft, deren Siegeszug in dieser Zeit begann, rückten das Individuum, der individuelle Profit, das Eigeninteresse in den Mittelpunkt des wirtschaftlichen Denkens. Das Buch schuf Mauern ums Ich – und ähnlich erlaubte auch das Geld, sich vom ›Anderen‹ abzusetzen. »Mit der Hingabe von Geld hat man sich vollständiger aus der Beziehung gelöst, sich radikaler mit ihr abgefunden als mit der Hingabe irgend eines qualifizierten Gegenstandes, an dem durch seinen Inhalt, seine Wahl, seine Benützung leichter ein Hauch der gebenden Persönlichkeit haften bleibt«, so charakterisiert Simmel die Wirkmacht des Geldes.[54]

Auf der anderen Seite stellte der Buchdruck auch Gemeinschaften her – hierin ebenfalls vergleichbar den Währungen, die einen Raum der Zugehörigkeit schaffen, in den die einen eingeschlossen und von dem die anderen ausgeschlossen sind. In seinem Buch *Imagined Communities* (›Die erfundene Nation‹) hat Benedict Anderson die einflussreiche Rolle des Buchdrucks für die Entstehung des Nationalgedankens dargestellt. »Ich gehe davon aus«, schreibt er, »daß Nationalität [...] und gleichermaßen Nationalismus kulturelle Produkte einer besonderen Art sind«.[55] Denn sie verdanken sich in erster Linie dem Buchdruck, der einerseits zur »Degradierung der heiligen Sprache«, andererseits aber auch zu einem Gefühl von Gleichzeitigkeit und Gleichsprachigkeit beigetragen habe.[56]

In den etwa 40 Jahren zwischen der Veröffentlichung der Gutenberg-Bibel und dem Ende des 15. Jahrhunderts, so die Schätzungen, wurden in Europa mehr als 20 Millionen Bücher gedruckt, um im darauf folgenden Jahrhundert schon eine Produktion von 150 bis 200 Millionen zu erreichen. Diese Druckerzeugnisse, so Anderson, schufen neue und ›beständige Gemeinschaften‹ – nicht nur indem sie die regionalen Sprachen vereinheitlichten (wie das für Luthers Bibelübersetzung der Fall war), sondern auch aus

Gründen einer imaginierten Gleichzeitigkeit: »Ein Amerikaner wird niemals mehr als eine Handvoll seiner vielleicht 240 Millionen Landsleute kennen lernen oder auch nur deren Namen wissen. Er hat keine Vorstellung, was sie irgendwann gerade tun. Doch er hat volles Vertrauen in ihr stetes, anonymes, gleichzeitiges Handeln.« Zugleich schuf der Buchdruck das Modell für den modernen Güterkonsum: »Das Veralten der Zeitung am Tag nach ihrem Erscheinen – wie seltsam, daß ein frühes massenproduziertes Gut so den geplanten Verschleiß der modernen Konsumgüter vorwegnimmt – bringt darum eine außergewöhnliche Massenzeremonie hervor: der praktisch gleichzeitige Konsum der Zeitung als Fiktion. Wir wissen, daß Morgen- und Abendausgaben immer zwischen dieser und jener Stunde konsumiert werden und nur an diesem Tag, nicht am nächsten.«[57]

Die RÄDERWERKUHR bewirkte ähnliche Muster von Disziplinierung, Individuierung und Gemeinschaftsbildung. Sie bildete das andere entscheidende Werkzeug bei der Verwandlung des Menschen in ein geld-kompatibles Wesen. Wie der Buchdruck antwortete auch die mechanische Uhr auf Bedürfnisse des Klosterlebens. Die Reform der cluniazensischen Klöster hatte schon im 7. Jahrhundert eine Gliederung der Zeit durch sieben Gebetsstunden eingeführt. Im 12. Jahrhundert erfuhr dieses Prinzip Verstärkung in den Zisterzienserklöstern unter der Anleitung des Heiligen Bernhard von Clairvaux, in dessen Prinzipien von Askese, *industria* und Selbstbeherrschung Max Weber den Vorläufer der protestantischen Kapitalisten sah: Unter ihm wurde das Klosterleben »zu einer systematisch durchgebildeten Methode rationaler Lebensführung«. Ihr Ziel war es, »den Status naturae zu überwinden, den Menschen der Macht der irrationalen Triebe und der Abhängigkeit von Welt und Natur zu entziehen [...] Diese – *aktive* – Selbstbeherrschung war, wie das Ziel der exercitia des heiligen Ignatius und der höchsten Formen rationaler mönchischer Tugenden überhaupt, so auch das entscheidende praktische Lebensideal des Puritanismus.«[58] Weber übersieht allerdings, dass sich die Durchsetzung dieser Prinzipien zu einem Gutteil der Räderwerkuhr verdankte.

Während der Buchdruck vornehmlich eine kulturelle, sprachliche und geographische Vereinheitlichung ermöglichte, hatte die Räderwerkuhr die Vereinheitlichung der Zeitwahrnehmung zur Folge. Das französische Wort ›horloge‹ kommt von *hora lego* (Gebetsstunde), und beide – Gebet wie Uhr – hatten den Sinn, die ›Natur‹ des Menschen dem Prinzip der Rationalität zu unterwerfen. Man weiß nicht, wer der Erfinder der Räderwerkuhr war, aber es ist sicher, dass sie zunächst in Klöstern und Kirchen auftaucht: Die Mönche bedurften ihrer, um ihre Gebete in der Nacht verrichten zu können. Nach Einbruch der Dunkelheit waren Sonnenuhren nutzlos, und Wasseruhren kamen in Nordeuropa durch Frost zum Stillstand. Ziel des Klosterlebens war die Homogenität der

Mönche, für die es keine Möglichkeit des Entzugs vor dem immer präsenten Auge der anderen gab. »All das war Teil eines größeren Prozesses der Depersonalisierung, der Des-Individualisierung. Der klösterliche Raum war ein geschlossener Raum – Gebiete und Korridore gemeinsamer Besetzung und Bewegung – der so arrangiert war, dass jeder immer gesehen werden konnte. Mit der Zeit gab es ›nur noch eine Zeit, die der Gruppe, die der Gemeinschaft‹.«[59] Foucault hat diese Form der Beobachtung in den Gefängnissen des 18. und 19. Jahrhunderts verortet.[60] In den Klöstern geschah sie freiwillig, so David Landes. Denn das Ziel war die »Uniformität der Glaubenspraxis«,[61] deren Voraussetzung die Pünktlichkeit beim gemeinsamen Gebet war.

Schon bald griff die Zeitdisziplin der Klöster auf die umliegenden Dörfer über, die im Dienst der Klöster standen. Die Uhr begann auf die weltliche Ökonomie einzuwirken. Klöster waren die wichtigsten Produktionsstätten des Mittelalters: Sie betrieben Landwirtschaft; Abteien unterhielten Mühlen, Bergwerke, Skriptorien und eigene Wäschereien. Zu all diesen Tätigkeiten riefen die Glocken. Erschienen die ersten Uhren auf den Kirchtürmen, so wurden sie nun auch an den Türmen der Rathäuser angebracht. Das städtische Bürgertum begann, sich dieses Instruments der Zeitkontrolle zu bemächtigen. Es war die Zeit, in der sich das Stadtwesen – zusammen mit dem Geldwesen – entwickelte. Anders als die Landbevölkerung, deren ›innere Uhr‹ von den Jahreszeiten abhing, lebten die Stadtbewohner nach der Äquinoktialzeit und einer gleichbleibenden Uhr, deren Stunden sich im Laufe des Jahres nicht änderten. In den Städten ordneten sie sich festen Zeiten unter: für die Arbeit, für die Mahlzeiten, für die Nachtruhe. Als auch weltliche Institutionen wie die Höfe Uhren übernahmen, entstanden große Verwaltungseinheiten.[62] Das englische Wort für Beamte, ›clercs‹, kommt von ›Clerics‹, also den Klerikalen. Sie waren die ›Mönche‹ der öffentlichen Verwaltungen, die nach geregeltem Zeitablauf lebten und für den geordneten Ablauf der Ökonomie sorgten.

Die eigentliche Zukunft der Uhr lag beim Bürgertum: den Unternehmern, die mit den Städten aufkamen und auf die Geldwirtschaft angewiesen waren. Auch hier die Parallele zum Buchdruck. Diese neue säkulare und von der Geldwirtschaft geprägte Schicht hatte ein eigenes Steuersystem, und ihr Einkommen basierte auf Handwerk und Handel. Ihr Symbol war die Uhr, die sie in ihren Produktionsstätten anbringen ließ. Damit stellte sie die Macht der feudalen Gesellschaft in Frage. Als Herzog Philipp der Kühne von Burgund 1382 einen Sieg gegen aufständische flämische Bürger davontrug, ließ er als Symbol seines Sieges die Uhr am Turm von Courtrai abnehmen.[63] Die Uhr, so Lewis Mumford, war die entscheidende Voraussetzung für den allmählichen Prozess der Mechanisierung und Industrialisierung, der ab dem Spätmittelalter die Geschichte des Abendlandes begleitete. Sie führte dazu, dass sich »die Zeit von den menschlichen

Ereignissen trennte und zur Entstehung des Glaubens an eine unabhängige Zeit beitrug, in der alles auf mathematisch berechenbare Weise abläuft: die spezielle Welt der Naturwissenschaften«.[64]

Die Städte, die sich dank des Geldwesens entwickelten, traten mit ihrer synchronen Zeitschaltung die Erbschaft der Klöster an; nur dass nun nicht zum Gebet, sondern zur Arbeit gerufen wurde: »Glocken ertönten für den Arbeitsbeginn, für Mahlzeiten, das Ende der Arbeit, das Schließen der Stadttore, den Beginn des Marktes, das Schließen des Marktes, Notrufe, Sitzungen des Stadtrates, das Ende des Getränke-Ausschanks, die Straßenreinigung, Ausgangssperren usw. durch eine bemerkenswerte Varietät von Glockentönen in den verschiedenen Städten und Metropolen.«[65] Besonders die Textilindustrie – neben der Landwirtschaft der größte Sektor der Wirtschaft – versuchte die Produktion durch regulierte Zeit zu erhöhen. Die meisten Arbeiter hatten keine eigenen Werkzeuge und arbeiteten deshalb unter Aufsicht in Fabrikationsstätten, wo sie pünktlich zum Glockenschlag mit der Arbeit begannen und aufhörten. An manche Unternehmer vergab die Krone das Recht, eine Glocke einzurichten, die den Arbeitsverlauf – bis in die Essenspausen hinein – regulierte.

Mit dieser frühen Textilindustrie wurde der ganze spätere Industrialisierungsprozess vorweggenommen und den Arbeitern die Zeitdisziplin aufgezwungen, die sich die Mönche selbst auferlegt hatten. Konflikte waren unausweichlich; sie nahmen die späteren Konflikte zwischen Arbeitern und Unternehmern voraus: Arbeiter unterstellten dem Arbeitgeber, dass er die Uhr zurückgestellt habe. Das war in Wirklichkeit schwer möglich, weil eine falsch gehende Uhr sofort in Konflikt mit anderen Chronometern gekommen wäre. Aber das Misstrauen war da, und es kam immer wieder vor, dass Arbeiter versuchten, die Uhren zu zerstören oder sich ihrer zu bemächtigen. Wurden die Glocken von der Arbeiterschaft verwendet, um zu einer Versammlung zu rufen, so gab es dafür schwere Strafen. Auf die Auslösung einer Revolte mit Hilfe der Glocke stand die Todesstrafe.[66] Die Zeitmessung unterstand allein dem Eigentümer der Fabrikationsstätten. Später, als durch industrielle Fertigung Uhren am Fließband und damit billiger hergestellt werden konnten, gehörte die Uhr zur ersten Anschaffung vieler Arbeiter: Sie symbolisierte die eigenmächtige Kontrolle der Zeit.

Indem der Einzelne selbst die Zeit zu kontrollieren begann, unterwarf er sich der normierenden Herrschaft der Uhr. Die Möglichkeit eines weitverbreiteten privaten Gebrauchs von Uhren »wurde zur Basis für *Zeitdisziplin,* im Gegensatz zu *Zeitgehorsam.* Man kann […] öffentliche Uhren benutzen, um Menschen für den einen oder anderen Zweck zusammenzurufen. Aber das ist keine Pünktlichkeit. Pünktlichkeit kommt von innen, nicht von außen. Die mechanische Uhr ermöglichte, wie man das auch immer beurteilen mag, eine Zivilisation, die sich der Vergänglichkeit der Zeit bewusst und damit auch produktiv und performativ war.«[67] Die von der Uhr geschaffene ›Produktivität‹ und ›Performativität‹ des Menschen schufen wiederum die Voraussetzungen dafür, dass das Geld produktiv und performativ werden konnte. Nicht durch Zufall orientierte Oresme seine Geldtheorie entlang der Logik der Räderwerkuhr, wie Martin Burckhardt schreibt: »Oresme – und das ist vielleicht überhaupt, was ihn als Argonauten der Neuzeit, einen Vorläufer der cartesianischen Welt ausweist – appliziert die Logik des Räderwerks auf die Frage des Geldes, und so ist es bezeichnend, daß mit ihm die Kette der scholastischen Geldtheorie abreißt. [...] Nicht die Ethik führt hier das Wort, sondern die konstruktive Vernunft.«[68]

Vom 13. bis 16. Jahrhundert vollzog sich in Europa eine bis in den einzelnen Körper hineingehende Gleichschaltung der menschlichen Zeitwahrnehmung. Die Uhren tauchten in den Privathäusern auf: zunächst als Standuhr im Wohnzimmer. Dann entstanden tragbare Uhren, die der Einzelne am eigenen Körper tragen konnte: als Taschen- oder Armbanduhr. Diese schrieben dem einzelnen Körper die normierte Zeit – oder Pünktlichkeit – ein. Die Entwicklung verlief parallel zum Transfer von ›industria‹ und Askese aus dem Kloster in die ›innerweltliche Askese‹, die Max Weber als Voraussetzung für die protestantische Hinwendung zum Gelderwerb beschrieben hat. In seiner Untersuchung findet die Geschichte der Uhr keine Berücksichtigung. Dabei hätte sie seine These unterstützt. Es ist kein Zufall, dass ein Großteil der Uhrmacher Protestanten waren. In Nürnberg zum Beispiel, wo es Protestanten und Katholiken gab, waren 87,3 Prozent aller Uhrmacher Protestanten. »Was die Uhr für den klösterlichen Asketen im Mittelalter bedeutete, war sie auch für den innerweltlichen Asketen der Post-Reformation in Europa.«[69]

Auch im mehrheitlich katholischen Frankreich waren die meisten Uhrmacher Protestanten. Als Ludwig der XIV. das Edikt von Nantes widerrief, vertrieb er 200 Uhrmacher aus Frankreich, mit dem Erfolg, dass die dortige Uhrenindustrie zusammenbrach. Einige dieser Uhrmacher gingen nach England, andere in die Schweiz, wo sie zur Blüte der Schweizer Uhrenmanufaktur beitrugen. In der Schweiz entstanden auch die ersten mechanischen Uhren, die miteinander identisch und so leichter zu fabrizieren waren. 1795 wurden allein in einer Schweizer Fabrik 100 000 Uhren im Jahr hergestellt. Die Uhren kosteten bald nur noch zweieinhalb Francs, was dem Tageslohn eines ungelernten Arbeiters entsprach. Einige Generationen später wurden in den USA Uhren von Maschinen industriell hergestellt. Sie liefen noch präziser als die handgefertigten. Jeder wollte *seine* eigene Uhr haben, obgleich es sich um eine Erfindung handelte, »die die Saat von Kontrolle, Ordnung und Selbstzucht in sich trug«.[70] Man verband ein Gefühl von

Selbstbestimmung mit diesem Instrument – und unterlag dabei den Bestimmungen einer normierten Zeit. Das Bild des menschlichen Körpers als Uhr, das von Descartes geprägt wurde,[71] beeinflusst bis heute viele medizinische Lehren und die allgemeine Wahrnehmung von Leiblichkeit.

Wirtschaft und Industrie sollten von der Erfindung der mechanischen Uhr profitieren: Die Bereiche Kommunikation und Transport konnten erst ausgebaut werden, als allgemeingültige Zeiteinheiten geschaffen worden waren. Es fand eine allgemeine, bald weltweite Standardisierung der Zeit statt (die die noch ausstehende globale Standardisierung des Geldes präfiguriert). Die Uhr begann, für die Kriegführung eine wichtige Rolle zu spielen: Ab Ende des 18. Jahrhunderts gehörte sie zur Ausrüstung jedes höheren Offiziers.[72] »Die moderne Uhr, nicht die Dampfmaschine«, so resümiert Lewis Mumford, »ist die Schlüsseltechnik des Industriezeitalters«.[73] Begonnen hatte ihr Triumphzug im Kloster – und ihr Weg verläuft bis heute in enger Parallele zur Entwicklung des Geldwesens, das ebenfalls seinen Ursprung im Tempel hatte und in der christlichen Gesellschaft seine größte Wirkmacht entfaltete. Auf diese Weise erreichte die symbolische Kastration, auf der die Glaubwürdigkeit des Geldes beruht, fast jeden männlichen Körper.

Wie ich in den folgenden Abschnitten darstellen möchte, bildete die Domestizierung des menschlichen Körpers die Voraussetzung für die Entstehung einer neuen, vom Geld bestimmten Form von Gemeinschaft. Dabei vollzog sich ein Wandel im Verhältnis von Individuum und Staat wie auch im Verhältnis von Markt und Staat.[74]

DAS GELD UND SOZIALE MOBILITÄT

Seit der frühesten Geldwirtschaft haben Menschen – Theoretiker wie Laien – beobachtet, dass Geld die soziale Mobilität erhöht. Es bewirkte den Aufstieg neuer sozialer Klassen wie der Sophisten in Athen. Diese Wirkmacht des Geldes wurde immer wieder kritisiert – vor allem von denen, die sich am oberen Ende der sozialen Hierarchie befanden. »Neureiche waren noch nie beliebt. Tiefgründiger jedoch war die Angst, dass Geld alles vergleichbar und austauschbar mache. Liebe, Loyalität und politische Macht wurden an Geld gemessen und sogar – in Form von Prostitution, Bestechung und erlernbarer Überzeugungskraft (Rhetorik) käuflich.«[75]

Wie die von Hand zu Hand wandernde Münze bewirkte das Geld auch die Wanderung im horizontalen Sinne. Wo Geld zirkulierte, zirkulierten auch menschliche Körper. Beides bedingt sich gegenseitig. Im alten Hebräisch waren die Worte für Kaufmann und Reisender noch synonym;[76] und auch das Wort ›Reisen‹ kommt von ›risan‹, was soviel wie Aufbrechen, Umwerfen bedeutet und dessen soziale Konsequenzen im englischen ›Uprising‹ enthalten sind.[77] Die geographische bewirkte auch die soziale Mobilität. Joseph A. Schumpeter (1883–1950) spricht von der ›circulation des aristocracies‹ im Mittelalter: »Die Elemente, die um 900 die oberste Schicht bildeten, waren 1500 praktisch verschwunden.«[78] Diese ›Zirkulation der Oberschichten‹ wurde durch den Klerus und die »Kanzleien der großen Landesfürsten« bewirkt. Sie waren, wie oben beschrieben, die Folge von Schriftkundigkeit. Aber sie waren auch die Folge des Geldes. Die Beweglichkeit von Menschen bildet die Voraussetzung dafür, dass das Geld seinerseits in Bewegung bleibt.

Zwei gleichzeitig stattfindende Neuerungen der christlichen Gesellschaft werden selten unter der Perspektive ihres inneren Zusammenhangs gesehen: die Lockerung des Zinsverbots und die Erfindung des Buchdrucks. Beide hatten denselben Effekt: den Aufstieg einer neuen ›Kaste‹ von schöpferischen Menschen. »Der schroffe Individualismus von Galilei war der Individualismus der aufsteigenden Kapitalistenklasse. Der Chirurg begann, über die Hebamme und den Bader emporzusteigen. Der Künstler, der gleichzeitig ein Ingenieur und Unternehmer war – ein Typus, der durch Männer wie Leonardo da Vinci, Alberti, Cellini unsterblich geworden ist; selbst Dürer beschäftigte sich mit Festungsplänen –, illustriert am besten, was ich meine.« Für Schumpeter generierte dieser neue durch den Kapitalismus erzeugte Geist »nicht nur die geistige Haltung der Wissenschaft«, er brachte auch die dazu notwendigen »Männer und die Mittel hervor. Indem er das feudale Milieu zerbrach und den intellektuellen Frieden der Grundherrschaft und des Dorfes zerstörte [...], namentlich aber indem er den sozialen Raum für eine neue Klasse geschaffen hat, die auf der individuellen Leistung im Gebiet der Wirtschaft beruht, hat er der Reihe nach die Menschen starken Willens und starken Verstands auf dieses Gebiet gezogen.«[79]

War es zunächst die Kirche, die die ›Willensstarken‹ anzog, so war es nun die Geldwirtschaft. Die Mönche und Geistlichen des Mittelalters brachten ihren Individualismus und ihre Eigenart ein, um die Macht der Kirche zu stärken, die von ihnen strikte hierarchische Unterordnung sowie die dauerhafte Eingliederung in die Gemeinschaft forderte. Auch das Geld verlangte nach Individualismus *und* Unterwerfung. Mit seinem Begriff des ›kulturellen Kapitals‹ hat der französische Soziologe Pierre Bourdieu klassenspezifische Kenntnisse und Eigenschaften bezeichnet – eine bestimmte Körpersprache, Umgangsformen oder Geschmacksrichtungen –, durch die sich soziale Klassen perpetuieren.[80] Aber diese Eigenschaften und Fähigkeiten können und werden auch ›erworben‹: Das Geld erschafft seine eigenen ›Eliten‹. Wer genau den aufsteigenden Schichten angehört, das ändert sich je nach historischen Umständen. Aber die Voraussetzungen schafft das Kapital.

An der Entstehung des modernen Geldwesens waren überwiegend soziale Grenzschichten der Bevölkerung beteiligt. »Der Handel mit Geld lag bei vielen Völkern ganz in der Hand der Fremden (reisende Händler), bestimmter ethnischer Minderheiten (Juden) oder in sich abgeschlossener Patrizier.«[81] Das Geld bedarf dieser ›Außenseiter‹, um sich auszubreiten. Auf der anderen Seite bewirkt das Geld aber auch die formale Gleichheit von Wirtschaftssubjekten im Tauschverkehr. »Es hebt die Standesunterschiede auf: Dem Geld sieht man nicht an, woher es kommt. Persönliche Werte und Motive der Zahlung werden im Zahlungsvorgang nicht sichtbar.«[82] So spielte das Geld auch beim Untergang der alten Feudalgesellschaft eine überragende Rolle, »indem es als Emanzipationsinstrument sozial gebundener Schichten diente (z. B. Ablösung der Leibeigenschaft durch Geldzahlungen, Ämterkauf, Kauf von Adelspatenten)«.[83]

Gerade weil das Geld sozialen Wandel bewirkt, scheute die Aristokratie des Mittelalters auch vor dem Umgang mit Geld zurück; so kamen neue soziale Schichten zum Zuge. Schon im Mittelalter, so Jacques Le Goff, begannen neue Klassen unter dem Einfluss des Geldes aufzusteigen.[84] Die Aristokratie, die keinen Handel betreiben durfte, war auf diese Schicht angewiesen. Doch sobald Handelsleute gut verdient hatten, zogen sich ihre Kinder oder Enkel aus dem Handel zurück, heirateten in die Aristokratie, wurden also Teil der alten Herrschaftselite – und der Kreislauf begann von neuem. Der Kapitalismus, so Schumpeter, ist ein Entwicklungsprozess; er beruht auf der »Methode der ökonomischen Veränderung und ist nicht nur nie stationär, sondern kann es auch nie sein«.[85] Das gilt für das Geld ganz allgemein.

Die durch das Geld ausgelöste Beweglichkeit schuf freilich auch neue Abhängigkeiten. Denn wo Geld einsickert, verflüssigen sich Bindungen; es entstehen neue Verhältnisse. »Wenn etwa die Bürger der reichen italienischen Städte die Bauern der umliegenden Dörfer aus ihrer Leibeigenschaft und ihrer Lehnsverpflichtung herauskaufen, so geschieht dies nicht aus einem freien Bürgersinn, sondern aus dem Kalkül, die eigene Versorgung zu sichern – was nicht selten dazu führt, daß den Bauern die Früchte der Freiheit lediglich für eine kurze Zeit vergönnt bleiben, fallen sie doch nunmehr in die Hände des städtischen Geld- und Pfandleihers.«[86] Auf diese Weise stiegen, laut Thomas W. Blomquist, im Lucca des 13. Jahrhunderts die Pfandleiher und Wucherer zu den größten Landbesitzern auf.[87]

Durch die Geldwirtschaft vollzog sich zunächst eine Trennung von körperlicher und ›geistiger‹ Arbeit, und diese hatte soziale Auswirkungen. »Schon ab dem Ende des 13. Jahrhunderts konnten nur diejenigen in den Lübecker Stadtrat kommen, ›die ihr Geld nicht durch Handarbeit verdienen‹. Und ab 1312 waren ›Handarbeiter‹ in Nevers von städtischen Ämtern ausgeschlossen.«[88] Da die ›Ertragsfähigkeit‹ des Kapitals vornehmlich auf seiner Immaterialität beruht, bewirkte der Abstraktionsprozess, den das Geld ab der frühen Neuzeit durchlief, auch den Aufstieg neuer sozialer Schichten. Das zeigte die Spekulation um die von John Law 1719 gegründete *Mississippi Company* (später *Compagnie d'Occident*), die Hoffnungen auf Bodenschätze in Louisiana schürte, die niemand je gesehen hatte. Der Verkauf der Aktien führte zu tumultartigen Reaktionen, und an ihr waren neben einer allmählich verarmenden Oberschicht auch aufsteigende soziale Schichten beteiligt.

Das Papiergeld, so John Galbraith, hat sowohl die Amerikanische als auch die Französische Revolution finanziert. Der Grund dafür sind nicht nur die Assignaten (Frankreich) und staatliche Schuldscheine (Amerika), sondern der Kredit überhaupt, der sich parallel zum Papiergeld ausbreitete: »Er gibt dem Mann mit Energie und ohne Geld die Möglichkeit, am Wirtschaftsleben mehr oder weniger auf gleichem Fuß mit demjenigen teilzunehmen, der über eigenes Kapital verfügt. Je leichter die Kreditbedingungen und je mittelloser die Kreditnehmer sind, desto egalisierender wirkt sich der Kredit aus. Es ist gerade diese gleichmachende Wirkung, die einen Ausgleich nach oben, nicht nach unten, bewirkt, oder wenigstens diesen Anschein vermittelt.« Galbraith, dessen Buch über das Geld 1975 erschien, fügt einen Satz hinzu, der klingt, als sei er im Jahr 2008, anlässlich der US-Immobilienkrise geschrieben: »Daher auch die erstaunliche Tendenz in den Vereinigten Staaten, neue Banken zu gründen – ein Drang, der das ganze letzte Jahrhundert und einen Teil des jetzigen hindurch gehalten hat. Daher auch die ausgeprägte, wenn auch nie zugegebene Vorliebe für ›schlechte‹ Banken. ›Schlechte‹ Banken vergaben, im Gegensatz zu ›guten‹, Kredite auch ohne Sicherheiten, also an Mittellose.«[89]

Das Geld kann auch zu sozialem Abstieg führen. John Law und viele andere, die auf hohes Risiko – Voraussetzung für den Aufstieg – setzten, starben in Armut, im Gefängnis oder nahmen sich das Leben. Dies ist »das Schicksal fast all derer, die in Geldangelegenheiten neue Wege beschreiten wollten«, kommentiert Galbraith das Phänomen lakonisch.[90] Das Geld hat seine eigene Gesetzmäßigkeit, und dieser kann sich das Individuum nur unterwerfen oder entziehen. Die eine Wahl impliziert aktive Teilhabe (bei gleichzeitiger Unterwerfung des Ich unter das Gesetz des Geldes); die andere passives Erdulden.

DIE GEMEINSCHAFT UND DAS ICH

Das Geld integriert das Individuum in die Gemeinschaft; zugleich verlangt es von ihm eine besondere Form der Individualität, die dem Gemeinwesen zunächst konträr erscheint. Es fordert vom Individuum Autonomie *und* Unterwerfung. »Das Geld drückt eine besondere Form der Vergesellschaftung, der Organisation der Lebenserhaltung aus; und zwar so, daß es diesen eigentlichen Zusammenhalt in seiner Erscheinungsform verhüllt«,[91] schreibt Rudolf Wolfgang Müller. Auch dies ist einer der Schleier des Geldes. Um zum ›Subjekt der Geschichte‹ zu werden, muss das Geld Subjekte dazu anregen, sich in seinen Dienst zu stellen und diesen Dienst als Freiheit, Autonomie und als Erfüllung des ›Ich‹ zu erleben. Der Vermehrungstrieb des Geldes muss wie der Vermehrungstrieb des ›Kapitaleigners‹ daherkommen. »Die Menschheit hat keine Freiheit der Wahl«, konstatierte Schumpeter. »Wirtschaftliche und soziale Dinge bewegen sich durch ihre eigene Antriebskraft weiter, und die bald entstehenden Situationen zwingen Individuen und Gruppen, sich in einer bestimmten Weise zu verhalten, unabhängig davon, was sie vielleicht gerne täten – zwar nicht derart, daß sie ihre Freiheit der Wahl zerstören, aber daß sie die Geisteshaltung der Wählenden formen und die Liste der Möglichkeiten, zwischen denen gewählt werden kann, verkleinern.«[92]

Diese Eigenschaft des Geldes, so sagt er, wird eines Tages dazu führen, dass das Individuum als Träger des ›kapitalistischen Geistes‹ überflüssig ist.[93] Denn dieses Individuum steht im Dienst einer höheren Macht. Laut Maxime Rodinson trägt der ›typische Kapitalist‹ weltweit dieselben Züge: Man findet bei allen »das gleiche fieberhafte Streben nach Gewinn, den gleichen nahezu asketischen Eifer in diesem Streben und andere gemeinsame Merkmale, die sich mehr oder weniger daraus ableiten. Sie waren und sind vom gleichen Dämon besessen.«[94] Schon diese Ähnlichkeit und der ›asketische Eifer‹ zeigen, dass hier eine Macht am Werke ist, die den Einzelnen, der vom ›Dämon Geld besessen ist‹, instrumentalisiert.

Das ist der Widerspruch: ›Kapitalisten‹, die mit Eifer und ›fieberhaft‹ nach individuellem Gewinn streben, stellen sich in den Dienst einer Eigengesetzlichkeit des Geldes. Dennoch empfinden sie sich als »freie, gleiche und autonome Subjekte«; sie empfinden nicht, dass sie einem »allgemeinen Subjekt, dem sich selbst bewegenden Wert unterworfen sind«. Dieses Wissen darf das Geld nicht zulassen. »Das Bewußtsein von Autonomie, Freiheit und Gleichheit muß also selbst als unvermeidliches Produkt der Bewegung des Wertes als Kapital« begriffen werden, schreibt Müller.[95] Das heißt, das Geld formt ein freies und autonomes Subjekt, das sich in seinen Dienst – den Dienst der Vermehrung – begibt, diesen Dienst aber als Dienst am Selbst wahrnimmt. Mit anderen Worten: Das Geld zieht Individuen an, die bereit sind, einen Prozess der Vergesellschaftung voranzutreiben, der in letzter Konsequenz ihre Auslöschung impliziert.

Diese Eigenschaft des Geldes, zu zerstören *und* zu ermächtigen, entspricht seinem Ursprung – aber in Umkehrung. Das Geld fordert vom Individuum die Kastration (als symbolisches Opfer) ein, bevor es ihm den Weg zur ›geistigen Potenz‹ eröffnet. Und umgekehrt: Indem sich das potente Individuum in den Dienst des Geldes stellt, gelangt es zur Selbstauslöschung. So gesehen versteht man, warum Aufklärung und freie Marktwirtschaft zur gleichen Zeit auf der Bühne der Geschichte erscheinen: Das Geld verlangt einerseits nach dem ›aufgeklärten‹ und autonomen Subjekt, andererseits aber auch nach dessen Unterwerfung unter das Gesetz der freien Marktwirtschaft. Als beides zusammenkam, war die Zeit reif für den Industriekapitalismus.

THE GREAT TRANSFORMATION

Der Soziologe und Anthropologe Karl Polanyi veröffentlichte 1944 – hundert Jahre nach Karl Marx' *Ökonomisch-Philosophischen Schriften* – ein Werk unter dem Namen *The Great Transformation,* in dem er neben den ökonomischen Faktoren auch die psychologischen, kulturellen und sozialen Auswirkungen der Idee der freien Marktwirtschaft betrachtet. Diese, so sagt er, »bedeutet nicht weniger als die Behandlung der Gesellschaft als Anhängsel des Marktes. Die Wirtschaft ist nicht mehr in die sozialen Beziehungen eingebettet, sondern die sozialen Beziehungen sind in das Wirtschaftssystem eingebettet.«[96] Anders als Marx konzentriert sich Polanyi nicht auf eine Gegenüberstellung von Ausbeutern und Ausgebeuteten; vielmehr versucht er darzustellen, wie die Grundsätze der modernen Ökonomie eine Eigendynamik entwickelten, die zum Verschwinden sozialer Institutionen führte. Er beschreibt die Entstehung von Strukturen, die nicht in Gesetz, Recht und Ritus, sondern im Einzelnen und seinem Gewinnstreben verankert sind. In einem ersten Teil stellt er diesen Prozess am Beispiel Englands dar, wo sich die Industrialisierung früher und brutaler vollzog als in Kontinentaleuropa, und er betont, dass es sich bei dem damals entstehenden sozialen Elend weniger um ein ökonomisches als um ein *kulturelles* Phänomen handelte: »Kulturkatastrophen, die breite Schichten der Bevölkerung erfassen, kommen natürlich nicht häufig vor, aber genauso selten sind verheerende Umwälzungen von der Art der Industriellen Revolution – ein ökonomisches Erdbeben, das in weniger als fünfzig Jahren riesige Massen der englischen Landbevölkerung aus seßhaften Leuten in unstete Nomaden verwandelte. […] Nicht die wirtschaftliche Ausbeutung ist in diesem Fall die Ursache des Niedergangs, wie dies oft angenommen wird, sondern der Zerfall des kulturellen Ambientes der Opfer.«[97]

Mit *The Great Transformation* bezeichnet Polanyi den Prozess, bei dem aus einer ›Gemeinschaft‹ eine ›Gesellschaft‹, bestehend aus Individuen, wird. In der Gemeinschaft gilt das Prinzip der Reziprozität und des zeremoniellen Tausches, durch das jedes Individuum in das Kollektiv eingegliedert ist und seinen Platz wie seine Verantwortung hat. Diese Sozialstruktur lässt für individuelle Fluktuation und soziale Mobilität wenig Raum, bietet dafür aber jedem Einzelnen einen sicheren Ort. »Die neuere historische und anthropologische Forschung brachte die große Erkenntnis, daß die wirtschaftliche Tätigkeit des Menschen in der Regel in seine Sozialbeziehungen eingebettet ist. Sein Tun gilt nicht der Sicherung seines individuellen Interesses an materiellem Besitz, sondern der Sicherung seines wirtschaftlichen Rangs, seiner gesellschaftlichen Ansprüche und seiner gesellschaftlichen Wertvorstellungen. Er schätzt materielle Güter nur insoweit, als sie diesem Zweck dienen.« In der auf Gegenseitigkeit beruhenden ›Gemeinschaft‹ ist diese Bestimmung so tief im Gefühl des Einzelnen verankert, dass sie gar nicht bewusst wahrgenommen wird: »Eine solche Situation muß einen ständigen Druck auf den einzelnen dahingehend ausüben, daß sein wirtschaftliches Eigeninteresse soweit aus seinem Bewußtsein eliminiert wird, daß er in vielen Fällen (aber keineswegs in allen) nicht einmal fähig ist, die Bedeutung seiner eigenen Handlungen im Sinne eines solchen Interesses zu erfassen.«[98]

In der aus vielen Individuen bestehenden ›Gesellschaft‹ dagegen handelt jeder nach dem Prinzip des Eigeninteresses. Dies gilt auch und vor allem ökonomisch. »Alle Gesellschaftsformen werden durch ökonomische Faktoren begrenzt. Aber nur die Zivilisation des 19. Jahrhunderts war in einem anderen und speziellen Sinne ökonomisch, denn sie stützte sich auf eine Motivation, die in der Geschichte der menschlichen Gesellschaftsformen nur selten als gültig anerkannt und sicherlich nie zuvor in den Rang einer Rechtfertigung des Tuns und Verhaltens im Alltagsleben gehoben wurde, nämlich das Gewinnstreben. Das System des selbstregulierenden Marktes war eindeutig von diesem Prinzip geleitet. Der Mechanismus, der durch das Gewinnstreben in Gang gesetzt wurde, war in seiner Wirksamkeit nur mit wildesten Ausbrüchen religiösen Eifers in der Geschichte zu vergleichen. Innerhalb einer Generation wurde die ganze menschliche Welt seinem kompakten Einfluß unterworfen.«[99]

Der große Transformationsprozess begann *nicht* mit der Dampfmaschine, sondern mit der Verwandlung von Grund und Boden in eine Ware, was bis dahin allen sozialen Prinzipien widersprach. »Was wir als Grund und Boden bezeichnen, ist ein mit den Lebensumständen des Menschen untrennbar verwobenes Stück Natur.« Aus Grund und Boden eine Ware zu machen, die auf dem Markt gehandelt wird, »war das vielleicht absurdeste Unterfangen unserer Vorfahren«. Die Kommerzialisierung von Grund und Boden begann vor der Agrarindustrialisierung mit der Einfriedung ganzer Landstriche, die bis dahin als Gemeinschaftseigentum betrachtet wurden: Nach dem Gesetz der Allmende hatten unvermögende Gemeindemitglieder das Recht, auf dem Dorfanger ihre Tiere weiden zu lassen, oder sie bauten landwirtschaftliche Produkte für den eigenen Bedarf an. Mit der Privatisierung des Bodens wurde dieser Bevölkerung nun sowohl die Ernährungsgrundlage als auch die kulturelle Basis entrissen. Auf die »Mobilmachung des Bodens«[100] folgte die ›Mobilisierung‹ der menschlichen Arbeitskraft, die ebenfalls dem Mechanismus des Marktes unterworfen und zur Ware gemacht wurde.[101] Die Verwandlung von Grund und Boden wie von Arbeitskraft in eine Ware schuf die Voraussetzungen für die Entstehung der freien Marktwirtschaft, für die es erforderlich war, eine »organische Gesellschaftsordnung zu liquidieren, die es nicht zulassen wollte, daß der einzelne hungerte«.[102] Als dies geschehen war, war der Weg frei für eine Ökonomie, die der Gesellschaft das individuelle Gewinnstreben als höchstes Ziel verordnete.

Anders als der Aufklärung ging der Entstehung der freien Marktwirtschaft kein großer theoretischer Entwurf voraus. »Am Vorabend der größten industriellen Revolution der Geschichte gab es keine Zeichen und Omen. Der Kapitalismus kam unangekündigt. Niemand hatte die Entwicklung einer Maschinenindustrie vorausgesagt; sie erfolgte völlig überraschend.«[103] Natürlich gab es Adam Smith, auf dessen ›Unsichtbare Hand‹ sich alle neoliberalen Ökonomen berufen, aber Smith ging immer von einer staatlich regulierten Ökonomie aus. Die Vertreter der freien Marktwirtschaft vertreten dagegen die Ansicht, »dass die Verfolgung individueller Interessen Garant der allgemeinen Harmonie sei«.[104] Doch in der Praxis funktionierte die Idee des selbstregulierenden Marktes nie; sie blieb immer im Bereich der »krassen Utopie«. »Nichts war natürlich an der Praxis des *Laissez-faire;* freie Märkte wären niemals bloß dadurch entstanden, daß man den Dingen ihren freien Lauf ließ. So wie die Baumwollfabriken – die führende Freihandelsindustrie – mit Hilfe von Schutzzöllen, Exportprämien und indirekten Lohnsubventionen geschaffen wurden, wurde sogar der Grundsatz des *Laissez-faire* selbst vom Staat durchgesetzt.« Staaten wurden mit Zentralbürokratie ausgestattet, »um die von den Liberalen gestellten Aufgaben zu bewältigen«.[105] Das heißt, der Liberalismus, der dem Sozialismus gern die Überbewertung staatlicher Instanzen vorwirft, verlangte seinerseits nach staatlichem Schutz, um sich zu realisieren. Genau das ist in jeder Finanzkrise erneut zu beobachten, wenn die öffentliche Hand einspringen muss, um das Prinzip der ›freien Marktwirtschaft‹ zu retten. Intervention und Liberalismus, so Polanyi, bilden keine Gegensätze, »denn solange das System nicht etabliert ist, müssen und werden die Liberalen ohne zu zögern nach staatlichen Eingriffen zum Zweck seiner Etablierung, und, sobald dies geschehen ist, zu seiner Aufrechterhaltung rufen«.[106]

Marx hat die Rolle des Geldes bei dieser Entwicklung in seinem Bild des veränderten Tauschsystems beschrieben: War einst Ware in Geld verwandelt worden, um den Erwerb einer neuen Ware zu ermöglichen, so verwandelte sich nun Geld in Ware mit dem einzigen Ziel, wieder zu Geld zu werden. Dieses System, so Polanyi, »entwickelte sich sprunghaft, es umfaßte Raum und Zeit und erreichte durch die Schaffung von Bankgeld eine bisher nie gekannte Dynamik«. Von dieser Bewegung »wurden alle Teile der Welt, alle ihre Bewohner und sogar die ungeborenen Generationen, die physischen Personen ebenso wie riesige, fiktive Gebilde, die sogenannten Konzerne« erfasst. Es entstand eine neue Lebensform, »die sich eine seit den Anfängen des Christentums nicht dagewesene Universalität anmaßte, nur daß diese Bewegung diesmal auf der rein materiellen Ebene stattfand«.[107]

Das Bankgeld konnte seine universelle Macht nur deshalb entwickeln, weil es sich von seiner materiellen Basis immer weiter *entfernte*. Erst das entmaterialisierte Geld verwandelte sich in eine spirituelle Macht, die über die Materie – Grund und Boden, Arbeitskraft und soziale Beziehungen – zu bestimmen vermochte. Über das gesamte 19. Jahrhundert wurde die Fiktion, dass das Geld über eine materielle Basis verfügt, durch das Festhalten am Goldstandard aufrechterhalten: dem »Glaubensbekenntnis dieser Ära«, das auf der schlichten Unterstellung basierte, »daß Banknoten deshalb Wert hätten, weil sie Gold repräsentierten. Ob das Gold selber Wert habe, weil es Arbeitsleistung verkörperte, wie die Sozialisten meinten, oder weil es nützlich und selten war, wie die traditionelle Lehre verkündete, machte in diesem Fall keinen Unterschied. Der Krieg zwischen Himmel und Hölle ließ die Geldfrage völlig außer Acht, so daß Kapitalisten und Sozialisten auf wunderbare Weise sich völlig einig waren.«[108]

Als immer mehr Länder vom Goldstandard abrückten, weil sich die Fiktion ökonomisch nicht aufrechterhalten ließ, wurde das »Versagen der Marktutopie« evident. Eine der Folgen des Zusammenbruchs, so Polanyi, war das Aufkommen des Faschismus, der mit dem Versprechen antrat, die ›Gesellschaft‹ der Individuen auszulöschen und die alte ›Gemeinschaft‹ wieder herzustellen. »Wenn es je eine politische Bewegung gab, die den Erfordernissen einer objektiven Situation entsprach und nicht das Ergebnis zufälliger Ursachen darstellte, dann war es der Faschismus.« Er versprach die Abschaffung der ›Gesellschaft‹ zum Preis demokratischer Institutionen. Der Totalitarismus trat bekanntlich in verschiedenen Regionen und in unterschiedlichen Gestalten auf. »Es gab in der Tat keine Art von Tradition religiöser, kultureller oder nationaler Art, die ein Land gegen den Faschismus immunisiert hätte, sobald die Bedingungen für sein Entstehen gegeben waren.«[109]

Es liegt nahe, dass Polanyi in seinem Werk von 1944 Faschismus und Nationalsozialismus ins Zentrum seiner Betrachtungen rückt. Hier verdichtete sich die gemeinschaftsbildende und -zerstörende Wirkmacht des Geldes. Er sah durchaus auch andere Auswirkungen der Idee der freien Marktwirtschaft – darunter die Entstehung des liberalen Staats, den er als »eine Schöpfung des selbstregulierenden Marktes« beschreibt.[110] Aber zu diesem Zeitpunkt war noch nicht zu erkennen, dass vielleicht nicht der totalitäre Staat, sondern die modernen Gesellschaften – mit ihren liberalen Gesetzen auf dem Gebiet der Marktwirtschaft wie der Sexualität – die eigentliche Langzeitfolge der freien Marktwirtschaft sein würden. Das zeigt sich etwa an der Liberalisierung der Sitten, die sich nicht nur als Emanzipation verstehen, sondern auch als Symptom für die Entstehung eines neuen – von der freien Marktwirtschaft erzeugten – Individuums lesen lässt.

STAAT UND MARKT

Adam Smiths Werk *The Wealth of the Nations* (1776), das als das Grundlagenwerk der freien Marktwirtschaft gilt, erschien in demselben Jahr, in dem die amerikanische Unabhängigkeitserklärung verfasst wurde, und wenige Jahre vor der Einführung der Republik in Frankreich. Nach dem Untergang der Monarchien werden sich zwei Prinzipien das Recht auf die Rolle des Souveräns streitig machen: der Staat und der Markt.

Die Debatten um das Verhältnis von Staat und Markt finden meistens im Anschluss an Wirtschaftskrisen oder Inflationen statt: Einige sehen in den Inflationen das Gift für Fortschritt und Wohlstand; für andere – etwa Werner Sombart – bilden sie die Voraussetzung für Perioden rapiden ökonomischen Fortschritts.[111] Dementsprechend schwanken auch die Vorstellungen über die Notwendigkeit eines Eingreifens des Staates in die Ökonomie. Im 20. Jahrhundert lautet der Name, um den diese Debatte kreist: John Maynard Keynes. Die einen halten ihn für den größten Wirtschafts- und Finanztheoretiker des 20. Jahrhunderts, die anderen sehen in ihm einen gefährlichen Agitator, weil er die Inflation ›gesellschaftsfähig‹ gemacht habe. Keynes ›erfand‹ das Konzept des staatlichen Kredits. Die öffentliche Hand sollte sich Geld leihen und damit Investitionen in Straßenbau, Bildung, Gebäudesanierungen und sonstigen Modernisierungen finanzieren. »Das richtige Heilmittel für den Konjunkturzyklus liegt nicht darin, daß wir die Aufschwünge abschaffen und somit dauernd in einer Halbstockung verharren, sondern darin, daß wir die Stockungen abschaffen und uns somit dauernd in einem Quasi-Aufschwung halten.«[112]

Gingen Adam Smith oder David Ricardo noch davon aus, dass Angebot und Nachfrage über den Preis der Güter und der Arbeit bestimmen, so sah Keynes neue, psychologische Faktoren am Werke. Ein Unternehmer produziert Güter oder ein Kapitalgeber investiert in deren Produktion, wenn Hoffnung besteht, die Güter absetzen zu können.

Keynes stellt damit die klassische Wirtschaftslehre auf den Kopf: Über wirtschaftlichen Erfolg entscheiden nicht die angebotenen Produkte, sondern die richtige Einschätzung der Wünsche der Käufer. Um diese Wünsche zu lenken, bedarf es entweder leicht zugänglicher Kredite. Oder falls es nicht genügend Unternehmen gibt, die ausreichend investieren, soll der Staat als Investor auftreten und eine öffentliche Nachfrage erzeugen.

Damit hat sich auch das Verhältnis von Staat und Geld innerhalb von zwei Jahrhunderten verändert. Für Hobbes und Bodin war das Geld – das der Bestimmung des Souveräns untersteht – ein Mittel, den Staat zu lenken und das Gemeinwesen zusammenzuhalten; sie sahen im Geld ein Instrument des Staates. Die Theoretiker des 20. Jahrhunderts debattieren über die Frage, ob der Staat dem Geld gut tut oder ihm schadet: Der Staat ist zum Instrument des Geldes geworden. Das hat Konsequenzen für die Rolle des *homo oeconomicus*.

Die für den Kredit gezahlten Zinsen, so Keynes, sind der Lohn für die Bereitschaft, Kapital in die Industrie zu investieren. »Der Fehler rührt daher, den Zinsfuß als eine Belohnung für Warten als solches statt als eine Belohnung für Nichthortung zu betrachten.«[113] Durch die Zinsen, die sogenannte »Liquiditätsprämie«,[114] wird der Finanzier oder Unternehmer »in den Dienst des Gemeinwesens zu einer angemessenen Entschädigung« genommen.[115] Indem er investiert, macht er sich um das Gemeinwesen verdient. Bei Max Webers Kapitalisten führte der Genussverzicht zur Akkumulation des persönlichen Kapitals; bei Keynes wird der Genussverzicht zum Herzschrittmacher der Nationalökonomie. Dieser Gedanke schließt an den Ursprung des Geldes aus dem Opfermahl an, nur dass der Einzelne als Gratifikation, statt der Anteile am Opfermahl, Zinsen erhält. In Griechenland stellte die Teilnahme am Opfermahl »die Entlohnung dar für Dienste, die dem Staat geleistet werden«. Sie war »ein Symbol des Bürgerrechts«.[116] Bei Keynes wird die Investition zum Dienst am Staat.

Es ist wiederholt bemerkt worden, dass Keynes' Idee der Wirtschaftsbelebung durch Kreditaufnahmen der öffentlichen Hand in keinem Land konkreter umgesetzt wurde als in Nazideutschland. Die nationalsozialistische Wirtschaftspolitik, so der Keynes-Anhänger John Kenneth Galbraith, »enthielt Staatsanleihen in großem Umfang für Aufträge der öffentlichen Hand, und zwar zunächst für Arbeiten auf dem Zivilsektor – für den Bau von Eisenbahnen, Kanälen und Autobahnen. Diese Maßnahmen gingen der Arbeitslosigkeit wirkungsvoller zu Leibe als in irgendeinem anderen Land. Bereits 1935 war die Arbeitslosigkeit in Deutschland praktisch beseitigt. ›Hitler hatte ein Mittel gegen die Arbeitslosigkeit gefunden, bevor Keynes seine Erklärungen zu Ende geführt hatte, warum es überhaupt Arbeitslose gab.‹«[117] Keynes' Vorschläge, so folgerte man daraus, eignen sich besonders gut für geschlossene Gemeinschaften mit einem abgeschotteten

Wirtschaftskreis. Als es jedoch 2008/09 zu einer globalen Wirtschaftskrise kam, sahen die Initiativen der Industriestaaten ganz ähnlich aus: Verstaatlichung von Banken, Konjunkturspritzen mit Mitteln der öffentlichen Hand. Die US-Regierung steckte Staatsgelder in zwei der wichtigsten Banken – Fanny Mae und Freddy Mac (die beide noch am Tag des bailouts von den Rating Agenturen mit Triple A beurteilt worden waren); und sie übernahm eine Mehrheit im größten Autounternehmen, General Motors. In Deutschland wurden Opel und andere Unternehmen unter die Fittiche des Staates genommen, und der Staat wurde Hauptaktionär mit Vetorecht in der Bank Hypo Real Estate. Die geplante Privatisierung der Deutschen Bahn wurde erst verschoben und im Januar 2011 ganz abgesagt. Diese Entwicklung vollzog sich nicht in einem geschlossenen Wirtschaftskreis, sondern im Rahmen einer rasanten Internationalisierung von Wirtschaftsmärkten. Das lässt eigentlich nur zwei Schlussfolgerungen zu: Entweder sollten durch diese Maßnahmen ›abgeschottete Wirtschaftskreise‹ geschaffen werden; oder aber die globale Wirtschaft ist dabei, zu einem einheitlichen Wirtschaftssystem zusammenzuwachsen. Eine Währung nach globalem ›Nomos‹ wurde auch prompt von der chinesischen Regierung gefordert.[118]

Bis heute kreist die Kapitalismusdebatte um die Frage, ob Keynes recht hatte oder nicht. In der Realität wurde seine Theorie schon längst von der ökonomischen Praxis überholt: Er sprach sich immer nur für Staatsausgaben und -investitionen aus. Keineswegs schwebte ihm ein Staats*eigentum* vor, wie es nach mehr oder weniger jeder Finanzkrise Wirklichkeit wird. Damit stellt sich aber erst recht die Frage, ob das Geld nun eigentlich dem Staat oder dem Markt ›gehört‹. Und eng damit verbunden: Wer ist eigentlich der Souverän?

FREI FLOTTIERENDES GELD

Seit den ersten Börsen und Banken wandert das Geld zwischen den beiden Polen Gemeinwesen und Markt hin und her. Im 17. Jahrhundert zirkulierte an großen Handelsplätzen wie Amsterdam eine Fülle von verschiedenen Münzen. Deshalb wurde 1609 eine Bank gegründet; die Stadt Amsterdam übernahm die Garantie. Diese Bank nahm ausländisches Geld und abgegriffene oder gefälschte Münzen zu ihrem Metallwert an, schmolz sie ein und gab neue Münzen aus. Nun war aus Falschmünzen kein Profit mehr zu schlagen. Gleichzeitig war so eine öffentliche Bank entstanden. Sie begleitete auch anderswo die Entstehung der Nationalstaaten.

Das leuchtende Beispiel einer nationalen Bankeinrichtung war die Bank of England, die 1694 gegründet wurde. Es handelte sich um eine Bankgesellschaft unter königlicher Charta mit einem Kapital von 1 200 000 Pfund, die als Anleihen verkauft wurden. Der König sollte die Gesamtsumme als Kredit erhalten, und die Regierungsgarantie sollte wiederum als Sicherheit für die Notenausgabe in gleicher Höhe dienen. Mit der Bank of England entstand ein Instrument, mit dem der Staat die nationale Wirtschaft leiten und die Preisentwicklung beeinflussen konnte. »Die Bank of England ist in jeder Hinsicht für das Geld, was der Petersdom für den christlichen Glauben darstellt«, schreibt Galbraith. Der Vergleich ist aufschlussreich, verweist er doch auf den Tempel zurück – und tatsächlich ahmen, wie im ersten Kapitel beschrieben, nicht nur die Bank of England, sondern auch alle Banken und Börsen des 19. Jahrhunderts in ihrer Architektur den griechischen Tempel nach. Hier herrschte also noch der Staat (oder die Nation), und das Geld wurde nach einem ganz ähnlichen Modell legitimiert, wie es im antiken Griechenland der Fall war. Der heutige »Glanz um das Geld«, so Galbraith, ist ein »Vermächtnis der Bank von England«.[119] Die lehnte sich ihrerseits an den ›Glanz‹ an, den die Priester der Antike hinterließen.

Keine 100 Jahre nach ihrer Gründung war die Bank of England fast die einzige Notenbank in England. Die daneben existierenden Privatbanken wurden zu Depositenbanken. Wenn diese Kredite gewährten, weiteten sich die Einlagen, nicht der Notenumlauf. Die Verwendung von Schecks wurde üblich.[120] Für ihre Sicherheit verließen sich alle anderen Banken auf die Bank of England, von der es abhing, »ob England solvent ist oder nicht«. Weil sie die einzige Reserve des Landes darstellte, wurde die Bank of England fast identisch mit der englischen Nation. »Weder die Bank noch das Banking Department sind je auf die Idee gekommen, dass sie ›liquidiert‹ werden könnten; ebenso gut könnte man in den Augen der meisten Menschen die englische Nation ›abwickeln‹.«[121] Die Noten der Bank of England konnten in Gold oder Silber eingetauscht werden. Erst im Jahr 1797, als man in England eine Invasion aus Frankreich befürchtete, wurde dieses Recht aufgehoben – mit dem Erfolg, dass das Hartgeld verschwand, weil die Leute die Noten weitergaben, an Gold und Silber aber festhielten: Das Gresham'sche Gesetz griff mal wieder. Daraufhin beschloss die Bank, auf spanische Beutemünzen zurückzugreifen: Über den Kopf des spanischen Monarchen wurde der des britischen Herrschers Georg III. geprägt – und schon hatte das Geld wieder nationalen Status. Nach dem Modell der Bank of England entstand 1800 die Banque de France. 1875 wurde aus der Preußischen Bank die Reichsbank. Der Goldstandard trug dazu bei, dass das Geld ›national‹ abgesichert blieb.

Mit der Industrialisierung begann der Markt, seine Rechte einzufordern. Es kam zu einer allmählichen Lockerung des Goldstandards. Doch die wirkliche Ablösung des

Geldes aus dem nationalen Kontext vollzog sich erst in der zweiten Hälfte des 20. Jahrhunderts. Anfang der 1970er Jahre wurde sowohl der Goldstandard als auch die 1944 in Bretton Woods festgelegte Weltwährungsordnung, laut der die Währungen in einem festen Verhältnis zueinander stehen und der Dollar als Leitwährung dient, endgültig aufgegeben. Seitdem hat es die Weltwirtschaft mit frei flottierenden Währungen zu tun, wodurch sich die Wirtschaft immer mehr der Kontrolle der einzelnen Staaten entzieht. Die Aufkündigung der Bestimmungen von Bretton Woods hatte eine längere Inflationsphase zur Folge, die die Debatte über das Verhältnis von Geld und Staat neu anheizte.

In dieser Situation stiftete die schwedische Reichsbank einen Nobelpreis für Wirtschaftswissenschaften, der 1968 zum ersten Mal vergeben wurde. Die Reichsbank verfolgte mit diesem Preis zunächst das Ziel, Wirtschaftswissenschaftler zu ehren, die eine Privatisierung des Geldmarktes befürworteten. Das ist für eine Reichsbank an sich schon erstaunlich, zeigt aber, wie groß damals die Hoffnungen waren, die man in ein vom Markt bestimmtes Geldwesen setzte. Einer der ersten Preisträger (1974) war Friedrich von Hayek, dessen Buch *Die Entnationalisierung des Geldes* denn auch kurz nach der Verleihung des Preises erschien. Er war strikter Anti-Keynesianer, gegen jeden Eingriff des Staates in die Geldpolitik und kann als einer der prominentesten Befürworter einer Privatisierung des Geldsektors gelten.

Hayek schlug vor, den Regierungen das Notenmonopol zu entziehen. »Die bisherige Instabilität der Marktwirtschaft ist eine Folge davon, daß der wichtigste Regulator des Marktmechanismus, das Geld, seinerseits von der Regulierung durch den Marktprozeß ausgenommen wurde.« Inflationen waren für ihn die Konsequenz des staatlichen Währungsmonopols und lassen sich aufhalten, »sobald man sich von dem allgemein – allerdings stillschweigend – angenommenen Credo befreit, ein Land müsse von seiner Regierung mit einer eigenen, speziellen und exklusiven Währung versorgt werden«. Befürwortern des staatlichen Währungsmonopols, die befürchteten, dass es bei einer Privatisierung eher zu einer Restriktion als zu einer Ausweitung des Geldangebots kommen würde, antwortete er: »Sie hatten offenbar nicht erkannt, daß uns die Regierungen in stärkerem Maße als irgendeine private Unternehmung mit dem *Schwundgeld* versorgt hatten, das von Silvio Gesell empfohlen wurde.«* In seine Forderung nach einem Ende monetärer Regulierung durch den Staat schloss Hayek auch das Zinsmonopol ein.[122]

---

* Silvio Gesell (1862–1930) war Unternehmer und Nationalökonom, der in seinem 1911 erschienenen Buch *Die natürliche Wirtschaftsordnung durch Freiland und Freigeld* vorschlug, die Inflation, deren katastrophale Folgen er in Südamerika erlebt hatte, dadurch zu bekämpfen, dass das Geld dem Zyklus der Natur mit ihrem Gesetz der Vergänglichkeit angepasst wird. Ebenso wie natürliche Stoffe solle es ›rosten‹, also seinen Wert verlieren, wenn es nicht innerhalb einer vorgeschriebenen Zeit weitergegeben wird und so seinen eigentlichen Zweck erfüllt: einen Ersatz für die Zirkulation von Waren, statt dass es über die Waren selbst bestimmt.

Entgegen der Forderung nach dem ›Einen-Reserve-System‹[123] sollten »alle Banken ihre eigene Reserve halten«. Mit den Zentralbanken sollte auch deren Bestimmung über den Zinssatz verschwinden; dieser sollte vielmehr dem freien Markt überlassen bleiben.[124]

Für Hayek basiert der Grund, warum die Menschen, trotz wiederkehrender Depressionen und Arbeitslosigkeit, immer wieder an das nationale Geld glauben, auf der illusionären Hoffnung, dass die Inflation Arbeitslosigkeit verhindern hilft. »Der heutigen Expansion des Staates wurde größtenteils dadurch Vorschub geleistet, daß es ihm möglich war, Defizite durch Geldschaffung zu decken – und dazu meist unter dem Vorwand, dadurch Beschäftigungsmöglichkeiten zu schaffen.« In Wirklichkeit sind Inflation und Arbeitslosigkeit aber »eine Konsequenz des uralten Regierungsmonopols der Geldemission«. Die Vorstellung, dass die Inflation Arbeitslosigkeit beheben kann, erzeugt wiederum einen großen Druck auf politische Instanzen, so dass diese – auch zum Preis einer späteren höheren Arbeitslosigkeit – immer wieder neues Geld in Umlauf bringen.[125]

Hayek zweifelte nicht daran, dass das private Unternehmertum, »wäre es nicht von Regierungen daran gehindert worden«, schon längst eine Auswahl freier Währungen auf den Markt gebracht hätte, die ihren Dienst besser als die staatlichen Währungen erfüllen würden – allein durch den Wettbewerb zwischen den Institutionen. Er äußerte Zweifel an der Fähigkeit von Regierungen (»im allgemeinen ›Staat‹ genannt, damit es besser klingt«), den Geldmarkt zu regulieren. »Keine Behörde kann im vorhinein feststellen, sondern nur der Markt kann entdecken, was die ›optimale Geldmenge‹ ist.«[126]

Hayek gehörte zu den prominentesten Vertretern der Vorstellung, dass das Geld dem Markt gehört. Für ihn entstanden die Probleme der Inflation, seitdem die Aufgabe der Regierungen nicht mehr »nur im Bestätigen von Gewicht und Feingehalt eines bestimmten Metallstücks liegt, sondern eine wohlüberlegte Entscheidung über die Menge des in Umlauf zu bringenden Geldes mit einschließt«.[127] Die Aufgabe des Staates bestand aber nie einzig in der Bestätigung des Edelmetallgehaltes einer Münze, sondern in der Beglaubigung des zeichenhaften Geldes. Je abstrakter das Geld wurde, desto wichtiger wurde diese Beglaubigungsform. Da aber nicht nur das Geld, sondern auch der Staat als Gemeinschaft seine Beglaubigung vom Opfer ableitet – Kantorowicz hat das an der Analogie von Christus und Staatsoberhaupt dargestellt: »Es ist richtig, dass der Mensch stirbt, aber der König kann nicht sterben: Das Bild Gottes ist unsterblich.«[128] –, entgeht ihm der Zusammenhang von staatlicher und monetärer Glaubwürdigkeit. Zu Beginn der Neuzeit war die Vorstellung von der Unsterblichkeit des Herrschers auf die Nation übergegangen, die so letztlich zu einer Opfergemeinschaft wurde.

Ökonomen der Freien Marktwirtschaft wie Hayek, so Orléan, glauben, dass sich das Geld vom Gesetz der Gemeinschaft frei machen kann und demselben Gesetz unterworfen sei wie der Warentausch mit Angebot und Nachfrage. Sie übersehen dabei die gemeinschaftsbildende Funktion des Geldes, auf der zugleich seine Glaubwürdigkeit beruht. Hayek sei ein Beispiel unter vielen, wie wenig die ökonomische Theorie die Funktionsweise des Geldes erkennt.[129]

Hayeks Vorstellungen waren repräsentativ für eine bestimmte Epoche und deshalb einflussreich. Aber man kann sich fragen, ob er auch nach der Spekulationsblase von 2008 so leidenschaftlich für die Entnationalisierung des Geldes eingetreten wäre. In den deregulierten Jahren vor der Finanzkrise von 2008 brachte das freie Finanzunternehmertum mit seinen Derivaten tatsächlich eine Fülle eigener ›Währungen‹ in Form von Finanztiteln auf den Markt, die sich über die Grenzen der nationalen Währungen hinwegsetzten. Sie führten zum Finanzkollaps. Hayek hatte für die Sicherheit privater Währungen auf den Wettbewerb gesetzt. »In der Tat würden Tausende von Spürhunden den unglücklichen Bankier verfolgen, der die sofortigen Anpassungen versäumte, die zur Sicherstellung des verbürgten Wertes seines Geldes notwendig gewesen wären.«[130] Bei der Krise von 2008 war von diesen ›Spürhunden‹ weit und breit nichts zu sehen. Der Handel mit unterwertigen Papieren unter den Bedingungen der freien Marktwirtschaft ist für das freie Unternehmertum eine mindestens ebenso große Verlockung wie die Geldabwertung für staatliche Institutionen zur Regulierung nationaler Probleme.

DIE ANGLEICHUNG VON STAAT UND PRIVATWIRTSCHAFT

Andererseits gibt es in den letzten 200 Jahren, also seit der Einführung des Papiergeldes, auch ein Anwachsen des staatlichen Sektors. Für die Jahrzehnte nach dem Zweiten Weltkrieg, als die Währungen allmählich zu flottieren begannen, beobachtet Hayek sogar eine »sensationelle Zunahme der Staatsausgaben, wobei Regierungen in manchen westlichen Ländern bis zu mehr als die Hälfte des Volkseinkommens für kollektive Zwecke beanspruchen«. Diese Tendenz wird noch durch die Annahme verstärkt, »eine staatliche Rente für die *einzige* vertrauenswürdige Altersversorgung zu halten, da die Erfahrung zu zeigen scheint, daß ihr Realwert von den Regierungen gezwungenermaßen aus politischer Zweckmäßigkeit heraus aufrechterhalten oder sogar angehoben wird«.[131] Tatsächlich haben bei der Hypotheken- und Finanzkrise von 2008/2009 viele Menschen mit privater Altersversorgung einen Großteil oder sämtliche Rücklagen verloren. Das gilt vor allem für die USA. Insofern ist es absehbar, dass der Ruf nach einer durch den Staat gesicherten Rente erneut zunimmt: Die Privatisierung der Deutschen Post führte dazu, dass die Pensionen der Postbeamten vom Staat übernommen wurden; und die erste Forderung, die die Firma Magna für die Übernahme von Opel (kein ehemaliger Staatsbetrieb) stellte, war ebenfalls die Übernahme der Altersversorgung der Angestellten durch den deutschen Staat.

Was bedeutet diese Entwicklung für die Zugehörigkeit des Geldes? John Kenneth Galbraiths Buch *Geld. Woher es kommt, wohin es geht* erschien fast zeitgleich mit dem von Hayek. Auch er spricht von der »Unbrauchbarkeit der monetären Politik«,[132] ist zugleich aber deklarierter Anhänger der Theorien von Keynes zu staatlichen Investitionen. Er beobachtet eine zunehmende Angleichung von Staatswesen und Privatwirtschaft – und darauf verweisen in der Tat einige Phänomene, heute noch deutlicher als in den 1970er Jahren. Nach der Depression von 1929 war innerhalb von drei bis vier Jahren die Hälfte aller US-Banken verschwunden.[133] Der Finanzkrise von 2008/09 folgte ebenfalls ein großes Bankensterben, doch dieses Mal griffen die Industrieländer ein. Als Lehman-Brothers 2008 Insolvenz anmeldete, nannte es *Der Spiegel* den »Jahrhundertfehler«, diese Bank nicht mit staatlichen Mitteln gerettet zu haben.[134] In den USA, Deutschland, Großbritannien und anderen Industrieländern wurde 2008 neues Geld *geschaffen,* um kränkelnde Banken zu retten oder Bürgschaften für sie zu übernehmen. Abgesehen von der darauf unvermeidlich folgenden Inflation bedeutet dies eine zunehmende Überlagerung von Privatwirtschaft und Gemeinwesen, und diese Entwicklung ist nicht nur die Folge einer Staatspolitik, die sich ins Privatgeschäft drängt, sondern auch der Marktwirtschaft, die in den Staat drängt.

Darauf macht John Kenneth Galbraith in seinem Buch *Die Ökonomie des unschuldigen Betrugs. Vom Realitätsverlust der heutigen Wirtschaft* aufmerksam. Es erschien 2004, wenige Jahre vor seinem Tod.[135] »Bürokratie«, so schreibt er, ist ein Schimpfwort, das das freie Unternehmertum nur auf den Staat anwendet, um den Gegensatz zur Marktwirtschaft hervorzuheben. In Wirklichkeit sind aber die Leitungsfunktionen von großen Unternehmen »auf ein angestelltes Management – und das heißt auf eine Bürokratie – übergegangen«. Auch mittlere Unternehmen sind inzwischen auf Teams angewiesen, und deren Zusammenarbeit erfordert selbstverständlich eine Infrastruktur, die der von staatlichen Behörden ähnlich ist. »Der Unternehmenserfolg ist das Kind gemeinsamer Bemühungen, allgemeiner und spezieller Kenntnisse, des Durchsetzungsvermögens, der Motivation durch finanzielle Anreize und eines ausgeprägten Überlebens-, Führungs- und Siegeswillens.«[136] Der Typus des Unternehmers, dem Rodinson noch das »fieberhafte Streben nach Gewinn« nachsagte, wird heute also von einem Managertyp abgelöst, der mit einem ›Apparat‹ umzugehen versteht: vergleichbar den Staatsbeamten. Andersherum bemüht sich der Staat um eine neuliberale Gouvernementalität, »die es nicht etwa auf Laissez-Faire, sondern auf die ständige Umsorgung und ›Kultivierung‹ des Marktes anlegt«.[137] Das heißt, die Marktwirtschaft passt sich dem staatlichen Sektor an; während sich der Staat am Modell der freien Marktwirtschaft orientiert.

So erklärt es sich, dass die Privatwirtschaft inzwischen »eine beherrschende Stellung im öffentlichen Sektor [hat]. Es wäre besser, dies offen zuzugeben.« Für das US-Verteidigungsministerium beobachtet Galbraith im ersten Jahrzehnt des 21. Jahrhunderts eine »massive Unterwanderung […] durch nominell privatwirtschaftliche Unternehmen«.[138] Es gibt also nicht nur eine *Angleichung,* sondern auch eine faktische *Überlagerung* von Privatwirtschaft und Staatswesen. Für Deutschland stellt die Bundesbahn, die dem Staat gehört, aber marktwirtschaftlich funktioniert, ein ähnliches Beispiel dar. Die Finanzkrise von 2008/2009 hat diese Tendenz noch verstärkt: Die Industriestaaten haben – einzeln oder gemeinsam über den IWF – mit der Schöpfung von staatlichen Bad Banks, der Übernahme von Finanzinstituten (Fanny Mae, Freddy Mac, Royal Bank of Scotland, Lloyds Banking Group, IKB, Hypo Real Estate, um nur einige zu nennen) und staatlichen Investitionen in Privatunternehmen reagiert. Faktisch führt jede Krise des Kapitalismus zu einem Anwachsen des öffentlichen Sektors in der Ökonomie.

Mit dieser Entwicklung erklärt sich auch *Das befremdliche Überleben des Neoliberalismus,* das der britische Politikwissenschaftler Colin Crouch nach der Finanzkrise von 2008 konstatiert. Er macht es unter anderem am Beispiel der US-Gesundheitsrefom von 2010 fest.[139] Um eine staatliche Versicherung zu verhindern, hatten amerikanische Krankenversicherer, Krankenhäuser, Pharmakonzerne auf jedes Kongressmitglied sechs Lobbyisten angesetzt und insgesamt 380 Millionen Dollar ausgegeben. Unter ihrem Druck wurde aus dem Plan einer gesetzlichen Krankenversicherung schließlich die Verpflichtung jedes Amerikaners, eine private Krankenversicherung abzuschließen. Einkommensschwache erhalten Subventionen vom Staat. »So werden Privatunternehmen staatlich subventionierte Zwangskunden zugetrieben.« Das erklärt, dass Großkonzerne nicht mehr in Konkurrenz zum Staat stehen: Sie instrumentalisieren diesen für ihre Gewinne. »Universelle öffentliche Dienste, die vom Staat, nicht vom individuellen Nutzer, finanziert werden, sind wunderbar sichere Märkte für auf Staatsaufträge spezialisierte Firmen.« So ist es auch nur konsequent, dass – im Gegensatz zum früheren politischen und ökonomischen Credo des Liberalismus, der im Staat seinen größten Feind sah – der Neoliberalismus »enge Beziehungen zwischen Staat und Unternehmen für vollkommen unproblematisch hält, sofern nur letztere diese Beziehungen dominieren«.[140] Der neue Liberalismus bezieht aus der Nähe zum Staat sogar seinen Optimismus, hatte doch die Finanzkrise von 2008/2009 die Annahme der Händler bestätigt, »daß die Staaten der Welt einen Zusammenbruch des Systems nicht zulassen und alle auf den übermäßigen Handel zurückgehenden Verluste ausgleichen würden«. Damals gelang es den Banken, »ihre Gewinne zu privatisieren und ihre Verluste zu vergesellschaften«, und heute wissen sie, »daß der Staat sie raushauen wird und bereit ist, ihre Rettung mit Kürzungen im öffentlichen Dienst zu finanzieren. Sie gehen jetzt höhere Risiken ein als vorher.« Crouch folgert daraus, dass die Gegenüberstellung von Staat und Markt vollkommen unsinnig geworden ist: »Erstens weil die neoliberale Rechte, wenn sie ›Markt‹ sagt, in Wahrheit ›Großkonzern‹ meint. Und zweitens weil der Staat, in dem die Linke so lange ein Gegengewicht zur Macht des Marktes und der Unternehmen sah, heute zumeist auf Seiten der Großkonzerne steht, ganz gleich, welche Partei gerade die Regierung stellt.«[141] In der Überlagerung von Privatwirtschaft und Staat spiegelt sich die oben beschriebene Paradoxie wider, dass das Geld einerseits nach einem autonomen Subjekt verlangt, dieses andererseits aber seinen Zwecken unterwirft. Auf ähnlich paradoxe Weise pocht auch die Privatwirtschaft auf ihre ›Unabhängigkeit‹, während sie zunehmend bestrebt ist, ihre Gewinne auf dem staatlichen Sektor zu machen.

Unter dem Einfluss dieser Entwicklung, so der US-amerikanische Wirtschaftswissenschaftler James Kenneth Galbraith (Sohn von John), hat sich seit den 1970er Jahren ein Wandel konservativer Einstellungen vollzogen: »War damals die Wahrung öffentlicher Interessen das Ziel der konservativen Wirtschaftspolitik, so wird jetzt die staatliche Macht missbraucht, um die Interessen einer ganz kleinen Elite insbesondere im Bereich der Finanzwirtschaft durchzusetzen. Ich nenne das ›Predator State‹, den Staat im Dienst des Räuberkapitalismus.«[142] Zur Abwendung des Konkurses von Griechenland, so Galbraith, stellen die Europäische Union und der IWF die falschen Bedingungen: »Man verlangt einen aggressiven Ausverkauf alles staatlichen Eigentums von der Stromversorgung bis zu den Hochschulen.« Die Troika und der IWF gebärden sich als »dogmatische Vertreter der Gläubigerinteressen«, wo es um die Interessen der Schuldner geht. Sein Fazit: »In der Welt, in der wir wirklich leben, wird jedes, aber auch wirklich jedes individuelle ökonomische Handeln von einem Regelwerk eingerahmt, das staatlichem Handeln entspringt. Die Effizienz dieser Regeln macht die Welt überhaupt erst bewohnbar und den Markt möglich.« Niemand würde ein Flugzeug besteigen, frisches Gemüse kaufen oder sein Geld einer Bank anvertrauen, wenn er nicht wüsste, dass es ein Regelwerk für diese Angebote gibt. »Jeder Bereich unserer komplexen Wirtschaftsaktivitäten bedarf staatlicher Regulierung. Wenn diese Regeln sabotiert oder außer Kraft gesetzt werden, sind Unternehmen nicht etwa plötzlich frei und können tun, was sie wollen, die Märkte selbst brechen zusammen.«[143]

Die Angleichung von Markt und Staat wird noch verstärkt durch die Vereinheitlichung der Währungen. 1976 hielt Hayek das Vorhaben einer europäischen Währung für einen »utopischen Plan«, der letztlich »die Wurzel allen monetären Übels – das

Regierungsmonopol bei Emission und Kontrolle des Geldes – nur noch stärker veran-kern würde«.[144] Milton Friedman war noch 1996 der Ansicht: »Dass eine Nation wie Frankreich, die so bedacht ist auf ihre nationale Souveränität, permanent auf seine monetäre Autonomie verzichtet, scheint mir wenig glaubwürdig.«[145] Inzwischen ist der ›utopische Plan‹ Realität geworden, und es werden schon die ersten Überlegungen zu einer weltweiten Einheitswährung angestellt.

Eine unvermeidliche Folge dieser Entwicklung scheinen Inflationen zu sein. Allerdings können viele Ökonomen diesen, in Anlehnung an Keynes, auch positive Seiten abge-winnen: Eine begrenzte Geldentwertung habe immer schon zur Steigerung des Wohl-stands beigetragen. Diese Steigerung hat Thomas McCraw beziffert und als »*kumulative Kraft des Kapitalismus*« bezeichnet: »Auf sehr lange Sicht betrachtet – sagen wir: in den tausend Jahren bis zum Anbruch des 18. Jahrhunderts –, verdoppeln sich die Privatein-kommen in Westeuropa ungefähr alle 630 Jahre. Nach der Ausbreitung des modernen Kapitalismus jedoch begannen sie, sich alle 50 oder 60 Jahre zu verdoppeln. In den Ver-einigten Staaten verdoppeln sie sich alle 40 Jahre und in Japan, wo diese Entwicklung später einsetzte und wo man vom europäischen und amerikanischen Beispiel profitierte, alle 25 Jahre.«[146] Allerdings unterschlägt McCraw bei dieser Rechnung einen wichtigen Aspekt: Die von ihm beschriebene Beschleunigung der Einkommensverdoppelung be-ginnt mit dem Papiergeld und ist die Folge einer zunehmenden Abstraktion des Geldes. Diese erhöhte wiederum die Anfälligkeit des Geldes, das nun immer häufiger neu be-glaubigt werden muss. Um mit diesem Widerspruch umzugehen, kommt das Wirt-schaftsmodell der ›kreativen Zerstörung‹ wie gerufen.

KREATIVE ZERSTÖRUNG

Der Wirtschaftstheoretiker Joseph A. Schumpeter hat die paradoxen Entwicklungen des Kapitalismus früh ausgemacht. In seinen Theorien spielt auch die religiöse Dimension der Geldwirtschaft, die sonst selten in den Wirtschaftswissenschaften aufscheint, eine Rolle. Schumpeter kam aus Wien und lehrte von 1932 bis zu seinem Lebensende 1950 in Harvard. Als Nationalökonom konkurrierte er zeitlebens mit John Maynard Keynes. In Harvard fand er zunächst – wegen der Erfahrungen, die er mitbrachte – großen An-klang: Er hatte die große Inflation nach dem Ersten Weltkrieg in Wien erlebt. Doch als 1936 Keynes' *Allgemeine Theorie der Beschäftigung, des Zinses und des Geldes* erschien, wurde Harvard nicht nur zum »Zentrum der Keynesianischen Nationalökonomie in den Vereinigten Staaten«, sondern auch der Ort, von dem aus Keynes' Ideen in die ganze

Welt verbreitet wurden.[147] Zu den Kollegen von Schumpeter, die zu Keynes ›überliefen‹, gehörte auch John Galbraith. Schumpeters Gegenwerk zu Keynes, *Business Cycles,* erschien erst 1939. Da hatten Keynes' Ideen längst Harvard und die USA erobert. Die wichtigsten – und nachhaltigsten – Werke von Schumpeter erschienen in den 1940er Jahren. Als er 1950 starb, hinterließ er ein beachtliches Oeuvre, das zum Teil erst nach seinem Tod veröffentlicht wurde.

In seinem zweibändigen Werk *Business Cycles* versuchte Schumpeter dem Phänomen der Wirtschaftszyklen nachzugehen, die er für den Zeitraum vom späten 18. Jahrhundert bis in die 1930er Jahre untersuchte.[148] Der historische Blick auf die Nationalökonomie sollte sein ganzes Werk durchziehen und wurde zum Leitgedanken seines letzten (unvollendeten) Werks, *Geschichte der ökonomischen Analyse.*[149] Sein einflussreichstes Werk ist jedoch das 1942 veröffentlichte und in 16 Sprachen übersetzte Buch *Kapitalismus, Sozialismus und Demokratie*. Die zweite Auflage erschien 1947 und enthielt ein zusätzliches Kapitel über ›Die Folgen des Zweiten Weltkriegs‹. Mit der dritten Ausgabe von 1950 kam der Durchbruch: Der Kalte Krieg hatte (nach dem Nationalsozialismus) der Welt klar gemacht, dass die Konkurrenz von Kapitalismus und Sozialismus mehr als ein Gedankenspiel war.

In *Kapitalismus, Sozialismus und Demokratie* beschreibt Schumpeter das Ineinandergreifen von Innovation und Untergang im Kapitalismus: »Die Eröffnung neuer, fremder oder einheimischer Märkte und die organisatorische Entwicklung vom Handwerksbetrieb und der Fabrik zu solchen Konzernen wie U. S.-Steel illustrieren den Prozeß einer industriellen Mutation – wenn ich diesen biologischen Ausdruck verwenden darf –, der unaufhörlich die Wirtschaftsstruktur *von innen heraus* revolutioniert, unaufhörlich die alte Struktur zerstört und unaufhörlich eine neue schafft. Dieser Prozeß der ›schöpferischen Zerstörung‹ ist das für den Kapitalismus wesentliche Faktum.«[150] Der Begriff der ›schöpferischen Zerstörung‹ wird zum Leitmotiv seiner Kapitalismus-Analyse und gilt als sein »zentrales Vermächtnis«.[151]

Schumpeter war einerseits der Überzeugung, »der kapitalistische Prozeß erhöht progressiv den Lebensstandard der Massen, und zwar nicht durch einen bloßen Zufall, sondern kraft seines Mechanismus«.[152] Andererseits sah er aber auch seine Menschenleben zerstörende Macht. Er hielt dies jedoch für eine notwendige Begleiterscheinung, die eines Tages auch den Kapitalismus selbst treffen würde: Schon in einem Aufsatz von 1928 hatte er im Kapitalismus »eine Tendenz zur Selbstzerstörung aus inneren ökonomischen Gründen« konstatiert,[153] die paradoxerweise seiner Effizienz geschuldet sei, zugleich aber auch zu seiner Überwindung führe: »Der Kapitalismus schafft, während er wirtschaftlich stabil ist und noch an Stabilität gewinnt, durch die Rationalisierung des menschlichen Verstandes eine Geistesverfassung und einen Lebensstil, die mit seinen eigenen fundamentalen Voraussetzungen, Motiven und sozialen Institutionen unvereinbar sind; er wird deshalb, ohne eine ökonomische Notwendigkeit und wahrscheinlich sogar auf Kosten des wirtschaftlichen Wohlstandes, in eine Ordnung umgewandelt werden, die Sozialismus zu nennen nicht alleine eine Frage des Geschmacks oder der Terminologie sein wird.«[154]

Schon in den 1920er Jahren hatte Schumpeter begonnen, an einem Buch über das Geldwesen zu schreiben. Er bezeichnete den Geldmarkt als »das Hauptquartier der kapitalistischen Wirtschaft«.[155] Im Laufe seines Lebens nahm er dieses Manuskript mehrfach wieder auf, ohne es je abzuschließen. 1930 schrieb er einem Freund, er habe sein Geldbuch wieder aufgegriffen und arbeite daran »Tag für Tag wie ein wilder Stier«.[156] Das Buch erschien posthum und beginnt mit der Überlegung: »Das oft leidenschaftliche, stets große Interesse, das den praktischen Fragen des Geldwesens und des Geldwerts gilt, erklärt sich ja nur daraus, daß sich im Geldwesen eines Volkes alles spiegelt, was dieses Volk tut, erleidet, *ist,* und daß zugleich vom Geldwesen eines Volkes ein wesentlicher Einfluß auf sein Wirtschaften und sein Schicksal überhaupt ausgeht.«[157] Er sah also deutlich den Zusammenhang zwischen Geld und Gemeinwesen, und nicht durch Zufall setzte er sich im Laufe seines Lebens immer nachdrücklicher für eine Wirtschaftswissenschaft ein, die jene Fächer berücksichtigt, die für das Verstehen des Gemeinwesens relevant sind: vor allem die Soziologie und die Geschichte. »Keiner sollte glauben, daß er ökonomische Phänomene irgendeiner, auch der heutigen Zeit nur ansatzweise begreifen kann, wenn er nicht eine angemessene Kenntnis historischer Tatsachen und eine gute Portion historischen Gespürs besitzt oder was man *historische Erfahrung* nennt.«[158]

Zeigte sich Schumpeter in seinem frühen Werk noch fasziniert von der abstrakten Mathematik als Erklärungsmodell für ökonomische Phänomene, so sollte er die Berechenbarkeit der Wirtschaft zunehmend für eine Illusion halten. Die Ökonomen, so schreibt er, haben, »menschlicher Schwäche nachgebend, die Neigung […], alles, was nicht meßbar ist, als nicht-existent zu behandeln«.[159] Gerade das Geld beweist jedoch, dass man über die Ökonomie nicht getrennt von all den Wissensgebieten reflektieren kann, die sich mit dem Gemeinwesen beschäftigen. Denn das Geldwesen »ist ganz so wie jede andere ökonomische Institution ein Element des sozialen Gesamtprozesses und als solches Angelegenheit sowohl der ökonomischen Theorie als auch der Soziologie, als endlich der geschichtlichen, ethnologischen und statistischen ›Tatsachenforschung‹«.[160] Er vergleicht die ›Gesamtwissenschaft‹ Ökonomie mit der Medizin und stellt eine Analogie von Sozialkörper und dem menschlichen Körper her: »Die Wissenschaft hat insgesamt niemals eine logisch strukturierte Architektur erhalten: Sie ist ein Urwald, kein nach Plan hergestelltes Gebäude.« Das gelte vor allem für die Ökonomie, die keine Wissenschaft, »sondern eher – wie die ›Medizin‹ – eine Anhäufung schlecht koordinierter und sich überlappender Forschungsfelder« ist.[161] Mit der Analogie zur Medizin, die sich dem menschlichen Körper widmet, zitiert Schumpeter – bewusst oder unbewusst – die christologisch abgeleitete Lehre von den ›Zwei Körpern des Königs‹, bei der das Gemeinwesen im individuellen Körper des Herrschers seinen Repräsentanten findet. Bei ihm, dem Wirtschaftswissenschaftler, tritt jedoch das unsterbliche Kapital an diese Stelle.

Im kapitalistischen Prozess der ›kreativen Zerstörung‹ sieht Schumpeter eine aus dem Elend *erlösende* Macht am Werke. Er schätzte Marx – mehr den Soziologen als den Ökonomen –, aber er widersprach energisch der Verelendungstheorie von Marx und Engels. Im Gegenteil: Der Lebensstandard der Arbeiter habe sich erhöht, da der Kapitalismus sowohl steigende Einkommen als auch sinkende Güterpreise mit sich bringe.[162] Dasselbe gelte auch für die allgemeinen Lebensbedingungen: »Es stehen ohne Zweifel dem modernen Arbeiter gewisse Dinge zur Verfügung, über die Ludwig XIV. entzückt gewesen wäre, wenn er sie hätte haben können – zum Beispiel die moderne Zahnbehandlung.« Ebenso seien Produkte erschwinglicher geworden: »Königin Elisabeth besaß seidene Strümpfe. Die kapitalistische Leistung besteht nicht typischerweise darin, noch mehr Seidenstrümpfe für Königinnen zu erzeugen, sondern sie in den Bereich der Fabrikmädchen zu bringen als Entgelt für fortwährende abnehmende Arbeitsmühe.«[163] Die allgemeine Aussage zur Verbesserung der Lebensbedingungen besagt zwar nicht viel über die Schere zwischen hohen und niedrigen Einkommen, noch widerlegt sie die Tatsache, dass in der Bundesrepublik circa ein Siebtel der Bevölkerung unter der Armutsgrenze lebt (in den USA circa ein Viertel). Dennoch ist es unbestreitbar, dass in den Industrieländern der Anteil derer, die vom sozialen Netz nicht aufgefangen werden, in den letzten hundert Jahren zurückgegangen ist – nach den Katastrophen der Frühindustrialisierung.

Für die vom Kapitalismus produzierte soziale Mobilität – alte Ordnungen werden zerstört, neue Schichten steigen auf – kommt den ›Intellektuellen‹ bei Schumpeter eine besondere Rolle zu. In *Kapitalismus, Sozialismus und Demokratie* widmet er ihnen ein eigenes Kapitel. Der Intellektuelle, so Schumpeter, ist ein Produkt des Kapitalismus, »der ihn befreit und ihn mit der Druckerpresse beschenkt hat«. Tatsächlich sind die Entwicklung des Unternehmer-Kapitalismus und die Herausbildung des Intellektuellen – dieser ›Außenseiter‹, der für die soziale Mobilität geradezu prädestiniert ist – nicht nur zeitlich, sondern auch inhaltlich eng verbunden: Beide sind Einzelgänger. Doch während der Unternehmer die Idealgestalt der freien Marktwirtschaft darstellt, repräsentiert der Intellektuelle die Idealgestalt der Aufklärung. Zusammen bilden sie das ›Verbund-projekt‹ von Aufklärung und freier Marktwirtschaft. »Das billigere Buch, die billigere Zeitung oder Flugschrift, zusammen mit der Verbreiterung des Publikums, die […] durch die damit verbundene Zunahme der politischen Bedeutung der anonymen öffentlichen Meinung verursacht wurde, – alle diese Wohltaten, ebenso wie eine zunehmende Befreiung vom Zwang, sind Nebenprodukte der kapitalistischen Maschine.« War der Intellektuelle für seine Aufträge einst auf einen Mäzen angewiesen – den Fürst oder die Kirche –, so fand er mit den sozialen Veränderungen, die der kapitalistische Prozess auslöste, einen »kollektiven Gönner, durch das bürgerliche Publikum«.[164] Als Sprecher der Unterdrückten gelang es ihm, auch die Arbeiterklasse zu seinem ›Gönner‹ zu machen.

Mit anderen Worten, der Intellektuelle, der sich nur schwer einordnen und schon gar nicht in Strukturen integrieren lässt, wird bei Schumpeter zur paradigmatischen Figur des sozialen Wandels und der Veränderung des Gemeinwesens: Er ist der Träger einer neuen Vorstellung von Gemeinschaft, die alte und hierarchische Strukturen überwunden hat und nicht mehr von formalen Regeln, sondern von einem informellen Konsens bestimmt wird: die öffentliche Meinung. »Wie unmöglich es ist, die Flut innerhalb des Bettes der kapitalistischen Gesellschaft einzudämmen, zeigt sich darin, daß die während dieser Periode [19. Jahrhundert] von praktisch allen europäischen Regierungen unternommenen Versuche, sich die Gefolgschaft der Intellektuellen zu sichern, alle mißlungen sind. […] In der kapitalistischen Gesellschaft […] muß jeder Angriff auf die Intellektuellen zugleich gegen die privaten Festungen der bürgerlichen Wirtschaft anrennen, die alle oder zumindest von denen ein Teil den Verfolgten Schutz bieten werden.«[165]

Damit werden die Intellektuellen zu den Funktionsträgern der ›kreativen Zerstörung‹, die nicht nur den Kapitalismus auszeichnet, sondern überhaupt ein Phänomen des westlichen Denkens darstellt. Dieses ruht, wie im ersten Kapitel beschrieben, auf der paradoxen Institution eines ›fließenden Kanons‹. Bei der Erneuerung jedes Kanons übernehmen die Intellektuellen die Rolle der kritischen Instanz, die den alten Kanon zerstört und einen neuen formuliert. Jean-François Lyotard hat die abendländische Kultur als »Zivilisation, die ihr zivilisatorisches Wesen in Frage stellt«, beschrieben. »Mit wiederholter Geste verschafft sich das Abendland Ideale, stellt sie in Frage und verwirft sie. Diese Geste findet sich in der Philosophie, das heißt in der griechischen Tradition. Auch im christlichen Mysterium oder in den Physiken und Metaphysiken der klassischen Moderne gibt es ein Potential an Zweifel und Nihilismus.«[166] Die Intellektuellen sind für beides zuständig: für die Ideale wie für den Zweifel an diesen Idealen.

60 Jahre nach dem Erscheinen von Schumpeters Hauptwerk beschreiben die beiden französischen Soziologen Luc Boltanski und Ève Chiapello in ihrem Buch *Der neue Geist*

des Kapitalismus (1999) den Kapitalismus mit fast identischen Worten: »In unserer Argumentation fungiert die Kritik nämlich als Motor für die Veränderungen des kapitalistischen Geistes. Auch wenn der Kapitalismus nicht ohne eine Allgemeinwohlorientierung als Quelle von Beteiligungsmotiven auskommen kann, ist er aufgrund seiner normativen Unbestimmtheit doch nicht dazu im Stande, den kapitalistischen Geist aus sich selbst heraus zu erzeugen. Er ist auf seine Gegner angewiesen, auf diejenigen, die er gegen sich aufbringt und die sich ihm widersetzen, um die fehlende moralische Stütze zu finden und die Gerechtigkeitsstrukturen in sich aufzunehmen, deren Relevanz er sonst nicht einmal erkennen würde. Das kapitalistische System hat sich als bei weitem widerstandsfähiger erwiesen, als es seine Kritiker und an erster Stelle Marx erwartet hatten.«[167] Der Kapitalismus versteht es, aus dem Wandel seine Unveränderlichkeit zu beziehen. Und wenn sich dabei eine Annäherung von Staat und Markt vollzieht, so nicht weil das Kapital beiden gehört, sondern weil beide dem Kapital gehören.

KAPITALISMUS UND SOZIALISMUS

Aus seinen Überlegungen zu den Intellektuellen schließt Schumpeter, dass sich der Kapitalismus, indem er seine eigenen Kritiker hervorbringt, schließlich auch selbst zerstört. »Der Bourgeois sieht zu seinem Erstaunen, daß die rationalistische Einstellung nicht vor den Vollmachten von Königen und Päpsten Halt macht, sondern weiterschreitet zur Attacke gegen das Privateigentum und das ganze Schema von bürgerlichen Werten.«[168] Und wenn Bürgertum und Privateigentum nur ein ›Intermezzo‹ – eine der vielen Konstruktionen und Bruchstellen – des ›fließenden Kanons‹ darstellen, den der kapitalistische Prozess verkörpert? Es ist unbestreitbar, dass Schumpeter den Werten der bürgerlichen Gesellschaft nachtrauerte: Im Verfall ihrer Werte und Einrichtungen sah er eines der Symptome des niedergehenden Kapitalismus. Und dennoch – fast widerstrebend – benannte er einen historischen Prozess, bei dem eine neue Kultur heranwuchs, die das Bürgertum ablöste: die eines sozialistischen Gemeinwesens. Schumpeters Beobachtungen zeigen, dass nicht nur eine Überlagerung von Staat und Privatwirtschaft stattfand, sondern auch die beiden großen politischen Systeme, deren unterschiedliche Vorstellungen vom Zusammenhang zwischen Geld und Gemeinwesen das gesamte 20. Jahrhundert überschatteten, eine Annäherung erfuhren.

Der dritte und letzte Teil von Schumpeters *Kapitalismus, Sozialismus und Demokratie* beginnt mit einer rhetorischen Frage und Antwort: »Kann der Sozialismus funktionieren? Selbstverständlich kann er es.« Prinzipiell sei der Sozialismus vereinbar mit einer funktionierenden Wirtschaft, denn die Tatsache, dass sich eine Gesellschaft als sozialistisch bezeichnet, besagt noch nichts über ihre politischen Strukturen. Sie kann »durch einen absoluten Herrscher geführt oder in der denkbar demokratischsten Weise organisiert sein; sie kann eine Theokratie und hierarchisch oder atheistisch oder religiös indifferent sein; sie kann unter viel strafferer Disziplin stehen als die Menschen in einer modernen Armee oder jeglicher Disziplin ermangeln«. Schumpeter bezeichnet dies als »kulturelle Indeterminiertheit des Sozialismus«. Wie der Kapitalismus ist auch der Sozialismus »ein *kultureller* Proteus«, dessen kulturelle Möglichkeiten nur im Rahmen des Einzelfalls diskutiert werden können. Die Argumente, die Schumpeter aufführt, um die wirtschaftliche Funktionsfähigkeit des Sozialismus zu belegen, zeigen freilich, dass er nicht so recht dran glauben mag. So bezeichnet er als Vorteil des sozialistischen Wirtschaftssystems, dass es weniger Unsicherheiten in der sozialistisch geführten Betriebsleitung gibt und damit »viel weniger Intelligenz zur Leitung eines solchen Systems nötig« ist als in dem modernen kapitalistischen System.[169]

Andererseits: Im Sozialismus lassen sich Konjunkturzyklen und die Arbeitslosigkeit beheben, weil Arbeitskräfte anderen Bereichen zugewiesen werden können. Auch hat die sozialistische Wirtschaft den Vorteil, dass dem Arbeiter viel mehr Disziplin abverlangt werden kann, als dies im Kapitalismus möglich ist.[170] Den größten ›Vorteil‹ des Sozialismus sieht Schumpeter darin, dass das Gemeinwohl im Zentrum der Aufmerksamkeit steht, was sich auch ökonomisch niederschlägt. Hier werden freilich auch seine Zweifel deutlich. In Kapitalismus bestehe das ›Prestigemotiv‹ im Geld: Der Einzelne wird durch große Summen für seine Dienste belohnt. Im Sozialismus gebe es auch andere Formen, die Verdienste des Einzelnen für die Gemeinschaft anzuerkennen: »Es ist durchaus denkbar, daß Menschen, die erfolgreiche Leistungen aufzuweisen haben, fast ebenso gut dadurch zufrieden gestellt werden können, daß sie das Privileg erhalten, eine Briefmarke an ihre Hose kleben zu dürfen – sofern dieses Privileg mit der notwendigen Zurückhaltung verliehen wird –, als wenn sie jährlich eine Million einnehmen.«[171] So ironisch diese Art von ›Prestige‹ auch formuliert ist, bewusst oder unbewusst verweist Schumpeter damit auch auf den Ursprung des Geldes aus dem Symbol: der kleine Bratenspieß als Privileg einer symbolischen Auszeichnung, aus der sich das Geld entwickelte. So gesehen erscheint der Unterschied zwischen der Briefmarke *auf* meiner Hose und dem Schein *in* meiner Hosentasche nicht sehr groß. Das Wort ›Genosse‹, daran sei hier erinnert, kommt von ›genießen‹ und bezieht sich auf die Teilnahme am Opfermahl.

Schumpeter macht einen Übergang von Kapitalismus zum Sozialismus nicht nur als Denkmodell, sondern als faktische Entwicklung aus. Er war Zeuge des Untergangs der

Donaumonarchie, er hatte, wie ganz Europa, den gewaltsamen Übergang von einer kapitalistisch-feudalen zu einer sozialistischen Gesellschaft in Russland miterlebt. Aber er hielt auch einen *gewaltlosen* Übergang für denkbar – etwa in Großbritannien, wo der Kapitalismus den ›notwendigen Reifegrad‹ erreicht habe, um für einen ›Sozialismus des idyllischen Typs‹ Platz zu machen. Für den »idyllischen« Typ des Sozialismus »fällt der Vergleich mit dem gefesselten Kapitalismus nicht ungünstig für die sozialistische Alternative aus«.[172] In einem 1945 für die *Encyclopaedia Britannica* verfassten Artikel über ›Kapitalismus‹ schreibt er: »Die staatliche Kontrolle der Kapital- und Arbeitsmärkte, der Preispolitik und – durch Besteuerung – der Einkommensverteilung ist bereits etabliert und bedarf nur noch der systematischen Ergänzung durch staatliche generelle Produktionsrichtlinien (Wohnungsprogramme, Auslandsinvestitionen), um den *regulierten* oder *gefesselten* Kapitalismus – sogar ohne umfassende Verstaatlichung der Industrie – in einen *gelenkten* Kapitalismus zu transformieren, den man fast ebenso berechtigt als Sozialismus bezeichnen könnte.«

In seinem Buch *Kapitalismus, Sozialismus und Demokratie* nennt er weitere Bereiche, die »sozialistisch werden« können, »ohne ernsthafte Einbuße der Leistungsfähigkeit«. Dazu gehören der Bankapparat, das Versicherungswesen, die Eisenbahnen oder das ganze Transportwesen, die Bergwerke, die Erzeugung, Übertragung und Verteilung der elektrischen Energie; die Eisen- und Stahlindustrie und schließlich der Bereich des Baus und der Baumaterialien (die Architekten wollte er freilich ausgenommen wissen). Viele dieser Bereiche sind heute tatsächlich in öffentlicher Hand – je nach europäischem Land auf unterschiedliche Weise – und da, wo sie privatisiert wurden, wie das Eisenbahnwesen in England, brachte dieser Schritt keinen Gewinn, sondern eher eine »ernsthafte Einbuße der Leistungsfähigkeit«. Auch andere Bereiche zieht Schumpeter für eine Sozialisierung in Betracht: etwa die Rüstungsindustrie, den Schiffbau und sogar das Filmtheater. Grund und Boden können ebenfalls nationalisiert werden, nur die Bewirtschaftung will er in der Hand des einzelnen Landwirts belassen.[173]

Eine ›sozialistische Wirtschaft‹ bedeutet für ihn nicht notwendigerweise Nationalisierung oder Überführung in staatliches Eigentum. Es bedeutet auch nicht zwingend ›Planwirtschaft‹ – ein Begriff, der heute oft als Synonym für Sozialismus verwendet wird. In den meisten europäischen Ländern wird das Filmtheater heute tatsächlich vom Staat subventioniert. Das impliziert aber nicht, dass die Filmschaffenden im Auftrag des Staates schöpferisch tätig sind. Vielmehr arbeiten sie unter den Bedingungen der freien Konkurrenz und des freien Marktes. Ähnliches gilt für den Bereich von Wissenschaft und Bildung, der in den meisten europäischen Ländern – im Gegensatz zu den USA – noch weitgehend vom Staat finanziert wird. Selbst da, wo der Staat nicht direkt in die

Produktion eingreift, hat sich in der Wirtschaft der Gedanke des Gemeinwesens durchgesetzt. Nicht erst seit der Finanzkrise von 2008 befinden sich zahlreiche Unternehmen (die Steinkohle zum Beispiel, Firmen wie Volkswagen, die Eisenbahn) ganz oder teilweise in staatlicher Hand, sogar dann, wenn sie scheinbar privatisiert wurden wie das Postwesen. Schumpeter macht die Symptome dieser Entwicklung schon in den 1940er Jahren aus – und das, was er beschreibt, hat sich, wie oben beschrieben, seither nur verstärkt. Rückblickend wird erkennbar, dass sich die *kulturellen* Entwicklungen des Kapitalismus auch als Übergang zu einer ›sozialistisch‹ organisierten Gesellschaft lesen lassen. In dieser Hinsicht ist gerade das Beispiel großer US-Konzerne aufschlussreich.

Die Unternehmerfunktion, so Schumpeter, hat sich durch den kapitalistischen Prozess erübrigt (tatsächlich spricht er selten von ›dem Kapitalismus‹, eher vom ›kapitalistischen Prozess‹). Lange vor Galbraiths Kritik an der Unternehmerbürokratie schreibt Schumpeter, dass »rationalisierte und spezialisierte Bureauarbeit« die Unternehmerpersönlichkeit und dessen »Vision« verdrängt haben und weiter verdrängen werden. »Der Führende hat heutzutage keine Gelegenheit mehr, sich in den Kampf zu stürzen. Er wird zu einem Bureauarbeiter mehr«, den zu ersetzen nur selten schwer fallen werde. Das Eigentum selbst ist immer abstrakter geworden. »Indem der kapitalistische Prozeß ein bloßes Aktienpaket den Mauern und den Maschinen einer Fabrik substituiert, entfernt er das Leben aus der Idee des Eigentums. Er verhindert den Zugriff […] auch in dem Sinn, daß der Inhaber des Titels den Willen verliert, ökonomisch, physisch, politisch für ›seine‹ Fabrik und seine Kontrolle über sie zu kämpfen und wenn nötig auf ihrer Schwelle zu sterben.« Diese »Verflüchtigung« der materiellen Substanz des Eigentums beeinflusst nicht nur die Haltung der Aktienbesitzer, sondern auch die der Arbeiter und der Öffentlichkeit. »Ein Eigentum, das von Person und Materie gelöst und ohne Funktion ist, macht keinen Eindruck und erzeugt keine moralische Treupflicht, wie es die lebenskräftige Form des Eigentums tat. Zuletzt bleibt *niemand* mehr übrig, der sich wirklich dafür einsetzen will – niemand innerhalb und niemand außerhalb der Bezirke der großen Konzerne.«[174] Was Schumpeter in den 1940er Jahren noch nicht bedenken konnte: Dieser Abstraktionsprozess des Eigentums wird noch dadurch verstärkt, dass immer weniger Eigentümer überhaupt Aktien besitzen und stattdessen Finanztitel in ihren Portfolios haben, die höchstens noch mittelbar mit Produktionsstätten oder Rohstoffquellen zu tun haben.

Im Januar 2009 beging der Unternehmer und Milliardär Adolf Merckle Selbstmord. Er hatte sich verspekuliert; das ›Imperium‹, das er aufgebaut hatte, war verschuldet und wurde von den Banken, den neuen – abstrakten – Eigentümern, in Einzelteile aufgelöst. Mit dem, was ihm blieb, wäre der Unternehmer immer noch ein reicher Mann gewesen.

Offenbar war es aber die Aussichtslosigkeit der *Unternehmerfunktion,* die ihn in die Verzweiflung trieb. Das Gefühl, einer unausweichlichen historischen Entwicklung gegenüberzustehen – in diesem Fall dem Untergang der Rolle des unternehmerischen Visionärs –, löste bei ihm größere Gefühle von Hilflosigkeit und Ohnmacht aus, als dies sonst bei einem falschen wirtschaftlichen Kalkül der Fall ist. Der Verlust der ›Unternehmerpersönlichkeit‹ ist heute sogar in mittelständischen Unternehmen zu beobachten. Das *Center for Family Business* der Universität St. Gallen führte kürzlich eine Untersuchung unter 349 Unternehmen durch, die im Schnitt 500 Mitarbeiter beschäftigen. 60 Prozent der Unternehmer schätzten den Wert ihrer Firma höher ein als der Markt: Ihre hohe Bewertung erklärt sich durch die Emotionen, die sie in den Betrieb ›investiert‹ haben. Mit zunehmender Firmengröße – und der Verteilung des Eigentums – ließ der Einfluss dieser emotionalen Faktoren nach.[175]

Schumpeter bedauert einerseits, dass der alte Unternehmer durch Manager und »Bureauarbeiter« ersetzt wird. Andererseits ist er aber auch der Ansicht, dass monopolistisch beherrschte Branchen häufig innovativer sind als Unternehmen im freien Wettbewerb. (Eine Betrachtung, die spätestens seit der Finanzkrise von 2008 angezweifelt wird: Mittelständische Unternehmen sind oft schneller bei der Ansteuerung eines neuen Kurses.) Recht hat Schumpeter mit der Feststellung, dass große Firmen eher Forschungen finanzieren können. Die Bürokratie hat, ähnlich wie das Monopol, einen schlechteren Ruf als sie es verdient, schreibt er – und eben hier sieht er eine Gemeinsamkeit von Sozialismus und ›reifem Kapitalismus‹: Beide Wirtschaftsformen können ohne Hilfe eines riesigen Verwaltungsapparats nicht bestehen. Und diese Gemeinsamkeit bietet eine Brücke von Kapitalismus zu Sozialismus. »Der Gesamtinhalt unseres Arguments kann in einer Nußschale Platz finden, wenn man sagt: die Sozialisierung bedeutete einen Schritt über die Großunternehmung hinaus auf dem Weg, der durch diese vorgezeichnet worden ist.« Wahrscheinlich werde sich eine sozialistische Leitung dem Kapitalismus der Großunternehmung ebenso überlegen erweisen, wie sich die Großunternehmung »jener Art von Konkurrenzkapitalismus überlegen gezeigt hat, dessen Prototyp die englische Industrie vor gut hundert Jahren war«.[176]

An sich entspricht das Anwachsen der Unternehmen einem Machtzuwachs der Privatwirtschaft. Doch Schumpeter liest diese Entwicklung als Übergang des Kapitalismus zum Sozialismus. »Die Unternehmerfunktion muß nicht in einer natürlichen Person und insbesondere nicht in einer Einzelperson verkörpert sein. Jedes gesellschaftliche Milieu hat seine eigene Möglichkeit, die Unternehmerfunktion zu erfüllen.«[177] Sogar der Staat kann Unternehmer sein. Tatsächlich hatte die ›kreative Zerstörung‹ der Finanzkrise von 2008 eben diese Folge: eine Verstärkung der Gemeinschaftsaufgaben und des

Gemeinschaftseigentums – und paradoxerweise geschah dies aus Gründen, die mit dem Erhalt des Kapitalismus zusammenhängen, der wiederum mit den Interessen des Einzelnen identifiziert wird.

Der Widerspruch besteht darin, dass sich die Angleichung von Kapitalismus und Sozialismus der Effizienz des Kapitalismus verdankt, indem dieser etwa die Industrienormen entwickelte. Sie wurden zur Grundlage einer beschleunigten und erweiterten Industriefabrikation: 1926 wurde der deutsche Normausschuss gegründet, der bald zum Modell für vergleichbare Einrichtungen in anderen Ländern wurde. Bis Anfang der 1930er Jahre stieg die Zahl der Deutschen Industrienormen (DIN) von 1100 im Jahr 1925 auf 4500 im Jahr 1932. Die Normfestigkeit – zu der etwa auch die Pferdestärken (PS) gehörten – bildete den Grundstock für die industrielle Produktion. Schon um 1900 hatten große Firmen zu fusionieren begonnen. »Als Schumpeter sich im Jahr 1901 an der Uni Wien einschrieb, waren United States Steel, American Tobacco sowie Standard Oil die drei größten Industrieunternehmen der Welt. Allein US-Steel beschäftigte 170 000 Arbeiter, mehr als jedes andere Unternehmen weltweit und mindestens zwanzig Mal so viele wie jede beliebige Gesellschaft in Österreich-Ungarn.« In Deutschland entwickelten sich Unternehmen wie Krupp und Thyssen, Siemens, Bayer, Hoechst und BASF zu leistungsstarken Unternehmen – und auch hier wuchsen zwischen 1925 und 1932 Giganten heran: So schlossen sich BASF, Hoechst und Bayer 1925/26 zur I. G. Farbenindustrie AG zusammen.[178]

Wir neigen dazu, diese großen Industrieunternehmen als ein typisches Phänomen des Kapitalismus zu verstehen. Das sind sie auch – aber sie sind auch ein Symptom dafür, dass der Kapitalismus dazu tendiert, die Sphäre der Privatinitiative zu verlassen und staatsähnliche Strukturen anzunehmen: Kein Mensch ist alleinverantwortlich für Firmen dieser Ausmaße. Auch wenn Joseph Ackermann in der Öffentlichkeit als der ›Repräsentant‹ des Unternehmens Deutsche Bank wahrgenommen wird, ändert das nichts daran, dass die Deutsche Bank ein ›Apparat‹ ist, der nur dann leistungsfähig sein kann, wenn zwischen den zahl- und oft auch namenlosen Mitarbeitern ein Kooperationsklima – eine ›corporate identity‹ – und ein Leistungskonsens entsteht.

Was Schumpeter 1945 noch nicht voraussehen konnte, ist die Tatsache, dass sich der von ihm vorausgesagte ›sanfte‹ und ›organische‹ Prozess eines Übergangs von der kapitalistischen Wirtschaft zu einer ›sozialistischen‹ auch in der umgekehrten Richtung vollziehen würde: vom Sozialismus zum Kapitalismus. Auch er fand auf bemerkenswert ›sanfte‹ und organische Weise statt. Die Geschwindigkeit, mit der sich die kommunistischen Länder nach 1989 den kapitalistischen Spielregeln anpassten, wird gerne als ein Zeichen der Überlegenheit des Kapitalismus interpretiert. Das ist mehr als fragwürdig.

Auch der Sozialismus hat bemerkenswerte ökonomische Leistungen erbracht, worauf McCraw hinweist. In den 74 Jahren seiner Herrschaft sei das Land »über die kühnsten Träume der Zaren hinaus industrialisiert« worden. Im Zweiten Weltkrieg besiegte es die Nationalsozialisten; »es baute nicht nur das größte Landheer, sondern auch gewaltige See- und Luftstreitkräfte sowie ein furchteinflößendes Atomarsenal auf; es regierte nicht nur über das größte Land der Erde, sondern mit Hilfe von Marionettenregimes noch über ein Dutzend weiterer Länder; es schickte den ersten Satelliten, den Sputnik, und später den ersten Kosmonauten, Jurij Gagarin, ins All; und sieben Jahrzehnte lang stellte es im Wettstreit um die Weltvorherrschaft eine tödliche Bedrohung für den kapitalistischen Westen dar.« Es bleibe rätselhaft, wie es den Sowjets gelang, »diese Ziele trotz eines schlecht funktionierenden Wirtschaftssystems zu erreichen«.[179] Das klingt nicht viel anders als Marx' und Engels' Bewunderung für den Kapitalismus der Bourgeoisie, welche die »Nationen in die Zivilisation« überführt, einen bedeutenden Teil der Bevölkerung »dem Idiotismus des Landlebens entrissen« und »in ihrer kaum hundertjährigen Klassenherrschaft massenhaftere und kolossalere Produktionskräfte geschaffen [hat] als alle vergangenen Generationen zusammen«.[180]

Es ist nicht die Produktivität, die Sozialismus und Kapitalismus voneinander unterscheidet. Wenn man beim Fall der Mauer dennoch glaubte, der Kapitalismus habe über den Sozialismus ›gesiegt‹, so lag dies am Gefühl von Sicherheit, das sich während der Jahrzehnte zuvor – dank des Kalten Kriegs – ausgebreitet hatte. In dieser Zeit schien das Regelwerk der Ökonomie im geschlossenen Territorium des Westens so sicher, dass man immer mehr auf Regulation verzichtete. Die atemberaubende Unbekümmertheit, mit der der Markt sich selbst überlassen blieb, der phantastische und blinde Glauben an seine ›unsichtbare Hand‹, die der wachsenden Deregulierung Vorschub leistete, lässt sich nur aus dem Vertrauen begreifen, das der Kalte Krieg schuf. Er ließ auf beiden Seiten des Eisernen Vorhangs ein ökonomisches ›Biotop‹ entstehen. Es ist kein Zufall, dass die Aufkündigung des Abkommens von Bretton Woods in die intensivste Zeit dieser Konfrontation fiel. Durch den Kalten Krieg hatte sich der Goldstandard ebenso erübrigt wie feste Währungskoordinaten. Hayeks Idealisierung der freien Marktwirtschaft und seine Forderung nach einer Entnationalisierung des Geldes konnte *nur* in dieser Zeit entstehen. Das Gefühl der ›Sicherheit‹ hielt noch einige Zeit nach 1989 an und ließ den Kapitalismus als scheinbaren ›Sieger‹ aus dem Konflikt hervorgehen. In Wirklichkeit verhinderte es eine Selbstreflexion des Kapitalismus. 20 Jahre sollte es dauern, bevor die Fundamente dieser Sicherheit tatsächlich erschüttert wurden.

Die heutige Ähnlichkeit von Kapitalismus und Sozialismus zeigt sich am deutlichsten an den beiden Polen der ökonomischen Wertesysteme: den von der freien Marktwirtschaft gelenkten USA und der zentralstaatlich-gelenkten Ökonomie Chinas. Beide stellen die größten Wirtschaftssysteme der Welt dar. Trotz eines blühenden Kapitalismus wird in China das meiste Geld in staatliche Firmen investiert – und dies nicht in sinkendem, sondern in steigendem Maße, wie eine Untersuchung der Weltbank zeigte. »Das sozialistische System hat Vorteile«, sagt Premierminister Wen Jiabao, »es ermöglicht uns effiziente Entscheidungen, eine effektive Umsetzung und die Konzentration von Mitteln, um große Unternehmen zu realisieren.«[181] Auch der Kapitalismus tendiert zur Konzentration von Unternehmen, Banken und Entscheidungsinstanzen. Als es 2008 zur Finanzkrise kam, wurden die bedrohten Banken nicht nur durch den Staat rekapitalisiert, sondern schlichtweg übernommen – mit dem Erfolg, dass die US-Regierung im Sommer 2011 nicht nur die Rückzahlung, sondern sogar einen Gewinn von 6 Milliarden Dollar aus diesem ›Geschäft‹ verkünden konnte.[182]

Die Mehrheit der Aufsichtsräte in den 129 größten Staatsbetrieben Chinas und mehr als ein Drittel der Vorstandsvorsitzenden werden von der Partei ernannt. »Sie beherrschen nicht nur das Lebensblut von Chinas Wirtschaft, sondern auch ein korporatives Netzwerk, das die bestbezahlten Managementstellen an die Verwandtschaft der Parteiführung vergibt.«[183] Die US-Netzwerke sind nicht ›stammesorientiert‹, aber auch sie sorgen für die Aufnahme oder den Ausschluss von bestimmten sozialen Gruppen. In beiden Ländern gibt es auch eine enorme, wahrscheinlich die weltweit größte Schere zwischen Reich und Arm. Und in beiden Ländern gibt es eine enge Vermischung von Geld und Politik. Laut *China Daily*, einer der großen vom Staat gelenkten Tageszeitungen, haben ein Drittel der 50 reichsten Milliardäre Chinas leitende Funktionen in der Partei, dem Parlament oder der Regierung. In den USA ist es ähnlich. Der einzige Unterschied besteht darin, dass die amerikanischen Milliardäre in die Politik gehen, weil sie reich sind, während die chinesischen Milliardäre reich sind, weil sie in der Politik sind. Das Resultat ist jedoch ähnlich: Im einen Fall wird die Ökonomie von der Politik gesteuert; im anderen Fall steuert die Ökonomie das politische Feld. Deshalb ist es auch nicht erstaunlich, dass es im öffentlichen Leben der USA viele Personen gibt, die zwischen leitenden Jobs an der Wall Street und Regierungsämtern hin und her wechseln: Paul Volcker, Robert Rubin, Larry Summers, Phil Gramm, Henry Paulson, Timothy Geithner, William Dudley, um nur einige Namen zu nennen.

Die ökonomische Angleichung von Sozialismus und Kapitalismus fand auch auf psychologischer Ebene ihren Niederschlag. Das zeigte sich besonders deutlich am geteilten Deutschland. Auch die sozialistische Gesellschaft der DDR erlangte vierzig Jahre nach ihrer Gründung einen Zustand der ›Reife‹. Bei dieser ›Reife‹ ging es weniger um die wirtschaftliche Leistungsfähigkeit als um soziale Faktoren. Bei der Gründung der

DDR gehörte die systematische Förderung von Kindern der Arbeiterklasse zu den ausdrücklichen Zielen der neuen Gesellschaft. Das entspricht einer ›sozialen Mobilität‹, wie sie auch vom Geld bewirkt wird. Als diese Generation, die zu ›aufgeklärten Bürgern‹ erzogen wurde, das ›reife‹ Alter von 30 oder 40 Jahren erreichte, verlangte sie nach eben jener Mündigkeit, die ihr als Ziel vorgegeben worden war – und als der Staat auf seine Bevormundung nicht verzichten wollte, wurde er von eben jener Generation gestürzt, der er zur Mündigkeit verholfen hatte. So gesehen, ging der sozialistische Staat, nicht anders als der kapitalistische Prozess, an seinem eigenen Erfolg zugrunde. In beiden Fällen spielten die Intellektuellen eine wichtige Rolle, wenn auch auf unterschiedliche Weise.

Schumpeter konnte diese Entwicklung nicht voraussehen. Sein Buch erschien 1946 auf Deutsch, also zu einer Zeit, als sich die beiden Teile Deutschlands gerade gegeneinander abzugrenzen begannen: Diese beiden Staaten dienten über Jahrzehnte als Beweis für die Unvereinbarkeit von Kapitalismus und Sozialismus. Dennoch heißt es bei Schumpeter: »So paradox es klingt, Individualismus und Sozialismus sind nicht unbedingt Gegensätze. Man kann argumentieren, daß die sozialistische Organisationsform die ›wahre‹ individualistische Verwirklichung der Persönlichkeit gewährleistet. Dies läge durchaus in der Marxschen Richtung.«[184]

Die kapitalistische Unternehmung, so Schumpeter, neigt dazu, »durch ihre eigensten Leistungen den Fortschritt zu automatisieren«. Deshalb tendiert sie auch dazu, »unter dem Druck ihrer eigenen Erfolge zusammenzubrechen« und sich selbst »überflüssig [zu] machen«. Das hat zur Folge, dass sich die wirtschaftliche Grundlage der Bourgeoisie immer mehr »auf Gehälter reduzieren [wird], wie sie für gewöhnliche Verwaltungsarbeit bezahlt werden«. Nicht nur die Eigentümer kleiner oder mittelgroßer Firmen werden ›expropriiert‹, sondern die Bourgeoisie als Klasse läuft Gefahr, »nicht nur ihr Einkommen, sondern, was unendlich wichtiger ist, auch ihre Funktion zu verlieren«. Diese soziale Angleichung, bei der die bürgerliche Gesellschaft am eigenen Leibe erfährt, was vorher der feudalen Gesellschaft widerfahren war, ist ein direktes Produkt des Kapitalismus: »Die wahren Schrittmacher des Sozialismus waren nicht die Intellektuellen oder Agitatoren, die ihn predigten, sondern die Vanderbilts, Carnegies und Rockefellers.«[185]

Schon Adam Smith hatte seine Metapher von der ›unsichtbaren Hand‹ eher auf *kulturelle* als auf ökonomische Zusammenhänge angewendet. Sie taucht in seinen früheren Schriften an zwei Stellen auf, die in keinem Zusammenhang zur Wirtschaft stehen, und in *The Wealth of the Nations* wird sie in einem Sinne verwendet, die der modernen Massenpsychologie entnommen scheint. Der Einzelne werde von einer »unsichtbaren Hand« geleitet, »um einen Zweck zu fördern, den zu erfüllen er in keiner Weise beabsichtigt hat. Auch für das Land ist es keineswegs immer das schlechteste, daß der einzelne ein solches Ziel nicht bewußt anstrebt, ja, gerade dadurch, daß er das eigene Interesse verfolgt, fördert er häufig das der Gesellschaft nachhaltiger, als wenn er wirklich beabsichtigt, es zu tun. Alle, die jemals vorgaben, ihre Geschäfte dienten dem Wohl der Allgemeinheit, haben meines Wissens niemals etwas Gutes getan.«[186] Schumpeter spricht nicht von einer ›unsichtbaren Hand‹, sondern von einem ›organischen‹ Evolutionsprozess, dessen deutlichstes Symptom der *kulturelle* Wandel ist. Darin ähnelt seine Darstellung Adam Smiths Metapher von der ›unsichtbaren Hand‹. Der von Schumpeter beobachtete kulturelle Wandel schlägt sich vor allem im Lebensstil und dem Zusammenleben der Menschen nieder – und auf diesem Gebiet wird der Prozess der Angleichung von Kapitalismus und Sozialismus am deutlichsten.

Fand die Überwindung der Feudalgesellschaft in der Aufhebung der Kleiderordnung ihren Ausdruck, so tendieren auch Kapitalismus und Sozialismus zur Vereinheitlichung der Garderobe: »Die Entwicklung des kapitalistischen Lebensstils könnte leicht – und vielleicht am eindrücklichsten – als Genesis des modernen Straßenanzugs beschrieben werden.« Ein noch deutlicheres kulturelles Symptom ist die Auflösung der bürgerlichen Familie, die zumeist dem Sozialismus, bei Schumpeter jedoch dem Kapitalismus zugeschrieben wird. Der Rückgang der Geburtenraten galt für alle Schichten, trat jedoch zuerst und vornehmlich in den bürgerlichen und intellektuellen Familien auf. Wegen der »Verflüchtigung der Eigentumssubstanz« sind Kinder – außer bei Landwirten – »nicht mehr ein wirtschaftliches Aktivum«. Damit »schrumpft der Zeithorizont des Geschäftsmannes, grob gesprochen, auf seine Lebenserwartung zusammen«.[187]

Der kapitalistische Prozess erzeugt so eine Haltung, die die Werte des Familienlebens immer mehr zum Verblassen bringt. Die Ehe verliert ihre bindende Kraft, und mit ihr verschwindet auch die Gastlichkeit des ›großen Hauses‹; stattdessen werden kleine mechanisierte Haushalte bevorzugt und soziale Ereignisse in öffentliche Räume wie Restaurants oder Klubs verlegt. Darüber hinaus fördert der kapitalistische Prozess auch »neue Gelüste. Was die Kinderlosigkeit anbetrifft, so bringt die kapitalistische Erfindungskraft empfängnisverhütende Mittel von stets zunehmender Wirkungskraft hervor, die den Widerstand überwinden, den sonst der stärkste männliche Trieb entgegengesetzt hätte.«[188] Letztlich unterdrückt also der kapitalistische Prozess die Zeugungskraft des Mannes: Ich erinnere an den Zusammenhang von Geld und Kastration, der bei Schumpeter nun 2500 Jahre nach der Erfindung des Geldes wieder so deutlich benannt wird. Nur dass er die ›Kastration‹ nicht im Geld, sondern im Kapitalismus verortet. Träger dieses neuen kapitalistischen Geistes ist für ihn die moderne Frau: »Der Feminismus, eine ihrem ganzen Wesen nach kapitalistische Erscheinung.«[189]

Die zeitliche Übereinstimmung des ›reifen Kapitalismus‹ mit dem Rückgang der Geburtenraten ist nicht zu übersehen. Sie ist jedoch, wie ich in einem späteren Kapitel noch darstellen möchte, nicht nur als ›Kinderfeindlichkeit‹, sondern auch als ein Zeichen dafür zu verstehen, dass das Kapital ›seine eigenen Kinder‹ zeugen will: nicht nur in Form von Kapitalvermehrung, sondern auch in Gestalt von realen, physischen Kindern. Der ›Biokapitalismus‹ des späten 20. und frühen 21. Jahrhunderts strebt einen Schöpfungsakt an, der die ›Natur‹ nicht nur nachahmen, sondern auch verbessern will: bei Pflanzen, Tieren und Menschen. Schumpeter konnte nur den Niedergang der alten Fortpflanzungsfähigkeit beobachten, er sah noch nicht die neue, vom Kapital gelenkte Reproduktionsfähigkeit, die heute durchaus zu einer Renaissance der Familie – auch des großen Hauses und der Gastlichkeit – führt, nur dass diese neue ›Familie‹ oft anders aussieht als die bürgerliche Familie des 19. Jahrhunderts.

Feminismus, moderne Frau, der Rückgang der Geburtenraten, die Auflösung der ehelichen und familiären Bindungen kennzeichnen nicht nur Kapitalismus, sondern auch Sozialismus. Wenn Schumpeter diese Entwicklungen als Folge des kapitalistischen Prozesses liest, so übersieht er, dass gerade dies eines der deutlichsten Symptome der Annäherung von Kapitalismus und Sozialismus ist. Die allmähliche Angleichung der beiden Wirtschaftssysteme und ihrer ›Kulturen‹ fand auch in der Angleichung der Geschlechterrollen ihren Ausdruck. Die Veränderung der kulturellen, symbolischen und sozialen Geschlechterrollen, die sich seit 1900 vollzog, hat in einer mentalitätsgeschichtlich einmalig kurzen Zeit stattgefunden. Das war nur deshalb möglich, weil es sich bei den Geschlechterrollen *immer schon* um eine symbolische Ordnung gehandelt hatte, so theologisch oder biologisch sie auch legitimiert wurden. Eben deshalb vollzogen sich in den beiden unterschiedlichen, fast gegensätzlichen Ökonomien ähnliche Prozesse. Zum Wandel der Geschlechterrollen hat Schumpeter keine profunden Aussagen gemacht – es blieb eines seiner unvollendeten Projekte. Doch seine Aussagen zum Verhältnis von sozialistischer und kapitalistischer Gesellschaft zeigen, dass das kulturelle Phänomen einer ›Angleichung‹ der Geschlechter (die eine andere Ausdrucksform der vom Geld bewirkten sozialen Mobilität ist) mit der Angleichung von Kapitalismus und Sozialismus einhergeht. Er schreibt, »Dinge und Seelen werden in solch einer Weise umgewandelt, daß sie der sozialistischen Form des Lebens zugänglicher werden. Mit jeder Stütze, die dem kapitalistischen Bau entzogen wird, verschwindet ein ›unmöglich‹ des sozialitischen Plans.« Und sein deutliches Fazit: »Der kapitalistische Prozeß bringt Dinge und Seelen für den Sozialismus in Form. Im Grenzfall kann er dies so weit erreichen, daß der letzte Schritt nur noch eine Formalität ist.«[190] Als der Eiserne Vorhang fiel, war vielleicht auch dies ›nur noch eine Formalität‹.

Schumpeters Wirtschaftstheorien sind aus mehreren Gründen für den Zusammenhang von Geld und Gemeinwesen aufschlussreich: Erstens berücksichtigen sie die historische und sozialwissenschaftliche Perspektive. Das tun auch andere Nationalökonomen: Werner Sombart zum Beispiel. Doch anders als Sombart, dem es eher um eine Rechtfertigung des Kapitalismus ging (die unschönen Seiten versuchte er bei den Juden unterzubringen[191]), unternimmt es Schumpeter, der sich selbst als ›Konservativen‹ klassifizierte und dennoch voller Bewunderung für Marx war, eine (fast) unvoreingenommene Bilanz zwischen Sozialismus und Kapitalismus zu ziehen. Unter nicht-sozialistischen Nationalökonomen ist das selten. Zweitens sind Schumpeters Analysen aber auch deshalb aufschlussreich, weil er mit einem Instrumentarium, das seine ›christliche‹ Herkunft nur schwer verbergen kann, an seinen Stoff herangeht. Das gilt sowohl für seinen Terminus und die Metapher der ›kreativen Zerstörung‹ als auch für seine Theorien von den Zyklen, wie er sie in seinem Buch *Business Cycles* und anderswo dargestellt hat.

Der Begriff der ›schöpferischen Zerstörung‹ kam ursprünglich von Friedrich Nietzsche; wie überhaupt die Nähe von Schumpeter und Nietzsche wiederholt bemerkt worden ist. »Wie Nietzsche glaubte auch Schumpeter, die wahre Schöpfung fordere vom Künstler gewaltige Opfer – darunter auch die Krankheit.«[192] Schumpeters Beschreibung des kapitalistischen Prozesses als Vorgang von Vernichtung und Innovation hat eine bemerkenswerte Ähnlichkeit mit dem christlichen Kreuzigungs- und Auferstehungsglauben, der im Symbol des Kreuzes seinen deutlichsten Ausdruck findet: Der Begriff der ›schöpferischen Zerstörung‹ ähnelt auf frappierende Weise dem christlichen ›Kreuzes-Paradox‹, bei dem ein und dasselbe Zeichen Untergang *und* Auferstehung symbolisiert. Mit der Vorstellung von der ›schöpferischen Zerstörung‹ macht Schumpeter das Opfer zu einem inhärenten Teil des Kapitalismus. Zwar schreibt er, es gibt um den Industriellen »keinen Schimmer irgendeines mystischen Glanzes, der für die Herrschaft über die Menschen so entscheidend ist. Die Börse ist ein armseliger Ersatz für den Heiligen Gral.«[193] Doch verdeutlicht er gerade mit solchen Bildern die Nähe von Geld und christlichem Messopfer.

Schumpeter hätte es strikt von sich gewiesen, dass seine Kapitalismus-Analyse etwas mit der christlichen Heilsbotschaft zu tun hat, die ihm in die Wiege gelegt wurde. Doch sein Biograph Richard Swedberg schreibt: »Wenige Jahre vor seinem Tod begann Schumpeter damit, einige seiner Gedichte nicht mehr an Annie [seine verstorbene zweite Frau] oder seine Mutter, sondern an Gott zu richten und die christlichen Feiertage zu beachten. Ein Zeitgenosse nahm es als Zeichen dafür, Schumpeter sei – ›wenn auch in unorthodoxer Weise‹ – in Wirklichkeit ein ›tief religiöser Mensch‹ gewesen. Daß

Karikatur des kanadischen Künstlers Wojtek Kozak.

Schumpeters engste Freunde ihn immer für einen Atheisten gehalten hatten, lag dem Interpreten zufolge daran, daß er seine Religiosität erfolgreich für sich behielt, obwohl er im Innersten die Katholische Kirche bewunderte und ein wirklich gläubiger Mann war.«[194] Unter dieser Perspektive erscheinen auch Schumpeters öffentliche wie privat in den Tagebüchern notierten Ausfälle gegen »Nigger, Juden und Abartige«[195] mehr als die Entgleisung eines Melancholikers; sie lassen sich eben nicht als »verzweifelter Versuch zu provozieren und zu schockieren« interpretieren, als die sie manchmal bewertet werden.[196] Den Sieg der Alliierten über Hitler bezeichnete er in seinem Tagebuch als einen »jüdischen Sieg«: Die Amerikaner hätten vollbracht, was Hitler ursprünglich wollte – die Welt beherrschen. »Die Weltzivilisation ist einem schrecklich gerüsteten, hirnlosen Riesen ausgeliefert.« Sogar seine Auseinandersetzung mit Keynes war durchsetzt von rassistischen Bildern: »Ebenso wie der Niggertanz der Tanz der heutigen Zeit ist, so ist auch der Keynesianismus die ökonomische Lehre der Gegenwart«, notiert er in sein Tagebuch.[197] Betrachtet man Schumpeters Wirtschaftstheorie, so erscheinen seine antisemitischen Ausfälle durchaus kohärent mit einer vom christlichen Weltbild geprägten Betrachtung wirtschaftlicher Zusammenhänge: Ohne Kreuzigung keine Auferstehung und ohne Zerstörung keine Innovation.

217

Das christologische Element wird auch an Schumpeters pejorativer Charakterisierung des ›Intellektuellen‹ deutlich. Der Begriff des ›Intellektuellen‹ hatte sich zur Zeit der Dreyfus-Affäre (1895) eingebürgert und wurde vor allem in Deutschland zu einem Schimpfwort gegen Juden.[198] Schumpeter verwendet ihn mit ähnlicher Konnotation. Die Intellektuellen seien »Zersetzer« und die Feinde eines gesunden Gemeinwesens. Der Intellektuelle bediene sich seiner Macht über das gesprochene und geschriebene Wort, um als »Störungsfaktor« zu agieren. Gerade weil Schumpeter in den Intellektuellen den Motor der kreativen Zerstörung sieht, sind seine antijudaistischen Konnotationen aufschlussreich. »So ist einerseits die Freiheit der öffentlichen Diskussion, die in sich die Freiheit einschließt, die Grundlage der kapitalistischen Gesellschaft zu bekritteln, auf die Dauer gesehen unvermeidlich. Andererseits kann die Gruppe der Intellektuellen gar nicht anders als kritteln, da sie von der Kritik lebt und ihre ganze Stellung von einer Kritik abhängt, die schmerzend trifft; und eine Kritik an Personen und laufenden Ereignissen wird in eine Situation, in der nichts heilig ist, mit Notwendigkeit in eine Kritik an Klassen und Institutionen einmünden.«[199] Solche Charakterisierungen schließen unmittelbar an den rassistischen Antisemitismus des Kaiserreichs und der Weimarer Republik an, und mit dem Topos einer ›schmerzenden Kritik‹, der ›nichts heilig‹ ist, stehen sie auch in der Tradition des christlichen Antijudaismus.

Schumpeter bezeichnete den Kapitalismus als »Prozeß einer industriellen Mutation – wenn ich diesen biologischen Ausdruck verwenden darf«.[200] Er nannte ihn auch »einen unaufhörlichen evolutionären Prozeß ohne Endpunkt«.[201] Für eine solche ökonomische Theorie hatte Charles Darwin die Richtung vorgegeben: Bei Schumpeter wird Kapitalismus als Evolutionsprozess, ja als ein »organischer Prozeß«[202] verstanden – mit dem Ziel einer ›Höherentwicklung‹ der Arten. Mit dem Opfer im Zentrum ihrer Theologie band sich die christliche Lehre zurück an die zyklische Zeitvorstellung vormonotheistischer Religionen mit ihrer Ritualisierung von Untergang und Auferstehung.[203] Mit seinen Vorstellungen vom ›kapitalistischen Prozess‹ als einer fast ›biologisch‹ anmutenden Evolution floss auch diese Komponente der christlichen Religion in Schumpeters Analysen ein. Im Gegensatz zu den Evangelikalen des ›Bible Belt‹, die eine ›literalistische‹ Auslegung der Heiligen Schrift verfolgen, sah der Theologe Darwin keinen Widerspruch zwischen seiner Evolutionstheorie und dem christlichen Glauben.[204] Das Konzept der ›kreativen Zerstörung‹ erlaubte es Schumpeter, Darwins Evolutionstheorie auf die Ökonomie zu übertragen. Er schließt damit ebenfalls an den unterschwelligen Volksglauben an, der im Christentum neben dem ›gehobenen‹ Glauben immer weitergelebt hat und der, wie der Religionswissenschaftler Mircea Eliade 1949 schreibt, gerade in der modernen Wirtschaft, in der »Rückkehr des Interesses an den Zyklentheorien sichtbar [wird]:

So erleben wir in der Nationalökonomie die Rehabilitierung der Begriffe Zyklus, Fluktuation, periodische Oszillation.«[205]

Zielpunkt von Schumpeters ›Höherentwicklung‹ ist eine sozialistisch organisierte Ökonomie. Denn nachdem Schumpeter für die Frühzeit des Kapitalismus eine Dynamik ausmachte, die die alten – feudalen, später bürgerlichen – Strukturen zerstörte, unterstellte er dem Spätkapitalismus eine Tendenz, sich selbst in den Sozialismus zu überführen. Damit stellt die ›schöpferische Zerstörung‹ nichts anderes als die Brüche und ›Mutationen‹ dar, die notwendig sind, damit sich ein solcher Prozess quasi »natürlich« vollziehen kann.

Auch in Schumpeters Analysen zum Gemeinwesen treten christologische Aspekte hervor. Er verstand sich eher als Analytiker denn als Ratgeber für die Wirtschaft. (In den 1920er Jahren hatte er sich durch Fehlspekulationen als junger Leiter einer Wiener Privatbank tief verschuldet und brauchte Jahre, bevor er diese Schulden abgetragen hatte; danach wollte er diese Rolle nicht mehr übernehmen.) Als er dann doch einmal ein handlungsorientiertes Wirtschaftsmodell entwickeln wollte, machte er sich ausgerechnet für ein ›katholisches Modell‹ stark. Im November 1945 hielt er einen Vortrag in Montreal vor katholischen Industriellen: *Die Zukunft der Privatwirtschaft in Anbetracht der modernen sozialistischen Bestrebungen.* Als Wirtschaftsmodell empfahl er eine korporative Ordnung im Sinne der vatikanischen Enzyklika *Quadragesimo Anno.*

Diese Enzyklika war 1931 von Papst Pius XI. herausgegeben worden und erkannte ausdrücklich die Bedeutung des Werks von Marx für ein Verständnis moderner wirtschaftlicher und sozialer Verhältnisse an. Der Schritt war für die katholische Kirche eine Revolution. Die Lehren der Enzyklika wurden von faschistischen Ständestaaten wie Österreich vor dem Anschluss und Portugal sofort begierig aufgegriffen. Für Schumpeter enthielt die Sozialenzyklika »alle Fakten des modernen Wirtschaftslebens«.[206] Sie zeige »die Funktionen der privaten Initiative in einem neuen Rahmen auf«, indem sie das ›korporative Prinzip‹ verkünde: den freiwilligen Zusammenschluss von Interessenverbänden, die Kooperation von Kapital, Arbeiterschaft und Staat mit dem Ziel, ein selbst organisiertes Verständnis zwischen den verschiedenen Gruppen herbeizuführen – im Interesse der Gemeinschaft. »Das korporative Prinzip ordnet, aber es reglementiert nicht. Es lehnt alle gesellschaftlichen Systeme mit zentralistischer Tendenz und jegliche bürokratische Reglementierung ab; ja, es ist in der Tat der einzige Weg, um letztere unmöglich zu machen.«[207]

Schumpeter wiederholte denselben Vortrag im Dezember 1949 vor der *American Economic Association,* deren Präsident er war. Seine Hinwendung zum ›vatikanischen Modell‹ hatte also nichts mit einer Anbiederung an die katholischen Unternehmer von

Montreal zu tun. In Washington trug der Vortrag den Titel: *The March Into Socialism*. »Ich will mit all dem nur die Tatsache unterstreichen, dass wir uns von den Grundsätzen des laisser-faire-Kapitalismus recht weit entfernt haben, und die weitere Tatsache hervorheben, dass es möglich ist, die kapitalistische Wirtschaftsordnung so fortzubilden und zu regulieren, dass die private Unternehmertätigkeit sich unter Bedingungen vollzieht, die von denen einer echten sozialistischen Planung nur wenig abweichen.«[208]

Im Europa der Nachkriegszeit setzte sich nicht das ›korporative‹ Modell durch, das Schumpeter vor Augen hatte, wohl aber eines, das auf Kooperation zwischen Arbeitgebern und Arbeitnehmern beruhte. Auf ihr basierten der ökonomische Wiederaufbau in der Bundesrepublik und Ludwig Erhards Modell der ›sozialen Marktwirtschaft‹. Dabei spielte allerdings nicht der Bezug zur katholischen Enzyklika, sondern die Konkurrenz mit dem Kommunismus eine entscheidende Rolle. Bei Schumpeter war das anders: Ihm war der Bezug zur Kirche wichtig. Eben das mag einer der Gründe sein, warum sich sein ökonomisches ›Prinzip‹ der ›kreativen Zerstörung‹ in der Sozial- und Wirtschaftstheorie so nachhaltig durchsetzte: Es schloss perfekt an die christliche Geschichte des Geldes an. Beschreibt Agamben Smiths Konzept der ›unsichtbaren Hand‹ als Fortführung der christlichen Gottesvorstellung, so ist Schumpeters Theorie der ›kreativen Zerstörung‹ eine – vielleicht die deutlichste – ökonomische Fortsetzung der dem Kreuz eingeschriebenen Untrennbarkeit von Opfer und Inkarnation.

IV. GELD UND GEIST

EINFÜHRUNG

Die enge Beziehung von Schrift und Geld basiert auf ihrer strukturellen Ähnlichkeit: Geld wie Schrift setzen Zeichen an die Stelle von materieller Wirklichkeit, und sie erschaffen Wirklichkeit durch die Zeichen. Geld verlangt nach einem Schreibsystem, das Buchführung und Kalkulation umfasst und als internationales Tauschmittel tauglich ist. Neue Formen von Geld gingen deshalb auch immer mit der Weiterentwicklung schriftlicher Kommunikation einher: Das Papier wurde für Bücher wie für Geld verwendet; als Buchdruck und Rotationspresse entstanden, konnten auch Währungen gedruckt werden. Ebenso verweisen Buchhaltung und ›Buchgeld‹ auf Schriftlichkeit. Keynes nannte die Emittierung von Geld bzw. die Benennung der Währung »the right to re-edit the dictionary«.[1] Auch in dieser Metaphorik steckt die enge Verbindung von Geld und einem Wort, das der ordnenden Logik der Schrift unterworfen wird. Das Sprichwort »quod non est in libris, non est in mundo«* zitierend, schreibt Oswald Spengler über das funktionale Geld: »das was *allein* mit der antiken Münze verglichen werden darf, ist nicht der Buchvermerk und auch nicht der Wechsel, Scheck oder die Banknote, *sondern der Akt, durch welchen die Funktion schriftlich vollzogen wird* und als dessen bloßes *geschichtliches Zeugnis* das Wertpapier im weitesten Sinne zu gelten hat.«[2] Es ist also das Schreiben selbst, nicht das dabei entstehende Schriftstück, das als ›Geld‹ definiert werden kann. Dies gilt in noch erhöhtem Maße für das elektronische Geld.

Seit der Entstehung von Computer und Internet funktioniert nicht nur die schriftliche Kommunikation, sondern auch das Geld über das elektronische Zeichensystem. Vergleicht man, historisch oder heute, die Finanzzentren mit der Dichte der Kommunikationsnetze, so erkennt man die geographische Übereinstimmung. Ob in der Antike, dem Mittelalter oder in der Moderne: Dort, wo intensive schriftliche Kommunikation herrscht, gibt es auch den intensivsten Geldfluss. Mit der Elektronik nahmen diese Ströme eine neue Gestalt an. War der Begriff ›Markt‹ für klassische Ökonomen wie Adam Smith, David Ricardo oder John Stuart Mill noch an konkrete Orte gebunden,[3] so hat sich, laut dem spanischen Soziologen Manuel Castells, der moderne Markt vom

---

* Was nicht in den Büchern steht, ist nicht in der Welt.

221

Territorium gelöst: »Ströme von Kapital, Ströme von Information, Ströme von Technologie, Ströme von organisatorischer Interaktion, Ströme von Bildern, Tönen und Symbolen. Ströme sind nicht einfach ein Element der sozialen Organisation: Sie sind der Ausdruck von Prozessen, die unser wirtschaftliches, politisches und symbolisches Leben *beherrschen*.«[4]

Statt eines gemeinsamen Territoriums haben die Ströme eine »gemeinsame Zeit«. Sie basiert auf einem Kreislauf elektronischer Vermittlungen, den Knoten und Zentren, die miteinander verbunden werden, und der räumlichen Organisation der Führungseliten. Diese versteht Castells allerdings nicht als soziale Schicht. »Soziologisch oder ökonomisch gesprochen gibt es so etwas wie eine globale kapitalistische Klasse nicht. Sondern es gibt ein integriertes globales kapitalistisches Netzwerk, dessen Bewegungen und variable Logik in letzter Instanz die Wirtschaft bestimmen und Gesellschaften beeinflussen. Oberhalb einer Vielfalt von Kapitalisten aus Fleisch und Blut und auch kapitalistischen Gruppierungen gibt es also einen gesichtslosen kollektiven Kapitalismus, der aus Finanzströmen besteht, die durch das elektronische Netzwerk in Gang gehalten werden.« Zwar herrscht ›der Kapitalismus‹, doch ›die Kapitalisten‹ können nur als »Anhängsel des mächtigen Wirbelwindes gedeihen, der seinen Willen in Form von *spread points* und *futures options ratings* im globalen Flackern der Computer-Bildschirme manifest werden lässt«.[5] Mit diesem deterritorialisierten Finanzmarkt, so der Kulturökonom Arjun Appadurai, korrelieren wiederum kulturelle Ströme: ›Financescapes‹, ›Ethnoscapes‹, ›Mediascapes‹, ›Technoscapes‹ und ›Ideoscapes‹.[6]

Darüber hinaus schuf das elektronische Netz die Möglichkeit, dass die Zeichen untereinander kommunizieren – ohne das Bindeglied Mensch.[7] Deshalb geht dieser neue Finanzmarkt auch einher mit »einer neuen Form von Macht, die eine verflüssigte und entpersonalisierte Form angenommen hat«.[8] Schon Anfang der 1990er Jahren sprachen Politikwissenschaftler von einer »Governance without Government«.[9] Die Deterritorialisierung der Macht hat sich, wie Hardt und Negri in *Empire* darstellen, seither noch verstärkt: »Im Gegensatz zum Imperialismus etabliert das Empire kein territoriales Zentrum der Macht, noch beruht es auf von vornherein festgelegten Grenzziehungen und Schranken. Es ist *dezentriert* und *deterritorialisierend,* ein Herrschaftsapparat, der Schritt für Schritt den globalen Raum in seiner Gesamtheit aufnimmt, ihn seinem offenen und sich weitenden Horizont einverleibt.« Das ›Empire‹ arrangiert und organisiert hybride Identitäten. »Die unterschiedlichen Nationalfarben der imperialistischen Landkarte fließen zusammen und münden in den weltumspannenden Regenbogen des Empire.«[10]

Diese Entwicklung war nur möglich dank der zunehmenden Abstraktion des Geldes, das sich nicht nur von materiellen Werten, sondern auch von seinen traditionellen

›Eigentümern‹ löste und zwischen diesen wandert. Umso mehr ist die Geldwirtschaft aber auf den *Glauben* der Menschen angewiesen »Eines der deutlichsten Merkmale einer fortschreitenden Zivilisation besteht in der Tendenz der Menschen, einander zu vertrauen«, schreibt die *Encyclopaedia Britannica* in ihrem 1911 publizierten Artikel über das Geld (der seither mehrfach neu geschrieben werden musste).[11] Zu dieser Zeit begann die allgemeine Verbreitung des Papiergeldes. Um wie viel mehr verlangt das Geld im elektronischen Zeitalter nach diesem ›Vertrauen‹. Dass Vertrauen und Glauben in der modernen Ökonomie, die in der *Encyclopaedia* unbefangen mit ›Zivilisation‹ gleichgesetzt werden, eine wichtige Rolle spielen, zeigt, dass das Geld in der Moderne noch mehr als in der Vergangenheit auf einem spirituellen Fundament ruht, das seine Nähe zur Religion nicht verleugnen kann. In seinem Buch *Der Untergang des Abendlandes* (1918) schrieb Oswald Spengler: »Geld ist zuletzt die Form von geistiger Energie, in welcher der Herrscherwille, die politische, soziale, technische, gedankliche Gestaltungskraft die Sehnsucht nach einem Leben von großem Zuschnitt zusammengefaßt hat. […] Erst das Geld erhebt den Geist auf den Thron.«[12]

In diesem Kapitel geht es um die Geschichte der zunehmenden ›Vergeistigung‹ des Geldes, die mehr als nur Desubstantialisierung impliziert. Sie schuf das ›Fiatgeld‹, das mit keiner Einlösepflicht verbunden ist und prinzipiell die Geldschöpfung in beliebiger Höhe erlaubt. Der weitaus größte Teil des Geldes ist heute Kreditgeld – also Geld, das auf Vertrauen setzt. Das bedeutet aber auch, dass sich der Bedarf nach einer Beglaubigung des Geldes erhöht – durch das symbolische Opfer.

DIE SICH SELBST REPRODUZIERENDEN ZEICHEN

Es gibt viele Hinweise auf den Zeichen- und Sprachcharakter des Geldes, schreibt Michael Hutter, »aber alle ernsthaften Versuche der Integration solcher Beobachtungen in die vorhandenen Theorievarianten scheitern«. Die Geschichte des Geldes lässt sich lesen als ein langer Emanzipationskampf des Menschen, der ihn aus seiner Abhängigkeit von den Göttern und der Natur herausführen sollte. Dies war jedoch nur zum Preis einer immer größeren Abhängigkeit von den Zeichen möglich. Die Reflexion über die Rolle der Zeichen beginnt, so Hutter, »mit der Unterscheidung der *verba* von den *res* in der antiken Rhetorik, und er findet sich noch in den semiotischen Theorien unseres Jahrhunderts, die zwar die Bedeutung der Zeichenwelt universalisiert haben, die aber dennoch von einer geklärten Unterscheidung zwischen dem, was bezeichnet, und dem was bezeichnet wird, ausgehen«. Geht man jedoch von einer Vorrangigkeit des Zeichens vor

dem Bezeichneten aus – und genau darum geht es beim Geld –, so erscheint es fragwürdig, ob heute von einer ›geklärten Unterscheidung‹ zwischen Signifikant und Signifikat
die Rede sein kann. Hutter zieht die Parallele zwischen der Sprache, die ›performativ‹
Tatsachen hervorbringt, und dem Geld. Aber der Begriff des ›performativen Aktes‹ genügt nicht. Denn es bedarf auch des *Glaubens* an die so entstandene ›Wirklichkeit‹.
»Derjenige, der sich an einer Zahlung beteiligt, muß den verwendeten Geldzeichen ihre
Bedeutung zutrauen, er muß ihnen vertrauen. Misstraute er den angebotenen Geld-
elementen, dann käme die Zahlung nicht zustande.«[13]

Geld bewahrt nur so lange seine Funktionsfähigkeit, wie keiner daran zweifelt. Das
Verbot des Zweifels ist eine weitere From des ›Geldschleiers‹.[14] Sobald das Geld seine
zeichenhafte Wirkmacht zu erkennen gibt, funktioniert es nicht. Deshalb blenden
Finanzberichte auch gerne die Tatsache aus, dass das Geld von medialen Vorgängen
abhängt. Die Berichterstattungen zu Beginn der Finanzkrise im Herbst 2008 zeigten
»Affektbilder männlicher Börsianer in Großaufnahme und behaupteten in ihren Erzähl-
formen der *Personalisierung, Lokalisierung* und *Chronologisierung* eine grundsätzliche
Erzählbarkeit der Krise«.[15] Diese Personalisierung stellt eine von vielen Varianten des
›Geldschleiers‹ dar. Eine andere suggeriert, dass man über Geld nicht nachzudenken
braucht, weil es für Güter steht.[16]

Der ›Schleier‹ bringt die Tatsache zum Verschwinden, dass Geld über eine eigene
Form von Kommunikation verfügt, bei der Signifikanten auf andere Signifikanten verweisen – ohne den Umweg über ein Signifikat. Das ist die vom Geld praktizierte Form
der Fortpflanzung. »Die Zeichen fordern also ihre Fortsetzung, um gültig zu bleiben.
Die so entstehende Kette von Zahlungen ist selbstreferentiell geschlossen: Zahlungen
schließen immer nur an Zahlungen an.« Diese Form von Vermehrung konnte sich allerdings erst dann durchsetzen, als das Geld alle Mitglieder der Gesellschaft in seine Gesetzlichkeit eingeschlossen hatte und sich die Erkenntnis durchsetzte, dass »auch Arbeiter
Teil der Zahlungskette sind«. Indem das Geld jeden einzelnen in seine Kommunikations-
kette einbezog, stellte es eine – nonverbale – Form von Sprache zwischen den Menschen
her. »Jede Zeichenverwendung setzt ihre Vorverwendung durch andere voraus und erwartet ihre Weiterverwendung. Im Wechsel von Alter zu Ego und zurück zu Alter entsteht die Fortsetzung der Zeichenverwendung durch Kopie oder durch Verdoppelung.«[17]

Mit anderen Worten: Damit sich das Geld fortpflanzen kann, bedarf es einer quasi-
sexuellen ›Kommunikation‹: Die Paarung der ›Unterschiedenen‹ (Ego und Alter) geht
der Fortpflanzung voraus. Aber anders als in der Natur entsteht bei dieser Reproduktion immer das Gleiche: »Damit ist gezeigt, daß die Reproduktion der Geldzeichen die
Struktur der Wiederholung hat. Geldzeichen verdoppeln und reproduzieren sich mit

ähnlicher Autonomie, wie das die Genkonstellation in der Umwelt von immer wieder wechselnden phänotypischen Organismen tut.«[18] Das Fruchtbarkeitsmodell des Geldes ist also nicht an die Fortpflanzungstechniken der Natur angelehnt, sondern an die moderne Reproduktionsmedizin.

Wie beim Geld verbinden sich in der Reproduktionsmedizin mediale Techniken – die Schrift, das Alphabet, der binäre Code – mit Wissen und religiösen Paradigmen. Mit den Gentechniken, so der Wissenschaftshistoriker Hans-Jörg Rheinberger, »wird das Labor, diese privilegierte Schmiede epistemischer Dinge, in den Organismus selbst verlegt und damit potentiell unsterblich, fängt sie doch an, mit der eigenen Schreibmaschine des Seins zu schreiben«. Der Vorgang des ›Sequenzierens‹ in der Genetik verweist auf die Buchstabenkette des Alphabets – und das Geld, bei dem Zeichen miteinander kommunizieren, verweist auf die Genetik. »Der Biologe, als Forscher, arbeitet nicht mehr mit den Genen der Zelle – er weiß ebenso wenig wie jeder andere, was das ›wirklich‹ ist – er arbeitet mit experimentell in einem Repräsentationsraum produzierten Graphemen. Wenn er wissen will, was sie bedeuten, hat er keine andere Möglichkeit, als diese Artikulation von Graphemen durch eine andere zu interpretieren.«[19] Auch beim Geld schließen Zahlungen immer nur an Zahlungen an.

Geht Hajo Riese mit seiner Formulierung vom Geld als dem »knapp gehaltenen Nichts« von einer Leerstelle aus, so ist in dieser Kommunikationstheorie von einem Geld die Rede, das sich nicht über das Vakuum, sondern über sich selbst legitimiert. Während sich Riese auf die Autorität des Staates beruft, die dem ›Nichts‹ Gültigkeit verleiht, entsteht hier »mithilfe der Figur der doppelten Kontingenz, die gegenseitige Interpretation des Zeichens buchstäblich aus dem Nichts. Die Argumentation ist zirkulär, sie gründet sich weder auf individuelle Intention noch auf staatliche Macht.«[20] Anders ausgedrückt: Das Geld bedarf zu seiner Beglaubigung keiner fremden Instanz oder Autorität mehr. Was es jedoch braucht, ist die Abhängigkeit der Individuen voneinander: Ihre ›Verkettung‹ ist die Grundlage der Zahlenketten des Geldes. Diese Art von ›Abhängigkeit‹ kennzeichnet auch Gesellschaften mit oraler Kommunikation: Die gesprochene Sprache zirkuliert innerhalb des Gemeinschaftskörpers und stellt einen Lebenssaft dar, der die einzelnen Mitglieder miteinander verbindet. So auch das Geld, das auf dem Glauben an die Gemeinschaft beruht: »Money is the blood of the state and must circulate«, sagte John Law.[21] Doch anders als bei Hobbes, der eine ähnliche Metaphorik verwendete, ist das ›Blut‹ bei ihm nur noch ein Zeichen auf dem Papier. Die Körperlosigkeit unterscheidet das zirkulierende Geld von der oralen Kommunikation. Dafür produzieren die Zeichen aber ihre eigenen Körper.

Aus der Zirkulation des Geldes herauszutreten, heißt, dem Geld den Schleier zu entreißen, die Zeichen als Zeichen zu lesen – und ihm damit die Basis seiner Funktionsfähigkeit zu nehmen. Findet eine Reflexion über das Geld statt, so läuft dieses Gefahr, zu einem ›leeren Signifikanten‹ zu werden. Der Begriff des ›empty signifier‹ stammt vom britischen Sozialtheoretiker Ernesto Laclau und impliziert einen Diskurs, der damit konfrontiert ist, dass er sich nicht selbst die notwendige Glaubwürdigkeit verleihen kann. An die Stelle des Beweises tritt das Motiv.[22] Beim Geld ist es das Vermehrungs- oder Profitmotiv. Ohne den Begriff des ›leeren Signifikanten‹ zu kennen, hat Marx genau dies über das Wesen des Geldes geschrieben: »Seine eigene Lebendigkeit besteht ausschließlich darin; es *erhält* sich nur als vom Gebrauchswert unterschiedner, für sich geltender Tauschwert, indem es sich *beständig vervielfältigt*.«[23]

Ist innerhalb dieses selbstreferentiellen Systems eine Veränderung möglich? Hutter zieht die Parallele zur Evolution: »Bei der biologischen Entwicklung tritt ein gleichartiges Phänomen auf. Auch da ist die Duplikation der Geninformation ein komplexer, paßgenauer Vorgang – und gleichzeitig kommt es zur ›Mutation‹ von Lebensformen. Die darauf gefundene Antwort ist die Theorie der Evolution.«[24] In der Evolution kommen Veränderungen durch kleine oder größere Unfälle zustande. Bei der Geldwirtschaft kommen die ›Unfälle‹ – Inflationen, Depressionen, Finanzkrisen – selten von außen, sie sind eher dem System inhärent, erweisen sich aber nachträglich oft als Formen von Erneuerung und Verstärkung des ›Systems‹. Das geschieht nicht unbedingt im Sinne von Schumpeters ›kreativer Zerstörung‹, sondern eher durch Selbst-Reflexion.

Historisch ist es oft ›der Jude‹, dem die Geldwirtschaft die Rolle zuwies, sowohl das Geld als auch das ›Andere‹ des Geldes, nämlich die Geldtheorie, zu verkörpern. Für das Geld stellt die Geldtheorie eine ›Störung‹ dar – und an der Entstehungsgeschichte von Geldtheorien waren, worauf ich im zweiten Kapitel hinwies, in der Tat viele Juden beteiligt. Als sozial ›Außenstehende‹ waren sie prädestiniert, die ›Störung‹ einer Geldwirtschaft zu verkörpern, die über sich selbst nicht nachdenken darf, ohne ihre auf dem Glauben basierende Funktionalität zu verlieren. »Das Bedürfnis des Geldes ist daher das wahre, von der Nationalökonomie produzierte Bedürfnis und das einzige Bedürfnis, das sie produziert«, schreibt Marx.[25] Die Wirkungsmacht von Marx' Theorien zum Kapitalismus wird meistens am Aufkommen der sozialistischen Bewegungen und an der Entstehung der kommunistischen Staaten gemessen. Was aber, wenn sie ›nur‹ die Häresie waren, die dem Kapitalismus neue Schwungkraft verlieh?

Seit Marx hat sich die Funktion des Geldes erheblich geändert. Noch für Simmel konnte das Geld nur dann seiner Rolle genügen, wenn es sich von allen Substanzen – auch den Waren – gelöst hat und so seine eigentliche Aufgabe, objektiver Maßstab für Werte zu sein, erfüllen kann. Der Finanzkapitalismus funktioniert aber nicht nach den Regeln der Marktwirtschaft mit ihrem Gesetz von Angebot und Nachfrage. Denn Geld lässt sich multiplizieren – und je abstrakter es ist, desto eher geschieht dies. Eben das bewirkt die Spekulationsblasen auf dem Finanzmarkt. »Niemand wird eine Waschmaschine kaufen, wenn der Preis doppelt so hoch ist wie der einer vergleichbaren Maschine der Konkurrenz. Die Finanzmärkte funktionieren anders. Wenn der Preis steigt, nimmt die Nachfrage nicht ab. Sie steigt, weil die Konkurrenz auch am Preisanstieg teilhaben will. Wenn der Preis fällt, geht auch die Nachfrage zurück. Das Gesetz von Angebot und Nachfrage ist außer Kraft gesetzt. Die Instabilität der Finanzmärkte ist also systemisch bedingt.« Deshalb, so Orléan, sei es auch abwegig, »die Finanzmärkte über die Verschuldungsraten der verschiedenen europäischen Märkte entscheiden zu lassen«.[26]

Ganz abgelöst von der materiellen Welt ist der Finanzmarkt freilich nicht. »Die Welt der Zeichen wächst weitaus rascher als die Welt der Dinge. Entsprechend wächst die Bedeutung einer zeichentheoretischen Interpretation der Wirtschaft«, schreibt Hutter.[27] Er fordert eine Theorie der Finanzwirtschaft, die diese als Kommunikationsform untersucht. Dem steht entgegen, dass der Finanzkapitalismus nicht nur zu einer Vermehrung der Zeichen führt, sondern auch die Welt der Dinge zur Vermehrung zwingt. Mit diesen ›Dingen‹ (oder Konsumobjekten), die den Zeichenketten scheinbar materielle Gestalt verleihen, verhindert das Geld die Reflexion über die eigene Funktionsweise. Auch in anderer Hinsicht erzwingt das Geld die materielle Vermehrung: durch die Multiplikatin der Opfer, die für seine Glaubwürdigkeit einzustehen haben. Ihr Anwachsen ist *conditio sine qua non* einer zunehmenden Zeichenhaftigkeit des Geldes.

DAS PAPIERGELD

Der Prozess der ›Vergeistigung‹ des Geldes vollzog sich weitgehend im Abendland. Das zeigt gerade der Vergleich mit dem Papiergeld Chinas. Dort gab es schon Jahrhunderte vor dem westlichen Papiergeld nicht nur Papier, sondern auch Papiergeld – wie überhaupt alle ›Zutaten‹ zum Papiergeld (mit Ausnahme der Druckerpresse) aus dem Orient stammten und meistens über den arabischen Raum nach Europa gelangten: das Papier, Scheck und Wechsel wie auch die Null und ein Teil der Mathematik. Früher als in Europa wurden in China auch Münzen eingeführt: Auf ihnen waren oft Piktogramme für Muscheln zu sehen, die auf das weltweit verbreitete Muschelgeld verwiesen.[28] »Flüssige Ware« war auch ein früher chinesischer Ausdruck für Geld,[29] was die ihm zugewiesene Funktion als Zahlungs- und Tauschmittel indiziert. Anders als die geprägten Münzen Europas ließen sich die gegossenen chinesischen Münzen leicht fälschen.[30]

Obgleich hierauf die Todesstrafe stand, war das Fälscherwesen weit verbreitet, so dass ein Berater des Kaisers Anfang des 2. Jahrhunderts klagte, dass die Landwirtschaft gefährdet sei, weil die Menschen »ihre Pflüge verlassen, um Münzen zu gießen; die Anzahl schlechter Münzen vermehrt sich täglich. [...] Die Menschen gehen in eine Falle, und die Zahl der Hinrichtungen wird enorm sein und ohne gerichtliche Untersuchung.«[31]

Der Mangel an Kupfer führte in manchen Gebieten zur Einführung einer Eisenwährung, die wegen des Gewichts unpraktisch war. So wurde um 960 u. Z. das erste Papiergeld der Welt eingeführt. Privatbanken hatten angeboten, das Metall in Gewahrsam zu nehmen und dafür Papierbelege auszugeben, die als ›Geld‹ zirkulierten. Unter der Herrschaft des Kaiser Zhenzong, der von 998–1022 regierte, erhielten 16 Händler das Privileg, Geldhinterlegungsscheine auszugeben, die als Zahlungsmittel anerkannt wurden.[32] Es galt neben den weiterhin zulässigen Kupfermünzen, während Gold und Silber als Zahlungsmittel untersagt waren.[33]

Das System weitete sich unter der Song-Dynastie um 1200 aus. Marco Polo, der von 1271–1295 China bereiste, berichtet, dass sämtliche Truppen des Kaisers mit Papierwährung bezahlt wurden. Das galt auch für die Staatsbeamten wie für die Arbeiter in den Salzminen. »Man kann sagen, dass der Kaiser das Geheimnis der Alchemisten kennt, da er die Kunst versteht, Geld zu machen.« Auf den Scheinen wurden Ketten mit Kupfermünzen abgebildet. Je größer ein Schein war, desto mehr Striche/Ketten trug er und desto höher war sein Wert.[34] »Fliegendes Geld« nannten die Chinesen das Papiergeld – eine Metapher, die auch Adam Smith verwenden sollte, als er schrieb, dass »Handel und Gewerbe zwar ein wenig zunehmen, aber insgesamt weniger sicher auf den Dädalus-Flügeln des Papiergeldes als auf dem soliden Untergrund von Gold und Silber« sind.[35] Darin hätten ihm die Chinesen nach ihren Erfahrungen sicher beigestimmt. Ein anderer chinesischer Namen für Papiergeld war »bequemes Geld«. Kredit hieß: »gestrecktes Geld«.[36]

Bald nach der Einführung hatte die chinesische Regierung erkannt, welche Macht ihr das Monopol der Emission verschaffte. 1024 entzog sie den privaten Banken das Ausgaberecht. Damit begann eine Zeit der staatlichen Papierwährung, die sich über insgesamt dreihundert Jahre hinzog, die chinesische Wirtschaft in den Ruin trieb und mit dem Untergang der Song-Dynastie enden sollte. Hatte die chinesische Bevölkerung zunächst Vertrauen in die neue Währung, so änderte sich dies allmählich. Der Staat forderte die Deponierung des ›echten Geldes‹ in Staatsbanken und steigerte zugleich die Zahl der zirkulierenden Scheine, die zur einzig zulässigen Währung erklärt wurden. Die Chinesen kannten nie das Prinzip der prinzipiellen Konvertibilität des Papiergeldes; sie galt erst nach einer bestimmten Laufzeit, meistens waren es drei Jahre. Da die Bevölkerung zunächst Vertrauen in die Depots der Regierung hatte, wechselten viele Inhaber nach Ablauf der Sperrfrist ihre Scheine nicht ein – mit der Folge, dass der Staat die Depots für eigene Ausgaben nutzte. Bald wurden die alten Scheine nicht mehr ausgelöst, sondern nur gegen neue eingetauscht. Die Eigentümer dieser ohnehin schon beträchtlich entwerteten Wechsel erhielten statt Geld eine sogenannte Kreditnote. Sie wurde für einen Zeitraum von 43 Jahren ausgegeben und war jährlich konvertibel: ein neuer Schein gegen vier alte.[37] Auf Nichtannahme des Papiergeldes stand die Todesstrafe. Bald hatte das Geld nur noch einen Zehntel seines Ursprungswerts.

Die Regierung versuchte, dem Geld den Anschein von ›echtem‹, metallischem Wert zu verleihen, indem »hochklingende Namen erfunden« wurden, die den Anschein erweckten, dass die Scheine auf Gold- und Silbervorräte in den Schatzkammern der Regierung ausgestellt seien. Das Versprechen wurde natürlich nicht erfüllt – und wer über eine der raren Kupfermünzen verfügte, hortete diese »wie einen Schatz«. Sogar die Regierung hatte wenig Vertrauen in diese Währung und forderte, dass Steuern in ›festem Geld‹, also Metall, entrichtet werden mussten. Schließlich kam es zum Zusammenbruch. »Das Papiergeld hatte den Staat ruiniert und den Untergang einer Dynastie verursacht, die über mehr als drei Jahrhunderte auf dem Thron saß. Von diesem tiefen Fall haben sich die Staatspapiere Chinas nie wieder erholt.«[38]

Als Europa im 18. Jahrhundert die ersten Versuche mit Papiergeld unternahm, lagen die katastrophalen Erfahrungen Chinas lange zurück. »Die Chinesen hatten schon die ganze Misere, die von einem überzeichneten und entwerteten Papiergeld ausgeht, erfahren, als dieses in Europa als der Stein des Weisen gefeiert wurde«, schreibt Willem Vissering in seinem Standardwerk von 1877 über die Geschichte des chinesischen Geldes. Eine genauere Kenntnis dieser Geschichte, so meint er, hätte Europa viele Leid und Elend erspart und sie vor den ganzen Übeln bewahrt, die »sich in den sozialen Verhältnissen unserer Zeit zeigen«. Das Papiergeld habe mehr Menschen getötet, Unrecht geschaffen und den Interessen der Völker geschadet als alle »Pfeile und Waffen unseres Feindes«.[39] Die chinesischen Erfahrungen konnten aber weder Schreckbild noch Vorbild für das westliche Papiergeld sein: nicht nur weil die beiden Ereignisse Hunderte von Jahren und Tausende von Kilometern auseinander lagen,[40] sondern auch weil sein Ursprung anderer Art war.

Die Beglaubigungsstrategie des chinesischen Geldes berief sich nicht auf das männliche Opfer. Die chinesische Kultur kannte, wie erwähnt, den Ursprung des Geldes aus der ›Muschelwährung‹, das auf den agrarischen Ursprung (und das ›Frauenopfer‹) verweist. Es taucht auch im Schriftsystem auf. Doch das sakrale Stieropfer – und dessen Substituierung durch das Geld – gehörten nicht zu seinen Traditionen. Darüber hinaus

Das chinesische Schriftzeichen für die Kaurischnecke leitet sich vom Muschelgeld ab.

beruhte das Papiergeld aber auch auf dem Vertrauen in die Autorität. Und dieses Vertrauen hing eng mit dem Schriftsystem zusammen. Hier liegt der entscheidende Unterschied zum westlichen Papiergeld.

Vissering fragt sich, warum China der Fortschrittsgedanke so fremd und die Kultur so
tief in Traditionen, Sitten und festen Regeln verwurzelt sei. Als positivistischer Denker
des 19. Jahrhunderts findet er die Antwort in biologistischen Erklärungen: Virchows
Theorie vom »Stirnfortsatz der Schläfenschuppe«, den dieser als »ein Merkmal niederer,
jedoch keineswegs niederster Rassen« beschrieb.[41] Angesichts der großen kulturellen
Leistungen Chinas, zu denen auch die Idee des Papiergeldes gehört, erstaunt dieser
westliche Hochmut. Zwar ist es unbestreitbar, dass die chinesische Bevölkerung das
Experiment mit dem Papiergeld – trotz Verarmung – erstaunlich lange ertrug. Aber die
Erklärung für diese Beharrlichkeit ist nicht in der ›Rasse‹ zu suchen, sondern in dem, was
Schrifttheoretiker wie Jack Goody und andere gezeigt haben: Schriftsysteme mit vielen
Zeichen erzeugen Eliten, die die Tendenz haben, sich selbst – als Herrschaftsschicht – zu
perpetuieren.[42] Ein chinesischer Schriftgelehrter beherrscht bis zu 50 000 Zeichen; ein
einfacher Zeitungsleser muss mindestens 3000 kennen. Das führt zu einer relativ geringen sozialen Mobilität und zur Perpetuierung sozialer und kultureller Strukturen. Nur
so konnte dem chinesischen Reich, trotz seiner immensen Größe, eine derartig lange
Lebensdauer beschieden sein (vergleichbar mit dem alten Ägypten, dessen Gedächtnis
ebenfalls auf einem aus Piktogrammen bestehenden Schriftsystem gründete, das nur

eine Kaste von Priestern beherrschte).[43] Es entstand ein Vertrauen in die ›Autorität‹, das sowohl deren lange Herrschaft als auch das Vertrauen in ihre Papierwährung erklärt.

Anders das Papiergeld in Europa, das – vergleichbar dem alphabetischen Schriftsystem – eine hohe soziale Mobilität schuf und deshalb auch vor allem da zum Einsatz kam, wo sich neue Staaten bildeten oder alte Eliten durch neue abgelöst wurden. Nicht durch Zufall entstand das erste Papiergeld in Nordamerika. »Es ist das älteste von einer Regierung herausgegebene Papiergeld der westlichen Welt überhaupt. Die frühesten Scheine stammen aus dem Jahr 1690. Selbst die Gründung der Bank von England erfolgte erst später, von deutschen, österreichischen oder Schweizer Versuchen ganz zu schweigen.« Die Geburt der Vereinigten Staaten erfolgte auf dem Reißbrett – noch heute an den geraden Grenzen der verschiedenen Staaten zu erkennen. Und sie vollzog sich in enger Verbindung mit der virtuellen Währung des Papiergeldes, die die Unabhängigkeit vom Mutterland ermöglichte. Da die Kolonialgebiete Nordamerikas gezwungen wurden, das Münzgeld des Mutterlandes zu verwenden, Gold und Silber dorthin zurückzusenden und alle Importe aus dem Mutterland mit diesem Geld bezahlt werden mussten, und weil es den Kolonien untersagt war, eine eigene Währung herauszugeben,[44] suchten die Siedler schon früh nach Ersatzmitteln für den internen Tausch. Der Tabak nahm diese Rolle ein. Er war Währung und sollte später auch den Wert von Noten garantieren. In Virginia wurden 1727 Tabakzertifikate oder -noten gesetzliches Zahlungsmittel, sie behielten fast bis zum Ende des Jahrhunderts ihre Gültigkeit. »So eng war die Assoziation zwischen Tabak und Geld, daß das Papiergeld von New Jersey, wo kein Tabak angebaut wurde, auf der Vorderseite ein Tabakblatt sowie die eindringliche Warnung trug: ›Nachahmungen werden mit dem Tode bestraft‹.« Die Tabakwährung hielt sich auch lange nach der Einführung des Fiatgeldes. »Der Goldstandard dauerte, nach allgemeiner Berechnung, von 1879 bis zu dem Tag, als seine letzte, reduzierte Form durch Richard Nixon im Jahr 1971 abgeschafft wurde. Wenn man die gesamte amerikanische Geschichte betrachtet, so hat der Tabak, obwohl sein Vorkommen regional begrenzt war, fast zweimal so lange wie das Gold gehalten.«[45]

Einer der Vorkämpfer des Papiergeldes war Benjamin Franklin (der für Max Weber in seiner Untersuchung über den Protestantismus und Kapitalismus eine wichtige Rolle spielte). Schon 1729 veröffentlichte er eine Studie über die Papierwährung mit dem Titel *A Modest Enquiry into the Nature and Necessity of a Paper Currency*. Im darauffolgenden Jahr setzte er sich auch in der Sache ein. »1736 brachte Franklins *Pennsylvania Gazette* eine Entschuldigung für ihr unregelmäßiges Erscheinen, denn der Drucker sei ›in der Presse für das öffentliche Wohl tätig, um die Geldmenge zu erhöhen‹. Die Presse war eifrig mit dem Druck von Papiergeld beschäftigt.«[46] Druckmaschine und Geld

Dreißig Dollar auf Papier,
Georgia 1778.

hatten zueinander gefunden. Allerdings sollte erst die Aufhebung der Goldeinlösepflicht der Notenbanken im Ersten Weltkrieg den allgemeinen Übergang zum (inkonvertiblen) Papiergeld bringen.

Diente das Papiergeld in China dem Erhalt der Macht des Kaisers, so trug das westliche Papiergeld dazu bei, herrschende Eliten zu entthronen und neue Schichten bzw. Länder an die Macht zu tragen. In Frankreich verhalf die Papierwährung der Französischen Revolution der Bourgeoisie zum Aufstieg. Amerika brachte es die Unabhängigkeit. Paradoxerweise kam der Übergang deshalb zustande, weil europäische Staaten gegeneinander Krieg um ihren Anteil an den Kolonien führten. England hatte den Kolonien die Kreditaufnahme nur für besondere öffentliche Ausgaben gestattet – etwa im Kriegsfall. Im Krieg gegen die Franzosen in Kanada erhielt Massachusetts die Genehmigung zu einer Anleihe. Damit war das »erste amtliche Papiergeld der westlichen Welt geboren«.[47] Die Noten wurden als Sold an die Soldaten vergeben, mit dem Versprechen, sie später in harte Währung einzutauschen. Aber es wurden immer mehr Noten ausgegeben, zudem die Einlösung verschoben; Preissteigerungen waren die Folge. »Mitte des 18. Jahrhunderts betrug der Betrag an Gold und Silber, zu dem eine Note eingelöst werden konnte, nur noch ein Zehntel dessen, was er fünfzig Jahre zuvor gewesen war.«[48] Doch da hatte sich das Papiergeld schon längst als Motor der Unabhängigkeit verselbständigt.

Die ersten Noten bestanden aus Scheinen, die von einem Talon abgeschnitten wurden, der bei der ausgebenden Stelle verblieb. Im Zweifelsfall konnten Talon und Schein aneinandergelegt werden, um die Echtheit der Scheine zu prüfen. Auf den Scheinen bestätigte ein langer Text die Pflicht des Treasurers von Massachusetts, jederzeit den Schein in ›normales‹ Geld einzutauschen.[49] Dazu gab es drei handgeschriebene Unterschriften und ein Staatssiegel. Da nicht alle Kolonien über Druckereien verfügten, ließen manche die Scheine auch handschriftlich ausfertigen. Im Staat Maryland wurden ab 1739 Blattabdrucke (von realen Pflanzenblättern) zur Erhöhung des Fälschungsschutzes verwendet: die Vielfalt der Natur als Beglaubigungsmittel.[50] Die Kolonisten gründeten auch eigene Banken, die berühmteste war die *Manufactory Scheme of Massachusetts*, die Noten zum Nominalzinsfuß an ihre Kapitaleinleger ausgab, »wobei die Noten durch den Grundbesitz der Aktionäre mehr oder weniger gedeckt waren«.[51] Neben dem Tabak war also auch Grund und Boden Garant des Papiergeldes.

Zur Zeit der Unabhängigkeitserklärung waren die Noten noch immer auf das englische Königshaus ausgestellt. Doch am 10. Mai 1775 beschloss der Continental Congress die Ausgabe einer nationalen Währung. Der Schritt ging der Unabhängigkeitserklärung voraus. Diese Währung genoss über lange Zeit nicht dasselbe Vertrauen wie die Kolonialwährungen. In Umlauf kamen nur kleinere Scheine, die wenige Dollars wert waren. Auf der Rückseite sah man 13 Ringe (die Staaten), die sich zu einer Kette zusammenschlossen. Darunter stand der Spruch ›We are One‹. »Es sind die Geburtswehen der USA. Ein neues Staatsgebilde entsteht mit eigener Verfassung, eigenen Organen, eigener Identität.«[52] Der Frieden von Paris im Jahr 1783 markierte die Geburt der USA als Nation. Ab 1788 trat eine neue Verfassung in Kraft. Aber schon vorher, ab Januar 1779, zirkulierten 50-Dollar-Scheine, auf denen von den ›United States of North America‹

die Rede war. Auf der Vorderseite war eine Pyramide mit 13 Stufen abgebildet, die die 13 Staaten repräsentierte. Dazu das Wort ›perennis« – alles überdauernd.

Neben der gemeinsamen Währung gaben einige Staaten weiterhin auch eigene Währungen heraus. Die des Staates Georgia stützte sich auf den Erlös beschlagnahmter Grundstücke von Landbesitzern, die sich während des Unabhängigkeitskriegs auf die Seite Englands geschlagen hatten. Deren unbewegliches Vermögen galt als verwirkt und wurde veräußert.[53] Auf vielen neuen Scheinen fand ein Rückgriff auf antike Mythen statt. Auf den 50-Dollar-Noten von South Carolina war Atlas abgebildet, auf den 70-Dollar-Scheinen war es Prometheus.[54] Ab 1788 ging mit der Gesetzgebungskompetenz auch die Hoheit über das Geld an die Föderation über. Das britische Unterhaus hatte Papiergeld verboten, weil es ahnte, dass damit auch die Unabhängigkeit besiegelt würde. Tatsächlich war es eine der ersten Handlungen des Kongresses, den Druck von Papiergeld zu genehmigen. »Mit Hilfe dieser Noten wurde die amerikanische Revolution finanziert. Zwischen Juni 1775 und November 1779 wurde vom Kongreß Papiergeld *zweiundvierzigmal* im Gesamtwert von 2 416 000 000 Dollar ausgegeben.«[55] Die Vereinigten Staaten von Amerika waren geboren.

PAPIERGELD UND PIONIERGEIST

Da die virtuelle Welt des Papiergeldes die amerikanische Nation erschuf, wundert es nicht, dass die amerikanische Gesellschaft daraus ihr Credo ableitet: das freie Unternehmertum und die freie Marktwirtschaft. Beide basieren auf Papiergeld. »Wenn die Geschichte der Handelsbanken den Italienern und die der Zentralbanken den Briten gehört, dann gehört die Geschichte des von der Regierung ausgegebenen Papiergeldes zweifellos den Amerikanern«, schreibt Galbraith,[56] dessen okzidental gefärbte Brille ihn die Geschichte des chinesischen Papiergeldes vergessen lässt. Galbraith konstatiert auch einen Zusammenhang zwischen dem Alter einer Nation und ihren Währungen: »Im großen und ganzen sind ältere Gemeinschaften weniger geneigt, monetäre Experimente einzugehen, als jüngere.«[57] Auch hier vergisst er die Vorreiterrolle der Bank of England bei der Entwicklung des Papiergeldes wie auch die monetären Experimente Frankreichs in der Revolution. Vor allem übersieht er, dass die europäischen Nationen, anders als die USA, ihre Entstehung dem Buchdruck verdankten – dem Vorläufer der monetären Experimente.

Mit der amtlichen Einführung des Papiergeldes beschleunigte sich die Entwertung der Währungen. Zugleich wuchs die Akzeptanz von Phänomenen wie Inflation und Bankenkrisen. Die Vereinigten Staaten begannen »ihre Existenz auf einer Woge nicht nur der Inflation, sondern der Hyper-Inflation, der Art von Inflation, die damit endet, dass das Geld völlig wertlos wird. Sicher ist jedoch, daß es keine Alternative gab«, so Galbraith. In den USA wurde der Zusammenbruch von Banken zu einem geläufigen Phänomen: Meistens hatten sie Geld für unberechenbare Spekulationen zur Verfügung gestellt. Man sah darin ein Indiz für den ›Pioniergeist‹ Amerikas. »Wesentlich war der Impuls, Geld zu borgen und zu investieren, Risiken einzugehen und zu spekulieren. Hätte es diesen Drang nicht ohnehin gegeben, wäre er auch von keiner Bank erzeugt worden. In den Vereinigten Staaten des 19. Jahrhunderts war dieser Instinkt hochentwickelt, und zwar aus gutem Grunde. Ein neuer Kontinent, reich an jungfräulichem Boden und an Rohstoffen, stand plötzlich zur Nutzung offen.«[58]

Waren es wirklich nur die Rohstoffe und der ›jungfräuliche Boden‹, die die amerikanische Risikofreude anstachelten? War es nicht eher das Papiergeld, das sich von den Rohstoffen und materiellen Werten *gelöst* hatte? Auch Galbraiths Metaphorik vom ›jungfräulichen Boden‹ Amerikas ist in dieser Hinsicht aufschlussreich: Das Bild verwendeten nicht nur die Pilgrim Fathers, die den Neuen Kontinent mit ihrem ›Samen‹ zu befruchten suchten;[59] es greift auch die christliche Lehre von der ›geistigen Befruchtung‹ auf, die so eng mit dem Geld zusammenhängt.

Der amerikanische Gründungsmythos des ›freien Unternehmertums‹ erfuhr mit dem Finanzkapitalismus eine neue Blüte. Arthur C. Brooks, Präsident des *American Free Enterprise Institutes* und Autor des Buches *The Battle: How the Fight Between Free Enterprise and Big Government Will Shape America's Future*,[60] spricht von einem »neuem Kulturkampf« zwischen staatlicher Bevormundung und freiem Unternehmertum. Dieser habe den Kulturkampf der 1990er »about guns, gays and abortion« abgelöst.[61] Gegenspieler einer »Mehrheit von sechzig Prozent« seien eine US-Minderheit sowie die Europäer mit ihrem Glauben an die staatliche Bevormundung. Brooks beruft sich auf Thomas Jefferson, der in seiner Antrittserklärung von 1801 erklärte, dass es die Aufgabe einer »weisen und gemäßigten Regierung« sei, Menschen daran zu hindern, sich gegenseitig zu verletzen; zugleich solle sie ihnen die Freiheit lassen, ihr Schicksal in die eigene Hand zu nehmen und Gewinn aus ihrem persönlichen Fleiß (industry) zu ziehen. Das Brot müsse dem gehören, der es durch seine Arbeit verdient hat.[62]

Jeffersons Proklamation stellte in der Tat ein Bekenntnis zur freien Marktwirtschaft dar. Aber daneben appellierte er auch ausdrücklich an den Gemeinschaftssinn. Jeder müsse sich »dem Gesetz unterstellen und in einer gemeinsamen Anstrengung für das Gemeinwohl sorgen«.[63] Vor allem aber hatte Jeffersons Vorstellung von ›freier Marktwirtschaft‹ wenig mit dem modernen Kapitalismus zu tun. Das ist schon daran zu erkennen,

Pepsi-Cola-Aktie 1958.

dass er in derselben Ansprache den Handel als »Magd der Landwirtschaft« bezeichnete. Seine Rede war geprägt vom ökonomischen Denken der Zeit, in der die Landwirtschaft und die frühe Industrialisierung den Ton angaben. Hier blieb aber der ›Fleiß‹ zumeist den Sklaven überlassen. So auch bei Jefferson: Weder er noch die anderen Gründerväter Amerikas dachten an die Abschaffung der Sklaverei. Der moderne Finanzkapitalismus funktioniert anders: Es gibt nur noch den Depotbesitzer und den Händler – und beide ›handeln‹ mit Zahlen, die in den wenigsten Fällen Werten in der ›Realwirtschaft‹ entsprechen. Mit dem ›Pioniergeist‹ der Unabhängigkeit hat das wenig zu tun.

DAS PAPIERGELD IN DER ALTEN WELT

Auch das alte Europa änderte sich unter dem Einfluss des Papiergeldes. Hier zirkulierten schon seit dem Spätmittelalter Instrumente wie Wechsel und Obligationen für Geldtransfer; es entstanden Anleihen, Schuldscheine, aus deren Handel später die Börsen hervorgingen, die Spengler als »das *Denkorgan* einer vollendeten Geldwirtschaft« bezeichnete.[64] Bei der Aktie handelt es sich um ein Wertpapier, das der Beteiligungsfinanzierung dient. Die Industrialisierung verdankte sich weitgehend dieser Form von

236

Investition; durch sie erweiterte sich der Geldbegriff zu dem des Kapitals. Aktien sind Papiergeld mit schwankendem Wert: Ihr Preis beruht weniger auf realen Produktionsmitteln als auf erhofften Gewinnen. Das ist etwas anderes als die Beteiligungsgesellschaften, die es auch schon in der Antike und im Mittelalter gab: für Bergwerke, Reedereien und andere Großunternehmen. Ihr Sinn war die Streuung von Risiko und Kapitalbeteiligung. Die ersten Aktien (1602) im modernen Sinne bezogen sich auf die *Vereinigte Ostindische Kompanie* der Niederlande. Parallel dazu entwickelten sich auch in Italien, unter dem Einfluss der Kirche mit ihren *Montes Pietatis,* Formen von gemeinsamer Kapitalbeschaffung. Das Modell der heutigen Aktiengesellschaft entspricht eher dem der holländischen *Ostindischen Kompanie,* die bis 1799 bestehen blieb.

In Flandern entstand auch die erste Börse. Ihren Namen verdankt sich angeblich der Familie van der Beurse, die in Brügge seit dem 14. Jahrhundert ein Hostel für reisende Kaufleute unterhielt. Das Haus wurde zum Treffpunkt für Geschäftsleute und diente auch als Warenlager. Wahrscheinlich ist es aber so, dass sich der Familienname de Beurse von der ›Geldbörse‹ ableitet, von deren symbolischer Bedeutung für die Geschlechterordnung in der griechischen Polis wie für die christliche Theologie in den beiden ersten Kapiteln die Rede war. Wie dem auch sei, »drei dieser Beutel (bzw. Geldbörsen) wurden, so heißt es, in Brügge vor das Haus gehängt, in dem sich Geschäftsleute zur Besprechung und Abwicklung ihrer Geschäfte trafen. Das Gebäude wurde bald nach der Familie ›Börse‹ genannt, und man sagte, man ginge zu ›den Börsen‹, um Geschäfte abzuwickeln.« 1460 übernahm Antwerpen die Einrichtung, 1531 wurde ein eigenes Börsengebäude errichtet.[65]

Auch in England, das wie Holland eine große Seemacht war, entwickelten sich schon früh Aktiengesellschaften: Da Überseegeschäfte mit hohem Risiko verbunden waren, verlangten diese nach Kapitalstreuung. In Deutschland gab es nur in Hamburg Aktiengesellschaften, ansonsten bis Anfang des 19. Jahrhunderts Schuldverschreibungen. Doch »mit dem Eisenbahnbau rückten die Aktien immer mehr in den Vordergrund«. Ab 1809 gab es Aktien um die Dillinger Hütte.[66] Im Prozess der Industrialisierung wurden Transport und Beschleunigung zum Indikator für die Zirkulation des Geldes, was Adam Smith – lange vor Eisenbahn und Flugzeug – zum Vergleich von Papiergeld und schnellen Transportwegen verleitete: »Diese aufgeschlossene Geschäftspolitik der Bank (d. i. die Ausgabe von Papiergeld) schafft so etwas wie einen Luftfrachtweg, wenn mir eine solch gewagte Metapher erlaubt ist, der es einem Lande ermöglicht, seine Landstraßen weitgehend in gute Weiden und Getreidefelder zu verwandeln, wodurch der Jahresertrag aus Boden und Arbeit zunimmt.«[67] Mit dem Ausbau der Transportmittel vermehrte sich auch das Geld: Die 1835 gegründete Ludwigs-Eisenbahn-

Gesellschaft Nürnberg-Fürth zahlte in den ersten zwei Jahren 20 bzw. 17,5 Prozent Dividende.[68]

Ab Mitte des 19. Jahrhunderts war die Aktie eine anerkannte Form vom Geld. Allein von 1871 bis 1873 wurden in Deutschland 928 Aktiengesellschaften gegründet, mehr als dreimal soviel wie in den 20 Jahren zuvor. Darunter gab es auch zweifelhafte Firmen, deren Geschäfte 1873 zur ›Gründerkrise‹ und dem Einbruch der Aktienkurse um 46 Prozent führten. Die Verluste im Ersten Weltkrieg, der über Anleihen und nicht über Steuererhöhungen finanziert wurde (alle dachten, der Krieg sei bald zu Ende), führten dazu, dass die Geldmenge ausgeweitet werden musste. »Schon im August 1914 war die gesetzliche Noteneinlösungspflicht in Gold aufgehoben worden.«[69] Nach dem Krieg wurden hohe Reparationszahlungen erhoben, es kam zu Hyperinflation und zur Währungsreform im November 1923, dann zur Einführung der Rentenmark im August 1924. Durch die Gold- und Devisen-gedeckte Reichsmark kam es schließlich zur vorübergehenden Stabilisierung.

Den spektakulärsten Bestand an historischen Wertpapieren bildet der Reichsbankschatz: 25 Millionen Wertpapiere aus Deutschland, plus 5 bis 10 Millionen ausländische Wertpapiere. Unter den Nationalsozialisten verordnete die Reichsbank ab 1939 per Gesetz die Sammlung in einer Wertpapiersammelbank: Alle Depots mussten dorthin verlegt werden – »ohne dass es einer Ermächtigung des Hinterlegers bedurfte«. Diese Wertpapiersammlung befand sich im Zentrum Berlins, wo es bei Kriegsende zu nicht unerheblichen Plünderungen kam; viele Papiere wurden auch durch Wasser oder Brand beschädigt. Durch ihre geographische Lage in Berlin-Mitte unterstand die Bank der sowjetischen Besatzungsmacht, die auf diese Weise Zugang zu den Beständen der Deutschen Bank, der Dresdner Bank und der Commerzbank hatte. »So befanden sich bei Gründung der DDR 1949 nicht nur die riesigen Bestände der Reichsbank und der Preußischen Staatsbank, sondern fast alle erreichbaren Wertpapiere in Berlin im Ostteil der Stadt.«[70] Mit der Entstehung der beiden deutschen Staaten verlagerten sich die Wirtschaftszentren nach Westdeutschland. Die Bestände des Reichsbankschatzes haben heute nur noch historischen Wert: Sie erzählen einerseits von der Geschichte Deutschlands und zeigen andererseits, dass von vielen großen Industrieanlagen am Ende nur ein – schöner – Fetzen Papier übrig bleibt.

Seine größte soziale Wirkmacht auf dem Alten Kontinent zeigte das Papiergeld in Russland: Ein Jahrhundert nach der Französischen Revolution verhalf es auch der bolschewistischen zum Durchbruch: Diese »schwamm auf einer Flut von Papiergeld«. 1920 wurden in Russland etwa 85 Prozent des Staatshaushalts durch die Herstellung von Papiergeld gedeckt.[71] Im russischen Reich (das sehr viel später als das westliche Europa

Papier statt Land: französisches Assignat aus dem Jahr 1792.

Druckerpressen eingeführt hatte) war der Rubel zunächst nur als »imaginäres, nicht gemünztes Buchgeld« geschaffen worden, einzig die Kopeke gab es als Münze.[72]

Allerdings lässt sich die Potenz des Papiergeldes nur rückblickend erkennen. Weder waren sich die Akteure der Französischen Revolution der Tatsache bewusst, dass sie mit den Assignaten ein neues ökonomisches System schufen, noch betrachteten sich die Akteure der Novemberrevolution als Vorkämpfer des Buchgeldes. Im Gegenteil: Im vorrevolutionären Russland, so Oswald Spengler, herrschte ein »apokalyptischer Haß« auf das Geldwesen und den »Gelderwerb durch Geld«. Seine Folgerung: »Der Marxismus unter Russen beruht auf einem inbrünstigen Missverständnis. […] Der Russe bekämpft das Kapital nicht, sondern er *begreift* es nicht. Wer Dostojewski zu lesen versteht, wird hier eine junge Menschheit ahnen, für die es *noch gar kein Geld gibt,* nur Güter im Bezug auf ein Leben, dessen Gewicht *nicht* auf der Wirtschaftsseite liegt.«[73] Kurz: Papiergeld und Aktie haben nicht nur einen neuen Kontinent geschaffen, sie stellten auch den alten auf den Kopf. Denn das Kapital verfügt über die Macht, Materie aus dem Nichts zu erschaffen. Deshalb hat heute in den USA jede zweite Person Wertpapiere, in Deutschland jede fünfte.[74]

1844 nannte Karl Marx das Geld »*Mittel* und *Vermögen, die Vorstellung in die Wirklichkeit* und die *Wirklichkeit zu einer bloßen Vorstellung* zu machen«.[75] Er entwickelte einen Teil seiner Kapitalismus-Analyse in seiner Kritik an Hegels Idealismus, die diesen als Erfinder einer ›Papiergeld-Philosophie‹ erscheinen ließ. Bei Hegel seien Sinnlichkeit, Religion und Staatsmacht »geistige Wesen«, »denn nur der *Geist* ist das *wahre* Wesen des Menschen, und die wahre Form des Geistes ist der denkende Geist, der logische, spekulative Geist«.[76] Die Logik aber sei »das Geld des Geistes«.[77] Geist, Logik, Spekulation: Diese Begriffe werden die paradoxe Geschichte des Geldes ab 1800 begleiten – und man kann es in der Tat als keinen Zufall betrachten, dass Hegel und das Papiergeld zeitgleich die historische Bühne des Abendlandes betreten. In beiden Fällen wird ein Abstraktionsprozess zur Voraussetzung für die Herstellung von materieller Wirklichkeit: sozialer, industrieller, historischer und auch ›natürlicher‹ Wirklichkeit. Den Zeitgenossen war bewusst, dass es dabei um mehr als die Veränderungen der sozialen Wirklichkeit ging. Das hat der Nationalökonom Christoph Binswanger in seiner Analyse des *Faust II* gezeigt.

Binswanger sieht im *Faust* die Umsetzung alchemistischer Phantasien vom ›Gold aus dem Nichts‹, die im Papiergeld ihre Realisierung fanden. Die Alchemie war um 1800 weitgehend verschwunden: Einige ihrer Traditionen waren in die (wissenschaftliche) Chemie eingegangen. Andere, wie etwa die Produktion von Gold aus der Retorte, galten als ›alter Aberglaube‹, denen die Moderne ein Ende bereiten würde. »Ich behaupte etwas anderes: Die Versuche zur Herstellung des künstlichen Goldes wurden nicht deswegen aufgegeben, weil sie nichts taugten, sondern weil sich die Alchemie *in anderer Form* als so erfolgreich erwiesen hat, dass die mühsame Goldmacherei im Laboratorium gar nicht mehr nötig war. Für das eigentliche Anliegen der Alchemie im Sinne der Reichtumsvermehrung ist es ja nicht entscheidend, dass tatsächlich Blei in Gold transmutiert, sondern lediglich, dass sich eine wertlose Substanz in eine wertvolle verwandelt, also zum Beispiel Papier in Geld.«[78]

Der neue wirtschaftliche Gewinn des Papiergeldes beruhte nicht nur auf der Herstellung von ›virtuellem‹ Gold, sondern auch darauf, dass sich die Anstrengungen der Arbeit erübrigten: Neuer Reichtum konnte durch Mehrwerte entstehen, die nicht durch Leistung zu erklären waren.[79] Zu Binswangers Analyse ließe sich an dieser Stelle hinzufügen, dass die Alchemisten nicht durch Zufall im christlichen Kulturraum ihre Spielwiese fanden. Zwar übernahmen sie einen Teil ihrer Laborkunst aus dem Orient, aber ihre Phantasie einer Zeugung von Gold ›aus dem Nichts‹ fand im christlichen Denken mit seiner Inkarnationslehre einen besseren Nährboden als im Orient.

240

Faust erhält vom Kaiser das Recht zur Kolonisierung eines vom Meer immer wieder überfluteten Landstrichs – durch Trockenlegung und Deiche. Er wird zum ›Erzeuger‹ von Land. Erst die Papiergeldschöpfung ermöglicht es, das »Gold, das im Boden liegt, ohne Arbeit zu heben und in Umlauf zu bringen, und sie damit – wie man ja in der Wirtschaftsterminologie ausdrücklich sagt – ›flüssig‹ zu machen«. Dabei wird die »Liquidität der Bodenschätze« gesteigert, und der Boden »von totaler Illiquidität (vergrabenes Gold) zu totaler Liquidität (umlaufendes Geld)« geführt. Da bei dieser wirtschaftlichen Aktivität nicht etwa Fleiß oder Geschicklichkeit, sondern die Phantasie gefragt sind, bedarf es einer ›Papiergeld-Philosophie‹: »Die Kraft, die die Verflüssigung der Bodenschätze ermöglicht, ist die Vorstellungskraft, die Imagination, die dem gefühlsmäßigen Bereich der menschlichen Psyche entstammt.« So etwa bei der Mummenschanz-Szene, wo Gärtnerinnen ihre Verführungskünste einsetzen, um künstliche Blumen zu verkaufen und sich damit selbst zum Attribut dieser Ware zu machen.[80] (Ich erinnere an die Werbung der Deutschen Bank mit ihren Anlageberaterinnen als Gärtnerinnen. Vgl. S. 49.)

Das Papiergeld, so Binswanger, erhält seinen »echten Gold-Gleichwert« erst dann, wenn es »sich materialisiert« oder »seinen Geld- beziehungsweise seinen Goldwert dem Material mitteilt, das in den Produktionsprozess eingeht«. Damit beansprucht das Geld die Herrschaft über die Natur: Nicht nur weil die »Aneignung der Naturkräfte die entscheidende Voraussetzung für eine Wertschöpfung ohne Arbeit« darstellt, sondern auch weil »Bestandteile der Natur, die vorher keinen monetären Wert gehabt haben, mit einem Schlag einen Geldwert [erhalten] (ein sumpfiges Gelände ist nichts wert; sobald es aber melioriert und somit wirtschaftlich genutzt werden kann, ist es plötzlich wertvoll).« Das Kapital ermöglicht eine »Eigentumsergreifung der Natur«.[81] Erinnert man sich daran, dass das Opfer aus der Notwendigkeit entstand, die Götter für den Eingriff in die Natur zu entschädigen, so erkennt man die Umkehrung: Das aus dem Opfer hervorgegangene Kapital dient nun dazu, Land oder Natur zu *erschaffen*.

Man könnte auch von der *Notwendigkeit* des Kapitals sprechen, sich zu materialisieren: als Gegenbewegung zu seiner Desubstantialisierung. Indem Sumpf in bewohnbares Land verwandelt wird, erschafft sich die Imagination das Festland und die ›Bodenhaftung‹, die dem Papiergeld eigentlich abgeht. Der ›Gewinn‹ besteht nicht nur in neuem Grund und Boden, sondern auch in der Beglaubigung der Zeugungspotenz des Geldes. Die Natur kommt in der Nationalökonomie nicht vor, schreibt Binswanger. Erst das Geld ermöglicht die Herrschaft über die Natur – etwa durch die Ausbeutung der Rohstoffe und ihre Umwandlung in Waren. Hier aber handelt es sich um die *Herstellung* von Natur. Das Geld will sich nicht nur metaphorisch materialisieren – durch die Analogie zu Wasser, Blut oder Fruchtbarkeit –; es will auch zum Schöpfer der Materie werden.

»Diese Schöpfungstat der Wirtschaft übt eine ungeheure Faszination aus, die Faszination des unendlich Vermehrbaren, des ewigen Fortschritts. Die Wirtschaft gewinnt damit den transzendenten, das heißt Grenzen überschreitenden Charakter, den die Menschen früher in der Religion gesucht haben. Nicht der Glaube an ein Jenseits, sondern das wirtschaftliche Handeln im Diesseits öffnet dem modernen Menschen den Blick in die Unendlichkeit.«[82]

In der Tat weist die christliche Inkarnationslehre eine bemerkenswerte Ähnlichkeit mit Binswangers Analysen über das Papiergeld in Goethes *Faust II* auf. Goethe war kein gläubiger Christ, aber die Tatsache, dass er in einer christlichen Tradition stand, war ihm mehr als präsent. Leider geht Binswanger nicht auf die christlichen Elemente der Papiergeld-Alchemie des *Faust II* ein; es ist eine der wenigen Kritiken, die ich gegen seine lehrreiche Studie vorzubringen hätte. Eine andere ist – mal wieder – die Blindheit des Wissenschaftlers für die impliziten Geschlechterbilder des Stoffes. Fausts Sieg über die Natur, so schreibt Binswanger, eignet das Versprechen der Unsterblichkeit. Für ihn ist »der natürliche Tod nicht mehr entscheidend: Er hat ja – so glaubt er – die selbst geschaffene Unsterblichkeit gewonnen.«[83] Dem ließe sich entgegnen, dass Faust den Preis des Geldes zu zahlen hat: die Entleibung. Im *Faust I* verleugnet er sein Kind, im *Faust II* wird er gar nicht erst Vater. Er kann die genealogische Kette abschneiden, weil das Geld ihn unsterblich macht.

Binswanger macht deutlich, dass eine auf Zeichengeld beruhende Wirtschaft mit ihren Zukunftsversprechen eine kollektive Dynamik auslöst, über die niemand herrscht: »Die Subsistenz- oder Versorgungswirtschaft ist ausgerichtet auf die Befriedigung der physischen Bedürfnisse des Menschen: diese sind ersättlich. Die Subsistenz- oder Versorgungswirtschaft hat daher endliche Zwecke. Die Erwerbswirtschaft dagegen zielt auf die imaginären Bedürfnisse, die durch die Phantasie des Menschen stets ausgeweitet werden können; sie sind unersättlich. Der Erwerbswirtschaft wohnt daher ein unendliches Streben inne.« Da das Papiergeld schneller und leichter vermehrbar ist als Güter, entsteht die Tendenz, zuerst Geld zu machen und diesem dann durch die Ausweitung des imaginären Bedarfs Geltung zu verschaffen. »Die Vision einer immer besseren – immer noch besseren – Zukunft ist ein notwendiger Bestandteil der Geld- und Erwerbswirtschaft. Alles, was sie daran hindert, was Begrenzung vermuten lässt, muss beseitigt werden.«[84]

Seinen Vermehrungsdrang kann das Geld freilich nur realisieren, wenn es Individuen dazu verführt, sich ihm als ›Leistungsträger‹ zur Verfügung zu stellen und dafür zu sorgen, dass das Geld seine ›Sprösslinge‹ bekommt. Dem Geld liegt das Prinzip der Exkarnation zugrunde – und seine zunehmende Abstraktion entspricht diesem Prinzip. Doch je abstrakter es wurde, desto dringlicher wurde sein Materialisierungstrieb.

In der *Kritik der reinen Vernunft* erklärt Kant die Mathematik zum Vorbild aller exakten Wissenschaften: Durch sie sei »die Naturwissenschaft allererst in den Gang einer sicheren Wissenschaft gebracht worden«, bis dahin war sie »viele Jahrhunderte durch nichts weiter als ein bloßes Herumtappen«.[85] Für Spengler schuf die Mathematik die Grundlagen der Geldwirtschaft. Das Geld bilde »wie Zahl und Recht eine *Kategorie des Denkens*«. Der gemeinsame Nenner von »Abstraktum Geld« und »Abstraktum Zahl« sei, dass beide »vollkommen anorganisch« sind.[86] Seine Aussagen, wie auch die vieler anderer,[87] machen klar, wie eng die Beziehung zwischen Mathematik und Geld ist. Da sich ein Gutteil der westlichen Mathematik der arabischen verdankt, würde es naheliegen, dass sich das Verhältnis von Geld und Zahl des islamischen und des christlichen Kulturraums ähneln. Das ist nicht der Fall.

Prägend für die Geldwirtschaft im Westen ist eine Paradoxie: Auf der einen Seite ermöglicht die Inkorporation einer »rationalen Rechenhaftigkeit«[88] die großen wirtschaftlichen Leistungen des Industriezeitalters; auf der anderen Seite bringt diese für den Menschen aber auch jene Irrationalität, die mit dem Börsengeschehen ab dem 19. Jahrhundert einhergeht. In den Worten von Joseph Vogl: »Sind die irrationalen Exuberanzen wirklich Ausnahmefälle oder nicht eher reguläre Prozesse im Getriebe kapitalistischer Ökonomien? Reicht die Unterscheidung von rational und irrational überhaupt hin, die Effekte dieses Systems zu erfassen?« Er sieht darin den Effekt einer modernen »liberalen oder kapitalistischen *Oikodizee*«.[89]

Anders ausgedrückt: Ist es nicht gerade die Rechengläubigkeit, die dem Geld seine Irrationalität verlieh? Darauf verweisen auch die in der Einleitung zitierten Aussagen von Paul Krugman, der den Glauben an die Berechenbarkeit verantwortlich macht für die Blindheit der Wirtschaftswissenschaften in Bezug zum drohenden Crash von 2008. Ähnlich Nikolaus von Bomhard, Chef der *Münchner Rück* in einem Interview mit dem *Spiegel:* »Die ungeheuerliche Dimension dieser Krise war in der Tat für alle überraschend, sie ist aber, anders als etwa ein Erdbeben, von Menschen gemacht. *Der Spiegel:* Gierigen Menschen. Bomhard: Menschen jedenfalls, deren Handeln ungleich schwerer zu kalkulieren ist als etwa die Wahrscheinlichkeit eines Tsunami in einer gewissen Region.«[90]

Diese Paradoxie, dass das Geld einerseits mit Logik und Mathematik gleichgesetzt wird und andererseits unkalkulierbares Handeln impliziert, hängt eng mit der Ziffer Null zusammen, deren Geschichte der Mathematiker Brian Rotman in seinem Buch *Die Null und das Nichts* erzählt: Es war ein neues mathematischen Zeichen, das Europa im 17. Jahrhundert erbeben ließ und im Papiergeld seine eigentliche Wirkmacht entfaltete.

Die Null wird im 7. Jahrhundert in Zentralindien erfunden: als Zeichen für Leere und Abwesenheit. Ihre Entstehung in diesem kulturellen Umfeld ist vielleicht kein Zufall, bedenkt man, dass sich ein Jahrhundert später mit dem Buddhismus eine Religion entwickeln wird, die die Sehnsucht nach Erlösung auf das Nichts – oder einen leeren Raum – richtet. Hier wird die Leere zu einer Wahrheit, die als Abwesenheit benannt werden kann, also ›denkbar‹ ist. Der Ursprung der indischen Ziffer – ein kreisrundes Zeichen, das die Leere indiziert – beschrieb die Stellungen des Abakus. Das Wort Ziffer leitet sich ab vom arabischen Wort ›as-sifr‹ (die Leere), das auch im französischen Begriff ›chiffre‹ erhalten blieb.[91] Aber anders als die anderen Ziffern verweist die Null »auf die Abwesenheit von bestimmten anderen mathematischen Zeichen und nicht auf die Nicht-Präsenz von wirklichen ›Dingen‹«. Die Null ist »ein Zeichen über Zeichen, ein Metazeichen«. Ab dem 10. Jh. wird die Null von arabischen Kaufleuten übernommen, verbleibt aber bis zum 13 Jh. innerhalb des arabischen Raums.[92] Aus gutem Grund: Sie ist den Denktraditionen des westlichen Kulturraums fremd.

»Im Gegensatz zu den Hindu-Ziffern mußte keine römische Ziffer jemals die *Abwesenheit* einer einzelnen Zehnerpotenz anzeigen.« Denn die Null, so Rotman, war den Römern und Griechen unbekannt, während babylonische Mathematiker – auch der hellenistischen Epoche – mit einem Äquivalent operierten.[93] »Diese Feindseligkeit – die letztlich eine Weigerung ist anzuerkennen, daß Leere, Nichts-Sein, das, was nicht ist, ein ›Ding‹ ist, das bezeichnet werden konnte – durchdrang die gesamte griechische Gedankenwelt.« Rotman spricht von einer geradezu ›phobischen‹ Reaktion des griechischen Denkens auf die Möglichkeit des Nichts. Für die griechische Antike beruhten Mathematik und Geometrie auf Fakten, Orten, Figuren und Proportionen.[94] Laut George Ifrah in seiner *Universalgeschichte der Zahlen,* leitete sie ihr numerisches System vom Körper ab: Finger, Arm, Fuß wurden zu Hilfsmitteln des Zählens.[95] Die römischen Zahlen wiederum entstanden aus den auf einem Kerbholz eingeritzten einzelnen und gebündelten Strichen.[96] Haptisch war auch das Rechnen mit verschiebbaren Rechensteinen.[97]

Auch das volle Alphabet kennt keine ›Lücken‹: Das griechische, später das lateinische Alphabet eigneten sich nicht für die Vorstellung des Nichts. Das semitische Konsonanten-Alphabet mit seinen Lücken (den Vokalen) umfasst ein Zeichen, das nichts anderes bedeutet als ›Zeichen‹: das *taw* in Form eines liegenden Kreuzes. Diesem Schriftsystem war also die Reflexion über die Zeichen eingeschrieben, die das christliche Abendland durch die Null erst mühsam erlernen musste. Der unsichtbare Gott der Hebräischen Bibel, dessen ›Ort‹ sich dem Wissen entzieht, erlaubte es, über das Nichts zu reflektieren: Über den Nicht-Ort wird »der Schleier der Unendlichkeit und Unbegrenztheit selbst« gelegt.[98] Gott offenbart sich nicht – aber diese Tatsache konnte gedacht und sogar ›sichtbar‹ gemacht werden: durch Techniken der Verhüllung, wie das Beispiel Moses' zeigt, der bei der Begegnung mit Gott sein Haupt bedeckt. In der christlichen Religion der ›re-velatio‹ bleibt wenig Raum für das Nichts.

Die Beziehung der Zahlen zu konkreten Dingen blieb zunächst bestimmend für das christliche Abendland, weshalb die Verwendung der Null im christlichen Europa lange auf Widerstand stieß. Die Maße in Europa orientierten sich an sichtbaren, messbaren Realitäten, einige von ihnen wie die ›Elle‹ oder der ›Fuß‹ bezogen sich unmittelbar auf den menschlichen Körper. Auch die Tatsache, dass das Dezimalsystem den Sieg über die Zwölfer-Zählung davontrug, die (weil sie mehr Faktoren hat) eigentlich rechnerisch besser geeignet ist, dürfte mit den zehn Fingern des Menschen zusammenhängen. Rotman erklärt die europäische Ablehnung der Null damit, »daß das Gros der Mathematiker und der mit diesem Feld befaßten Historiker philosophische Realisten sind, und zwar in dem Sinn, daß für sie die Mathematik aus Dingen besteht: Zahlen, Punkte, Linien, Räume, Funktionen usw., die irgendwie als äußerlich und den mathematischen Aktivitäten vorausgehend betrachtet werden.«[99] Es gab aber auch theologische Gründe für den christlichen Widerstand gegen die Null – und da die meisten Mathematiker des christlichen Mittelalters Mönche waren, hatten diese Gründe Gewicht.

Wie im zweiten Kapitel dargestellt, basiert die christliche Heilsbotschaft auf der Fähigkeit des Zeichens, sich zu materialisieren. In dieser Vorstellung erregt der Gedanke des Nichts Furcht, und dies war zunächst einer der Gründe für die christliche Ablehnung des Geldes. Für Nikolaus Oresme, so schreibt Martin Burckhardt in seinem Nachwort zum *Traktat,* sammelte sich im Geld »der *horror vacui* der Zeit, das Empfinden, daß hier ein fremdartiges, genetisches Prinzip herrscht, das […] die Natur der Dinge vergewaltigt«. Es herrschte »die Scheu vor der dingverzehrenden, desubstantialisierenden Potenz des Geldes«.[100] Erst als sich die Transsubstantiationslehre durchsetzte – und mit ihr die Vorstellung, dass sich Zeichen materialisieren können –, begann der Siegeszug der Null. Zahlen und Maße mussten nun nicht mehr vom menschlichen Körper abgeleitet werden, sondern umgekehrt: Sie konnten das Zeichen dem Körper aufprägen und diesen ›nach ihrem Ebenbild‹ gestalten.

Die Null ermöglichte die Einführung der doppelten Buchführung, die laut Werner Sombart »aus demselben Geist geboren [ist] wie die Systeme Galileis und Newtons«. Wie diese ordnet sie »die Erscheinungen zu einem kunstvollen System«. Sie erschließt »den Kosmos der wirtschaftlichen Welt nach derselben Methode wie später die großen Naturforscher den Kosmos der Sternenwelt«.[101] Sombarts Bild eines ›geordneten Kosmos‹ gibt zu erkennen, dass die Null im christlichen Geldwesen – anders als im arabischen – die Funktion erhielt, die materielle Welt beherrschbar zu machen. Aus diesem Grund verglich Marx in einer seiner frühen Schriften auch das Geld mit der christlichen Inkarnationslehre: »Christus *repräsentiert* ursprünglich 1. die Menschen vor Gott; 2. Gott für die Menschen; 3. die Menschen dem Menschen. So repräsentiert das *Geld* ursprünglich seinem Begriff nach: 1. Das Privateigentum für das Privateigentum; 2. die Gesellschaft für das Privateigentum; 3. das Privateigentum für die Gesellschaft. Aber Christus ist der *entäußerte* Gott und der entäußerte *Mensch*. Gott hat nur mehr Wert, sofern er Christus, der Mensch nur mehr Wert, sofern er Christus repräsentiert. Ebenso mit dem Geld.«[102] Auch in der modernen Geldwirtschaft, bei den Kreditgeschäften der Banken oder dem Ziehungsrecht des Internationalen Währungsfonds, werden materielle Fakten und Realitäten *ex nihilo* geschaffen. In der christlichen Welt wurde aus der Null, dem Zeichen für Abwesenheit, ein kreatives Prinzip, das die Erschaffung der Welt aus dem Zeichen ermöglichte.

War das Geld für Aristoteles noch ein abstrakter »Alles-Messer«,[103] so kehrten sich in Europa nach der Einführung der Null die Verhältnisse ins Gegenteil: »Jetzt wird nicht mehr das Geld an der Kuh, sondern die Kuh am Geld gemessen und das Ergebnis durch eine abstrakte Zahl, den Preis, ausgedrückt.«[104] Auch die Maßangaben für Gewichte und Größen verselbständigten sich. »Die Zahlen gewinnen hegemoniale Autodominanz. Gezählt und in Geld ausgedrückt werden wahrhaftig das Pfund der Äpfel, nicht die Äpfel selbst.«[105] Diese Bestimmungsmacht der Zahlen wurde erst durch die Null ermöglicht. Andererseits verhalf die Geldwirtschaft aber auch der Null zu ihrem Durchbruch in der Mathematik. Mit dem Aufkommen des norditalienischen Handelskapitalismus im Verlauf des 14. Jahrhunderts ging die Handhabung der Zahlen von Klerikern in die Hände der Kaufleute, Handwerker, Wissenschaftler und Architekten über, für die das Rechnen Voraussetzung für Handel und Technologie war. »Die von der doppelten Buchhaltung eingenommene zentrale Rolle (Prinzip des Null-Saldos) und die kalkulatorischen Anforderungen des Kapitalismus brachen jeglichen noch verbleibenden Widerstand gegenüber dem ›ungläubigen Symbol‹ der Null und stellten sicher, daß im frühen 17. Jahrhundert Hindu-Ziffern als dominierende Form der Zahlenschreibung und -berechnung überall in Europa die römischen vollständig ersetzt hatten.«[106]

Die Bedeutung der Null geht weit über die Frage des Notationssystems hinaus. Rotman exemplifiziert das an drei Beispielen: Das erste betrifft die Mathematik, die mit der Einführung der Null auch die Unendlichkeit bezeichnen kann. Das zweite Beispiel betrifft die Zentralperspektive in der Kunst, die »wie eine visuelle Null funktioniert, die die Erzeugung einer Unendlichkeit perspektivischer Abbildungen erleichtert«. Das dritte Beispiel bezieht sich auf das Geld, das mit dem Papiergeld einerseits den Nicht-Wert erreicht, sich dadurch aber auch potentiell ins Unendliche vermehren kann.

Zugleich eröffnet die Null, deren Anwendung sich in zeitlicher Parallele zum Papiergeld durchsetzt, eine Reflexion über die Macht des Zeichens. Als Metazeichen erlaubt sie es, »ein *Gedanken-Experiment* (Rechnen, Betrachten, Handel betreiben) über diese Realität durchzuführen«.[107]

Alle großen Innovationen der Neuzeit, so Rotman, ob Vietas Erfindung der Algebra, die von Vermeer und Velasquez geschaffene, »sich selbst bewußte Abbildung« in der Malerei; »Montaignes Erfindung des autobiographisch schreibenden Selbst« oder das Papiergeld – waren »um die Vorstellung einer Abwesenheit herum strukturiert«.[108] Eben deshalb hat Alberti auch darauf gedrängt, in der kirchlichen Malerei das Gold durch Weiß zu ersetzen: Als Meta-Farbe »ist Weiß ein Zeichen, das die Abwesenheit der Farbe anzeigt«, wie die Null die Abwesenheit von Zeichen thematisiert.[109] Diese »Zurück-weisung des Goldes – als konkret, ikonisch kostbar, ›natürlich‹, in sich wertvoll – zuguns-ten des abstrakten, semiotisch neutralen Weiß« findet seine Entsprechung im papiernen »Scheingeld«.[110]

Der Abstraktionsprozess, den das Geld mit dem Beginn der Neuzeit durchläuft, findet im Abstraktionsvorgang des Menschen – vom Selbst und vom Körper – seinen Nieder-schlag. In der Malerei wird dieses Aus-sich-selbst-Heraustreten als eine große Errungen-schaft betrachtet, und Rotman, der in Vermeer einen der Meister dieses Vorgangs sieht, fragt sich, »ob es semiotische Charakteristika der Malerei des Nordens und besonders Hollands gibt, die das Aufkommen eines solchen Metazeichens erleichtert haben könnten«.[111] Die Antwort ist vielleicht nicht nur in ›semiotischen‹ Eigenschaften zu su-chen. Ein Gutteil von Hollands Grund und Boden liegt unter dem Meeresspiegel. Wie in Goethes *Faust II* dienten Deiche dazu, das Land dem Meer zu entreißen. Ein solches Land ist als materielle Grundlage für die Beglaubigung des Geldes ungeeignet. Deshalb mussten hier schon früh andere Beglaubigungsformen herhalten: die Illusionstechniken der Malerei oder des Papiergeldes zum Beispiel, die Aktie oder phantasiereiche Spekula-tionsobjekte wie Tulpenzwiebeln. Es ist kein Zufall, dass Amsterdam im 17. Jahrhundert zum Zentrum des Kreditgeschäfts wurde.[112] Holland war durch seine geographische Lage geradezu prädestiniert, auf andere als die traditionellen Beglaubigungsstrategien des Geldes zu setzen und damit auch zum Vorreiter des abstrakten Geldes zu werden.

Das Subjekt etabliert sich in der Neuzeit – und verwandelt sich zugleich in eine Illu-sion. Die Null, und mit ihr die Zahlen, sind »subjektlose, urheberlose Referenten«. Das erlaubt es ihnen, zum Subjekt der Geschichte zu werden. »Solche Subjekte sollten nicht mit Individuen identifiziert werden, mit Personen, die selbst glauben, daß sie Auto-ren und Empfänger von Zeichenäußerungen sind. Sie sind vielmehr semiotische Kapa-zitäten – öffentliche, kulturell gebildete und historisch identifizierbare Formen der

Äußerung und Rezeption, die von den Codes für Personen verfügbar gemacht werden.«[113] Die Null schuf in der Geldwirtschaft wie in der Malerei die Illusion eines handelnden Ichs, dessen Tun in Wirklichkeit von den abstrakten Strukturen eines kollektiven Subjekts bestimmt ist. Das in der Renaissance ›wiederentdeckte‹ Individuum denkt sich als Autor der Geschichte, ist aber eigentlich Objekt des historischen Prozesses, den es zu lenken meint.

Der Geschichte der Null eignet auch eine sexuelle Dimension, auf die Rotman beiläufig eingeht, ohne sie zu vertiefen. Sexualbilder sind jedoch ein Schlüssel zum Verständnis der Materialisierungsfähigkeit der Zeichen und des Geldes. Die von Rotman beschriebene Unfähigkeit der Griechen, die Null zu denken, fand in den Geschlechterrollen ihr Pendant. »Für Aristoteles, der sich bemühte, die Welt in ihre unreduzierbaren und letzten Kategorien, Gegenstände, Ursachen und Attribute zu klassifizieren, zu ordnen und zu analysieren, musste die Aussicht auf eine unklassifizierbare Leere, ein attributloses Loch im natürlichen Gewebe des Daseins, isoliert von Ursache und Wirkung und losgelöst von dem, was für die Sinne greifbar war, sich als eine gefährliche Krankheit präsentiert haben, einen Gott leugnenden Wahnsinn, der bei ihm einen unauslöschlichen *horror vacui* hinterließ.«[114] Der Philosoph löste das Problem, indem er diesem unaussprechlichen ›Loch‹ eine leibliche Gestalt verlieh. In Aristoteles' Theorien über die Zeugung der Geschlechter wird der männliche Samen zum ›göttlichen Bewegungsursprung‹ und das Weibliche zum ›passiven Stoff‹: »Darum kann auch das Weibliche allein für sich nicht zeugen, da es eine Quellkraft benötigt, die bewegen und gestalten soll.«[115] Diese Vorstellung schlug sich auch in der Mathematik nieder. Für die Antike, so Ellen Harlizius-Klück, stand der Webstuhl mit seiner Zählweise in ›Gerade‹ und ›Ungerade‹ an der Wiege der Mathematik,[116] und diese Gegensätze wurden sexualisiert: »Im Webvorgang sind, wie beim antiken Zählen, Mann und Frau als gerade und ungerade Fäden zugleich beteiligt. Die pythagoreische Arithmetik erklärt dabei die ungeraden Zahlen als männlich und die geraden als weiblich. Die Eins aber gilt in der Antike nicht als Zahl, sondern als Ursprung, Wesen und damit als Prinzip des Zählens. Dem symbolisch-männlichen Wesen, Geist und Prinzip der Zahl stehen so die weibliche Materialität und Körperlichkeit gegenüber.«[117]

Das Wort Null kommt von ›nulla‹, die feminisierte Form von ›nullus‹ (keiner). In den christlichen Lehren führte der auf den weiblichen Körper projizierte *horror vacui* zur Idealisierung der Askese, die den beiden anderen monotheistischen Religionen fremd ist, aber im Christentum die einflussreichen Eremiten- und Klosterbewegungen hervorbrachte: Durch die Askese wird das unbenennbare Nichts ›materialisiert‹ und zugleich abgespalten: an den weiblichen Körper verwiesen. Er ist das ›Loch‹, das es eigentlich nicht gibt und vor dem es sich dennoch zu schützen gilt. Dieses Gedankengut, das Weiblichkeit mit dem ›Loch‹ gleichsetzt, griff die zentralperspektivische Malerei auf. Das ›Guckloch‹ bei Brunelleschi ist der Fluchtpunkt – die ›visuelle Null‹ –, das Eingangstor, das den Betrachter ›in das Bild zieht‹.[118] Dürer inszeniert ganz ausdrücklich den zentralperspektivischen Blick als einen Blick in den weiblichen Unterleib. Dass dieser penetrierende Blick zugleich als ›Zeugung durch den Blick‹ imaginiert wird, hat Daniela Hammer-Tugendhat an den Venus-Darstellungen von Tizian gezeigt.[119] Auch der binäre Code – mit seiner Null und Eins –, der sich vom Lochkartensystem der mechanischen Webstühle ableitete, konnotiert eine ähnliche Form von ›Paarung‹.

Die Null macht die Abwesenheit, den Zwischenraum im Abakus »durch eine (graphische) Präsenz« darstellbar. Sie kann in jeder »ikonographischen Lochform« ihren Ausdruck finden: »Ring, Kreis, eiförmige Körper, Schlinge und Ähnliches, die eine Abwesenheit umgeben und den Raum in ein Innen und ein Außen aufteilen. Daher stammt wahrscheinlich die universelle Anerkennung von ›o‹, ›O‹, ›0‹ als Symbole der Null und eine Kette von Assoziationen, die null und nichts miteinander verbinden.«[120] Dieser paradoxe Umgang mit dem Symbol der Null (einerseits der *horror vacui* und andererseits Materialisierung des Nichts) hängt wiederum eng mit dem griechischen Alphabet zusammen. Das zeigen Alfred Kallirs Forschungen über die Zeichen für Null und für das O, an denen auch die sexuellen Dimensionen deutlich werden. Die Griechen, so schreibt er, haben aus dem semitischen Buchstaben *ayin* (schweres Atmen) ihr *Omega,* den wichtigsten Vokal entwickelt, der in der offenen Mundform seine Gestalt findet. Er steht für die Oralität: »oral, orator, order, option, opinion«, auch die Ode, das gesungene Gedicht.[121] Ich habe im ersten Kapitel – im Zusammenhang mit der Geschichte des Alphabets – auf die lange Tradition hingewiesen, die Weiblichkeit mit Oralität und Männlichkeit mit Schrift gleichsetzt. Hier wiederholt sich diese Zuweisung in der Vorstellung des ›O‹ als Oralität *und* als weibliches ›Loch‹.

Neben der Oralität symbolisiert das O aber auch die Abwesenheit von Tönen: Als im späten Mittelalter Notationssysteme für die Musik entwickelt wurden, verlangte die Notation nach einem Zeichen für Stille, Pause, ein Leerzeichen etc. So wurde das O in die musikalische Notation gerade als das Zeichen für den *Nicht-Ton* (das Gegenteil von Oralität) gesetzt. Es war der erste Versuch, »ein Konzept des Vakuums zu formulieren«, das im 17. Jahrhundert für die Mathematik und die Geldwirtschaft ausbuchstabiert werden sollte.[122]

Im Hebräischen bedeutet *ayin* auch das Auge und die Quelle. So offenbart das O auch die ›Höhlen‹ *(hollows)* der Gebärmutter und des Nabels *(Ombilikos).* »In der Gebärmutter, die anschwillt (Griech. *oidano*) und sich erhebt (lat. *oriri),* um runde Form anzunehmen, liegt der Ursprung *(origin)* des Menschen. Die Gebärmutter ist DAS Haus, in klassischem Griechisch *oikos*. Das O ist eine »Vision von Vollkommenheit« wie in lat. *omnis*«, es symbolisiert sowohl das ›Ganze‹ (›Whole‹) als auch das ›Loch‹ (hole oder hohl): »Alle drei Worte verweisen auf das griechische Wort für Ganzheit, *(h)olos* mit seiner kreisrunden Initiale.« Mit diesem *(h)olos* werden auch das Heilige (holy) und der ›halo‹, der Heiligenschein, der das Haupt des Heiligen umgibt, bezeichnet. In seiner älteren Form als das ›Loch‹ offenbart das Wort deutlich seine Herkunft vom Konzept der Rundheit. »Durch progressive Assimilation von unterschiedlichen Bedeutungen nimmt die Leere, die Lücke (void) der Höhle, dem Kreis eine neue Bedeutung, die nicht nur auf Totalität, sondern entlang arithmetischen Linien auch das ›Nichts‹ bedeutet. So wird der Kreis auch zum Symbol der Null.«[123]

Die Fruchtbarkeitssymbolik des ›O‹ verstärkte sich, als die Null die ›ovale‹ Form des Eis annahm.[124] Durch sie wird die Null zum »Symbol für Zeugung und Schöpfung« und verweist zugleich auf die Unendlichkeit: »Dies läßt sich fortsetzen durch das mystische O der Kabbala, die heilige Krone, die als Ikone der Schöpfung *ex nihilo* diente, bis zum großen Kreis weißen Lichts, der für Traherne die Unendlichkeit bezeichnete, der Ursprungs- und Geburtsort, und bis zum ›nichts‹ als Slang-Ausdruck für die Vagina im elisabethanischen England, schließlich bis zur Ikone der De-Kreation und Selbstzerstörung in Gestalt des Kreises, der von der Schlange gebildet wird, die ihren eigenen Schwanz verschlingt.«[125] In Shakespeares *Viel Lärm um Nichts* dreht sich alles um die Vagina.[126] Ebenso in Kleists *Zerbrochenem Krug*. Die Vagina ist in dieser Phantasie über das weibliche Geschlecht ein ›umrandetes Nichts‹ – wie das Zeichen für die Null.

In der Null verbinden sich also das Nichts mit der Unendlichkeit und die Fruchtbarkeit mit der Annihilation von Weiblichkeit. Es ist diese Konfiguration, ein umrandetes (und damit sichtbares) und fruchtbares Nichts, die dem westlichen Geld seine Potenz verleiht. Aus der Geschichte der Null folgert Rotman, dass Zeichen den Objekten vorausgehen. Darin sieht er die »schöpferische Kraft der Null«: ihre »Fähigkeit, die sie dem Prinzip der Stellenschreibweise verlieh, eine Unendlichkeit von Zahlzeichen herzustellen«.[127] Diese Rolle hat sie vor allem im christlichen Kulturraum entwickelt. Im arabischen Raum, wo sie viel früher und länger im Gebrauch war, spielte die Null nur für die Mathematik eine Rolle, nicht für das Geld. Die Erklärung dafür ist unter anderem im Papiergeld zu suchen. Wie im zweiten Kapitel dargestellt, spielte im arabischen Raum das Edelmetall eine wichtigere Rolle: Das Papiergeld diente nur als vorübergehender Ersatz (etwa bei Reisen). Im westlichen Kulturraum hingegen wurde das Papiergeld zu einem Instrument, das seine Wirkmacht auch ohne den Bezug zum Edelmetall entfaltete. Erst im Zusammenhang mit der Null konnte das Papiergeld seine ›Potenz‹ entwickeln, und sie wurde auch zur Voraussetzung für das Computergeld. Mit den elektronischen Zeichen – die nur noch die Unterscheidung zwischen der Eins und der Null kennen – verlor sich der letzte Bezug des Geldes zur Materie. Seitdem es elektronisches Geld gibt, ist die Verbindung zwischen der Einschreibung und der Substanz endgültig unterbrochen: »The *matter* of electric money does *not matter*«, so formuliert es Marc Shell.[128]

Auf den sakralen Ursprung des Geldes verweist Rotman an keiner Stelle. Doch er schlägt vor, »die Unterscheidung zwischen Geld und Schreiben aufzulösen – die Texte als interpretierbare Resultate des Schreibens so zu behandeln, als ob sie *zirkulierende Geldzeichen* wären, und die Geldzeichen als *Schriftstücke* zu betrachten. Wir könnten zum Beispiel fragen, was in der Welt des Textes entspricht – ›wörtlich‹ *ist* Papiergeld?« Die Antwort auf diese Frage sucht er im Alphabet: dem phonetischen Schriftsystem, bei dem Zeichen an die Stelle von gesprochenen Lauten treten. Die Zeichen der Schrift sind »in das konvertierbar, was diese Welt als ›Realität‹ bestimmt. Das Hartgeld, das sie zu liefern versprechen, ist die Ikone des reinen Sprechens, ein Bedeutung hervorbringendes Sprechen, ein Sprechen, das *ohne die Vermittlung der Zeichen,* sich selbst gegenüber unmittelbar, erfüllt, vorsemiotisch und real ist.«[129] Das würde aber bedeuten, dass der menschliche Körper, auf den das Sprechen angewiesen ist, zum ›Hartgeld‹ der Zeichen geworden ist. Wenn der Unterschied zwischen Geld und Schreiben aufgelöst wird, wird der menschliche Körper zur einzigen ›Realität‹, in die sich Geld konvertieren lässt. Deutlicher lässt sich kaum ausdrücken, dass das Geld im menschlichen Köper seine Beglaubigung findet.

INFLATION UND GELDVERMEHRUNG

Im 17. Jahrhundert breitete sich in England das Glücksspiel aus. »Der Erfolg des Glücksspiels ist in engem Zusammenhang mit der Etablierung von Papiergeld zu sehen«, schreibt der Schweizer Soziologe Urs Stäheli. »Von der Widerspiegelung anderer Werte (z. B. Gold oder Silberstandard) wird es zu einer eigenständigen Kraft.«[130] Das Papiergeld schuf die Phantasie einer schnellen Geldvermehrung – daher die Parallele zum Glücksspiel. Aber es steigerte auch die Möglichkeit der schnellen Geldentwertung. Um 1900, als sich das Papiergeld allgemein durchsetzte, wurde die Inflation einerseits zu einem »allgemeinen und chronischen Problem«. Andererseits begann die Inflation aber auch als Indikator nationalökonomischer Modernisierung zu gelten. »Historisch konnte kein Land, das zu den ›emerging markets‹ gehört, hohe Inflationsschübe vermeiden. Das gilt auch für die Vereinigten Staaten, deren Inflationsrate im Jahr 1779 bei 200 Prozent lag.«

Als ›emerging markets‹ gelten Ökonomien, die sich – über das Papier-, Buch- und elektronische Geld – auf dem Weg in den Fortschritt befinden. Reinhart und Rogoff bezeichnen eine solche Entwicklung von Nationalökonomien als ›graduation‹: »Der Übergang vom Status des ›emerging market‹ zur ›fortgeschrittenen Ökonomie‹ geht nicht mit einem Diplom oder einem genauen Kriterien-Katalog einher, der den ›upgrade‹ markiert. [...] Graduation kann definiert werden als das Erreichen und die Bewahrung eines internationalen Investitions-Status, wobei die Betonung auf der Bewahrung liegt.«[131]

Die Bewahrung ›des Investitionsstatus‹ ist freilich nichts anderes als die Verfügung über Kredite – und diese hat weniger mit Rohstoffen oder Industrieprodukten als mit dem Glauben zu tun, den andere in die eigene Zahlungsfähigkeit setzen. Obwohl die USA weitaus höher verschuldet sind als die meisten anderen Nationalökonomien und ein Staat wie Kalifornien (die achtgrößte Volkswirtschaft der Welt) ständig vom Bankrott bedroht ist, können sich beide erheblich leichter Mittel auf dem Geldmarkt besorgen, als dies für viele andere Länder der Fall ist. Im Jahr 2011 waren Griechenland – und einige andere europäische Staaten wie Frankreich mit an sich florierender Wirtschaft – dafür ein Beispiel. Der Verlust an Glaubwürdigkeit ist unabhängig von der Bereitschaft zu Einsparungen: Als Spanien im Sommer 2010 strikte Sparprogramme ankündigte, wurde seine Kreditwürdigkeit von den Rating Agenturen sogar zurückgestuft. »Um die Logik der Märkte zu verstehen, muss man ihr Kalkül nachvollziehen. US-Bundesstaaten sind wie die Finanzkonzerne der Wall Street ›too big to fail‹ [...]. Investoren vertrauen darauf, dass Washington notfalls einspringt, um den Landesregierungen zu helfen. Die Märkte honorieren diese implizite Garantie und zeigen sich kreditbereit.« Bei diesem Kalkül werden Verbindlichkeiten der US-Regierung von »atemberaubenden 13 Billionen Dollar« stillschweigend übergangen.[132]

Bis 1800 war unter den heute als ›fortgeschrittene Ökonomien‹ geltenden europäischen Ländern die Zahlungsunfähigkeit eine geläufige Erscheinung. England, Frankreich und Spanien mussten ab etwa 1300 – als sich die Geldwirtschaft durchzusetzen begann – wiederholt externe Zahlungsunfähigkeit anmelden. Allerdings konnte sich nicht jedes Land den Bankrott leisten: »Um wiederholt Zahlungsunfähigkeit anzumelden, muss ein Land über genügend Ressourcen verfügen, um jeder Generation von Gläubigern glaubhaft versichern zu können, dass das zur Schuldentilgung nötige Einkommen vorhanden ist und das Land stabil genug ist, seine weitere Existenz – und damit Zahlungsfähigkeit – sicherzustellen.« Diese Sicherheit bietet ein Land vor allem dann, wenn sein Territorium genau abgegrenzt ist, was über lange Zeit vor allem für Frankreich, Spanien und England galt. Der Besitz von Kolonien war hilfreich, erwies sich aber schon bald als prekärer Segen. Dagegen konnten es sich Preußen bzw. Deutschland mit ihren wechselnden Landesgrenzen nur einmal leisten, zahlungsunfähig zu werden.[133] Das heißt, bis 1800 spielte für den Glauben an die Zukunft eines Landes und seiner Ökonomie Grund und Boden noch eine wichtige Rolle. Sie garantierten, dass ein Staat weiter existieren wird. Als sich das Papiergeld durchsetzte, nahm die Bedeutung dieses Garanten ab. »Welcome to Germany, the land of ideas« – so der Werbespruch der *Deutschen Bank* am Frankfurter Flughafen. Deckte einst das Territorium das Geld, so sind es nun die ›Ideen‹.

Nach 1800 meldete keine der ›fortgeschrittenen Ökonomien‹ Europas mehr Konkurs an. Das galt sogar für Länder wie Spanien und Frankreich mit ihrer langen Geschichte wiederholter Insolvenz. Frankreich war sogar »eines der ersten Länder, denen es gelang, aus der seriellen Zahlungsunfähigkeit zu ›graduieren‹. [...] Technisch war 1788 das letzte Jahr, in dem Frankreich Insolvenz anmeldete.«[134] Diese Veränderung vollzog sich trotz des Traumas der Französischen Revolution, schreiben Reinhart und Rogoff. Bedenkt man jedoch die Rolle der Assignaten in der Französischen Revolution und die Tatsache, dass diese Papiere Land ›ersetzten‹, so könnte sich das Ende der nationalen Zahlungsunfähigkeit auch gerade dieser Umwälzung verdanken. Zu den von ihr bewirkten Neuerungen gehörte einerseits das Erstarken des Bürgertums und neuer sozialer Schichten, andererseits aber auch die Einführung der Vorstellung, dass Geld nicht durch materielle Dinge gedeckt werden muss und sich somit leichter multiplizieren lässt. Wie später die im Bürgerkrieg geschaffenen ›greenbacks‹ in den USA (das erste amerikanische Fiatgeld) markierten auch die Assignaten den unaufhaltsamen Aufstieg des Papiergeldes. Der Wert des Papiergeldes wurde zwar eine Zeitlang durch den Goldstandard beglaubigt, aber auch davon löste sich das Geld, um als Zeichensystem dem Finanzkapitalismus den Weg zu bereiten.

Mit dem Papiergeld trat an Stelle der nationalen Zahlungsunfähigkeit die Inflation. Der nationale Bankrott wurde durch die ›Bankenkrise‹ ersetzt: »Obgleich viele heute fortschrittliche Ökonomien von ihrer Geschichte der seriellen nationalen Zahlungsunfähigkeit oder hoher Inflationsraten graduiert sind, hat sich die Graduierung aus den Bankenkrisen als illusorisch erwiesen. Für die fortgeschrittenen Ökonomien ist das Bild, das sich für die Jahre 1800–2008 herauskristallisiert, das serieller Bankenkrisen.« Die Veränderung implizierte die Verlagerung der ›Schuldentilgung‹ auf den einheimischen Markt und mit ihr »die erhöhte Verschuldung der öffentlichen Hand«. Sowohl Inflation als auch Bankenkrise – die beiden wichtigsten Indikatoren des Finanzkapitalismus – haben zur Folge, dass die einheimische Bevölkerung zur Kasse gebeten wird. »Mit der breiten Annahme des Fiatgeldes wurde die Inflation offenbar zu einem zweckmäßigeren Mittel der Enteignung.«[135]

Das Papiergeld brachte also einerseits den Aufstieg neuer sozialer Schichten, andererseits musste die Bevölkerung aber auch in höherem Maße als vorher die Last der Geldentwertung tragen. »Seit dem Zweiten Weltkrieg bestand die meistverbreitete Form des Umgangs mit einer systemischen Bankkrise (sowohl in emerging als auch in fortgeschrittenen Ökonomien) in einer Bürgschaft für den Banksektor, entweder durch den staatlichen Erwerb von ›bad assets‹, die Zusammenlegung von ›bad banks‹ mit relativ gesunden Institutionen oder die direkte Übernahme durch den Staat – oder einer Kombination von diesen. In vielen Fällen hatte dies steuerliche Konsequenzen, vor allem in frühen Phasen der Krise.« Dabei kommt es oft auch zu Langzeitfolgen: vor allem auf dem Gebiet der Immobilienpreise und der Realwirtschaft,[136] für die ebenfalls die einheimische Bevölkerung – durch Arbeitslosigkeit oder Kurzarbeit – den Preis zu zahlen hat.

Mit anderen Worten: Die Bankenkrise ist *das* Phänomen des Finanzkapitalismus und wurde zum neuen Mittel von Nationalökonomien, sich eben jene Entlastung zu verschaffen, zu der ihnen vorher die nationale Zahlungsunfähigkeit verholfen hatte. Im einen wie im anderen Fall müssen sie über die notwendige Glaubwürdigkeit verfügen – nur hat sich nun die ›Glaubwürdigkeit‹ vom Wirtschaftssektor (Rohstoffe, Produktionsmittel, Grund und Boden) auf den Finanzsektor verlagert. »Das Auftreten der Bankenkrisen ist erstaunlich ähnlich in Ländern mit hohem wie mit mittlerem oder niedrigem Einkommen. In Wirklichkeit sind sie sogar ein besonderes Markenzeichen der Weltfinanzzentren: Frankreich, Großbritannien, die USA.« Die Bankkrise wird so zum Charakteristikum ›fortschrittlicher Ökonomien‹ und eines ›emerging market‹.[137] Genauer betrachtet heißt dies: War einst die nationale Zahlungsunfähigkeit Indikator einer potenten oder glaubwürdigen Nationalökonomie, so wird mit dem Finanzkapitalismus des 20. Jahrhundert die Bankkrise zum Indikator dieser Potenz.

Während der Finanzsektor und mit ihm die Risiken des Finanzkapitalismus wachsen – zwischen Mitte der 1970er Jahre und 2007 verdoppelte sich der Anteil des Finanzsektors (Banken und Versicherungen) an der US-Wirtschaft von 4 auf 8 Prozent des Bruttoinlandsprodukts –, hat einerseits die öffentliche Hand für die Risiken einzustehen; andererseits wachsen aber auch die erwirtschafteten Gewinne. Von den Gewinnen profitieren die Privatwirtschaft und vor allem deren Führungskräfte: Allein im Jahr 2007 teilten sich die Topmanager der fünf größten Investment-Banken einen ›bonus pool‹ von über 36 Milliarden Dollar. »Die Führer des Finanzsektors argumentierten, dass ihre hohen Einnahmen das Ergebnis von Innovation seien und ›echte Mehrwertprodukte‹ darstellen, während sie die Risiken ihrer Firmen vollkommen herunterspielten. […] In ihren Augen war finanzielle Innovation ein Schlüssel zu den Möglichkeiten der USA, effektiv sehr viel größere Mengen Geld im Ausland zu leihen, als es sonst möglich gewesen wäre.«[138] Soll heißen: Nicht nur die Manager gewinnen, sondern das ganze Land gewinnt, weil es dank ›Innovation‹ (die immer eine Innovation auf dem Finanzsektor ist) auf dem Weltmarkt leichter Zugang zu weiteren Geldmitteln hat.

Tatsächlich sogen die USA in den Jahren 2004–2006 zwei von drei Dollars auf, die in Ländern wie China, Japan, Deutschland, Saudi-Arabien oder Russland angespart worden waren. 2005 bezeichnete Ben Bernanke die amerikanischen Anleihen im Ausland als die Folge einer »globalen Spargefräßigkeit« (den Begriff muss man sich auf der Zunge zergehen lassen): Diese beruhe auf den Bedürfnissen hoch entwickelter Ökonomien wie der Deutschlands und Japans, die wegen ihrer drohenden Überalterungsraten auf beträchtliche Ersparnisse angewiesen sind. Der U. S. Treasury Secretary Paul O'Neill meinte, es sei »natürlich für andere Länder, den Vereinigten Staaten Geld zu leihen, weil diese über eine hohe Produktivitätsrate verfügen«. Weil auf diese Weise alle »am Dollar kleben«, war von einem »Bretton Woods II« die Rede.[139] Kurz: Geld war zwar immer schon Buch- und Kreditgeld. Doch seit es ab 1800 zum reinen Zeichen zu werden begann, haben sowohl seine Produktivität als auch seine Prekarität zugenommen. Diese Entwicklung verstärkte sich noch, seitdem das Geld nicht einmal mehr als Zeichen, sondern nur noch als elektronischer Impuls seinen Dienst tut.

GELD ALS MEDIALES NETZ

1952 veröffentlichte der US-amerikanische Ökonom Morris Copeland einen Aufsatz, in dem er auf die Analogie von Geld und elektrischem Strom verwies: Dieser sei geeigneter, die Funktionsweise des Geldes darzustellen, als der Vergleich mit der Wasserzirkulation.[140] In der ›hydraulischen‹ Analogie wird Geld als ein System von Reservoirs und verbindenden Röhren oder Kanälen gedacht. Bei der elektrischen Analogie dagegen geht es um Batterien und die Kanäle zu Drähten, die zwei Pole verbinden – Kredit und Debit.[141] Nach diesem Prinzip, so Anne Mayhew, funktioniert das Wirtschaftssystem bis heute: Die Aufnahme von Schulden durch die US-Bundesregierung impliziert automatisch die Verschuldung anderer Sektoren, etwa der privaten Haushalte. Die elektrische Metapher verdeutlicht die Vernetzung des Systems. Dagegen impliziert die Wassermetapher, dass Geld in einem Reservoir ungenutzt liegt oder im Rohr darauf wartet, verwendet zu werden. Strom wird je nach Bedarf generiert. »Ein einfaches Beispiel illustriert den konzeptuellen Unterschied zwischen der hydraulischen und der elektrischen Metapher. Zwischen 1929 und 1933 gingen die Geldreserven der USA zurück. Forscher und Öffentlichkeit fragten sich: Wo ist das Geld geblieben? Wenn man in Kategorien von Wasser fragt, können Ökonomen mit einer rückläufigen Geschwindigkeit des Geld-umlaufs argumentieren; sie sagen, das Geld wartet in den Röhren. [...] Mit der elek-trischen Metapher kann man dagegen argumentieren, dass Haushalte und Unternehmen einfach nicht auf den Schalter gedrückt haben, durch den Geld generiert wird.«[142] Deut-lich zeigt sich dies an den ›Stimulusausgaben‹, mit denen Regierungen Finanzkrisen zu begegnen suchen.

Mit anderen Worten: Die Analogie von Geld und elektrischem Strom eignet sich deshalb besser zur Beschreibung des modernen Finanzmarktes, weil sie das Prinzip einer creatio ex nihilo – oder der Geldschöpfung – berücksichtigt. Der einzige Grund, weshalb einige Ökonomen noch am Unterschied zwischen Kredit und Geld festhalten, so Mayhew, beruht schlicht darauf, dass sie über Geld in Kategorien von ›Materie‹ denken. Das hat einerseits mit dem Run auf materielle Werte in Krisenzeiten zu tun (womit auch oft Wertpapiere gemeint sind). Andererseits ist es aber auch die Folge des Konflikts zwischen zwei Konzepten von Geldgarantie, die aus dem 18. Jahrhundert stammen: die eine besagt, dass das Geld von verantwortlichen Währungshütern beglaubigt wird, die andere, dass die Ökonomie selbstregulierend eingreift. Die Monetaristen, so Mayhew, tun sich am schwersten mit der Vorstellung, dass Geld nicht im Reservoir liegt, sondern – wie Strom – generiert wird.

Heute, da Geld weit überwiegend als elektronisches Zeichen zirkuliert und im Internet auch tatsächlich über Stromnetze geleitet wird, scheint die Analogie von Geld und Strom noch plausibler als Anfang der 1950er Jahre. Copelands Denkmodell des Geldes als Netzwerk macht deshalb auch schon längst nicht mehr beim elektrischen Strom Halt. Der österreichische Kultur- und Medientheoretiker Rámon Reichert betrachtet den gesamten modernen Finanzmarkt »als ein *mediales Dispositiv*«, das »veränderliche Wis-sensformen, kulturelle Hybridisierungen, multimediale Anordnungen und symbolische Verarbeitungsweisen hervorgebracht hat«. Er plädiert dafür, die Geschichte des Inter-nets nicht nur aus der Militärgeschichte, sondern auch aus den Bedürfnissen des Finanz-kapitalismus abzuleiten. Diese werden von vielen als ›Demokratisierung der Börse‹ interpretiert: Im Netz kann jeder, nicht nur der professionelle Makler, an der Börse mitspielen.[143] Schon in den 1960er Jahren gab es in den USA mehr als 26 Millionen direkte Investoren. Zählt man die indirekten Investoren, die über Versicherungen oder Pensionskassen am Markt beteiligt sind, hinzu, belief sich die Zahl auf mehr als 100 Mil-lionen, »which is about everybody except children and the truly poor«, wie der ›Börsen-autor‹ Adam Smith schrieb.[144] Seitdem Computer und Internet eine weltweite und ganztägig agierende Börse ermöglichen, ist der Anteil noch erheblich gewachsen.

Hinter der Idee eines Börsennetzwerks, so Reichert, verbirgt sich die Phantasie einer

Neugestaltung der Gesellschaft: »Die Ströme sind die Quelle der drastischen Neuorganisation von Machtbeziehungen, Organisationen und Unternehmen. Sie formieren die neue Gesellschaftsordnung, die in globalen Netzwerken von Kapital, Management und Information organisiert ist.« Durch das ›elektronische Empire‹ entsteht ein neue Art, Geld zu begreifen; zugleich verstärkt es die Entkoppelung der Realökonomie von der virtuellen Finanzökonomie. Betrug das zirkulierende globale Finanzkapital in den 1980er Jahren rund 600 Milliarden Dollar, so wuchs es bis 2007 auf 2,1 Billionen US-Dollar an. »Vergleichbar dem Geld als einem ökonomischen Medium ist der Binärcode zur semiotischen Universalmünze geworden, der es ermöglicht, dass sich informationelle Kapitalerträge rund um den Globus verschieben lassen.«[145]

Die damit einhergehende ›Deterritorialisierung‹ des Kapitals hat zum Verschwinden der ›Parkettbörse‹ geführt: »Der Handel wird weitgehend von Computern ausgeführt und nicht mehr von schreienden Brokern.« Diese Finanzströme kann man nicht mehr sehen. Aber es gibt Chartanalysen, die den Kursverlauf von Aktien, Zinsen und Währungen visuell darzustellen versuchen und einen berechenbaren Verlauf vortäuschen. Denn der Finanzmarkt ist von »Visualisierungstechniken, bildgebenden Verfahren und gruppen-spezifischen Kommunikationskulturen« abhängig. An sich lassen sich Derivatkonstruktionen und Transaktionen in Sekundenbruchteilen empirisch kaum beobachten; umso mehr sind sie auf »mediale Repräsentationen« angewiesen. »In dieser Hinsicht firmiert die Wirtschaft als das sichtbar gemacht Unsichtbare und das Bild als das Medium, das Evidenz vermittels spezifischer Wissenstechniken und -kulturen herzustellen versucht.«[146]

Begleitet wird dieser Prozess von einer wachsenden Beschleunigung: Nach der Erfindung des Radios dauerte es 38 Jahre, bis 50 Millionen Empfänger eingerichtet waren; das Fernsehen brauchte dafür nur 15 Jahre. Das Internet schaffte es innerhalb von 4 Jahren. Diese Beschleunigung spiegelt sich in einer Verkürzung der Mitteilungen wider, die sich nun zunehmend der oralen Kommunikation – oder der Körpersprache – annähern. An der Börse rückt die »Schnelligkeit des Mitteilens [...] das Schreiben in die Nähe des Sagens«. Damit wird aber auch klar, dass die digitalen Kommunikationsmittel keine ›Hilfsmittel‹ des Finanzmarktes, sondern integraler Bestandteil des Marktes sind. Die Informations- und Kommunikationstechnologien *konstituieren* »Tauschverhältnisse, sie regulieren kommunikative Praktiken und sie ordnen Transmissionen, Interferenz und Wechselbeziehungen«. Auf diese Weise bewegt sich die Börse »von einer Medienkultur, die das Speichern privilegiert, zu einer Medienkultur der permanenten Übertragung und Vernetzung«. Indem sie neue Praktiken des Finanzmarktes generieren, haben die Medien auch »einen maßgeblichen Einfluss bei der Entstehung neuer sozialer Gruppen«.[147]

Die ›Deterritorialisierung‹ des Finanzmarktes löst Ängste aus, auf die der Markt auf drei unterschiedliche Weisen reagiert. Erstens führt er als Versuch einer Absicherung die *securization* ein: Diese suggeriert, »dass die derivativen Finanzinstrumente letztlich doch einen ›realen Kern‹ haben, dass sie durch endlose Schuldverschiebungen hindurch einen tatsächlichen Schuldner treffen würden, der endlich die wahren Schulden begleichen kann«. Das aber ist ein Euphemismus, denn die Papiere zur Absicherung des Ausfallrisikos von Krediten (Credit Default Swaps) beziehen sich ausschließlich auf »Erwartungen – letztlich Imaginationen, die auf entscheidende Weise zur Stabilität oder Instabilität der Märkte beitragen«. Zweitens gibt es eine reterritorialisierende Gegenbewegung, die vom »Wiederauftauchen reaktionärer Weltanschauungen, Nationalismen und Rassismen« begleitet wird. Sie stellt eine Art von Versuch dar, zu den materiellen Beglaubigungsstrategien des Geldes zurückzukehren. Drittens verlagert sich die Suche nach einer Glaubwürdigkeit des Geldes in das Medium selbst: An die Stelle des Face-to-face-Partners beim Geschäft treten andere Vertrauenstechniken, die vor allem in der »medialen Repräsentation« liegen: Durch Graphiken und andere Techniken versucht der Finanzmarkt ein berechenbares Image seiner selbst zu geben.[148]

Jede dieser Strategien täuscht freilich nur über die Tatsache hinweg, dass das ›Papiergold‹ die Macht übernommen hat.[149] Pentzlin bezeichnet damit die Möglichkeit etwa des IWF, Geld zu produzieren und auszugeben, das er gar nicht ›hat‹. Dass Schuldscheine zum ›eigentlichen Geld‹ werden, war natürlich schon in den ersten Kauf- und Kreditverträgen der Antike angelegt; doch mit dem Aufkommen des Finanzkapitalismus beziehen sie sich nicht mehr auf Werte in Depots, sondern nur noch auf Hoffnungen und Versprechen. Der »potente Einfluss« des Kredits müsse anerkannt werden, schrieb die *Encyclopaedia Britannica* von 1911, als die Wende zum Finanzkapitalismus einsetzte: Er müsse »als eine eigene Währungsentwicklung« interpretiert werden.[150] Seither ist das Kreditgeld zum ›eigentlichen‹ Geld und zum größten monetären Sektor geworden. Das Eigenkapital einer Bank bietet noch einen gewissen Ersatz für den Goldstandard. Doch wie schon der Goldstandard gilt auch diese ›Garantie‹ als ›Investitionsbremse‹. Zudem funktioniert es nur im Zusammenspiel mit der ›Leverage‹* – dem berühmten ›Hebel‹, der auch dem Europäischen Rettungsschirm dazu verhelfen sollte, Eigenkapital der Länder durch Privatinvestoren aufzustocken. Die Anleger zögerten freilich, dieser Aufforderung nachzukommen. Der Begriff der ›Leverage‹ weist in der Tat eine beunruhigende Nähe zur ›Levitation‹ auf, laut der Mystiker und Heilige durch ihren Glauben Schwerkraft und Bodenhaftung überwinden können.

---

*   ›Leverage‹ bezeichnet das Verhältnis zwischen Eigenkapital und geliehenem Geld.

Das virtuelle Geld schafft die Voraussetzungen dafür, dass Geld mit Geld gewonnen werden kann. Für Marx bedurfte es noch des Umwegs über das Industrieprodukt: Geld verwandelt sich in Ware, um wieder zu Geld zu werden. Der moderne Finanzkapitalismus erspart sich diesen Umweg. Die Entwicklung schuf ein neues ökonomisches Subjekt. Der amerikanische Finanzhistoriker und -journalist Edward Chancellor vermutet, dass, entgegen den Thesen von Max Weber, der moderne Kapitalismus nicht auf protestantischer Selbstdisziplin, sondern auf Gier beruht. Als Beleg führt er die Lust an, mit der Mitte des 19. Jahrhunderts Geld öffentlich zur Schau gestellt wurde: »Bei Gesellschaftsereignissen wurden Zigaretten in Hundert-Dollar-Noten gerollt; in die Austern der Gäste wurden schwarze Perlen gestopft, und Hunde wurden mit Diamanten-bestückten Halsbändern versehen.«[151] Aber die Gier dürfte es zu allen Zeiten gegeben haben; deshalb eignet sie sich nicht als Erklärung. Dagegen ist zu erkennen, dass die Spekulation mit dem Abstraktionsprozess des Geldes zunahm. Er erklärt, warum das Geld immer mehr zum ›sozialen Akteur‹ werden konnte.[152]

Das digitale Geld hat keinen Eigentümer, so wie Land oder Fabrik einem Eigentümer gehören. Das moderne Geld wechselt auf eigenmächtige und zumeist nicht berechenbare Weise ›seinen‹ Eigentümer. Allein der Sprachgebrauch ist aufschlussreich: Das Geld ›entzieht sich‹, ›es flieht‹, oder es ›fließt ab‹. Immer ist es das Geld oder der Markt, die ›handeln‹ – weniger der Aktionär oder der Anleger. An sich indiziert der Begriff ›Handel‹ ein eigenständiges ›Handeln‹, also die Tat, so wie sich auch die Aktie von agieren ableitet. Aber es ist eben die Frage, *wer* hier handelt. Bei Devisenspekulationen bewegen sich die Geldströme von einem Land zum anderen, der ›Spekulant‹ kann sich ihnen bestenfalls anpassen und mit dem Strom schwimmen. Der große Unterschied zwischen ihm und dem Landbesitzer oder dem Unternehmer besteht darin, dass sich das Geld seine eigenen Aktionsbedingungen geschaffen hat.

Damit trifft aber auch das Bild des ›freien Unternehmertums‹ nicht mehr zu. Im Finanzkapitalismus ist es das Geld, das ›arbeitet‹. Wo Geld vorhanden ist, kann sich dieses vermehren; oder auch – Pech gehabt – verlorengehen. Wenn die Finanzkrise von 2008 eines gezeigt hat, so dies: Der Manager beherrscht nicht das Geld, sondern dieses ihn. Die gesamte Verteidigungsstrategie von Jérome Kerviel, der seine Vorgesetzten aus der *Société Générale* beschuldigte, von seinen Spekulationen gewusst zu haben, basierte darauf, dass nicht er, sondern das ›System‹ an seinem Verhalten schuld sei.[153] Es ist fraglich, ob ihn diese Aussage – juristisch oder ökonomisch – aus der Verantwortung nimmt. Sie zeigt jedoch, wie wenig sich ein Trader als Herr über das Geld empfindet und wie sehr er – in der eigenen Wahrnehmung – nur ›ein Rädchen‹ in der großen Maschinerie des digitalen Geldes ist. Dieser ›freie Unternehmer‹ ist es nur unter der Bedingung, dass er sich der Eigengesetzlichkeit des Geldes unterwirft.

Bis ins frühe 20. Jahrhundert sahen Theoretiker den Menschen – genauer den Mann – als das Subjekt von Geschichte an. Einer der letzten großen Protagonisten dieses Gedankens war Oswald Spengler, dessen Geschlechterbilder an Deutlichkeit nichts vermissen lassen: »Der Mann *macht* Geschichte, das Weib *ist* Geschichte.«[154] Für Spengler wurden diese Zuordnungen besonders deutlich in der Geldwirtschaft. Die Bilder, mit denen er sie beschreibt, sind allesamt Synonyme für die ›geistige Potenz‹ des Mannes. Seit der Erfindung der Dampfmaschine sei die ganze Weltwirtschaft »die Schöpfung einer ganz kleinen Zahl überlegener Köpfe, ohne deren hochwertige Arbeit alles andere nicht da wäre, aber diese Leistung ist schöpferisches Denken und kein ›Quantum‹, und ihr Gegenwert besteht also auch nicht in einer Anzahl von Geldstücken, sondern sie *ist* Geld, faustisches Geld nämlich, das nicht geprägt, sondern als *Wirkungszentrum gedacht* wird. […] *Denken in Geld erzeugt Geld:* das ist das Geheimnis der Weltwirtschaft. Wenn ein Organisator großen Stils eine Million auf Papier schreibt, so ist sie da, seine Persönlichkeit als Wirtschaftszentrum bürgt für eine entsprechende Erhöhung der Wirtschaftsenergie.«[155]

Heute genügt es freilich, fünf Milliarden in den Computer zu schreiben, damit sie *nicht mehr da sind.* Mit der Ausbreitung des Papiergeldes fielen Männlichkeit und Geist endgültig in eins – und das abstrakte, ›faustische‹ Geld war der deutlichste Ausdruck dieser Entwicklung. In diesem historischen Moment (für den Spenglers *Untergang des Abendlandes* stehen mag) vollzog sich aber auch eine Spaltung des Prinzips Männlichkeit: auf der einen Seite eine Männlichkeit, die sich der ihr zugedachten Entleibung zu entziehen begann (sie verweigerte den männlichen Preis des Geldes); auf der anderen eine Männlichkeit, die sich dem Gesetz des Geldes unterwarf: mit Haut und Haaren.

Dass Geld nur ›geschrieben‹ werden muss, gilt heute noch mehr als zu Spenglers Zeiten. Aber die Schreiber sind nicht mehr ›Organisatoren großen Stils‹, sondern eher Trader, die sich zumeist durch Mittelmaß und ihre Anpassung an die ›Ströme‹ auszeichnen. Jérôme Kerviel attestierte der vom Gericht bestellte psychologische Gutachter Jean-Pierre Bouchard, dass er weder der ›verrückte Trader‹ noch der ›Terrorist‹ sei, als welcher er von seinen Vorgesetzten dargestellt wurde. Kerviel verfüge über eine »überdurchschnittliche intellektuelle Potenz«, er sei »emotional ausgeglichen«. Zudem habe er eine »harmonische und glückliche Kindheit« erlebt, seine schulischen Leistungen hätten im oberen Viertel seiner Klasse gelegen, und er habe eine »respektvolle Haltung gegenüber den Regeln und den Erwachsenen« gezeigt.[156] Kerviel war also gerade nicht die ›herausragende Persönlichkeit‹, die Spengler mit der Geldwirtschaft assoziiert, sondern eher ein Durchschnittstyp. Wenn er Außenseiter war, so höchstens deshalb, weil er nicht eine der ›Grandes Ecoles‹ absolviert hatte, aus denen sich üblicherweise die administrative und politische Elite Frankreichs rekrutiert. Er stand jedoch unter dem Einfluss eines Dienstherrn eigner Art: »Glauben Sie mir, der Druck ist extrem, sich dieser Kultur der Geschäftemacherei anzupassen, zumal die Arbeit sehr intensiv ist. Du hast kein Privatleben mehr. Nachdenken ist ein Luxus, den man sich nicht leisten kann. Wenn die Boni kommen, dann wird man wie ein Held gefeiert, wozu also zweifeln?«[157] Der Zweifel, die selbstreflexive Betrachtung des eigenen Handelns, sind die Voraussetzung dafür, Herr der eigenen Entscheidungen zu sein. Genau dies schließt das moderne Geld aus. Auch hier, wie in der christlichen Religion, ist der Zweifel tiefste Sünde.

Das Geld steuert – nicht umgekehrt. Entweder der Trader verhält sich nach den Bestimmungen des Geldes, oder er versagt. So zumindest die Wahrnehmung in der Öffentlichkeit. Im August 2006 führten an der New Yorker Börse und im Mai 2007 erneut an der Londoner Börse von Tradern eingegebene Tippfehler zum Crash von Aktien. Das geschieht regelmäßig. Die Berichterstattung interpretierte diese Ereignisse als Zeichen dafür, dass der Mensch nur noch »ein Appendix der medial-technischen Dispositive« ist. Das Medium wird zum Souverän erklärt und »damit einhergehend die Lust auf die endgültige Verabschiedung des Menschen aus der Welt der Finanzmarkttransaktionen« verkündet. Denn der »menschliche Faktor« ist »zum fehleranfälligen Risiko« geworden. Eigentlich sollte mit der Einführung der Computertechnologie »der Mensch als subjektiver Faktor überwunden« werden. Doch nun taucht eine neue Denkfigur auf: »*der Mensch als Bedienungsfehler*«.[158] Der Vorgang zeigt deutlich, dass das Geld zum eigentlichen Subjekt der Geschichte geworden ist; der Mensch kann bestenfalls noch als Störfaktor gelten. Verglichen mit dem von der freien Marktwirtschaft idealisierten freien Unternehmer ist das ein beträchtlicher Wandel.

Für Sony Kapoor, früher Investmentbanker bei Lehman Brothers und heute Leiter des Thinktanks *Re-Define,* der Regierungen, Parlamentarier und Gewerkschaften berät, hat der einzelne Akteur im Finanzgeschäft keine Möglichkeit, sich der Eigengesetzlichkeit des Geldes zu entziehen: »Je mehr Risiko ich übernehme, desto höher ist der mögliche Gewinn. Das verführt jeden dazu, so viele Risiken einzugehen wie möglich. Mein Beitrag zum Gesamtrisiko der Bank ist vielleicht ein Prozent – aber der Gewinn, den ich mache, bestimmt 90 Prozent meines Gehaltes. Darum kämpft jeder für sich, und heraus kommt eine rücksichtslose Macho-Kultur. Der Einzelne verhält sich rational, niemand will eine Katastrophe auslösen, aber kollektiv tun alle genau das.«[159] Die Aussage impliziert eine Neudefinition von ›Macho-Kultur‹: Eigentlich bedeutet ›Macho‹

der Potenteste unter den Männern zu sein; hier aber bedeutet es, Mitglied einer kollektiven Dynamik zu sein, in der man die Wahl zwischen Mitschwimmen und Untergehen hat.

Die Akteure des Finanzkapitalismus bezeichnen sich gern als ›Leistungsträger‹ der Gesellschaft. Der Begriff lässt sich in der Tat auf Kreative anwenden, die in der Wissenschaft, der Medizin, den Künsten, der Realwirtschaft oder in Kinderversorgung und Krankenpflege Hervorragendes leisten. In der Finanzwirtschaft ist seine Verwendung fraglich. Denn hier steht das Subjekt im Dienst eines übergeordneten »Herrscherwillens«. Der Akteur des Finanzkapitalismus ist bestenfalls der ›Leistungsträger‹ einer Dynamik des Geldes. In dem schon zitierten Interview mit dem *Spiegel* sagte Nikolaus von Bomhard, Chef der *Münchner Rück:* »Ich meine, man kann mit einer anderen Geschäftsphilosophie und Unternehmenskultur auch anders bezahlen. Wenn ich aber exorbitante Summen auslobe … *Der Spiegel:* … will ich Söldner … Bomhard: … und bekomme sie meistens auch.«[160] Die angeblichen Akteure der Finanzkrise stehen also im ›Sold‹ – und die Höhe dieser Entlohnung erscheint eher wie eine Kompensation für den Mangel an Entscheidungsbefugnis. Das ist der einzige Tarifvertrag, den der ›Arbeitgeber‹ Geld kennt.

Im Kontext des digitalen Finanzmarktes nimmt der Begriff des ›Agenten‹ eine neue Bedeutung an. Er leitet sich ab von ›agere‹, handeln, und bezeichnete zunächst jemanden, der im Auftrag einer fremden Macht agiert. (Daher auch die Bedeutung von Spion.) Heute werden aus ehemaligen ›Ämtern‹ und ›Behörden‹ des Staates oft auch seine ›Agenturen‹ – etwa auf dem Arbeitsmarkt. Im Zusammenhang mit der Informatik hat der Begriff ›Agent‹ eine Bedeutung angenommen, die auf vorprogrammierte Repräsentationsgestalten – meistens auf dem Bildschirm – verweist. In seiner am weitesten entwickelten Form – etwa als der Avatar ›Max‹ der Universität Bielefeld – kann der Agent sprechen und Handlungen ausführen, er kann mit einem menschlichen Gegenüber kommunizieren, Gestik, Mimik und Emotionen erkennen und darauf reagieren. Sein Repertoire setzt sich allerdings aus vorprogrammierten Bausteinen zusammen. Solche Avatare erscheinen ihren Gesprächspartnern zwar leibhaftig – aber sie haben »keinen Leib außerhalb der künstlichen Interaktion«.[161]

Ähnlich im Finanzhandel: Der Agent ›handelt‹ mit Börsenpapieren oder Devisen, aber nicht im eigenen Auftrag. Er kann zwar beachtliche Einnahmen erzielen, aber das Handeln selbst ist vorgegeben. Zur Behauptung, die Banken müssten so hohe Gehälter im Wettbewerb um die besten Talente zahlen, bemerkt Kapoor: »Unsinn! In Boom-Phasen könnte man einen Affen an den Computer setzen, und es gäbe eine 50-Prozent-Chance, dass er am Abend Millionengewinne gemacht hat. Derzeit können die Banken bei den

Notenbanken für ein Prozent leihen und für fünf bis zehn Prozent verleihen. Das kann jeder Trottel.«[162] Die ›Akteure‹ des modernen Finanzmarktes unterscheiden sich nicht grundlegend von den freien römischen Bürgern, die sich freiwillig in den Sklavenstatus begaben, um im Finanzgeschäft Reichtümer und Ansehen zu erwerben.

Es ist der Abstraktionsprozess, der es dem Geld ermöglicht, zum Subjekt der Geschichte zu werden. Dieses Subjekt darf man sich freilich nicht als vom Menschen losgelöst denken – so wie Gott über die Welt herrscht. Vielmehr wird das Geld zum Subjekt der Geschichte, indem es sich der Subjekte bedient, die seine Gesetze realisieren. Es instrumentalisiert das Subjekt Mensch für seine eigene Subjektwerdung. Deshalb ist es auch so schwer, den Finanzmarkt und das Bankenwesen zu ›regulieren‹ – trotz vieler redlicher Bestrebungen. Es gibt zu viele (individuelle und kollektive) Akteure, die zwar *ein* gemeinsames Interesse haben – wie sie an Geld kommen –, aber konträre Vorstellungen davon, wie sich das realisieren lässt. »Der ominöse Markt«, so zitiert der *Spiegel* in seiner Titelgeschichte zur Eurokrise einen US-Investment-Banker, »sei am Ende nichts anderes als das sich sekundenschnell bewegende Geld, und es fließt dorthin, wo es sich am besten vermehrt, eine globale Suchbewegung, ›as simple as that‹.«[163] Das Geld ist Subjekt, weil es eine Eigendynamik hat, die kein Subjekt durchschaut, geschweige denn beherrscht. Das gilt auch für die, die bei diesem Prozess Geld machen.

DER RÜCKGRIFF AUF DIE BEGLAUBIGUNGSSTRATEGIE DURCH DAS OPFER

Mit seiner zunehmenden Abstraktion wächst das Bedürfnis des Geldes nach Beglaubigung. Da inzwischen weder Autorität noch materielle Werte dafür in Frage kommen, bleibt nur die Deckung durch die Anrufung des symbolischen Opfers. Wie im ersten Kapitel beschrieben, impliziert das Geld die symbolische Kastration des männlichen Köpers. Diese Wunde wird jedoch an andere Körper delegiert, damit diese den Preis des Geldes entrichten.

Die beiden Wirtschaftswissenschaftler Reinhart und Rogoff geben einen Hinweis darauf, wie diese Beglaubigung aussehen könnte. Sie charakterisieren die Entwicklung zum Finanzkapitalismus als den »Marsch auf das fiat-money«, das »vom Publikum weitgehend deshalb verlangt wird, weil die Regierung bestimmt hat, dass für Transaktionen keine andere Währung verwendet werden darf«. Dass das Publikum nach diesem Geld ›verlangt‹ und dass die ›Bestimmung‹ der Regierung genügt, um Vertrauen in dieses Geld zu wecken, ist mehr als fraglich geworden. Aber der Vergleich, den die beiden Wissenschaftler heranziehen, um die Entstehung des Fiatgeldes zu beschreiben, evoziert andere Beglaubigungsstrategien: »Die Verlagerung von Metall- zu Papier-Währung ist ein wichtiges Beispiel für die Tatsache, dass technologische Innovation nicht unbedingt vollkommen neue Arten von Finanzkrisen hervorbringt, sie verstärkt nur deren Effekte – so wie Technologie im Laufe der Geschichte auch die Kriegführung immer tödlicher werden ließ.«[164]

Die Parallele von Geld und Waffen ist weniger zufällig, als sie erscheint. Der Waffenhandel gehört zu den einträglichsten Sektoren der Wirtschaft; die Spekulation blüht vor allem in Kriegszeiten – das galt auch schon für die Antike. Aber auch in anderer Hinsicht korrelieren Tötungswerkzeuge mit dem Finanzkapitalismus: Parallel zur Entmaterialisierung des Geldes wuchs die ›Potenz‹ der Waffen. Es ist diese Parallele, die an den Ursprung des Geldes aus dem Opferkult zurückverweist. Die Voraussetzung für die Glaubwürdigkeit eines Geldes, das ›es werde‹ (fiat) sagt, bildet das Sterben.

Auch die Tatsache, dass die Zahlungsunfähigkeit von Staaten fast immer der Überschuldung durch Kriegführung zu verdanken war, verweist auf einen Zusammenhang zwischen der Abstraktionsgeschichte des Geldes und der Zunahme der Waffenpotentiale. »Die Möglichkeit der Englischen Krone, Schuldscheine herauszugeben, verschaffte England den riesigen Vorteil, dass es über die Ressourcen verfügen konnte, deren es zur Kriegführung bedurfte: und dies in einer Zeit, in der Schlachten schon äußerst kapitalintensiv wurden.«[165] Die Tatsache, dass im viktorianischen Zeitalter Großbritannien den Platz des ›Geld-Hegemons‹ ausfüllte und das Pfund zur Leitwährung wurde, verdankte sich sowohl dem Pfund Sterling als auch der Royal Navy. Dieselbe Funktion erfüllten die USA im Kalten Krieg dank des allmächtigen Dollars *und* der Atombombe.[166] Mit dem modernen Geld, das sich als Zeichensystem beliebig reproduzieren kann, wuchs dem Geld auch ein wachsendes Bestimmungsrecht über die Zahl der Getöteten zu – ob Soldaten oder Zivilisten.

Das größte moderne Massenvernichtungspotential, Atomwaffen und Neutronenbombe, entstand nicht durch Zufall parallel zur ›explosiven Vermehrung‹ des Geldes. Sie verweisen aufeinander. »Nach dem Ende des Kalten Kriegs«, so Andrew Sheng von der China Banking Regulation Commission, »entschieden sich viele Physiker und Mathematiker, ihre Fertigkeiten nicht auf Kriegstechnologie, sondern auf dem Finanzmarkt einzusetzen, und zusammen mit Finanzbankern und Hedgefonds schufen sie neue Waffen: Warren Buffett nennt sie Massenvernichtungswaffen.«[167] Der Rüstungshandel war immer schon der Wirtschaftssektor, auf dem die größten Gewinne zu erzielen waren. Das gilt aber auch für die ›friedliche‹ Atomenergie. Dass auch sie zu den modernen Beglaubigungsstrategien des Geldes gehört, zeigte sich 1987 in Tschernobyl und erneut im Frühjahr 2011 in Fukushima. Beide Unfälle offenbarten, dass es auch bei der ›friedlichen Nutzung‹ der Atomenergie um eine Zweiteilung geht: Auf der einen Seite stehen die Gewinne, auf der anderen Seite der Tod.

Weltweit gibt es kein einziges Kernkraftwerk, das durch Privatversicherungen gegen potentielle Unfallschäden gedeckt wird. Eine Studie vom Frühjahr 2011 der *Versicherungsforen Leipzig,* die wissenschaftliche Studien im Auftrag der Assekuranz durchführen, kam zum Schluss, dass »im Hinblick auf die Situation in Deutschland keine Möglichkeit besteht, eine vollumfängliche Deckung des Risikos zu gewährleisten«.[168] Laut der Berechnung – in die die Kalkulationen einer Vielzahl von weiteren Studien, die Angaben der Betreiber und andere Faktoren eingingen – beträgt die Summe, die für einen Katastrophenfall bereitgestellt werden müsste, 6090 Milliarden Euro. (Zum Vergleich: Der Rettungsfonds EFSF, der 2011 anlässlich der drohenden Insolvenz Griechenlands aufgestockt wurde, umfasst ganze 780 Milliarden Euro.) Allein wegen der Haftversicherungsprämie werde sich »die Kilowattstunde in einer Spanne von 0,14 bis 67,3 Euro verteuern«.[169] Die Studie war schon vor dem Unfall von Fukushima in Auftrag gegeben worden, und der Unfall zeigte, wie zutreffend die Aussagen sind. Der AKW-Betreiber Tepco kann nur für einen Bruchteil der Entschädigungen aufkommen – und bedarf auch für diesen Anteil der Unterstützung durch andere Energieproduzenten und vor allem des Staates. Das bedeutet aber, dass bei einem AKW-Unfall die Opfer des Unfalls nicht nur mit ihrem Leben und ihrer Gesundheit für die Schäden einstehen, sondern auch noch selbst für die Schadensregulierung bezahlen müssen.

Aus der Logik der Beglaubigung des Geldes ist damit allerdings garantiert, dass es ›Opfer‹ gibt – und dass diese ›nicht ausgehen‹. In diesem Sinne erscheint die Nuklearenergie, die sich parallel zum wachsenden Geldumlauf entwickelte, wie ein geeigneter ›Realitätsfaktor‹, um der Zeichenhaftigkeit des Geldes zu begegnen. Sowohl die Nuklearwaffen als auch die Nuklearenergie lassen sich als Versuch lesen, dem Geld durch die Berufung auf seinen Ursprung aus dem sakralen Opfer eine Beglaubigung zu verschaffen. Bei den Nuklearwaffen geht dies schon aus ihrer tödlichen Funktion hervor. Es gilt aber auch für die Nuklearenergie: In zwei Teilen der Erde, in Tschernobyl und in Fukushima, wird auf unabsehbare Zeit kein Leben mehr stattfinden.

Anders als mit der Logik des Opfers, das dem Geld ›Realitätsmacht‹ verschafft, ist es nicht zu erklären, warum die Nuklearenergie als ökonomisch sinnvoll bezeichnet werden kann. Sie war es nie: Von Anfang an war es offenbar (und wurde immer wieder gesagt), dass sie – mit allen (weitgehend ungelösten) Problemen der Sicherheit und Endlagerung – die denkbar teuerste und damit ökonomisch unrentabelste Form der Stromerzeugung bietet, sobald man das Aufkommen der öffentlichen Hand einrechnet. Bislang gibt es weltweit kein einziges Endlager für hoch radioaktiven Abfall. Das *Deutsche*

Institut für Wirtschaftsforschung (DIW) kam in einer Studie aus dem Jahr 2007 zu dem Ergebnis, dass sich allein die deutschen Ausgaben des Bundes und der Länder für nukleare Energieforschung und -technologie von 1956 bis zum Jahr 2006 auf mindestens 50 Milliarden Euro beliefen.[170] Dabei umfasst die Berechnung noch nicht die öffentlichen Ausgaben für Castortransporte (drei Mrd. Euro), innerdeutsche Uranerzbergbausanierung (6,6 Mrd.), Stilllegung/Rückbau kerntechnischer Anlagen (2,5 Mrd.) oder den Verlust von Steuereinnahmen aufgrund nicht versteuerter Rückstellungen (20 Mrd.).[171] Auch sind in dieser Berechnung Faktoren wie Unfälle oder Ausfälle sowie die Endlagerung nicht berücksichtigt. Laut einer vom *Forum Ökologisch-Soziale Marktwirtschaft* im Jahr 2010 durchgeführten Studie über die »Staatliche Förderungen der Atomenergie« beläuft sich die Gesamtsumme der realen Fördermittel auf 203,7 Milliarden Euro für den Zeitraum 1950 bis 2010. Im Strombereich liegt »die gesamte kumulierte Förderung von erneuerbaren Energien mit 28 Mrd. Euro deutlich unter den Beträgen bei Atomenergie (186 Mrd.), Steinkohle (165 Mrd.) und Braunkohle (57 Mrd.)«.[172] Der sogenannte ›Erntefaktor‹ der Kernenergie, also das Verhältnis von aufgewendeter zur gewonnenen Energie, liegt bei 16. Für Windkraft liegt der Faktor bei 80 und für Photovoltaik bei 9. Den höchsten Faktor hat die Wasserkraft (267).[173]

Mit anderen Worten: Die Kernenergie ist nicht nur potentiell gefährlich und hat dies schon bewiesen (wobei zu den Risikofaktoren nicht nur Erdbeben und Flugzeugunglücke oder -attentate, sondern auch menschliches Versagen gehören: Die Beinahe-Katastrophe beim Kernkraftwerk Greifswald hat es schon 1975 gezeigt. Erst nach der Wende wurde darüber im Westen berichtet.[174] 1990 erfolgte die Abschaltung.). Sie ist auch unökonomisch. Allein der Rückbau von Greifswald hat bis 2007 schon 2,5 Milliarden Euro gekostet. Darüber hinaus verstößt die Kernenergie auch gegen die goldenen Regeln der freien Marktwirtschaft. Diese besagen, dass der Gewinn die Prämie für das Risiko der Investition darstellt. Hier jedoch werden Gewinn und Risiko getrennt: der Gewinn für das ›freie‹ Unternehmertum, das Risiko für die öffentliche Hand. Wenn die Nuklearenergie dennoch von Ökonomen verteidigt wird, so können sich diese schwerlich auf volkswirtschaftliche Argumente berufen. Wohl aber entspricht diese Technik der Logik des Geldes, die für ihre Beglaubigung nach einem Preis in der Gestalt menschlichen Lebens verlangt.

Über die Jahrhunderte, so die *Encyclopaedia Britannica,* nahm der Begriff ›Wert des Geldes‹ zwei unterschiedliche Bedeutungen an, die oberflächlich nichts miteinander zu tun haben: »In der merkantilen Ausdrucksweise sind mit dem ›Wert des Geldes‹ die Zinsen gemeint, die sich mit dem verliehenem Kapital erwirtschaften lassen. [...] Die andere Bedeutung bezieht sich auf die Werte, die sich damit erwerben lassen: seine

Kaufkraft.«[175] Daneben hat der ›Wert des Geldes‹ noch eine dritte Bedeutung angenommen, die sich als der ›Preis des Geldes‹ umschreiben lässt: Es sind die Werte, die dem Geld Glaubwürdigkeit verleihen. Diese ›Werte‹ gründen auf der Vernichtungs- wie auf der Zeugungsmacht des Geldes – und für beide Seiten gibt es menschliche ›Funktionsträger‹.

DER DIENST AM GELD

Der Finanzkapitalismus kennt mehrere Arten von Dienstleistungen, die sich zwischen zwei Polen situieren: Am einen befinden sich die ›Agenten‹, die dem Vermehrungstrieb des Geldes dienen; am anderen jene, die für die Glaubwürdigkeit des Geldes einzustehen haben. Da im Finanzkapitalismus materielle Werte wie Waren und Dienstleistungen nur einem Bruchteil des zirkulierenden Kapitals entsprechen, wuchs der Bedarf an Körpern, die zur Beglaubigung des Geldes benötigt werden. Anfang des 19. Jahrhunderts hatte der Frühsozialist Wilhelm Weitling die Phantasie, dass der Tag kommen werde, »wo wir ein riesiges Feuer mit den Banknoten, Wechseln, Testamenten, Steuerregistern, Mietverträgen und Schuldscheinen anzünden werden, und jeder wird seinen Geldbeutel in die Flammen werfen«.[176] Im modernen Finanzmarkt mit seinem digitalen Geld sind solche Autodafés nicht durchführbar: umso größer der Bedarf nach Beglaubigungsstrategien.

Je mehr sich das Geld dematerialisierte, desto größer wurde sein Verlangen nach menschlichen Körpern. Der Krise von 2008, die mit unverantwortlichen Kreditvergaben begann und das Abrutschen der Subprimes zur Folge hatte, basierte ursprünglich auf dem 1974 erlassenen *Equal Credit Opportunities Act,* durch den Diskriminierung bei Kreditvergabe untersagt wurde. Die Folge war eine Steigerung der Immobilienverkäufe und -preise. Als es zum Zusammenbruch des Immobilienmarktes kam, betraf dies zunächst die soziale Schicht in der prekärsten Lage: black single mothers.[177] Da hatten die Banken aber schon längst ihre Gewinne gemacht und die Hypotheken an andere weitergeben, die den Preis für die Fehlinvestitionen zu zahlen hatten. Der Wert der weitergegebenen Papiere entsprach der Weltwirtschaftsleistung von einem Jahr: ca. 50 000 Milliarden Dollar, »von denen maximal 1 Prozent als haftendes Eigenkapital irgendwo hinterlegt waren, wobei dieses Eigenkapital selber größtenteils wohl frühere Bilanzgewinne darstellte«.[178] Hinzu kam, dass viele Banken mit *geliehenem* Geld in die Wertpapiergattung investiert hatten. 1999 war ein Gesetz aufgehoben worden, das nach dem Crash von 1929 erlassen worden war: Es untersagte den Banken, die Einlagen ihrer

Kunden für hochriskante Investitionen zu verwenden. Das geborgte Geld nutzten sie, um die Rendite auf das eingesetzte Eigenkapital zu vergrößern. »Durch den Einsatz von Fremdkapital in Höhe des 35-fachen des Eigenkapitals konnte die Branche allein 2005 aus 500 Milliarden Dollar an Subprimekrediten einen Gewinn von 18,8 Milliarden Dollar machen«, rechnet Ex-Lehman-Mitarbeiter Larry Tabb vor.[179]

Die ›Derealisierung‹ des Geldes ermöglichte einerseits hohe Profite für die Geldmanager, vor allem in Form von Boni: »Die höchste je erzielte Einnahme dieser Art war in 2006 ein Einkommen des Fordmanagers Alan Mulally von 3,7 Milliarden Dollar in einem Jahr, welches zudem nicht der Einkommenssteuer unterworfen war, sondern (nur) einer 17 % Kapitalsteuer.«[180] Generell sind bei den Mitgliedern der Finanzbranche die höchsten Einkommenszuwächse zu verzeichnen,[181] während die Einkommen der untersten Einkommensschichten stagnierten oder zurückgingen. Eben dies führte andererseits zu einer stärkeren Verankerung des Geldes in ›menschlichem Kapital‹: »Je mehr Mitarbeiter eines international operierenden Unternehmens entlassen wurden, desto schneller stieg zeitweise der Aktienwert, also die Marktkapitalisierung des Unternehmens. Die Führungskräfte profitieren vom Steigen des Aktienwertes, sie wurden letztlich also dafür honoriert, dass sie Mitarbeiter forciert auf die Straße setzen.«[182]

Als die Deutsche Bank im Februar 2005, trotz Rekordergebnissen im vorangegangenen Jahr, die Streichung von 6400 Stellen verkündete, verteidigte der Arbeitgeberpräsident Alois Dieter Hundt die Entscheidung mit dem Argument, dass die »ausreichende Gewinnerzielung« eines Unternehmens Voraussetzung sei, »um der sozialen Verantwortung gerecht zu werden«.[183] Faktisch waren es die Entlassenen, denen die ›soziale Verantwortung‹ aufgebürdet wurde. Sie hatten mit ihrer Existenz für den Wert des Geldes einzustehen. Auch wenn es zum Konkurs kommt, zahlen sie den Preis des Geldes: Beim Zusammenbruch von Enron lag die geschätzte Verschuldung bei 64 Milliarden Dollar. Es war das siebtgrößte Unternehmen der USA.[184] »Mehr als fünftausend Menschen verloren ihren Job, das Altersruhegeld Tausender Mitarbeiter löste sich in nichts auf. [...] Enron hatte vor der Implosion des Konzerns seine eigenen Compliance-Regeln abgeschafft.«[185] Auch hier hatten Lobbyisten – »im Namen der Freiheit des Marktes« – den Kongress dazu gebracht, ein Gesetz aufzuheben: Es untersagte einer Firma, die mit der Prüfung der Bücher beauftragt wird, diesem Unternehmen auch Beratungsdienstleistungen zu verkaufen.[186] In den Büchern von Enron fand man später erhebliche Unregelmäßigkeiten. Bei der Finanzkrise von 2008/09 verloren allein in den USA mehr als 5 Millionen Familien ihre Behausung; noch mehr Menschen beziehen seither Lebensmittelmarken; einigen Großstädten fehlen die Mittel, die öffentliche Verwaltung und Sicherheit zu garantieren.

Die Spaltung in zwei ›Dienstleistungen‹ erklärt, dass die Schere zwischen Gutverdienenden und gering Entlohnten immer weiter auseinander geht. »In den USA verdient heute ein Vorstandschef normalerweise das Vierhundertfache eines gewöhnlichen Arbeitnehmers und zum Teil noch deutlich mehr. Es ist noch nicht lange her, da lag das Niveau beim Vierzigfachen – was auch nicht so schlecht war. Der Gründer der Bank Morgan Stanley, John Pierpoint Morgan, hatte Ende des neunzehnten Jahrhunderts ein Modell eingeführt, dem zufolge der Bestbezahlte einer Firma nicht mehr als das Zwanzigfache des Geringstverdienenden erhalten durfte.«[187] Als John P. Morgan diese Regelung aufstellte, hing das Geld noch am Tropf des Goldstandards. Inzwischen wird es nur noch dadurch beglaubigt, dass Menschen mit ihrer ganzen Existenz dran glauben müssen.

»Wirklich auf der Höhe des modernen entwickelten Geld- und Kreditsystems wäre aber wohl erst eine Altersversorgung, die aus der Vergabe von börsenfähigen Eigentumstiteln besteht«, konstatiert Heiner Ganßmann.[188] Diese Art von Entlohnung und Altersversorgung ist längst Realität. Als Folge der Finanzkrise von 2008 verloren zahlreiche US-Akademiker und Angestellte ihre Altersversorgung, die in Fonds angelegt war. Die Retirement Fonds gehörten zu den größten Verlierern der Krise; insgesamt wurden die Ersparnisse der Amerikaner um ein Drittel entwertet.[189] Seit Jahrzehnten gehören Pensionsfonds weltweit zu den größten Anlegern. Früher garantierten sie feste Renten; stattdessen verlangen sie nun feste Einzahlungen: an die Stelle von ›defined benefits‹ traten ›defined contributions‹. »Wenn die Empfänger Glück haben, gehen sie während eines Booms in Rente, mit Pech aber während einer Baisse. Auf jeden Fall hängt davon ihre Rente für den Rest ihres Lebens ab.« Das Risiko wurde also auf die Schultern der Rentner verlegt, während die Aktionäre, »als Prinzipale des Fonds, garantierte Gewinne eingefordert haben«.[190]

Wirtschaftsunternehmen wie Lehman Bros. hatten ihre Mitarbeiter mit Bonds der eigenen Firma bezahlt, auch deren Ersparnisse lösten sich in Luft auf. Bei einigen Firmen galt (und gilt) die Verweigerung dieser Form von Entlohnung als Kündigungsgrund. (Die fünf führenden Manager von Lehman Bros. hatten sich allerdings in den Jahren 2000 bis 2007 insgesamt Einkünfte von über einer Milliarde Dollar gesichert.) Das heißt, die Bedrohung hat inzwischen auch soziale Schichten erreicht, die sich bisher noch als die ›Agenten‹ des Geldes verstehen durften: Nun müssen auch sie für die Beglaubigung des Geldes herhalten.

Mit ökonomischer Rationalität ist der Unterschied zwischen Arm und Reich nicht zu erklären. Der Wirtschaftshistoriker Richard Wilkinson und die Epidemiologin Kate Pickett haben in ihrem Buch *The Spirit Level: Why Greater Equality Makes Societies*

Stronger[191] dargestellt, dass soziale Ungleichheit für die Wirtschaft unrentabel ist. Sie argumentieren, dass sie Kosten verursacht, die die Gesellschaft teuer zu stehen kommen. Ihre Argumente belegen sie mit einer Fülle von statistischen Daten aus 23 Industrieländern (darunter Australien, Deutschland, Großbritannien, Israel, Japan, Norwegen, Portugal, Schweden, Schweiz und vor allem die USA). Ihre Kostenberechnungen beziehen sich auf soziale Desintegration, psychische Erkrankungen, Lebenserwartung, Bildungschancen, Gewalt und Drogenkonsum oder die Belegung von Gefängnissen. Der Kern ihrer Aussage lautet, dass eine direkte Korrelation zwischen sozialer Ungleichheit und der Pathologie von Menschen auf den unteren Stufen der sozialen Hierarchie besteht: Die Gesellschaften, in denen die Schere weit auseinander geht, weisen eine höhere Rate an psychischen Erkrankungen, an Kindersterblichkeit, an Übergewicht, an Schulabbrechern, an Mutterschaft im Teenageralter und an Tötungsdelikten auf.

Diese Unterschiede lassen sich international wie auch in einem inneramerikanischen Vergleich belegen. US-Staaten wie Mississippi und Louisiana, wo der Anspruch auf soziale Gerechtigkeit niedrig ist, weisen höhere Raten an Erkrankungen auf als sozial gerechtere Staaten wie New Hampshire oder Minnesota. Ungerechtigkeit, so die Autoren, schadet der Gesellschaft insgesamt. Denn die Schere zwischen Reich und Arm sei volkswirtschaftlich unsinnig: nicht nur wegen der durch die Ungleichheit bewirkten hohen Bewachungs- und Krankheitskosten, sondern auch wegen der Produktivität, die in den Ländern mit geringeren Einkommensunterschieden höher ist als in denen mit großen Einkommensunterschieden. Als Gegenbeispiel zu den USA führen sie Japan und Deutschland an, wo es weniger Ungleichheit *und* weniger soziale oder körperliche Störungen gibt – bei gleichzeitiger Produktivität der Wirtschaft.

Ähnlich argumentiert auch James K. Galbraith, der das *University of Texas Inequality Project* leitet, an dem neue Messwerte für ökonomische Prozesse entwickelt werden. Wenn man soziale Ungleichheit und wirtschaftliche Effizienz miteinander vergleicht, so sagt er, »erkennt man sehr schnell, dass Länder mit weniger Ungleichheit in ihrem Lohngefüge schon immer weniger unter Arbeitslosigkeit zu leiden haben, während Länder mit mehr Ungleichheit in den Einkommen höhere Arbeitslosenquoten aufweisen«. Die These der klassischen Volkswirtschaft, laut der mit dem Sinken der Arbeitslöhne auch die Arbeitslosigkeit zurückgehe, sei unsinnig. »In der überwältigenden Mehrzahl der Fälle hängt die Beschäftigung von den Absatzmöglichkeiten der Unternehmen ab.« Unsinnig ist auch die verbreitete Annahme, dass Arbeitslosigkeit für eine ›Reserverarmee‹ an Arbeitskraft sorge: Menschen, die lange arbeitslos waren, haben oft große Schwierigkeiten, sich in einem normalen Arbeitsrhythmus zurechtzufinden. Soziale Ungleichheit, so Galbraith, führt »zu einer extremen Instabilität des Wirtschaftssystems«.

Er schlägt vor, »dass wir das untere Ende der Lohnskala Schritt für Schritt anheben sollten, weil das auf längere Sicht auch den Trend zu größerer Effizienz in der Wirtschaft stärken wird«.[192]

Eines übersieht diese ökonomisch zweifellos richtige Argumentation allerdings: Die, die mit dem Geld handeln, haben vor allem Angst davor, dass ihnen jene, die das Geld – mit ihrem Körper – beglaubigen, ›ausgehen‹ könnten. Sie verweigern Sozialprogramme und Bildungsausgaben, weil jedes von ihnen den ›Vorrat‹ an ›Beglaubigern‹ reduzieren könnte. Dafür sind sie sogar bereit, auf eine ökonomische Rationalität zu verzichten, die ihnen selbst zugute käme.

Karl Marx dachte nicht in Kategorien des sakralen Opfers. Seine Unternehmer brauchten eher die lebendigen Körper der ›Geldlosen‹: »So gilt das Leben des Armen und sein Talent wie Tätigkeit dem Reichen für eine *Garantie* der Rückerstattung des geliehenen Geldes; d. h. also, alle sozialen Tugenden des Armen, der Inhalt seiner Lebenstätigkeit, sein Dasein selbst, repräsentiert dem Reichen das Remboursement seines Kapitals mit den gewöhnlichen Zinsen. Der Tod des Armen ist daher für den Kreditierenden der schlimmste Fall. Er ist der Tod seines Kapitals plus Zinsen. Man bedenke, was in der *Schätzung* eines Menschen in *Geld,* wie sie im Kreditverhältnis geschieht, [für] eine Niederträchtigkeit liegt.«[193]

Im Finanzkapitalismus ist das anders. Erstens zeigen die im ersten Kapitel beschriebenen modernen Kapitalanlagen in Lebensversicherungen, dass für den Reichen auch der Tod des Armen ein gutes Geschäft sein kann. Vor allem aber bedarf der, der über Geld verfügt, des ›Geldlosen‹, damit *das Kapital nicht seinen Wert verliert.* In dieser Konstruktion liegt der entscheidende Unterschied zum Industriekapitalismus des 19. Jahrhunderts. Bei Karl Marx war die Wertsteigerung des Kapitals der Arbeit von vielen geschuldet, die am Gewinn nicht beteiligt wurden. »Der buchhalterische Gegenposten zu den Kathedralen des Industrialismus und deren Ausrüstungen mit Werkzeugen und Maschinen war ein Ausschluß der arbeitenden Armen von dem rasch steigenden Reichtum der Gesellschaft.« In Deutschland kam das im Absinken der Reallöhne um 20 Prozent während der Zeit von 1820 bis 1860 zum Ausdruck.[194] Im England des Frühkapitalismus war der Preis, den die Arbeiterklasse zu zahlen hatte, noch höher.[195]

Im Finanzkapitalismus gilt ein anderer Mechanismus: Hier geht es nicht um die *Ausbeutung* der Arbeiterschaft, sondern um die *Aussonderung* von Menschen, die zu dem ›Rohstoff‹ gemacht werden, der das Kapital beglaubigen soll. In seinem Werk *Das Heilige und die Gewalt* hat René Girard das Opfer in archaischen wie historischen Gesellschaften als ritualisierte Gewalt beschrieben, die dazu dient, den Gemeinschaftskonsens herzustellen: durch das Ausstoßen von ›Außenseitern‹ oder Repräsentanten der

Gemeinschaft.[196] Die Aussonderung von Menschen scheint eine ähnliche Funktion für das Geld zu erfüllen: Sie sichert die Gemeinschaftswährung.

Für Keynes war die Verhinderung der Arbeitslosigkeit noch ein zentrales Anliegen. Der Finanzkapitalismus dagegen braucht diese Form der Verwerfung von Menschen. Und weil die Aussonderung zum Prinzip des Kapitalismus geworden ist, könnte sich auch der Streik in der Auseinandersetzung mit ihm als weniger effizient erweisen, als dies in der Auseinandersetzung mit dem Industriekapitalismus der Fall war. (Das zeigten die Bilder der Streiks in Griechenland im Herbst 2011, bei denen die Gewaltausbrüche die Hilflosigkeit und Ohnmacht gegen das körperlose Geld nur umso spürbarer machten.) Stattdessen scheinen sich andere Formen des ›Widerstands‹ herauszubilden: die Un-ruhen der Schüler und Studierenden in Spanien, die Wahlergebnisse der ›Piraten‹ in Deutschland, die internationale Bewegung ›Occupy Wallstreet‹. Vorläufig mögen die Forderungen nach einer Vermögenssteuer, der Teilung der Großbanken in Investment- und Geschäftsteile, der Einführung der Transaktionssteuer und der zeitweisen Verstaat-lichung von Banken, die Steuergelder in Anspruch nehmen (was 2008 in den USA fak-tisch durchgeführt wurde – mit Gewinn für den Staat) noch wie Weitlings Aufruf erscheinen, das Geld zu verbrennen. Aber aus dem Frühsozialismus, für den Weitling stand, entwickelte sich schon bald die ausgereifte politische und ökonomische Analyse des Industriekapitalismus, die bekanntlich alles andere als wirkungslos blieb. Ähnlich wird es sich mit der Kritik am Finanzkapitalismus verhalten.

Erinnert man sich daran, dass das Geld in der Antike seine Beglaubigung fand, weil es durch den Opfervorgang ›theologisch‹ legitimiert wurde, so wird erkennbar, dass auch das moderne Geld nach einer Beglaubigungsstrategie verlangt, die den menschlichen Körper, sein Leiden und seine Passionsgeschichte, in den Mittelpunkt rückt. Die auf die Finanzkrise von 2008 folgende Arbeitslosigkeit wurde als die Konsequenz des dere-gulierten Marktes gesehen. Müsste man sie nicht vielmehr als eine dem ungebremsten Finanzkapitalismus inhärente Notwendigkeit interpretieren? Sind nicht Inflationen, wiederholte Depressionen und Arbeitslosigkeitskrisen ein unerlässlicher Bestandteil der Subjektwerdung des Geldes? Auch die Antike kannte Schuldscheine und Kredite. Aber diese mussten in irgendeiner Weise an materielle Werte gebunden sein. Die mo-derne Emission von Geld hat sich von solchen Garantien frei gemacht. Denn sie kann selbst die ›Wirklichkeit‹ erschaffen. Aber diese ›Potenz‹ des Geldes verlangt auch nach einem Preis: »Im Frühjahr 2001, also mitten in einer Baisse-Phase, brachte die *New York Times,* die nicht gerade als ein radikales Blatt gelten kann, einen ganzseitigen Artikel über die Gegenläufigkeit zwischen sinkenden Aktienkursen und steigenden Vorstandsbezügen.«[197] Die Tatsache, dass die Aktien eines Unternehmens steigen, sobald es ihm gelingt, die Zahl der Arbeitnehmer zu reduzieren, wird zumeist mit der wirtschaftlichen Logik der Rationalisierung erklärt. Könnte es nicht auch der Logik des Geldes entsprechen? Damit alle ans Geld glauben können, müssen einige dran glauben.

Im Zusammenhang mit der Eurokrise ist viel von der Staatsverschuldung die Rede. Dabei wird gerne vergessen, dass nach der Finanzkrise von 2008 die Regierungen gezwungen wurden, tiefe Einschnitte in die Sozialsysteme vorzunehmen, um die Banken zu retten und ›den Markt‹ zu besänftigen. »Nur so können sie nämlich die Bedenken der Finanzmärkte hinsichtlich der Staatsverschuldung beschwichtigen.«[198] Deutlicher lässt es sich kaum ausdrücken, dass der Markt das Geld durch menschliche Körper beglaubigt sehen will.

Immer häufiger kommt es vor, dass ein ›Agent‹ des Geldes ins Lager der ›Beglaubiger‹ wechseln muss. Das Geld impliziert soziale Mobilität – nicht nur von ›unten‹ nach ›oben‹, sondern auch umgekehrt. Das galt schon für die Antike, wie Elisabeth Herrmann-Otto am Beispiel des spätantiken Roms dargestellt hat: »Dieses war geprägt von einer solch dynamischen horizontalen und vertikalen Mobilität, dass jeder Sklave durch und nach seiner Freilassung in einer *upward mobility* bis zur Spitze der Gesellschaft aufsteigen konnte, dass aber auch jeder Angehörige der Oberschicht potentiell in einer *downward mobility* in totale Armut und Sklaverei absinken konnte.«[199] Die Mobilität nach unten führte dazu, dass fließende Übergänge zwischen Freien und Unfreien entstanden, und diese »ließ die Sklaven nicht mehr als eine auf der untersten Ebene der Gesellschaftsstruktur stehende Gruppierung erscheinen. Ihre gesellschaftliche Einordnung erfolgte nun oberhalb der total Verworfenen und Randständigen (*abiectissimi),* wie Bettlern, Witwen, Waisen, Kranken und Alten. Auf diese traf fortan das Kennzeichen ›sozial Toter‹ zu, weniger auf die Sklaven, obwohl jene unfrei, diese frei waren.«[200]

In seinem Buch *Verworfenes Leben. Die Ausgegrenzten der Moderne* hat Zygmunt Bauman am Enron-Skandal und anderen Beispielen gezeigt, dass sich heute ähnliche Prozesse der ›Verwerfung‹ vollziehen. Aber anders als in der Antike haben sie nichts Klassenspezifisches. In der vernetzten Gesellschaft, so Castells, »können einzelne Kapitale boomen oder zusammenbrechen, was über das Schicksal von Konzernen, privaten Ersparnissen, nationalen Währungen und regionalen Wirtschaftszusammenhängen entscheidet. Das Endergebnis ist gleich null: Die Verlierer zahlen für die Gewinner. Aber wer Gewinner oder Verlierer sind, wechselt jährlich, monatlich, täglich, sekündlich und dringt hinunter in die Welt der Unternehmen, Arbeitsplätze, Gehälter, Steuern und öffentlichen Dienstleistungen – in die Welt dessen, was manchmal als ›reale Wirtschaft‹ bezeichnet wird und was ich versucht bin, ›unwirkliche Wirtschaft‹ zu nennen, weil im

Zeitalter des vernetzten Kapitalismus die grundlegende Wirklichkeit, wo Geld gewonnen und verloren, investiert oder gespart wird, die Finanzsphäre ist.«[201]

Nach der Lehman-Pleite von 2008 wuchs bei vielen die Angst, auf die Seite der ›Verlierer‹ zu geraten. Das zeigte der Bielefelder Pädagoge Wilhelm Heitmeyer mit seiner Langzeitbeobachtung ›Deutsche Zustände‹.[202] Er konstatierte »Desintegrations- und Abwertungsprozesse«. Der Anteil der Deutschen, die glauben, benachteiligt zu sein, habe sich vergrößert; allgemein wuchs das Gefühl politischer Machtlosigkeit. »Menschen verlieren sukzessive die Kontrolle über das eigene Leben«, mit dem Erfolg, dass sie nach Sündenböcken suchen. Ihre Aggressionen richteten sich abstrakt gegen ›Banker‹ und ›Amerika‹, aber emotional gegen Ausländer und Muslime. Dabei berufen sie sich einerseits auf Gerechtigkeitsprinzipien, andererseits lassen sie diese aber nicht für die ›anderen‹ gelten. »Gerade wer an die prinzipielle Gerechtigkeit der Welt glaubt, neigt, falls dieser Glauben erschüttert wird, zur Abwertung der Opfer und dem Vorwurf, sie hätten ihre Probleme selbst verschuldet.«[203] Genau dies belegte eine Studie des Deutschen Instituts für Wirtschaftsforschung von Juni 2010, laut der im ersten Jahrzehnt des 21. Jahrhunderts sowohl die Gruppe der Reichen als auch die der Armen wuchs – ein Phänomen, das sich auch in anderen Industrieländern und auf globaler Ebene im Verhältnis von reichen und armen Ländern beobachten lässt. »Die Polarisierung der Einkommen kann die soziale Kohäsion gefährden, da die stabilisierende Wirkung einer breiten Mittelschicht nachlässt« – mit der Folge einer »Statuspanik«, das heißt, der Tendenz, »eine andere Bevölkerungsgruppe für diesen Status-Verlust verantwortlich zu machen und so zur Ausbreitung von diskriminierenden Einstellungen (wie Ausländerfeindlichkeit und Fremdenhass) beizutragen«.[204]

Die Warnung des Wirtschaftsrats erzählt nicht nur von der Furcht vor Verarmung, sondern auch vom Horror, auf die andere Seite des sakralen Opferkults zu geraten. Er schlägt sich im seltsamen Begriff des ›losers‹ nieder: Wer zu dieser Kategorie gerechnet wird, hat meistens nichts oder wenig zu ›verlieren‹. (Von den Folgen der Finanzkrise von 2008 waren vor allem junge Männer ohne Ausbildung, in den USA vor allem Schwarze und Hispanics sowie alleinerziehende Mütter betroffen.[205]) Betrachtet man den Begriff jedoch unter dem Aspekt eines ›Wettlaufs‹, so wird ersichtlich, was es mit dem ›loser‹ auf sich hat: Georges Bataille hat die Angst vor der Armut als eine Angst vor dem Tod beschrieben. »Das Grauen, das die Reichen vor den Arbeitern empfinden, die Panik, die Kleinbürger bei der Vorstellung ergreift, in die Lage der Arbeiter zu geraten, beruhen darauf, dass die Armen in ihren Augen stärker als sie selbst unter der Peitsche des Todes stehen. Bisweilen mehr als der Tod selbst, sind diese trüben Spuren des Schmutzes, der Ohnmacht, des Verderbens, die auf ihn zugleiten, Gegenstand unseres Abscheus.«[206]

274

Das Geld, das einerseits dazu beitrug, Menschen aus der Leibeigenschaft zu befreien,[207] schuf andererseits aber auch die Angst, dem sozialen Tod ausgesetzt zu werden.

Die ›Beglaubigungsstrategie‹ des Geldes durch das Opfer wird an dem Ereignis evident, das als der tiefste historische Einschnitt des 20. Jahrhunderts, wenn nicht überhaupt als *der* Zivilisationsbruch der Geschichte gelten darf: der Genozid an den Juden Europas. Viele Autoren haben die Vernichtung jüdischen Lebens durch den Nationalsozialismus mit ökonomischen Verhältnissen in Verbindung gebracht, zuletzt besonders eindringlich Götz Aly.[208] Es blieb jedoch Elias Canetti vorbehalten, die enge Verbindung zwischen der Bereitschaft zum Verbrechen und der Glaubwürdigkeit des Geldes zu zeigen.

In *Masse und Macht* hat Canetti am Beispiel der großen Inflation der 1920er Jahre eindringlich beschrieben, wie tief die Gefühle des Einzelnen vom Geld geprägt waren – und in seinen Worten wird Batailles Metaphorik von der Angst vor der Armut als Angst vor dem Tod zur Realität. »Nicht nur gerät durch die Inflation alles äußerlich ins Schwanken, nichts ist sicher, nichts bleibt eine Stunde am selben Fleck – durch die Inflation wird er selber, der Mann, *geringer*. Er selbst oder was er immer war, ist nichts, die Million, die er sich immer gewünscht hat, ist nichts. *Jeder* hat sie. Aber jeder ist nichts. Der Prozeß der Schatzbildung hat sich in sein Gegenteil verkehrt. Alles Verläßliche des Geldes ist wie weggeblasen.« Diese Erfahrung der Entwertung durch die Inflation wurde, so Canetti, an den Juden weitergegeben. »Keine plötzliche Entwertung der Person wird je vergessen, sie ist zu schmerzlich. Man trägt sie ein Leben lang mit sich herum, es sei denn, man kann sie auf einen anderen werfen. [...] Was man braucht, ist ein dynamischer Vorgang der *Erniedrigung:* Es muß etwas so behandelt werden, daß es weniger und weniger gilt, wie die Geldeinheit während der Inflation, und dieser Prozeß muß sich fortsetzen, bis das Objekt in einem Zustand kompletter Wertlosigkeit angelangt ist. Dann kann man es wegwerfen wie Papier oder einstampfen lassen.« Durch die traditionelle Gleichsetzung von ›Jude‹ und Geld waren die Juden für diese Rolle prädestiniert, und in ihrer Behandlung hat der Nationalsozialismus »den Prozeß der Inflation auf das genaueste wiederholt«: Sie wurden entwertet und schließlich zu ›Ungeziefer‹ gemacht, »das man ungestraft in Millionen vernichten durfte«.[209]

Natürlich unterstelle ich nicht, dass der Verlust der Glaubwürdigkeit des Geldes die einzige Ursache für die massenhafte Bereitschaft war, Menschenleben zu vernichten. Aber Canettis Beschreibung macht deutlich, wie eng das Selbstwertgefühl mit dem Geld zusammenhängt und welche Gewalt die Angst auslöst, nicht mehr das Geld zu haben, sondern beglaubigen zu müssen. Auch wird seine Interpretation durch die vielen historischen Beispiele für die Rolle des Geldes im christlichen Antijudaismus und im modernen Antisemitismus gestützt. Auch die Ähnlichkeit des von Rotman erwähnten Xenogeldes, als ›currency without a country‹, d. h. als Währung, die »keinen nachweisbaren nationalen Ursprung« hat,[210] mit dem antisemitischen Bild des ›Juden‹ als einem ›vaterlandslosen Gesellen‹, entspringt der Parallelisierung von Jude und Geld. Das auf Papier oder als elektronisches Zeichen frei zirkulierende Xenogeld hat im Bild des ›Juden‹ sein Spiegelbild. Kommt es zu einer Krise des Geldes (und die Inflation der 1920er Jahre war die erste große Erfahrung mit einem Geld, das seine Bodenhaftung verloren hatte), ist er für viele das ausersehene ›Opfer‹, das dem Geld wieder Glaubwürdigkeit verleihen soll.

Rückblickend könnte sich der Holocaust als ein entscheidender historischer Wendepunkt nicht nur in der Geschichte des Abendlandes, sondern auch in der Geschichte des Geldes erweisen. Das Grauen und die Unvorstellbarkeit dieses Verbrechens hat die erste Hälfte des 20. Jahrhunderts »zur destruktivsten und tödlichsten Periode der Geschichte«[211] gemacht und alle Vorstellungen von kollektiver Gewalt gesprengt. Sie hat vielleicht aber auch zu Bewusstsein gebracht, dass die Opferlogik des Geldes ihre Grenzen hat, ja, dass sie ein Ausmaß erreicht hat, jenseits dessen die Beglaubigungsstrategie in Glaubenszweifel umschlägt. Eine ähnliche Paradoxie galt auch für die Nuklearwaffen, deren unvorstellbare Tödlichkeit zur Folge hatte, globale Kriegführung zwischen den Großmächten auszuschließen.[212] Im ersten Kapitel zitierte ich Marcel Hénaff, der sich fragt, ob die *Produktivität* der modernen Konsumökonomie nicht das »radikalste Mittel ist, Schluß zu machen mit den Göttern, Schluß zu machen mit der Gabe, Schluß zu machen mit der Schuld.«[213] Folgt man Canetti, so kann man sich jedoch fragen, ob es nicht die alle Vorstellungen sprengende *Tödlichkeit* der Opferlogik war, die eine Wende herbeiführte.

Ich behaupte nicht, dass die Opferlogik des Geldes ausgedient hat. Sie hat weiterhin Bestand, und ich habe dafür viele Beispiele aufgeführt. Sie zeigt sich auch am parallelen Anwachsen von Rüstungs- *und* Finanzkapitalismus. Der (bisher ungelöste) Wettstreit zwischen den Experten, die an einem deregulierten Finanzwesen festhalten, und denen, die sich für einen ›kontrollierten Kapitalismus‹ einsetzen, lässt sich auch als Wettstreit um den Erhalt oder die Überwindung der Opferlogik interpretieren. Aber es ist unbestreitbar, dass mit der Wende zum 21. Jahrhundert ein Umdenken einsetzte, in dem sich der Wille artikuliert, der Beglaubigung durch das Opfer ein Ende zu setzen. Zur Erreichung dieses Ziels bedarf das Geld anderer Beglaubigungsstrategien: solchen, die auf ›Leben‹ verweisen. Wie diese aussehen könnten, will ich in den beiden letzten Kapiteln darstellen. Davor aber noch ein kurzer Exkurs in einen – vielleicht den letzten – Versuch des Geldes, in ›materiellen Werten‹ eine Beglaubigung zu finden: in der Kunst, die in der Moderne zu einer Währung eigener Art wurde.

ZWISCHENKAPITEL:
GELD ZWISCHEN GEIST UND GEFÜHL. KUNST ALS WÄHRUNG

EINFÜHRUNG

Natürlich passt nicht jeder in eine der beiden Kategorien ›Agent‹ oder ›Beglaubiger‹ des Geldes. Vermutlich gilt dies für den größten Teil der Bevölkerung: jene, die sich in gesicherten Arbeitsverhältnissen außerhalb des Finanzkapitalismus befinden, und auch jene, die sich ganz bewusst der Zuordnung in die eine oder andere Kategorie entziehen – und sei's weil sie die Erfahrung gemacht haben, wie schnell man vom ›Agenten‹ zum ›loser‹ werden kann. Zu diesen Verweigerern gehören auch Künstler und Intellektuelle, die sich schwerlich sozial einordnen lassen und oft zur Repräsentationsfigur sozialer Mobilität werden. Allerdings verhalfen sie damit, wie Boltanski und Chiapello zeigen, dem Kapitalismus auch immer wieder zu neuer Schwungkraft. Die beiden Soziologen schreiben, dass die »Künstlerkritik«, auf die der Freudomarxismus des frühen 20. Jahrhunderts setzte, keineswegs das Ende des Kapitalismus bedeutet, im Gegenteil: Dadurch, dass sie »die Konventionen der alten, familienkapitalistischen Welt aus den Angeln hebt und die erstarrte Industrieordnung – bürokratische Hierarchien, standardisierte Produktion – überwindet, bietet sie dem Kapitalismus die Möglichkeit, sich auf neue Kontrollformen zu stützen und neue, individualisierende und ›authentischere‹ Güter in die Warenwelt zu inkorporieren«.[1] So wird unversehens aus manchem Kritiker ein ›Agent‹ des Geldes. Ebenso können auch ehemalige ›loser‹ zu den Innovatoren der Gesellschaft werden. Weil das Geld seine ›Agenten‹ oft unter den Außenseitern der Gesellschaft findet, hat die von ihm bewirkte soziale Mobilität wiederholt aus den ›Verlierern‹ eine neue Elite hervorgehen lassen, die dann ihrerseits zum Motor der Innovationskraft des Geldes wurden und seine Imaginationen realisierten.

Historisch wäre es erstaunlich, wenn es *nicht* eine enge Beziehung zwischen Kunst und Geld gäbe, da das Geld durch den Tempel oder politische Autoritäten beglaubigt wurde und die Kunst bis in die frühe Moderne entweder der Darstellung von Glaubensinhalten oder der Selbstdarstellung des Souveräns diente. Die Theologie ist keine Wissenschaft; vielmehr setzt und erschafft sie Werte. Hierin ist sie wiederum der Kunst ähnlich, weshalb sie in den Werken der Kunst auch ihren Ausdruck sucht. Für die christliche Theologie gilt dies insbesondere auf dem Gebiet der bildenden Kunst. Auch das Geld, vor allem das moderne Kreditgeld, setzt und erschafft Werte. So bilden diese drei – der

Glaube, die Kunst und das Geld – eine innige Einheit. Als sich die Kunst mit der Neuzeit dem Zugriff durch Kirche und Staat entzog, trat sie scheinbar in ihr eigenes Recht. In Wirklichkeit trat sie nun in den Dienst des Geldes, das nach der Entstehung des Papiergeldes immer nachdrücklicher nach einer materiellen Beglaubigung verlangte. Unübersehbar ist auch die enge Verbindung zwischen Kunst und Markt: »Steigen und Sinken von Marktwerten (von Kunst) gehorchen derselben Tautologie wie Kursschwankungen von Aktien. Steigt das Vertrauen, steigt der Wert, weshalb das Vertrauen gerechtfertigt ist, worauf sich noch mehr Käufer finden. Man vertraue nicht auf den Glauben an eine Dichotomie von Kunst und Geld.«[2]

In der Moderne, so Lewis Hyde, existieren die Werke der Kunst in zwei Ökonomien: der des Marktes und der der Gabe.[3] Er unterstreicht den Unterschied zur sakralen Kunst: »Zum Beispiel verbieten Kirchen oft den Verkauf von Devotionalien in der Annahme, dass sie als Waren ihre Heiligkeit verlieren. Bei Kunstwerken scheint die Sache komplizierter zu sein: Sie können den Markt durchlaufen und am Ende doch wieder als Kunstwerke hervortreten.«[4] Könnte die Tatsache, dass sich die Kunst heute in den beiden Ökonomien ansiedelt, nicht auch bedeuten, dass sich der Markt die Funktionen der Gabe und damit auch die religiöse Rolle der Kunst angeeignet hat? Dafür spricht einiges: etwa die Tatsache, dass der englische Begriff ›gift‹ sowohl die Gabe als auch die Begabung – etwa des Künstlers – bezeichnet. In der Antike war der ›Talent‹ eine Währung, implizierte aber auch ›Schöpferkraft‹.

Ganz deutlich geschieht dies im Gleichnis von den drei anvertrauten Talenten, von denen Matthäus und Lukas berichten: Ein Herr, der auf Reisen geht, stattet drei Knechte mit Talenten aus, über die er nach seiner Rückkehr abrechnen will. Zwei von ihnen investieren sie und vermehren so das ihnen überantwortete Vermögen. Der dritte jedoch begräbt es – aus Angst vor Verlust. Zur Strafe wird es ihm tatsächlich entzogen.[5] Die ›Talente‹ im Neuen Testament sind Geld, aber die Geschichte ist direkt anwendbar auf künstlerische Begabung. In einem Interview nicht lange vor seinem Tod sagte der Maler Georg Meistermann: »Ich bin zunächst einmal Maler, und wenn ich ein Talent habe, dann habe ich die Verpflichtung, wie mit einem Kapital damit umzugehen. Das heißt, ich muss mir darüber klar sein, dass ich für dieses Kapital – Talent – Zinsen bringen muss; und diese Zinsen bringen ist: Arbeiten!«[6]

Seit der Emanzipation der Kunst von der Bevormundung durch Kirche oder Herrscher und seit der Einführung der freien Marktwirtschaft sind die Preise für Kunstwerke ständig gestiegen. Die Preissteigerung begleitete die Entwicklung des Papiergeldes. In der Kunst scheint sich das abstrakte Geld eine – neue – materielle Gestalt zuzulegen: eine Strategie der Beglaubigung, die jenseits des Opfers liegt und eher auf die materielle Be-

278

glaubigung abzielt. Zugleich ist die Kunst, wie das Geld, ein Produkt des Geistes, also der Abstraktion. Und auch sie durchlief in den letzten zweihundert Jahren einen Prozess der Exkarnation. Schon Schumpeter bemerkte, dass sich die Ablösung des Geldes von materieller Bindung in demselben Zeitraum vollzieht, in dem sich auch die abstrakte Kunst entwickelt: »Die expressionistische Liquidation des Gegenstandes bildet einen wunderbar logischen Schluss« zur Entwicklung des Kapitalismus, schreibt er.[7] Für Marc Shell ist die Dematerialisierung für Ökonomie wie für Kunst zu einem »Echtheitsstempel« geworden.[8] Schließlich übt die Kunst, wie das Geld, Macht über die Gefühle aus. Diese doppelte Verortung – in Geist und Materie – macht die Kunst zu einer geeigneten Gestalt für alte wie für neue Bahnen der Geldwirtschaft, und wenn ihr monetärer Wert in den letzten Jahrzehnten (parallel zum Aufkommen des Finanzkapitalismus) so gestiegen ist, so fragt man sich, ob das Geld in ihr die letzte Möglichkeit einer Beglaubigung im Materiellen oder eine *neue* Form von Leiblichkeit sucht.

DAS GOLD, DAS GELD UND DIE KUNST

Geld und Kunst sind miteinander verbunden durch Heilige Schriften, und diese haben sich noch vor dem Geld vom Gold gelöst. In allen drei monotheistischen Religionen, so Marc Shell, bestand eine enge Wechselbeziehung zwischen der Verwendung von Gold für die Niederschrift der Heiligen Texte (Chrysographie) und den Inschriften auf Gold. Im 1. Jahrhundert u. Z. verbot ein ›Traktat für Schreiber‹ die Verwendung von Goldlettern für die Schriftrollen in der Synagoge; offenbar war genau das bei der Übersetzung des Pentateuch im 3. Jahrhundert v. Chr. geschehen. Das Goldverbot hatte sowohl praktische Gründe – die Schriftrollen waren wegen ihres Goldgehaltes begehrtes Raubgut – als auch spirituelle: Es bestand die Gefahr, dass das Gold wichtiger wird als der Text und den ›wahren Wert‹ der Schrift verdrängt.[9] In den mittelalterlichen Handschriften der christlichen Gesellschaft spielte das Gold noch eine wichtige Rolle. Doch mit der Neuzeit ging die Verwendung von Gold zurück: Einerseits wollten Maler wie Alberti das Gold durch Weiß ersetzt sehen, um in der Meta-Farbe Weiß einem neuen Glauben an die Abstraktion Vorschub zu leisten; andererseits kam aber auch das Papiergeld auf, das seinen Wert nicht durch Edelmetalle, sondern durch Zeichen beglaubigte.

Auf dem ›Scheingeld‹ war zunächst schriftlich vermerkt, dass es »gegen Gold eingelöst werden« kann.[10] Als sich dieses Versprechen aber als undurchführbar erwies, mussten Bilder das Gold *ersetzen*. Sie hatten dem Geld von Anfang an Autorität und Glaubwürdigkeit verliehen. Der Begriff *conio* (Münze) wie das englische Wort *coin* für die Prägung hat denselben griechischen Wortstamm wie das Wort Ikone.[11] Mit der Moderne verschmelzen Kunst, Geld und Aktie immer mehr. Alle drei kennen plötzliche und unerklärliche Entwertungen und Aufwertungen. Alle drei sind Inflationen ausgesetzt. Walter Benjamin hat dies für die Kunst in seinem berühmten Aufsatz über *Das Bild im Zeitalter seiner technischen Reproduzierbarkeit* dargestellt – ein Aufsatz, der in derselben Zeit entstand, in der sich das Geld vom Goldstandard zu lösen begann und das Papiergeld zur Norm wurde. Besser als an der Photographie, so Shell, hätte Benjamin seine These vom Verlust der ›Aura‹ am Geld darstellen können.[12] Gerade der Begriff der ›Aura‹, der sich vom lateinischen Wort für Gold ableitet, legt diese Überlegung nahe. Heute könnte der Staat, so schreiben Harten und Kurnitzky im *Museum des Geldes,* seine Währungen, statt durch das in den Tresoren gelagerte Gold, auch durch das nationale Kunstgut garantieren.[13] Das geschieht auch, *weil* mit der Kunst nicht nur der Geist, sondern auch der Leib der Nation gehütet wird – sogar dann, wenn es sich um Artefakte aus anderen Kulturen handelt: So wird der ›Körper‹ der Nation über das eigene Territorium hinaus erweitert.

Andererseits entwickelte die Kunst auch Illusionstechniken, die vom Geld übernommen wurden. Auch hier liegt eine strukturelle Verwandtschaft von Kunst und Geld vor. Entwickelte sich in der Kunst der Renaissance der zentralperspektivische Blick, der einen unendlich erweiterbaren Raum vortäuschte, so schuf das Papiergeld die Phantasie der unbegrenzten Geldvermehrung. Die Ähnlichkeiten von Kunst und Geld machen heute die Werke von Künstlern zu Währungen eigener Art: Das Geld selbst ist immateriell, aber in Form von Kunst bietet es eine sichtbare, hörbare, ertastbare, sinnlich wahrnehmbare Gestalt. An sich wäre das Thema ein eigenes Buch wert, aber ich kann ihm hier nur den Raum eines Zwischenkapitels geben.

SAMMELN

Die Parallelen zwischen Geld und Kunst schlugen sich deutlich in der Geschichte des Sammelns nieder. Einer der Vorläufer moderner Sammelleidenschaft ist der Umgang mit Reliquien christlicher Märtyrer, mit denen ab dem 2. Jahrhundert gehandelt wurde. Die Nähe zu den Heiligen garantierte Auferstehung, später auch Schutz vor Hölle und Fegefeuer. Der Besitz von Reliquien machte einen Ort zur begehrten Pilgerstätte und war, wie im zweiten Kapitel beschrieben, ausschlaggebend für die Entstehung von Märkten. Reliquien, so hat die Mediävistin Caroline Walker Bynum in ihrem Buch *Christian Materiality* (2011) dargestellt, repräsentieren die Paradoxie der christlichen Inkarnationslehre: Christus ist Mensch geworden und gestorben; andererseits ist sein

Leib aber auferstanden und unsterblich.[14] Von vielen Heiligen hieß es, dass ihre sterblichen Überreste keine Spuren von Verwesung aufwiesen. Bis heute verflüssigt sich jedes Jahr das Blut von San Gennaro, dem Schutzheiligen von Neapel, dessen Blut in einer Phiole bewahrt wird. Diese Reliquien waren der materielle Beweis für den christlichen Ewigkeitsgedanken, und sie beschränkten sich meist auf die faktisch nicht verwesenden Teile des Körpers: Gebeine, Zähne, ein Splitter des Marterpfahls. Sie wurden in Kunstwerken verwahrt: goldenen und mit Edelsteinen besetzten Schatullen und Reliquienschreinen, die – als Edelmetalle wie als Kunstwerke – Ewigkeitsanspruch erheben konnten.

Der ›Wert‹ der Behälter beruhte zwar auf dem ›Schatz‹, den sie verwahrten, doch sie selbst und der Wert, den sie repräsentierten, verlieh den in ihnen enthaltenen Objekten sichtbare Haltbarkeit. Die enge Verbindung von Behälter und Inhalt wurde noch dadurch betont, dass Schatullen und Schreine oft die Form der enthaltenen Reliquie annahmen: eine Hand, ein Finger, ein Fuß. In der Wahrnehmung des Gläubigen überlagerte allmählich das Kunstwerk oder die Hülle die Reliquie. Auf der anderen Seite ähnelte die Reliquie aber auch dem Geld: Ein Teil (ein Finger, ein Zahn) genügte, um den ganzen Heiligen zu repräsentieren. Auch beim Geld repräsentiert eine Münze die gesamte Währung. Und wie das Geld ›vermehrten‹ sich die Reliquien: Klöster schickten ihren Töchterklöstern bei deren Gründung einen Teil – etwa einen Splitter – des Gebeins, das sie bewahrten. Reliquien wurden ›gehortet‹, wie Geld in Depots. Friedrich der Weise von Sachsen, Luthers Beschützer, besaß nicht weniger als 17 433 Heiligengebeine.[15]

Mit der Renaissance und der zunehmenden Herauslösung des christlichen Abendlandes aus dem Glaubenskontext blieb von der alten Verehrung nur noch das Sammeln übrig. Die Sammlungen wurden zum neuen Garanten von Unsterblichkeit. »Das Sammeln alter Handschriften und römischer und etruskischer Antiquitäten war mehr als ein bloßer Ersatz für traditionelle Ausdrucksformen der Frömmigkeit. Fast war es eine neue Religion.«[16] Dabei wurde aus der mystischen ›Anschauung‹ das Schauen selbst, wie der Philosoph Manfred Sommer in seiner Abhandlung über das Sammeln gezeigt hat: »Mittelalterliche Theologen haben sich die ewige Glückseligkeit als eine *visio beatifica* vorgestellt, eine ununterbrochene *Anschauung,* die den, der sieht, *glücklich macht.* – Gott ist dabei dasjenige Objekt, das sehenswerter ist als jeder andere, ja das alle Sehenswürdigkeit in sich vereint.«[17] Diese Funktion ging auf die weltlichen Kunstsammlungen über. Auch hier hieß es: »Anschauung will Dauer.«[18]

Sommer unterscheidet zwischen dem ökonomischen Sammeln – etwa für die Vorratskammer, deren Sammelobjekte verzehrt werden – und dem ästhetischen Sammeln, das für die Ewigkeit bestimmt ist: »Wer so sammelt, trägt Gegenstände zusammen, um sie anschauen zu können. Dies wiederum setzt ihr ständiges Dasein voraus: ihre Anwesenheit und ihren Fortbestand.« Dieser Gedanke, so Sommer, gilt auch für die moderne Kunst, obgleich sich diese oft dem Prinzip der Dauer entzieht – etwa beim Happening oder der Performance: »Wie die visuelle Wahrnehmung der Prototyp der Anschauung ist, so ist das sichtbare Kunstwerk der Musterfall des Sehenswerten.«[19] Aus der Vertiefung des Mystikers in Gott – durch die Anschauung – wurde in der Renaissance die Vertiefung des Betrachters in das Kunstwerk. Von diesem Ewigkeitsanspruch, der für die bildende Kunst mehr als für andere Kunstgattungen gilt (und wie im zweiten Kapitel dargestellt, der christlichen Vorstellung der *revelatio* geschuldet ist) leitet sich der moderne Preis des Kunstwerks ab.

Der New Yorker Psychoanalytiker Werner Muensterberger hat die allmähliche Entwicklung des ›säkularen Sammelns‹ behandelt. Dabei verhält sich die Geschichte des Sammelns wie ein Spiegelbild zur Geschichte des Geldes – nur in Umkehrung: Durchläuft das Geld mit dem Beginn der Neuzeit einen zunehmenden Prozess der Abstraktion, so entspricht das Sammeln einem Versuch, dem unfassbaren Geld einen materiellen Wert entgegenzusetzen. Boten die Reliquien Schutz vor der Verdammnis, so boten nun die Sammlungen Schutz vor der Vergänglichkeit. Als Psychoanalytiker interessiert sich Muensterberger für den Sammler, weniger für die spezifischen Kunstwerke oder Sammlungen. Beim Sammeln, so sagt er, ist die Angst ein entscheidender Faktor. Wir sind der Angst auch im Zusammenhang mit der zunehmenden Abstraktion des Geldes begegnet. Die Angst kann sich auf die eigene Sterblichkeit ebenso wie auf die Flüchtigkeit eines Vermögens beziehen. In jedem Fall handelt es sich um eine Form von Melancholie. Viele begeisterte Sammler, so Muensterberger, sind oft einsame Menschen.[20]

Ein prominentes Beispiel war Kaiser Rudolf II. (1552–1612), der seiner Sammelleidenschaft zuliebe die Aufgaben des Throns vernachlässigte. Er umgab sich mit Wissenschaftlern und Künstlern, Alchemisten, Astrologen und Kabbalisten und schuf in seiner Prager Burg eine großartige Sammlung von Kunstwerken, Waffen, Musikinstrumenten, Manuskripten, Uhren und vielem mehr, worin seine Interessen sichtbaren Ausdruck fanden. Für die Suche nach seinen begehrten Objekten beschäftigte er Agenten in ganz Europa. Während auf der einen Seite die Sammlung wuchs, zog sich der Kaiser auf der anderen Seite immer weiter aus der Welt zurück. Muensterberger sieht in dieser Sammelleidenschaft den Versuch, die Depressionen abzuwehren. Auch hier eine große Ähnlichkeit zum Geld: Der Zwang zu sammeln scheint durch eine »unablässig bedrohende Furcht vor dem Nicht-Haben oder Nicht-Bekommen ausgelöst, und die erstandenen Objekte dienen als eine Schutz- oder Beruhigungsvorrichtung, als verkörperten sie

Magie«. Aus der Perspektive des Geldes lässt sich der Vorgang auch als Versuch umschreiben, das ›natürliche‹ Leben durch ein ›geistiges‹ zu ersetzen – in Analogie zur ›geistigen Fruchtbarkeit‹. Rudolfs Sammlung wuchs, aber er hatte keinen Familiennachwuchs und entzog sich bewusst der königlichen Fortpflanzungspflicht.[21] Sein Vermehrungstrieb stand nicht im Dienst des Geldes, sondern im Dienst der Sammlung – doch diese war das Spiegelbild der Vermehrung des Geldes. Rudolf wurde von seinem jüngeren Bruder Matthias abgesetzt.

Wie beim Geld wurde auch das Sammeln zu einem Faktor sozialer Mobilität. War es zunächst ein Privileg der Höfe, so wurde es zum Charakteristikum der Patrizier- und Bürgerhäuser. Am deutlichsten zeigte sich das in den Niederlanden, wo ab dem 17. Jahrhundert, nach der Abschaffung der spanischen Herrschaft, ein neues wohlhabendes Handelsbürgertum entstand, das seiner freien Selbstbestimmung im Recht auf die eigene Sammlung sichtbaren Ausdruck verlieh. »Mit dem Wohlstand und der wachsenden Inanspruchnahme individueller Freiheiten trat ein deutlicher Wertewandel in Erscheinung, und bald wurde das Sammeln zu einer der Erscheinungsformen dieses Wandels sowohl hinsichtlich der inneren wie der äußeren Realität.« Große Sammlungen befanden sich nun in den Häusern der flämischen und brabanter Großbourgeoisie, darunter dem Haus des Malers Peter Paul Rubens und seiner Verwandten, den Brants und Fourments. »Was ihr Sammelfieber auslöste, war aber nicht Respekt vor dem Hof oder anderen Würdenträgern. Im wesentlichen war es eine Bekräftigung dafür, nach so vielen Jahren der Fremdherrschaft Herr im eigenen Haus zu sein.«[22]

Das in den Niederlanden verbreitete Sammeln, das in einer ständig wachsenden Nachfrage nach Bildern resultierte,[23] war nicht nur eine Folge der Entstehung neuer sozialer Schichten; es hing auch mit den geographischen Gegebenheiten des Landes zusammen. Auch hier zeigt sich die Nähe zur Entwicklung des Geldes. Holland war, wie schon beschrieben, durch seinen vom Meer bedrohten Grund und Boden geradezu prädestiniert, auf andere als die traditionellen Beglaubigungsstrategien des Geldes zu setzen. Deshalb wurden das Geld zum Pionier des abstrakten Geldes und der Kunstmarkt zu dessen Ausdrucksform. Der berühmte englische Tagebuchverfasser John Evelyn, dessen Notizen viel über das Europa des 17. Jahrhunderts erzählen, besuchte im August 1641 Rotterdam und zeigte sich beeindruckt von den vielen Bildern, die es dort auf einem Jahrmarkt zu kaufen gab. Seine Erklärung für das Phänomen: »Der Grund für diesen Vorrat an Bildern und ihre Billigkeit rührt von ihrem Mangel an Land her, in der sie ihr Kapital anlegen könnten, weshalb es nichts Besonderes ist, einen ganz gewöhnlichen Bauern zu finden, der zwei- oder dreitausend Pfund für diese Ware ausgibt. Ihre Häuser sind voll davon und sie verkaufen sie auf ihren Messen mit sehr hohem Gewinn.«[24]

Die gesammelte Kunst war Kapitalanlage und zugleich bürgerliche Selbstdarstellung. Der Sammler setzt seine Objekte als »kulturell akzeptiertes Mittel« ein, »um sich Geltung zu verschaffen. So verwandelt er seine elementare Empfindsamkeit, seine Desillusionierung und Frustration in Akte des Triumphs und der Prahlerei, ähnlich wie Don Juan, der nicht nur sich ständig beweisen mußte, daß er begehrenswert war, sondern auch andere Leute von seinen Eroberungen wissen ließ.« Auch Muensterbergers Vergleich der Sammlung von Kunstwerken mit der Sammlung von Frauen verweist auf die Nähe des Sammelns zum Geld: Das Geld bewirkt eine symbolische Kastration, die noch verstärkt wird durch seine Abstraktion. Diese ›Frustration‹ wird durch das Sammeln von Frauen und Kunst kompensiert. »Der Zweck des Sammelns«, so Muensterberger, »liegt darin, mit einem tiefen Gefühl des Unbehagens, wenn nicht Zweifels an sich selbst fertig zu werden, dem Bedürfnis nach Selbstorientierung.«[25] Dieser Zweifel liegt auch dem Geld zugrunde, das eben deshalb nach einer Beglaubigung verlangt. Das Geld wie das Sammeln sind »unentwirrbar verstrickt mit einem inneren Bedürfnis nach ständigem Nachschub zur Steigerung des Selbstverwertgefühls« und viele Sammler zeigen »einen bemerkenswerten Zug zur Selbstbestätigung«.[26]

Mit der Zentrierung auf das Selbst präfiguriert der Sammler die Gestalt des Unternehmers, der mit der freien Marktwirtschaft zur Leitfigur der Ökonomie wird. Wie viele Spekulanten an der Börse stehen auch Sammler unter dem Einfluss eines Getriebenseins, das »aus aggressivem Besitzstreben« und einem »sich wiederholenden Versuch, den eigenen Zauber zu testen«, besteht.[27] Auf der anderen Seite sind Sammler aber auch Asketen – vergleichbar Max Webers Kapitalisten, die im Zeichen protestantischer Ethik handeln: Die Sammler verzichten auf die ›Genüsse‹, die ihnen das Geld verschaffen könnte, zugunsten der Investitionen in die immateriellen Genüsse von Kunstwerken. Wenn Keynes den Zins als ›Liquiditätsprämie‹ bezeichnet, so besteht für den Sammler die ›Prämie‹ im Kunstwerk selbst. Und wie Kreditverleiher und Eigentümer von Depots, die ihre Anlagen auf die Zukunft ausrichten, sind auch Sammler gezwungen, ihren Blick nach vorne zu lenken: Sie leben in der Erwartung. »Kunstsammeln ist Sammeln in seiner reinsten und höchsten Form: Sammeln *par excellence*«, so Manfred Sommer.[28] Dass dies ausgerechnet auf die bildende Kunst zutrifft, ist nur aus der Geschichte des Geldes zu verstehen, das einerseits nach Entleibung, andererseits aber auch nach Materialisierung des Abstrakten verlangt. Das Geld ist flüchtig, der menschliche Körper ist sterblich – aber das Kunstwerk verspricht beiden die Ewigkeit. Es bildet die Brücke zwischen dem ›knapp gehaltenen Nichts‹ des Geldes und der Materialität der menschlichen Leiblichkeit. Deshalb ist es so wichtig, Kunst zu sammeln.

Mit der Entstehung der modernen Staaten, die viele Funktionen der Herrscherhäuser wie der Kirche übernommen haben, wurde das Sammeln zu einer Aufgabe der öffentlichen Hand. Die modernen staatlichen Museen dienen nicht weniger der Selbstdarstellung als private Sammlungen – nur geht es hier um die Selbstdarstellung des kollektiven Ich. Oft übernimmt der Staat auch Privatsammlungen und errichtet auf Kosten der öffentlichen Hand Gebäude, in denen diese ausgestellt werden. Wurden die Reliquien einst in kunstvollen Schatullen verwahrt, so sind nun die Museen zu den Schatullen der Schatullen geworden. Wie die nationalen Währungen in ihrem Wert schwanken, so ist auch der Wert von Kunstwerken unberechenbar. Beide sind dem Gesetz des Marktes unterworfen. Doch die Kunst – weil man sie sehen, manchmal sogar anfassen kann – bietet den Anschein von größerer Sicherheit. Deshalb lagert sie oft in den Tresoren von Banken und sind die Museen mit Schutz- und Bewachungsmechanismen versehen, die denen von Geldhäusern kaum nachstehen.

Dennoch gibt es einen entscheidenden Unterschied zwischen Geld und Kunst: Das Prinzip des Geldes besteht im Verschwinden. Wenn es nicht gehortet wird, verwandelt es sich in eine Ware oder Dienstleistung. Das Prinzip der Kunst ist die Dauer, der Verbleib. Aber, so fragt Sommer: »Gibt es nicht Banken, die in ihren Tresoren massenhaft Kunstwerke lagern? – Gewiß; doch der jahrzehntelange Aufenthalt ändert nichts daran, daß diese Werke nicht deshalb so lange da sind, weil alle Anschauung Dauer will, sondern weil sich die Bank langfristig Wertsteigerungen verspricht.«[29] Es handelt sich also nur um eine verzögerte Umsetzung in Geld. Sobald das Kunstwerk als ›sammlungswürdig‹ erachtet wird, also seine Funktion als Garant von ›unsterblicher Materialität‹ übernehmen kann, verlässt es den Banktresor. Einige Künstler haben dieses Prinzip ironisiert. Etwa Annette Messager, die in den 1970er und 1980er Jahren durch ihre Kollektionen von gängigen Sprüchen, Photos, Zeitschriftenausschnitten und Kitschblättern das Sammeln ad absurdum führte. »Ich wachse mit jeder neuen Sammlung und werde eines Tages ganz bedeutend sein«, so erklärte sie ihr künstlerisches Werk vor der Kamera.[30]

KUNST ALS REMATERIALISIERUNG DES GELDES

»Damien Hirst konnte die Klimax des Finanzchaos nicht geahnt haben. Aber als am Abend des 15. September 2008 die Auktion von mehr als zweihundert seiner Werke in London begann, reichte die Schockstarre, in der die City of London seit dem Morgen lag, exakt bis an die Tür von Sotheby's in der New Bond Street heran. Dahinter öffnete sich ein Paralleluniversum, in dem bis zum folgenden Tag 111,4 Millionen Pfund in

Kunst eines einzigen Mannes umgesetzt wurden.« Die *Frankfurter Allgemeine Zeitung* spricht von der »abgezocktesten Auktion, die die Welt bisher sah« und die ausgerechnet an jenem Tag stattfand, »als die globale Abzocke über Nacht einen Bankrott nie gekannten Ausmaßes produzierte«. Es sei als »ströme das kopflos gewordene Kapital in den Saal hinein und versickere ein für alle Mal in Damien Hirsts schönen präparierten Tierleibern in ihren Tanks und Vitrinen«.[31] Die Zeichen verlangen nach einer Materialisierung, die ihrer eigenen künstlichen Struktur entspricht. Hirst, einer der höchst gehandelten, aber auch umstrittensten Künstler der Gegenwart, greift das Bedürfnis nach einer ›Beleibung‹ des Geldes durch die Kunst direkt auf. Weil seine Werke in geradezu banalisierender Weise die Rolle der Kunst zwischen dem ›entleibten‹ Geld und seiner Wiederbelebung thematisieren, werden seine Arbeiten von vielen Kritikern abgelehnt. Der Markt jedoch liebt sie und quittiert diese Zuneigung mit inflationär hohen Preisen.

Auch in anderer Hinsicht lässt sich der Kunstmarkt als Versuch begreifen, dem substanzlosen Geld materielle Glaubwürdigkeit zu verleihen. Vilém Flusser hat von den technischen Bildern des 19. Jahrhunderts gesagt, sie wurden erfunden, »um die Texte wieder magisch zu laden«.[32] Photographie und Film, später auch die digitalen Bilder seien »Abstraktionen dritten Grades [...]: Sie abstrahieren aus Texten, die aus traditionellen Bildern abstrahieren, welche ihrerseits aus der konkreten Welt abstrahieren.«[33] Anders als mittelalterliche Bilder, stellen die technischen Bilder der Neuzeit keine Ergänzung zur Schrift dar, sondern deren visuelle Umsetzung oder ›Realisierung‹. Die technischen Bilder sind als Bild gewordene Schrift zu begreifen. Auf eine ähnliche Weise dient auch die moderne Kunst der »magischen Aufladung« des abstrakten Kapitals.

Der amerikanische Arzt, Schriftsteller und Essayist Oliver Wendell Holmes (1809 bis 1894), der einen Apparat für stereoskopische Photographie entwickelte (ein Bild kann dreidimensional wahrgenommen werden), versuchte Mitte des 19. Jahrhunderts seinen Zeitgenossen die Vorteile der Photographie näherzubringen.[34] Während sein französischer Zeitgenosse Charles Baudelaire die Photographie als ›seelenlose‹, materialistische Wiedergabetechnik des Industriezeitalters geißelte,[35] bezeichnete er die Photographie als den »größten aller menschlichen Triumphe über die irdischen Verhältnisse«. Mit Hilfe von Stereoskop und Photographie, so Holmes, werden »*Formen* nun in der Welt des Intellekts sichtbar werden, wie Gedanken sich schon seit langem durch die Druckkunst Gehör verschaffen«. Er verglich Buchdruck und Stereophotographie und illustrierte den großen Vorteil der Photographie, dass das Original gleich mehrfach zu haben ist, durch den Vergleich mit dem Geld. »Um die Schaffung öffentlicher und privater Stereographiesammlungen zu erleichtern, benötigen wir ein umfassendes Tauschsystem, damit sich gleichsam eine universelle Währung dieser ›Banknoten‹ entwickelt, dieser Versprechen einer Zahlung in solidem Stoff, welche die Sonne für die große Bank der Natur gedruckt hat.«[36] Die Stereophotographie ist eine Illusionstechnik, die den Betrachter in einen anderen, imaginären Raum versetzt; durch die Illusionstechnik des Geldes gelangt er auch in den Besitz von Industriegütern, die der Imagination entsprungen sind.

DIE KUNST DER AKTIE

Die Parallelen von Geld und Kunst verdichten sich in den Aktienzertifikaten, die Irini Athanassakis in ihrem Buch *Die Aktie als Bild* untersucht hat.[37] Auf den Zertifikaten sind Texte, Zahlen, Ornamente und Illustrationen zu sehen, die gemeinsam – wie die Symbole auf Münze und Geldschein – dieses zum Repräsentanten eines ›Credos‹ machen. »Aktien dokumentieren die Überzeugungen der ›Kultur‹, in der sie entstehen, materialisieren ›Glauben‹ bzw. Anschauungen und erzeugen dadurch ›Wahrheiten‹ bzw. ›Realitäten‹. Ihre Materialität fungiert dabei selbst als Zeuge und Beweis.« Mit der Demokratisierung der Börse ab Mitte des 19. Jahrhunderts wurden die Darstellungen auf den Aktien immer aufwendiger, später wurden auch renommierte Künstler mit ihrer Gestaltung beauftragt: Sie waren vertraut mit der Geschichte von Symbolen und kannten deren Einschreibung ins kollektive Unbewusste. Die Aktienzertifikate wurden so zu einem künstlerischen Barometer ökonomischer Entwicklungen. »Während Haussephasen erlebte auch die Gestaltung der Zertifikate eine Blütezeit, der Optimismus verwandelte sich in Blüten, Arbeiter, Fabriken und weibliche Gestalten. Die Illustrationen nahmen gegenüber dem Text zu, sollten eben selbst sprechen und überzeugen – bis hin zum großen Crash von 1929, mit dem sich vieles veränderte.« Weil sich auf dem Zertifikat – wie in der Kunst selbst – die ›magische Aufladung‹ eines zunehmend abstrakter werdenden Geldes vollzog, wurden die Aktien immer bildreicher. »Die Bewegung weg vom Schriftstück hin zum illustrierten Blatt zeugt von diesem Wunsch, Eindruck zu hinterlassen, was wiederum das rasche Anwachsen der Anzahl von Aktiengesellschaften dokumentiert. Die Moderne fordert also im langen 19. Jahrhundert Prunk, je nach Wirtschaftslage mehr oder weniger, um sich durchsetzen zu können.«[38] Viele der Zertifikate schmückten Frauengestalten, die auf die antiken Göttinnen der Fruchtbarkeit verwiesen und Wachstum darstellen sollten. Als nackte Frauenkörper repräsentierten sie auch die ›nackte Wahrheit‹, das heißt die Zuverlässigkeit einer Anlage.

Mit der Entstehung des Finanzkapitalismus und dem Aufkommen von Computer und Internet verlor die Papieraktie ihren Sinn. Sie entmaterialisierte sich, und die Bilder verschwanden aus dem Gelddiskurs. Umso mehr stieg aber der Wert der alten Aktien als *Kunstwerke.* »Historische Wertpapiere dürfte es eigentlich gar nicht geben. Das Schicksal eines ungültig gewordenen Wertpapiers war üblicherweise, dass es eingezogen und vernichtet wurde, dies ist im Übrigen auch eigentlich die gesetzlich vorgesehene Vorgangsweise.« Erloschene Aktien, die für keine Produktionsmittel stehen, heißen ›Nonvaleurs‹, wörtlich: Nicht-Werte. Da sie aber zu Sammelobjekten wurden und ihnen ganze Museen gewidmet sind, erhielten sie einen neuen Wert. »Nicht selten ist der Sammelwert eines Papiers höher als der, den es in den Glanzzeiten seiner ›aktiven‹ Phase hatte (dies lässt sich etwa auch mit den Kunstwerken vergleichen, die nach dem Tod des Künstlers an Wert gewinnen). Besonders geschätzt am historischen Wertpapier wird seine Individualität und ›Einmaligkeit‹, insofern, als es sich durch eine laufende Nummer, ähnlich einem Kunstdruck mit limitierter Auflage, identifiziert.« Bei Sotheby's und Christie's fanden 1980 zum ersten Mal Versteigerungen von Nonvaleurs statt.[39] Während mit dem Finanzkapitalismus also einerseits die Grenze zwischen Geld und Aktie fließend wird, nähert sich die ›alte Aktie‹ dem Kunstwerk an.

Insgesamt ist es nicht erstaunlich, dass sich eine enge Beziehung zwischen Geld und Kunst entwickelt hat, für die eine Reihe von Wissenschaftlern und Wissenschaftlerinnen eindrucksvolle Beispiele vorgelegt haben – darunter der Literaturwissenschaftler Marc Shell in *Art and Money,* der Kunsthistoriker Jürgen Harten und der Philosoph und Religionswissenschaftler Horst Kurnitzky im *Museum des Geldes* sowie die Kunstkritikerin Isabelle Graw in *Der Große Preis.* Daneben haben auch Künstler und Künstlerinnen Beiträge sowohl zu den Illusionstechniken des Geldes als auch zur kritischen Auseinandersetzung mit diesen geliefert.

KUNST UND FREIE MARKTWIRTSCHAFT

Der Begriff ›Kunst‹ als Kollektivsingular kam im 18. Jahrhundert auf: Er bezeichnete ein »den einzelnen Künsten gemeinsames und übergeordnetes höheres Prinzip«.[40] In derselben Zeit kam auch für das Geld der Kollektivsingular auf.[41] Hinter der hohen symbolischen Aufladung ›der Kunst‹ verschwanden zwar die Mechanismen des Marktes. Aber gerade der Anspruch, eine »ökonomiefreie Zone« zu sein, schuf wiederum die idealen Voraussetzungen für die Vermarktung von Kunstwerken.[42] Graw geht vor allem auf die enge Verflechtung von modernem Kunstmarkt und Finanzkapitalismus ein. Umso erstaunlicher, dass ihr die Tatsache entgeht, dass der moderne Kunstbegriff zeitgleich mit den ersten Papierwährungen aufkommt. Dabei würde dies ihre These der strukturellen

Ähnlichkeit von Geld- und Kunstmarkt nur unterstützen. Sie siedelt die »Urszene« des Kunsthandels heutigen Typs im 16. Jahrhundert und in Städten wie Venedig, Antwerpen oder Rotterdam an,[43] wo auch – darauf macht sie allerdings aufmerksam – die ersten Börsen entstanden.[44] »Je vehementer die Verwerfung des Marktes von künstlerischer Seite aus betrieben wird, desto tiefgreifender ist erfahrungsgemäß die Verwicklung. [...] Man könnte sagen, dass ›Kunst‹ und ›Markt‹ durch eine Art inneren Zusammenhalt geprägt sind, um zugleich unausgesetzt voneinander wegzustreben.«[45]

Auch laut Marc Shell steigerte die Kritik am Geldwert der Kunst deren Bedeutung für den Kunstmarkt: »Wie vorauszusehen, folgte auf die asketische Kritik an der Kunst als Geld ein Kaufrausch, bei dem Kunst bequem wie Geld gehandelt oder behandelt wurde.«[46] Wurden in den 1970er Jahren noch Künstler von anderen Künstlern dafür gerügt, dass sie hohe Preise erzielten – das galt als Zeichen für ›Marktkonformität‹ –, so begegnet man heute »den Produktionen von markterfolgreichen Künstlern wie Neo Rauch oder Daniel Richter plötzlich mit einer Ehrfurcht, die an eine Heiligenverehrung der katholischen Kirche gemahnt«. Diese Veränderung beruht auf dem Paradox, dass künstlerische Arbeiten einerseits als ›Ware‹ gehandelt werden, ihr Wert andererseits aber auf der Annahme der Preislosigkeit von Kunst basiert und die »Marktakteur/innen auf der eigentlichen Unbezahlbarkeit der Kunst« insistieren. Der hohe Preis einer künstlerischen Arbeit wird »mit ihrer außerordentlichen symbolischen Bedeutung begründet, für die kein Preis zu hoch ist«.[47]

Das Kunstwerk nähert sich so dem ›Luxusgut‹ an, dessen Preis sich ebenfalls aus dem Symbolwert der Rarität errechnet. Doch anders als ein Luxusgut verfügt das Kunstwerk auch über ›kulturelles‹ Prestige. Insofern ist das Kunstwerk Sonderfall *und* Prototyp der Ware. Da es sich bei der Kunst im Allgemeinen um Unikate handelt, übersteigt der Symbolwert der Ware Kunst den des Luxusgutes. »Noch unter der Bedingung ihrer technischen Reproduzierbarkeit vermögen künstlerische Arbeiten diese Aura des Einmaligen zu konservieren – und dies entgegen Benjamins Vorhersage, dass die technische Reproduktion einen Verfall der Aura bewirke. [...] Auch das Multiple bedient mit der Begrenzung seiner Stückzahl eine Einmaligkeitsverheißung, die seinem Besitzer das Gefühl verleiht, sich ein knappes Gut gesichert zu haben.«[48] Für das Geld als ›knapp gehaltenes Nichts‹ bietet die Kunst als ›knapp gehaltenes Gut‹ die ideale Ergänzung.

Wenn das ›echte‹ Geld versagt, tritt oft das Kunstwerk an seine Stelle. Das erklärt, dass Kunst in Finanzkrisen oft nicht ihren Wert verliert, sondern sogar eine Wertsteigerung erfährt, obwohl es sich auch hier um eine Spekulation handelt. In diesem Fall dient die Kunst nicht der Beglaubigung des Geldes; sie wird zu einer Parallelwährung. Zwar ist das Kunstwerk kein allgemeines Tauschmittel; dafür hat es aber einen höheren symbolischen

Wert, weil es dem Gesetz der Individualität unterliegt – und die Individualität ist das Credo der freien Marktwirtschaft, die unter Begriffen wie Kreativität oder Lebendigkeit eigentlich ›Wachstum‹, ›Liquidität‹ oder ›Fortpflanzungsfähigkeit‹ versteht. So kommt es auch, dass der Wert eines hoch gehandelten Künstlers automatisch auf seine künftigen Arbeiten übertragen wird, was »einem Kredit mit langer Laufzeit gleicht«.[49]

Die Nähe von Kunst und freier Marktwirtschaft schlägt sich auch in der Tatsache nieder, dass sich die Zentren des Kunstmarktes an denselben Stellen befinden, an denen auch die Finanz- und Kommunikationszentren angesiedelt sind: New York und London. Dass Hongkong wie auch Moskau für den Kunstmarkt zunehmend an Bedeutung gewinnen,[50] ist ein Indikator für die Entstehung neuer Finanzzentren in diesen Städten. Internet, Finanzmarkt und Kunstmarkt – alle drei sind auf eine intensive Vernetzung angewiesen. Das schlägt sich auch in der Tatsache nieder, dass sich die Kunstdepots heute oft *in* internationalen Flughäfen befinden: den Knotenpunkten der vernetzten Transportwege. Auf diese Weise werden die Werke gar nicht erst importiert oder exportiert (mit Zöllen, die dafür entrichtet werden müssen), sondern bleiben auf der Wanderung, bis ein Sammler sie erwirbt. Boltanski und Chiapellos ›konnexionistischer Kapitalismus‹[51] gilt auch für den Kunstmarkt.

Der Wert der Kunst ist in der Moderne ähnlich prekär geworden wie der des Geldes – das hat Beat Wyss am Übergang von der ›Old Art Economy‹ zur ›New Art Economy‹ dargestellt. Erstere entsprach dem »gründerzeitlichen Kapitalismus. Die Galeristen glichen jenen Wertpapierbesitzern, die ihren BMW-, Nestlé- und Sandoz-Aktien durch alle Höhen und Tiefen die Treue hielten.« Die ›New Art Economy‹ hingegen, die mit dem Einbruch des Kunstmarkts um 1990 einsetzte, brachte die Kunst ins Auktionshaus. »Ganz im Sinne von Marx' These der Entwicklung zum Monopolkapital traten um 1990 die grossen Auktionshäuser auf: als Retter der Gegenwartskunst.« Heute funktioniert der Kunstmarkt »parallel zu den Gesetzen der Börse«, wobei der Käufer neuen Typs nicht nur einen Gegenstand erwirbt, »sondern auch die Aura des Besitzerstammbaums – heisse er nun Warhol, Thurn und Taxis, Kennedy-Onassis, Monroe oder Dora Maar. Wiederum bestätigt sich ein Marx'sches Diktum – das vom Fetischcharakter der Ware. In Kunstform erstrahlt er in absoluter Reinheit.«[52]

Auktionshäuser sind das Äquivalent der Börse für den Kunstmarkt. Viele haben erst in allerjüngster Zeit Abteilungen für Gegenwartskunst eingerichtet. Noch wichtiger sind Kunstmessen, auf denen heute der »Löwenanteil der Gewinne in Kunst« erwirtschaftet wird. Die größten befinden sich in Miami und Abu Dhabi. Auf der Messe fallen Ausstellung und Markt zusammen. Im Mittelalter waren die Messen (als Ziel der Pilger, Gottesdienst und Handelsplatz) die ersten Experimentierstätten des Tauschmittels

Geld. Diese Funktion erfüllen auch die Kunstmessen bei der Etablierung der Währung Kunst. Die gestiegene Bedeutung der Kunstmesse trägt wiederum dazu bei, »dass Markterfordernisse mehr und mehr den Rhythmus und die Ausrichtung künstlerischer Produktion bestimmen«. Wie nach der Einführung des Papiergeldes die Fälschungen zunahmen, führt auch dieser Kunstmarkt zu eigenwilligen Marktgesetzen. »Mit großer Selbstverständlichkeit machen Sammler/innen ihre Bestellungen rückgängig, werden Bezahlungen hinausgezögert oder Rechnungen schlicht ignoriert. Gar nicht zu reden von den großen Mengen an Schwarzgeldern, die in diesem Bereich aufgrund zahlreicher Transaktionen ›ohne Rechnungen‹ zirkulieren.«[53]

Auf dem Kunstmarkt kommt Kunsthistorikern und -kritikern eine besondere Rolle zu. Sie werden zu »Glaubwürdigkeitslieferanten, die gut fürs Geschäft sind, weil sie jene Bedeutung produzieren, die den Marktwert letztlich legitimiert«. Viele Galerien engagieren mittlerweile ihre eigenen ›in-house‹-Kritiker: Ihre Texte sollen das Angebot der Galerie »mit kunsthistorischer Nobilitierung versehen«.[54] Denn neben dem Markterfolg gibt es auch ein Bedürfnis nach ›Konsekrationsinstanzen‹, »die im künstlerischen Feld symbolische Bedeutung attestieren«.[55] Die Kunstkritik verschafft der Kunst den Symbolwert, »der schon insofern dem Mehrwert bei Marx gleicht, als sein Wert über das, was der Kritiker den Markt gekostet hat, ebenfalls weit hinausschießt«.[56] Ebenso wenig wie der Arbeiter an den Gewinnen der Industrieproduktion beteiligt wird, zieht auch der Kritiker kaum ökonomischen Gewinn aus der Kunst, die er ›beglaubigt‹. Allerdings kann gelegentlich, wie im Fall der gefälschten Werke von Max Ernst und anderen großen Künstlern der Moderne, der 2011 in Köln gerichtlich verhandelt wurde, die Beglaubigungsleistung der Kunstkritik auch der Fälschung dienen.

Viele Künstler gehen mit der Vermarktung der Kunst ironisch um. Sie liefern damit einen Beleg für die ›Künstlichkeit‹ des Geldes. Manche berufen sich auf das Prinzip der nominalistischen Geldtheorie, laut der ein Souverän mit dem Nennwert auch den Wert des Geldes erschafft. Insgeheim, so Harten, konkurriert der Künstler »mit allen, die Geld machen«.[57] Zu den ersten, die dies praktizierten, gehörte Marcel Duchamp, der seinem Zahnarzt Dr. Daniel Tzanck zur Entrichtung seiner Schulden für eine Zahnbehandlung im Jahre 1911 ein Kunstwerk überreichte, das die Gestalt eines übergroßen Schecks hatte. Der Scheck war auf die ›Teeth's Loan and Trust Company Consolidated, Wall Street, New York‹ ausgestellt und betrug 115 Dollar. Er brauchte nicht eingelöst zu werden, denn als Kunstwerk (genannt ›Tzanck-Check‹) war er selbst schon Geld. Nach Duchamp sollten noch viele andere Künstler und Künstlerinnen mit dem ›schönen Schein‹, der Gemeinsamkeit von Geld und Kunst, spielen. So schrieb Daniel Spoerri in den 1970er Jahren eine Serie von Schecks über 10 Mark aus und verkaufte sie als Kunstwerke für 20 Mark.[58] Künstler wie J. S. G. Boggs, Jackson Pollock oder Picasso zahlten ihre Rechnungen mit Kunstwerken.[59]

»Zeichnungen und Währungen hängen beide von der Aussetzung des Unglaubens ab«, schreibt Marc Shell. Die Beschäftigung mit dem ›trompe l'oeil‹-Papiergeld war unter amerikanischen Künstlern und Karikaturisten besonders verbreitet, so dass sich der FBI gelegentlich einschaltete, Künstler verhaftete oder Kunstwerke beschlagnahmte: wegen Geldfälschung.[60] 1909 erließ der amerikanische Kongress ein Gesetz, das alle Nachahmungen von Geld, inklusive auf geldfremden Materialien wie Plätzchen oder Teppichen untersagte. »In solchen Doppelanspielungen auf die Fiktion eines Geldwertes in der Realität der Kunst durch die Fiktion der Kunst angesichts der Realität des Geldes wird der Rest an geprägter Substanz im Gepräge seiner selbst aufgehoben – als ob es Kunst sei, Geld zu machen.«[61] Aber auch diese Ironie verwertet der Markt im eigenen Interesse. »Das kapitalistische System hat offenkundig die Fähigkeit, wertbildende Prozesse unsichtbar zu machen und neue Deutungen vorzunehmen. Nur so ist es zu erklären, weshalb die ursprüngliche Intention eines gesellschaftskritisch ausgerichteten künstlerischen Projekts im Zuge seiner Vermarktung häufig in sein Gegenteil umschlägt.«[62]

Warhols erste Siebdrucke aus den frühen 1960er Jahren bestanden aus One-Dollar-Bills. »Bezeichnenderweise war das Geld Warhols erster Porträtkandidat.«[63] Andy Warhol spielte mit der Marktförmigkeit der Kunst, aber er unterwanderte sie auch. Das unterscheidet ihn von Damien Hirst, der den Wünschen des Geldes nach Materialisierung Gestalt verleiht. Wenn »Kunst letztlich nur ein Haufen von Dollarscheinen ist, wie von Warhol suggeriert, dann muss jede Hoffnung auf ihren ›symbolischen Mehrwert‹ fahren gelassen werden. In dieser Hinsicht kommen Warhols erste Siebdrucke einem Paukenschlag gleich, weil sie die überzogenen Erwartungen an die Kunst ein für allemal enttäuschen und als Illusion ausweisen.« Andy Warhol, so Isabelle Graw, ist der »Inbegriff des marktreflexiven Künstlers«. Er erklärt das Marktgeschehen »zu seinem künstlerischen Material«.[64]

Manche Künstler begnügen sich nicht damit, die Nähe von Geld und Kunst zu thematisieren. Sie zeigen, dass der menschliche Körper selbst – in diesem Fall der des Künstlers oder der Künstlerin – das entscheidende Scharnier dieser Beziehung ist. So etwa die Künstlerin Andrea Fraser in ihrer Arbeit *Untitled* von 2003: eine Videoarbeit, auf der sie selbst zu sehen ist: beim Beischlaf mit dem Sammler, der sie für eben dieses Kunstwerk zahlt. Sie gibt »dem Sammler genau das, worauf er es im Grunde abgesehen hat – die ganze Person der Künstlerin, die sich gleichsam mit Haut und Haaren zu Markte trägt.«[65]

Die hohe symbolische Bedeutung der Kunst und ihr Marktwert basieren auf der Erwartung, dass sich in der Kunst das Unberechenbare erhalten hat – der ökonomisch-mathematischen Erfassung der Welt zum Trotz. Eben deshalb hat das Geld sie zur ›Währung‹ erhoben. Die Kunstschaffenden selbst sind zur idealen Verkörperung des Marktteilnehmers geworden. Indem nicht nur das Werk, sondern auch das Leben von Künstlern und Künstlerinnen mit der ›Einmaligkeit‹ identifiziert wird, werden sie zu »Lebenslieferanten und Verlebendigungsspezialisten«. Sie bedienen das, was Graw als »Wertsteigerungsimperativ« der modernen Gesellschaft bezeichnet: den Anspruch darauf, etwas Besonderes zu sein: »Auch in der Celebrity Kultur werden Einzelne dafür belohnt, dass sie ihr ›Leben‹ erfolgreich zu Markte tragen. [...] Doch im Unterschied zur Celebrity verfügt er [der Künstler] über ein von seiner Person unabhängiges Produkt, worin meines Erachtens sein entscheidender Produktionsvorteil liegt.«[66]

Die Celebrity-Kultur ist ihrerseits das Produkt einer spezifischen ›Währung‹, die Georg Franck in seinem Buch *Ökonomie der Aufmerksamkeit* beschrieben hat. Diese Ökonomie begann schon in der Renaissance, als Künstler wie Dürer oder Holbein zum ersten Mal nicht mehr Herrscher, sondern den Kaufmann und erfolgreiche Bürger darstellten: Sie schufen damit eine Macht, die dem ökonomischen ›Ansehen‹ in jedem Sinne des Wortes geschuldet war. Von nun an kam Unsichtbarkeit einer Missachtung gleich und führte zum ›Gesichtsverlust‹. »Das zu wahrende Gesicht stellt die innigste Kopplung von Selbstwertschätzung und sozialer Geltung her.« Denn es »wird sozial hergestellt und muß sozial unterhalten werden«.[67] Diese Form von Ökonomie bildete sich – wie die Geldwirtschaft selbst – mit den modernen Städten heraus, denn dort »gibt es immer etwas zu sehen. Die Menschen ziehen sich dort für andere an, zeigen her, was sie haben, treiben den erstaunlichsten Aufwand, damit die andren Augen machen.« In den Städten spielt sich das »Leben auf der Bühne der Öffentlichkeit« ab.[68]

Damit ist auch diese Währung an den menschlichen Körper gebunden. »Nicht der sorglose Genuss, nein, die Sorge, dass die anderen auch schauen, wird zum tragenden Lebensgefühl in der Wohlstandsgesellschaft.« Die Aufmerksamkeit und Beachtung repräsentieren keineswegs nur »psychische Formen des Einkommens«, sie schlagen sich auch ganz konkret in monetärer Gestalt nieder. »Der Bekanntheitsgrad einer Person ist sogar noch mehr als ein Schatz. Ab einem gewissen Grad der Bekanntheit wirft der Schatz von sich aus Einkommen ab. Wer hinreichend bekannt ist, findet schon allein aufgrund des Grads seiner Bekanntheit Beachtung. Der Schatz *rentiert* sich. Er wirft Zinsen ab in der Form, daß seine Beachtlichkeit selber zum Faktor von Wertschöpfung wird.«[69]

Laut Polanyi rückte die Marktwirtschaft das Individuum ins Zentrum der Gesellschaft. Heute werden Kunstschaffende zum »Idealtyp des ›unternehmerischen Selbst‹« erhoben.[70] Umgekehrt wird das kreative Geld auch zum »Analogon künstlerischer Kreativität«.[71] Im ›Schröder-Blair-Papier‹ von Juni 1999, in dem die ›Neue Mitte‹ den ›Dritten Weg‹ des Neoliberalismus ankündigte, wurden Kulturschaffende zum Modell des neuen Unternehmertums erklärt: »Wir wollen eine Gesellschaft, die erfolgreiche Unternehmer ebenso feiert wie Künstler oder Fußballspieler und die Hochschätzung hat für Kreativität in allen Sphären des Lebens.« Die Menschen wurden aufgefordert, schöpferisch tätig zu werden, ob in der Ökonomie oder der Kultur. »Sie müssen ermutigt werden, Risiken einzugehen.«[72]

In den modernen Industrieländern verzagen viele Menschen vor diesem Anspruch an ihre ›Individualität‹, wie der französische Soziologe Alain Ehrenberg in seinem Buch *La Fatigue d'être soi* beschrieben hat.[73] Der Titel seines Buches wurde mit dem ›erschöpften Selbst‹[74] ins Deutsche übertragen. Doch was der französische Titel (und der Autor) beschreiben, ist die Erschöpfung daran, man selbst zu sein – also diesem Anspruch an die freie Persönlichkeit gerecht zu werden und damit auch das eigene Ich in den Dienst der Ökonomie zu stellen. Dem Künstler wird diese Erschöpfung nicht zugestanden. Er repräsentiert das Vermögen, gut ›durchzuhalten‹.

Zum Künstler gehört »die so mythische wie biographisch unterfütterte Vorstellung, dass dieser sein ganzes Leben seiner Kunst verschreibt. Kunst ist sein Leben.« Er hat »Prototyp des unternehmerischen Selbst« zu sein und wird zum Leitbild einer Marktwirtschaft, die auf dem Prinzip des ›Jeder für sich‹ basiert. In der Marktwirtschaft geht es um Profit. Das wird vom Künstler nicht direkt gefordert; er soll nur das Modell liefern. Weil er ›Eigenverantwortung‹ repräsentiert und sogar bereit ist, auf soziale Sicherheit zu verzichten, wird die ganze Kunstwelt zur idealen Projektionsfläche einer idealen Wettbewerbsgesellschaft, die »dem Traum eines Neoliberalen entsprungen« ist.[75] Walter Benjamin fürchtete um das Kunstwerk ›im Zeitalter seiner technischen Reproduzierbarkeit‹. Heute müsste er zur Kenntnis nehmen, dass es gerade die ›Aura‹ des Kunstwerks – seine Einmaligkeit – ist, die dieses so reproduktionsanfällig macht. In Andy Warhol sieht Graw das paradigmatische Beispiel für diese Entwicklung.[76] Er zelebrierte nicht nur sich selbst als ›das Individuum‹, sondern verschaffte mit seinen Porträts auch anderen die Möglichkeit, etwas ›Besonderes‹ zu sein: »Warhols Auftragsporträts waren ein Ticket in die Welt der Reichen, Schönen und Berühmten. Mit ihrer Hilfe ließ sich der lange Weg zum Ruhm abkürzen.« Dass dabei oft Multiples entstanden, verlieh dem Vorgang eine Ironie, die wiederum den Marktwert erhöhte. »Der Anspruch der Celebrity, aus der Masse herauszuragen, wird bei Warhol zugleich erfüllt *und* gebrochen. Es ist sein serielles

Siebdruckverfahren, das Singularität in demselben Maße überhöht, wie es sie aus-löscht.«[77] Ob in Celebrity-Kultur oder in Kunst: Letztlich ist es das Individuum – und damit seine paradigmatische Verkörperung: der Künstler – die ›gehandelt‹ werden. En-ger können Leib und Geld kaum miteinander verwoben sein.

Das ist zweifellos einer der Gründe dafür, dass der Körper in der modernen Kunst zu einem wichtigen ›Medium‹ der künstlerischen Produktion geworden ist. In ihrem Buch *Das Material der Kunst* hat die Kunsthistorikerin Monika Wagner dafür viele Beispiele zusammengetragen: Sie reichen von Jenny Holzers Menstruationsblut, das in die Drucker-tinte einer Ausgabe des Magazins der *Süddeutschen Zeitung* gemischt wurde, über Yves Kleins Abdrucke von weiblichen Körpern mit Ochsenblut (1961), die ›Orgien-Myste-rien-Theater‹ von Hermann Nitsch, bei denen er in den 1960er Jahren blasphemische ›Opfer‹ inszenierte, bis zu Gina Panes Selbstverletzungen mit Dornen und Rasierklingen (1970er Jahre). Viele dieser Inszenierungen spielen auf Opferrituale, Märtyrerblut und die Bedeutung des vergossenen, Tod und Leiden symbolisierenden Blutes in der christ-lichen Religion an. »Denn doppelte Authentizität – der Form wie des Materials – zeich-net die Vera ikon aus, die als Urbild aus dem Blut und Schweiß Christi entstanden ge-dacht wird und die sich im Schweißtuch der Veronika bewahrt haben soll.«[78]

Jenny Holzers ›Blutdruck‹ aus dem Jahr 1993 erregte die Gemüter aus einem anderen Grund: »Kaum blättert man in dem Magazin, klebt gewissermaßen auch schon Blut an den eigenen Händen.« Aber auch hier dient das Blut »als über alle Zweifel erhabener Beweis für das unglaubliche Geschehen« dazu, »die gesamte mediale Vermittlung mit der Wucht des Authentischen zu unterfüttern«.[79] Auch die vielen anderen Beispiele aus der modernen Kunst, in denen der Körper – der nackte, beschmutzte, verletzte oder berührte Körper – zum ›Material‹ der Kunst wird, sind als Versuch zu begreifen, den Illusionstechniken der Kunst beizukommen und dem Entleibungsprozess, dem die Kunst als ›Währung‹ unterworfen ist, die Materialität der ›Wirklichkeit‹ entgegenzuhalten. Auch in diesen Fällen bietet sich die Kunst als direkte ›Beglaubigungsstrategie‹ des Geldes an – vor allem dann, wenn sie sich als Opferritual inszeniert.

Allerdings tritt die Vergänglichkeit dieser Kunstform in Widerspruch zum Anspruch der Kunst auf Unvergänglichkeit. »Unter dem Gesichtspunkt des lebendigen Körpers als eines durch nichts zu ersetzenden Materials läßt sich Aktionskunst, will man sie ernst nehmen, bildlich nicht dokumentieren. Sie vergeht mit der Aktion, danach läßt sie sich nur noch erinnern.«[80] Der Kunstmarkt hat dieser Flüchtigkeit des Werks zu begegnen versucht, indem die Aktionen auf Videos oder Photos festgehalten wurden. Das hatte jedoch zur Folge, dass der (eigentlich unhintergehbare) Körper den Reproduktions- und damit auch Illusionstechniken ausgeliefert ist, also seinen Anspruch auf ›Authentizität‹

verliert. Auch aus anderen reproduktionstechnischen Gründen hat der Körper mittlerweile seinen Anspruch, die Realität zu repräsentieren, eingebüßt: »Der Körper ist unter den Bedingungen gentechnologischer Möglichkeiten heute zu einem Materialdepot mit nachwachsenden Ressourcen geworden. Als Material der Kunst dürfte zumindest der traditionelle, physische Körper damit seine Provokationskraft ebenso wie sein Potential an Verheißungen restlos eingebüßt haben.«[81] Auf der anderen Seite, so möchte ich im letzten Kapitel noch darstellen, ist gerade die gentechnologische Reproduzierbarkeit des menschlichen Körpers auch zu einer neuen Beglaubigungsstrategie des Geldes geworden.

In jedem Fall macht die Nähe zur Leiblichkeit die Kunst zu einer Währung, die sicherer erscheint als das reine Zeichengeld. Die Glaubwürdigkeit dieser Währung beruht auf dem Faktor ›kreativer‹ und ›lebendiger‹ Menschlichkeit und dem ›Faktor Wachstum‹, den diese repräsentiert. Könnte dies auch der Grund für den hohen Wert von Kulturgütern für die staatliche Souveränität sein? Betrachtet man die Sicherungssysteme der Museen, so erscheinen die Kulturgüter eines Landes wie eine neue Form von Goldstandard, was Harten ja auch dazu veranlasst, sie als Deckung nationaler Währungen vorzuschlagen. Freilich gibt es einen Unterschied zwischen den beiden ›Geldgaranten‹: Das Gold des einen Tresors ähnelt dem eines anderen; die Kunstwerke im Depot dagegen ähneln sich nie. Der Wert besteht ja gerade in ihrer Individualität, die einen Bezug zum menschlichen Körper herstellt.

Wenn Staaten heute die Herausgabe ihrer geraubten Kulturgüter fordern, so geht es dabei um das kollektive Gedächtnis der Nation. Aber es geht eben auch um diese Individualität, mit der die einzelnen Mitglieder des Gemeinschaftskörpers gemeint sind. Das hindert viele (auch staatliche) Museen nicht, in ihren Archiven Kunstbestände zu lagern, deren Herkunft ungeklärt ist, wenn sie nicht sogar nachweislich geraubt wurden. Das galt und gilt für die Kunstsammlungen von zwangsenteigneten jüdischen Familien, von denen viele bis heute nicht restituiert wurden. Paradoxerweise werden so die Sammlungen von Eigentümern, die als ›Fremdkörper‹ aus der Gemeinschaft ausgeschlossen, ermordet oder vertrieben wurden, ›eingemeindet‹ und zum Teil einer nationalen Währung, die im Gemeinschaftskörper ihre Beglaubigung sucht.

DIE BLÜTEN DER KUNST

Bleiben Währungen dem nationalen Souverän vorbehalten, so produzieren Kunstwerke ›Imagi-Nationen‹.[82] Beide sind für Fälschungen anfällig – eine weitere Gemeinsamkeit von Geld und Kunst. Die kriminelle Subkultur des Fälschens gab es schon bei den ersten

Münzen, aber sie verstärkte sich durch das Papiergeld und nahm mit dessen Ausbreitung zu.[83] Manchmal wurden auch Währungen schlicht erfunden. So zirkulierten 1857 Geldnoten der Phenix Bank of Phillipsburgh, Lower Canada. »Es gab keine reale Bank, keine Angestellten, keine echten Vermögenswerte irgendeiner Art, die den Noten dieser Phantombanken einen wirklichen Wert verliehen hätten – außer der Fähigkeit, sie an eine nichts ahnende Person weiterzugeben.«[84] Auch unter Aktien waren Fälschungen verbreitet, weshalb für Aktienzertifikate Sonderpapier und Wasserzeichen eingeführt wurden. Mit den Geldfälschungen im 20. Jahrhundert florierten auch die Kunstfälschungen – und umgekehrt: Die Fähigkeit, Kunstwerke zu fälschen, verhalf der Kunst der Geldfälscher zu neuer Blüte.

Es waren nicht Individuen, sondern Staaten, die zu den wichtigsten Geldfälschern wurden. Einige von ihnen setzten das Mittel auch als Kriegswaffe ein. 1470 führte der Herzog von Mailand gegen Venedig Krieg, indem er dessen Währung fälschte. Der britische Premierminister William Pitt genehmigte die Fälschung einer großen Menge französischer Assignaten, um das aufständische Land in den Ruin zu treiben. Dafür rächte sich Napoleon, »indem er seinerseits britische Pfunde fälschen und über neutrale Häfen nach England einschleusen ließ«. Im amerikanischen Unabhängigkeitskrieg überschwemmten die Briten die Kolonien mit Falschgeld. Und auch im amerikanischen Bürgerkrieg wurden ›Blüten‹ der Gegenseite in Umlauf gebracht. Im russischen Bürgerkrieg fälschten sowohl die Roten als auch die Weißen die Währung des Feindes. Als Stalin Anfang der 1930er Jahre Devisen fehlten, ließ er 100-Dollar-Noten im Wert von 10 Millionen drucken, womit er die Tätigkeit seines ausländischen Geheimdienstes finanzierte.[85] Im Zweiten Weltkrieg schlug der Schriftsteller John Steinbeck dem amerikanischen Präsidenten Roosevelt vor, Deutschland mit gefälschten Markscheinen zu überschwemmen. Der Plan wurde abgelehnt, weil ein totalitärer Staat die Geldbewegungen leichter kontrollieren kann und Lebensmittel in Deutschland ohnehin rationiert waren.[86] Steinbeck behauptete, dass Roosevelt später zu ihm gesagt habe: »Töten ist in Ordnung, und Sie können selbst die Religion nahezu ungestraft angreifen, aber Sie (Steinbeck) haben etwas bedroht, das vielen Menschen teurer ist als ihr Leben.«[87] Gleichgültig, ob der Satz von Roosevelt stammt oder von Steinbeck erfunden wurde: Der Vergleich zeigt, wie berechtigt Canettis Darstellung der engen Beziehung zwischen Geld und Leben ist.

Die größte Fälschungsaktion unternahmen die Nationalsozialisten, die auch in dieser Hinsicht – nachdem sie schon die Lehren von Keynes umgesetzt hatten – die Mechanismen des Kapitalismus für eigene Ziele zu nutzen verstanden. Der Historiker Lawrence Malkin hat die Geschichte dieser Fälschung beschrieben. Am Rande des Konzentrationslagers Sachsenhausen befand sich eine Fälscherwerkstatt, in der Häftlinge arbeiteten. Es entstanden fast 9 Millionen Banknoten im Gesamtwert von 132 610 945 Pfund. Das waren nach offizieller Umtauschrate 545 Millionen US-Dollar, was heute einem Wert von mindestens 6 Milliarden Dollar entspricht. Nur 10 Prozent dieser Blüten waren von höchster Qualität. »Aber auch das wären nach dem damaligen Umsatztausch etwa 40 Millionen Dollar gewesen – genug, um eine kleine U-Boot-Flotte zu kaufen.«[88] In Holland ließen die Nazis außerdem überbewertete Besatzungsgulden drucken und nahmen so vielen Holländern Tausende wertvoller Gemälde für wenig Geld ab. »Da die Wirtschaft des Reichs von der Welt isoliert war, galten Kunstwerke als mindestens so wertvoll und so leicht zu transportieren wie Gold oder Goldmünzen, was zum Teil das enorme Kunstinteresse des geldgierigen Reichsmarschalls erklärt.« Die Nachfrage nach Kunstwerken rief geschickte Fälscher auf den Plan, die nun auch holländische Meister herstellten. Göring kaufte einige davon.[89]

1944 erreichte die Gesamtproduktion des deutschen Falschgeldes 13 Prozent der einen Milliarde Pfund, die damals in echten Banknoten im Umlauf war. »Hätte die SS auch nur die Hälfte der von ihr hergestellten Blüten eingesetzt, dann wäre mindestens eine von 20 in Umlauf befindlichen Banknoten falsch gewesen.« Der Wertverfall war deutlich spürbar. Auf dem Schwarzmarkt von Budapest erhielt man für das Pfund nur noch 25 Prozent seines offiziellen Wertes. Unter den Häftlingen, die in den Geldfälschungsstätten arbeiteten, befand sich Salomon Smolianoff, ein anerkannt meisterhafter Geldfälscher, »den die Polizei Europas unter einem halben Dutzend Fälschernamen kannte«.[90] Ursprünglich hatte er Künstler werden wollen; unter den gegebenen Umständen wurde er zu einem der erfolgreichsten Fälscher. Seine von den Nazis in Umlauf gebrachten Blüten bezeichneten die Alliierten später als »die erfolgreichste Fälschungsaktion aller Zeiten«.[91]

Noch Jahre nach dem Krieg zirkulierten einige dieser Blüten. In einigen Regionen verursachten sie Währungsprobleme; in anderen trugen sie zum Überleben von Juden bei. »Die Leute vom jüdischen Untergrund wollten van Hartens Geld, ganz gleich, ob es falsch oder echt war. Sie bezahlten mit den Blüten Versorgungsgüter für Holocaust-Überlebende und halfen der *Brichah,* weitere Flüchtlinge nach Palästina zu schmuggeln. Das Geld wurde auch eingesetzt, um auf dem Weltmarkt Waffen für Juden zu kaufen, die sich damit gegen die Briten und später gegen die Araber ausrüsteten. Sie erwarben Motoren, die sie auf den Decks der Flüchtlingsschiffe transportierten und später auf die Karossen von Panzerwagen setzten. Das waren die ersten selbst gebauten Panzer für die Haganah, die Keimzelle der jüdischen Armee.«[92] Die Häftlinge, die im Fälscherkommando gearbeitet hatten, überlebten den Krieg. »Es kümmerte sie nicht mehr, dass ihre

Blüten bereits außerhalb ihrer kleinen Welt umherflatterten. Warum sollte ausgerechnet Geld sie kümmern? Leben kann nicht gefälscht werden. Sie aber waren am Leben und endlich frei.«[93] Für diese Künstler war die Äquivalenz von Geld und Leben keine Metapher.

Es fragt sich, ob die anderen Versuche, dem Geld – ob gefälscht oder nicht – durch Kunst materielle Glaubwürdigkeit zu verleihen, nicht zum Scheitern verurteilt sind. Kunst zeigt heute ihre größten Leistungen, wenn sie zur Reflexion anregt, wenn sie die Mechanismen des Marktes wie des Geldes ›dekonstruiert‹. Damit gerät sie aber auch in eine paradoxe Lage: Dekonstruiert sie das Geld und sich selbst als ›Währung‹, so folgt sie dem Prozess der Desubstantialisierung des Geldes, liefert also nicht die geforderte Materialisierung, nach der das Geld zur Beglaubigung verlangt. Folgt sie hingegen dem Bedürfnis einer materiellen Deckung des Geldes – wie im Fall der Werke von Damien Hirst –, verrät sie die schöpferische Kraft der Kunst und stellt sich in den Dienst des Geldes. Aber vielleicht ist das Geld schon längst nicht mehr auf die Dienste der Kunst angewiesen. Denn es hat, wie ich den beiden abschließenden Kapiteln darstellen möchte, andere Beglaubigungsstrategien leiblicher Art gefunden.

V. GELD UND GEFÜHL

EINFÜHRUNG

Der Begriff ›Inflation‹ kam im 19. Jahrhundert auf – in unterschiedlichen Zusammenhängen. Im amerikanischen Bürgerkrieg (1861–1865) fand er Anwendung auf eine Praxis der Yankees (die zunächst viele Schlachten verloren), Söldner dadurch anzulocken, dass man sie auf höhere Dienstgrade verpflichtete, als es ihren Kompetenzen entsprach. In der neu erfundenen Photographie kam es zu einer ›Inflation‹ von Visitenkarten, als es möglich wurde, sie mit dem Abbild des Trägers zu versehen. Auch die ärmsten Leute, so schrieb Oliver Wendell Holmes, können sich heute eine »Portraitgalerie der eigenen Familie« leisten, denn eine ›Ferrotypie‹ koste nur zwei Cent das Stück. Mit kürzeren Belichtungszeiten war die Photographie ab 1860 zu einem Massenmedium geworden, und das Porträt auf der Visitenkarte zu einer ihrer meistverbreiteten Anwendungen. ›Cartes de visite‹ verliehen dem Ich Bedeutung.[1] Die monetäre Bedeutung von ›Inflation‹, laut der es zu Preissteigerungen wegen der in Umlauf befindlichen Geldmenge kommt, setzte sich erst später durch. Laut dem etymologischen Lexikon von Kluge handelt es sich dabei um eine Neubildung des 20. Jahrhunderts aus »*inflatio,* ›das Anschwellen‹, wörtlich: das Sich-Aufblasen«.[2] Der *Webster* definiert ›Inflation‹ als sowohl »an act of inflating« als auch »a state of being inflated« und präzisiert: »empty pretentiousness; pomposity«.[3] Die Begriffsgeschichte berichtet also von einem engen Zusammenhang zwischen ›aufgeblasenen Rängen‹, einem ›aufgeblasenen Ich‹ und ›aufgeblasenem Geld‹.

Bei C. G. Jung, der die ›Inflation‹ in die Psychologie einführte, bezeichnet sie »eine die individuellen Grenzen überschreitende Ausdehnung der Persönlichkeit«,[4] deren Ursache in der Identifizierung mit Amt und Titel oder mit »bedeutsamen Phantasien« zu suchen ist.[5] Er sieht in der Inflation auch die Wirkung des ›Archetypus‹: »Er ergreift die Psyche mit einer Art Urgewalt und nötigt zur Überschreitung des menschlichen Bereiches. Er veranlasst Übertreibung, Aufgeblasenheit, Unfreiwilligkeit, Illusion und Ergriffenheit im Guten wie im Bösen.«[6] In der Inflation spiegelt sich »paradoxerweise ein Unbewußtwerden des Bewußtseins« wider.[7] Sie ist »Selbstüberhebung«, wird »durch Minderwertigkeitsgefühle kompensiert« und kann »zu einem hypomanen oder depressiven Zustand führen«.[8] Ich möchte hier nicht näher auf Jungs Konzept des Unbewussten eingehen, sondern an diesem Beispiel nur auf die enge Verwandtschaft des Vokabulars von Psychologie und Ökonomie hinweisen: Die ›Inflation‹ ist dafür ein gutes Beispiel. Andere Beispiele sind: ›Depression‹, ›Manie‹, ›Entwertung‹ oder ›Illusion‹ – Begriffe, die den Wortschatz von Psychologie und Psychoanalyse seit Anbeginn geprägt haben und heute in der Ökonomie geläufig sind.

Die ökonomischen Begrifflichkeiten entstanden mit dem Papiergeld. Dagegen erscheint Freuds Gleichsetzung von Kot und Geld wie die Zuweisung einer *materiellen* Qualität ans Geld. »Es ist bekannt, dass das Gold, welches der Teufel seinen Buhlen schenkt, sich nach seinem Weggehen in Dreck verwandelt, und der Teufel ist doch gewiss nichts anderes als die Personifikation des verdrängten unbewußten Trieblebens.«[9] Freuds Theorien stammen aus einer Zeit, in der Gold und Goldstandard noch etwas galten. So ließe sich seine Gleichsetzung auch als ein Versuch begreifen, den materiellen Wert des Geldes zu erhalten. Darauf verweist auch Sándor Ferenczis Beobachtung in seinem Aufsatz *Ontogenie des Geldinteresses:* »Viele Menschen geben leicht große Summen in Papiergeld aus, sind aber auffallend schwerfällig bei der Verausgabung von Goldmünzen oder auch von kleinstem Kupfergeld. Die Münzen *kleben* förmlich an ihren Fingern.«[10] Das Papiergeld dagegen entschwindet; andererseits kann es sich aber auch ›aufblasen‹.

Parallel zur Ökonomisierung der Psychologie fand eine *Personalisierung* des Geldes statt, die diesem ein Ich verschaffte. Das begann schon im frühen 19. Jahrhundert: etwa bei Heinrich Heine, wenn dieser die Entwicklungen des Kapitalmarkts beschreibt: »In unruhiger Zeit ist das Geld ängstlich, zieht sich in die Kisten der Reichen zurück, hält sich eingezogen; der Diskonto steigt. In ruhiger Zeit wird das Geld wieder sorglos, bietet sich preis, zeigt sich offensichtlich, ist sehr herablassend. So ein alter Louisdor hat mehr Verstand als ein Mensch, und weiß am besten, ob es Krieg oder Frieden gibt.«[11] Heute zeigt sich die Personalisierung des Geldes an einem Spot, der in französischen Kinos läuft: Ein bleicher Mann, dem sich flehende Gesichter und verzweifelt ringende Hände entgegenstrecken, entzieht sich dem Spielcasino und flüchtet an einen Strand, wo er mit tränenüberströmtem Gesicht aufs ferne Meer blickt. Dazu heißt es: »Aidez l'argent a fuir les paradis fiscaux!«*

Mit seiner Papierform und im Industriekapitalismus agierte das Geld in eigener Sache und schuf die im vorigen Kapitel beschriebene Eigendynamik, die mit dem Finanzkapitalismus immer deutlicher zutage trat. Marx gehörte zu den ersten, die diese ›Personalisierung‹ des Geldes analytisch zu fassen suchten. Bei ihm, so Breithaupt, ist Kapital

---

*   Helfen Sie dem Geld, den Steuerparadiesen zu entkommen!

»*verselbstetes* Geld, oder genauer: sich verselbstendes Geld«.[12] Das Geld hat einen »Selbst-erhaltungstrieb« und wird zum Fetisch, »der einerseits nur im Kopfe des Beobachters besteht, andererseits aber so agiert, als gäbe es ihn wirklich und als dränge er nach (Re-) Substanzialisierung«.[13] Das ist die Paradoxie: Einerseits entleibt sich das Geld im Verlauf seiner Geschichte immer mehr; andererseits beleibt es sich, indem es Eigenschaften an-nimmt, die man eigentlich mit der menschlichen Psyche und dem menschlichen Körper verbindet. Bei diesem Vorgang verbinden sich die verschiedenen Arten der ›Inflation‹ – die monetäre und die narzisstische.

Charles Mackay, ein schottischer Literat und Journalist, beschrieb Mitte des 19. Jahr-hunderts den Zugriff des Geldes auf die Emotionen. In seinem Buch *Extraordinary Popular Delusions, and the Madness of the Crowd* (1841) zeichnet er Momente kollektiver Wahnvorstellungen nach – von den Alchemisten über die Hexenverfolgungen, Geister-häuser bis zum Magnetismus. Am ausführlichsten geht er auf den ›Wahn‹ ums Geld und die großen Finanzskandale des 17. und 18. Jahrhunderts ein: Der holländische ›Tulpen-wahn‹ von 1635, John Laws Versuche mit Papiergeld in Frankreich von 1720 und die etwa zeitgleiche Londoner ›South Sea Bubble‹. Einem Schriftsteller, der ökonomische Vorgänge für literarisch unergiebig hielt, entgegnete er, dass dieses Thema mindestens so faszinierend sei wie der Stoff griechischer Tragödien: »In der Verzweiflung ausgeplün-deter Menschen steckt keine Wärme, im Leid hunderter verarmter und ruinierter Fami-lien kein Leben? Es soll nicht möglich sein, die Schicksale reicher Männer, die zu Bettlern wurden, farbenfroh zu schildern? Was ist mit dem dramatischen Sturz mächtiger Men-schen, die über Nacht zu Aussätzigen wurden? [...] Wenn das kein Stoff für ein groß-artiges Lehrstück ist: Ein ganzes Volk verliert plötzlich den Verstand, läuft blind einer goldenen Vision nach und weigert sich halsstarrig, die Wirklichkeit zu sehen, ähnlich einer Herde, die vom Trugbild einer saftigen Weide angelockt wird und schließlich im Sumpf versinkt.«[14]

Mackay nahm die moderne Massenpsychologie voraus. Seine Beschreibungen lassen sich auf die Gefühle übertragen, die das moderne Börsengeschehen auslöst. Für Joseph Vogl bildet die Irrationalität der modernen Ökonomie einen inhärenten Teil ihrer ›Logik‹. »Während man lange Zeit darauf setzte, dass die unzuverlässigen Verhaltens-weisen von Einzelnen über Marktmechanismen zur Vernunft gebracht werden, muss man nun konzedieren, dass Finanzmärkte als Märkte aller Märkte so operieren, dass sie mit rationalen Entscheidungsprozessen systematisch Unvernunft produzieren.«[15] Er sieht darin eine Folge des marktwirtschaftlichen Liberalismus. Ich sehe darin eher eine Eigendynamik des Geldes. Die eine Erklärung schließt die andere nicht aus. Aber es ist ein Unterschied, ob ich den Grund im Wesen eines Subjekt gewordenen Geldes oder in den Regeln der Ökonomie suche. Um ›ein Ich zu haben‹, muss das Geld die Psyche von Menschen besetzen. Börse und Finanzmärkte haben daran großen Anteil, aber sie sind nur die ›hardware‹, die die ›software‹ Geld zum Handeln befähigt. In den ersten beiden Kapiteln war von den sexuellen Dimensionen des ›Geldbeutels‹ die Rede: die Börse als Behälter für männlichen Samen und als jungfräulich gebärende Mutter. Aber das Geld will auch ›fühlen‹, und um dies zu erreichen, bedarf es der Libido seiner ›Agenten‹.

Den Gefühlen, die das Geld auslöst, eignet eine Paradoxie: Je abstrakter das Geld wurde – je mehr sein ›Sprachcharakter‹ hervortrat –, desto höher schlugen die von ihm bewirkten emotionalen Wellen. Dabei vollzog sich ein seltsamer Wandel. Seit der Entstehung des Alphabets wurde Männlichkeit mit Abstraktion und Beherrschung von Gefühlen gleichgesetzt; Emotionen blieben Natur und Weiblichkeit überlassen. Doch im Laufe des 19. Jahrhunderts entdecken Künstler und Wissenschaftler, dass auch Männer ›Gefühle haben‹ können. Zum ersten Mal in der Geschichte des Abendlandes wird der männliche Geschlechtstrieb als dem des Weibes überlegen gedacht (etwa bei Havelock Ellis[16]). Auf der anderen Seite verkündet die Psychoanalyse, dass auch Männer ›hysterisch‹ werden können, bis dahin ein weibliches Privileg.[17] Der neue männliche Anspruch auf ›die Gefühle‹ vollzog sich – und eben das ist das Bemerkenswerte – in zeitlicher Parallele zur Entmaterialisierung des Geldes. Es scheint sich also um eine vom Körper gelöste Gefühlsform zu handeln. Eben das indiziert, dass sie auch als Folge der Geldentwicklung zu verstehen ist.

DIE HYSTERIE GEHT AN DIE BÖRSE

Die Ähnlichkeit von Hysterie und Geldmarkt wurde schon oft thematisiert. Meist ist der Vergleich metaphorisch gemeint: Die Irrationalität des Marktes wird in Analogie gesetzt zum hysterischen Frauenkörper. Doch die Verwandtschaft geht über das Metaphorische hinaus: Der Hysterie wie dem Geld wird eine Eigenmacht zugebilligt. Für die Hysterie habe ich dies an anderer Stelle darzustellen versucht: Sie inkarniert eine Art von historischer ›Anti-Logik‹ zu der das Abendland prägenden Strukturierung der Gesellschaft nach dem Gesetz der Schrift.[18] Die Hysterie, die Freud als »Krankheit des Gegenwillens« bezeichnete,[19] repräsentiert die Kraft des Unbewussten, das sich einer Vereinnahmung durch diese Logik entzieht. Auch der Markt verschreibt sich den Kräften des Unbewussten. Doch während die Hysterie über Jahrhunderte als ›Krankheit‹ gehandelt wurde, gilt das Unbewusste am Markt als Teil seiner Potenz und Lebendigkeit.

Die historischen Parallelen von Hysterie und Geld sind zeitlicher wie inhaltlicher Art.

Im Mittelalter galt die Hysterie als Zeichen einer Besessenheit durch den Teufel. Ähnliche Beschreibungen gab es später für die Börse. 1688, zur Entstehungszeit der Amsterdamer Börse, verfasste Joseph de la Vega, ein portugiesisch-jüdischer Flüchtling, den ersten Börsenratgeber *Verwirrung der Verwirrungen*. André Kostolany, der das Buch 1994 neu herausgab, nennt den Autor: »Poet, Philosoph und Börsenspekulant (die drei ›Berufe‹ passen sehr gut zusammen).«[20] In Joseph de la Vegas Buch erklärt ein ›Aktionär‹ einem ›Philosophen‹ und einem ›Kaufmann‹ die Entstehung der Börse: »Argwöhnische Menschen geben an, dass Lucifer die Börse erfand, da er die Spekulanten durch sein Versprechen täuschte, dass sie wie Gott etwas aus dem Nichts schaffen könnten.«[21] Auch die Hysterie, ›Krankheit des Gegenwillens‹, produziert Symptome aus dem Nichts — oder wie Gott: aus dem Wort.

So wie sich das Geld im Verlauf seiner Geschichte immer mehr aus den materiellen Bindungen herauslöste, verließen auch die Erklärungsmuster für die hysterischen Symptome zunehmend den Bereich der Physiologie: Bei Charcot ist die Hysterie noch eine hereditäre und neurologische Erkrankung. Breuer vergleicht die Hirntätigkeit der Hysterika mit der Funktionsweise des elektrischen Stroms.[22] (Im vorangangenen Kapitel war davon die Rede, dass der elektrische Strom eine der Geldzirkulation angemessene Metapher darstellt; bei Breuer wird sie nun auf die Hysterie angewendet.) Freud sieht in den hysterischen Symptomen eine Wirkmacht der Psyche. Und für Lacan ist es die Sprache, die das Unbewusste (und damit auch Symptombildungen) strukturiert.[23] Diese ›Exkarnation‹ des hysterischen Symptoms vollzieht sich in derselben Zeit, in der das Geld seine zunehmend abstrakte Form annahm.

Weil die Hysterie Symptome ohne organische Ursache bewirkt, zog sie schon immer die Faszination der Gelehrten auf sich. Theologen, Mediziner, Schriftsteller und Künstler interessierten sich für ihre Fertigkeiten, deren ›Geheimnis‹ — das Symptom als ›Sprache‹ — von Freud enthüllt und preisgegeben wurde. Zeitgleich mit Freuds Erkenntnis begann auch das Geld, mit dem Körper zu sprechen und an diesem seine ›Symptome‹ zu entwickeln. Als Papiergeld oder zirkulierendes Zeichen verfügt es, wie die Hysterie, über die Kunst einer *creatio ex nihilo*: Produziert die eine Symptome ohne organische Ursache, so schafft das Geld Wirklichkeit aus dem Kredit. Gemeinsam ist Hysterie und Geld auch die sexuelle Aufladung. Der Begriff der Hysterie ist geradezu Synonym für Irrationalität, unbeherrschtes und unbeherrschbares Sexualbegehren.

Marx und Engels sprechen von der ungewöhnlichen Fähigkeit des Geldes, Begierden auszulösen. Émile Zola, der in seinem 1891 veröffentlichten Roman *Das Geld* den kometenhaften Aufstieg und ebenso kometenhaften Konkurs einer neuen Bank, *La Banque Universelle,* beschrieb, sagte von seinem Roman: »Die Familie, die ich mir vorgenommen habe, zu studieren, ist durch ein Überschäumen der Begierden gekennzeichnet.«[24] Die Hauptfigur in Zolas Roman, Saccard, ersetzt die Leidenschaft der Sexualität durch die des Geldes: »Wenn er, auf seinen neun Millionen hockend, Verlangen nach einer Frau verspürte, dachte er nur daran, eine sehr teure zu kaufen, um sie vor ganz Paris zu besitzen, so als würde er sich einen sehr großen Brillanten schenken, um ihn sich lediglich aus Eitelkeit an die Krawatte zu stecken.«[25] Bei Zola ist die Börse nicht nur sexuell aufgeladen; sie wird auch zur Maschine des Lebens. Hatte Hobbes Mitte des 17. Jahrhunderts das Geld mit dem Blutkreislauf des Staates verglichen, so erklärt Zolas Spekulant den

Emmanuel Barcet, La Bourse – die Börse, 1902.

Aktienhandel zur Pumpe, die den Blutkreislauf in Gang hält: »Begreifen Sie doch, die Spekulation, das Börsenspiel ist das zentrale Räderwerk, das Herz eines so großen Geschäftes wie des unseren. Ja, das Herz, das das Blut mobilisiert, es überall in kleinen Bächen aufnimmt, sammelt, in Strömen in alle Richtungen zurückfließen läßt und einen ungeheuren Geldumlauf bewirkt, der das Leben der großen Geschäfte ausmacht.«[26]

Zola macht sehr deutlich, dass die Begierde, die aus der Spekulation erwächst, nur existiert, wenn sich die Sexualität vom Reproduktionszwang und das Geld von den Produktionsmitteln befreit haben. Saccard zu seiner Geliebten: »»Ja, die Spekulation. Warum haben Sie Angst vor diesem Wort? Die Spekulation gibt dem Leben doch erst seinen Reiz, sie ist das ewige Begehren, das zu kämpfen und zu leben zwingt. [...] Wenn ich einen Vergleich wagen dürfte, könnte ich Sie überzeugen‹. [...] Er lachte wieder, denn er wollte ihr nicht zu nahe treten. Doch als ein Mann, der sich vor Frauen gerne brutal gibt, wagte er seinen Vergleich dann trotzdem. ›Schauen Sie, glauben Sie denn, daß man ohne [...] wie soll ich es sagen? ohne Ausschweifungen viele Kinder zeugen würde? Auf hundert ungezeugte Kinder kommt eines, das man zustande bringt. Das Übermaß bringt das Notwendige hervor, nicht wahr?‹«[27] Solche Überlegungen entsprangen nicht nur schriftstellerischer Phantasie, sie waren auch unter ökonomischen Theoretikern verbreitet. In seinem *Handbuch der Börsenspekulation* (1857) entwickelte der Vordenker des französischen Sozialismus, Pierre-Joseph Proudhon (1809–1865), eine Theorie des Geldes, in der die Spekulation als treibende Kraft verstanden wird: »Die Spekulation ist das Genie der Entdeckung. Sie erfindet, erneuert, versorgt und *schafft* gleich dem unendlichen Geist alle Dinge *aus dem nichts*. Sie ist die eigentliche wirtschaftliche Schöpferkraft. [...] Sie ist der Kopf, die anderen sind die Glieder; sie geht als Herrscherin voran, die anderen folgen als Sklaven.«[28]

Die Macht des hysterischen Körpers, aus der Einbildung materielle Wirklichkeit zu erschaffen, wird zum Vorbild für das kreative Schaffen des Marktes: Proudhon spricht von »verborgenen Triebfedern der Zivilisation« und bezeichnet das Börsengeschehen als »die Ausbrüche der unterirdischen Gewalten«.[29] Die Ärzte waren machtlos gegenüber den Symptomen der Hysterie, die schlagartig auftreten und wieder verschwinden konnten. Den Ökonomen ging es ähnlich mit der Börse: »Keine Macht kann sich weder im Altertum noch in den modernen Zeiten mit der ihrigen vergleichen. Die Templer, die Orden von Jerusalem und Malta, jene streitbare Mannschaft der Päpste, die Kaiser und Könige beherrschte; die Franziskaner, Dominikaner und Jesuiten; die Femegerichte und die Freimaurer, – sie alle waren nie so mächtig und allgewaltig als die Börse. Ein Alexander, ein Cäsar, ein Karl der Große, ein Napoléon waren in ihrem höchsten Ruhm, mit ihr verglichen, nur Zwerge. Sogar die Buchdruckerei, von den größten und siegreichsten

Genies bedient und von der Kraft des Dampfes unterstützt, steht unter jener höchsten Macht, die unbesiegbar über der Börse thront und dort täglich ihre nicht immer gerechten, aber zuverlässigen Orakel gibt.«[30]

Anders als kirchliche oder staatliche Instanzen hat diese Macht keinen Namen, keinen Ort und keine erkennbare Ordnung. Hier ist gerade *nicht* die ›unsichtbare Hand‹ am Werke, die die Vielzahl individueller Handlungen zu einem harmonischen Ganzen zusammenfügt. Was Proudhon beschreibt, ist vielmehr eine Macht, die die Emotionen steuert, sich selbst aber jeglicher Steuerung entzieht. »Nach der Natur der Dinge selbst ist die Spekulation im höchsten Maße freiwillig, unzwingbar, der Aneignung und den Vorrechten widerstrebend, von der Macht nicht zu unterdrücken, mit einem Worte völlig frei.« Der staatlichen Obrigkeit mag es gelingen, die Presse zu zensieren, den Buchhandel mit Abgaben zu versehen oder die Post zu überwachen, doch die Spekulation entschlüpft »durch die ihr wesentliche Anarchie allen Anforderungen der Regierung und der Polizei«.[31]

Um 1900 verschwinden die großen hysterischen Anfälle aus den Krankenhäusern der Industrieländer. Man hat diesen Wandel damit erklärt, dass die Psychoanalyse das ›Geheimnis‹ der Hysterie – die Existenz des Unbewussten – enthüllt habe. Indem dieses zum Allgemeinwissen wurde, verlor das Unbewusste seine potentielle Macht. Tatsächlich wurde in dieser Zeit das Geheimnis von der Existenz des Unbewussten zur populären Gewissheit. Die Literaturwissenschaft begann, ›zwischen den Zeilen‹ zu lesen, die Medizin bei der Diagnose mit dem Eigenwillen psychischer Vorgänge zu rechnen; und in Psychologie, Soziologie und Rechtssprechung wuchs das Interesse an den nichtverbalen Formen der Kommunikation. Eine Disziplin verschloss sich allerdings obstinat der Erkenntnis Freuds, »daß das Ich nicht Herr sei in seinem eigenen Haus«[32]: die Ökonomie. So ist es vielleicht kein Zufall, dass in dem historischen Moment, da die Hysterie aus den Krankenhäusern vertrieben wurde, sie sich an der Börse eine neue Heimat suchte. Mit dem Börsengang der Hysterie begann der Triumphzug des Geldes um das Gefühl seiner Agenten.

Je abstrakter das Geld wurde, je mehr es sich in Papier und elektronisch zirkulierende Zeichen verwandelte, desto dramatischer wurden die hysterischen Inszenierungen am Finanzmarkt. Mit ihren schlechten Launen und grandiosen Hochstimmungen, mit ihrer Fähigkeit, freudiges Herzklopfen oder Depression zu bereiten, mit ihren ›zerrütteten Nerven‹ und ›nervösen Spannungen‹, mit ihrer Suggestibilität und Febrilität verursacht die Börse synchrone Erregungszustände. Sie verwirklicht das, wofür die eingebildeten Symptome der Hysterika nur eine Verheißung waren. Sie schafft eine Konsensgemeinschaft in jeder Bedeutung des Wortes: eine Gemeinschaft der Sinne, in der sich die

Anleger ebenso einmütig wie unberechenbar verhalten. Die Börse hat in jeder Hinsicht die Erbschaft der alten Hysterika angetreten. Nur agiert sie nicht im einzelnen Frauenleib, sondern als Kollektivkörper eines globalen Nervensystems: ein echter *globus hystericus*!* Mit ihrer lustvollen Spekulation auf Wertpapiere, die weder durch Produktionskräfte noch durch Waren gesichert sind, hält sie fest an den Prinzipien der alten Hysterie mit ihren Symptomen ohne organische Ursache. Nur die Hysterika und die Börse bringen es fertig, ein ›bisschen schwanger‹ zu sein: Mit ihren Blasen, bei denen sich hohe Werte und ganze Märkte in Nichts auflösen, stellt die Börse das perfekte Konversionssymptom dar.

Ich wies im zweiten Kapitel schon darauf hin, dass der Begriff der ›Konversion‹ sowohl in der Religion als auch in der Geldwirtschaft verwendet wird. Bei der Hysterie bezeichnet er die Verwandlung von Sprache in Symptom (oder Sema in Soma). Die Sexualwissenschaftler Masters und Johnson erfanden außerdem die geschlechtliche ›Konversion‹, als sie Homosexuelle in Heterosexuelle zu verwandeln versuchten. Diese ganzen Bedeutungen von ›Verwandlung‹ wurden von der Börse aufgegriffen und trugen dazu bei, der Börse feminine Züge zu verleihen. Adam Smith zitiert in seinem Buch von 1967 *The Money Game* den erfolgreichen Fondsmanager ›Mr. Johnson‹ mit der Aussage: »Der Markt ist wie eine sehr schöne Frau – unendlich faszinierend, unendlich komplex, immer wandelbar, immer geheimnisvoll.«[33] Keynes vergleicht die Spekulation mit einem Schönheitswettbewerb: Es genüge nicht zu wissen, wer die Schönste ist, auch nicht, wen die Allgemeinheit für die Schönste hält. Sondern es gilt, »unsere Intelligenz der Vorwegnahme dessen [zu] widmen, was die durchschnittliche Meinung als das Ergebnis der durchschnittlichen Meinung erwartet«.[34] Er nennt die Spekulation auch ›animal instinct‹ und bedauert, dass der Investor dazu gezwungen ist, die Irrationalität der Ökonomie zu akzeptieren. »Der soziale Zweck geschickter Investition sollte die Überwindung der dunklen Kräfte der Zeit und Unwissenheit sein, die unsere Zukunft einhüllen«.[35] Hinter solchen Beschreibungen der Börse taucht Freuds Bild vom ›dunklen Kontinent‹ der weiblichen Sexualität auf. Doch das Bild von der hysterischen Börse meint nicht den weiblichen Körper, sondern einen männlichen Körper, der sich weibliche Züge angeeignet hat. Von dieser ›Konversion‹ zeugt das Börsengeschehen.

»Da jede Währung auf einer Fiktion beruht, ist es am wahrscheinlichsten, dass sich diejenige Währung durchsetzt, deren Fiktion sich am besten als Realität tarnen kann«, schreibt der Literaturwissenschaftler Fritz Breithaupt.[36] Das gilt auch für die Hysterie:

---

* Mit dem ›globus hystericus‹ bezeichneten Hysterie-Nosologen eine Art von Erstickungsangst, die während eines hysterischen Anfalls entstehen konnte und durch den Eindruck – die Einbildung – vermittelt wurde, dass der Patientin etwas im Halse stecken blieb.

Sie ist eine als Realität getarnte Fiktion. Allerdings implizierte die ›Entdeckung‹ der Hysterie einen Abstraktionsprozess, in dessen Verlauf die Symptome verschwanden; bei der Geldwirtschaft war es umgekehrt. Das abstrakte Geld forderte seine ›Realisierung‹ ein: im Körper und den Emotionen des Einzelnen.

DER TULPENWAHN

Die Geschichte der emotionalen Aufladung von Papier und abstrakten Zeichen zeigt sich anschaulich an einer der frühesten Spekulationsblasen des Abendlandes. Sie ereignete sich in Holland, wo 1610 die erste Börse entstanden war. Dass Holland zum Schauplatz des Geschehens wurde, hing mit vielen Faktoren zusammen, auf die ich schon im vierten Kapitel eingegangen bin. Hinzu kam ein weiterer Faktor, der ebenfalls zur Entmaterialisierung des Geldes beitrug: In den Niederlanden waren für diese Zeit ungewöhnlich viele Menschen des Lesens und Schreibens kundig.[37] Auf diesem Terrain konnten sich sowohl Calvinismus als auch ein säkulares Wissensverständnis ausbreiten. Dominierte bis Ende des 16. Jh. noch die Theologie an den Universitäten, so begannen im 17. Jahrhundert – zumindest in Leiden – säkulare Fächer wie Recht, Medizin, Mathematik und humanistische Fächer der Theologie die Vormacht streitig zu machen: Leidens liberaler Ruf zog viele wissenschaftliche Modernisierer an. Es gab sogar Anatomieschulen mit öffentlichen Sektionen von Leichen. Einer der berühmtesten unter diesen Anatomen, Rembrandt hat ihn gemalt, gab sich selbst den Namen ›Dr. Tulp‹.[38]

Der relativ hohe Bildungsstand – der dafür sorgte, dass viele Menschen mit schriftlichen Substituten für Waren, etwa Schuldverschreibungen, umzugehen verstanden – war für die Entstehung einer frühen Marktwirtschaft günstig. Diese schuf wiederum eine hohe soziale Mobilität: Es herrschte »der Glaube an die Möglichkeit sozialer Veränderung, die das Geburtsrecht jedes Niederländers war«. In anderen europäischen Ländern galt noch die feudale Ständeordnung, während die Niederlande von einer Gruppe reicher und einflussreicher Bürger (Geschäftsleuten, Anwälten, Ärzten) regiert wurde: den ›Regenten‹. Ihre Profite kamen aus dem Gewürzhandel (daher die ›Pfeffersäcke‹), der mehr als der traditionelle Handel mit Salz, Holz oder Korn brachte. Die Geschäftsleute machten bis zu 400 Prozent Profit auf ihre Ware. »Um 1631 mischten fünf Sechstel der dreihundert reichsten Bürger Amsterdams im Ostindienhandel mit«, und viele von ihnen standen »im Durchschnitt wesentlich besser da als ihre Zeitgenossen im übrigen Europa«. Bis zur Errichtung der Amsterdamer Börse waren die Händler ihren Geschäften auf der Straße oder bei schlechtem Wetter im Kirchengestühl der

St.-Olafs-Kapelle nachgegangen.[39] Zunächst war der Handel nur von 12 bis 14 Uhr erlaubt, und es gab großes Gedränge. Joseph de la Vegas Bild des Maklers zeigt, dass die Nervosität schon früh ein Markenzeichen des Spekulanten war: »Er schwankt, wie er am besten Geld verdienen könnte, er kaut an den Nägeln, reißt an den Fingern, schließt die Augen, macht vier Schritte und hält dabei vier Selbstgespräche, faßt mit der Hand an die Backe, als ob er Zahnschmerzen hätte, nimmt eine nachdenkliche Miene an, streckt einen Finger aus, reibt sich die Stirn, begleitet mit geheimnisvollem Hüsteln diesen Tanz, als ob er das Glück zwingen könne.«[40]

Mike Dash hat die Geschichte des ›Tulpenwahns‹, dieser »verrücktesten Spekulation der Geschichte« recherchiert. Sie nimmt fast alle Charakteristika späterer Finanzblasen vorweg. Meine Darstellungen beruhen auf seinem Buch, wobei ich zusätzlich die Nähe zur Geschichte des Geldes hervorheben möchte. Ich halte es für keinen Zufall, dass sich diese erste große Spekulation ausgerechnet an einer Blume festmachte – zu eng ist die Symbolik von ›Wachstum‹ und ›Fruchtbarkeit‹ (zudem im Deutschen von ›Blüten‹) mit den Phantasien verbunden, die von Anfang an die Geschichte des Geldes, vor allem des Papiergeldes, begleiteten.

Die Tulpe kommt ursprünglich aus Hochtälern Zentralasiens, wo China und Tibet auf Russland und Afghanistan stoßen. Sie wurde von Nomaden in den Westen gebracht und galt wegen ihrer Resistenz gegen die Kälte als Symbol von Lebenskraft. Tulpen repräsentierten »Fruchtbarkeit und waren die ersten Vorboten des nahenden Frühlings«. Von Persien kamen sie ins Osmanische Reich, wo Gärten für muslimische Vorstellungen vom Paradies standen. Christen imaginierten fürs Jenseits die himmlische Stadt. »Fromme Muslime verehrten Blumen beinahe wie heilige Reliquien und trugen Blüten an ihren Turbanen.« Den Osmanen galt die Tulpe »als die Blume Gottes«. In der ersten Hälfte des 16. Jahrhunderts hatte sich die Tulpe als »türkische Blume schlechthin« etabliert; in Europa war sie noch unbekannt, während in der Türkei schon verschiedene Sorten gezüchtet wurden.[41]

1562 ging ein Schiff mit einer Ladung Stoffe aus Istanbul in Antwerpen vor Anker. Einem Paket, adressiert an einen Händler, war ein Bündel Zwiebeln beigefügt. Er aß einen Teil davon und ließ den Rest in das Gemüsebeet einpflanzen. Im darauf folgenden Frühling wuchsen plötzlich wunderbare Blumen in seinen Beeten, die er voller Begeisterung Freunden, darunter auch Gärtnern, zeigte. Diese zogen wiederum Botaniker hinzu, darunter Clusius, der als Botaniker nach Leiden berufen worden war und viele Pflanzen, darunter auch wertvolle Tulpen mitgebracht hatte. Der Ruf der Tulpe breitete sich aus – zumindest unter Biologen und Connaisseuren.

Die Tulpen Hollands bestanden aus gekreuzten Pflanzen und konnten als Samen wie als Zwiebeln gezogen werden. Am Anfang war ihre »Vermehrung noch ein Geheimnis« – hierin nicht unähnlich dem Geld. Auch die Farbenpracht faszinierte an dieser Blumenart, doch hinter dieser Schönheit verbarg sich von Anfang an ein ›falscher Schein‹. »Es ist die Ironie der Tulpenmanie, dass die beliebtesten Sorten, die für Hunderte und bald Tausende von Gulden ihren Besitzer wechselten, eigentlich mit einem Virus infiziert waren, das offenbar nur bei Tulpen vorkommt und das für die auffällige Intensität und Vielfalt der Farbgebung der Blätter ihrer Blütenblätter verantwortlich war.« Auch das Geld vermehrt sich am meisten dann, wenn es nicht gedeckt, also ›krank‹ ist. Um 1600 gab es schon weit über hundert Arten von Tulpen, um 1630 waren es an die tausend. Das Tulpenfieber griff nach Paris über: Tulpen erschienen in Dekolletés und galten als genauso wertvoll wie Diamanten. Eine Braut soll als Mitgift eine einzige Zwiebel erhalten haben, die ihr Vater gezüchtet hatte. An sich stellten die Reichen in Holland ihren Reichtum nicht zur Schau, aber in Hemsteede legte der Unternehmer Adriaen Pauw neben seinem Haus einen Garten an, in dem sich ein prachtvolles Tulpenbeet befand. Das Geheimnis seiner Gartenanlage war »ein Spiegelkabinett, dazu entworfen, jedes Bild tausendfach zurückzuwerfen und die Illusion von Fülle zu erzeugen, die gar nicht vorhanden war«.[42] Man fühlt sich an manche Ponzi-Pyramide erinnert, die mit dem Papiergeld möglich wurde.

Die berühmteste unter den Tulpen, die ›Semper Augusta‹, war so rar, dass sie praktisch nie in den Handel kam. Das machte sie – wie das Geld als ›knapp gehaltenes Nichts‹ – besonders begehrenswert: Bereits 1623 wurde dem (unbekannten) Besitzer die sensationelle Summe von zwölftausend Gulden für zehn der Zwiebeln geboten. Dass er sich zu verkaufen weigerte, trieb den Preis noch in die Höhe. Bald bot man ihm 2000 bis 3000 Gulden pro Zwiebel. Die Knappheit von bestimmten Tulpensorten wurde zum Dreh- und Angelpunkt der sich allmählich entwickelnden Tulpenspekulation. »Und weil sie begehrt waren, wurden sie teuer gehandelt. Und weil sie teuer waren, wurde es immer lukrativer, sie anzubauen.«[43]

Nun stiegen auch professionelle Blumenzüchter ins Geschäft ein. Auf Messen wurden Tulpen zum Verkauf angeboten: Die Ware wurde als Abbildung in Katalogen angeboten. Die Tulpen hatten sich in Aktien verwandelt. Ab 1633 gab es Tulpen im Überfluss. Damit hätten die hohen Preise eigentlich ihren Sinn verlieren müssen. Das Gegenteil war der Fall. »Die Vorstellung, eine schlichte Blumenzwiebel im Lauf eines einzigen Winters in bare Münze zu verwandeln, muß sehr verlockend gewesen sein, und natürlich sprach sie in erster Linie die Umherziehenden, die Arbeitsscheuen und die Glücksritter in der holländischen Gesellschaft an – Menschen ohne feste Anstellung und ohne festes Einkommen, die allem, was leicht verdientes Geld verhieß, gegenüber aufgeschlossen waren.«[44] Auch dies ist eine Phantasie, die mit dem Geld und Finanzkapitalismus einhergeht: Ich warte, während mein Geld für mich ›arbeitet‹. Wie bei einer in die Erde versenkten Zwiebel erledigt sich die Vermehrung von selbst.

Handwerker, Weber, Bauern verpfändeten ihre Werkzeuge oder ihr Land, um Zwiebeln kaufen zu können. Auch Buchdrucker und Geistliche gab es unter den Spekulanten. Ab Anfang der 1630er Jahre wurde die Tulpenzwiebel als Zahlungsmittel eingesetzt. Die Preise begannen zu steigen, »erst langsam, aber ab Ende 1634 immer schneller. Diese Beschleunigung setzte sich auch 1635 fort, bis sich im Winter 1636 der Wert einiger Zwiebeln in fast einer Woche verdoppeln konnte.«[45] Auch das Geld vermehrt sich schneller, wenn es die Bindung an materielle Werte aufgibt. Der ›Wahn‹ dauerte zwei Monate und versetzte das Land in einen Rausch. Da alle an der Spekulation verdienen wollten, stiegen die Nachfrage und damit auch die Preise immer weiter. Im Jahr 1633 wurde für eine einzige Zwiebel der ›Semper Augustus‹ 5500 geboten, im Januar 1637 waren es schon 10 000. »Diese unvorstellbare Summe reichte aus, um eine mehrköpfige holländische Familie das halbe Leben lang mit Essen, Kleidung und Unterkunft zu versorgen, oder eines der größten Stadthäuser Amsterdams an der vornehmsten Gracht komplett mit Remise und Garten in bar zu erwerben – und dies zu einer Zeit, als sonst nirgendwo auf der Welt die Häuser so teuer waren wie in dieser Stadt.«[46]

An sich fand der Handel nur in den Sommermonaten nach der Blüte statt, wenn die Zwiebeln aus der Erde genommen und getrocknet wurden. Doch immer mehr Floristen gingen dazu über, »Blumen zu kaufen und zu verkaufen, die noch in der Erde waren. Dies war das Ende der Blumenzwiebel als Tauschobjekt; jetzt wechselte nur noch ein Schuldschein den Besitzer – ein Fetzen Papier, der Einzelheiten der zu verkaufenden Blume enthielt sowie das Datum, zu welchem die Zwiebel geerntet und eingesammelt werden konnte. Damit kein Chaos entstand, wurde über jeder Tulpenzwiebel ein Schild in die Erde gesteckt, auf dem die Sorte, das Gewicht und der Besitzer festgehalten waren.« Die Holländer selbst nannten diesen Handel den »Windhandel« oder Blankohandel.[47] Es ist deutlich zu erkennen, wie eng Umlauf und Preissteigerungen mit der Tatsache zusammenhingen, dass sich der Handel von der ›realen‹ Ware getrennt hatte (auf die natürlichen Wachstumszeiten verzichtete) und nur noch über Papier und Zeichen stattfand.

Mit der Einführung der Schuldscheine war der Handel das ganze Jahr über möglich, und bald wurden auch die Schuldscheine zu einer eigenen Währung. »Es dauerte nicht lange, und es bürgerte sich zur Empörung der redlichen Zeitgenossen ein, daß Floristen Tulpen verkauften, die sie gar nicht liefern konnten, und zwar an Käufer, die über kein Bargeld verfügten, sie zu bezahlen, geschweige denn die Absicht hatten, sie jemals einzupflanzen.«[48] Ähnliche Darstellungen findet man auch bei Max Weber knapp 300 Jahre später über die Börsenspekulation: »An der Börse wird ein Geschäft geschlossen über eine nicht gegenwärtige, oft noch unterwegs befindliche, oft erst künftig zu produzierende Ware, zwischen einem Käufer, der sie regelmäßig nicht selbst behalten, sondern (womöglich noch ehe er sie abnimmt und bezahlt) mit Gewinn weitergeben will, und einem Verkäufer, der sie regelmäßig noch nicht hat, meist nicht selbst hervorbringt, sondern mit Gewinn erst beschaffen will.«[49] Von den Derivaten des 21. Jahrhunderts ganz zu schweigen.

Der Terminmarkt war entstanden, doch um 1630 war dieses ökonomische System noch neu. Die Regierung war sich des Risikos bewusst und versuchte einzugreifen, wusste aber nicht wie. Das Verbot von Warentermingeschäften blieb ohne Erfolg; es wurde immer wieder von den ›Blumenhändlern‹ durchbrochen, die den Handel in die Hinterstuben von Schenken verlegten, wo sie sich die Räumlichkeiten mit zwielichtigen Kumpanen teilten, »denn nachdem die Prostitution innerhalb der Stadtgrenzen von Haarlem verboten worden war, dienten die Schenken von Haarlemerhout [ein Vorort mit vielen Kneipen] häufig auch als Bordell«. Anders als an der Börse fand der Verkauf per Auktion statt. Jede Gruppe hatte ihre eigene Buchführung. Der Geschäftsabschluss wurde in die Bücher eingetragen, ohne dass ein Jurist den Handel beglaubigte: Diese Prozedur war schneller, billiger und einfacher. Die sogenannten ›Kollegien‹ unterließen es auch, »zu überprüfen, wie es bei ihren Mitgliedern um die Solvenz bestellt war und ob sie die gehandelten Tulpen auch tatsächlich besaßen«.[50] (Ein ähnliches Vertrauen legte auch die New Yorker Börsenaufsicht im Fall Madoff an den Tag.)

Ihren Höhepunkt fanden die Transaktionen im Dezember 1636 und Januar 1637. Am 5. Februar 1637 hatten die Nachkommen eines Züchters in Alkmaar ihre wertvolle Tulpenerbschaft in einer aufsehenerregenden Auktion versteigert. Es waren sagenhafte Preise erzielt worden: insgesamt 90 000 Gulden. Der ganze Markt geriet in Fieber. »Die Zwiebeln [sollen] zur Blütezeit des Tulpenwahns oft zehnmal am Tag den Besitzer gewechselt haben – wobei der Preis vermutlich mit jedem Handel stieg. Während also die Tulpenzwiebeln selbst sicher in der Erde ruhten, konnten sie nacheinander einem Weber und einem Glasbläser, einem Bleicher und einem Beamten gehört haben, und zwar in einem Zeitraum von vierundzwanzig Stunden, um dann mit einem fünf- oder zehnmal höheren Wert als zu ihrer Einpflanzzeit aus dem Beet gebuddelt zu werden.«[51]

Es folgte der Crash: Nach der Auktion im Februar 1637 mit ihren Höchstpreisen wollte keiner mehr bieten; alle wollten nur noch ihre Zwiebeln verkaufen, in Geld umwandeln. Der Zusammenbruch begann in einer der üblichen Schenken: Bei der Auktion machte niemand ein Angebot, das hatte es noch nie gegeben. Auf unerklärliche und unausgesprochene Weise ›spürten‹ alle Teilnehmer, dass das endgültige Hoch erreicht war, und sie reagierten darauf in synchroner Einmütigkeit. Die Panik breitete sich innerhalb kürzester Zeit über ganz Holland aus. »Der Markt war ausgereizt, und vermutlich wird sich schon ein oder zwei Tage vor der fatalen Zusammenkunft in Haarlem ein Gefühl der allgemeinen Unruhe und Bangigkeit wie beklemmender Herbstnebel von der Zuidersee auf die Kollegien von Haarlem und Amsterdam gelegt haben. Die Tulpenhändler hatten darauf gewartet, daß etwas passierte, und jetzt war es passiert.« Ein Tulpenbeet, das im Januar noch für 600 bis 1000 Gulden den Besitzer gewechselt hatte, war im Mai nur noch 6 Gulden wert. Der Markt brach schneller ein als beim Finanzdesaster von 1929 an der Wall Street. Dort dauerte es zwei Jahre, bis die Aktien ihren Tiefpunkt erreicht hatten, und auch dann hielt sich noch etwa 20 Prozent des ursprünglichen Werts. In Holland war der Wert innerhalb von wenigen Wochen auf 5 Prozent gesunken.[52] Wer seine Werkzeuge oder sein Land beliehen hatte, stand vor dem Ruin.

Die Tulpe galt nun als die ›Hure‹, die alle verführt hatte. Verse wurden gereimt, die sie mit der römischen Göttin Flora gleichsetzten: »Dem Mythos nach war Flora eine bekannte Kurtisane in den frühen Tagen Roms, die so viel von ihrem auf unsittliche Weise erworbenen Vermögen der Stadt vermacht hatte, daß die dankbaren Römer sie dafür zur Göttin erhoben. Sie wurde sowohl die Göttin der Blumen als auch die Schutzpatronin der Prostituierten, und die holländischen Flugblattautoren genossen nichts mehr, als offensichtliche Parallelen zwischen der römischen Hure und den wertvollen Tulpen zu ziehen, die auf der Höhe des Wahns so rasch von Hand zu Hand gegangen waren. Flora, so erinnerten sie ihre Leser, hatte sich den Höchstbietenden verkauft, und ihr Preis war ständig gestiegen, bis er so hoch war, daß kein Mann sie lange für sich behalten konnte.«[53] Der Vergleich mit der Prostituierten ist aufschlussreich. Das Bild beschwört einen ›fruchtlosen Sex‹, Geschlechtsverkehr ohne Reproduktion, wie er auch für hysterische ›Scheinschwangerschaften‹ bezeichnend ist.

Wie üblich suchten die Betroffenen nicht die Schuld bei sich selbst. Man unterstellte Manipulationen durch »Bankrotteure, Juden und Mennoniten«. Um Handel und Wirtschaftsleben zu retten, legten die Gerichte fest, dass die Verträge zu 5 Prozent des vereinbarten Wertes zu achten seien. Es kam zu einer allgemeinen Rezession, aus der die große Mehrheit der Floristen »zwar erschüttert und geläutert« hervorging, aber letztlich »standen sie kaum besser oder schlechter da als vor Ausbruch des Tulpenfiebers«.[54] Zugleich war jedoch ein neuer Wirtschaftszweig entstanden: der Blumenhandel, der bis heute Hollands Exportschlager ist. Ein schönes Beispiel für Schumpeters ›kreative Zerstörung‹.

Hundert Jahre nach dem Tulpenwahn erfuhren die Niederlande noch einmal eine Spekulationsblase – diesmal um Hyazinthen. Sie erreichte ihren Höhepunkt im Jahr

1736 und ist paradigmatisch für die Kurzlebigkeit des kollektiven Gedächtnisses. Dessen Flüchtigkeit wurde einmal am Beispiel der holländischen Deiche festgemacht. Einem Beobachter war aufgefallen, dass es alle hundert Jahre zu Flutkatastrophen in den Niederlanden kam – eine Regelmäßigkeit, die sich nicht nur mit klimatischen Bedingungen erklären lässt. Seine Erklärung: Wer selbst erlebt hat, wie die Deiche brechen, kümmert sich um die Instandhaltung; die Generation, die von ihren Eltern oder Großeltern von der Katastrophe hört, tut es schon weniger. Sobald niemand mehr Augenzeugen kennt, hört der Schutz der Deiche auf. Dann passiert es, dass diese dem Ansturm des Meeres nicht mehr standhalten. Bei Spekulationsblasen scheint die Erinnerungsspanne noch geringer zu sein.

DAS ›GEFÜHLTE GELD‹

»Jedes Wirtschaftsleben ist Ausdruck eines Seelenlebens«, schreibt Oswald Spengler.[55] Schumpeter sagt vom Geld, dass sich in ihm die nationale Seele und das, was ein Volk »tut, erleidet, *ist*«, widerspiegelt.[56] Der ›Seele des Geldes‹ stehen emotionale Währungen gegenüber: so etwa wenn Freud ökonomische Begriffe verwendet, um die Libido zu beschreiben. Er vergleicht zum Beispiel die Triebbefriedigung mit der Kapitalstreuung des »vorsichtigen Kaufmanns«.[57] Von anderen werden hoch emotional besetzte Gebiete wie »Ehre, Genie, Ruhm und moralischer Anstand« als ›Währungen‹ gehandelt.[58] Auf der anderen Seite führt das Geld aber auch zur Abkühlung der Gefühle, was Lewis Hyde am Vergleich von Gabentausch und Geldökonomie illustriert. »Der wesentliche Unterschied zwischen Geschenk und Geschäft besteht darin, dass Geben eine Gefühlsbindung zwischen zwei Menschen begründet, Verkaufen dagegen nicht unbedingt. [...] Diese Anonymität gehört sogar zu den Vorteilen des Marktprinzips. Oft wollen wir uns gar nicht näher einlassen.« Die emotionale Bindung, so schreibt er weiter, schließt in der Regel die quantitative Bewertung aus.[59]

Die Geldökonomie evoziert also Gefühle, führt andererseits aber auch zu Bindungsscheu. Sie kann sogar den Freiheitsdrang repräsentieren: Das war, so Hyde, die Verheißung von Konsumwaren für Menschen hinter dem Eisernen Vorhang. »Die Jugendlichen von Peking und Prag streben nicht nur Luxus an. Jugend sucht immer auch die Ablösung von ihren Ernährern, wie es das Gleichnis vom verlorenen Sohn bezeugt.« Im dritten Kapitel bin ich auf die Gemeinschaft bildende und zerstörende Macht des Geldes eingegangen. Was Hyde hier hervorhebt, besagt jedoch, dass Marktwirtschaft und Konsumgüter die *Freiheit* von emotionalen Bindungen verheißen. In den von vielen Songs

Photo René Burri, 1962.

und Filmen heroisierten Gestalten der truck driver, cow boys und private eyes, so schreibt er, findet diese Vorstellung ihre Umsetzung: Sie stehen »für die Warenwelt: frei wie ein Vogel und einsam«. Stellvertretend für uns leben sie »das Drama der Existenz in einem Land ohne Bindungen aus«.[60] Eine ›ent-bindende‹ Wirkung des Geldes lässt sich sogar dort beobachten, wo Menschen ausdrücklich Bindung suchen, wie etwa in der Psychotherapie. Auch hier, so Hyde, bietet das Geld einen Schutz vor zuviel Nähe: »Das in der Psychotherapie zu zahlende Honorar mag ein modernes Äquivalent der Trennwand im Beichtstuhl sein, indem es wie eine Schranke zwischen Therapeut und Patient wirkt.«[61] Simmel beschreibt eine ähnliche Funktion des Geldes am Beispiel von Freier und Prostituierter. »Nur die Transaktion um Geld trägt jenen Charakter einer ganz momentanen Beziehung, die keine Spuren hinterläßt, wie er der Prostitution eigen ist. Mit der Hingabe von Geld hat man sich vollständiger aus der Beziehung gelöst, sich radikaler mit ihr abgefunden, als mit der Hingabe irgend eines qualifizierten Gegenstandes, an dem durch seinen Inhalt, seine Wahl, seine Benützung leichter der Hauch der gebenden Persönlichkeit haften bleibt.«[62]

Das Geld hat also zwei widersprüchliche Wirkungen: Einerseits stellt es Bindungslosigkeit her, andererseits ruft es aber Erregungen hervor, durch die normalerweise Bindungen bewirkt werden. Denn Erregungen verlangen nach Wiederholung und binden die eigenen Gefühle an den, der sie vorher und, wie man hofft, erneut herzustellen vermag. Das Phänomen ist sowohl aus der Kriminalpsychologie als auch aus der Spielsucht bekannt. Das Geld dagegen bietet die Möglichkeit hoher Emotionalität bei gleichzeitiger Bewahrung der Freiheit: Darin ist es wiederum der Sexualität überlegen. »Sex ist so frei und im Überfluss, dass er kaum mehr für Erregung sorgt«, konstatierte 1930 der US-Psychologe John B. Watson: »Wir langweilen uns alle. Gambling ist so etwa das Einzige, das noch die gleiche Art von Thrill bietet wie die Großwildjagd. Und man kann den Markt direkt von seinem Schreibtisch bespielen.«[63]

Könnte es sein, dass Geld emotional hoch besetzte Bindungen zulässt – aber eben nur zu sich selbst? Mir scheint, dass in dieser Art von ›Monogamie‹ ein Schlüssel zum Verständnis der modernen Single-Gesellschaft zu suchen ist: Wenn die Geschichte des Geldes zeigt, dass das Geld – als Zeichensystem – zu einem ›acteur social‹ geworden ist,[64] (und dass das Geld eine eigene historische Dynamik ausgelöst hat, darüber sind sich alle einig, die sich mit der Geschichte des Geldes befasst haben), so bedeutet dies, dass das Geld Subjekte braucht, die ihre Gefühle in seinen Dienst stellen. Gerade weil das Geld – als abstraktes Zeichensystem – über keinen eigenen Körper verfügt, muss es Menschen zu dieser emotionalen Dienstleistung motivieren. Diese Agenten können ihre Funktion allerdings nur dann erfüllen, wenn sie dies nicht als Zwang, sondern als Wunscherfüllung wahrnehmen: als individuelle Triebbefriedigung. Die freie Marktwirtschaft, die das individuelle Profitstreben ins Zentrum rückt, fördert einerseits die Herauslösung des Individuums aus allen anderen Bindungen. Andererseits soll es sein Begehren in den Dienst des Geldes stellen.

Die Geschichte der ›freien Marktwirtschaft‹ und die Geschichte der ›freien Sexualität‹ verlaufen in zeitlicher Parallele zueinander. Ende des 19. Jahrhunderts begann sich das Geld vom Goldstandard, der letzten materiellen Beglaubigung, zu lösen. In derselben Zeit löste sich die Sexualität von der Reproduktion ab. 1875 hatte eine verbesserte Mikroskopiertechnik zum ersten Mal genaueren Einblick in die Verschmelzung von Sperma und Eikern gegeben. Es entstand auf der einen Seite die Eugenik, die die Fortpflanzung ins Labor verlagerte und in der modernen Reproduktionsmedizin ihre Nachfolgerin finden sollte, und auf der anderen Seite die Sexualwissenschaften, deren Grundgedanke ein von der Fortpflanzung unabhängiger Sexualtrieb ist. War der Gedanke eines unabhängigen Sexualtriebs erst einmal legitimiert, musste er notwendigerweise die Liberalisierung der Sitten, die Legalisierung der Homosexualität und außerehelicher Beziehungen zur Folge haben. Der Markt ließ nicht lange auf sich warten und bot bald die Mittel zur Schwangerschaftsverhütung: Die Pille wurde entwickelt, Anfang der 1970er Jahre gaben die meisten Industriestaaten sie frei. Inzwischen stellt sie das meistverkaufte Medikament der westlichen Welt dar.[65] 1975 fiel das Pornographieverbot: Grund war die Liberalisierung der Sexualität.

Eine ähnliche Entwicklung beim Geldmarkt. Nach der Lösung vom Goldstandard gegen Ende des 19. Jahrhunderts hoben die USA im August 1971 die Goldkonvertibilität des US-Dollars auf. Bald danach begannen die Währungen gegeneinander zu flottieren. 1973 kam es zur endgültigen Aufkündigung des Festkurssystems mit dem Dollar als Leitwährung. Während also einerseits Währungen ›frei zu flottieren‹ beginnen, entsteht andererseits eine ›frei flottierende Sexualität‹. In einigen Fällen führt dies zu einer verstärkten Promiskuität, in anderen zu vielen und immer rascher wechselnden ›festen Partnern‹. Im Alter von 35 Jahren, so schreibt Andrew J. Cherlin in seinem Buch *The Marriage-Go-Round: The State of Marriage and the Family in America Today,* haben 10 Prozent aller amerikanischen Frauen mit drei oder mehr Ehemännern oder festen Partnern zusammengelebt.[66] Häufige Wechsel verlangen nach wachsendem Angebot. Deshalb findet die Partnersuche heute zumeist im Internet statt – in den USA belaufen sich die Zahlen auf 20 bis 40 Millionen pro Jahr.[67] Das Internet, so schreibt die Soziologin Eva Illouz in ihrem Buch *Gefühle in Zeiten des Kapitalismus,* »strukturiert die Suche nach einem Partner buchstäblich als einen Markt oder, genauer, es formalisiert die Suche nach einem Partner im Sinne einer ökonomischen Transaktion. Es verwandelt das Selbst in ein verpacktes Produkt, das mit anderen auf einem offenen Markt konkurriert, der nur durch das Gesetz von Angebot und Nachfrage reguliert wird.«[68] Dass diese Suche notwendigerweise Enttäuschungen zeitigen muss, erhöht nur noch die Umlaufgeschwindigkeit des Karussells.

Man kann die zeitlichen Parallelen von freier Marktwirtschaft und Liberalisierung der Sexualmoral für einen historischen Zufall halten. Man kann sich aber auch fragen, ob es überhaupt denkbar ist, dass Menschen von den Prinzipien der Ökonomie dazu angeleitet werden, das persönliche Gewinnstreben zum Leitgedanken ihres ökonomischen Handelns zu machen, *ohne* dass sich dies auf ihre sexuelle Ökonomie auswirkt. Kann man Menschen zu ökonomischen Nomaden erklären, ohne dass sie zu sexuellen Nomaden werden? Kann man die Arbeitskraft des Menschen, die so sehr Teil seines Vermögens und seiner Emotionalität ist, zur Ware machen, ohne dass seine Sexualität zur Ware wird? Kann eine Gesellschaft, die das individuelle Streben zur Triebkraft ihrer Ökonomie macht, dieses Ziel erreichen, ohne die sexuellen Triebe in die gleiche Richtung zu lenken? Mehr noch: Ist die Überlagerung von sexueller Erregung und Erregung durch Profite, die immer wieder von Psychologen und Betroffenen als handlungsmächtiger Motor der Ökonomie beschrieben wurde, nur Zufall?

Die doppelte Wirksamkeit des Geldes – Ent-Bindung einerseits und Bindung an die Bedürfnisse des Geldes andererseits – erklärt den Widerspruch, dass die Produktivität des Geldes sowohl auf symbolischer Kastration und Enthaltsamkeit (im Sinne von Max Weber) beruht als auch in der Begierde ihren Ausdruck findet. Und sie erklärt, warum die Geschlechterfrage derartig aus den Geldtheorien ausgeklammert wird. So wie die Theologie nicht über den Sinn von Religion reflektieren kann, ohne die eigenen Lehren in Frage zu stellen, so ›funktioniert‹ auch das Geld nur dann, wenn seine Mechanismen unbewusst bleiben. Benedict Andersons Beschreibung des Nationalismus als eines übermächtigen ›Gefühls‹, für das Millionen von Menschen in den letzten 200 Jahren getötet haben oder »bereitwillig gestorben sind«,[69] lässt sich direkt auf das Geld übertragen: Es verlangt von seinen ›Agenten‹ völlige Hingabe. Eben das erklärt die hohe Emotionalität, die mit dem Geld verbunden ist.

Bildet für Anderson der Buchdruck die Grundlage der nationalen Eingemeindung des Einzelnen, so bieten heute Netzwerke wie Facebook »eine einzigartige Gelegenheit, die Kontrolle über unsere soziale Identität« zu übernehmen: »Es ist ein kaum auflösbares Dilemma, dass der Vorgang der Selbstvergewisserung, der Hunderten Millionen Menschen so unverzichtbar geworden ist, untrennbar verbunden scheint mit der Selbstaufgabe, die darin besteht, dass wir uns und unsere sozialen Kontakte freiwillig in ein Unternehmensvermögen überführen.« Facebook ist ein Beispiel dafür, dass ›imaginierte Gemeinschaften‹ heute weder durch Religion noch durch Nationalismus, sondern durch eine Firma hergestellt werden können: eine Firma, geschätzter Börsenwert von 70 bis 100 Milliarden Dollar, mehr als Yahoo oder Ebay, größer als BMW, und einzig das »Ergebnis von Erwartungen, die daran geknüpft sind, was digitale soziale Netzwerke mit den ihnen anvertrauten Identitäten vielleicht einmal zu tun in der Lage sein werden«.[70]

Das ›Produkt‹ Facebook hat nichts mit der ›Realwirtschaft‹, nicht einmal mit Dienstleistungen zu tun, es beruht auf den »(angeblich mittlerweile) 600 Millionen Menschen und ihren Kontakte(n) zueinander«. Zugleich bietet es die größte Ansammlung an Daten, »die der Sozialforschung je zur Verfügung gestanden« hat, und entwickelte nach eigenen Angaben einen Algorithmus, »der zuverlässig den Aufenthaltsort eines Nutzers vorhersagen, und dabei jeden IP-basierten Ortungsdienst hinter sich lassen soll«. Auch die Wohnlage des Teilnehmers wird registriert. Bei Facebook verschmilzt das Netzwerk an Menschen mit dem Geld selbst.

»Lightbank, die Investorengruppe, die mit dem Rabattangebote-Dienst Groupon erfolgreich einen weiteren aktuellen Liebling der Marktbeobachter (und einen der wichtigsten Kooperationspartner von Facebook) angeschoben hat, berichtet, dass zu ihren aktuellen Projekten ein Service gehöre, der die Freundeskreise in sozialen Netzwerken für das Erstellen von Kret-Scorings auswerten könnte.« Mit ›Kret-Scoring‹ ist die Kreditwürdigkeit eines potentiellen Marktteilnehmers gemeint, die somit von der Solvenz – oder dem kulturellen Kapital – des Freundeskreises abhängt. Die Menschen in Facebook haben ein Gefühl der Bindung untereinander; das gilt jedoch – anders als bei Religion und Nation – nicht für die Firma, die ihnen diesen Zusammenhalt verschafft. »Die Nutzer lieben ihr Netzwerk, aber es gibt nicht in Ansätzen eine emotionale Zuneigung zu dem dahinterstehenden Unternehmen Facebook, wie das etwa bei Google oder Apple durchaus verbreitet ist. Zwischen Mark Zuckerberg und der halben Milliarde Menschen, die sich ihm anvertraut haben, besteht genau das nicht: Vertrauen.« Dennoch gibt es »keine Facebook Auswanderer«.[71]

Auch das Geld kennt keine ›Auswanderer‹, und niemand empfindet ›Zuneigung‹ zu ihm. Dennoch hält dieser Klebstoff mindestens ebenso gut wie Religion oder Nationalgedanke. Die Währung hat den ›unsterblichen‹ Körper des Königs abgelöst: Repräsentierte dieser einst den Staat und die Gemeinschaft, so hat nun das Geld diese Rolle inne. Damit die mit dem Geld verbundene Emotionalität funktioniert, darf freilich keine Reflexion über das Geld einsetzen: Sobald das Unbewusste in Bewusstsein verwandelt wird, verliert das Geld seinen Zugriff auf das Ich. Das Geld will das Ich nicht auslöschen; es braucht das Ich, um funktionieren zu können. Aber für ein grübelndes Ich hat es keine Verwendung.

DAS NICHTS UND DAS ICH

Der Ökonom Hajo Riese hat dargestellt, dass die Entmaterialisierung des Geldes und die Bereitschaft, ans Geld zu glauben, miteinander einhergehen. Als Zahlungsmittel stellt das Geld ein »ultimatives Medium der Erfüllung von Kontrakten« dar. In der Theorie hat es als Tauschmittel eine lange Geschichte; doch als Wertaufbewahrungsmittel ging es erst zu Beginn des 20. Jahrhunderts in die Theoriebildung ein. (Das geschieht in genau jenem Moment, in dem das Geld mit dem Abrücken vom Goldstandard den Bezug zu materiellen Werten aufgibt.) Riese verweist auf Keynes, der im 17. Kapitel der *General Theory* erklärt, dass sich Geld deshalb für die Funktion als Wertaufbewahrungsmittel besonders eignet, weil es von allen Gütern die höchste ›Substitutions- und Produktionselastizität‹ und damit auch Beharrlichkeit aufweise: »Geld wird somit von Keynes als Geld interpretiert, weil es die Eigenschaften von Geld aufweist.«[72] Keynes, so Riese, sitzt schlicht der Phänomenologie des Geldes auf.

»Ebenso wie die Bewegungen der Planeten am Sternenhimmel plötzlich durchsichtig werden, wenn man davon ausgeht, daß sich die Erde um die Sonne dreht und nicht die Sonne die Erde umkreist, wird plötzlich die Geldfunktion durchsichtig, wenn man unterstellt, daß Geld die Marktbeziehungen steuert, anstatt daß es sich umgekehrt aus Markt- und Tauschbeziehungen ableitet.«[73] Auch Günter Schmölders, der schon in den

1960er Jahren über die psychologischen Aspekte des Wirtschaftslebens schrieb, versteht das moderne Geld als *Subjekt* der Ökonomie, das nicht nur den Markt, sondern auch den Marktteilnehmer lenkt. »Unser heutiges Wirtschaftsleben, auf das sich die Funktionen des Geldes beziehen, [ist] selbst in solchem Maße Produkt des Geldes und des durch Geld ermöglichten wirtschaftlichen Verkehrs, dass es schon logisch ganz unzulässig erscheint, das Geld wiederum aus seinem Produkt, der arbeitsteiligen Verkehrswirtschaft, abzuleiten; wie das erste Ei eine erste Henne, so setzt das Funktionieren des Geldes das Geld voraus, das darum nicht aus seinen Funktionen entstanden sein, auf ihnen beruhen oder durch sie definiert sein kann.«[74]

Riese geht weiter. Er schreibt, dass sich Güter (ebenso wie Kaurimuscheln oder Gold) in Geld verwandeln, »wenn sie von einer Institution als Geld inthronisiert werden, dessen Ökonomisierung aus einem Knapphalten besteht«. In den modernen Ökonomien inthronisieren die Zentralbanken das Geld. Sie entscheiden darüber, welchen Wert die Null auf dem Papier hat. »Dieses Charakteristikum begründet Geld [...] als Nicht-Gut.« Nur als Nicht-Gut kann es beliebig vermehrt oder auch knapp gehalten werden. Insofern ist die Zentralbank ›Gläubiger‹ eines Nichts. »Damit aber entsteht durch die Geldschöpfung ein Schuldner, dem im ökonomischen Sinne kein Gläubiger gegenübersteht.« Keynes hatte die Zinsen für die Kreditvergabe mit dem ›Liquiditätsverzicht‹ des Gläubigers gerechtfertigt. Bei der Geldschöpfung gibt es niemanden, der auf Liquidität verzichten muss. »Die Interpretation von Geld als knappgehaltenes Nichts liefert die Lösung des Rätsels der Nationalökonomie. Das Knapphalten macht Geld attraktiv, führt dazu, daß das wirtschaftende Individuum Geld will, bereit ist, Güter und Ressourcen gegen Geld herauszugeben.« Keynes hatte schon dargelegt, dass das Geld nur deshalb seine Funktionen erfüllen kann, weil es weder Ressource noch ein Gut ist. Für Riese besteht die »Genialität des Mediums« darin, dass man seinen Wert »durch Aufdrucken einer Null verzehnfachen kann«.[75]

Hier haben wir einen weiteren Schlüssel, um den Zugriff des Geldes auf die Psyche zu verstehen: Das Ich erträgt kein ›knapp gehaltenes Nichts‹. Für das Unbewusste gibt es das Nichts nicht. Das zeigen alle Versuche, das Unbewusste zu definieren. Für Freud kennt das Unbewusste weder die ›logischen Denkgesetze‹ noch den Widerspruch; die ›äußere Realität‹ wird durch die psychische ersetzt. »Die Vorgänge des Systems *Ubw* sind zeitlos, d. h. sie sind nicht zeitlich geordnet, werden durch die verlaufende Zeit nicht abgeändert, haben überhaupt keine Beziehung zur Zeit. [...] Ebensowenig kennen die *Ubw*-Vorgänge eine Rücksicht auf die Realität. Sie sind dem Lustprinzip unterworfen; ihr Schicksal hängt davon ab, wie stark sie sind, und ob sie die Anforderungen der Lust-Unlustregulierung erfüllen.«[76] Von anderen wurde das Unbewusste zum Hort des geheimen Wissens, der ›verborgenen Realitäten‹ erklärt: ein Schatz, der sich dem bewussten Zugriff entzieht und dennoch Erinnerungen wie im Panzerschrank bewahrt. »Die Amnesie der Verdrängung«, so hat es Jacques Lacan ausgedrückt, »ist eine der lebendigsten Formen des Gedächtnisses«.[77]

Sogar da, wo es im Unbewussten das Schweigen oder Lücken gibt, sind diese nichts anderes als Geheimkammern: Im Gegensatz zur Null, die ein ›umrandetes Nichts‹ ist, sind sie ein vom Nichts (dem Schweigen) ›umrandetes Etwas‹. Die beiden Psychoanalytiker Nicolas Abraham und Maria Torok haben für diese ›verdeckten‹ oder geheimen Formen des Gedächtnisses den Begriff der ›Verkryptung‹ eingeführt. Damit ist ein ›intrapsychisches Geheimnis‹ gemeint, das von einer Generation zur nächsten weitergegeben wird und dazu dient, »die Leere zu vergegenständlichen, die ein verborgener Teil des Lebens eines Liebesobjekts hinterlassen hat. Das Phantom ist deshalb auch eine metapsychologische Tatsache: Das heißt, es sind nicht die Verschiedenen, die spuken, sondern die Lücken, die die Geheimnisse der anderen in uns gelassen haben.«[78] Diese ›verkrypteten Erinnerungen‹, die der Träger in sich verschließen muss »wie in einem Sarg«,[79] entziehen sich, laut Abraham und Torok, der Verbalisierung oder der figurativen Darstellung und sind deshalb als »Antimetaphern« zu begreifen. »Die Worte, deren sich das Phantom zu seiner Wiederkehr bedient«, haben ihren Ursprung nicht in dem Gesagten, »sondern in einer Lücke im Sagbaren«.[80] Das heißt, selbst da, wo im Unbewussten ein scheinbares Nichts auftaucht, verbirgt sich dahinter eine Realität.

Wenn es aber für die Psyche das Nichts nicht gibt und das Geld ein ›knapp gehaltenes Nichts‹ ist – warum reagiert die Psyche dann so intensiv auf das Geld? Um auf diese Frage zu antworten, ist der Begriff der ›Geldillusion‹ dienlich, der von dem Ökonomen Irving Fisher eingeführt wurde, um damit den Glauben der Bürger einer Währungsgemeinschaft an ›ihr‹ Geld zu bezeichnen.[81] Fisher prägte den Begriff, weil er nach dem Ersten Weltkrieg konstatiert hatte, dass von 20 deutschen Frauen und Männern 19 den Verlust der Kaufkraft nicht auf die Abwertung des Geldes, sondern auf die Preissteigerungen der Waren zurückführten. Erst mit der Inflation von 1923 »ging ihnen fast über Nacht ein Licht auf«.[82]

Hinter der ›Geldillusion‹, so Schmölders, verbirgt sich der Glaube an die Gemeinschaft; diese ist »sozialpsychologisch betrachtet, nichts anderes als der Geldwert, aufgefasst als allgemeine, nicht-individuelle Wertschätzung der Geldeinheit in der Skala der Werte einer Gemeinschaft«.[83] Auch für Simmel hängen der Glauben ans Geld und der Glaube an die Gemeinschaft eng zusammen: »Wie ohne den Glauben der Menschen aneinander die Gesellschaft auseinanderfallen würde […], so würde ohne ihn der Geldverkehr zusammenbrechen.« Dabei fokussiert er auch das Selbstvertrauen, das dieser

Glaube dem Individuum verleiht. »Das Gefühl der persönlichen Sicherheit, das der Geldbesitz gewährt, ist vielleicht die konzentrierteste und zugespitzteste Form und Äußerung des Vertrauens auf die staatlich-gesellschaftliche Organisation und Ordnung.«[84] Die Erkenntnis der Geld-Illusion besteht also in der Erkenntnis, dass die staatliche Ordnung versagt hat. Das Ich wird auf sich selbst zurückgeworfen – hier beginnen die Zweifel.

Zusammenfassend: Das Geld ›funktioniert‹, weil es ein Nicht-Gut, also ein Nichts ist. Das Unbewusste verweigert den Umgang mit dem Nichts. Also umrandet es das Nichts mit einem Schleier: der Geldillusion, die wiederum auf dem Glauben an die Gemeinschaft beruht. Da die Geldillusion aber bei jeder Inflation und jedem Crash in Frage gestellt wird, bleibt dem Ich oder dem Unbewussten gar nichts anderes übrig, als sich an den einzigen Faktor zu halten, der über Evidenz verfügt: das Geld, dem – anders als Autoritäten und Regierungen – Subjektstatus beigemessen wird. Dieser tritt gerade in Krisenzeiten besonders deutlich hervor. *Das bedeutet aber, dass das Ich ans Geld glaubt, weil es jeden Grund hat, daran zu zweifeln.* So wie der Konvertit den eifrigsten Gläubigen abgibt, verhält es sich auch mit dem Geld: Der Zweifel am Geld wird zum Motor eines verzweifelten Vertrauens ins Geld: Der Übereifer kompensiert den Mangel an Credo. Gibt es eine bessere Erklärung für die hohe Emotionalität, die mit dem Geld einhergeht? Der Zugriff des Geldes auf die individuelle Psyche verläuft über die Unmöglichkeit des Ichs, das Nichts zu *fühlen*. Aber je mehr es mit dieser Erkenntnis konfrontiert ist, desto mehr wird es seine Gefühle dem Geld anvertrauen.

WIR SIND DAS GELD

Eine der Reaktionen auf das Versagen des Souveräns bei der Wahrung der ›Geldillusion‹ besteht in der Flucht ins ›Wir-Gefühl‹. Das Phänomen hat Gustave Le Bon schon Ende des 19. Jahrhunderts am Phänomen der ›Masse‹ umschrieben. Sein Werk *Psychologie der Massen* erschien 1895, in demselben Jahr, in dem auch Freud und Breuer ihre *Studien zur Hysterie* veröffentlichten. Aber während letztere die hysterische Sprache des individuellen Körpers beschreiben, interessiert sich Le Bon für die Entstehung des Kollektivkörpers. Liest man Le Bon unter der Perspektive des Geldes, erscheint die Bildung einer ›Masse‹ wie der Versuch einer Wahrung der Geldillusion. »Bei der Untersuchung ihrer grundlegenden Charakterzüge sagten wir, dass die Masse beinahe ausschließlich vom Unbewußten geleitet wird. Ihre Handlungen stehen viel öfter unter dem Einfluß des Rückenmarks als unter dem des Gehirns. Die vollzogenen Handlungen können ihrer

Ausführung nach vollkommen sein, da sie aber nicht vom Gehirn ausgehen, so handelt der einzelne nach zufälligen Reizen.«[85]

Zwar gibt es für Le Bon auch die Gestalt des ›Führers‹. Doch dieser kann nur dann die Führung übernehmen, wenn er sich den Eigenschaften und der Irrationalität der ›Masse‹ *anpasst*. »Meistens sind die Führer keine Denker, sondern Männer der Tat. Sie haben wenig Scharfblick und könnten auch nicht anders sein, da der Scharfblick im Allgemeinen zu Zweifel und Untätigkeit führt. Man findet sie namentlich unter den Nervösen, Reizbaren, Halbverrückten, die sich an der Grenze des Irrsinns finden.«[86] Mit ganz ähnlichen Bildern beschreiben ›Börsenprofis‹ auch die Spekulanten an der Börse.

In dieser Irrationalität sieht Le Bon aber auch einen Motor des Fortschritts: »Ist es zu bedauern, dass die Massen nie von der Vernunft geleitet werden? Wir wagen es nicht zu behaupten. Der menschlichen Vernunft wäre es wahrscheinlich nicht gelungen, die Menschheit mit derselben Glut und Kühnheit die Bahnen der Kultur zu führen, zu der ihre Trugbilder sie fortgerissen haben. Die Trugbilder waren Erzeugnisse des Unbewussten, von dem wir geleitet werden, und sie waren wahrscheinlich notwendig.«[87] Die Masse unterliegt also ›Einbildungen‹, verhält sich aber wie ›Urnatur‹. Sie ist ein imaginierter Körper mit einem ›echten‹ Leib. Damit entspricht sie ganz dem Bild der Hysterika mit ihren eingebildeten Symptomen – nur dass es um den hysterischen Kollektivkörper geht. Ihm gehört die Zukunft: »Das göttliche Recht der Massen wird das göttliche Recht der Könige ersetzen.«[88]

Le Bons Werk sollte zum Standardwerk der Börsenpsychologie werden. »Anstatt Nationalökonomie zu studieren, ist es sehr viel nützlicher, das berühmte Werk ›Die Psychologie der Massen‹ des französischen Wissenschaftlers *Gustave Le Bon* (1895) zu lesen«, schreibt der ›Börsenguru‹ André Kostolany.[89] In fast allen Ratgebern zur Börsenpsychologie taucht der Begriff der »Massenhysterie« auf.[90] So auch in dem von Bernhard Jünemann und Dirk Schellenberg herausgegebenen Band *Psychologie für Börsenprofis. Die Macht der Gefühle bei der Geldanlage*.[91] In dem Sammelband kommen ausschließlich männliche Autoren zu Worte, und sie zitieren ausschließlich von Männern geschriebene ökonomische und psychologische Theorien. Das Thema Geschlecht oder Frauen taucht nur im Zusammenhang mit einer Diskussion von ›Zyklen‹ auf, die angeblich die Börse wie die Natur beherrschen.[92] Oder es kommt in Begriffen wie ›Dienstmädchenhausse‹ und ›Milchmädchenhausse‹ zum Ausdruck. Implizit ist das Buch jedoch voll von Geschlechterbildern, in denen die ›Irrationalität‹ eines mit der Masse gleichgesetzten ›Marktes‹ dem individuellen Börsenprofi gegenübergestellt wird. Er weist alle Charakteristika der symbolischen Kastration auf, die ich im ersten Kapitel als ›männlichen Preis‹ für die Verfügungsgewalt über das Geld beschrieben habe. Schon in Kostolanys Einführung heißt es: »Darum behaupte ich, daß das Geld, das man an der Börse macht (obwohl nicht immer verdient), eigentlich ein ›Schmerzensgeld‹ ist. Erst kommen die Schmerzen, dann kommt das Geld.«[93]

Dieser ›Schmerz‹ erlaubt es dem ›Profi‹, den Markt zu beherrschen: »Man muß sehr trainiert, mißtrauisch, zynisch und auch ein wenig eingebildet sein, um sich der Massenhysterie zu entziehen und sagen zu können: ›Die Leute sind Dummköpfe, jedenfalls weiß ich es besser‹«.[94] Während der Markt durch »unkontrollierte und unkontrollierbare Gefühle« beherrscht wird,[95] unterwirft sich der Profi der »partiellen Gefühlskontrolle«.[96] Denn große Trader zeichnet die Fähigkeit aus, »ihre Gefühle zu disziplinieren«.[97] Sie sind »Einzelgänger« und »Einsiedler«; ihr Gewinnstreben beruht auf »Erkenntnis und Selbstreflektion«. »Erfolgreiche Anleger betreiben eine Art ›umgekehrte Psychologie‹, wenn sie das irrationale Verhalten anderer Marktteilnehmer ausnutzen. [...] Sie selbst verhalten sich rational und suchen nach Irrationalität am Markt.«[98] Der Börsenprofi muss sich also in den Markt versetzen, aber er darf ihm nicht folgen. Ebensowenig darf er zulassen, dass der Markt seine Strategie durchschaut. Sobald das geschieht, »ist die Wende da. Aus der konträren Strategie ist dann unversehens eine Mehrheitsstrategie geworden, die dann wieder ganz neues konträres Denken erfordert.«[99]

Der Börsenprofi kann sich jedoch gegen eine übergroße Anpassung an die Irrationalität der Börse durch den Einsatz von Maschinen schützen, die CAPM (Capital Asset Pricing Model) verwenden. »Diese wie Anlegerandroiden operierenden Quote-Machines kennen keine Stimmungen, Bubbles oder ›Milchmädchenhaussen‹.« Vielmehr sind sie beherrscht von »Risikoaversionsparametern«.[100] Das bedeutet freilich, dass der Schutz vor der Identifikation mit dem Markt zum Preis einer Anpassung an die Computerprogramme erkauft wird, also zum Verzicht auf Subjektstatus führt. Dieser Verzicht kann teuer zu stehen kommen: Als am 19. Oktober 1987 der Dow-Jones-Index an einem Tag 508 Punkte verlor (ein Tageskursverlust von 22,6 Prozent des Ausgangswertes), gab es dafür keine rationale Erklärung – außer der einen, dass alle Rechner nach gleichgeschalteten Programmen reagierten. »Eine dramatische Eigendynamik erfasste das Verhalten der Börsenanleger. Dieses war nur noch zu vergleichbar mit dem Verhalten von Lemmingen, die sich ohne direkten Anlaß gemeinsam in den Abgrund stürzen.«[101]

Der Begriff der ›Börsenlemminge‹ (das Gegenstück zur ›Milchmädchenhausse‹) entstand in diesem Kontext: »Es soll Ausdruck für ein durch die Theorie informationseffizienter Kapitalmärkte nicht erklärbares Massenverhalten sein, das zur gemeinsamen Vernichtung gewaltiger Finanzvolumina führt.« Letztlich erwies sich auch CAPM als ›nicht prognosefähig‹, weil das Modell einen entscheidenden Faktor des Marktes nicht in Betracht zieht: »Der Börsenprophet lebt von der ›self fulfilling prophecy‹ seiner

Prognosen.«[102] CAPM, das geschaffen worden war, um den Profi vor den synchronen Erregungen des Marktes zu schützen, hatte seinerseits synchrone Entgleisungen zur Folge.

Um ökonomische Prozesse zu verstehen, bewegen sich die modernen Wirtschaftswissenschaften vornehmlich zwischen zwei Polen: Mathematik (Berechenbarkeit) und Gefühl (Hysterie). Je nach Epoche dominiert der eine oder der andere Faktor. Es soll hier nicht die Frage erörtert werden, ob mathematische oder psychologische Theorien besser geeignet sind, ökonomische Prozesse zu verstehen. Vielmehr geht es mir um die Frage des ›Wir-Gefühls‹ – und dieses wird offenbar über beide Modelle hergestellt. Auf der einen Seite Masse und Markt; auf der anderen mathematische Rationalität, ›Misstrauen‹ und ›Emotionskontrolle‹ und das Operieren mit Maschinen, die keine Nerven haben, die sie ›verlieren‹ könnten. Alfons Cortés beschreibt das Verhalten in der ›vernetzten Masse‹ mit Begriffen, die direkt aus Hysterie- und Krankheitsforschung übernommen sind: In der vernetzten globalen Wirtschaft herrscht »gegenseitige Ansteckung«, es kommt zur »Nivellierung manifester Verhaltensweisen« und zu »Prozessen affektiver Fusion«. Sogar von der »Identifikation mit dem Führer« ist die Rede.[103] Der Zustrom unerfahrener Investoren wird als »soziale Infektion« und die Rolle der Massenmedien als »Überträger« und »Beschleuniger« der »sozialen Infektion« beschrieben.[104] Doch wie CAPM zeigt, ist der Ansteckungseffekt auf beiden Seiten sehr ähnlich.

Auf der anderen Seite wird aber auch betont, dass Irrationalität zu Innovation führen kann. So wie Le Bon der Masse zubilligt, ›die Menschheit mit Glut und Kühnheit die Bahnen der Kultur zu führen‹, so sieht auch der Ökonom in der Markthysterie einen Motor der Erneuerung: »Investitionen in spekulative Titel sind eine soziale Handlung«, schreibt der amerikanische Ökonom Robert J. Shiller.[105] Denn je verrückter sich der Markt verhält, desto größer sind die Chancen für den professionellen Investor.[106] Das Geld verlangt nach beidem: die Unterwerfung des Ichs unter die Eigendynamik des Marktes und den Subjektstatus des ›Profis‹. Durch diese Paarung der Gegensätze gelingt es ihm, nicht nur als ›Ich‹, sondern auch als ›Wir‹ in Erscheinung zu treten.

DIE FLUCHT IN DIE ›UNSICHTBARE HAND‹

Eine andere Reaktion auf das Versagen des Souveräns bei der Wahrung der ›Geldillusion‹ besteht im Glauben an die ›unsichtbare Hand‹, mit der hier freilich etwas anderes gemeint ist als bei Adam Smith. Günter Schmölders' 1966 erschienenes Buch *Psychologie des Geldes* umfasst eine Reihe von sozialpsychologisch-empirischen Untersuchungen zum Umgang mit Geld, die heute nicht mehr relevant erscheinen – so konstatierte er etwa, dass sich viele Menschen ungern auf bargeldlosen Verkehr einlassen. Das dürfte inzwischen eher die Ausnahme sein. Er beschreibt jedoch ein Phänomen, das seit den 1960er Jahren an Bedeutung gewonnen hat. Die ›klassische‹ Form der Inflation ist »eine Maßnahme der Staatsgewalt, um in Kriegs- und Rüstungszeiten Einkommens- und Vermögensanteile der Bevölkerung schnell und sicher in den Besitz der öffentlichen Hand zu überführen; die Inflation erscheint in dieser Sicht als eine Art von Steuer auf den Besitz von Geld«. Inflationsprozesse seien eine »blinde‹ Form der Besteuerung«, weil keiner ihnen entgehen kann und weil sie nicht nach den Vermögensverhältnissen fragen, sondern das Geld selbst ›besteuern‹. Die Regelmäßigkeit, mit der das Mittel eingesetzt wird, so Schmölders, »verbietet es, die dadurch ausgelösten Krankheitserscheinungen des Geldwesens als Zufälle oder ungewollte Begleiterscheinungen der politischen Ereignisse zu deuten; die tief in die Substanz der Volkswirtschaft eingreifende, sie womöglich in wenigen Jahren aufzehrende inflatorische Geldverschlechterung gehört vielmehr zu den von der Staatsgewalt planmäßig in die Wege geleiteten Maßnahmen der Kriegsfinanzierung«. Die ›Abschöpfung‹ der vermehrten Geldmenge wie auch »die Zwischenschaltung immer weiter Geldkreisläufe« und die Verschiebung von Geldansprüchen auf weitere Adressaten »ist die große Kunst, um nicht zu sagen, das hohe Spiel der Rüstungs- und Kriegsfinanzierung in aller Welt«.[107]

Die politische Steuerung von Inflationen hat eine lange Tradition. Verändert hat sich jedoch der Umgang der Öffentlichkeit mit dieser Politik. In der Vergangenheit wurde immer ein ›Schuldiger‹ für die Inflation ausgemacht: zumeist die Fremden. Vor allem Juden wurde unterstellt, dass sie »als Vollstrecker des Greshamschen Gesetzes von der Geldillusion ihres Wirtsvolkes profitierten«. Juden waren schon deshalb bevorzugte Zielscheibe, weil sie in die Rolle der Wechsler und Geldverleiher gedrängt wurden. Hinzu kam, so Schmölders, »ihre Immunität gegenüber der Geldillusion, die wahrscheinlich nicht zuletzt in der mißtrauischen Skepsis begründet war, wie sie alle in der Zerstreuung lebenden Juden auszeichnet, und die besondere Befähigung der Juden für abstraktes Denken«. Lassen wir den philosemitischen Unterton (die ›besondere jüdische Befähigung zum abstrakten Denken‹) beiseite; doch die Sonderstellung der Juden hatte durchaus ihre Bedeutung. Weil sie Ausgeschlossene der Gemeinschaft waren, verfielen Juden weniger leicht der ›Geldillusion‹, die auf dem Glauben an die Gemeinschaft beruht. Indem ihnen und anderen Fremden die Schuld an den Inflationen gegeben wurde, konnten jedoch die anderen ihre Geldillusion wahren: Der Souverän blieb verschont. Als Friedrich II. im Siebenjährigen Krieg von seinem Münzpächter Veitel Ephraim unterwertige Münzen prägen ließ, um seine Kriegskosten zu finanzieren, nannte der preußische Volksmund diese Münzen ›Ephraimiten‹ und reimte: »Von außen schön, von innen schlimm, von außen Friedrich, von innen Ephraim«.[108]

Der moderne Finanzkapitalismus mit seinem abstrakten Geld, das mit noch größerer Eindringlichkeit nach der Geldillusion verlangt, agiert nicht mit solchen Schuldzuweisungen. Als John Law 1720 sein Papiergeld auflegte, in England der ›Südseeschwindel‹ aufflog oder die französischen Revolutionäre die von ihnen ausgegebenen Assignaten nicht bedienen konnten – da gab es Schuldige, die mit Hass verfolgt wurden. Law hatte mit seinem Papiergeld dafür gesorgt, dass die Kassen der französischen Könige wieder gefüllt waren; er hatte den Staat vor dem Bankrott bewahrt. Dennoch musste er aus Frankreich fliehen und beendete sein Leben verarmt in Venedig. Im 20. Jahrhundert, so Schmölders, setzte sich ein anderer Umgang mit den Finanzkrisen durch. »Erst unserer Zeit blieb es vorbehalten, auch die Inflation zu einem anonymen, gänzlich versachlichten Vorgang zu machen, dem keinerlei moralische oder rechtliche Verantwortung zugrunde liegt; die Geldentwertung gilt heute kaum noch groß als ›Schuld‹ ihrer Veranstalter, sondern mehr oder weniger lediglich als Schicksal der davon Betroffenen. Die Inflation ist ›gesellschaftsfähig‹ geworden.« Diese Einstellung gilt auch für Zinsen, die »als automatisches Ergebnis anonymer, am Geld- und Kapitalmarkt wirkender Kräfte« verstanden werden.[109]

Die Flucht in die Anonymität des ökonomischen Handelns hat zur Folge, dass niemand verantwortlich ist. Das ist angesichts der globalen Verschiebungen von Kapital auf den Finanzmärkten der Welt durchaus eine realistische Einschätzung. Denn an den Verschiebungen sind zwar viele einzelne Akteure beteiligt, doch reagieren diese aufeinander und zudem oft, wie oben dargestellt, auf Anweisung von Rechnern. Obgleich er die Inflation am eigenen Leibe erfährt, erscheinen dem einzelnen Bürger diese Bewegungen wie von ›unsichtbarer Hand‹ gesteuert. Adam Smith verwendete den Begriff in einer Abhandlung, in der er am Beispiel der Geschichte der Astronomie den Aberglauben von Naturreligionen beschrieb, die ungewöhnliche Naturerscheinungen wie Blitz und Donner nicht auf Naturgesetze, sondern auf »Jupiters unsichtbare Hand« zurückführen.[110] In der modernen Einstellung zu Inflationen scheint sich eine ähnliche Vorstellung durchzusetzen, laut der ›höhere Kräfte‹ das Wirtschaftsgeschehen steuern: ein Symptom unter anderen, dass dem Geld ein eigenes Ich zugestanden wird.

Das Phänomen einer Flucht in die ›höhere Macht‹ zeigt sich auf paradigmatische Weise an den meteorologischen Metaphern, die Rámon Reichert in der modernen Finanzökonomie beobachtet. Er sieht darin »die Physikalisierung ökonomischer Prozesse«. Aber man erkennt darin auch die ›Schicksalhaftigkeit‹, mit der die Moderne ökonomischen Prozessen begegnet. Die meteorologische Metaphorik, die sich in Begriffen wie dem ›Börsenbarometer‹ niederschlägt, behauptet die »Vorhersagbarkeit von Aktien-kursen« und prognostische Messwerte. (Während freilich das Barometer keinen Einfluss auf das Wetter ausübt, liefert der Preisindex an der Börse Informationen, die über deren Entwicklung bestimmen.) Das Bild des Barometers vermittelt den Eindruck, »dass sich die Finanzmärkte ohne menschliche Einwirkung gleichsam ›selbsttätig‹, ›linear-gleich-mäßig‹ und ›naturgesetzlich‹ organisieren würden«. Andere meteorologische Begriffe des Finanzmarktes sind: Hochwetterlage, Hochdruck, Tiefdruckzone, der ›Börsenfrühling‹ oder ein ›stürmischer Beginn‹ des Aktienmarktes. Auch sie dienen der »Naturalisierung des Ökonomischen«, durch die die historischen, sozialen, technischen oder medialen Bedingungen des Finanzmarktes aus dem Blickfeld verschwinden. Auch die Folgen fehlerhafter Spekulationen – etwa der Zusammenbruch des Arbeitsmarktes – werden so der Kritik entzogen.[111]

Auf der anderen Seite liefern die meteorologischen Metaphern aber auch Belege für den Einfluss der Börsen auf die Gesellschaft. »Die Charakterisierung der Börse mit Me-taphern wie Barometer, Kompass, Seismograph, Thermometer und Indikator verweisen auf den Umstand, dass Börsen eine öffentliche Plattform für Parallelentwicklungen in anderen gesellschaftlichen Ordnungen darstellen und damit einflussreiche gesellschaft-liche Effekte hervorbringen.« Der Begriff der ›Börsenturbulenz‹, so Reichert, ist »zu einer Art ›master metaphor‹« geworden, »die gemeinsam mit weiteren meteorologischen Me-taphern einen Assoziationsraum öffnet, in dessen Zentrum Bilder unkontrollierbarer Finanzmärkte stehen«.[112]

Der israelische Philosoph und Naturwissenschaftler Yeshayahu Leibowitz definierte den Unterschied zwischen Mensch und Natur folgendermaßen: Die Natur funktioniert nach Gesetzen, die berechenbar sind, sobald man sie kennt. Der Mensch dagegen hat Bewusstsein und Willen – und eben das mache ihn unberechenbar.[113] Diese plausible Unterscheidung zwischen Mensch und Natur wird durch die meteorologische Meta-phorik des Geldes in ihr Gegenteil verkehrt. Die Entwicklungen der Börse und Finanz-krisen (die sich menschlichen Entscheidungen verdanken) erscheinen als das Produkt einer ›unberechenbaren Natur‹. Auch durch diese Konstruktion greift das Geld auf das Ich des Einzelnen zu. Walter Benjamin hat vom Kapitalismus geschrieben: »Ein unge-heures Schuldbewusstsein, das sich nicht zu entsühnen weiß, greift zum Kultus, um in ihm diese Schuld nicht zu sühnen, sondern universal zu machen.«[114] Es lässt sich auch anders ausdrücken: Der moderne Mensch verschafft sich mit dem Gefühl der Hilflosig-keit gegenüber der Eigendynamik des Geldes eine anonyme Macht, die ihn aus der Selbstverantwortung entlässt. So bleibt die Geldillusion gewahrt.

In den vorangegangenen Abschnitten habe ich darzustellen versucht, mit welchen Mitteln sich das Geld der Psyche seiner Agenten bemächtigt. Auf der anderen Seite ist es aber auch unbestreitbar, dass sich mit der freien Marktwirtschaft eine Autonomie des Ichs herausbildete. Diesen Widerspruch behandelt die schöne Studie des Literaturwissenschaftlers Fritz Breithaupt *Der Ich-Effekt des Geldes*. Seine Untersuchung belegt, wie eng literarische und monetäre Fiktionen miteinander verwoben sind. »Nur die Literatur wird von der Grenzverwischung von Realität und Fiktion nicht irritiert«, schreibt Fritz Breithaupt.[115] Dasselbe gilt auch für das Geld. Wie das Kapital verfügt auch die Literatur über eine hohe Emotionalisierungsfähigkeit – das macht sie zu einer geeigneten Komplizin des Geldes. Zugleich bietet sie aber auch das Instrument, über das Verhältnis von Geld und Ich zu reflektieren.

Im dritten Kapitel zitierte ich Polanyis Studie *The Great Transformation,* in der er darstellt, dass die freie Marktwirtschaft die Ökonomie aus Kultur und Gesellschaft herausgelöst hat und diese nun in die Ökonomie eingebettet sind. Das minderte nicht die Interdependenzen von Geld und Kultur, wie die intensive Auseinandersetzung der Literatur mit dem Thema Geld zeigt. Sie verdankt sich auch der engen Verbindung von Geld und Schrift. Schon 1815 erklärte Adam Müller, dass das Geld als »ein allgemeines Verständigungsmittel wie die Sprache« zu verstehen sei.[116] Daher das Interesse der Sprach- und Literaturwissenschaftler für das Geld. Nicht durch Zufall erscheinen Roman und Papiergeld zeitgleich auf der Bühne abendländischer Kultur. Auch die im vorigen Kapitel erwähnte Tatsache, dass der Künstler zur paradigmatischen Gestalt des ›freien Unternehmers‹ wurde, verbindet Literatur und Geld. »Wer seine Einzigartigkeit auf den Markt zu bringen weiß, kann dafür einen hohen Preis beanspruchen, denn das Einzigartige ist die Inkarnation des Wertes: Es ist extrem knapp.«[117]

Breithaupt betrachtet die Karriere des Geldes in der Moderne als »eine Konsequenz des modernen Begriffs des Ich und der Neuerfindung von Individualität«.[118] Ich gehe eher davon aus, dass das Geld Geburtshelfer bei der Neuerfindung der Individualität war. In jedem Fall ist jedoch die Wechselwirkung zwischen Geld und neuen Ich-Konzepten unbestreitbar. Das Geld bedarf, um seine Potenz zu entwickeln, des menschlichen Ich – und um diesen Zweck zu erfüllen, passt das Ich seine Gestalt den Bedürfnissen des Geldes an. Laut Breithaupt liefert das Geld »einen Ich-Beleg, denn das an sich unbestimmte ›Ich‹ kann Halt und Kontur auch darin finden, dass es sich der Geldform annähert und anverwandelt«. Für das Geld, das sich seit der Entstehung des Papiergeldes »in einer permanenten Krise der Beglaubigung« befindet, verheißt das Ich Auswege, und es »beflügelt damit zugleich eine Expansion des ökonomischen Denkens«.[119] Breithaupts Conclusio: »Ich und Geld brauchen einander an verschiedenen Stelle ihrer Ausbildung, um sich behaupten zu können. Zugleich muss aber diese wechselseitige Abhängigkeit von Ich und Geld vertuscht und geleugnet werden, damit ›das Ich‹ seine Eigenständigkeit behaupten und ›das Geld‹ seine Objektivität wahren kann.«[120]

Im Sturm und Drang erhielt die literarische Verbindung von Geld und Ich wichtige Anstöße. Es war die Zeit, in der das Papiergeld die Phantasie zu beschäftigen begann. Doch diese Epoche einer Zelebrierung des Ich »erweist sich bei genauerer Betrachtung als der Ort, an dem der Mangel und die Abwesenheit des Ich am lautesten beklagt werden. Ein Ich scheinen immer nur die anderen zu haben.« Aus diesem gefühlten Manko entstand das, was Breithaupt als »Ich-Zwang« bezeichnet: die »Verpflichtung, ein Ich zu haben, zu finden oder zu produzieren«. Für Karl Philipp Moritz stellt das Eigentum »eine der ausgezeichnetsten Formen des Schutzes des Ich« dar.[121] Im Feudalismus konnte das Eigentum nicht zum Ausdruck des Individuums werden. Nach seinem Untergang traten an seine Stelle neue Institutionen – Banken, Kirchen, Schulen, Gerichte –, gegen die sich das Ich zu schützen suchte: indem es sich auf das individuelle Eigentum berief. Das Eigentum wurde so einerseits zur Festung ums Ich, andererseits aber auch zum Gefängnis: »Indem der Mensch sich selbst zur Institution wird, geht er das Risiko ein, von dieser ›eigenen‹ Institution versklavt zu werden.«[122] Eine Lösung aus diesem Dilemma bietet das ungebundene Geld, das Türen in den Mauern des Eigentums öffnet: »Der *Schlüssel* trennt die Herzen der Menschen, wie ihre Häuser voneinander – Aber durch kleine runde Gold- und Silberstückchen werden sie wieder untereinander in Verbindung gebracht.«[123]

Breithaupt zitiert Rousseaus Lehrstück aus dem *Emile,* in dem der Schüler einerseits lernt, dass Land rar und Eigentumsverhältnisse schwer zu definieren sind, andererseits aber auch erkennen soll, sein Selbst nicht durch den Besitz zu definieren. »Wo Eigentum war, kann ein Ich werden, das sich dieses Eigentum verbietet. Das Ich entsteht als Fiktionskritiker, als Kritiker der Fiktion eines auf Eigentum gegründeten Selbst.«[124] Die Zeit, in der Rousseau sein Lehrstück verfasst, entspricht dem Beginn der Verwandlung von Grund und Boden in eine Ware, und der Eigentümer, dessen Ich auf Grund und Boden ruht, so die Lehre, sitzt notwendigerweise einer ›Illusion‹ auf.

Auf die Diskussion um die Rolle des Eigentums für die Institutionalisierung des Ich folgt zwangsläufig die Diskussion um das geistige Eigentum. Fichte wird zu einem der Protagonisten dieser Debatte des späten 18. Jahrhunderts, bei der geistige Schöpfungen in ökonomische Werte verwandelt werden. Die Romantiker beschreiten den Weg in umgekehrter Richtung: Sie erklären das Ich zum Kapital. Aber sie schaffen nur eine umgekehrte Analogie von Geld und Ich. »Indem das Geld ›auf sich reflektiert‹ (Stichwort: ›zweite Potenz‹) und eine Relation mit sich selbst unterhält (›sich immer in sich selbst vermehrt‹), führt das Geld den Akt aus, der das Individuum zum Individuum macht: Selbst-Bildung, Selbst-Ausdehnung.«[125] Für die Romantiker ist das Ich wie das Geld »potenzierbar«. »Geld wird mehr Geld, indem es investiert wird. Das Ich wird qualitativ ›mehr‹ durch seine Selbst-Reflexion.«[126] Aber die Selbstreflexion genügt nicht, es bedarf auch der konkreten Erfahrung: »Autonomie muss individuell er- und gelebt werden (und kann nicht nur abstrakt, juristisch besessen werden). Auf diese Forderung antwortet der Bildungsroman ebenso wie der einsetzende Extremtourismus in den Alpen, die romantische Liebe und der Selbstmord (Stichwort Werther-Fieber).«[127] Wenige Dekaden später, so möchte ich ergänzen, wird dieser Katalog von ›Extremerfahrungen‹ durch die am eigenen Leibe erlebte Spekulation zu erweitern sein.

Die Parallelisierung von Ich und Kapital führt zur ernüchternden Erkenntnis, dass sich das Geld dabei als der bessere Player erweist. »Diese Verselbständigung und Verselbstung des Geldes ist das *skandalon,* welches die Romantiker heimsucht. Schlegel kann nicht mehr schlicht sagen, dass das Geld das Individuum imitiert oder parodiert, sondern muss erkennen, dass das Geld zur Reinform romantischer Individualität avanciert, dass niemand den Akt der Selbst-Ausdehnung und Selbst-Reflexion präziser ausführen kann als das Geld.«[128] Marx wird dieses ›Skandalon‹ insofern zu Ende denken, als er den Menschen zur Grundlage der kapitalistischen Vermehrung erklärt.[129] Zugleich unterstreicht er, dass das Kapital nur in der Kombination mit dem Ich des Unternehmers seine Macht entfalten kann. »Geld wird zum Kapital, wenn diejenigen, die es investieren und einsetzen, ihre Leistung schlicht dem Geld selbst zuschreiben, als wachse es aus eigener Kraft. So wie die Selbst-Reflexion und Selbst-Setzung des Ich von einem Ich-Zwang getrieben wird, so könnte man hier parallel von einem Imperativ zur Aktualisierung des Geldes sprechen, einer Art ›Geld-Zwang‹. Geld soll das sein, was es potenziell sein könnte, nämlich mehr Geld, Surplus, Kapital. Die Instabilität und dieses Mehr-Sein-Wollen bzw. Sollen verbindet Ich und Geld.«[130]

In der zweiten Hälfte des 19. Jahrhunderts setzt eine Gegenbewegung ein, die die *Selbstlosigkeit* zur ›Währung‹ erklärt. Da aber die Bedingungen der kapitalistischen Produktionsweise die gleichen bleiben — mit den Reformen von 1848 weiten sie sich sogar aus: Volksbanken und Kreditgenossenschaften gewähren nun auch Kleinunternehmern die Aufnahme von ungedeckten Krediten —, entstehen zwei Währungen, denen zwei Arten von Kapitalisten entsprechen: der selbstlose und der selbstsüchtige. In Gustav Freytags Roman *Soll und Haben* stehen sich beide Figuren gegenüber: auf der einen Seite der rücksichtslose Jude Itzig, auf der anderen der gute Christ Anton Wohlfahrt, der trotz Selbstlosigkeit gute Geschäfte macht. Dieser Gegensatz verbindet sich mit rassistischen Bildern, in denen die Analogie von Kapital und Blut aufgegriffen wird: Das ›gute Blut‹ der Christen, das (in der christlichen Passionsgeschichte und in den Gestalten der Märtyrer) das Heil bringt, wird dem ›bösen Blut‹ des Juden gegenübergestellt, das für Unheil sorgt und in den rassistischen Theorien des 19. Jahrhunderts als ›infizierend‹ und als Herd von ›Erkrankungen‹ gilt.[131] Mit dieser Entwicklung, die die »Etablierung von Selbstlosigkeit als Währung« einschließt, »gelingt es der Literatur, den Kreis zu schließen. Es gibt keinen Akt mehr, der nicht mehr als ökonomischer gedeutet werden kann.«[132]

Um 1900 macht Breithaupt in der Literatur noch einmal eine neue Bewegung aus. Denn ein Teil des literarischen Selbst geht in der Ökonomie nicht mehr auf. »Und für dieses Etwas, das sich von der Ökonomie abspaltet, finden die Autoren, die uns beschäftigen werden, eine altbekannte Konzeption: das Ich, das Selbst oder das Bewusstsein.«[133] Das Ich wird als das Gegenteil des Ökonomischen positioniert. Damit verliert der »Ich-Zwang« allmählich seine Macht: »Individualität und Ökonomie haben ihre begriffliche Verfassung weitgehend eingebüßt und werden als quasi natürliche oder kosmische Kräfte schlicht akzeptiert.«[134] Mit dieser Entwicklung setzt die vorher beschriebene Flucht in die ›höhere Gewalt‹ ein. Ich kann Breithaupts letzter Volte allerdings nur bedingt folgen. Er meint, in der Konsumindustrie ein Zeichen für die zunehmende Abkoppelung der Individualität von der Ökonomie zu erkennen. »Gerade hier, wo der Ich-Effekt des Geldes seine deutlichsten Blüten treiben sollte, endet die totalisierende Macht der Ökonomisierung.« Die »Fetisch-These« einer Dominanz der Waren über den Menschen sei »das endlose Mantra der Kulturwissenschaften ebenso wie der internationalen Pop-Literatur«.[135] Wenn man jedoch bedenkt, dass die Freiheit des Ich von der Ware vor allem dort zustandekommt, wo eine frei flottierende Libido entsteht (siehe oben), dann wird deutlich, dass auch diese Entwicklung eng mit dem Geld zusammenhängt.

Anders ausgedrückt: Das Geld hat keinen Zugriff mehr auf die ›freie Persönlichkeit‹, weil es in der Lage ist, seine eigenen Persönlichkeiten zu fabrizieren. Laut Reichert wurde mit dem Finanzkapitalismus der Spekulant als ein neues Subjekt der Finanzmärkte aufgebaut. Doch dieses Subjekt ist nur ein »Netzwerkarbeiter« des Marktes, der beginnt, »die kreative Aktivität der Teilnehmer aufzusaugen und zwar in enger Verknüpfung mit der Aufforderung, sich selbst permanent einzubringen«.[136] Als Beispiel führt Reichert den Trader ›Patrick‹ an, der an der Frankfurter Börse tätig ist und es sich nicht leisten kann, auch nur einen Tag auszusteigen, obgleich er weiß, dass er nicht mehr lange durchhalten wird. Die Volatilität des Marktes überträgt sich auf sein Leben. »Eine stabile Lebensplanung ist für Patrick in der rasenden Veränderung seiner Lebensverhältnisse nicht mehr möglich. Leben heißt für ihn reagieren und improvisieren. Weil er nicht wissen könne, was morgen sein wird, hält er sich alle Optionen offen. Je gleichgültiger die Inhalte, desto schneller kann er sich anpassen. Er scheut Bindungen und Dauer, entscheidet situativ und stets in letzter Minute – in der Arbeit und im privaten Leben.«[137] Deutlicher als an diesem Beispiel lässt sich kaum beschreiben, dass der Single, den die vereinten Kräfte von Christentum und freier Marktwirtschaft als Typus hervorgebracht haben, nur eine Bindung kennt: die ans Geld.

Umso dringlicher stellt sich die Frage: Welche Vorteile zieht das Ich eigentlich daraus, dem Geld seine Emotionen zur Verfügung zu stellen? Gewiss, es kann Kunst kaufen, luxuriöse Häuser oder Yachten besitzen, aber dem Genuss dieses Eigentums sind zeitliche und andere Grenzen gesetzt. Der einzige ›schnelle‹ und multiplizierbare Mehrwert besteht in Sex: in der Käuflichkeit von Körpern, die sich leicht multiplizieren lassen und als ›Ware‹ oder als Potenzbeweis zur Schau gestellt werden. Silvio Berlusconi war dafür ein gutes Beispiel. Aber agiert dieser Körper im eigenen Interesse? Ist es nicht eher so, dass sich das Geld über diesen Körper jene ›Lust‹ aneignet, die ihm als Abstraktum, als ›knapp gehaltenem Nichts‹ verwehrt ist? Das Geld langweilt sich im Yachthafen; mit der Tätigung des Kaufs von Häusern oder Kunstwerken verlieren diese ihr Erregungspotential. Bei der Geschlechtlichkeit hingegen kann sich das Geld beleiben – und dem Sex sind auch keine zeitlichen Grenzen gesetzt. »Diese Generation opfert sich nicht«, hieß es von der Jugend um 1960.[138] Was sich damals anbahnte, war eine neue Form der Geldbeglaubigung, die nicht auf das Opfer, sondern auf den Lustgewinn setzt. Dieser Lustgewinn ist freilich nichts anderes als das Gegenstück zum Opfergedanken: Das Geld fordert Askese, die symbolische Kastration. Sie ist die Voraussetzung für die Fruchtbarkeit des Geldes, aber eben auch für seine Sexualisierung. Die Sexualisierung des Monetären und die Monetarisierung des Sexuellen sind die Trumpfkarten des Geldes beim Poker um die menschliche Psyche.

DIE SEXUALISIERUNG DES GELDES

In seinem Buch *Spektakuläre Spekulation* analysiert der Soziologe Urs Stäheli die Semantik der Spekulation an der New Yorker Börse in den Jahrzehnten um 1900, als sich der Finanzkapitalismus zu entwickeln begann. Er untersuchte Ratgeber, Presseartikel und andere Darstellungen. Die Soziologin Eva Illouz beschreibt in ihren beiden Büchern *Gefühle in Zeiten des Kapitalismus* und *Die Errettung der modernen Seele* die Entwicklung des modernen Psychomarktes. Sie unterstellt der modernen Psychologie, zur Monetarisierung der Gefühle beigetragen zu haben. Liest man ihr empirisches Material und ihre davon abgeleiteten Erkenntnisse in Zusammenhang mit Stähelis Darstellungen, so stellt sich allerdings die Frage, ob nicht der Psychomarkt eine *Folge* der Entwicklungen des Finanzmarktes war.

Stäheli weist auf das in vielen Beschreibungen des modernen Finanzmarktes thematisierte Paradox hin, dass es bei der Spekulation um abstrakte Werte geht, denen jene »›Wärme‹ und Nähe zu den ›Leuten‹« abgeht, die sonst für den Handel mit Eigentumstiteln gilt. Ihn wundert, »daß eine derartig abstrakte Kommunikationsweise, die so virtuos Referenzen in ein Spiel selbsterzeugter Zeichen überführt, eine eigentümliche Form der Popularität entfaltet«.[139] Ich sehe hier keinen Widerspruch. Was Vilém Flusser von den technischen Bildern des 19. Jahrhunderts sagte – sie wurden erfunden, »um die Texte wieder magisch zu laden«[140] – gilt auch für das Geld: Die Spekulation trägt dazu bei, die abstrakten Zeichen ›magisch zu laden‹. Auf der einen Seite wurde die Spekulation des Finanzkapitalismus erst möglich, als sich das Geld von den materiellen Werten getrennt hatte; auf der anderen Seite liefert sie dem Geld aber auch das, was Photographie und Film den Texten gaben: Sinnlichkeit, Leiblichkeit. In jeder Phase ihrer Entwicklung trug die Exkarnation des Geldes den Keim der Wiederbelebung in sich – vergleichbar dem ›Kreuzesparadox‹. Aber hier geht es um die nicht-transzendenten Gestalten dieser Paradoxie.

Einen wichtigen Anteil an der ›magischen Aufladung‹ hatte ein Apparat, der fast zeitgleich mit der Photographie auf den Markt kam: der Börsenticker, dem Stäheli ein ausführliches Kapitel widmet. 1867 hatte der Telegraphist E. A. Calahan den ersten Ticker entwickelt, bei dem zwei Techniken zusammenkamen: Buchdruck und Telegraphie. Der Effekt dieses Instruments, das den Spekulanten von der Notwendigkeit körperlicher Präsenz auf dem Börsenparkett entband, bestand darin, dass »die chaotische Menschenmenge« am Börseneingang, wo die aktuellen Zahlen durch Botenjungen und Publikum ständig abgerufen wurden, einer transparenten und effizienten Preiskommunikation wich. Denn durch den Ticker gelangten die Informationen direkt in die einzelnen Büros. Das trug zur Vereinzelung des Spekulanten bei, erhöhte aber auch die Zahl potentieller Teilnehmer. Auch konnten kleinere Börsen (z. B. Philadelphia) an größere (New York) angeschlossen werden. Hatte es zur Zeit des ›Tulpenwahns‹ noch drei bis vier Tage gedauert, bevor die Nachricht vom Crash in Haarlem die Stadt Amsterdam erreichte, so entstand mit dem Börsenticker eines der »ersten Echtzeitmassenmedien«.[141] Durch den Ticker wurde »ganz Amerika zu einem großen Spielsaal«.[142]

Die Paradoxie von Vereinzelung bei gleichzeitiger Synchronschaltung von großen Bevölkerungsgruppen wiederholt Benedict Andersons ›imaginäre Gemeinschaft‹, die durch das Lesen von Zeitungen entsteht. Wie diese sind auch die Nachrichten des

Börsentickers am nächsten Tag überholt. »Der Ticker nimmt hier eine Stelle zwischen Mündlichkeit und Schriftlichkeit ein. Genauso wie die mündliche Rede wird es in der Regel nicht archiviert, dennoch erhält die Tickerkommunikation durch das Band, das am Abend häufig weggeworfen wird, eine größere Beständigkeit als mündliche Kommunikation.«[143] Sloterdijk hat die Massen als ›Hörgemeinschaften‹ bezeichnet,[144] womit er sie zu einem Phänomen oraler Kommunikation macht. Hier jedoch handelt es sich um eine Schriftlichkeit, die sich nur die Qualität der oralen Kommunikation angeeignet hat. »Jeder Vibration des Tickers entspricht eine identische Vibration im Herzen von Millionen von Individuen, die diese über den Raum hinweg miteinander vereint: in demselben Wunsch oder derselben Enttäuschung.« So beschrieb der französische Historiker Robert Lacour-Gayet 1929 die kollektive Kraft des Tickers. Er spricht von einer »communauté des sensations« – einer Gemeinschaft der Sinne.[145]

Der Ticker führte zu einer Standardisierung der Börsenkommunikation: Zahlen und Kürzel traten an die Stelle von Produkten oder Unternehmen: ein Abstraktionsprozess, der sowohl den Bedingungen der Schriftlichkeit als auch der Verwandlung des Geldes in ein Zeichensystem entsprach. Doch die erhöhte »Steigerung der Geschwindigkeit verschriftlichter Wirtschaftskommunikation« hatte keinen Abstraktionsschub zur Folge, sondern übte, so Stäheli, eine »hypnotische Wirkung« aus: als »Vorstufe zur Hysterie, die ebenfalls durch den Ticker induziert wird«. Der Börsenticker war also sowohl »ein Instrument zur Rationalisierung des Börsenhandels« als auch eine »Apparatur für die Hypnose der spekulierenden Subjekte und raubt diesen ihre Rationalität«.[146] Freilich löst sich dieser Widerspruch, wenn man bedenkt, dass die Techniken der maschinellen ›Rationalisierung‹ auch als Techniken der Suggestibilität eingesetzt wurden. Die Semantik des Automaten entsprach der Semantik von Suggestibilität und Hypnose – eben das hatte ja zur seltsamen Verkehrung des Begriffs der ›Hysterie‹ beigetragen, als aus Freuds »Krankheit des Gegenwillens« die Massenhysterie wurde, die das Ich in den Gleichschritt verfallen und lustvoll in der Gemeinschaft auf- und untergehen lässt.[147]

Eben das ist die Paradoxie des Empfängers der Tickerinformationen: »Er muß letztlich wollen, nicht zu wollen. Die Notwendigkeit der äußersten Willensanstrengung wird mit dem radikalen Auslöschungsprozeß, welcher vom Tapeleser erwartet wird, begründet.«[148] Je mehr Instrumente der Berechenbarkeit zur Verfügung stehen, desto höher die Lust an der Irrationalität. Tarde hatte schon 1898 auf die Rolle der Medien bei diesem Prozess hingewiesen.[149] Sie entspricht dem Effekt von Synchronschaltung, der sich bei jeder medialen Innovation beobachten lässt: beim Alphabet ebenso wie bei Buchdruck, Räderwerkuhr, Sehtechniken oder Geld.

Mit der virtuellen Gemeinschaft des Tickers entstand ein entkörpertes Subjekt, das die

Züge monastischer Existenz in sich trug. »Notwendig wird ein nahezu interesse- und leidenschaftsloses Lektüreverhalten. Was ausgeschaltet werden muß, ist jegliche Art von emotionaler Beeinträchtigung der Bandlektüre durch den Tapeleser – eine Emotionalität, die gerade durch den Blick in eine imaginäre Zukunft immer wieder herausgefordert wird.«[150] Die Beschreibung lässt sich fast wörtlich auf das Leben im Kloster übertragen, wo die Mönche mit dem Kopieren von Handschriften beschäftigt waren. Wie sie, soll auch der Spekulant immer Schreibwerkzeuge bei sich haben und Buch führen. »Verwende Block und Bleistift, weil sie deinen Geist beschäftigen und deine Aufmerksamkeit konzentrieren. Versuch es: du wirst nicht plaudern und zugleich die Börsenwerte verfolgen können.«[151] Orale Kommunikation steht für Leiblichkeit. Vor dieser muss sich der Trader hüten wie der Mönch vor der Berührung mit der sinnlichen Welt. Beim Spekulanten ersetzen die Schreibwerkzeuge die Mauern der Klosterzelle: »Die Schrift und andere Aufschreibtechniken werden zu den Instrumenten kommunikativer Isolierung.« Zugleich hilft das Schreiben dem Spekulanten, sich selbst zu objektivieren und »die Gerüchte anderer distanziert zu beobachten«.[152] Wie heute der User am Computer, soll sich der disziplinierte Spekulant der Maschine angleichen. Erst diese, auf höchster Intellektualität beruhende, »geradezu körperlose und affektfreie Existenzform«,[153] bietet die Voraussetzungen dafür, dass sich der Spekulant den Irrationalitäten des Marktes öffnen kann und auf dieser Klaviatur zu spielen versteht.

In den USA, Hochburg des Finanzkapitalismus, lernte man, so Stäheli, auf »die Vorstellung eines rationalen Finanzmarktes mit kompetenten Akteuren« zu verzichten. Stattdessen wird der Markt »als normales, massenpsychologisches Phänomen konzipiert, das nur dem eine Erfolgschance bietet, der mit den ›Gesetzen‹ der Massenpsychologie vertraut ist. Es gibt hier keinen per se suggestionsfreien Raum mehr – und auch ist jeder prinzipiell anfällig für suggestive Kommunikation.« So entsteht sowohl Unterscheidung als auch Annäherung zwischen Markt und einem Beobachter, der sich ›Contrarier‹ nennt. Sein Motto lautet: »The Crowd is usually wrong.« Durch höchste Selbstdisziplin entzieht er sich der Suggestion, der die anderen Marktteilnehmer unterliegen.[154] Er soll sogar möglichst ein ›out of towner‹, ein Ortsfremder sein.[155] Schon Platon hatte gefordert, die Geldgeschäfte den Fremden zu überlassen, damit die griechische Gesellschaft von diesem ›Gift‹ unberührt bleibt. Hier dient die Fremdheit der effizienteren Gestaltung von Geldgeschäften. Dabei realisiert der Contrarier an seinem Körper eben jene Selbstkasteiung, die das Geld von Anfang an einforderte: Contrarismus verlangt »nach einer völligen Herrschaft über die Impulse, Emotionen und Ambitionen unter der heldenhaftesten Prüfung menschlichen Durchhaltevermögens«.[156]

Auf der anderen Seite ist der Contrarier aber auch auf die Masse angewiesen. So sehr er sich von ihr absetzt, »so sehr benötigt er diese Masse, um selbst als erfolgreicher Spekulant auf dem Markt bestehen zu können«. Denn auch für ihn gelten die Gesetze des Marktes: »Finanzmassen bedürfen keiner Identifikationsfigur, die sich außerhalb des Markts befindet und diesen integriert, sondern der Markt selbst wird zum Verführer.« So wie sich bei Le Bon der ›Führer‹ der Irrationalität der Masse anzupassen hat, muss sich auch der Contrarier den Gesetzen des Marktes unterwerfen. Nur so kann er das Verhalten der Masse voraussehen. »Gerade diese zeitweilige Anpassung an die Masse ist eine der größten Gefährdungen des Spekulanten – und gerade deshalb benötigt er eine gestählte und doch hochgradig flexibilisierte Individualität.«[157]

Stäheli geht ausführlich auf die geschlechtliche Semantik dieser Bilder ein, die auch schon bei Le Bon für die Masse auftaucht: »Überall sind die Massen weibisch, die weibischsten aber sind die lateinischen Massen.«[158] Dasselbe gilt für den Markt, dessen ›Verführerin‹ die Spekulation ist: Ihr Name ist ›Cynthia Speculation‹, ihr Vorname spielt auf ›sin‹, die Sünde, an.[159] Die Spekulation gilt als die »Inkarnation des Vampirs«. In ihrer Jugend ist sie »so schön, dass ihr keiner widerstehen kann«; sie ist »teuflisch intelligent«. Doch sobald ihr der Kredit entzogen wird, erscheint sie in ihren wahren Farben. »Dann entdeckte man, dass ihre Augen hart, ihr dünnen Lippen grausam und ihr Körper nur eine leere Schale war.«[160] Hatte die Kirche von der Hexe behauptet, dass sie Fleischeslust verspricht, aber den Tod bringt, so wird hier »das Verhältnis zwischen Vertrauen und ebenso fiktiven wie flüchtigen ökonomischen Werten« thematisiert. Cynthias Zwillingsschwester ist ›Lady Credit‹, die als Prostituierte jedermann hofiert. Sie wird zur »bitch-goddess of unpredictability«. Auch Lady Credit, so Stäheli, bemüht eine Semantik der Weiblichkeit: »Mit dieser Semantik werden die frühen Finanzmärkte nicht als Orte rationaler Gesetze und autonomer Akteure beschrieben, sondern als Orte wilden Begehrens und unvorhersagbarer Kontingenz.«[161]

Die Geschichte der Hysterie und die wechselnden Erklärungsmuster für ihre Symptome waren immer schon Indikator für bevorstehende Innovationsschübe: In jedem Zeitalter dienten die ›Anomalien‹ des Frauenkörpers als Projektionsfläche für die Ausformulierung von Neuerungen.[162] So auch hier, wo mit Kredit und Spekulation eine ›dämonische Weiblichkeit‹ aufgerufen wird, die zugleich neue ökonomische Marktstrategien eröffnet. Erst in jüngerer Zeit, so Stäheli, komme es vor, diese Semantik »nicht einfach als Korruption männlich codierter ökonomischer Ideale zu lesen, sondern deren Innovativität wahrzunehmen«.[163]

Mit der weiblichen Marktsemantik wird, wie schon oben beschrieben, einerseits die Gegenüberstellung zum »rationalen Marktsubjekt« etabliert, das Leidenschaften, Unbeständigkeit, Irrationalität und Verführungskraft unterdrücken muss. »Bereits in dieser

338

LOTERIE NATIONALE

Loterie Nationale – Frauen haben kein Geld, sie sind das Geld.

Beschreibung findet sich jedoch eine Destabilisierung des heterosexuellen Dispositivs: Der männliche Beobachter ist von dieser Frau nicht nur fasziniert, sondern er muß, um sie überhaupt verstehen zu können, *Intuition* entwickeln – gerade jene Gabe, die immer wieder als genuin weibliche Eigenschaft kritisiert wird.«[164] Schriftsteller und Künstler hatten das Vorbild für die Anpassung an die Weiblichkeit geliefert, indem sie sich die Symptome der Hysterie aneigneten.[165] Etwas Ähnliches gilt auch für das Verhältnis des Contrariers zum Markt. Und wie bei den Künstlern und Schriftstellern geht die Vereinnahmung des Weiblichen mit dem Ausschluss von realen Frauen einher.

Dabei werden *dieselben* Charakteristika, die den Markt verführerisch weiblich machen, auch zur Begründung für den Ausschluss von Frauen aus dem Börsenhandel: Sie seien zu impulsiv, suggestibel, sie tendierten zu schnellen Schlussfolgerungen. Es ermangele »ihnen an genau den Fähigkeiten, die ein distanziertes und distanzierendes Denken ausmachen – ein Denken, auf dem die Identität des Spekulanten beruht«.[166] Dieses setzt »die männliche Enthaltsamkeit des Wissenschaftlers voraus«.[167] Um 1903 schrieb Otto Weininger in seinem vielgelesenen Buch *Geschlecht und Charakter*, der Mann »wisse« um seine Sexualität, »während die Frau sich ihrer Sexualität schon darum gar nicht bewußt werden und sie somit in gutem Glauben in Abrede stellen kann, *weil sie nichts ist als Sexualität, weil sie die Sexualität selbst ist.* [...] Grob ausgedrückt: der Mann hat den Penis, aber die Vagina hat die Frau.«[168] Das gleiche Schema gilt für den Markt: Der Mann spekuliert, die Frau *ist* die Spekulation. Weder ›Lady Credit‹ noch ›Cynthia Speculation‹ spekulieren selbst, sie *sind* die (feminisierte) Spekulation.[169]

Als die beiden Schwestern Victoria Woodhull und Tennie Clafin 1870 als erste Frauen in New York ein Stock Broker Büro gründeten, verursachte dies eine »Erschütterung, die fast so dramatisch war wie beim Crash«.[170] Bis dahin gab es in den USA nur wenige Frauen, die Aktien besaßen, und viele Jahre später sagte Woodhull in einem Interview mit dem *Wall Street Journal:* »Dass sich eine Frau über Finanzfragen Gedanken macht, wurde mit Schaudern als Profanisierung wahrgenommen.«[171] Ihre Formulierung zeigt, wie tief weiterhin der Gedanke verankert war, dass der Umgang mit Geld sakralen Status hatte. Den Berichten über die beiden ersten Börsenmaklerinnen war kein Herrenwitz zu billig. Von Victoria Woodhull hieß es, »ihre beste Investition war ihre letzte Ehe. Frauen können nur in der Ehelinie zu erfolgreichen Spekulanten werden.«[172]

Wie bei den Debatten um die Zulassung von Frauen zu akademischer Ausbildung und ärztlichen Berufen wurde auch hier die Befürchtung geäußert, dass der Körper der Frau und ihre Psyche bei der Spekulation Schaden nehmen könnten. Waren Frauen als Spekulantinnen erfolgreich, so wurden sie zu ›bewitching brokers‹, ›Miss Satan‹ oder ›Witch of Wall Street‹.[173] Auf der anderen Seite hielten manche Autoren Frauen aber auch für besonders spekulationsgeeignet – wegen der ›weiblichen Intuition‹: »Wenn sie einmal im Börsenspiel sind, lesen viele von ihnen die Zahlen des täglichen Kurszettels mit einer eigenartigen und von Sexualität nicht weit entfernten Erregung.«[174]

Hinter den verschiedenen Strategien einer Feminisierung der Börse verbirgt sich letztlich eine Sexualisierung des Geldes, die diesem einen ›eigenen Trieb‹ verschafft. Das erklärt, warum dieselben Weiblichkeitsbilder einerseits der sexuellen Aufladung des Marktes und andererseits dem Ausschluss von Frauen aus dem Marktgeschehen dienen konnten. »Die Beziehung zwischen Spekulant und Spekulation präsentiert sich als heterosexuelle Szene der Verführung«, schreibt Stäheli.[175] Mit dieser Entwicklung wird auch

340

die Sexualität dem Gesetz des Geldes unterworfen. Das ›heterosexuelle Dispositiv‹ dieser Konstruktion hat allerdings weniger mit der Produktiv- und Zeugungskraft des Geldes zu tun als mit seiner emotionalen Aufladung. So wie die Sexualität seit ihrer Ablösung von der Reproduktion ein Eigenleben führt, geht es auch dem Geld seit seiner Ablösung von materiellen Werten nicht nur um die Vermehrung, sondern auch um die Erregung. In der Spekulation tobt sich ein vom Reproduktionszwang befreiter ›Sexualtrieb‹ aus.

Indem der Markt als ›die Andere‹ etabliert wird, tritt der Spekulant in einen erotischen *Dialog mit sich selbst*. Das erklärt die Paradoxie, dass der Markt einerseits feminisiert wird – wie alle Kollektivkörper, sogar *die Mann*schaft –, andererseits aber vor allem aus Männern besteht. Der Markt ist eine Menge, schreibt Adam Smith in *The Money Game,* aber »eine Menge, die aus lauter Männern besteht, die wie eine einzige Frau agieren. Der Geist einer Menge ist wie der Geist einer Frau.«[176] Diese verweiblichte Masse von Contrariern wird durch technische Instrumente wie den Ticker und mediale Erfindungen wie den Buchdruck und das Internet hergestellt. In dieser kollektiven Verweiblichung von männlichen Körpern – ein Konversionssymptom in jedem Sinne des Wortes – scheint mir der wichtigste Zugriff des Geldes auf die Psyche zu bestehen. Durch die Spekulation auf dem Finanzmarkt wird der Geschlechtsunterschied sowohl hergestellt als auch zum Verschwinden gebracht. Hergestellt wird er durch die *Gegenüberstellung* von Spekulant

Die Börse, September 2008.

und Markt; ausgelöscht wird er durch die *Eingemeindung* des Ich in eine virtuelle Gemeinschaft. Es entsteht so die freie Wahl der Geschlechtsidentität, und diese bildet die Voraussetzung für eine Libido im Dienst des Geldes.

Anders ausgedrückt: Die Semantik des Marktes bedient sich der geschlechtlichen Differenz, um zu verschleiern, dass der Markt mithilfe des Individuums das Individuum besetzt. »Entgegen den psychoanalytischen Identifikationslehren und entgegen den soziologischen Rollentheorien entfaltet das Populäre seine Kraft nicht durch die Identifikation mit einer populären Figur, sondern durch Entsubjektivierung.«[177] Wir sind diesem Paradox bei medialen Neuerungen wie der Räderwerkuhr begegnet: Gerade dadurch, so David Landes, dass jeder seine eigene Uhr hatte und am Körper tragen konnte, trug sie zur Gleichschaltung von Menschengruppen und zur ›Des-Individualisierung‹ bei. Einen ähnlichen Effekt haben die Techniken der Börse: Die Modernität des Tickermediums besteht darin, »daß es ungeachtet von Klasse, Geschlecht und Ethnizität Zugang zur Finanzkommunikation schafft«.[178] Heute heißt es von Computer und Internet, dass sie nicht nur jedem Individuum den Zugang zu einer weltweit und rund um die Uhr bespielbaren Börse verschaffen, sondern darüber hinaus auch den Identitätstausch und rasche Partnerwechsel ermöglichen.

Charles Mackay kritisierte, dass es der spekulierenden Masse nicht um den Reichtum der Gemeinschaft, sondern um den individuellen Reichtum geht. Dieses ›individuelle‹ Ziel führt allerdings zur Einbindung in die Gemeinschaft.[179] Charakteristisch für Kollektive, in die das Ich ein- und aufgeht, ist ihre Geschichtslosigkeit. Sie bilden sich plötzlich, und die Abwesenheit von Gedächtnis erhöht den emotionalen Affekt. Auf diese Weise entsteht aber auch ein klassenloses Kollektiv, in dem jeder aufsteigen kann: »every body«, wie Mackay es ausdrückt: sogar Dienstmädchen und Knechte, Frauen und Männer, Alte und Junge, Adlige und Kaminfeger werden vom Spekulationsfieber befallen. Die Geldkrankheit sei »epidemisch und ansteckend«.[180] Aber sie ist eben auch demokratisierend. Diesen Effekt der Spekulation hatte schon der holländische Tulpenwahn und der Run auf John Laws Papiergeld gezeigt. Doch während die Beobachter im 17. und frühen 18. Jahrhundert das Krankhafte in den Vordergrund stellten, wurde mit dem Aufkommen des Finanzkapitalismus um 1900 das Massenverhalten als Produktivfaktor gesehen.

Damit verliert die ›Masse‹ ihr negatives Image. Es entsteht die Vorstellung einer »Nation, die ihre eigene Existenz dem Geist der Spekulation verdankt«.[181] Die USA seien »aus dem Kredit geboren«, verkündet der Finanzhistoriker Ralph Hale Mottram,[182] und William P. Hamilton, Gründer des *Wall Street Journal*, schreibt: »Wenn die Spekulation stirbt, ist auch dieses Land tot.« Massenverhalten wird zum Mittel, »demokratische

Gleichheitsprinzipien« durchzusetzen; und diese sind Fundament der Demokratie, »weil sie die klassischen Exklusionsregeln außer Kraft setzen und so auf das Ideal einer all-inklusiven Demokratie verweisen«.[183] Dadurch wird auch die Spekulation zum Prinzip der Demokratie: »eines der fairsten und offensten Spiele, die es je gab; ein Spiel, in dem jeder Teilnehmer, Mann oder Frau, reich oder arm, alt oder jung, die gleiche Chance hat«.[184]

Nun gilt eine große Zahl von Spekulanten sogar als marktstabilisierend: »Je größer der Haufen, desto besser die Performance«, verkündete *Business Week* am 8.1.2001.[185] Die Suggestibilität der Börsenteilnehmer wird zum sozialen Klebstoff. So der russisch-amerikanische Massenpsychologe Boris Sidis in seinem 1899 erschienenen Buch *The Psychology of Suggestion:* »Das soziale Leben setzt Suggestibilität voraus. Ohne Suggestibilität gibt es keine Gesellschaft.«[186] Sie sei »von vitaler Bedeutung« für das menschliche Zusammenleben.[187] Für Sidis war die Suggestion wie ein Lebenssaft (oder, um bei der Geldmetaphorik zu bleiben: wie ein elektrischer Strom), der von einem Körper zum nächsten fließt und dabei ständig an Kraft gewinnt. »Jede erfüllte Suggestion erhöht die Gefühle des Mobs sowohl im Umfang wie auch Intensität.« Wie eine Lawine vergrößert sie sich in der Bewegung. »In der entrückten Menge beeinflusst jeder jeden, jeder suggeriert und ihm wird suggeriert.«[188]

Sogar Paniken wird nun ein positiver Effekt zugestanden: Sie seien die »unbewussten Agenten«, die zur Normalisierung beitragen. Paniken sind keine »accidental freaks of the market«, sondern unvermeidbar, weil sie »der Liebe zum Risiko und dem dazu erforderlichen Pioniergeist« entwachsen.[189] Schumpeters Begriff der ›kreativen Zerstörung‹ bezog sich auf den Industriekapitalismus. Für den Finanzkapitalismus scheint die Panik eine ähnliche Funktion zu erfüllen: Sie wird zum Niedergang, der neues Werden ermöglicht. Für manche Theoretiker wird sie sogar »zu einem ›sign of civilization‹, denn ökonomische Paniken treten nur dort auf, wo es Wohlstand gibt«.[190] Indem sie »Extravaganz und Überoptimismus« dämpfen, sorgen sie aber auch dafür, »daß die ökonomische ›Zivilisation‹ nicht außer Kontrolle gerät«.[191] Durch die ›Panik‹ kehrt das Kapital zu seinem Wortursprung aus der ›Herde‹ zurück – aber nun angewendet auf den Menschen. So Hartley Withers Beschreibung des Stock Exchange: »Jede Menge von Menschen kann sich in einen aufgeregten Mob verwandeln und manchmal sogar zu einer durchgegangenen Herde von Rindern degenerieren.«[192] Diesem Verhalten wird jedoch eine Produktivkraft beigemessen.

Mit der Entstehung des Finanzkapitalismus schließt sich ein Kreis: Das Geld, das einen langen Weg der Abstraktion durchlaufen hat, kehrt zu seinem Ursprung – dem menschlichen Körper – zurück: Es besetzt den menschlichen Körper, emotional wie geistig. Dabei wird deutlich, warum zeitgleich mit dem Finanzkapitalismus viele psychologische Diskurse entstehen. In ihnen schlägt sich einerseits das Bild des ›Contrariers‹ nieder, der den Markt so beobachtet wie ein Analytiker seine Patientin: »Der ideale Spekulant gleicht einer Mischung zwischen einem Arzt – er ist ein ›interpreter of symptoms‹ – und einem distanzierten, zurückgelehnten wissenschaftlichen Beobachter, der sich von seinen Beobachtungen nicht mitreißen läßt.«[193]

Andererseits wurde der ›Psychomarkt‹ aber auch zu einem entscheidenden Instrument, die Gefühle kapitalismusfähig zu machen. Er betreibt gerade die Aufhebung des Unterschieds zwischen dem rationalen, ›männlichen‹ Beobachter und dem irrationalen, ›weiblichen‹ Markt und bringt den Geschlechtsunterschied zum Verschwinden. Es entsteht das – für die westliche Welt typische – universelle Subjekt, das über ›freie Geschlechtswahl‹ und eine ›frei flottierende Sexualität‹ verfügt. An den soziologischen Untersuchungen von Eva Illouz ist zu erkennen, wie sich der von Urs Stäheli beschriebene Marktdiskurs allmählich auf alle, nicht nur die monetären Bereiche des Gesellschaftslebens auswirkt und dabei auch die Selbstwahrnehmung der Geschlechter beeinflusst.

FREI FLOTTIERENDE BINDUNGEN

War die Wahl der Sexualpartner im 19. Jahrhundert weitgehend prädeterminiert – durch die Eltern oder durch die von Klassen und Berufsgruppen geprägten sozialen Codes –, so gilt heute die freie Partnerwahl. Das hat zur Folge, dass Individuen, trotz Bindungswunsch, oft keine Bindungen eingehen oder realisieren können. Illouz spricht von einem ›lack of commitment‹, für das sie die Individuen verantwortlich macht. Denkt man jedoch an die von Lewis Hyde zu Anfang dieses Kapitels zitierte ›ent-bindende‹ Kraft des Geldes, so lässt sich die neue ›Bindungslosigkeit‹ auch als eine Folge – oder zumindest als Spiegelbild – der Geldentwicklung begreifen, die nicht nur ›frei flottierende Währungen‹, sondern auch die Ablösung von der ›Realwirtschaft‹ brachte. Auch in den Sexualbeziehungen ersetzen ›frei flottierende Partnerbeziehungen‹ die ›Realwirtschaft‹ langjähriger ›commitments‹.

Nach der ›Geldillusion‹, so Franz J. Rademacher, Leiter des Forschungsinstituts für anwendungsorientierte Wissensverarbeitung in Ulm, gibt es nun die ›Geldverlustillusion‹. Sie besteht in der Fehleinschätzung, dass – etwa beim Crash von 2008 – Geld ›vernichtet‹ wurde: Wenn Blasen platzen und der Kurs sinkt, »dann ist unter Umständen kein Geld weg, es war nie da«.[194] Darum sei der Ausdruck ›Casinokapitalismus‹ noch eine Untertreibung. »Im Casino geht es zumindest bzgl. der Wahrscheinlichkeiten korrekt zu. Im Weltfinanzsystem kann davon nicht die Rede sein. Wahrscheinlichkeiten ändern sich ständig und bestimmte Akteure und Insider wissen mehr über Wahrscheinlichkeiten als ›normale‹ Akteure, teilweise deshalb weil sie darauf einen aktiven Einfluss haben.« Auch vermitteln sie den Eindruck einer Werthaltigkeit, die es gar nicht gibt. Die Deregulierung des Bankensektors nach ›Basel II‹ (die Senkung des von den Banken vorzuhaltenden Eigenkapitals im Jahr 2007), führte zu einer Ausdehnung des Kreditvolumens und damit der Geldmenge. »Und zwar dadurch, dass die Banken Kredit primär an solche Abnehmer gegeben haben, die über eine hohe Bonität verfügten. Dies erlaubt bei gleichbleibender Eigenkapitalgröße die Erzeugung einer deutlich größeren Kreditmenge. Zu den begünstigten Kreditnehmern gehörten in der Regel auch ›Töchter‹ oder ›Mütter‹ der Banken, die wiederum deshalb eine hohe Bonität vorweisen konnten, weil die kreditgewährende Bank ihre ›Mutter‹ bzw. ›Tochter‹ war.«[195]

Dem auf dünnem Eis basierenden Finanzmarkt entspricht ein volatiler Arbeitsmarkt. Um 1920 waren in den USA 86 Prozent aller Lohnempfänger in Fabriken angestellt: als Arbeiter oder als Angestellte des Verwaltungsapparates.[196] Mit dem Einzug des Finanzkapitalismus gingen diese Zahlen radikal zurück. Mehr und mehr Menschen wurden zu Nomaden der Arbeitswelt. »Amerikaner jeder Klasse verfügten über sinkende Sicherheit – in ihren Jobs, Pensionen und der Krankenversorgung«, schreibt die Soziologin Arlie Hochschild im Oktober 2009. Denn »in den letzten 30 Jahren haben Regierungen und Unternehmen das Risiko auf die Schultern der Individuen abgeladen«.[197]

Eva Illouz beschreibt, wie diese Entwicklung ihre Parallele in den zwischenmenschlichen Beziehungen findet, wo sich ebenfalls ein ›Nomadentum‹ etablierte. Das erklärt, dass Wertmaßstäbe aus dem Finanzkapitalismus in die Beschreibung sexueller Emotionen hinüberwanderten: Gefühle wurden quantifizierbar; sie wurden über eine ›numerische Skala‹ gemessen. Auch Intimbeziehungen wurden zu Werten, »die man nach einem metrischen System« bewertet. Das ist nicht nur das Resultat einer Rationalisierung, laut der »Gefühle feste Einheiten sind und als solche in Zahlen ausgedrückt werden können«, sondern auch eines Klischees der Populärkultur, »daß Beziehungen ausgeglichen sein sollten«.[198] Wie beim ›ausgeglichenen‹ Bankkonto gibt es nun auch in den zwischenmenschlichen Beziehungen die doppelte Buchführung und ein ›Saldo‹. Indem die Therapie »eine Standardisierung und Rationalisierung des Gefühlslebens eingeläutet« hat,[199] entstand das, was Illouz als ›emotionalen Kapitalismus‹ bezeichnet: »Der emotionale Kapitalismus hat die emotionalen Kulturen neu geordnet, indem er das ökonomische Selbst emotionaler und die Emotionen instrumenteller gemacht hat.«[200]

Dem von Stäheli beschriebenen Einzug des Gefühls in die Ökonomie steht eine Ökonomisierung der Gefühle im Privat- und Arbeitsleben gegenüber. Die Angleichung vom ›männlichen‹ Contrarier an den ›weiblichen‹ Markt findet in der Firmenpolitik ihre Entsprechung. »Mit Hilfe der Aufforderung, unsere mentalen und emotionalen Kompetenzen einzusetzen, um uns mit dem Standpunkt der anderen zu identifizieren, bewegt das ›kommunikative Ethos‹ das Selbst des Managers auf das Modell eines traditionellen weiblichen Selbstverständnisses zu.«[201] Untersuchungen zeigen, dass sich durch diese Hinwendung zum Gefühl auch die Produktivität einer Firma steigern lässt.[202] Parallel dazu öffnet sich der Diskurs für die Forderung nach einer ›Selbstverwirklichung‹ der Frau: In einer modernen, an den Emotionen orientierten Ökonomie wird sie als geradezu notwendig betrachtet. Die »Verzahnung von Therapie und Feminismus«, so Illouz, löste wiederum den »massiven Prozeß der Rationalisierung intimer Beziehungen aus«.[203]

Als Beispiel für die Beherrschung der ›modernen Seele‹ durch den therapeutischen Diskurs vergleicht Illouz biographische Selbstdarstellungen: »Im 19. Jahrhundert waren autobiographische Narrative oft interessant, weil sie ›Vom Tellerwäscher zum Millionär‹-Muster enthielten; zeitgenössische Autobiographien dagegen sehen anders aus; selbst im Scheitelpunkt von Ruhm und Reichtum drehen sie sich um psychische Qualen.«[204] Dieser Zugriff des ›psychologischen Modells‹ setzte sich in der zweiten Hälfte des 20. Jahrhunderts durch: »Wenn die 60er Jahre des letzten Jahrhunderts eine politische Botschaft hatten, dann spielten Sexualität, die Entwicklung des Selbst und das private Leben für diese eine zentrale Rolle.«[205] Die Jahre der ›sexuellen Revolution‹, die das Private in den Mittelpunkt des politischen Handelns rückten und mit einer neuen Forderung nach ›Selbstverwirklichung‹ einhergingen, trugen, so Illouz, zum Einfluss der Psychologen bei.

Aus der Sicht des Geldes ließe sich allerdings auch argumentieren, dass es das Kapital war, das nach dieser ›Selbstverwirklichung‹ und Sexualisierung verlangte. So gesehen, wäre die Entstehung der modernen Psychoberufe nicht die Ursache, sondern das Resultat der Geldentwicklung. Die Berufe wären bestenfalls Geburtshelfer neuer psychischer Identitäten, die die ökonomischen Verhältnisse forderten. Die *Kinsey-Reports,* die zu den ersten Untersuchungen über männliche und weibliche Geschlechtlichkeit in den Industrieländern gehörten, erschienen 1948 bzw. 1953. Sie blieben zwar weitgehend traditionellen biologischen Geschlechterbildern verhaftet, behaupteten jedoch – und das war in den Augen der Öffentlichkeit das Aufsehenerregende – dass 90 bis 95 Prozent der Bevölkerung eine Anlage zur Bisexualität haben.[206] Mit diesem Topos griffen sie – unausgesprochen – viele Bilder auf, die auch die Emotionalisierung des Geldes begleiteten.

Wenn Psychologen und Sexualwissenschafter in ihren Ratgebern das Recht auf die Entfaltung einer ›freien Sexualität‹ einforderten, so geschah dies in bemerkenswerter zeitlicher Übereinstimmung mit der ›freien Entfaltung‹ des Kapitals. Anfang der 1960er Jahre kamen die ersten Computer auf den Markt. Es entwickelte sich das Internet und erleichterte schon bald die weltweite Zirkulation des Geldes. Parallel dazu nahm der ›Sextourismus‹ zu: Das ›frei zirkulierende‹ Individuum folgte dem global zirkulierenden Geld. »Es sollte wirklich mehr in den Sextourismus investiert werden«, schreibt der französische Autor Michel Houellebecq. »Ab einem bestimmten Alter bleibt einem gar nichts anderes mehr übrig, als nach Thailand, Bali oder Kuba zu fahren.« In »unserer hypersexualisierten« Welt werde Sex bald nur noch »als Ware« erhältlich sein, weil »Bilder unsere Vorstellung von Sexualität bestimmen, die nichts mit Realität zu tun haben«. Die Folge sei, dass man zu professionellen Sexarbeitern geht, »um zu bekommen, was man für Realität hält. Man wird Pornofilme gucken oder sich vorm Internet einen runterholen.«[207] Die von ihm beschriebene ›Hyperrealität‹ der Sexualität ist eine ziemlich präzise Beschreibung des Wandels, den das Geld in den letzten Jahrzehnten durchlaufen hat.

Der neue Psychodiskurs, so Illouz, verlangt »keine oder nur eine geringe ökonomische Investition«.[208] Auf der anderen Seite etabliert er jedoch Narrative des Selbst, die »als mental ›deponierte‹ Institutionen« der modernen Ökonomie zu betrachten sind.[209] Bei der »Konvertierung des emotionalen Stils in eine soziale Währung« spielen die Psychologen eine wichtige Rolle. Sie »schufen eine neue Sprache des Selbst, mit der man sich dieses Kapitals bemächtigen kann«.[210] In den Jahren zwischen 1991 und 1996 stieg der Absatz von Selbsthilfebüchern um 96 Prozent: Dies und zahlreiche Therapieangebote schufen einen Markt, der heute Milliarden umfasst.[211] Aber auch diese Selbsthilfe des Individuums lässt sich als Selbsthilfe des Geldes begreifen. Denn der neue Psychodiskurs dient in erster Linie großen Unternehmen und staatlichen Institutionen. Für das Individuum werden Selbsthilfegruppen und Therapieangebote als »Machtgewinn« definiert,[212] aber dieser ist von dem des Geldes schwer zu trennen: Es entwickelt seine eigene – historische und soziale – Dynamik und instrumentalisiert dabei die individuelle Triebbefriedigung.

Illouz beschreibt einen Workshop, an dem sie als Beobachterin teilnahm: »In den diversen Pausen des Workshops sprach ich mit fünf Teilnehmern darüber, ob ihnen das Forum gefiel. Alle äußerten sich enthusiastisch über den Workshop. Als ich sie beiläufig fragte, was ihnen daran gefiel, nannten die vier Frauen und der Mann übereinstimmend die Vorstellung, daß ›es in deiner Hand liegt‹ und ›du dein Leben ändern kannst‹, als das bei weitem attraktivste Merkmal.«[213] Deutlicher als in dieser Beobachtung lässt sich kaum beschreiben, wie das Ich des Geldes im Ich des Individuums Gestalt annimmt. Dies ist umso paradoxer, als in demselben Zeitraum, in dem das Individuum in den Mittelpunkt des marktwirtschaftlichen Interesses rückt, dieses einer zunehmenden ökonomischen Unsicherheit ausgesetzt wurde. Die Unsicherheit des Individuums macht dieses aber umso offener für die emotionale Besetzung durch das Geld.

Auch bei der Partnerwahl springt die Parallele zum Geld ins Auge. Computer und Internet trugen zur ›Derealisierung‹ des Geldes bei; gleichzeitig erhöhte sich die Anzahl zirkulierender Zeichen. Durch dieselben medialen Bedingungen werden auch die Intimbeziehungen entmaterialisiert und zugleich emotional aufgeladen: Nicht der physische Körper, sondern das ›virtuelle Ich‹, das der Einzelne im Cyberspace annimmt, wird als das ›authentische Selbst‹ begriffen – mit der Folge, dass die ›Romanze im Netz‹ als der persönlichen Begegnung überlegen gilt.[214] Vor allem in den (›aus dem Geist der Spekulation geborenen‹) USA findet heute ein Gutteil der Partnersuche im Internet statt: jährlich 20 bis 40 Millionen.[215] Bei einem Paketpreis von durchschnittlich 25 Dollar bildet dieser Markt einen beträchtlichen ökonomischen Sektor.

Dabei nimmt auch Selbstdarstellung ökonomische Züge an.[216] »Durch die Präsentation in einem Photo finden sich die Individuen buchstäblich in der Position von Leuten wieder, die für die Schönheitsindustrie als Models oder Schauspieler arbeiten.« Ihnen wird ein Höchstmaß an Bewusstsein für ihre physische Erscheinung abverlangt; ihr Körper wird zur Hauptquelle ihres sozialen und ökonomischen Wertes; sie müssen über ihren Körper mit anderen in Konkurrenz treten und ihre Erscheinung öffentlich ausstellen.[217] Aus der Logik des Geldes betrachtet, bedeutet dies, dass das Marx'sche Modell, laut dem Geld in Ware verwandelt wird, um wieder zu Geld zu werden, nach einer Präzisierung verlangt: Der Körper verwandelt sich in Geld (er wird zum Wertmesser, Wertaufbewahrungs- und allgemeinen Tauschmittel), um sich auf diese Weise mit einem anderen Körper vereinen zu können, also wieder den Status eines Körpers zu erlangen. Deshalb ähneln sich auch die vielen Selbstbeschreibungen der Individuen. »Wenn sie sich in einer entkörperlichten Form anderen präsentieren, benutzen die Menschen etablierte Konventionen der wünschenswerten Person und applizieren sie auf ihr Selbst.«[218] Die Standardisierung der Körper entspricht der Standardisierung von Waren durch die Geldwirtschaft.

Die Ökonomisierung der Intimbeziehungen hat eine Beschleunigung der Zirkulation zur Folge – auch hierin vergleichbar dem Geld. Im Bereich der Liebesbeziehungen sehen sich Menschen mit dem Problem konfrontiert, »wie sie mit der größeren Zahl und Geschwindigkeit romantischer ›Produktion‹ sowie mit der größeren Zahl und Geschwindigkeit romantischen Konsums und romantischer Tauschgeschäfte umgehen sollen«.[219] Das führt zu Bindungsscheu – so wie das Geld eine Phobie vor der Bindung an die ›Realwirtschaft‹ hat: Die Bindung des Einzelnen an eine bestimmte ›Anlage‹ könnte die Investition in eine noch bessere verhindern. So bleibt nur der schnelle Partnerwechsel.

In dem schon zitierten Artikel schreibt Hochschild: »In allen Umfragen beweisen die Amerikaner, dass sie die Ehe höher schätzen als irgendwer sonst. Zugleich haben wir die weltweit höchsten Scheidungsraten und Beziehungsabbrüche.« Einer der Gründe, so die Soziologin, liegt an der Flexibilität der freien Marktwirtschaft: »Wir bewegen uns von Job zu Job, von Stadt zu Stadt, selbst von Kirche zu Kirche.« Falls die Einwanderer auf der Suche nach einem neuen und besseren Leben nach Amerika gekommen sind, »so hat der Kapitalismus aus diesem Impuls größten Nutzen zu ziehen gewusst«. Hochschild macht die Konsumgesellschaft mit ihren rasch wechselnden Objekten für das Verhalten verantwortlich. Hat der schnelle Umlauf von Waren »auch unsere Vorstellungen über die menschlichen Beziehungen infiltriert?«, fragt sie.[220] Betrachtet man jedoch die Waren als Fetisch des zirkulierenden Geldes, so spiegelt der Wandel der Intimbeziehungen eher die Umlaufgeschwindigkeit des Geldes wider. Die Zeiteffizienz und Zeitkomprimierung des Kapitalismus finden im Speedmatching ihren deutlichsten Ausdruck.

Die Partnerwahl wird dadurch erschwert, dass man im Internet leicht von den Leuten angezogen wird, »die über der eigenen Liga spielen«.[221] Das führt zu Enttäuschungen, die von den Bedingungen des Marktes – Angebot und Nachfrage – diktiert sind und zu neuer Suche führen. Bei der Partnersuche im Internet ist die Enttäuschungsrate hoch; sie setzt zumeist nach der ›realen‹ Begegnung ein und ist das Resultat von »unrealistischen Erwartungen«.[222] Diese hängen freilich mit der Standardisierung der Selbstdarstellung im Cyberspace zusammen. Über das Internet gibt das Geld den eigenen Abstraktionsprozess an die leibliche Selbstwahrnehmung von Menschen weiter. Gibt es eine präzisere Beschreibung für die Art, wie sich das Geld des Ich bemächtigt?

Das Internet, so Illouz, »untergräbt die intuitive Vorstellungskraft, weil sie nicht retrospektiv, sondern prospektiv ist«. Und weil es uns »den ganzen Markt möglicher Entscheidungen als greifbar suggeriert (grob gesagt: es ermöglicht Preisvergleiche)«, bringt es uns dahin, »die Person, der wir real begegnen, gleichsam unter Wert und nicht über Wert einzuordnen«.[223] Mit dieser Beschreibung führt Illouz eben jene Faktoren an, die auch die Geschichte des Geldes begleiteten: Derealisierung, quantitative Bestimmung des Wertes, ›prospektives Denken‹. Sie schufen die Voraussetzungen dafür, dass sich das Geld der Gefühle des Spekulanten bemächtigen konnte. Nun gestaltet das Geld auch die Libido außerhalb des Marktes nach den eigenen Gesetzen.

Illouz' Hauptkritik richtet sich gegen die moderne Psycho-Szene, deren Diskurs in den Industrieländern »hegemonial« geworden sei. Tatsächlich entwickelt sich der ›therapeutische Diskurs‹ zeitlich parallel zum Aufkommen des Finanzkapitalismus: Beide entstehen um 1900 und nehmen im Verlauf des 20. Jahrhunderts an Reichweite und Intensität zu. Beide brachten neue soziale Akteure und Kulturindustrien hervor, die sich gegenseitig ergänzen. »Der therapeutische Diskurs ist weit davon entfernt, eine institutionenfeindliche Einstellung zu nähren; vielmehr stellt er eine enorm einflussreiche und exemplarisch moderne Weise dar, das Selbst zu institutionalisieren.«[224] Breithaupt verwendet fast dieselbe Formulierung, um von der Institutionalisierung des Ich *durch das Geld* zu sprechen. So handelt es sich vielleicht eher um eine Komplizenschaft von Psychodiskurs und Finanzkapitalismus. Durch die Emotionalisierung der Ökonomie und die Ökonomisierung der Psyche bemächtigt sich das Geld der Gefühlswelt des Einzelnen, und die Psychodiskurse kanalisieren diesen Vorgang. Illouz' Beschreibung des ›therapeutischen Diskurses‹ als eine »anonyme, autorlose und allgegenwärtige Weltanschauung, die auf eine verwirrende Vielzahl sozialer und kultureller Schauplätze versprengt ist«,[225] ist übertragbar auf die Wanderwege des modernen Geldes in einer globalen Ökonomie.

Es ist kein Zufall, dass es in den USA zu einer frühen und raschen Aufnahme der Psychoanalyse und des therapeutischen Diskurses kam.[226] Ich halte es allerdings für problematisch, keinen Unterschied zwischen Psychoanalyse einerseits und den psychologischen Ratgebern oder der Anwendung psychologischen Wissens in der Unternehmensökonomie andererseits zu machen. Wenn Freud »die erotische Sexualität unmißverständlich ins Zentrum des Selbst gerückt, indem er sie zum inneren, verborgenen und eigentlichen Antrieb des Handelns machte«,[227] so basierten seine Argumente auf der *Verbindung* von Sexualität und Reproduktion, wie etwa sein Ödipus-Komplex und seine Theorien zur Weiblichkeit zeigen. Anders als die Psychoanalyse plädierten die Sexualwissenschaften, die in Berlin und England entstanden und alsbald auch in den USA blühen sollten, für einen von der Reproduktion *abgelösten* Sexualtrieb. Auch entwickelte Freud sein Konzept der Psychoanalyse in Wien und nicht in den USA, wo die Verbreitung des Spekulationsdiskurses für eine ganz andere Rezeption der psychoanalytischen Theorien sorgte.

Wenn Illouz schreibt, dass es sich bei der Psychoanalyse um eine rationale Methode handelt, »die zur Selbsterkenntnis verpflichtet und zu diesem Zweck einen Prozeß der Selbstprüfung vorschreibt, bei dem man sich unvoreingenommen distanziert in den

Blick zu nehmen hat, um am Ende Freiheit und Selbstkontrolle zu erreichen«, so betont sie selbst den Unterschied zur Ratgeberliteratur. Andererseits entspricht ihre Darstellung aber auch Stähelis Beschreibung des ›Contrariers‹, der die Semantik des Marktes für die Zeit untersucht, in der auch Freud seine Theorie des Unbewussten entwickelte. Das Ziel der Therapie, so Illouz, besteht darin, »Bedingungen zu schaffen, unter denen das rationale Ich die Kontrolle über das Seelenleben erlangen kann«.[228] Auch das klingt nach dem Contrarier, der lernen muss, die Irrationalitäten der hysterischen Masse zu durchschauen, um sich davon zu distanzieren.

Die Anwendung von psychologischen Diskursen in der Ökonomie – in der Werbung oder in der Kosmetikindustrie, die gerne auf Begriffe wie ›unbewusst‹ oder ›Selbstwertgefühl‹ zurückgreifen[229] – ist den Bedürfnissen des Marktes geschuldet. Das gilt auch für den ›emotionalen Stil‹ im kapitalistischen Management. Über Jahrhunderte vertrat der abendländische Moral- und Philosophiediskurs die Ansicht, »daß man vernünftig nur sein kann, wenn man seine Gefühle ausklammert«.[230] Im 20. Jahrhundert wird die Emotionalität zu einem produktiven Faktor von Wirtschaft und Management. Es fragt sich allerdings, ob mit der neuen ›Emotionalität‹ überhaupt dasselbe gemeint ist wie mit der Emotionalität, gegen die sich die Disziplinierungsmaßnahmen der Klöster und der Wissenschaft richteten. Die Schriftlichkeit, die eines der wichtigsten Instrumente der Domestizierung der Körpers war, dient heute oft der Produktion einer neuen Emotionalität. Zu Recht schreibt Illouz, dass Gefühle, wenn sie »in Literalität eingeschlossen sind«, zu Objekten werden, die sich beobachten und manipulieren lassen.[231] Ebenso richtig ist aber auch, dass durch die ›Texte‹ der Ratgeber und der Werbung neue Gefühle evoziert werden, die vorher nicht da waren. Nur deshalb konnten sie neue Management-Standards einführen, die nicht mehr nach »der religiösen oder darwinistischen Legitimation von Führung« funktionieren, sondern soziale Kompetenz fordern.[232] Man sollte nicht vergessen, dass zuerst die freie Marktwirtschaft da war und dann erst der Psychodiskurs mit seiner Forderung nach der ›freien Persönlichkeit‹ das Feld betrat.

»Weil der Kapitalismus Netze der Interdependenz erfordert und hervorbringt und weil er Affekte ins Zentrum seiner Transaktionen gestellt hat, hat er auch genau jene Geschlechteridentitäten aufgelöst, zu deren Herausbildung er einst selbst beitrug.«[233] Die Aufhebung der Geschlechterdifferenz war Voraussetzung für die Bindungslosigkeit, die Illouz in dem Buch *Die Errettung der modernen Seele* thematisiert. Im Privatleben wie im modernen Management muss man lernen, »sich dem Zugriff anderer zu entziehen, um besser mit ihnen zusammenarbeiten zu können«.[234] Eine ähnliche Bindungslosigkeit macht Rotman am ›Xenogeld‹ fest, das kein Land und keine Heimat hat. »Vom Xenogeld als Zeichen kann man sagen, daß es als freies und in irgend etwas außerhalb seiner selbst nicht konvertierbares Zeichen sich selbst bezeichnet. Ausdrücklicher gesagt, bezeichnet es die möglichen Beziehungen, die es mit den künftigen Daseinsformen seiner selbst eingehen kann.«[235]

Das Bild des Xenogeldes lässt sich gut auf moderne Individualisierungsprozesse übertragen. Nur so ist es zu erklären, dass das *Leiden an der Familie* derart in den Mittelpunkt der psychologischen Diskurse geriet. Illouz macht dafür die Experten verantwortlich.[236] In der Tat haben einige von ihnen mit zweifelhaften psychiatriepolitischen Konstrukten dazu beigetragen.[237] Aber es fragt sich, ob diese Entwicklung nicht in erster Linie ein Produkt der Eigendynamik des Geldes ist. Ich folge Illouz, wenn sie schreibt, dass die Legitimation der weiblichen Sexualität zu einer kritischen Einstellung gegenüber der Familie und der Ehe beitrug.[238] Aber die feministische Forderung nach sexueller ›Selbstverwirklichung‹ hängt eben auch eng mit der freien Marktwirtschaft zusammen.

Schumpeter hatte den Feminismus als »eine ihrem ganzen Wesen nach kapitalistische Erscheinung« beschrieben.[239] Er erwähnt dies im Zusammenhang mit der vom Kapital bewirkten sozialen Mobilität und der damit einhergehenden Auflösung traditioneller Gemeinschaftsregeln. Nicht durch Zufall verwenden die Befürworter der Freigabe der Pornographie das Argument der weiblichen ›Selbstverwirklichung‹. Meinen tun sie jedoch den (beträchtlichen) ökonomischen Gewinn, der in diesem Wirtschaftssektor zu holen ist: laut Richard Poulin »der ›Sektor‹ mit der höchsten Expansionsrate«.[240] In den Sexindustrien »konzentrieren sich die fundamentalen Charakteristika der aktuellen kapitalistischen Wirtschaft«, schreibt er.[241] Aber ihre »Produkte« werden als »Errungenschaften einer liberalisierten Sexualität dargestellt«.[242]

Indem Sexualwissenschaftler wie Masters und Johnson die Verbindung zwischen Sexualitätsdiskurs und Emanzipation der Frau herstellten, trugen sie zur Verwischung der Geschlechtergrenzen bei. Johnson: »Ich weiß, es ist populär, auf die Unterschiede zwischen Männern und Frauen hinzuweisen, aber ich muß Ihnen sagen, daß das, was uns vom Anfang unserer Arbeit an am meisten erstaunt hat, nicht die Unterschiede, sondern die Ähnlichkeiten zwischen den Geschlechtern war.«[243] Die so etablierte Gleichheit der Geschlechter bildete die Voraussetzung für ›frei flottierende‹ sexuelle Identitäten, wie sie in dem neu erwachten Interesse an Transsexualität, Intersexualität, Bisexualität und vielen Phänomenen zum Ausdruck kommen, die unter dem Begriff ›queer‹ subsumiert werden. Ich bezweifle nicht die Authentizität der Gefühle eines Menschen, der nach einer Geschlechtsumwandlung verlangt – ich behaupte nur, dass die freie Marktwirtschaft diesem Wunsch Offenheit entgegenbringt, weil sie selbst Interesse an der Freiheit der sexuellen Identität hat. Die sexuelle Identität ist für sie eine ›Währung‹, die sich auch in eine monetäre konvertieren lässt.

Es ist aufschlussreich, die bahnbrechenden Texte der Sexualwissenschaft parallel zur Geschichte des Geldes zu lesen: Bei beiden lässt sich eine zunehmende Befreiung von ›festen Bindungen‹ konstatieren. In den Sexualwissenschaften fand von Kinsey über Masters und Johnson bis zu den *Reports* von Shere Hite eine immer größere Entbiologisierung des Sexualtriebs statt. Als Zoologe war Kinsey noch einer traditionellen biologischen Zweigeschlechtlichkeit verhaftet. Bei Masters und Johnson war der Sexualtrieb schon weitgehend vom biologischen Geschlecht gelöst. Zwar praktizierten sie an ihrer Klinik die ›Konversionstherapie‹, durch die Homosexuelle zu Heterosexuellen werden sollten, aber das geschah nicht durch Eingriffe in die Biologie. Ihr Buch *Human Sexual Response* erschien 1966,[244] nur wenige Jahre vor der Aufkündigung der Vereinbarung von Bretton Woods. In Shere Hites Berichten *Das sexuelle Erleben der Frau* (1977) und *Das sexuelle Erleben des Mannes* (1981), die lange nach der Aufkündigung von Bretton Woods auf den Markt kamen, war von solchen Vorstellungen so gut wie nicht mehr die Rede.

Die Entbiologisierung des Geschlechtstriebs begleitete eine Liberalisierung der Sexualgesetze: Das schlug sich in der Entkriminalisierung der Homosexualität und der Akzeptanz außerehelicher Beziehungen nieder. In Deutschland erreichte die Entbiologisierung der Sexualität im Januar 2011 ihren vorläufigen Höhepunkt, als das Bundesverfassungsgericht die bisher eingeforderte Notwendigkeit einer transsexuellen Operation zur Annahme einer anderen amtlichen Geschlechtsidentität für verfassungswidrig erklärte.[245] Eine lesbische Frau hatte geklagt: Sie wollte aus versorgungsrechtlichen Gründen ihre Partnerin nach ›normalem‹ Recht, wie es heterosexuellen Partnern zusteht, heiraten, ohne sich den (schmerzhaften und risikoreichen) operativen Eingriffen einer transsexuellen Operation zu unterziehen. Das Bundesverfassungsgericht gab ihr recht. »Eine Frau oder ein Mann muss sich also künftig nicht mehr die Geschlechtsteile entfernen oder umformen lassen, um die personenstandsrechtliche Anerkennung des empfundenen Geschlechts zu erhalten.« Transsexualität wird als ›Leiden am falschen Körper‹ definiert, und seit einem Gesetz von 1981 setzte die juristische Geschlechtsumwandlung zwei Dinge voraus: erstens »dauernde Fortpflanzungsunfähigkeit«, d. h. Sterilisation, und zweitens die komplette Anpassung der äußeren Geschlechtsmerkmale, bis durch mehrere Operationen »eine deutliche Annäherung an das Erscheinungsbild des anderen Geschlechts erreicht worden ist«.[246] Die Operation geht mit einer lebenslangen Hormontherapie einher.

Das Bundesverfassungsgericht erklärte dies nun als unvereinbar mit der Menschenwürde und dem Recht auf körperliche Unversehrtheit. Es sei nicht wichtig, die Natur zu korrigieren, sondern anzuerkennen, »wie konsequent der Transsexuelle in seinem empfundenen Geschlecht lebt und sich in ihm angekommen fühlt«.[247] Zum ersten Mal in der deutschen Rechtssprechung (der im Fall des Bundesverfassungsgerichts eine fast legislative Bedeutung zukommt) entschied das ›gefühlte Geschlecht‹ über die sexuelle Identität. Länder wie Finnland, Österreich, Spanien und Großbritannien verzichten schon seit langem auf die Pflicht zu operativen Eingriffen. In Belgien, den Niederlanden, Spanien und Schweden können gleichgeschlechtliche Partner ohnehin eine Ehe eingehen, ohne sich einer Geschlechtsumwandlung zu unterziehen. Dass der ›Empfindung‹ mehr Bedeutung beigemessen wird als den biologischen Indikatoren, entspricht dem Prozess der Exkarnation des Geldes. Zugleich aber war die Entbiologisierung des Sexualtriebs eine Voraussetzung für die Sexualisierung des Geldes.

Allerdings muss ich an dieser Stelle auf ein Paradox eingehen: Die Befürworter einer Entbiologisierung des Geschlechts kommen zumeist aus den linken oder liberalen Lagern, die dem Neoliberalismus und dem Prinzip der freien Marktwirtschaft eher kritisch bis ablehnend gegenüberstehen. Dagegen gehören die Befürworter eines Festhaltens an den traditionellen Geschlechterbildern überwiegend dem konservativen, katholischen Lager an. Im August 2011 protestierten 100 französische Parlamentsabgeordnete der UMP gegen französische Schulbücher, in denen die ›sexuelle Identität‹ nicht mehr auf biologische, sondern auch auf sozio-kulturelle Faktoren zurückgeführt wird. Es handle sich um eine »unwissenschaftliche These«, schrieben sie,[248] sekundiert vom französischen Berater des Vatikans für Familienfragen, der in ›Gender‹ eine »totalitäre Ideologie« sieht, »die repressiver und schädlicher als der Marxismus ist«.[249]

Derselbe Flügel setzt sich aber – wie auch die amerikanischen Evangelikalen, die ebenfalls an traditionellen Geschlechterbildern festhalten – für neo-liberale Wirtschaftsprinzipien ein. Das erscheint zunächst wie ein Indiz, dass das freie flottierende Geld mit der frei flottierenden Sexualität wenig zu tun hat. Das Phänomen lässt sich aber auch als Zeichen dafür interpretieren, dass hier ›alte‹ Vorstellungen des Kapitalismus (die noch dem Industriekapitalismus geschuldet sind) mit dem von Boltanski und Chiapello beschriebenen *Neuen Geist des Kapitalismus* (des Finanzkapitalismus) konkurrieren: Hier wird die Kritik am Kapitalismus zu dessen ›neuem Motor‹.[250] Die liberale Gesetzgebung gegenüber den Geschlechterbildern gehört in diese Kategorie.

DIE NEUE MÄNNLICHKEIT

Die neue Sprache des Selbst führt nicht nur zu einer ›Feminisierung‹ der Ökonomie, sie stellt auch neue Anforderungen an die Männlichkeit: Ihr wird ein emotionaler Stil abverlangt, der traditionell mit Weiblichkeit gleichgesetzt wurde. Damit wurde ein »Keil zwischen alte und neue Männlichkeiten« getrieben.[251] Mit der neuen emotionalen ›Währung‹ entstanden auch neue ökonomische Sektoren. Das zeigt der ›Pink Dollar‹, mit dem Kapital von Homosexuellen bezeichnet wird. Dieses Kapital wird in andere Bereiche investiert als das ›heterosexuelle‹ Kapital des ›asketischen Eiferers‹: Es fließt in kulturelle Einrichtungen, die Unterhaltungsindustrie, den Kunstmarkt oder auch in die ästhetisch-sinnlichen Konsumbereiche der Mode. Wenn sich der moderne Finanzkapitalismus überhaupt für einen Sektor der ›Realwirtschaft‹ interessiert, so für diesen. Wie im vorigen Kapitel dargestellt, begann die Verwandlung von Kunst in eine Kapitalanlage und Währung schon im 19. Jahrhundert. Im 20. Jahrhundert erweiterte sich dieser Währungsbereich auf diese Wirtschaftszweige – und einen Anteil daran hatte der Pink Dollar.

Die Emanzipation der Frau, die eng mit der Entwicklung des Finanzkapitalismus zusammenhängt, erscheint wie die große Revolution des 20. Jahrhunderts. Rückblickend ist jedoch zu erkennen, dass der Wandel, der sich – unter dem Einfluss der freien Marktwirtschaft – mit den Konzepten von Männlichkeit vollzogen hat, viel größer ist. Das mag auch die Paradoxie erklären, dass die moderne Ökonomie zwar von den Akteuren ›feminine‹ Eigenschaften fordert, sich die beträchtlichen Unterschiede in der Bezahlung von Männern und Frauen aber kaum bewegen: In vielen Sektoren liegen sie beharrlich

um 30 Prozent. Auch an den ›glass ceilings‹, gegen die Frauen in ihren Karrieren stoßen – vor allem im Finanzsektor –, hat sich kaum etwas geändert. Als Grund dafür habe ich im ersten Kapitel die ›symbolische Kastration‹ genannt, die der männliche Körper als ›Preis des Geldes‹ zu entrichten hat. Aber es gibt auch Gründe, die mit dem gewandelten Konzept von Männlichkeit zusammenhängen.

Dieser Wandel spiegelt sich in der Geschichte des nominalistischen Geldes wider: Die Entwicklung begann mit dem Opfer des Stiers im Tempel, setzte sich fort in den Forderungen nach Enthaltsamkeit und Askese, die das christliche Konzept des Geldes, das Klosterleben und den Frühkapitalismus begleiteten. Die lange Epoche männlicher Askese verlief in zeitlicher Parallele zur zunehmenden Abstraktion des Geldes, die in das Papiergeld und das elektronische Geld einmündete. Als dieser Abstraktionsprozess ›vollzogen‹ war, setzte einerseits die Blüte des Finanzkapitalismus ein; andererseits betrat aber auch der Psychokapitalismus die Bühne und verlangte nach genau dem, was bis dahin als ›unmännlich‹ unterdrückt worden war: Emotionen, Sinnlichkeit, Triebhaftigkeit. Der Wandel entsprach einem neuen Prozess der ›Beleibung‹ des Geldes.

Heute stehen zwei Männlichkeitsideale einander gegenüber: das ›alte‹ (asketische) und das ›neue‹ (feminisierte) – und ihr Kontrast zeigt sich u. a. an den politischen Einstellungen zur Entbiologisierung des Geschlechts. Mit der Entwicklung zur ›neuen Männlichkeit‹, die mit dem Femininen auch Verwundbarkeit signalisiert, wird die symbolische Wunde, die mit der Geburt des Geldes dem männlichen Körper zugefügt wurde, zum Wesensmerkmal einer neuen ›versehrten‹ Männlichkeit. Diese signalisiert jedoch reproduktive Potenz. Entsprach der ›Askese-Zwang‹ dem Abstraktionsprozess des Geldes selbst, so manifestiert sich der ›Beleibungszwang‹ oder die ›magische Aufladung‹ des Geldes in einem neuen Körper, der mit der Leiblichkeit auch weibliche Züge annimmt: im männlichen Körper. In diesem Kapitel war von den emotionalen Aspekten dieses Prozesses die Rede; im nächsten geht es um die reproduktive Potenz. Das Kapital will nicht nur Sex haben, es will auch Kinder machen: ›echte Sprösslinge‹.

VI. GELD, GESCHLECHT, GENETIK

EINFÜHRUNG

Die im vorigen Kapitel beschriebenen Effekte – Psychologisierung, Emotionalisierung, Versinnlichung des Geldes – beglaubigen das Geld, indem sie ihm Zugriff auf die Psyche verschaffen. Auf diesen Zugriff ist der Finanzkapitalismus mehr angewiesen, als es der Industriekapitalismus mit seinen ›realen‹ Gütern war. In den Worten von Rotman ist heute das Geld der »Schwanz, der mit dem Hund von Wirtschaft und Handel wedelt«.[1] In ihrem Buch *The Incredible Eurodollar* von 1984 forderten Warren Hogan und Ivor Pearce noch eine Rückkehr zum Warenhandel. Die Finanzkrise von 2008 führte nur noch zum Ruf nach mehr Regulierung; die Rückkehr zur Warenäquivalenz des Geldes forderte niemand. Dennoch hat auch der Finanzkapitalismus eine Form von Deckung entwickelt, die in der Materialität verankert ist. Sie wird nur nicht als solche verstanden, ebenso wenig wie die moderne Form des symbolischen Opfers. So wie Opfer und Inkarnation in der Ursprungsgeschichte des Geldes *und* in den christlichen Lehren eine unaufhebbare Einheit bilden, bietet auch der Finanzkapitalismus beides: Er beglaubigt das Geld nicht nur durch soziale *Aussonderung,* sondern auch durch die *Produktion* von Menschenleben. Um letzteres geht es in diesem Kapitel.

Der Finanzkapitalismus fordert vom Geld eine ›Fruchtbarkeit‹, die sich nicht nur in der Proliferation der Zeichen, sondern auch der Proliferation von Leben niederschlägt. Sie brachte den ›Biokapitalismus‹ hervor, von dem Kaushik Sunder Rajan schreibt: »Der Genfetischismus, der seine Wirkung in einem kapitalistischen Rahmen entfaltet, so daß aus Genen ›Gegenstände‹ werden, die man besitzen kann, ist in diesem Sinne ein kapitalistischer Fetischismus, der sich gleichzeitig vom Warenfetischismus unterscheidet.«[2] Rajan wurde in Madras geboren und lehrt Anthropologie an der University of California in Irvine. In seinem Buch *Biokapitalismus* zeigt er, dass der moderne Finanzkapitalismus mit ›Leben‹ handelt. »Die neue Wirtschaftsform, die sich daraus entwickelt, entspricht weder dem alten Industriekapitalismus noch der sogenannten postmodernen Wissensgesellschaft. Und genau für dieses ökonomische System, das man als materiell-spekulativ bezeichnen könnte, verwende ich den Begriff ›Biokapital‹, der Auskunft darüber gibt, in welcher Weise das ›Leben‹ im Rahmen dieser widersprüchlichen Kommerzialisierungsprozesse neu definiert wird.«[3]

Samen-Aktien: ›Planta‹ 1923.

Zwar fließen weiterhin beträchtliche Teile des Nationaleinkommens in die Entwicklung und Produktion von Waffen; daneben ist jedoch ein anderer Sektor entstanden, der nicht minder wächst als die Rüstungsindustrie. Laut Cynthia Robbins-Roth gehen heute mindestens 11 Prozent aller staatlichen Fördergelder für Forschung und Entwicklung in die biomedizinische Grundlagenforschung (die freilich auch Forschung an biochemischen Waffen beinhaltet).[4] Das neue Biokapital ähnelt dem aus Zeichen bestehenden Finanzkapital, ist zugleich aber auch materieller Art. »Auch das Biokapital zirkuliert in Form von Waren und Geld, Kreisläufe, deren Analyse weiterhin an erster Stelle stehen muß. Gleichzeitig zirkulieren jedoch spezifische neue Währungen, etwa biologisches Material und biologische Informationen, wobei es die Fortschritte in der Genomforschung möglich machen, daß solche Informationen auch losgelöst von ihrer physischen Quelle (wie Gewebe oder Zelllinien) gehandelt werden.«[5]

Wie schon das nominalistische Geld in den christlichen Lehren einen günstigen kulturellen Nährboden fand, stößt auch das Biokapital unter gläubigen Christen auf besonders große Resonanz. Einer der wichtigsten Unternehmer auf dem Gebiet der Genomforschung, Randall W. Scott, ist Forschungsdirektor von *Incyte Genomics* und zugleich evangikaler Christ. Er sieht keinen Widerspruch zwischen seinem Glauben und seiner Forschung, denn die beiden Visionen und Erlösungsdiskurse weisen »grammatikalische Parallelen« auf.[6] Laut Scott »befindet sich jeder Mensch auf einer christlichen Odyssee, die ihn zu seinem jüngsten Tag führt, nämlich zur Stunde seiner genetischen Wahrheit«.[7] Deshalb wird die Sequenzierung des menschlichen Genoms auch »häufig als Suche nach dem Heiligen Gral des Lebens dargestellt«.[8] Francis Collins, der das Humangenomprojekt in der Phase leitete, als die Grobversion der menschlichen DNA präsentiert wurde, bekennt sich, ebenso wie Randy Scott, als ›wiedergeborener Christ‹ offen zu seinen religiösen Überzeugungen. Er sagt, »seine Leidenschaft für das Aufspüren von Krankheitsgenen hänge zusammen mit dem ›dankbaren Erkennen von etwas, das bis dahin kein Mensch, sondern nur Gott gewußt hatte‹«.[9] Für ihn, so kommentiert Rajan diese Aussage, ist die Genforschung eine Art von »Gottesdienst«.[10]

Wie tief die Metaphorik und wissenschaftliche Logik der Genwissenschaften von christlichen Parametern geprägt sind, habe ich an anderer Stelle behandelt.[11] Im Biokapitalismus verbinden sich diese Parameter mit der Eigendynamik des Geldes. Die »Sakralisierung des Geschäfts mit Leben und Tod«, so Rajan, verbindet sich »mit der über den Warenfetisch vermittelten Sakralisierung, die, wie Marx zeigt, die Menschen von den Waren entfremdet, während sie letztere zum Vermittler sozialer Beziehungen macht«.[12] Der Biokapitalismus bietet dem abstrakten Geld des Finanzkapitalismus die Möglichkeit der Materialisierung – und wie beim Opfer geht es auch hier um die ›letzten

Dinge‹, menschliches Leben. Das führt dazu, dass die Akteure des Biokapitalismus weniger Angst vor der Macht des Kapitals haben als jene, die nur mit den Zeichen handeln und diese bestenfalls mit weiteren Nullen versehen können. Weil er es mit ›materialisiertem Nichts‹ zu tun hat, hat dieser Kapitalismus auch nichts mehr mit der ›protestantischen Ethik‹ am Hut. »Für Akteure wie Randy Scott und Patrick Terry haftet der Biotechnologie etwas von der Idee der ›Berufung‹ an, die laut Weber im Zuge der Reformation entstand und Verbreitung fand. Aber diese Art der Berufung ist nicht an Askese, sondern an üppigen Konsum, also an weltliche Freuden, gekoppelt.«[13]

Den Gedanken, dass dem Faktor ›Leben‹ eine neue Bedeutung zukommt, formulierte schon Aldous Huxley in seinem Roman *Brave New World* (1932). Allerdings sah er in Sex und Reproduktionstechniken Strategien zur Sicherung von Herrschaftsverhältnissen. Der Gedanke, dass es um die *Beglaubigung* des Geldes selbst gehen könnte, kommt bei ihm nicht vor.

DER MENSCHLICHE KÖRPER ALS GOLDSTANDARD

»Mangel an Sorgfalt mit dem Gelde bedeutet [...], daß man – sozusagen – Kapital-Embryonen ›mordet‹, und ist deshalb auch ein ethischer Defekt.«[14] Max Webers Metaphorik vom Kapital als ›Embryo‹ war dem Geld von Anfang an inhärent, wie der Vergleich von Geld und ›Sprösslingen‹ bei Aristoteles und Euripides zeigt. Das christliche Mittelalter führte diesen Gedanken weiter – durch die Kritik an der Geldwirtschaft wie auch durch die Parallelisierung von Geldvermehrung und jungfräulicher Geburt. Im Spätmittelalter verließ die Verbindung Geld und Leben die transzendente Ebene.[15] Laut Valentin Groebner stand der menschliche Körper nun »als Ware am Schnittpunkt zwischen moralischem Diskurs und juristischer Kategorie«, und der Diskurs speiste sich aus unterschiedlichen Traditionen, »von denen die Rezeption des Römischen Rechts, die Reliquienfrömmigkeit und die Durchsetzung der Transsubstantiationslehre die wichtigsten sind«.

Bei diesen Waren-Körpern ging es nicht um Fremde oder Sklaven, sondern um den »eigenen, christlichen Binnenkörper«. Es tauchten »Körperrechnungen« und eine »Menschenbuchhaltung« auf. Zum Tode Verurteilte wurden an Galeeren verkauft; bis ins 18. Jahrhundert waren sie das Menschenmaterial von Kriegsflotten im Mittelmeerraum. Körper wurden auch zu medizinischer Handelsware: Ab dem 16. Jahrhundert wurde mit menschlichen Leichen für die Anatomie gehandelt. Sie waren »knapper Rohstoff«. Schon bei Andreas Vesalius' *de humani corporis fabrica* und in Giorgio Vasaris *Vite* finden sich

Hinweise, »dass Körper und Körperteile als Rohmaterial gegen Geld gehandelt, gestohlen und weiterverkauft werden«.[16]

Mit der Entstehung des Papiergeldes wurde die Zeugungsfähigkeit des Geldes ganz ungeniert in Parallele zur biologischen Zeugungsfähigkeit gesetzt. 1748 schrieb Benjamin Franklin (1705–1790) einen *Advice to a young tradesman:* »Bedenke, daß Geld von einer *zeugungskräftigen und fruchtbaren Natur ist.* Geld kann Geld erzeugen und die Sprößlinge können noch mehr erzeugen und so fort. […] Wer ein Mutterschwein tötet, vernichtet dessen ganze Nachkommenschaft bis in tausendste Glied. Wer ein Fünfschillingstück umbringt, *mordet* alles, was damit hätte produziert werden können: ganze Kolonnen von Pfunden Sterling.«[17]

Wurde Geld mit lebendigen Sprösslingen verglichen, so lag es nahe, auch den Menschen zum ›Kapital‹ zu erklären. 1751, zeitgleich mit Franklins *Advice,* veröffentlichte der Italiener Ferdinando Galiani (1728–1787) in Neapel sein berühmtes Buch *Della Moneta.* Darin schlug er vor, den Regierungen das Verfügungsrecht über die Geldemission zu entziehen und den Akteuren auf dem Markt zu überlassen. Galiani entwickelte eine Theorie des Geldes, laut der sein Wert nicht durch Gesetz oder Vereinbarung, sondern durch den Markt zu bestimmen sei. Wenn er an der Rolle der Edelmetalle festhielt, so deshalb, weil sie den Menschen dazu verhelfe, ans Geld zu glauben: »als ob er die Geldkatastrophen kommender Jahrhunderte vorausgeahnt hätte, denen ohne Ausnahme die Eliminierung des Edelmetalles aus dem Geldwesen vorausging«, schreibt Werner Tabarelli.[18]

Soweit ist Galianis Geldtheorie noch traditionell. Doch dann kommt er auf den eigentlichen Reichtum der Nationalökonomien zu sprechen. »Es wird somit niemanden verwundern, wenn ich den Menschen selbst als einen solchen Wert, als ›Reichtum‹ betrachte. Eigentlich ist er der einzige wirkliche Reichtum.«[19] Folgerichtig schließt er daraus: Es »sollten weiterhin sowenig Menschen wie möglich auswandern und so viele wie möglich ins Land ziehen wollen, und wir sollten uns über das große Gedränge zwischen Zugereisten und Mitbürgern freuen«.[20] Je mehr Menschen, desto besser, denn ein Reich sei umso stärker, je dichter es besiedelt ist. »Es gibt nichts Kostbareres als den Menschen. Es wäre zu wünschen, daß jedermann erkenne, um einen wie einträglichen Schatz es sich beim Menschen handelt, und daß man ihn auch dementsprechend behandelt.«[21]

Galiani meinte natürlich nicht den menschlichen Körper als Substanz, die dem Geld eine Deckung verleiht. Ihm ging es mehr um die menschliche Arbeitskraft als ökonomischer Wert. Doch sein Zeitgenosse Goethe verstand, dass die eine Logik die andere nach sich ziehen würde. Im letzten Kapitel des *Faust II* verkündet Wagner die Erzeugung eines Menschen und antwortet auf die Frage von Mephistopheles, welch verliebtes Paar er ins »Rauchloch eingeschlossen« habe: »Behüte Gott! Wie einst das Zeugen Mode war,/ Erklären wir für eitel Possen. [...]/Wenn sich das Tier noch weiter dran ergetzt,/So muß der Mensch mit seinen großen Gaben/Doch künftig höhern, höhern Ursprung haben.«[22] Dabei verdeutlicht Goethe die christlichen Ursprünge dieser Phantasie. Proteus über den Homunculus: »Du bist ein wahrer Jungfernsohn:/Eh' du sein solltest, bist du schon.«[23]

Goethe geht es nicht um einen transzendenten Gottessohn, sondern um eine irdische Biologie, die mit Papiergeld und Kredit Einzug hält. Wagner: »Es wird! Die Masse regt sich klarer,/Die Überzeugung wahrer, wahrer:/Was man an der Natur Geheimnisvolles pries,/Das wagen wir verständig zu probieren,/Und was sich sonst organisieren ließ,/Das lassen wir kristallisieren.«[24] Das Organische der Natur, so Binswanger, wird nun ›organisiert‹, und der Mensch muss ›kristallklar‹ denken lernen, damit er zu einer ›Über-Zeugung‹, »einer Zeugung höheren Grades« kommt.[25] Es geht, so macht Thales in seinen an den Homunculus gerichteten Worten klar, um kein geringeres Projekt, als die ›Natur‹ neu zu erschaffen: Das implizieren alle Naturallegorien des Geldes, aber eben auch die modernen ›Lebenswissenschaften‹: »Gib nach dem löblichen Verlangen,/Von vorn die Schöpfung anzufangen!/Zu raschem Wirken sei bereit!«[26]

Die Inkarnationslogik des Geldes steckt auch in Karl Marx' Fetisch-Begriff, mit dem er sowohl die »metallne Naturalform« des Goldes als auch die Ware als »unmittelbar gesellschaftliche Inkarnation aller menschlichen Arbeit« bezeichnete.[27] Hartmut Böhme, der die Rhetorik von Marx untersucht hat, zeigt, wie sehr diese von Bildern menschlicher Reproduktionsfähigkeit durchsetzt ist. Nicht nur verwendet Marx christologische und eucharistische Begriffe wie ›Inkarnation‹ und ›Transsubstantiation‹;[28] er spart auch nicht mit Anspielungen auf die Natur und die menschliche Reproduktionsfähigkeit: »›Das Produkt vergangener Arbeit‹ ist im Zinsprozess sogar ›an und für sich geschwängert‹ mit ›zukünftiger lebendiger Mehrarbeit‹ und stellt eine sexuelle Vereinigung zwischen Lebendigem und Totem dar.«[29] Bei Marx, so Böhme, wird das Kapital »zu einer lebendigen, sich selbst reproduzierenden und vermehrenden Macht«. Der menschliche Körper wird zum ›Fetisch‹ dieses sich selbst erzeugenden Geldes: »ein Analogon des Organismus, zumindest der Pflanzen: reproduktiv, teleologisch, wachsend, also ein autopoietischer Regelprozess«.[30]

Seine volle Wirkmacht wird die Vorstellung des menschlichen Körpers als ›Kapital‹ erst im 20. Jahrhundert entfalten: mit Organtransplantation und Organhandel. Wegbereiter war der Bluttransfer.[31] 1901 entdeckte der Österreicher Karl Landsteiner die Blutgruppen; bald danach gab es die ersten Blutspenden. 1922 wurde in London die erste ›Blutbank‹ mit freiwilligen Spendern gegründet. Perry Lane Oliver nannte seine Einrichtung zunächst ›Blood Preservation Laboratory‹, »aber angesichts der ›Einzahlungen‹ und ›Abhebungen‹ kam er bald auf den heute verwendeten Begriff der ›Blood Bank‹«. In London entstand auch das weltweit erste Blutspenderverzeichnis, und als es ab den 1930er Jahren weltweite Spenderverzeichnisse gab, waren die Voraussetzungen für das Tauschgeschäft von Blut und Geld geschaffen. »Während in der ›alten Welt‹ – dem westlichen Europa – die Blutspenden meist freiwillig oder gegen einen kleinen Geldbetrag abgegeben wurden, fand in der ›neuen Welt‹ – den USA – bereits eine Kommerzialisierung der Spende statt. Es gab dort professionelle Blutspender, die bis zu 50 Dollar für eine Spende kassieren konnten.«[32]

In der zweiten Hälfte des 20. Jahrhunderts nahm die Beglaubigungsstrategie des Geldes durch den menschlichen Körper eine neue Dimension an. An der Chicago Mercantile Exchange wurden 1964 die ersten Futures auf lebende Produkte (Rinder) eingeführt.[33] Wie beim Zeichengeld ergeben sich auch bei diesen ›Real-Symbolen‹ überhitzte Märkte und Spekulationsblasen. Am 29. September 2009 veröffentlichte die New York Times auf der ersten Seite einen Artikel, der die Probleme mit einer revolutionären Neuerung der Viehzucht thematisierte. Die Neuerung besteht in einem ›sexed semen‹, bei der schon bei der Besamung eine gezielte Geschlechtsselektion vorgenommen werden kann. »Die Kühe sollten nicht mehr die gleiche Anzahl von männlichen und weiblichen Sprösslingen haben. Stattdessen wurde durch eine hoch entwickelte Technologie der Samen des Milch-Bullen so behandelt, dass dieser hauptsächlich weibliche Kälber erzeugt, um die Profite der Milchbauern zu steigern.« Durch das ›sortierte Sperma‹ ist es nun möglich, 90 oder mehr Prozent weibliche Junge zu züchten. Wie vorauszusehen, ist die Folge eine Überproduktion von Milch. »›Es ist wirklich einfach‹, sagte Tony de Groot, der diese Methode schon früh übernommen hat und auf dessen Farm 4.200 Kühe gemolken werden, ›es gibt einfach zu viele Rinder und zu viele Färsen – und es kommen ständig neue dazu‹«. Der letzte Satz wurde von der New York Times als ›Quote of the Day‹ wiedergegeben, und er zeigt in der Tat, wie sehr sich auch im Umgang mit Leben die Proliferation der Zeichen an der Börse wiederholt: mit der bekannten Folge platzender Spekulationsblasen.

Entsprang das Geld in der Antike dem Rinderopfer, das den Menschen substituierte, so erprobt das Geld im 20. Jahrhundert am Rind die Möglichkeiten einer geplanten menschlichen Reproduktion. »Ein Fertilitätsinstitut bei Washington untersucht, ob sich die Methode auch ohne Probleme auf Menschen übertragen lässt. Wenn die Food and Drug Administration zustimmt, könnten Eltern schon bald über das Geschlecht ihres Kindes entscheiden.«[34] Andere Technologien der Geschlechtsselektion werden schon längst bei Menschen angewendet. Da laut Umfragen unter US-Amerikanern die Nachfrage nach Söhnen höher ist als die nach Töchtern, vor allem unter Republikanern,[35] ist es absehbar, dass es auch bei der Spekulation mit menschlichen Körpern zu einer ›Blase‹ kommt. »Soweit Demographen es berechnen können, fehlen weltweit 160 Millionen Frauen und Mädchen«, schreibt das Center for Genetics and Society in seinen *Weekly News*. »Das entspricht der weiblichen Gesamtbevölkerung der USA.«[36]

Allgemein wird angenommen, dass es Geschlechterselektion nur in Indien oder China gibt. Tatsächlich, so Mara Hvistendahl in ihrem 2011 erschienen Buch *Unnatural Selection: Choosing Boys over Girls, and the Consequences of a World Full of Men*, wird sie aber auch im Kaukasus und den Balkan-Ländern praktiziert. Kalifornische Fertilitäts-zentren bieten sie an – zusammen mit anderen Selektionskriterien wie Haut-, Augen- und Haarfarbe. In Süd- und Ostasien gibt es heute schon Dörfer, in denen keine jungen Frauen mehr leben – eine Entwicklung, die einerseits mit Frauenhandel, andererseits aber auch mit der Erhöhung des Lebensstandards in Verbindung gebracht wird. Da letzterer meistens die Verkleinerung der Familie zur Folge hat, wird sich die Geschlechts-selektion eher verstärken. »Ökonomischer und technologischer Fortschritt verhindern nicht die Geschlechtsselektion, sondern treiben sie voran, indem sie zu kleineren Fami-lien führen. Den Familien, die mehr Wert auf Söhne legen, sind dann alle Mittel recht, ihr Ziel zu erreichen.«[37]

Die Entwicklung erklärt die Verbreitung einer neuen ›Natursemantik‹ im Finanz-kapitalismus, die, laut Reichert, von medizinischen Bildern geprägt ist. »Die Anknüp-fung des Praxisbegriffs an die biologischen Leitbilder ›Leben‹, ›Organismus‹, ›Gefäß-system‹, ›Fremdkörper‹ oder ›Blutkreislauf‹ treibt die Kritik an den statischen Metaphern der Finanzwirtschaft wiederum in eine neue Bio-Ontologie eines globalen Stromes, für dessen optimale ›Durchblutung‹ (›Zirkulation‹) permanent gesorgt sein soll.« Die Ge-sundheits- und Krankheitsbilder des Finanzjournalismus erwecken den Eindruck, dass »es sich bei der Geldvermehrung um eine Lebenstatsache« handelt.[38] Reichert fragt sich, »warum der vitalistische Finanzmarktdiskurs« den Finanzmarkt mit »den Begriffen des Lebens und der Steigerung der Lebendigkeit des Wissens beschreibt«.[39] So schwer finde ich dies nicht zu verstehen: Nach einer langen Geschichte der Exkarnation, die der Körper und das Geld gleichermaßen durchliefen – das Geld erreichte seine Entmateria-lisierung mit der Ablösung vom Goldstandard, der menschliche Körper mit der Ablö-sung der Reproduktion von der Sexualität –, sind nun die Voraussetzungen erfüllt, dass die Zeichen ihre eigenen Leiber erschaffen. Nicht durch Zufall ist die Natursemantik des Finanzmarktes vor allem in den Ländern verbreitet, die auch als erste mit dem Papiergeld experimentierten: Großbritannien und die USA.

Der Handel mit Körperteilen ist seit den 1980er Jahren dokumentiert. Nancy Scheper-

Hughes hat 2002 hervorgehoben, dass Körper und Körperteile »mit magischen und symbolischen Bedeutungen aufgeladen« werden und einerseits »auf die traditionellen religiösen Narrative von Reliquie, Geopfertem (wörtlich: *sacrificium*) und Spenden« verweisen; andererseits greifen sie aber auch »bedrohliche Erzählungen von geraubten Körperteilen, gestohlenen Leichen, Hostienschändung, Ritualmord und dem eingesetzten Körperteil eines Fremden« auf.[40] Ähnliches gilt für die Transplantation von Fötalgeweben. »Das 1990 gegründete Netzwerk von europäischen Spezialisten für die Verpflanzung von Fötalgewebe, *Network of European CNS Transplantation and Regeneration*, heißt wohl nicht zufällig abgekürzt NECTAR – der Trank der griechischen Mythologie, der den Göttern Unsterblichkeit verliehen hat.« Körperteile, in Waren verwandelt, zirkulieren wie Geld und in denselben Bahnen wie dieses – nur in konträrer Richtung. Neuere Studien zeigen, »dass Organe von Osten nach Westen wandern, von Süden nach Norden; sie gehen von den Jungen zu den Alten; und, statistisch ziemlich signifikant, von den Frauen zu den Männern – die Ersteren spenden überdurchschnittlich häufig Organe, die Letzteren empfangen diese überdurchschnittlich oft. Die verkauften Körperteile folgen sehr realen Macht- und Marktverhältnissen.«[41] Michael Crichton, der in seinem Buch *Next* von 2007 über Bio-Piraterie, Genpatente und den illegalen Verkauf von menschlichem Gewebe geschrieben hat, bringt es auf den Punkt: Der technisch erschlossene und kommerzialisierte Körper ist »das Gold des 21. Jahrhunderts«.[42]

Drei österreichische WissenschaftlerInnen haben anhand von etwa 1500 gerichtlichen Schmerzensgeldentscheidungen aus Deutschland und Österreich ausgerechnet, wie sich aus den Entschädigungszahlungen für den Verlust oder die Beschädigung von Körperteilen der Wert des menschlichen Körpers ermitteln lässt. »Der Wert des Lebens beträgt demnach im Durchschnitt etwa 1,7 Mio. Euro.«[43] Dabei unterscheidet das Geld auch hier zwischen den Geschlechtern, indem Frauen im Durchschnitt signifikant weniger Schmerzensgeld als Männer erhalten.[44] Eine ähnliches ›Gefälle‹ lässt sich auch bei den Preisen für Körper von Norden nach Süden und von Osten nach Westen ausmachen.

Der Kapitalismus, so schreibt der Wirtschafts- und Sozialhistoriker Josef Nussbaumer, hat den Körper bis in seine kleinsten Bestandteile erfasst. »Noch nie in der Geschichte (sieht man von den Reliquienpreisen ab) war der Körper des Menschen so viel wert, ohne zugleich sein massenweises Unwertsein zu erleben.«[45] Er zeigt, wie unterschiedlich die Preise für menschliche Körper ausfallen: In Rumänien kostet eine weibliche Eizelle 100 bis 1400 Euro, in den USA bis zu 100 000 US-Dollar. Je nach gewünschter Menge kann man für Spermien 1706 Pfund für vier Spermaspenden (»Silberpaket«), über das »Goldpaket« und das »Platinpaket« bis zu 4147 Pfund für 12 Samenspenden (»Diamant Extra Paket«) zahlen. Aufschlussreich sind auch die Körperteilversicherungen, die Nussbaum anführt: Für Bruce Springsteen kostet sie mind. 4 Millionen Euro (Stimme); bei Claudia Schiffer ist das Gesicht mit 3,7 Mio. Euro versichert. David Beckhams Beine sind 52,9 Millionen Euro wert, während Liz Taylors Augen mit 3 Mio. Euro veranschlagt wurden. Schon in den 1930er Jahren wurden Marlene Dietrichs Beine für 1,8 Mio. US-Dollar versichert, während Sophia Lorens Busen nur mit einem Wert von 125 000 Euro angesetzt ist. (Offenbar galt er nicht als der relevanteste Teil der Schauspielerin.) Trotz strenger Strafverfolgung wird auch mit Kindern gehandelt – und da, wo die Fälle gerichtsrelevant wurden, zeigen die Preise, dass die Kosten für Kinder ebenfalls der Logik des Finanzkapitalismus folgen: In Indien zahlt man für Babies 14 Euro, in Griechenland und Bulgarien bis zu 3500, während in Guatemala für Kinder, die in die USA exportiert werden, 50 000 US-Dollar gezahlt werden.[46]

DER MENSCHLICHE KÖRPER: SCHÖNHEIT, SPORT, LOHNARBEIT

Der ›Wertzuwachs‹ des menschlichen Körpers im Finanzkapitalismus zeigt sich auch an den Kosten für Gesundheit und Schönheitschirurgie sowie an der Faszination für sportliche Spitzenleistungen. In den USA verschlingen Ausgaben des Gesundheitswesens ein Sechstel des Bruttosozialproduktes: 2,4 Billionen Dollar im Jahr.[47] In den anderen Industrieländern liegt der Anteil der Gesundheitskosten nur geringfügig niedriger. Bücher über die Schönheitsindustrie füllen ganze Bibliotheken;[48] viele von ihnen thematisieren das Verhältnis von Geld und Schönheit.[49]

Besonders die Schönheitschirurgie zeigt, dass der Körper zum ›Kapital‹ geworden ist. »Das ist das beste Investment, das ich je getätigt habe«, sagte eine junge Frau der *New York Times* über die 8000 Dollar, die sie für ihr Brustlifting gezahlt hatte. In dem Artikel geht es um die geplante Besteuerung von kosmetischer Chirurgie (die sogenannte ›Bo-Tax‹).[50] Die ca. 7000 Mitglieder umfassende Amerikanische Gesellschaft für plastische Chirurgie, die gegen das Gesetz Sturm lief, erklärte, dass im Jahr 2008 etwa 12 Millionen Eingriffe vorgenommen wurden (eine Steigerung von 3 Prozent verglichen mit dem Vorjahr); 60 Prozent ihrer Patienten hatten ein Einkommen von weniger als 90 000 Dollar. Es sind also keineswegs nur die Frauen der privilegierten Schichten, die sich solchen Eingriffen unterziehen. Das neue Gesetz sei besonders diskriminierend für Frauen mittleren Alters, von denen viele durch die Finanzkrise ihre Arbeit verloren haben (tatsächlich trafen die Folgen der Finanzkrise einen hohen Anteil von alleinstehenden Frauen). Um wieder in den Arbeitsmarkt zu kommen, mussten viele von ihnen »Chirurgie in Betracht ziehen«.[51]

Die Wunden und Schmerzen, die in der Schönheitschirurgie von Männern und Frauen ertragen werden, erinnern an das Askese-Ideal, das am Ursprung des Geldes stand – nur dass diese Logik nun auch Frauen erfasst. Etwa in der Fitness-Industrie, deren Marktverhältnisse die englische Kommunikationswissenschaftlerin Jennifer Smith Maguire untersucht hat: »Am Körper zu arbeiten, ist deshalb so unerlässlich, weil er eine Form von Kapital darstellt«, schreibt sie.[52] Seit den 1970er Jahren ist weltweit, aber vor allem in den USA, eine Zunahme der Fitness-Industrien zu beobachten. Im Jahr 2000 umfasste allein in den USA die Industrie für Sportartikel 47,3 Milliarden Dollar. 2002 gab es in den USA über 22 000 kommerzielle Health Clubs – mehr als in Deutschland, Italien, Spanien, Frankreich und Großbritannien zusammen.[53] Aber auch Deutschland zieht nach: 2007 sorgten allein in den Fitness-Studios 5,25 Millionen Trainierende für einen Umsatz von annähernd 3 Milliarden Euro.[54]

Die zahlreichen Fitness-Ratgeber suggerieren eine Fülle von Techniken zur Gestaltung der Freizeit, die an Max Webers ›protestantische Ethik‹ erinnern: inklusive eines Logbuchs, in dem – nicht unähnlich dem Leben im Kloster – ein fester Fahrplan für die Durchführung von Übungen erstellt und Fortschritte festgehalten werden, damit aus »Verhalten Gewohnheit wird«.[55] Maguire zitiert Ratgeber, in denen Männer aufgefordert werden, ihre wirtschaftlichen ›time management skills‹ für ihre Fitness-Programme zu verwenden: »Wenn Sie mit Ihrem Fitness-Programm beginnen, ist Selbstdisziplin eine der größten Hürden. Die Einplanung eines festen Rhythmus ist das beste Mittel dagegen.«[56] In der Ökonomie des Konsumenten, so schreibt Maguire, »erhöht das gute und gesunde Aussehen den Tauschwert des Selbst, vor allem in der Dienstleistungsbranche, deren Aktienwert auf Image und Erscheinung beruht«. Doch anders als in Webers *Protestantischer Ethik*, figuriert die Selbstdisziplinierung nicht in der Rubrik ›Arbeit‹ (industria), sondern in der von ›Freizeit‹ und ›Muße‹.[57] Zudem verbinden sich die Fitness-Programme mit der Aufforderung zu konsumieren: »Falls du es geschafft hast, in sechs Monaten 15 Pfund abzunehmen, dann kauf dir die Uhr, die du gern haben willst.«[58] Die Disziplin der Leibesübungen ›entschuldet‹ so das Begehren des ›Shopping‹: ein »kalkulierter Hedonismus«, der den Widerspruch zwischen dem »guten Körper« der Selbstdisziplin und dem schlechten Gewissen des Konsumenten auflöst. »Hier werden die beiden Verpflichtungen nicht als Gegensätze, sondern als Ergänzungen desselben Life styles konstruiert.«[59]

Eine ähnliche Verbindung von Konsum und Askese gilt auch für viele Bereiche des Leistungssports, bei dem sich das Geld seinen wertvollsten ›Fetisch‹ sucht. Sport und Geld verbindet eine lange gemeinsame Geschichte, die Ernst Robert Curtius in seinem Aufsatz über den religiösen Charakter der Münzen beschrieben hat: Diese hatten nicht nur eine Funktion für Opferkult und Tempeldienst, sondern auch bei den Wett-kämpfen. »Agone einzurichten, zu leiten und fortzubilden, war eine priesterliche Kunst, und die Kosten der Agone wurden ursprünglich alle aus der Tempelkasse bestritten, welche zu diesem Zweck auch über die Zinsen besonderer Vermächtnisse zu verfügen hatte.« Die Sieger erhielten einen Anteil des Opfertieres als Kampfpreis, später wurde dieser Anteil durch Münzen ersetzt, die eigens für diesen Anlass geprägt wurden.[60]

Das Wort ›Agonia‹ (von dem sich die ›Agonie‹ ableitet) bezeichnet im Lateinischen die Opfertiere, und ›Pretium‹, der Preis, leitet sich ab von der anlässlich der Spiele zu gewin-nenden Auszeichnung. Auch in Rom hatten die Spiele sakralen Charakter: Erst nachdem ein Opfer dargebracht worden war, konnten die Spiele beginnen.[61] Im modernen Sport geht es nicht mehr um den Anteil am Opfermahl, sondern um die Höhe des ›Preises‹, den ein Fußballklub durch den Verkauf eines seiner Spieler verlangen kann. Auch hier hat Nussbaum einige Zahlen zusammengetragen. Die Rekordtransfersummen für Fuß-baller waren: Zinedine Zidane 2002 von Juventus zu Real (73,5 Mio. Euro); Ronaldo 2002 von Inter zu Real (45 Mio. Euro); Fernando Torres 2007 von Atletico Madrid zu Liverpool (38 Mio. Euro).[62]

Wie das Beispiel des Unternehmens Red Bull zeigt, passt sich der Sport heute auch dem globalen Netzwerk des Geldes an. Red Bull wurde von dem österreichischen Un-ternehmer Dietrich Mateschitz gegründet, der laut *Forbes Magazine* zu den rund 300 reichsten Männern der Welt gehört. Die Firma produziert ein aufputschendes Getränk, das auf einem (dem westlichen Geschmack angepassten) Thai-Rezept basiert. Red Bull fördert nicht nur mehrere Sportarten – vor allem im Hochleistungssport –, sondern besitzt auch weltweit verschiedene Sportklubs und damit auch ihre Spieler. Zu den ge-förderten Hochleistungssportarten gehören ›cliff diving‹, BMX, Skilauf, Fliegen, Skate-boarding, Biking und besonders der Motorrennsport. Zu den von Red Bull erworbenen Fußballklubs gehören SV Austria Salzburg, die MetroStars in New York, ein Team in São Paulo und der SSV Markranstädt in Leipzig. In Afrika unterstützt Red Bull eine Schule für angehende Fußballspieler. Die von Red Bull geförderten Sportarten und Sportvereine betreffen ausschließlich den männlichen Sport, und nicht durch Zufall erinnert der Firmenname selbst an den Ursprung des Geldes aus dem Stieropfer. Hier jedoch werden ›Stiere‹ nicht getötet, sondern produziert.

Eine der wichtigsten Formen der Manifestation des Geldes im menschlichen Körper ist natürlich die Lohnarbeit, bei der die Arbeit in ein unmittelbares Verhältnis zum Kapital gesetzt wird. In diesem Bereich ist die Logik des Opfers besonders deutlich spürbar: »Das Wort operare heißt arbeiten und opfern. Jedoch erst mit Einführung der Lohnarbeit wird die Arbeit zur bewußten Basis der gesellschaftlichen Reproduktion.

Lohnarbeit ist heute die allgemeine Basis der kapitalistischen und sozialistischen Gesellschaften, die Quelle ihres Reichtums.«[63] Durch Karl Marx sowie die Wirtschafts- und Sozialtheorien, die sein Werk im 20. Jahrhundert zeitigte, ist dieser Zusammenhang extensiv thematisiert worden. Deshalb will ich mich hier auf bestimmte Aspekte beschränken. Die von Karl Marx 1848 geschaffene Definition von ›Kapital‹ betont, dass die Lohnarbeit im Kapital verschwindet: »Wie nun wird eine Summe […] zu Kapital? Dadurch, daß sie als selbständige gesellschaftliche *Macht*, d. h. als die Macht *eines Teils der Gesellschaft*, sich erhält und vermehrt durch den *Austausch gegen die unmittelbare, lebendige Arbeitskraft*.«[64] Unabhängig von ihrer besonderen Beschaffenheit und Verwendungsmöglichkeit ist für Marx die menschliche Arbeitskraft die einzige allen Waren »gemeinsam zugrunde liegende materielle Größe«.[65] Die erzeugten Waren sind zwar die Repräsentanten des Geldes. Da sie aber nichts anderes als »vergegenständlichte Arbeitszeit« sind, wird menschliches Leben und menschliche Lebenszeit zur eigentlichen »Verkörperung des Geldes«.[66]

Indem Marx die Arbeit als Substanz des Wertes sieht, so Kurnitzky, entgeht ihm die Tatsache, dass sich diese Logik aus Opferzusammenhängen entwickelt hat.[67] Diese Tatsache werde auch in der modernen Wirtschaft tabuisiert.[68] Kurnitzky vertritt die Ansicht, dass das Volk durch die »Anwendung außerökonomischer Zwangsgewalt, durch Bajonette von Polizei und Militär« in die Fabriken getrieben wurde und dabei einen ›Lernprozess‹ durchmachte, »an dessen Ende ihm die entfremdete Arbeit zur selbstverständlichen Notwendigkeit geworden war«.[69] In den Industrieländern sind es heute keine ›Bajonette‹, die Menschen zur Akkumulation eines Kapitals beitragen lassen, das ihnen in den wenigsten Fällen gehört. Es ist eher die mit dem Geld verbundene Unabhängigkeit, die zum Triebmotor der Arbeitsbereitschaft und damit zum Kapital geworden ist. »Das Bewußtsein von Autonomie, Freiheit und Gleichheit muß also selbst als unvermeidliches Produkt der Bewegung des Wertes als Kapital« dargestellt werden, schreibt Rudolf Wolfgang Müller in *Geld und Geist*.[70]

Im Frühkapitalismus hatte Arthur Young verkündet: »Nur Idioten wissen nicht, dass man die niedrigen Klassen arm halten muss – sonst werden sie nie fleißig«, eine Einstellung, die Max Weber als ›Hungerpeitsche‹ bezeichnete.[71] Im Finanzkapitalismus, der die Unterscheidung zwischen den Agenten und den ›Beglaubigern‹ des Geldes eingeführt hat, geht es um andere Kategorien der Unterscheidung: Letztere erfahren ihre Arbeit oft als zermürbendes oder monotones Übel: »Das Wort ›Arbeit‹ beinhaltet beides, sowohl die lästige Pflicht als auch die Quelle von gesellschaftlicher Reputation und gutem Geld, also das, wonach alle fieberhaft streben. Schon die Tatsache, dass beide Sachverhalte mit ein und demselben Wort bezeichnet werden, grenzt an Betrug«, schreibt

John Galbraith.[72] Dieser ›Betrug‹ spiegelt sich auch in der Entlohnung wider, denn für die moderne Logik des Geldes ist der Verdienst nicht an Askese, sondern an Befriedigung gekoppelt.

Entgegen Schönheit, Sport und Lohnarbeit sind zwei andere Manifestationen des Geldes im menschlichen Körper bisher wenig thematisiert worden. Zwar gibt es eine Fülle von Büchern und Aufsätzen zur Geschichte der Prostitution, aber selten wird diese unter dem Blickwinkel der Geschichte des *Geldes* erzählt. Sogar bei Simmel, der in seiner *Philosophie des Geldes* die Parallelen zur Prostitution anspricht, wird diese nicht als eine Folge der Geldwirtschaft betrachtet. Das Gleiche gilt für die Geschichte des Söldners. Dabei stellten beide die früheste Form von Lohnarbeit dar. Ihre Geschichte beginnt mit der Einführung des Geldes. An Söldner und Prostituierter lässt sich zudem zeigen, dass das Geld den männlichen und weiblichen Körper auf unterschiedliche Weise in den Dienst nimmt: Der Söldner muss auf dem Schlachtfeld mit seinem Körper für das Geld einstehen – und riskiert dabei den Tod. Hier ist der Opfergedanke präsent. Der weibliche Körper dagegen dient der *Beleibung* des Geldes: Bei der Prostitution geht es nicht um ein ›Opfer‹, sondern darum, dem Geld einen ›realen Leib‹ zu verleihen. Sie gehört also in die Kategorie der Materialisierung des Geldes. Das erklärt, dass mit jedem Abstraktionsschub des Geldes ein Zuwachs der käuflichen Sexualität zu registrieren ist: Der Aspekt der Materialisierung wurde immer wichtiger.

Natürlich gab es schon vor der Einführung der Geldwirtschaft sowohl den Dienst an der Waffe als auch den Dienst am Geschlecht. Doch sie unterstanden der Leibeigenschaft. Wie sehr das Geld diese Abhängigkeitsverhältnisse änderte, soll zunächst am Beispiel der Sklaverei in der Antike dargestellt werden, bevor ich auf Söldner und Prostitution eingehe.

SKLAVEREI UND GELDWIRTSCHAFT

Vor der Geldwirtschaft gab es Unfreie, Leibeigene, doch deren Lebensbedingungen und das Gesetz, dem sie unterworfen waren, unterschieden sich von dem der Sklaven *nach* der Entstehung des nominalistischen Geldes. Am Beispiel der Veränderungen, die sich mit der Sklaverei in der Antike vollzogen, lassen sich viele Muster erkennen, die auch in der modernen Ökonomie eine Rolle spielten. Meine Überlegungen zu diesem Abschnitt basieren auf Moses Finleys Klassiker *Die Sklaverei in der Antike* (1980) und den von Elisabeth Herrmann-Otto zusammengetragenen neueren Forschungen zu *Sklaverei und Freilassung in der griechisch-römischen Welt* (2009).

In premonetären Zeiten, so erfährt man in der *Ilias* und der *Odyssee,* war ein großer Teil der Bevölkerung unfrei. Mit ihrer Hilfe wurden in Knossos, Pylos oder Mykene große Wirtschaftsysteme unterhalten. »Eine vergleichbare Erscheinung der Abhängigkeit unfreier Menschen von einem Eigentümer, hier dem König, in so großer Zahl, findet sich in späterer Zeit in Kleinasien auf den großen Tempeldomänen wieder.« Die Unfreien waren vor allem Kriegsgefangene, aber daneben gab es auch Unfreie von Geburt. In der *Odyssee* (also vor der Geldwirtschaft) ist von der Amme Eurykleia die Rede, die als junges Mädchen von ihrem Vater an Laertes gegen 20 Rinder getauscht wurde. »Sie stammt aus einem Adelsgeschlecht. Der Verkauf der eigenen Kinder in die Sklaverei ist in Griechenland zu allen Zeiten praktiziert worden.« Zwar wurden Sykonier, Phönizier und Sidonier als Sklavenhändler erwähnt, doch handelte es sich dabei »noch um reinen Tauschhandel mit Tieren, Stoffen und Juwelen gegen Sklaven. Der Wert der Sklaven bewegt sich, den Angaben der Epen zufolge, zwischen vier bis hundert Ochsen. Die Geldwirtschaft existiert noch nicht.«[73]

Ein anderer Weg in die Unfreiheit bestand in der Schuldknechtschaft. Sie traf vor allem kleinere Landwirte, die sich nach schlechten Ernten oder sonstiger Misswirtschaft auf Kredit Saatgut besorgen mussten. Konnte ein solcher Bauer das Darlehen nicht zurückerstatten, »dann hatte der Gläubiger volle Gewalt über ihn: er konnte ihn entweder als Sklaven verkaufen, was zu diesem Zeitpunkt selten geschah, oder ihn auf dem Boden belassen, den er dann weiter bebaute, aber nicht mehr als unabhängiger Bauer, sondern als *heketemoros,* der einen bestimmten Betrag von seinen Ernteerträgen an den Gläubiger abzuführen hatte«. Der Boden war in der Antike unveräußerlich, so konnte der Schuldner als ›Kreditsicherung‹ nur den eigenen Leib oder den seiner Familienmitglieder anbieten.[74] Diesem System der Schuldknechtschaft setzten Solons Reformen ein Ende. Die Polis übernahm die Schuldentilgung. Bürger, die in die Fremde verkauft worden waren, wurden ausgelöst.

Es war die Zeit des Übergangs zur Geldwirtschaft. Zwar gab es zur Zeit von Solons Reformen (594 v. Chr.) noch kein gemünztes Geld in Griechenland, es existierten aber aus Silber geformte Klumpen, die laut John H. Kroll dieselben Funktionen erfüllten. Auf sie beziehen sich die in den Solonischen Gesetzen aufgeführten Summen für Entschädigungen.[75] Dieses ›Übergangsgeld‹ ermöglichte die Abschaffung der Schuldsklaverei und schuf die Institutionalisierung des freien Athener Bürgers – der wichtigste Kern der solonischen Reformen. Es gab nun einerseits den freien Bürger, für den die Gefahr der Sklaverei gebannt war; andererseits begann aber auch das eigentliche Zeitalter der Sklaverei. Die neue Gruppe von ›potentiellen Sklaven‹ setzte sich vor allem aus Fremden und ›Barbaren‹ zusammen; es entwickelte sich ein regelrechter Sklavenmarkt. Mit Solon

371

hat also »nicht nur Athens Entwicklung zur Demokratie begonnen, sondern auch seine Entwicklung zur Sklavenhaltergesellschaft«.[76]

Solange die Sklaverei die Folge von Eroberung oder von Schuldknechtschaft war, konnte schwerlich von einer ›Natur‹ des Sklaven die Rede sein, waren die Sklaven doch Menschen, die vorher frei gewesen waren. Das änderte sich mit der Geldwirtschaft und dem Sklavenerwerb. Die Sklaverei galt zunehmend als eine ›naturgegebene‹ Einrichtung, und sie wurde deshalb in Athen auch kaum diskutiert. Einzig in den sophistischen Kreisen gab es an der Wende vom 5. zum 4. Jahrhundert eine kontroverse Debatte über das Prinzip der Sklaverei. Der Grund war einfach: »Viele der Sophisten waren selber freigelassene Sklaven.«[77] Platon dagegen, der aus alter Aristokratie stammte und dem die Sophisten als ›Aufsteiger‹ ein Dorn im Auge waren, bezeichnete die Sklaverei als »ein schwieriges Besitzstück«.[78] Seine Auffassung vom Sklaven »als einem mentalen Mängelwesen beruft sich auf die homerische Äußerung, dass die Versklavung eines Freien diesen um die Hälfte seines Verstandes bringt«, schreibt Herrmann-Otto. Bei Homer war es der *Prozess* der Versklavung, der den Menschen herabsetzte; für Plato war ein Mensch deshalb Sklave, *weil* er von geringerem Verstand war. Die Sophisten – zumindest ein Teil von ihnen – hielten dagegen die Sklaverei für eine unnatürliche Einrichtung.[79]

Das 5. und 4. Jahrhundert stellte die Blütezeit Athens dar: Die Demokratie war voll entwickelt, die Polis stand auf dem Höhepunkt ihrer politischen und wirtschaftlichen Macht; von dieser Polis sollte ein prägender Einfluss auf Rom und spätere Zeitalter ausgehen. »Und doch wird dieses Athen in der neueren Forschung als Sklavenhalterstaat und Sklavenhaltergesellschaft bezeichnet.«[80] Dasselbe Phänomen wiederholte sich bei der Gründung der Vereinigten Staaten von Amerika: Die Verfasser der Unabhängigkeitserklärung, die neuen und freien Bürger Amerikas, allen voran der aufgeklärte Thomas Jefferson, waren Sklavenhalter und unternahmen zeitlebens nichts gegen die Institution der Sklaverei. In Griechenland entstand die Sklavenhaltergesellschaft mit dem gemünzten Geld, in den USA mit dem Papiergeld.

Moses Finley hat beschrieben, wie die ›Natur‹ des Sklaven hergestellt wurde. »Wenn ein Sklave ein beseelter Besitz ist, nicht eigentlich eine Person, und dennoch biologisch unzweifelhaft ein menschliches Wesen, muß man institutionalisierte Verfahren erwarten, die ihn als Menschen herabsetzen und seine menschliche Eigenschaft verdrängen, so daß man ihn von Menschen, die kein Besitz sind, unterscheiden kann. Körperliche Züchtigung und Folter stellen eines dieser Verfahren dar.«[81] Zu den Verfahren, durch die die ›Natur‹ des Sklaven erzeugt wurde, gehörten ausschließlich solche, die auf seinen Körper abzielten: Neben der körperlichen Züchtigung, »die, ob öffentlich oder privat, nur gegenüber Sklaven angewendet wurde«,[82] gab es die Regel, dass Sklaven vor Gericht nur unter Folter aussagen durften. Ohne Folter waren ihre Aussagen nichts wert. Wenn dennoch einige Herren darauf verzichteten, so nicht aus Mitgefühl, sondern weil sie einen Verlust der Arbeitskraft ihres Sklaven befürchteten. Kam es bei einem Strafprozess zur Verurteilung eines Sklaven, so zahlte dieser erneut mit seinem Körper: Er erhielt »so viele Schläge wie der Freie Drachmen zahlte«.[83] Die dritte Art der Erniedrigung des Körpers der Sklaven war »ihre uneingeschränkte Verfügbarkeit in sexueller Hinsicht«. Der Herabsetzung der Menschenwürde diente auch die Praxis, »einen männlichen Sklaven jeden Alters als ›Junge‹ anzureden oder zu bezeichnen«.[84] All diese Praktiken hatten nur einen Sinn: dem Sklaven einen eigenen, vom Freien unterschiedenen Körper zu *verleihen*. Aus der Rassismus- und Antisemitismus-Forschung ist bekannt, dass die physische Herabsetzung des Körpers des ›Anderen‹ der Aufwertung und Identitätsdefinition der eigenen Gruppe dient. Hier war es der ›Freie‹, der sich durch die Reduzierung des Sklaven auf seine Körperlichkeit nicht nur seiner Freiheit, sondern auch seines Status als ›Vernunftwesen‹ vergewisserte.

Auf der anderen Seite bewirkte die Geldwirtschaft aber auch die Möglichkeit eines sozialen Aufstiegs für Sklaven. Am Vorabend des Peloponnesischen Kriegs, um 431 v. Chr. schreibt ein (wahrscheinlich im Untergrund lebender) Spartaverehrer, ein *Lakonist* voller Empörung, dass in Athen die Sklaven und Metöken (Fremden) von den freien Bürgern äußerlich nicht zu unterscheiden seien; es befremdet ihn, dass Sklaven ihr eigenes Geld verdienen dürfen. Sklaven verfügten über das Recht zur freien Meinungsäußerung, statt sich – wie die Heloten in Sparta – vor den Herren zu fürchten.[85] Auch diese ›Freiheit‹ hing, wie die Sklaverei selbst, mit der Geldwirtschaft zusammen. Denn Sklaven erwiesen sich auf dem Sektor der Geldwirtschaft als »hoch qualifizierte Fachleute, die den freien Bürgern nicht selten überlegen waren«. Weil das Geldgeschäft nach Eigenständigkeit und Bewegungsfreiheit verlangte, wurden Sklaven, die für ihre Herren in diesem Bereich tätig waren, »mit großen Vollmachten ausgestattet. Sie hatten gute Möglichkeiten, so viel Geld zu erwerben, dass sie sich bald freikaufen konnten. Sie gründeten entweder ein eigenes Bankgeschäft, in dem sie wiederum eigene Sklaven beschäftigten, oder führten als Compagnon das Geschäft ihres früheren Herrn weiter.« Berühmt wurde das Beispiel der vom Sklaven Pasion gegründeten ›Bankerdynastie‹; dank großzügiger Spenden für Athen erhielt er sogar das selten verliehene volle Bürgerrecht. Als Bürger konnte der ehemalige Sklave Landbesitz erwerben und stieg erfolgreich ins Hypothekengeschäft ein. »Die häufige Verwendung unfreien Personals im Finanzsektor zeigt, dass die Athener ihren Sklaven mehr vertrauten als ihren Standesgenossen«, schreibt Herrmann-Otto.[86] Die Überlassung der Finanzgeschäfte an Sklaven könnte aber auch so interpretiert werden, dass den freien Bürgern der Umgang mit Geld (noch) unheimlich war, wie die Aussagen von Platon zeigen, und sie diese Aufgaben deshalb bereitwillig den Unfreien überließen. Auch die christliche Gesellschaft überließ das Geldgeschäft zunächst den Fremden, vor allem den Juden, bis sie sich an den Umgang mit diesem abstrakten Symbol gewöhnt hatte.

In Rom trat die paradoxe Wirkmacht der Geldwirtschaft – einerseits Verankerung der Sklaverei, andererseits soziale Mobilität bis zur Freilassung – noch deutlicher zutage. Der Beginn der Sklaverei wird in Rom in das 7. Jh. v. Chr. zurückverfolgt, als man für die Aufgaben der Hirten, die *servi* genannt wurden, zunehmend Sklaven kaufte. Zu einer wirklichen Etablierung der Sklaverei kam es erst an der Wende vom 6. zum 5. Jahrhundert v. Chr. Die in Rom lebenden Sklaven waren zumeist Fremde, die durch Kriegsgefangenschaft oder Sklavenhandel nach Rom kamen. Letztere gerieten oft in die Hände von Piraten, die mit Menschen Handel trieben. Daneben gab es in Rom auch die Strafsklaverei. Ein Teil der Sklaven erhielt das Recht, eine Familie zu gründen. Da sie keine vollen Bürger waren, durften sie, anders als die oft in Kriege verwickelten Römer, nicht in den Krieg ziehen – mit der Folge, »dass eine demographische Verschiebung eintrat, die sich zu Ungunsten der freien italischen Bevölkerung auswirkte«.[87]

In den Städten des römischen Reichs bildete sich eine eigene und oft wohlhabende Schicht von Sklaven heraus. Diese waren besonders privilegiert, wenn sie Staatssklaven waren. Sie wurden entlohnt und konnten über die Hälfte ihres Vermögens testamentarisch verfügen. Eingesetzt wurden sie in vielen Bereichen der öffentlichen Verwaltung: vom Finanz- und Steuerwesen über die Wasserverwaltung bis zum Strafvollzug und Sakralwesen. Die Sklaven, die in Finanzberufen tätig waren, wurden selten freigelassen. Aber sie erhielten ein ›Quasi-Vermögen‹ zur freien Verfügung, freie oder freigelassene Frauen als ›quasi-eheliche‹ Partnerinnen, Freilassung der in Unfreiheit geborenen Kinder und für diese eine differenzierte Ausbildung. »Das alles sind Kompensationen, die das Ansehen der Finanzbeamten gehoben haben und ihren unfreien Status verschleiern sollten. Das Prestige der Kassenwarte als Spezialisten und Vertrauensleute, die oft jahrzehntelang in ihrem Beruf erfolgreich tätig waren, war groß, ihre Rechtsstatus dagegen blieb der von Sklaven. Die Forschung spricht hier von ›Statusinkonsistenz‹.« Auch hier, wie in Griechenland, betrachteten alteingesessene römische Familien wie die von Tacitus, Sueton oder Plinius die Freigelassenen als ›Emporkömmlinge‹. »Die Furcht der alten Eliten vor diesen höchst kompetenten Aufsteigern, die zu echten Konkurrenten für sie zu werden drohten, provozierte ihre beißende Kritik an dem proletenhaften Verhalten der Emporkömmlinge.«[88]

Wer eine freie Frau zur Mutter hatte, galt als frei. Deshalb wurden Ehen von männlichen Sklaven mit freien Frauen nur in Ausnahmefällen genehmigt. Der Patrizier be-

374

trachtete den Nachwuchs seiner Sklaven als sein Eigentum, mit dem er Handel betreiben konnte. »Man konnte vor der Geburt eine entsprechende Vereinbarung treffen, indem man die Leibesfrucht im Mutterleib bereits verkaufte oder vererbte, oder sogar schon Bestimmungen traf für zukünftigen, überhaupt noch nicht existenten Nachwuchs der Sklavinnen.«[89] (Heute, so Nussbaumer, erfasst der Kapitalismus »den Körper (auch den toten und den ungeborenen, ja selbst den noch nicht gezeugten) bis in seine kleinsten Bestandteile«.[90]) Der Handel mit Kindern, zu denen auch der eigene, mit einer Sklavin gezeugte Nachwuchs gehörte, war gängige Praxis, wenn auch ein Tabu in Rom. »Die Herren hatten volles sexuelles Zugriffsrecht auf ihre Sklaven männlichen und weiblichen Geschlechts.« Sie konnten auch jederzeit in eheähnliche Verbindungen der Sklaven eindringen, da diese rechtlich keine Ehen und vom Wohlwollen ihres Herrn abhängig waren. »Mit dem unfreien Nachwuchs versuchten Besitzer-Väter beim Verkauf zuweilen höhere Preise zu erzielen. An diesen Beispielen lässt sich gut erkennen, wie tief die Sklaverei in die freie Bevölkerungsschicht eingreift, wie aber auch versucht wird, diese Tatbestände zu verschleiern bzw. sie ökonomisch auszunutzen.« Der Handel zeigte zudem, wie sehr sich in Rom die sozialen Schichten faktisch miteinander vermischten: durch sexuelle Verbindungen wie durch soziale Mobilität. In Rom war niemand sicher vor einer potentiellen Versklavung, etwa durch Straffälligkeit. Auf der anderen Seite verkauften sich Freie aber auch in die Sklaverei, wenn sie sich davon einen Aufstieg im Finanzwesen versprachen. Dafür mussten sie mit dem lebenslangen Verlust der Freiheit zahlen.[91]

Kurz: Sowohl in Griechenland als auch in Rom war die Sklaverei ein Phänomen der Geldwirtschaft. Diese verankerte das Geldwesen in der Antike, ermöglichte einigen Sklaven aber auch sozialen Aufstieg und Freilassung. Moses Finley kommt zum Schluss, dass gerade die demokratischen Gemeinwesen der Antike, die ihren Bürgern große politische Freiheiten einräumten, dieselben waren, die die grausamste Form der Sklaverei und das höchste Maß an sozialer Ungerechtigkeit schufen.[92] »Vielleicht«, so Herrmann-Otto, »ließe sich in Analogieschluss zu unserer heutigen Zeit sagen: je globaler, freier, ungebundener, von allen ethischen Normen losgelöst die kapitalistische Wirtschaft im 21. Jh. wird, umso härtere Formen der neuen verdeckten, weil ja gegen die Menschenrechte verstoßenden Sklaverei könnten entstehen.«[93]

»Was durch das *Geld* für mich ist, was ich zahlen, d. h., was das Geld kaufen kann, das *bin ich,* der Besitzer des Geldes selbst. So groß die Kraft des Geldes, so groß ist meine Kraft. Die Eigenschaften des Geldes sind meine – seines Besitzers – Eigenschaften und Wesenskräfte. Das, was ich *bin* und *vermag,* ist also keineswegs durch meine Individualität bestimmt. Ich *bin* häßlich, aber ich kann mir die *schönste* Frau kaufen. Also bin ich nicht *häßlich,* denn die Wirkung der *Häßlichkeit,* ihre abschreckende Kraft ist durch das Geld vernichtet. Ich – meiner Individualität nach – bin *lahm,* aber das Geld verschafft mir 24 Füße.«[94] Diesem von Karl Marx formulierten Prinzip des Geldes entspricht die Einführung des Söldnerwesens, das im 7. Jahrhundert, kurz nach der Erfindung des Geldes entstand.[95] Söldner sind in gewisser Weise das Gegenteil des Sklaven: Ein versklavter Mann ist der Waffenfähigkeit beraubt,[96] während sich der Söldner freiwillig zum Dienst meldet. Zugleich ist aber auch er, vergleichbar dem Sklaven, ein *Ergebnis* der Geldwirtschaft. Das zeigt schon das Wort ›Söldner‹, das sich vom ›Sold‹ ableitet (wie der ›Soldat‹ selbst). »Die Wortformen haben sich soweit auseinander entwickelt, daß wir uns heute kaum mehr vorstellen können, daß frz. *salaire,* Lohn in seiner lateinischen Form ein *salarium* war, das an die Soldaten ausgegebene Geld, um *Salz* zu kaufen (lat. *sel).*« Der Lohnempfänger basiert also »auf der Vorstellungswelt des Krieges und des Söldnerdienstes«,[97] und der Söldner war der erste monetäre Lohnempfänger.

Das Geld erlaubte es, Berufsheere zu schaffen und große Armeen zusammenzustellen. Sie waren – in der Antike wie später – wegen ihrer besseren Ausbildung, ihrer Erfahrung im Kampf und ihrer Motivation (die Bezahlung) anderen Heeren zumeist überlegen. Der Söldner bringt gegen Geld seinen Körper ein, und er wird durch diese Lohnarbeit auch in den Dienst des Geldes genommen. Anders als bei dem männlichen Körper, der das Geld *hat* (und dafür die symbolische Kastration hinnehmen muss), geht es hier *nicht* um einen Verzicht auf Körperlichkeit. Im Gegenteil: Der Söldner muss bereit sein, sein Leben einzusetzen. Insofern wird sein *Körper* auch zu einem Instrument der Geldbeglaubigung. In der frühen Neuzeit wurden Söldner als ›commercium hominum‹ oder »Fleisch und Blut-Verkauf« bezeichnet.[98]

Vom Berufssoldaten unterscheidet sich der ›Söldner‹ dadurch, dass er sich zumeist für eine begrenzte Zeit in den Dienst einer Armee stellt und für einen Dienstherrn arbeitet, mit dem ihn kein patriotischer Eid verbindet. Er unterscheidet sich auch von dem wehrpflichtigen Soldaten, der ebenfalls einen Sold erhält, aber aus der Kriegführung nicht seinen Beruf macht.

Schon in der griechischen Antike zeigte sich, dass die Söldnerheere effizienter waren als eine zwangsrekrutierte Landesverteidigung. Allerdings waren sie auch sehr viel teurer. Aus den Zeugnissen der Antike ist zu erkennen, wie eng diese neue Berufssparte mit der Erfindung des Geldes verbunden ist. So schreibt der Historiker Diodor (1. Jh. v. Chr.) über die Gründung von Philippoi im Norden von Kavalla im Sommer 356, dass der makedonische König die dortigen Goldbergwerke durch bessere Bearbeitung so emporbrachte, daß sie ihm erhebliche Reichtümer einbrachten. »Er ließ eine Goldmünze prägen, die nach seinen Namen die Philippische genannt wurde, und womit er nicht nur ein bedeutendes Heer von Söldnern zusammenbrachte, sondern auch viele Griechen gewann, so daß sie zu Verräthern ihrer Vaterstädte wurden.«[99] Ähnlich erreichte auch Eumenes, einer der Feldherrn von Alexander dem Großen, dass nicht nur Fremde, sondern auch Griechen gegen Griechen ins Feld zogen. Vor einer Schlacht versah er Freunde mit reichlich Geld und schickte sie nach Pisidien, Lykien, Kilikien und sogar nach Syrien und Zypern, um Söldner einzuwerben: »Da man überall von der Werbung hörte und ein so hoher Sold angesetzt war, so kamen auch viele Freiwillige aus den griechischen Städten und nahmen Kriegsdienste. In kurzer Zeit waren mehr als zehntausend Fußgänger und zweitausend Reiter beisammen.«[100]

Oft wurden Kriege nur deshalb geführt, um das nötige Geld für die Söldner zu beschaffen. Der Phoker Philomelos überfiel im Jahr 356 v. Chr. die Heilige Tempelstätte von Delphi, um mit dem Tempelschatz ein Söldnerheer von 10 000 Mann auf die Beine zu stellen. Er versprach den Bewerbern anderthalbfachen Sold und hatte schnell eine Menge Söldner zusammen. Diodor kommentierte: »Indessen ließ sich von den rechtlichen Männern, die Ehrfurcht vor den Göttern hatten, Niemand zu dem Feldzug anwerben; die Schlechtesten aber achteten über dem Gewinne der Götter nicht und liefen bereitwillig dem Philomelos zu.«[101] Diese Söldner übten also nicht nur Verrat am Vaterland, sondern auch an den Göttern: ein Indiz, dass das Geld zu ihrem eigentlichen Dienstherrn geworden war. Philomelos' Frevel am Heiligtum von Delphi löste den ›Heiligen Krieg‹ um Delphi aus, der von 355 bis 346 dauerte. Durch die mit der Beute angeworbenen Söldner konnten die Phoker, die über wenig eigenen Besitz verfügten, mehr als zehn Jahre lang Krieg führen. Es entstand ein Teufelskreis: Die Bezahlung von Söldnern führte zu Kriegen, die ihrerseits nach dem Aufstocken von Söldnerheeren verlangten, für die man Geld brauchte.

Die Söldner genossen einen schlechten Ruf – nicht nur, weil sie dazu neigten, Raufbolde zu sein und ihre Fähigkeiten gegen Geld zur Verfügung zu stellen, sondern auch weil sie die Geschlechterordnung missachteten. So ereiferte sich der griechische Geschichtsschreiber und Rhetoriker Theopomp (4. Jh. v. Chr.) über Söldner im Dienst des Makedoniers Philipp: »Wenn es irgendwo in Griechenland oder bei den Barbaren jemanden gab, der in seinen Gewohnheiten entartet und schamlos war, dann hat er sich Philipp von Makedonien angeschlossen und zählte zu den Gefährten des Königs. [...] Einige waren glatt und geschoren, obwohl sie Männer waren, und andere wagten es, obwohl sie einen Bart trugen, Beziehungen mit jedem anderen Mann zu haben. Sie hatten drei oder vier männliche Huren um sich, während sie selbst anderen ähnliche Dienste leisteten wie diese ihnen. Man konnte sie deshalb zu Recht weniger als Gefährten als vielmehr als Gefährtinnen bezeichnen und nicht als Soldaten, sondern als Dirnen. Sie waren von Natur aus Menschenmörder, aber ihren Gewohnheiten nach Liebhaber von Männern.«[102] Dennoch zögerten die Bürger von Athen und anderer Poleis nicht, Söldner für sich in den Krieg ziehen zu lassen, worüber sich der Rhetoriker Isokrates (436–338 v. Chr.) ereiferte: »Wir sind im Begriff, fast gegen die gesamte Menschheit Krieg zu führen, trainieren dafür aber nicht selbst, sondern werben Heimatlose, Überläufer und zusammengelaufene Verbrecher an, die dann, wenn jemand ihnen einen höheren Sold bieten sollte, auf der anderen Seite gegen uns ins Feld ziehen würden.«[103]

Auch im christlichen Europa entwickelte sich das Söldnerwesen parallel zur Geldwirtschaft. Im frühen Mittelalter gab es ein Lehnswesen, nach dem der Lehnsmann als Gegenleistung für das vom Lehnsherrn empfangene Lehen unbezahlten Heeresdienst zu leisten hatte. Dieses System änderte sich im 12. und 13. Jahrhundert. Es gab nun regelrechte Söldnerheere – zuerst in Italien, wo sie von den großen Handelsfamilien, aber auch von Herrschern angeworben wurden. Viele von ihnen übertrugen die Kriegführung an umherziehende Scharen (so genannte ›Rotten‹ von franz. *routiers*), die für Kampfeinsätze gegen Bezahlung verfügbar und wegen ihrer Brutalität gefürchtet waren.[104] Ab dem 14. Jahrhundert, vor allem im Hundertjährigen Krieg zwischen Frankreich und England, setzten sich immer mehr Söldnerheere durch. Die Heeresorganisation wurde zunehmend dominiert von entlohnten Truppen, die ihren Sold täglich, monatlich, alle paar Monate oder gar jährlich erhielten. Eine Armee aufzustellen, bedeutete nun, vorab ihre Finanzierung sicherzustellen. Die meisten Soldaten rekrutierten sich aus den städtischen und ländlichen Unterschichten: überschuldete Bauern, entflohene Leibeigene, nachgeborene Bauernsöhne, erwerbslose Handwerksgesellen und arbeitslose Bergarbeiter. Die Einwerbung geschah stets in fremdem Gebiet auf einem speziell dafür eingerichteten Musterplatz. Diese bewaffneten Fremden verstärkten die militärische Schlagkraft eines Landes und hatten den Vorteil, dass sie nicht dauerhaft unterhalten werden mussten.

Gab es zu Anfang des Dreißigjährigen Kriegs (1618–1648) noch zwangsrekrutierte ›Landesdefensionen‹, so verschob sich das Kriegsgeschehen zunehmend auf Söldnerheere.[105] Dieser Krieg – daran sei erinnert – fand in den Jahren statt, in denen die ersten

Börsen entstanden. In Europa brachte er zum ersten Mal Massenheere hervor: Bis dahin waren Kriege mit kaum mehr als 10 000 Mann geführt worden, nun konnte die Heeresstärke auf 120 000 Mann anwachsen. Diese Höchststärke soll das wallensteinische Heer im Jahre 1633 erreicht haben.[106]

Die Identifikation mit einem Land oder einer ›Heimat‹, geschweige denn mit einer Religion wurde im Laufe des Kriegs immer undurchsichtiger und zugleich unwichtiger – für den Söldnerführer Wallenstein waren Bekenntnisfragen Nebensache. Umso wichtiger wurde das Geld: Söldner kämpften für die Seite, bei der der Sold stimmte. Zur Anwerbung der Söldner gab es ›Werber‹, denen diese Tätigkeit beträchtliche Einnahmen verschaffte. Sie erhielten ein Offizierspatent, den sogenannten ›Bestallungsbrief‹, in dem die Anzahl der Soldaten, der Sold und der Ort des Sammelplatzes verzeichnet waren. Die am Krieg beteiligten Regierungen hätten aus ihren laufenden Einkünften niemals ein Heer ausheben und unterhalten können. Das »gelang ihnen nur mit Hilfe einer neu entstehenden Gruppe von Militärunternehmern, die den Werbeoffizieren im Namen der Regierung das nötige Geld vorschossen«.[107]

Es entstand eine Berufsgruppe, die eine ähnliche Funktion erfüllte wie später die Waffenhändler. Auch beim ›Kriegsunternehmertum‹ des Dreißigjährigen Kriegs standen Profitinteressen im Vordergrund. Privatgeschäfte mit den Heereslieferanten, veruntreuter Sold und Einsparungen bei der Verpflegung füllten die Kassen der Unternehmer und Offiziere. Die Betrugsversuche auf den Musterplätzen waren ebenso einfalls- wie zahlreich: Man ließ mehr Leute berechnen als tatsächlich vorhanden waren, ließ sich auf schlechter Bewaffnete höheren Sold geben und versuchte bisweilen unausgebildete Männer als ›geübte, erfahrene‹ einzustellen, eine Praxis, die mit der Vermehrung der Feuerwaffen an Bedeutung gewann. Die schlecht ausgebildeten Söldner waren wiederum die Ersten, die auf dem Schlachtfeld gefährdet waren. Es gab kaum Militärärzte und keine Lazarette, Pensionen oder Invalidenheime: »Wenn Sold gezahlt wurde, hatte der Kriegsherr keine weiteren Verpflichtungen, weder gegen Knechte noch gegen Reiter.«[108]

Neben dem ›Kriegsunternehmertum‹ spielte auch der Handel eine wichtige Rolle beim Söldnerwesen – ebenfalls ein Hinweis auf die Nähe zur Geldwirtschaft. »Der Werbebetrieb brachte Händler (Marketender) und Handwerker auf den Plan. Sie spezialisierten sich auf die Bedürfnisse des Militärs und verkauften den Söldnern, was diese für ihr Kriegshandwerk benötigten.«[109] Das waren neben Kleidung und Geld für Verpflegung auch die Ausrüstung und Waffen, die nur in den seltensten Fällen von den Kriegsherren gestellt wurden. Im Tross des Heereszugs befanden sich nicht nur Handwerker und Händler, sondern oft auch die Frauen und Kinder der Söldner, die die Heere auf ihren Märschen durch Europa begleiteten. Während die für das Geldwesen typische soziale Mobilität unter den Söldnern nur gering war – der soziale Aufstieg war für einen einfachen Landsknecht ein höchst seltenes Glück –, galt dies nicht für den Tross. In dem ›Heeresschwanz‹ gab es, neben den für den Nachschub Verantwortlichen sowie den Frauen und Kindern der Söldner, auch Mätressen, Diener, Mägde und Knechte sowie »dubiose Geschäftemacher, viele sozial entwurzelte Außenseiter und Invaliden. Zu zwei bayerischen Regimentern aus dem Jahre 1646 ist z. B. bekannt, daß sie aus 480 Fußsoldaten in Begleitung von 74 Dienern, 314 Frauen und Kindern, drei Marketenderinnen und 160 Pferden und aus 481 Berittenen mit 236 Dienern, neun Marketenderinnen, 102 Frauen und Kindern und 912 Pferden bestand. Das sind insgesamt 961 Soldaten begleitet von 738 ›Zivilisten‹ und 1018 Pferden.«[110] Ganze Menschenströme befanden sich nun im Schlepptau des zirkulierenden Geldes, das seinerseits Waffen und Heere zirkulieren ließ. Auch im Krieg ist das Geld ›ein Schwanz, der mit dem Hund wedelt‹.

Da weder Kleidung noch Ausrüstung gestellt wurden – Uniformen wurden erst im Zeitalter der stehenden Heere zur Regel –, war es auf dem Schlachtfeld schwer zu erkennen, wer für welche Seite kämpfte. Das gemeinsame Symbol einer Kompanie oder eines Regiments waren die Fahne oder das Feldzeichen: »Der Eid wurde dann auch nicht auf den Kriegsherren, sondern auf die Fahne abgelegt. Sie diente als einziges Erkennungszeichen, um Freund und Feind zu unterscheiden und der Führung einen Überblick über die Lage zu ermöglichen.«[111] Die Anzahl eroberter oder verlorener Feldstandarten war oft »der einzig greifbare Anhaltspunkt für einen militärischen Erfolg oder Fehlschlag«.[112] Insofern erfüllte die ›Feldstandarte‹ als Symbol eine ganz ähnliche Funktion wie die nationalen Währungen: Sie waren Symbole, die den Souverän repräsentierten und von diesem zugleich beglaubigt wurden. Die Ikonographie der Fahnen ähnelte auch der von Münzen: Sie zeigten Schwerter, Ölzweige und Lorbeerkränze. Man erwartete von den Fähnrichen, »dass sie sich lieber töten lassen würden, als sich von der Fahne zu trennen«.[113]

Oft schafften es die kriegführenden Staaten nicht, ihre Verpflichtungen hinsichtlich der Soldzahlungen einzuhalten. Dann griffen sie entweder zum Mittel der Geldentwertung (der ›indirekten Steuer‹). Oder die Kosten eines Feldzuges wurden den in Mitleidenschaft gezogenen Städten und Ländern in Form von Kontributionen auferlegt, also »Steuern, die unmittelbar von jeder Gemeinde in der jeweiligen Umgebung der Armee erhoben und entweder bar oder in Form von Gütern und Dienstleistungen entrichtet wurden, an denen die Truppen Mangel litten«.[114] Dritte Möglichkeit: Die Staaten zahlten den Sold nicht aus – und auch dann musste die Bevölkerung für die Folgen aufkommen: »Wenn der Sold nicht gezahlt wurde, hielten die Krieger sich schadlos bei den Bauern und Bürgern.«[115] Tatsächlich machte der Sold nur einen Teil des Profits der Kriegsleute aus; »andere Einnahmequellen wie v. a. Lösegelder (für Kriegsgefangene) und Beuteanteile waren oft umfangreicher und folglich attraktiver«.[116]

Allmählich wurde der Söldner zur Inkarnation des frei zirkulierenden Geldes, das weder Heimat noch Boden kennt: »Das Söldnertum impliziert auch ein Fehlen beruflich-zünftiger Bindung, des geregelten Einkommens und des Sozialstatus', einen Bruch mit dem Herkunftsmilieu, der bis zur Entwurzelung reichen konnte.«[117] Bei einem baye-rischen Regiment stellte man bei einer Musterung im Jahre 1644 insgesamt 16 verschie-dene Nationalitäten fest.[118] Diese ›fremden‹ Männer ängstigten die Bevölkerung und wurden von ihr zugleich verachtet. Auch die Regierungen, die die Söldner beschäftigten, hatten ein ambivalentes Verhältnis zu ihnen. »Einerseits wurden sie wegen ihres unkon-trollierbaren Verhaltens und ihrer ausschließlich auf Geldgewinn gerichteten Motiva-tion voll Mißtrauen betrachtet [...], doch erkannten sie andererseits die professionellen Kompetenzen der im Grunde unentbehrlichen Söldner durchaus an.«[119]

Im vierten Kapitel wies ich darauf hin, dass mit der Zunahme des Geldwesens auch die Tödlichkeit der Waffen wuchs. Das hatte Konsequenzen für die Soldaten. So wie das Geld eine zunehmende Spaltung zwischen denen schuf, die ans Geld glauben, und denen, die ›dran glauben‹ müssen, entstand auch bei den Soldaten eine Spaltung zwi-schen denen mit und denen ohne Feuerwaffen. Insgesamt waren die Verluste in den Feldschlachten hoch, aber sie trafen vor allem die zweite Kategorie. »Unter den ein-fachen Söldnern waren deshalb die Chancen, eine offene Feldschlacht zu überleben, nur gering. Ihnen drohte vor allem die Verwundung durch Musketenkugeln und Blank-waffen, die nur schwer zu heilen war.«[120] Zu Beginn des 17. Jahrhunderts war bereits die Hälfte der Fußtruppen mit Handfeuerwaffen, zumeist Musketen, ausgestattet. Die üb-rigen Infanteristen trugen Stangenwaffen, meistens vier bis fünf Meter lange Piken. Während des schwierigen Ladevorgangs der Schützen mussten die ›Pikeniere‹ die Musketiere gegen Reiterangriffe schützen. Sie »galten schon den Zeitgenossen als arme Hunde, die mit ihren Körpern die Musketiere« zu schützen hatten.[121]

Ab dem 18. Jahrhundert und vor allem im 19. Jahrhundert – mit dem Erstarken des Nationalgedankens – nehmen die Söldnerheere ab. Statt des bezahlten Söldners greift nun der deutsche, britische oder französische ›Patriot‹ zur Waffe, um das Vaterland zu verteidigen. Eine solche Aufgabe Söldnern zu überlassen, galt als Vaterlandsverrat. Der Gedanke steuerte noch die Begeisterung, mit der viele Europäer in den Ersten Weltkrieg zogen – nur um dort die Erfahrung zu machen, dass der Feind, mit dem sie es zu tun hatten, weniger die andere Nation als das Waffenpotential selbst war. Dieser Einsicht – und der in die völlige Sinnlosigkeit dieses Krieges selbst – war denn auch zu Beginn des Zweiten Weltkriegs die Verzweiflung geschuldet, mit der viele Menschen diesem Weltkrieg entgegensahen. Seither sind viele Aufgaben des Militärs zunehmend durch ›Outsourcing‹ an private Sicherheits- und Militärfirmen übergeben geworden. »Nun drängen Söldnertruppen im kapitalistischen Gewand ins Kriegsgeschäft«, schrieb der *Tagesspiegel* 2011. Allein im Irak waren zeitweise mehr als 100 000 private Sicherheitsleute im Einsatz, die meisten für amerikanische Firmen und im Auftrag der US-Armee.[122]

Auch in anderer Hinsicht entspricht das neue Söldnerwesen den Bedingungen der freien Marktwirtschaft. Laut internationalem Kriegsrecht sind gefangene Söldner als gewöhnliche Zivilisten zu behandeln, die illegalerweise an einem bewaffneten Konflikt teilgenommen haben. Sie können dafür nach nationalem Recht oft schwer bestraft werden. In vielen Ländern, wie zum Beispiel Österreich und der Schweiz, ist es für Staatsangehörige nach dem Gesetz verboten, für ein anderes Land Kriegsdienst zu leisten. In den Balkan-Konflikten der 1990er Jahre wurden Söldner direkt nach ihrer Ankunft am Bahnhof von Sarajewo angeheuert. Zum Teil waren es Soldaten aus den Ländern des ehemaligen Ostblocks, die nach dem Zerfall der Sowjetunion keine Arbeit gefunden hatten. Rechtsextremisten, arbeitslose Ex-Soldaten und Abenteurer kämpften auf beiden Seiten als Söldner. Viele Österreicher, die nach ihrem Söldnerdienst auf dem Balkan wieder in die Heimat kamen, fanden sich vor dem Strafgericht wieder und wurden teilweise zu langjährigen Haftstrafen verurteilt.

Es ist leicht zu erkennen, dass das Verhältnis von Söldner und Staat unausgeglichen ist: Der Staat darf rekrutieren, aber Soldaten dürfen nicht in fremden Staatsdienst gehen. In den USA riskiert der amerikanische Bürger, der sich in einem fremden Land zum Militärdienst anheuern lässt, den Verlust der amerikanischen Staatsbürgerschaft (eine Ausnahme bilden israelisch-amerikanische Bürger mit doppelter Staatsbürgerschaft, die im israelischen Militär dienen). Viele Länder haben ähnliche Gesetze, deshalb droht Söldnern oft die Staatenlosigkeit. Die Mitglieder der französischen Fremdenlegion bestehen ausschließlich aus Fremden. Sie können weltweit eingesetzt werden. Nach dem Fall des Eisernen Vorhangs kamen viele von ihnen aus Osteuropa oder den Nachfolgestaaten der Sowjetunion. Heute scheinen immer mehr Personen aus Amerika und Asien zur Fremdenlegion zu drängen. Jedem Legionär wird eine neue Identität zugewiesen, die ihn vor Recherchen schützt. Dieses ›Anonymat‹ beinhaltet einen Dienstausweis (carte d'identité militaire) mit neuem Vor- und Familiennamen, neuen Elternnamen, neuem Geburtsort und einem neuen Geburtsdatum. Der Söldner ist damit zur Inkarnation des ›Xenogeldes‹ des 20. Jahrhunderts geworden. Heute wie im Dreißigjährigen Krieg wechselt er oft die Seite. Die einzige Loyalität, an der er festhält, ist der Sold.

Noch ein wichtiger Faktor verbindet den Söldner und das Geld. Darauf hat R. W.

Müller in seinem Buch *Geld und Geist* hingewiesen. Er widmet ein Kapitel dem ersten griechischen Dichter der Antike, von dem uns Schriftdokumente überliefert sind. Archilochos lebte im 7. Jh. v. Chr., das als Zeitalter für die Geschichte des Abendlandes richtungweisend wurde: »nicht nur durch die ›Erfindung‹ der Lyrik, sondern auch durch das *deutliche Hervortreten von Warenverkehr* und Produktion für den Markt; auch etwa durch die *Erfindung spezieller Handelsschiffe* und besonders durch die *Herausbildung der frühesten Form des Geldes als Münze*.« In diesem Jahrhundert entstand ein neues Konzept von Individuen, die als »einzelne aus ihrer bisherigen Eingebundenheit in Geschlecht, Haus- und Dorfgemeinschaft, Adelsvereinigung« heraustreten, um als Helden, Denker, Staatsmänner mit ihrem eigenen Namen in die Geschichte einzugehen.[123]

Archilochos wurde um 685 auf der Insel Paros geboren und starb um 640 v. Chr. Er war der illegitime Sohn eines Adligen und einer Sklavin. Sein Vater nahm ihn als Sohn an, womit er Freier war, jedoch ohne Erbrecht. Er gehörte damit der sozialen Schicht der freien, aber mittellosen Griechen an, die als Töpfer, Handwerker, Schiffbauer, Händler oder eben auch als Söldner ihren Lebensunterhalt verdienten. Die Schicht der Lohnsoldaten war symptomatisch für die »Ausbreitung einer neuen Erwerbsweise«. Sie wurden (neben Naturalien) in einer der ersten Geldformen – Edelmetall in Barrenform – entlohnt. Manche Geldhistoriker vertreten die Ansicht, dass die ersten Münzen ihre rasche Verbreitung »solchen regelmäßig wiederkehrenden und massenhaften Zahlungen seitens der Staatsmacht bzw. auch an diese, wie den Soldzahlungen an Soldaten [...] bzw. Zöllen und Abgaben, Steuern und Strafen« verdankten. Dank des Gelderwerbs entstand eine Schicht von gesellschaftlichen Außenseitern, die »immer weniger als Mitglieder oder Angehörige eines Kollektivs auf dessen Erhaltung verpflichtet sind«.[124]

Das Phänomen der Vereinzelung war eine der immer wiederkehrenden Begleiterscheinungen der Geschichte des Geldes. Es spiegelte sich auch in der Lyrik von Archilochos wider. Als Dichter ist er, so Müller, »der früheste als Person greifbare Repräsentant jenes ›europäischen Geistes‹«, der sich bald entwickelte. In seinen Schriften tritt er hervor als der erste »Vertreter jener ›modernen‹ Weltauffassung, in der ein vereinzeltes Subjekt des Denkens, auf andere ebensolche Subjekte im ›Austausch‹ der Gedanken und Argumente bezogen, die gesetzlich geordnete Welt zu erkennen und zu begreifen versucht«.[125] Als Söldner ist er einer der ersten, die dem individualisierenden ›Vergesellschaftungsprozess‹ des Geldes unterworfen sind; als Dichter tritt er als reflektierendes Individuum in Erscheinung.

Tatsächlich war Archilochos der erste Dichter, der – anders als die heroisierenden Schriften von Homer und Hesiod – seinen Gefühlen Ausdruck verlieh, darunter auch dem Hass. Er war der Erfinder des Schmäh- und Spottgedichtes und übte einen großen

Einfluss auf Dichter wie Catull und Horaz aus. Dieser erste Lyriker des ›modernen Individuums‹ hatte eine bevorzugte Zielscheibe seines Hasses: die Prostituierte. Von seinem Werk ist nur ein kleiner Teil (ganze 500 Verse) erhalten, aber aus den Kommentaren der Antike geht hervor, dass er eine Fülle von herabsetzenden Wörtern für die *pornē* fand: Sie seien unzüchtig, schmutzig, lüstern und, tiefste Erniedrigung, sie arbeiteten für Geld![126] Angesichts der Tatsache, dass Archilochos als Söldner seinen eigenen Körper zu Geld machte, erscheint gerade dieser letzte Vorwurf erstaunlich. Oder soll man vermuten, dass er sich durch seine Beschimpfungen gegen eben diese Ähnlichkeit von Prostitution und Söldner zu wehren versuchte? Er wäre nicht das einzige Beispiel dafür, dass sich der ›moderne Einzelgänger‹ durch die Herabsetzung des weiblichen Körpers herausbildet.

Egal, ob sie von einem männlichen oder einem weiblichen Körper praktiziert wird, die Prostitution galt immer als weiblich. Das geht aus einer Definition des deutschen Juristen Franz Krassel von 1894 hervor: »Juristisch kann die Prostitution nur definiert werden als die Hingabe des weiblichen Körpers zur Befriedigung des Geschlechtstriebes gegen Entgelt an den Mann, wobei das Entgelt seitens beider Teile als Bedingung dieser Hingabe gegeben und genommen, beziehungsweise vorausgesetzt wird.«[127] Damit macht der Jurist das Geld zum Angelpunkt einer Definition der Prostitution, schränkt sie aber zugleich auf die heterosexuelle Beziehung ein. Das ist umso erstaunlicher, als die homosexuelle männliche Prostitution gegen Ende des 19. Jahrhunderts, in Deutschland wie anderswo, sehr verbreitet war. Das römische Recht wie das kanonische und germanische Recht, die sich ersterem anschlossen, kannten weder die männliche noch die lesbische Prostitution. »Für sie ist Prostitution nur möglich zwischen Personen verschiedenen Geschlechts.«[128] Da es aber auch in Rom männliche Prostituierte gab, und zwar homosexuelle wie heterosexuelle,[129] und diese Tatsache im Gesetz keine Berücksichtigung fand, kann dies nur bedeuten, dass mit den Prostitutionsgesetzen nicht nur die sexuelle Dienstleistung selbst, sondern auch die symbolische Geschlechterordnung gemeint ist. Eben das macht die Prostituierte zum ›femininen‹ Korrelat des Söldners.

PROSTITUTION UND GELD

In seiner *Philosophie des Geldes* vergleicht Georg Simmel wiederholt das Geld und die Prostitution. Für ihn besteht die Ähnlichkeit in der ›Gleichgültigkeit‹, die sowohl dem Geld als auch der käuflichen Sexualität eignet: »Der momentan aufgegipfelten und ebenso momentan verlöschenden Begierde, der die Prostitution dient, ist allein das Geldäquivalent angemessen, das zu nichts verbindet und prinzipiell in jedem Augenblick zur Hand ist und in jedem Augenblick willkommen ist.« Das Geld ist für ihn »das ökonomische Seitenstück für diese Art von Beziehungen«. Es steht »jenseits aller individuellen Bestimmtheit« und stellt das dar, »was allen einzelnen Werten gemeinsam ist. So empfindet man umgekehrt am Wesen des Geldes selbst etwas vom Wesen der Prostitution.«[130] Die Parallelen von Geld und Prostitution zeigen sich auch an der sexuellen Aufladung des Geldes. Simmel spricht vom »Aktus des Kaufens«[131] oder der durch das Geld erzeugten »höheren Potenz«.[132] Er verweist auf die »Ausdehnung des Ich, die der Geldbesitz bedeutet«, und nennt dies die Form »eines absolut flüssigen Körpers«[133] – so als werde der Körper des Geldbesitzers von dessen ›Liquidität‹ angesteckt.

In einer längeren Passage geht Simmel auf die Unterschiede von männlicher und weiblicher Sexualität ein, und man fragt sich, was dies in einer Abhandlung über das Geld zu suchen hat. Er konstatiert, »daß die Frauen noch tiefer in den Gattungstypus eingesenkt sind als die Männer, von denen sich der Einzelne differenzierter und individualisierter aus jenem heraushebt«. Das habe zur Folge, dass die Frau in der Sexualität »wirklich ihre ganze Person vollständiger und unreservierter« dahingibt, »als der differenziertere Mann es bei der gleichen Gelegenheit tut«. Simmel verfolgt eine ähnliche Männlichkeitstypologie wie R. W. Müller mit seiner Beschreibung des Archilochos als Gestalt des ›modernen Einzelgängers‹, indem er von der ›Individualität‹ des Mannes spricht und die Seelenverwandtschaft von Geld und Geist hervorhebt: »Dadurch, daß man es von allen Gütern am meisten dem Anderen unsichtbar und wie nicht vorhanden machen kann, nähert es sich dem geistigen Besitz.« Diese Geschlechtertypologie hat für Simmel Folgen für die käufliche Sexualität: »In den rein sinnlichen Akt also, um den es sich bei der Prostitution handelt, setzt der Mann nur ein Minimum seines Ich, die Frau aber ein Maximum ein.«[134] Ähnliche Aussagen finden sich in vielen Schriften der Epoche um 1900; geradezu paradigmatisch in Otto Weiningers fast zeitgleich (1903) erschienenem Buch *Geschlecht und Charakter,* wo es heißt: »Die Frau ist *nur* sexuell, der Mann ist *auch* sexuell. [...] Grob ausgedrückt: der Mann hat den Penis, aber die Vagina hat die Frau.«[135] Weininger schloss daraus, dass die Anlage zur Prostitution in allen Frauen zu finden sei. Simmels Argumentation verläuft anders und führt zu einem anderen Schluss.

Das Kapitel, in dem Simmel auf Sexualität und Prostitution eingeht, heißt ›Das Geldäquivalent personaler Werte‹, und er thematisiert gleich zu Beginn »die *Intensität,* mit der der Zusammenhang von Wert des Menschen und Geldwert oft die rechtlichen Vorstellungen beherrscht«. Es gebe die historische Tendenz, »den Wert des Menschen auf einen geldmäßigen Ausdruck zu bringen«. So werde »nicht nur das Geld zu dem Maß für den Menschen, sondern auch der Mensch zum Maß für das Geld«.[136] Diese Austauschbarkeit von Geld und Menschenleben macht er am Blutgeld und am Brautgeld fest. Darauf folgt die Erörterung der männlichen und weiblichen Sexualität, die ihn zu dem zitierten Schluss über die Prostitution führt. Mit der These, dass sich das weibliche Geschlecht in der Sexualität wie in der Prostitution ›gänzlich hingebe‹, sagt Simmel also letztlich, dass die käufliche Sexualität symptomatisch dafür ist, dass – in Analogie zu Weiningers Formulierung – der männliche Körper das Geld *hat,* während der weibliche das Geld *ist.* Mit anderen Worten: Der weibliche Körper stellt eine Inkarnation des Geldes dar, und die Einrichtung der Prostitution ist die paradigmatische Umsetzung dieser Geschlechterordnung.

An Simmels Argumentation erkennt man die im ersten Kapitel behandelte Verleugnung des ›Preises‹, den der männliche Körper für das nominalistische Geld zu entrichten hat. Damit wird auch klar, dass sein ausschweifender Exkurs über die Sexualität die Funktion hat zu beweisen, dass die dem Geld anhaftende Opferlogik *nur* den weiblichen Körper betrifft. Deshalb verankert er (wie alle Theoretiker der Prostitution) deren Ursprung entweder in der ›weiblichen Natur‹ oder im ›unbändigen‹ Geschlechtstrieb des Mannes. Ähnlich der Sexualwissenschaftler Iwan Bloch, der wenige Jahre nach Simmels *Philosophie des Geldes* eine *Geschichte der Prostitution* (1912) veröffentlichte. Er sah in der Prostitution einen »Überrest, ein Aeqivalent, des ursprünglich freien Geschlechtslebens der Menschheit« und wollte in ihr den »Dienst eines zügellosen Naturprinzips« erkennen, dem »die beengende Fessel der Ehe zuwider ist, das nur in jenem ungebundenen, freien Liebesleben seine vollste Erfüllung findet«.[137]

Warum, so fragt man sich, suchen diese Theoretiker – unter ihnen ein Meister der Theorie des Geldes – den Grund für die Einrichtung der käuflichen Sexualität nicht in der Geldwirtschaft? Dabei springt es doch ins Auge, dass die Aufhebung der Gesellschaft des zeremoniellen Tausches, deren Kern der Frauentausch bildete, eine neue, der Geldwirtschaft angemessene Form des Handels mit Frauenkörpern zur Folge haben *musste* oder zumindest konnte. Der Unterschied zwischen Frauentausch und Prostitution entspricht den Unterschieden zwischen einer Ökonomie der Reziprozität und einer Ökonomie, die vom Geld bestimmt ist: im einen Fall eine Sexualität mit Reproduktion, im anderen ohne. Statt der emotional hoch aufgeladenen ›Gabe‹ gibt es das ›gleichgültige‹ Geld, und der Handelspartner ist nicht die Gemeinschaft, sondern ein vereinzeltes (männliches) Subjekt: eben jenes moderne Individuum, um das sich die freie Marktwirtschaft bildet. Ebenso wie sich die Ehe, als Institution der Kontrolle über Frauen und Erbschaft (im doppelten Sinne von Nachkommen und Vermögen), mit dem Geld herausbildete, entwickelte sich auch die käufliche Sexualität als eine Begleiterscheinung der Geldwirtschaft.

Im Folgenden möchte ich die Geschichte der Prostitution *aus der Perspektive des Geldes* betrachten. Horst Kurnitzky schreibt, dass Schweine, Muscheln und Frauen allesamt »Vorformen des Geldes« seien.[138] Er übersieht dabei, dass das nominalistische Geld seine eigene Form von Handel mit Frauenkörpern hervorgebracht hat: die Prostitution, die eben deshalb nicht durch das Geld ersetzt wurde. Vielmehr wurde die Zirkulation von Geld um die Zirkulation von Körpern erweitert. Ich bin auf den Zusammenhang von Geld und Prostitution schon in zwei anderen Arbeiten eingegangen und werde deshalb hier vor allem die Aspekte hervorheben, die dort nicht behandelt wurden.[139] Das gilt einerseits für die Zeit des Übergangs zur Münzwirtschaft in der Antike; und andererseits für die Zeit nach der Entstehung des Papiergelds im 19. Jahrhundert.

PROSTITUTION IN VORMONETÄRER ZEIT

Es gibt kaum ein Werk über die Geschichte der Prostitution, das nicht mit Herodots berühmter Beschreibung der Tempelprostitution beginnt. Laut dieser musste sich in Babylon jede Frau einmal in ihrem Leben im Tempel der Fruchtbarkeitsgöttin Mylitta einem Fremden hingeben, wofür dieser an den Tempel eine Abgabe zu entrichten hatte. Herodot, so Julia Assante, die sich ausführlich mit der Geschichte der Prostitution in der Antike beschäftigt hat, imaginierte »eine ständige Horde von Frauen, die über besondere Wege kommen und gehen, und Männern, die herumhängen, bis sie eine Frau finden, die ihnen gefällt. Jede Frau müsse das erstbeste Angebot annehmen, wie klein auch immer der Verdienst (schlechtes Geschäft für den Tempel!), wobei die unattraktiven Frauen manchmal bis zu vier Jahre warten müssen, bevor sie erwählt werden. Die Undurchführbarkeit eines solchen Szenarios – diese Frauen zu ernähren, unterzubringen und zu bewachen – macht seine Geschichte lächerlich.«[140] Erstaunlicherweise, so Assante, hat sich die Wissenschaft nie darum bemüht, »Herodots Version der heiligen Prostitution nachzuspüren«.[141] Sie und andere ForscherInnen sehen in der »Heiligen Prostitution« einen Mythos, der von Herodot erfunden und von Strabo mit der Absicht aufgegriffen wurde, nicht-griechische Völker und Kulturen zu diffamieren.[142] »Keine Gesellschaft der alten Welt hat Zeugnisse aus erster Hand über die Praxis einer heiligen Prostitution innerhalb ihrer Grenzen hinterlassen.«[143]

Dasselbe gilt auch für die Mythen um die Gottheiten selbst: so etwa der Mythos einer ›Heiligen Hochzeit‹ zwischen König und Hoher Priesterin – zu Ehren der Gottheit Ishtar. Der Begriff der ›Heiligen Hochzeit‹ wurde von James Frazer eingeführt und von späteren Wissenschaftlern übernommen. Doch der Forschung ist es trotz intensiver

Recherchen nicht gelungen, »Ishtars menschliche Vertreterin, von der alle glaubten, dass sie mit dem König kopuliert, zu identifizieren«. Dennoch hat der Mythos zu rücksichtslosen Zuschreibungen von Sexualrollen an alle weiblichen Amtsträger im Ishtar-Kult geführt. Die historische Forschung zeigt, dass die ›Göttliche Hure‹, als welche sie von der Wissenschaft bezeichnet wurde, wie auch ihre orgiastischen Kulte, ihre prostituierten und pervertierten Amtsträger »nicht viel mehr als die Produkte einer voreingenommenen Phantasie« sind: Die Gestalt der Inanna/Ishtar diente dazu, »die primitive Kultur von der fortgeschrittenen, die amoralische von der moralischen zu unterscheiden« – und dies seit der griechischen Antike und den Propheten der Hebräischen Bibel bis heute.[144] Ähnlich schreibt auch Tanja Scheer, dass im antiken Griechenland »die Zuschreibung von ›Tempelprostitution‹ der Bildung von Stereotypen Vorschub geleistet« hat: gegen fremde Völker wie etwa die Lyder.[145]

Assante weist darauf hin, dass die Begriffe ›kar.kid‹ (sumerisch) und *harimtu* (akkadisch) nicht die Bedeutung ›Prostituierte‹ haben. In Mesopotamien gab es dafür kein Wort, denn der Beruf existierte nicht. Der Begriff indizierte vielmehr eine alleinstehende Frau, die unter keiner Vormundschaft stand und keine Sklavin war. »Kurz, die *harimtu* war eine Frau ohne patriarchalen Status, unverheiratet und außerhalb des Schutzes eines legitimen Hauses lebend. Die Gesetze und Sitten, die die sexuellen Aktivitäten der Frauen unter patriarchalem Status regulierten, konnten sehr harsch, manchmal sogar tödlich sein. Aber das Sexualleben der *harimtu* war nur reguliert, wo es mit dem Haushalt eines Mannes zusammenstieß. Sie konnte Jungfrau bleiben, einen Liebhaber oder mehrere haben. Gewiss haben einige Frauen aus dieser sozialen Schicht von den Zuwendungen von Männern gelebt. Doch die offizielle Prostitution, vor allem die organisierte Prostitution betraf Frauen und Männer, Mädchen und Jungen aus der Schicht der Sklaven.«[146] Eine ähnliche Verwirrung beobachtet Assante auch für den Begriff der *zonah* in der Hebräischen Bibel. Er wird oft mit ›Prostituierter‹ übersetzt, obgleich nichts auf eine professionelle Sexarbeiterin hinweist. Im Joshua 2 und in 1 Könige 3 ist die *zonah* eine Frau, die alleine oder mit anderen Frauen lebt.[147] Der Begriff kann auch unehelich geborene Mädchen bezeichnen: Sie waren (einschließlich zehn Generationen ihrer Nachfahren) vom Yahwe-Kult ausgeschlossen (Deut 23,2). Für fromme Gläubige war eine Eheschließung mit diesen Ausgestoßenen nicht denkbar.

Ebenso wenig wie Worte für Prostituierte kennen die Keilschrift-Texte Worte für Frauenhäuser und Bordelle. Das galt für Mesopotamien wie für das frühe Ägypten. Die sexuellen Dienste von Sklaven oder Gefangenen sind »als Teil der normalen sozialen Ordnung akzeptiert worden«. Das ist aber etwas anderes als käufliche Sexualität. »Wäre die professionelle Prostituierte so alltäglich gewesen, wie heutige Autoren behaupten, dann hätte die Fülle an vorliegenden ökonomischen, juristischen und administrativen Texten schon längst genauso klare und genaue Evidenz dafür liefern müssen, wie sie es für unzählige andere Aktivitäten getan hat.« Grund für die Annahme einer professionellen Prostitution sei erstens die fälschliche Annahme einer sakralen Prostitution, zweitens die Fehlinterpretation von Begriffen, durch die Worte für ›unverheiratete Frauen‹ mit ›Prostituierter‹ übersetzt werden; drittens die auch unter Wissenschaftlern weit verbreitete »boys-will-be-boys«-Ansicht, dass »die Prostitution als Antwort auf den bei Männern angeborenen Drang, mit mehr als einer Frau Geschlechtsverkehr zu haben, entstand«. Assantes Schlussfolgerung: Für die Prostitution bedarf es der Geldwirtschaft, und eben deshalb fehlen in der Zeit, bevor es Münzen gab, Zeugnisse für diesen Beruf.[148]

Allerdings beobachtet Assante eine allmähliche Entmachtung der Frauen durch die Entstehung zentralisierter Ökonomien im Vorderen Orient. Diese versetzte vor allem alleinstehende Frauen in eine prekäre Situation. »Mesopotamische Quellen weisen darauf hin, dass Frauen, die nicht unter männlicher Kontrolle standen, immer mehr marginalisiert wurden und dass ihre Sexualität zunehmend als Angriffsfläche gedient hat.« Von Frauen ausgeübte Berufe – wie etwa der einer Schankwirtin – und von Frauen bekleidete klerikale Ämter verschwanden rapide nach der Altbabylonischen Epoche (ca. 19. bis 17. Jahrhundert v. Chr.) »und schufen eine Abhängigkeit von Männern, die bis zur ersten Hälfte des ersten Jahrtausends alarmierende Ausmaße angenommen hatte«. Aus den Reihen dieser alleinstehenden Frauen könnten dann, so Assante, tatsächlich Prostituierte hervorgegangen sein. Noch wahrscheinlicher sei es jedoch, dass sich der Beruf der Prostituierten aus der Schicht der Sklaven und Gefangenen rekrutierte. »Wir wissen, dass weibliche Gefangene als ›Tänzer‹ in den Palästen ihrer Eroberer gehalten wurden und dass pornographische Darstellungen, die aus dem mittleren Assyrischen Reich stammen, sowohl fremde Frauen als auch fremde Männer beim Vorführen von live sex shows zeigen. Aber die Forschung hat noch nicht einmal begonnen, diesen Hinweisen nachzugehen. Stattdessen wird die ganze Last der Prostitution auf die Schultern der kar.kid/*harimtu* geladen.«[149]

Für Missverständnisse sorgte auch der Begriff der *hierodulen,* der oft mit der sakralen Prostitution in Verbindung gebracht wird – nicht zuletzt durch die Darstellungen des Historiographen und Geographen Strabo (ca. 63 v. Chr.–23 n. Chr.), der bei seiner Beschreibung von Korinth die Begriffe Hetäre und *hierodule* nebeneinanderstellte.[150] Etymologisch setzt sich der Begriff aus *hieros/a,* ›heilig‹, und *doulos/doule,* ›Sklave‹, zusammen. »Im alten Ägypten, wo das Wort zuerst auftaucht, erfüllten *hierodulen* freiwillig kultische Funktionen und waren an einen bestimmten Tempel oder eine bestimmte Gottheit gebunden. Sie waren befreit von Steuerpflicht und Fronarbeit.« Für diese Tätigkeiten wurden sie gelegentlich auch entlohnt. Im Anatolien des 1. Jh. v. Chr. bezeichnete *hierodule* oder *heira khora* »geschützte Einwohner, die auf heiligem Boden lebten und unter der Autorität eines Priesters standen«. Im Zusammenhang mit der Manumission (Freilassung aus der Sklaverei) bezeichnete der Begriff eine Person, die dem Tempel übergeben worden ist: »So konnte ein Sklavenbesitzer einen Sklaven als *hierodule* einer Gottheit widmen – als Form von Befreiung, zum Schutz oder als Weihgeschenk.«[151]

Aus vielen Texten über den Vorgang der Manumission geht hervor, dass es sich bei der sakralen Freilassung, die zum Status der *hierodule* führte, um einen fiktiven Verkauf an eine Gottheit handelte. »Sklaven, die durch ihre Arbeit die notwendigen Mittel erwirtschaftet hatten, um sich die Freiheit zu erkaufen, aber diese nicht legal erwerben konnten, gaben dem Heiligtum ihr Geld; dieses gab es weiter an den Sklavenbesitzer, von dem der Sklave oder die Sklavin im Namen der Gottheit erworben wurde.«[152] Die Befreiung aus der Leibeigenschaft war aber erst nach der Entstehung der Geldwirtschaft möglich. Der Begriff der *hierodule* erzählt also von einer Entwicklung, die vom Tempeldienst ausgeht und mit der Geldwirtschaft die Befreiung aus der Leibeigenschaft ermöglicht: über den Umweg einer Zugehörigkeit zum Tempel.

Hierodulen waren von Geburt aus Freie, oder sie erhielten den Status der *hierodulen* als Folge einer Manumission. Sie standen in Verbindung mit einer Gottheit oder einem Tempel und leisteten Dienste für diese. In manchen Fällen war der Status der *hierodulen* auch erblich. So etwa im Tempel der Aphrodite von Korinth, wo es ebenfalls nicht um kultische Prostitution, sondern um die Zugehörigkeit zum Tempel ging, wie Stephanie Budin betont: »In dieser Hinsicht dürfen Aphrodites *hierodulen* in Korinth und Eryx wie auch die ›heiligen Frauen‹ von ›Ma‹ in Komana, nicht als heilige Prostituierte verstanden werden; es sind freie Frauen, selbst wenn diese Frauen in Korinth zufällig auch Prostituierte waren.«[153] Dennoch hielt sich der Mythos der sakralen Prostitution von Korinth und Komana bis in die Moderne. Er wurde von Historikern wie Pierre Dufour in seiner sechsbändigen und immer wieder aufgelegten *Histoire de la Prostitution* von 1851 aufgegriffen.[154] Auch Ernst Robert Curtius meldete keine Zweifel am Realitätsgehalt von Strabos Berichten an. Aus dem »asiatischen Tempeldienst«, so schreibt er, habe sich wiederum das hellenistische Münzwesen entwickelt.[155] Damit stellt er zwar eine Verbindung zwischen Geld und Prostitution her, verortet ihren Ursprung jedoch in der sakralen Prostitution.

Wenngleich die Forschung keine Belege für Tempelprostitution in Griechenland erbrachte, so gab es dennoch Prostituierte, die im Dienst des Tempels standen.[156] Die Hetären waren zwar im Heiligtum nicht immer willkommen, aber sie wurden geduldet. »Mit der ›Ausübung ihres Berufs‹ innerhalb eines heiligen Bezirks sieht es allerdings anders aus. Geschlechtsverkehr im Heiligtum galt in der griechischen Polis als *miasma* [Frevel] und war ebenso streng untersagt wie das gewaltsame Vergießen von Menschenblut.« Andererseits gingen die Griechen nicht davon aus, dass die Göttin der körperlichen Liebe Vorbehalte gegen Hetären haben konnte. »In hellenistischer Zeit schrieb man ihr sogar die Erfindung der Prostitution zu.«[157] So wurden Aphrodite auch Prostituierte als Dankopfer dargebracht. Bei solchen Prozessionen und Dankesmahlen nahmen die Prostituierten »nicht aus eigenem Recht teil, sondern haben den Status von Geschenken inne«. Griechenland kannte also keine sakrale Prostitution, wohl aber die Übereignung von Frauen an den Tempel für Prostitutionszwecke: Sie erhöhten die Einkünfte des Tempels. Zu den Begriffen ›heiliges Land‹ und ›heilige Herde‹ schreibt Scheer: »Heilig sind nicht Land und Vieh an sich, heilig sind sie in dem Sinn, dass ihre Erträge der Gottheit gehören. [...] Die Erträge ihrer Körper, ihre Prostitution, konnten eine regelmäßige und fortlaufende Einkommensquelle für das Heiligtum bilden.«[158] Ebenso betrieben im Mittelalter auch Kirchen und Klöster Bordelle als Einnahmequellen. Da die Prostitution vor allem in Zeiten von Messen Einnahmen versprach und diese wiederum, wie im zweiten Kapitel beschrieben, mit Wallfahrten einhergingen, lag es nahe, dass auch die Einrichtungen der Prostitution kirchlicher Verwaltung unterstanden. Ähnlich verfuhren auch die griechischen Tempel.

Als der Staat – oder die Polis – begann, die Geldmacht von den Priestern zu übernehmen, ging diese Geldquelle an den Staat über. Mit der »Säkularisierung der Münze«[159] wurde auch das Bordell zu einer staatlichen Einrichtung. »Athens weiser Gesetzgeber Solon soll als erster in Athen Bordelle eingerichtet haben. Von den Vorsteherinnen der Bordelle sei eine Steuer eingezogen worden. Und mit diesem Geld sei dann das athenische Heiligtum der Aphrodite Pandemos eingerichtet worden.« Solon begründete die Einrichtung mit dem üblichen Argument des Schutzes der ehrbaren Frauen und Mädchen vor den angeblich »überschüssigen Kräften der jungen Männer«.[160] Aber ebensogut ließe sich auch der durch die Prostitution erwirtschaftete monetäre ›Überschuss‹ ins Spiel bringen. Solons Bordelle waren Staatsbordelle, die von Staatsbeamten verwaltet und beaufsichtigt wurden und in denen der Staat die Steuer von den einzelnen Prostituierten einzog. Die Bordelle befanden sich in öffentlichen Gebäuden, den sogenannten *oikema,* zu denen auch die Tempel gehörten. Später verlagerten sie sich in private Gebäude, blieben aber unter Staatsaufsicht. Die Kosten für den Besuch des Bordells legte Solon auf einen *obolós* fest. »Die Erfindung der Bordelle wird in Athen nicht etwa als orientalischer Import, dessen man sich schämen müsste, betrachtet. Wenn man ein solches Vorgehen dem vorbildlichen Gesetzgeber Solon zuschrieb, dann kann die Finanzierung von Aphroditeheiligtümern durch Einkünfte von unfreien Prostituierten im Diskurs der griechischen Polisgesellschaft nicht völlig abwegig oder anstößig gewesen sein.«[161] Nach der Behauptung und scharfen Verurteilung einer angeblichen sakralen Prostitution in ›fernen Ländern‹, etabliert sich in Griechenland eine reale Prostitutionspraxis, deren Ursprung wiederum auf Aphrodite und die Macht der ›Liebe‹ zurückgeführt wird. Das Geld aber verschwindet aus diesem Narrativ. Es ist ›nur‹ ein Medium des Handels und erzählt keine eigene Geschichte.

Rückblickend ist zu erkennen, warum die Unterstellung, dass es in vorgriechischer Zeit und in anderen Ländern Tempelprostitution gab, den Griechen so wichtig war (und der Mythos seither ein Dauerbrenner geblieben ist): Herodots Aussagen zur Tempelprostitution, so Tanja Scheer, hatten die Funktion zu behaupten, dass man ›so etwas‹ in Griechenland nicht kennt und verabscheut. »Im Gegenteil – seine negative Beurteilung des babylonischen Rituals macht den griechischen Standpunkt klar: Die Jungfrauen einer griechischen Stadt irgendwelchen Fremden preiszugeben, wäre undenkbar.«[162] Demselben Zweck dienten auch Herodots Berichte über die angebliche ›Versteigerung‹ von Frauen und Prostitution in den orientalischen Kulturen. Diese waren, so Leslie Kurke, »in ihrem Kern eine Phantasie antiker griechischer Ethnographie«. Warum, so fragt sie, erwähnt Herodot in einem Atemzug, dass die Lyder nicht nur die Münzen erfanden, sondern auch ihre Töchter prostituierten? Welche Funktion hatte diese Phantasie für den Griechen? Herodot lebte in einer Zeit des Umbruchs, in der sich die Geldwirtschaft durchzusetzen begann. »Wir müssen Herodots Frauen als Signifikanten verstehen und die drei von ihm beschriebenen Formen des Tausches (Versteigerung der Bräute, private Prostitution und Tempelprostitution) als Figurationen unterschiedlicher ökonomischer Formen oder Tauschsysteme.« Herodots Bild vom großen und unüberschaubaren Babylon, dem die gesamte griechische Literatur folgte, stellte das Gegenbild zur ›regierbaren‹ Polis dar. Es war Griechenlands »Anti-Stadt«. Die »Möglichkeit einer *universellen* Tempelprostitution (in der sich die Zirkulation von Frauen und Geld gegenseitig spiegeln)«, bietet Herodot den geeigneten Rahmen, um »über die Auswirkungen eines Geldes, dem der zivilisierende Rahmen fehlt, zu phantasieren und dabei die schlimmsten Merkmale einer entwurzelten Geldwirtschaft auszumalen«.[163] Zudem repräsentiert die Tempelprostitution eine »aus der Kontrolle geratene Demokratie«, in der jeder etwas werden kann.[164]

Was sich hinter dem Deckmantel der Empörung über Babylon verbirgt, ist also die Angst vor den Entwicklungen, die sich in Griechenland mit der neuen Geldwirtschaft anzubahnen beginnen. Tatsächlich wird hier die erste Form von realer Prostitution entstehen: eine Sexualität, die von der Reproduktion getrennt ist und die im Gegensatzpaar Hetäre und Ehefrau ihren Ausdruck findet. Beide waren abhängig vom männlichen Geschlecht, das, wie im ersten Kapitel beschrieben, auf den Vasenmalereien als Geldbeutel dargestellt wird. Die Prostitution, die sich *um* die Tempel der Fruchtbarkeitsgöttinnen entwickelte, in denen die Münzen geprägt wurden, zeugte von der Fruchtbarkeit *des Geldes*. Durch die Berufung auf den Mythos der Heiligen Prostitution gelang es jedoch, das Bordell an den Tempel und an dessen Opferdienst zu binden. Im übertragenen Sinne entstand so tatsächlich eine ›sakrale Prostitution‹, aber in Griechenland. Sie bildete das Gegenstück zum Opfer, und beide dienten der Beglaubigung des Geldes: Repräsentierte das Opfer den Preis der Exkarnation, so diente die Prostitution der Inkarnation des Geldes.

DIE ›GOLDENE‹ UND DIE ›MONETÄRE‹ PROSTITUTION

Eigentlich hatte sie vor, ein Buch über Münzen zu verfassen, schreibt Leslie Kurke. Doch »je mehr ich über das Thema forschte, desto mehr wurde klar, dass die Münzen nicht der Ursprung, sondern das Symptom eines komplexen Wandels und einer politischen Auseinandersetzung waren. Und je länger ich mir Münzen anschaute, desto mehr traten andere Dinge zum Vorschein: Imaginationen über Metalle, Geschichten über Tyrannen, Prostituierte, Fälschungen und Spiele.« Sie kam zur Erkenntnis, dass die Münzwirtschaft in Griechenland die anderen sozialen Erscheinungen generiert habe.[165]

Warum führten die Griechen so viel früher und rascher als andere Völker ein Münzsystem ein? Kurke sieht die Antwort darauf in der engen Verbindung von Polis und Geldwirtschaft: Die Münze implizierte die Anerkennung des Staats als höchste Autorität. Das andere Fundament der Polis war das Schriftsystem, das, wie im ersten Kapitel beschrieben, in enger Beziehung zur Entstehung der Geldwirtschaft stand. Geld wie Alphabet hatten eine egalisierende Wirkmacht, und das Alphabet bereitete das Terrain für das demokratisierende ›Wertsystem‹ der Geldwirtschaft.[166] Deshalb ist die Diskussion, ob es zu Zeiten Solons und seiner großen Reformen schon Münzen gab oder nicht, eher müßig. Durch das Alphabet war ein Denksystem entstanden, das dem einer einheitlichen Geldwirtschaft entsprach.

Die alten Eliten, die Aristokratie, lehnten beides ab: sowohl den allgemeinen Zugang

393

zu Bildung als auch das Geld.[167] Es ging, so Reden, um die Angst, »dass Geld alles vergleichbar und austauschbar mache. Liebe, Loyalität und politische Macht wurden am Geld gemessen und sogar – in Form von Prostitution, Bestechung und erlernbarer Überzeugungskraft (Rhetorik) – käuflich.«[168] Die frühe Polis hielt an der alten Ökonomie des Gabentausches fest, in der Edelmetall ein wichtiges Tausch-Äquivalent war. Die Aristokratie verfügte einerseits über Landbesitz, »das mächtigste Symbol für Bürgerrechte«.[169] Andererseits monopolisierte sie aber auch die begrenzt vorhandenen Edelmetalle.[170] Geld dagegen ließ sich vermehren und war nicht den Eliten vorbehalten. (Daher Herodots Warnungen vor den Gefahren einer – in Sexualbildern entworfenen – ›entfesselten‹ Geldwirtschaft.) Als sich Mitte des 6. Jahrhunderts mit den ersten Münzprägungen eine neue Geldwirtschaft anbahnte, standen zwei ökonomische Prinzipien einander gegenüber: auf der einen Seite das Gold, auf der anderen das Geld. Diese beiden Prinzipien fanden in der Prostitution ihr Spiegelbild: der Hetäre einerseits und der *pornē* andererseits.

Die scharfe Trennung zwischen diesen beiden Formen käuflicher Sexualität beschäftigt fast alle Autoren, die sich mit der Prostitution in der Antike befassen. Doch nur wenige führen sie, wie Kurke, auf die Konfrontation von Gold und Geld zurück. Die Unterscheidung von Hetäre und *pornē,* so sagt sie, war eine Erfindung des griechischen Adels: Die Hetäre stand für die Gesellschaft der zeremoniellen Gabe (und damit auch für die alte Aristokratie), die *pornē* dagegen repräsentierte die aufsteigenden ›proletarischen‹ Schichten. »Der ultimative loser, und der ultimative *misthôtos* [Empfänger eines Lohns] in der demokratischen *polis* war die Prostituierte. Als Prostituierte einen *misthos* zu erhalten, war unvereinbar mit dem Empfang einer *dôreiai* [dem ehrenden Geschenk] von der *polis.* […] Prostituierte konnten schon deshalb keine öffentlichen Ehrungen erhalten, weil sie entweder Sklaven oder Ausländer sein mussten, um in Athen ihren Beruf auszuüben.«[171] Dasselbe Gesetz galt auch in der christlichen Gesellschaft: Im Mittelalter mussten die Prostituierten Ortsfremde sein – sie durften nicht aus der städtischen Gemeinschaft kommen, in der sie ihren Beruf ausübten.[172] Diese Frauen sollten zirkulieren, wie die Münzen selbst.

Der Begriff der *pornē* ist älter als die griechischen Münzen. Er taucht schon im 7. Jahrhundert auf. Damals bezeichnete er »Sexualverkehr mit einem Sklaven oder einer Person, die aus der Fremde kommt«, egal, ob dabei Geld die Hand wechselte oder nicht.[173] Der Begriff *hetaira* dagegen bedeutet ›Gefährtin‹ und war ein Euphemismus für eine Frau (ähnlich der späteren ›Mätresse‹), mit der ein wohlhabender Mann eine länger andauernde Geschlechtsbeziehung hat. Diese basierte auf dem Prinzip der ›Gabe‹, während es sich bei der *pornē* um eine Frau handelt, bei der sich jeder Mann einen einmaligen und auf kommerzieller Vereinbarung beruhenden Beischlaf kaufen konnte. In den beiden Typen von ›geldwerter‹ Sexualität spiegeln sich die Eigenschaften der ›Währungen‹ selbst wider: auf der einen Seite das bleibende Gold, auf der anderen das wechselhafte, anonyme, von Hand zu Hand gehende Geld, das keinen ›Besitzer‹ kennt. In der Geldwirtschaft muss eine Münze mit der anderen identisch sein, damit das Tauschsystem funktioniert. So auch bei der *pornē,* »wo ein Mädchen dem anderen gleicht«, wie Philemon in seinem Lob auf die Solonischen Gesetze erklärt.[174] Bei Hetären hingegen ist *Chrysis,* was soviel wie ›Goldie‹ heißt, ein üblicher Name: Hier wird der weibliche Körper im ganz wörtlichen Sinne zur Verkörperung des ›Goldstandards‹.[175]

Herodot hat als erster den Begriff der *hetaira* verwendet,[176] und der den oligarchischen Kreisen nahestehende athenische Schriftsteller und Politiker Xenophon (426– ca. 355 v. Chr.) griff ihn auf. Indem er den Begriff der ›Hetäre‹ verwendet, so Kurke, verortet er solche sexuellen ›Gunstbeweise‹ »in einer Ökonomie des aristokratischen Gabentausches, in dem die ›reichen‹ und ›der Schönheit zugetanen‹ *philoi* untereinander Geschenke tauschen und sich gegenseitig erfreuen. Die *pornē* dagegen, die ihren Namen vom Verb ›verkaufen‹ ableitet, repräsentiert die Kommodifizierung von Sex für Lohn.«[177] Die beiden Kategorien von Prostitution, so Davidson, betonen bei der Hetäre das Persönliche: Sie hat einen Namen, und es ist von ihrer ›Macht über die Männer‹ die Rede – »ein Diskurs, den man mit Gabentausch, Verführung und einem nie endenden Zyklus von Verwicklung, Dissimulation und Definitionsvermeidung in Verbindung bringt. Die mit der Idee der *pornē* assoziierte Strategie depersonalisiert dagegen, sie macht die Frauen, ihre Körper, ihre Zeit und ihre Dienste zu Waren und Dingen, die permanent definiert und in verschiedene Einheiten zerstückelt werden.«[178] Geld ist ein allgemeines Äquivalent; dem entspricht die *pornē* als »perfekte Ware, die gegen alles und jedes getauscht werden kann«.[179]

Es ist kein Zufall, so Kurke, dass die Kategorie der Hetäre etwa zeitgleich mit der Einführung von Münzen in den griechischen Städten auftaucht. Der Begriff und die Institution sind Ausdruck eines Abgrenzungsbedürfnisses der Eliten gegen ›das Volk‹. »Der Impuls, die ökonomischen Beziehungen im Geschlechtsverkehr zu mystifizieren, generiert die *hetaira* im Rahmen des Gabentausches.« Dagegen repräsentiert die *pornē* »im aristokratischen Diskurs die erniedrigten und promisken Tauschverhältnisse der agora«.[180] In beiden Fällen stehen weder Sexualität noch Frauenkörper für sich selbst; vielmehr verkörpern sie etwas anderes: die Ökonomie, die Waren und die verschiedenen Konzepte von Geld.

Natürlich gab es auch homosexuelle Prostitution und Bordelle. Zwischen freien Bürgern war Homosexualität gesetzlich verboten; sie konnte zum Verlust der Bürgerrechte führen. Bei Sklaven oder Fremden gab es jedoch keine Einschränkungen. Die homosexuelle Prostitution gehörte damit zur Kategorie der *porneia,* die all die käuflichen Körper umfasste, die vom freien Bürger ungestraft penetriert werden durften.[181] David Halperin zufolge muss das mit schweren Sanktionen geahndete Verbot in Griechenland, den eigenen Körper für käufliche homosexuelle Dienste zur Verfügung zu stellen, in Zusammenhang mit der Einrichtung der staatlichen Bordelle gesehen werden. Indem er die Schuld-Leibeigenschaft (oder Schuldversklavung) aufhob, garantierte Solon die körperliche Integrität des männlichen freien Bürgers. Dieser hatte, wie Halperin schreibt, das »demokratische Recht«, den Körper von anderen zu penetrieren. Das Recht wurde durch die Einrichtung billiger, staatlich subventionierter Bordelle, wo *pornai* für alle erschwinglich waren, institutionalisiert – mit dem Ziel, dass jeder freie Bürger, wie Halperin es ausdrückt, Anspruch auf einen Ort hatte, wo er seinen Penis unterbringen konnte.[182] Das heißt: Die männlichen Genitalien repräsentieren das Geld, für das die anderen Körper zu haben sind. Oder in Kategorien von Beglaubigung ausgedrückt: Diese anderen Körper garantierten den Wert der Münze. Auf einer Vase des Malers Ambrosios (spätes 6. Jahrhundert) ist eine Bordellszene zu sehen, auf der eine der Bewohnerinnen als *obolē* bezeichnet wird: Das war der Name der Frau wie auch der Lohn, den sie für ihre Dienste erhielt.[183]

Die ›Beglaubigung‹, die die Prostituierte (wie den Söldner) sowohl zum Empfänger als auch ›zum ›lebenden Beweis‹ für den Wert des nominalistischen Geldes machte, unterschied sich vom Wert, der für den Leib eines Sklaven gezahlt wurde: Dieser stellte eine ›Handelsware‹ dar. Nach der Abschaffung der Schuldsklaverei, durch die auch viele Bauern befreit wurden, fehlte es an Arbeitskräften für Handwerk und Landwirtschaft. So wurden Sklaven nicht nur bei Kriegszügen erbeutet, sondern auch auf Sklavenmärkten gekauft. Die Athener »schalteten zur Sklavenbeschaffung ein Geldwesen dazwischen«.[184] Spätestens ab dem 4. Jahrhundert gab es auch einen schwunghaften Handel mit Prostitutionssklaven und ein florierendes Bordellgeschäft.[185]

Gerade die Prostitution eröffnete aber auch vielen Sklaven den Weg in die Freiheit. Einige der Bordell-Sklavinnen erwarben genügend Geld, um sich freizukaufen und zur Hetäre aufzusteigen.[186] Deshalb gab es Begriffe für Prostituierte, die sowohl auf Hetären als auch auf *pornai* angewandt wurden: etwa *ergatis,* was soviel wie ›Arbeitsmädchen‹ bedeutet (und im französischen Wort ›professionelle‹ oder in der deutschen ›Sexarbeiterin‹ seine Aktualisierungen findet); das Bordell hieß *ergastērion,* ›Arbeitsladen‹. Jeder dieser Begriffe betont nicht die Lust, sondern die Lohntätigkeit. Das verwischt, so Kurke, die Unterscheidung zwischen *hetaira* and *pornē*.[187] Aber es betont die Nähe der Tätigkeit (in beiden Prostitutions-Kategorien) zum Geld. Dass im Vokabular der Prostitution mehr von Entlohnung als von Lust die Rede ist, hat natürlich auch Folgen für den männlichen Körper: Die Tatsache, dass der männliche Körper das Geld hat und im Bordell Sexualität dafür kaufen kann, impliziert alles andere als ›Entfesselung‹ von Eros und Befriedigung des Sexualtriebs. Vielmehr verweist es auf den vom männlichen Körper zu entrichtenden ›Preis des Geldes‹: Auch der männliche Körper soll, so wie *pornē* und das Geld, von jeder Bindung – und das heißt: Emotionalität – frei sein. Der ›Freier‹ ist der Söldner eines Geldes, das in der Prostitution seine freie Entfaltung sucht.

DIE PROSTITUTION IN MITTELALTER UND FRÜHER NEUZEIT

Die Prostitution aus dem Blickwinkel des Geldes zu betrachten, verleiht Simmels Erkenntnis, dass »nicht nur das Geld zu dem Maß für den Menschen, sondern auch der Mensch zum Maß für das Geld« geworden ist, eine Bedeutung, die er selbst gar nicht weiter entwickelt hat: Wenn sich das Geld durch den menschlichen Leib beglaubigen lässt, so muss sich dies besonders deutlich bei all den Transaktionen um menschliche Körper zeigen. Tatsächlich wächst der Umfang der Prostitution mit der Abstraktion des Geldes: Je mehr sich das Geld entleibt, desto mehr bedarf es einer Inkarnation. Die Prostitution bietet die Umsetzung dieses Prinzips.

Als nach dem Ende des Römischen Reichs und bis ins Frühmittelalter weniger Münzen zirkulierten, gab es keine nennenswerte Prostitution, außer in großen Handelsstädten wie Korinth. Doch sobald sich im 12. und 13. Jahrhundert im christlichen Europa das Stadtwesen zu entwickeln begann – und diese Entwicklung ging mit dem Übergang von einer Natural- zur Geldwirtschaft einher –, erfuhr auch die Prostitution einen neuen Aufschwung. Zugleich wurde sie im Gemeindewesen verankert. Ihre Organisation ähnelte den Einrichtungen Solons in Athen: Sie basierte auf Bordellen, die es auch in kleineren Städten – von 2000 oder weniger Einwohnern – gab. Das geschah nicht nur mit dem Einverständnis, sondern auch im Auftrag von Stadtrat und Kirche. Der Klerus befürwortete die Einrichtungen mit Argumenten, die schon die Antike und der Kirchenvater Augustinus geltend gemacht hatten: Die Prostitution sei als ›kleineres Übel‹ zu tolerieren, um ein größeres Übel, die Unzucht mit ehrbaren Frauen und Mädchen, zu verhindern.[188] So auch Nikolaus Oresme, der sich dazu bezeichnenderweise in seiner Abhandlung über das Geld äußert: »Hier und da wird in der Gesellschaft, um Schlimmeres zu vermeiden und Ärgernis zu verhindern, Unehrsames und Schlechtes gestattet, wie beispielsweise öffentliche Bordelle.« Er schlägt vor, dem Herrscher das Recht über die Emission des Geldes zu entziehen und bemüht auch dafür einen ähnlichen Vergleich:

»Wie es aber die Gesellschaft dem Fürsten nicht gestatten kann, kraft seiner Stellung Gattinnen der Bürger für sich in Anspruch zu nehmen, so vermag sie ihm auch nicht ein Geldvorrecht zu gewähren, das nur schlechtem Gebrauch dient, indem es Gewinn aus Geldabwertungen macht.«[189]

Ab dem 14. Jahrhundert verzeichnen so gut wie alle Städte Westeuropas ›Frauenhäuser‹ und Prostituierte.[190] Für einige Gegenden sind diese Zahlen gut belegt. So wies zum Beispiel die Stadt Dijon bei weniger als 10 000 Einwohnern mindestens 100 offiziell angemeldete Prostituierte auf – ohne die Dunkelziffer an Frauen zu rechnen, die inoffiziell oder gelegentlich im Gewerbe tätig waren.[191] In den mittelalterlichen Frauenhäusern arbeiteten die Prostituierten, wie unter Solon, für die ›öffentliche Hand‹: Kirche, Städte oder Fürsten. Alle legislativen und sittenpolizeilichen Maßnahmen und Verordnungen dienten der Aufrechterhaltung dieses Prostitutionswesens, das zunftmäßig organisiert war und »auf eine radikale Vertilgung der sogenannten freien Prostitution« abzielte.[192] Eine solche von der Obrigkeit organisierte Prostitution – bei der der Souverän dem sexuellen Geschäft seinen Stempel aufsetzt und von den ›Überschüssen‹ profitiert – gleicht der Münze, die ebenfalls Zeichen der Souveränität einer Stadt oder eines Fürstentums war.

Die staatlich oder kirchlich geführten Einrichtungen schrieben den Prostituierten vor, dass sie sich keinem Mann verweigern durften; es war ihnen auch untersagt, mit ihrem ›lieben Mann‹ (ihrem Freund und Zuhälter) umsonst Geschlechtsverkehr zu haben. Ihr Körper gehörte, wie eine Nürnberger Polizeiordnung ausdrücklich festhielt, der Allgemeinheit.[193] Wenn eine der Dirnen das ökonomische Interesse der Stadt »durch uneigennützige und nichts eintragende Liebschaft« schädigte, schritt die Obrigkeit gegen sie ein.[194] Wie eine Münze gleichgültig der Ware gegenübersteht, die man durch sie erwirbt, so durfte auch die Prostituierte keinen Unterschied zwischen den einzelnen Kunden machen. Es ist diese ›Gleichgültigkeit‹, die Simmel als Wesen des Geldes bezeichnet: Durch das Geld erhalten die »einzelnen Genussempfindlichkeiten eine Art von Vergleichbarkeit.«[195]

Mit dem Geld wanderte auch die Prostitution von der öffentlichen in die private Wirtschaft hinüber. Die ersten Vertreter des Bankwesens im abendländischen Mittelalter, die Lombarden, hielten in ihren Geschäftshäusern Bordelle; das zeigen Verordnungen der französischen Könige Karl V. und Karl VI., die entsprechende Privilegien an lombardische Bankiers in Paris, Amiens und Meaux erteilten.[196] Als sich ab dem 14. Jahrhundert allmählich ein bargeldloser Verkehr mit Wechseln, Schecks und Indossamenten entwickelte, wuchs auch die Prostitution. In seinem 1912 erschienenen Buch *Liebe, Luxus und Kapitalismus* stellt Werner Sombart eine enge Verbindung zwischen den

Kokotten an den Höfen der Päpste und Fürsten her und beschreibt die von den ›Weibchen‹ betriebenen Luxusausgaben als einen der wichtigsten Motoren des aufkommenden Kapitalismus.[197] Es spricht jedoch vieles dafür, die Kausalität umzukehren: Nicht nur *erlaubte* die Entstehung von Papiergeld dessen Vermehrung und damit auch das Anwachsen des ›Luxus‹, zu dem die Kurtisane gehörte, sondern das Papiergeld *bedurfte* auch dieser Leiblichkeit, um in einer Zeit, die von den ersten ›Blasen‹ erschüttert wurde (Tulpen-Wahn 1635, South Sea Bubble und John Law 1720), Glaubwürdigkeit zu erringen.

Dass sich ab etwa 1800 in London und Paris die größte Konzentration an Prostituierten und ›femmes entretenues‹ (ausgehaltene Frauen) befand, hatte mit Industrialisierung, Aktienmarkt und dem neuen Papiergeld zu tun: Die Ablösung des Geldes schuf die Notwendigkeit einer neuen Materialisierung im menschlichen Körper. Zwar konnte der ›Goldstandard‹ im internationalen Handel noch eine Zeitlang die Illusion einer materiellen Beglaubigung herstellen. Für die Marktteilnehmer hatte er jedoch wenig Bedeutung. Auf dem Markt wurde eher der käufliche Körper zu einer Garantie des Geldwertes. Daher die Zunahme der Prostitution in den großen Metropolen mit ihren Aktienmärkten.

PAPIERGELD UND PROSTITUTION

Mit der Verbreitung von Papiergeld und Aktie kam es zur Konfrontation zwischen den ›Metallisten‹ und ›Nominalisten‹ (oder ›Anti-Metallisten‹). Für die einen, das waren vor allem Ricardo und Mill, später auch Marx, sollte das Geld eng mit ›Waren‹ oder Edelmetallen verbunden bleiben; für die anderen war das Geld ein Zeichen (›token‹), das durch Institutionen des öffentlichen Rechts garantiert wurde. Die beiden Positionen erinnern an die Gegenüberstellung von Gold und neuer Geldwirtschaft in der griechischen Antike. So erstaunt es nicht, dass auch das 19. Jahrhundert auf zwei Arten von Prostitution zurückgriff: die Kokotte und die Kurtisane, deren Profile denen von *pornē* und Hetäre ähneln. Die Kokotte hatte wechselnde Freier, während die Kurtisane die ›femme entretenue‹ eines einzigen Mannes war. Das Wort Kurtisane kommt von *cortegiana* und heißt eigentlich ›Hofdame‹. Sie repräsentierte die Sitten der alten Aristokratie, nun aber im Dienst des Bürgertums. Denn die Konfrontation verlief nun nicht zwischen Aristokratie und Neureichen, sondern zwischen dem Bürgertum, dessen Geld so sicher war, dass sie es sich leisten konnten, an die Gebräuche der alten Eliten anzuschließen, und den Bürgern, die in ›volatilen‹ Geldverhältnissen lebten. »Inkarnation des Luxus und der Verschwendung war die Kurtisane. In der Entfaltung ostentativen Reichtums am eigenen Körper, der so ungemein kostspielig war, daß von ganzen Vermögen gesprochen wurde, die die Liebhaber für die Ausstattungen und den Lebensunterhalt dieser Frauen zahlen mußten, verkörperten sie einen neuen Typus des uneingeschränkten Konsums«, schreibt Dorothea Mey in ihrer Untersuchung über die Kurtisanen im Frankreich des Zweiten Kaiserreichs.[198]

Mit zunehmender Industrialisierung florierten beide Kategorien, bis der käufliche Sex in den Großstädten des Industriezeitalters zu einem Massenphänomen weiblicher Existenz wurde. Während die Kokotten entweder in Bordellen lebten oder für Zuhälter arbeiteten, wurde die Kurtisane zur Repräsentationsgestalt *der* Sexualität – auch in den Opern und Romanen des 19. Jahrhunderts. Dem Aufkommen der Kurtisane im 18. Jahrhundert war im 17. Jahrhundert das Auftreten von Frauen auf der Bühne vorausgegangen, und auch im 18. und 19. Jahrhundert rekrutierten sich viele der Kurtisanen aus der Theatersparte: Diese Frauen sollten etwas ›darstellen‹. Ihre ›Rolle‹ war ›die Sexualität‹, und geschrieben war das Stück vom Geld. »Die Ausgaben, die diese Liaisons verursachten [...], bildeten den größten Posten im Etat der großen Geldmänner«, schreibt Sombart. Wie die Hetären der Antike hatten die Kurtisanen berühmte Namen, die Männer ›lagen ihnen zu Füßen‹. Waren die Hetären in Griechenland Schrittmacherinnen neuer Moden, so setzten die Kurtisanen im 19. Jahrhundert die Standards für Kleidung und Möblierung der Salons. Ihre Namen und Charakteristika wurden im ›bottin mondain‹, vornehmen Adressbüchern, festgehalten.[199]

Der ›Auftrag‹ der Kurtisanen, so Schultz, »bestand darin, ostentativ und mit Glanz Geld auszugeben. Die Kleidungen und Wohnungseinrichtungen der Top-Kurtisanen wurden in den damaligen zahlreichen Gazetten ausführlichst gezeigt und besprochen. Mit ihrer Verschwendung und dem Schmuck auf ihrem Körper verkörperte sie die Potenz des Galans, denn es war nicht ihr eigenes Geld, das sie mit Eleganz und Raffinesse öffentlich zur Schau trug.«[200] Ähnliches galt schon für Griechenland und Rom, doch im 19. Jahrhundert kam ein neuer Faktor hinzu. Geldbesitz war weder an Land noch an Edelmetallen festzumachen: Seine ›Konkretisierung‹ war der lebendige und attraktive Frauenkörper. Während das Papiergeld einerseits den Weg zur erhöhten Abstraktion bereitete, kam es andererseits zu einer verstärkten Beglaubigung des ›wertlosen‹ Geldes durch den (mit viel Geld ›magisch aufgeladenen‹) Frauenkörper.

Daneben gab es weiterhin die Beglaubigung des Geldes durch das Opfer und den ›sozialen Tod‹. Die Kehrseite zum Glanz der Kurtisanen bildete »das tatsächliche Elend und die ökonomische Entwertung der Masse der Frauen zur Zeit des sich durchsetzenden Industrialismus«. Die Versorgung der Witwen und Waisen wurde abgebaut, die

Renten der Beamtenwitwen geschmälert. Als Krankenversicherungen gegründet wurden, schlossen diese Frauen aus, oder sie forderten höhere Beiträge von ihnen. Zugleich waren die Löhne der Frauen erheblich niedriger als die der Männer.[201] Dies geschah, obwohl viele Frauen Alleinversorgerin ihrer Kinder waren. Nicht selten wurden sie in die Prostitution gezwungen, die sich in Hinterhöfen und in prekären Lebensverhältnissen abspielte. Keine der beiden Kategorien von Prostitution *hatte* das Geld. Der Unterschied zwischen ihnen bestand allein darin, dass die eine Frau mit ihrem Leib das Geld *darzustellen* hatte, während die andere mit ihrem Leib ›dran glauben‹ musste. Beide hatten auf ihre Art dafür zu sorgen, dass alle ans Geld glauben konnten.

Dorothea Mey hat am Beispiel der Kurtisane Cora Pearl einerseits die Funktion der Kurtisane für die Industrialisierung Frankreichs im Zweiten Kaiserreich dargestellt; andererseits aber auch gezeigt, dass sich manche Frauen ihrer Funktionalisierung bewusst waren und daraus Gewinn zu ziehen verstanden: keinen sexuellen Gewinn, wie das Klischee des 19. Jahrhunderts von der Prostituierten als »wollüstig, triebhaft, vergnügungssüchtig und ›ohne falsche Moral‹« unterstellte,[202] sondern den Gewinn einer Verfügung über das Geld. Es war die Zeit neuer kapitalistischer Wirtschafts- und Verkehrsformen, einer Reorganisation des Bank- und Kreditsystems. Der Eisenbahnbau spielte eine wichtige Rolle. Doch der wichtigste Wirtschaftssektor war die Konsumgüterindustrie. Sie machte noch 1890 etwa drei Viertel der Gesamtproduktion aus. In diesem Sektor hatten Modefabrikanten eine Vorreiterrolle – rund 40 Prozent aller Beschäftigten waren in der Textil- oder Bekleidungsindustrie beschäftigt.[203] Damit wurden die Frauen, die für die Erneuerung der Moden standen, zu einem wichtigen Motor der Wirtschaft. In den Gazetten, die über die Garderobe und Ausstattung der Kurtisanen berichteten, »fehlte dann meistens auch nicht die Angabe des Preises, den diese Herrlichkeiten gekostet hatten«. Cora Pearl war eine der »teuersten und glanzvollsten Frauen der Zeit«.[204]

Die gebürtige Engländerin kam 1857 mit 15 Jahren nach Paris. Diese Kurtisane, deren Liebhaber »zu den reichsten und mächtigsten Männern des Hofes« gehörten, hinterließ Memoiren, in denen einerseits ›un souverain dégout‹* gegen Männer zum Ausdruck kommt (laut Memoiren war sie in ihrer Kindheit vergewaltigt worden); andererseits erweist sie sich aber auch als souveräne ›Spekulantin‹. Ihre Liebhaber bezeichnet sie als »Ringe in meiner goldenen Kette« und beschreibt ihre Tätigkeit als »Geschäftsbeziehungen«. Diese große Kurtisane, so Mey, »entpuppt sich als nüchterne und selbstbewußte Geschäftsfrau, die in kühler Weise aus ihrem Körper und ihrer Abneigung gegenüber Männern Kapital zu schlagen versteht«. Anatole France, der Cora Pearls

---

* eine unumschränkte Abneigung

Memoiren kommentierte, bezichtigte sie der »Trockenheit des Herzens«: »Das sind keine Memoiren, das ist ein Rechnungsbuch, in dem die Liebhaber wie Pächter erscheinen, ein jeder seinen Zins bezahlt.« Offenbar, so Mey, war es genau das, was Pearl beabsichtigte: »Ein großer Teil ihrer Erinnerungen ist ihren Einnahmen gewidmet – was die Männer ihr bezahlt haben – und den Ausgaben, wie sie damit gelebt hat.«[205] ›Trockenheit des Herzens‹ war ein passender Ausdruck: Er entsprach dem Geist des Geldes im Industriezeitalter.

Cora Pearls Aussagen über den von ihr repräsentierten Luxuskonsum sind ein Spiegelbild für das sich seit dem Papiergeld verflüchtigende Kapital: »Alles hüpfte bei mir, die Menschen und das Geld. […] Das Geld machte sich mit einer Schnelligkeit davon, wie man es sich kaum vorstellen kann.« Zugleich sorgt sie für den im Kapitalismus notwendigen Geldumlauf: Alles, was sie erhielt, warf sie »wieder in die Zirkulation«. Während die Liebhaber glaubten, Cora Pearl stehe in ihren Diensten, stand sie im Dienst des Geldes. »Die Männer steckten Cora Geld zu wie einem goldenen Kalb, dem geopfert wurde. […] Doch damit Cora die Funktion des goldenen Kalbes erfüllen konnte, mußte sie sich dem Geld gegenüber gleichgültig zeigen. Dieser Rolle wurden die ›Opfergaben‹ dargebracht, nicht aber ihrer Person.« Ging es hier um Sexualität? Der Blick durchs Schlüsselloch der Kurtisane, so Mey, »offenbarte hinter der geschlossenen Tür ein Kontor«. Bei Cora Pearl tauchen Männer und Geschlechtsverkehr »unterschiedslos in der Rubrik Einnahmen« auf.[206] Natürlich standen auch die zahlenden Männer im Dienst des Geldes, aber sie hielten Cora Pearl für ein »Demonstrationsobjekt ihrer finanziellen Potenz«,[207] während das Objekt selbst wie ein ›Contrarier‹ daherkam: zurückhaltend, skeptisch, den Überblick bewahrend und mit einem guten Gespür für die Irrationalitäten der unbesonnenen Spieler. Cora Pearl drehte die Geschlechterrollen um: Statt eines männlichen Betrachters, der den ›weiblichen Markt‹ beobachtet, geht sie als weiblicher Zuschauer auf Distanz zu einem Markt, der aus männlichen Kompensationsbedürfnissen besteht – und sie schlägt daraus Kapital.

DIE PROSTITUTION IM ZEITALTER DES ELEKTRONISCHEN GELDES

Ende des 19. Jahrhunderts tauchen an der Wall Street die ersten weiblichen Börsenspekulanten auf. Zugleich öffnete sich für Frauen der Zugang zu höherer Ausbildung, akademischen Berufen, politischem Wahlrecht, später auch zu geistlichen Ämtern. Was war der Hintergrund für eine so tiefgreifende und mentalitätsgeschichtlich einmalig schnelle Veränderung? Eine der Antworten ist in der Parallele zu suchen, auf die ich schon im vorigen Kapitel hinwies: die Ablösung der Sexualität von der Reproduktion. Sie führte dazu, dass sich die Körper dem biologischen entweder Mann oder Frau zu entziehen begannen. Dies und die Ablösung des Geldes vom Goldstandard, die zur ›Demokratisierung‹ der Spekulation führte, ebneten den Weg für die ersten Frauen an der Börse. Aber sie ebneten auch den Weg für eine enge Anbindung der Prostitution an den Finanzkapitalismus.

Beide ›Frauenrollen‹ erfüllen eine geradezu konträre Funktion: Während die ›beruflich erfolgreiche Frau‹ den Beweis dafür erbringt, dass sich geschlechtliche Normen erübrigen, dient die weibliche Prostitution der Beglaubigung des immer abstrakteren, nun elektronischen Geldes. Hier liegt die Naivität des Buchs von Catherine Hakim *Erotisches Kapital*, in dem sie behauptet, dass Frauen, die sich ›erotisch‹ präsentieren, beruflich erfolgreicher sind.[208] Als Beweis für diesen ›erotischen Mehrwert‹ nennt sie ausgerechnet die hohen Preise, die für Spitzen-Call-Girls gezahlt werden. Auch unter den gut bezahlten Prostituierten ziehen die wenigsten langfristige Gewinne aus ihrem Beruf. So wie Frauen nicht die Sexualität haben, sondern sind, *haben* Prostituierte auch nicht das Geld, sondern sollen dieses inkarnieren. Die Entwicklung der Prostitution im 20. und 21. Jahrhundert zeigt deutlich, dass der ›Mehrwert‹ des sexualisierten weiblichen Körpers in erster Linie dem Kapital zugute kommt.

Heute reisen jedes Jahr geschätzte 35 Millionen Menschen durch die Welt – auf der Suche nach käuflichem Sex. Wie die Zeichen des elektronischen Geldes, zirkulieren auch sie um den Globus. Fast alle Sextouristen kommen aus den Ländern eines fortgeschrittenen Finanzkapitalismus. Ihr Ziel sind ärmere Länder, wo Geschlechtsverkehr billiger zu haben ist und durch kein Regulativ (wie in vielen islamischen Ländern) behindert wird. Allein in Kambodscha werden täglich 50 000 Frauen und Mädchen »Opfer sexueller Ausbeutung«.[209] Hoch im Kurs stehen auch die Philippinen, Thailand, Lateinamerika oder Afrika. Einer Schätzung von 1995 zufolge macht das Prostitutionseinkommen 59 bis 60 Prozent des Staatshaushaltes von Thailand aus. Im Jahr 1987 warb die Regierung für den Tourismus mit dem Slogan: »The one fruit of Thailand more delicious than durian: its young women.« Viele Länder der Dritten Welt, die Kreditanträge stellen, werden vom IWF oder der Weltbank aufgefordert, ihre Tourismus- und Unterhaltungsindustrie zu entwickeln. »In jedem dieser Fälle führte die Erweiterung dieses Sektors zu einem Aufschwung der Industrie des Sexhandels.« Nach einer Schätzung der Internationalen Arbeitsorganisation von 1998 machte die Prostitution in Thailand, Indonesien, Malaysia und auf den Philippinen zwischen 2 und 14 Prozent aller Wirtschaftsaktivitäten aus.[210]

Ähnlich der ›Import‹ von Prostitution *in* die kapitalstarken Länder. Nach einem

Bericht der EU-Kommission von 2003 und Europol von 2001 werden jedes Jahr etwa 500 000 Frauen mit dem Ziel der Prostitution in die Länder der Europäischen Gemeinschaft eingeschleust. »Weltweit sind jedes Jahr etwa 4 Millionen Frauen und Kinder Opfer des weltweiten Menschenhandels mit dem Ziel der Prostitution. Im Jahre 2001 schätzte man die Zahl der prostituierten Personen in allen Ländern zusammengenommen auf 40 Millionen – und diese Zahl wächst ständig.« Mit dem Import von Frauen und Kindern aus der Dritten Welt entstanden international operierende Zuhälterringe. Heute sind 85 bis 90 Prozent der Prostituierten in den kapitalistischen Industrieländern von Zuhältern abhängig. In den Entwicklungsländern und in Osteuropa ist dieser Anteil noch höher. »Die Personen, die *sich* prostituieren, sind also in der Minderheit; die große Mehrheit der Frauen und Kinder *werden* prostituiert.«[211]

Die Strukturen der modernen Prostitution sind denen der Antike und des Mittelalters bemerkenswert ähnlich, nur die Dimensionen sind größer. So wie die Bewohnerinnen früherer ›Frauenhäuser‹ Ortsfremde sein mussten, kommen auch heute 80 Prozent der Prostituierten Amsterdams aus dem Ausland. 1960 waren noch 90 Prozent der Prostituierten in Holland Niederländerinnen. In Frankreich hat sich die Zahl der Prostituierten in den letzten zehn Jahren verdoppelt: Es handelt sich fast ausschließlich um (zumeist illegale) Migrantinnen, vor allem aus Rumänien, Albanien und Sierra Leone. In Paris kommen heute auf 400 ›unabhängige‹ Prostituierte mehr als 4000 Frauen aus Osteuropa und Afrika. Staaten, die liberale Prostitutionsgesetze eingeführt haben, verdanken diesen beträchtliche Einnahmen. Die Sexindustrien repräsentieren in den Niederlanden 5 Prozent des Bruttosozialproduktes, in Japan 1 bis 3 Prozent.[212]

Laut Sabine Dusch erreichte die Prostitution im Jahr 2001 weltweit einen Umsatz von 60 Milliarden Euro im Jahr.[213] Die Sexindustrien, so der frankokanadische Soziologe Richard Poulin in seinem Buch *La Mondialisation des industries du sexe,* »werden heute als der ›Sektor‹ mit der höchsten Expansionsrate eingeschätzt«.[214] Es ist bezeichnend, dass die Berichte zu Menschenhandel und Prostitution vornehmlich in Zahlen sprechen. Körper und sexuelle Dienstleistungen werden nicht in Lust-, sondern in Geldeinheiten gerechnet, die Einkünfte in Milliardenbeträgen. Konnte man bisher an der Dichte des Kommunikationsnetzes die Dichte des Geldflusses ablesen, so ergibt sich nun ein weiterer Indikator: die weltweite Zirkulation von Menschenkörpern. Das gilt natürlich nicht nur für die Prostitution, sondern ganz allgemein für den Arbeitsmarkt. Aber für die Prostitution ist es besonders auffallend: Während sich die ›Festung Europa‹ gegen die Ströme von Flüchtlingen, die nach Arbeit suchen, abschottet, scheinen die Grenzen für geldwerte Sexualität durchlässig.

Man mag die Ausweitung der Prostitution – wie in der Antike und im Mittelalter –

mit den ›Notwendigkeiten‹ des männlichen Sexualtriebs erklären. Man kann sich aber auch fragen, ob nicht andersherum der männliche Sexualtrieb als Produkt des Finanzkapitalismus zu begreifen ist. »In den in voller Expansion befindlichen Sexindustrien, die erhebliche Bevölkerungsbewegungen produzieren und phantastische Profite und Einkommen generieren, konzentrieren sich die fundamentalen Charakteristika der aktuellen kapitalistischen Wirtschaft«, schreibt Poulin.[215] Das klingt weniger nach Sexualbedürfnissen als nach den Bedürfnissen des Geldmarktes. »Für die Menschenhändler sind die gehandelten Frauen so gut wie Gelddruckmaschinen«, schreibt Karla Sponar.[216] Das abstrakte Geld verlangt nach der Inkarnation in menschlichen Körpern, die seine ›Deckung‹ garantieren. In vielen Ländern der Dritten Welt wie auch in ehemaligen GUS-Staaten sowie in Ost- und Zentraleuropa, so Poulin, »sind unter dem Impakt einer Strukturanpassungspolitik und der Liberalisierung der Ökonomie Kinder und Frauen zu den neuen Rohstoffen *(new raw resources)*« der nationalen und internationalen Handelsbeziehungen geworden.[217] Es klingt zynisch, Menschen als ›Rohstoffe‹ zu bezeichnen. Aber Poulin verleiht hier nur der Phantasie des Finanzkapitalismus Ausdruck.

Seit seiner endgültigen Ablösung vom Goldstandard im Jahr 1971 und dem Beginn der frei flottierenden Währungen im Jahr 1973, die auch die nationale Autorisierung des Geldes prekär werden ließen, war das Geld immer mehr auf die theologische Beglaubigung, die Logik des Opfers und der Inkarnation angewiesen.[218] In Menschenhandel, käuflicher Sexualität und Pornographie kommen beide Seiten zur Geltung. Die Prostitution bietet eine Kompensation für die symbolische Kastration, zugleich eignet sie der ›geistigen Fruchtbarkeit‹ ein geschlechtliches Vermögen zu. Das hat zur Folge, dass – anders als in der Antike, wo der Geldbeutel das Sperma symbolisierte – heute das Sperma zum Symbol des Geldes geworden ist. Zu einem *lebendigen* Symbol. Das Geld erzeugt seine eigene Sexualität. Doch bevor das möglich wurde, mussten Geld und Sex aus allen Bindungen befreit werden: der Verpflichtung zu materiellen Werten und der Fortpflanzungspflicht. Beides geschah um 1900.

Unter den Opfern des Menschenhandels gibt es auch viele Jungen, doch den Schätzungen nach sind 90 Prozent der Kinder weiblich.[219] Bei den Erwachsenen ist der Anteil noch höher – und diese Tatsache betrifft keineswegs nur die in der Sexindustrie tätigen Frauen. »Kaum ein Plakat, kaum ein Film, kaum eine Zeitung, wo nicht ein Bild von Weiblichkeit propagiert wird, das die Züge der Prostitution trägt. Dies ist so alltäglich, so allgemein, in unser eigenes Körpergefühl und unseren Begriff von Sexualität eingegangen, daß die Ungeheuerlichkeit dieser Tatsache hinter der Alltäglichkeit verschwindet.«[220] Auf den ersten Blick herrscht die alte Geschlechterordnung, die auch über die käufliche Sexualität bestimmt.

Auf den zweiten Blick erkennt man jedoch, dass ein neuer Faktor hinzugekommen ist: unter dem Deckmantel der ›Freiheit‹. Im Sommer 2006 veröffentlichten Vertreterinnen mehrerer französischer und belgischer Prostituiertenverbände einen Aufruf gegen eine Gesetzesinitiative der *Parti Socialiste,* nach der Freier (nach dem schwedischen Modell) der Strafverfolgung unterliegen sollen. Darin drehen sie das Argument, Prostitution sei Gewalt gegen Frauen, um: »Wird nicht an uns Gewalt verübt, wenn uns das Gesetz Sexualbeziehungen untersagt, durch die wir unseren Lebensunterhalt bestreiten? [...] Ist es nicht antifeministisch, uns zu infantilisieren und uns die freie Verfügung über unseren Körper zu verweigern?«[221] Wie in der Pornographiedebatte werden ›feministische‹ Argumente herangezogen, um einschränkende Prostitutionsgesetze zu verhindern. »Alle ›Produkte‹ der Sexindustrien werden als Errungenschaften einer liberalisierten Sexualität dargestellt. Wie jeder Markt, hat auch die Prostitution kein anderes Ziel, als sich zu entwickeln. Um das zu erreichen, müssen neue Bedürfnisse geweckt, Angebot und Nachfrage erweitert werden.« Es entstand, so Poulin, ein ›Neusprech‹, durch den »die Freiheit, sich zu prostituieren« als ein Recht und eine Errungenschaft der weiblichen Emanzipationskämpfe dargestellt wird. Die Intervention gegen die Prostitutions- oder Pornographieindustrie wird als Einschränkung weiblicher Freiheit verurteilt. »Diese Wendung ist spektakulär. Weil es Frauen gibt, die andere Frauen prostituieren, weil es Filmemacherinnen gibt, die Pornos drehen, weil es Besitzerinnen von Sex-Shops gibt, sind die Sexindustrien zu einem Ort feministischer Subversion geworden!«[222] Inzwischen sind auch Frauen am Menschenhandel beteiligt: In Bayern ist ein Viertel aller Tatverdächtigen weiblich.[223]

Die Rolle der ›Frauenrechte‹ bei der Ausbreitung der Prostitution ist die eine Seite; die andere betrifft die Konsumenten der Sexindustrie. »Der ›Kunde‹ ist der große Abwesende der internationalen Konventionen und Untersuchungen über die Prostitution.«[224] Er ist genauso abstrakt und unsichtbar wie das Geld selbst. Foucault hat beschrieben, wie sich im 19. Jahrhundert das väterliche Recht des Vaters, die Nachkommen zu töten, in das Recht verwandelt, sie zu zeugen.[225] Diese ›Kultur des Blutes‹, so Poulin, wird im 20. und 21. Jahrhundert von einer neuen ›Kultur des Spermas‹ abgelöst, deren Sinn darin besteht, »den männlichen Selbstwert zu garantieren«.[226] Aber geht es wirklich nur um den männlichen Selbstwert? Gewiss, die symbolische Kastration, die am Ursprung der Geschichte des Geldes stand, will sich vergessen machen. Doch das bedeutet, dass es vor allem um den ›Selbstwert‹ des Geldes geht. Weil das Geld ein ›knapp gehaltenes Nichts‹ ist, soll das Sperma in Strömen fließen: Es soll finanzielle Liquidität anzeigen. Wurde das frei flottierende Geld aus jeder Bindung an die Materialität entlassen, so kann sich auch das Sperma frei bewegen und zum ›lebendigen Symbol‹ für dem Kreislauf des Geldes werden.

Seit der Entstehung der *pornē* in der Antike repräsentierte die Prostituierte das Geld und die Geldwirtschaft. Heute inkarniert sich das Geld auch in der großen Zahl der Sex-Konsumenten. Diese sind nicht ›naturgegeben‹, allen Phantasien von der ›Männlichkeit‹ des Geschlechtstriebs zum Trotz. Sie sind, wie Poulin schreibt, das Produkt eines Konsumbedarfs, der überhaupt erst hergestellt wird.[227] An dieser ›Herstellung‹ ist der Finanzkapitalismus beteiligt. Die liberalen Prostitutionsgesetze spiegeln nicht die Freisetzung der Lust, sondern die Bedürfnisse der ›freien Marktwirtschaft‹ wider. Genauer: eines Markts, der mit Freiern handelt. Eben dies ist die Neuerung des 20. Jahrhunderts: die freiwillige und massive Unterwerfung der Prostitutions*konsumenten* unter eine symbolische Ordnung der industriellen Produktion von Sex. Wie gering die Prostituierten selbst die ›Männlichkeit‹ ihrer Klienten einschätzen, offenbaren die Vertreterinnen der Prostituiertenverbände im schon erwähnten Aufruf: »Unsere Klienten sind keine Fleischfresser, die nach Sex hungern, so wie sie beschrieben werden. Sie sind oft sehr schüchtern und verlangen nach Diskretion. An Fußballabenden bleiben sie unter sich und sind zu betrunken, um Sex zu haben.«[228] Ein mächtiger Sexualtrieb, der nach Befriedigung verlangt?

DIE LEBENDE MÜNZE

Mit der Entstehung des elektronischen Geldes verschwanden eigentlich die Aktienzertifikate mit ihren Göttinnen und idealisierten Frauen. Doch 1976 legte *Playboy Enterprises* noch einmal ein Wertpapier auf. Es zeigt eine nackte Frau. Die Abbildung verweist auf die klassische Aktmalerei mit ihrer imaginären Venus, aber die »hier gezeigte Frau war zum Zeitpunkt der Emission des Zertifikats ein aktuelles Topmodel und *Playboy*-Covergirl und auch die Geliebte des *Playboy*-Direktors Hugh M. Hefner«.[229] Denn nur ein ›echter‹ Frauenkörper konnte den Wert dieser Kapitalanlage garantieren.

In seinem Buch *Die lebende Münze* (1970) imaginierte der französische Schriftsteller und Künstler Pierre Klossowski eine Währung, die aus Körpern besteht. Wenn irgendein Gerät für investiertes Kapital stehen kann, so seine Überlegung, dann muss erst recht »eine menschliche Kreatur, eine etwaige Gefühlsquelle« als Investitionsobjekt figurieren können. »Würde man das, was wir hier industrielle Sklavin nennen, nicht bloß als Kapital, sondern als lebendes Geld veranschlagen [...], so würde sie im gleichen Augenblick die Qualität des Wertzeichens übernehmen.«[230] In dieser Funktion könne der menschliche Körper das Gold ersetzen, das »wegen seines universalen Regiments ebenso unmenschlich wie praktisch« ist. Kunstwerke oder andere seltene Objekte können diese

407

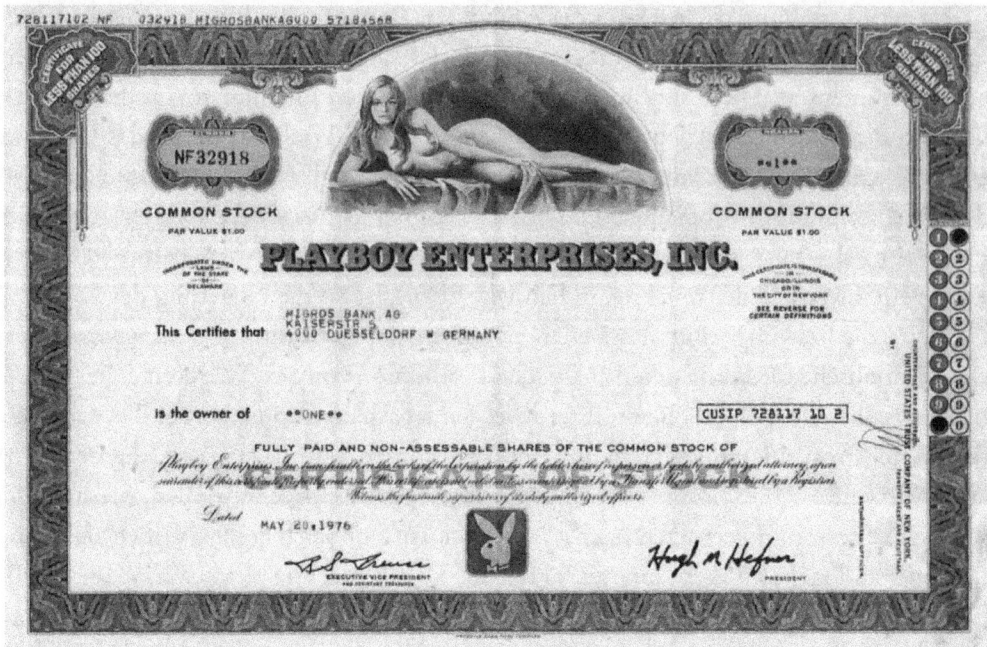

Playboy-Aktie 1976.

Funktion nicht erfüllen. »Aber ein lebendiges Objekt, Quelle wollüstiger Sensationen, wird entweder Währung und wird die neutralisierenden Funktionen des Geldes aufheben, oder aber es wird den Wert des Tausches auf die besorgte Emotion begründen.«[231]

Klossowski greift hier die Idee des zeremoniellen Tausches auf, in der der menschliche Körper die höchste Form der Gabe darstellt. Er zeigt, dass dieser Gedanke auch der modernen Geldwirtschaft zugrunde liegt – nur dass sich der Tausch nun nicht von Gemeinschaft zu Gemeinschaft, sondern zwischen Individuen vollzieht, den Prinzipien der freien Marktwirtschaft entsprechend: Damit »die menschliche ›Person‹ die Funktion des Geldes erfüllen« kann, müssen Produzenten, »anstatt sich Frauen ›zu leisten‹«, ›in Frauen‹ bezahlt werden. Die Unternehmer müssen ihre Ingenieure und Arbeiter »in Frauen« bezahlen. »Wer würde dieses lebende Geld unterhalten? Andere Frauen. Was das Gegenteil nahelegt: daß die berufstätigen Frauen sich ›in Männern‹ bezahlen lassen würden.« Wer unterhielte oder »hielte dieses virile Geld bei Kräften«? Natürlich jene, »die über das weibliche Geld« verfügen. Und Klossowski macht ganz deutlich, dass diese ›freie Marktwirtschaft‹ schon längst Realität ist. Die moderne Industrie basiere auf »einem lebendigen Geld, das als solches zwar uneingestanden, aber bereits existent ist«.[232]

Klossowski schrieb diesen Essay Jahrzehnte bevor beim VW-Skandal von 2005 Betriebsratsmitglieder und Manager tatsächlich in ›lebenden Münzen‹ bezahlt wurden. Was dabei zum Vorschein kam, offenbart, dass Klossowskis Vorstellungen das ungeschriebene Regelwerk des modernen Finanzkapitalismus darstellen. Hans Leyendecker, der ein Buch über den VW-Skandal und andere Korruptionsaffären geschrieben hat, zitiert den Leiter der Personalprojekte bei VW, Klaus Joachim Gebauer, der vor Gericht über die von ihm organisierten Parties mit Sexarbeiterinnen berichtete: »Sowas verbindet. Darüber kann man später reden, und das schweißt zusammen.« Leyendeckers Kommentar: »Kosten für den Besuch beim Sexproletariat: ebenfalls rund 15 000 Euro. Das ist eine ganze Menge Geld für Männlichkeitsrituale, aber für manche Kollegen war es eine Auszeichnung, zum Tross zu gehören.«[233] Ähnlich auch der Skandal um die Lustreisen der Hamburg-Mannheimer-Versicherung, die 2007 ihre erfolgreichsten 100 Vertreter zu einer Sexparty nach Budapest einlud. Die Kosten beliefen sich auf 300 000 Euro. Das Vertreter-Magazin schwärmte später vom »Mordsspaß«, den man gehabt habe.[234] Der Fall – und die Reaktion darauf – zeigen, so die FAZ, dass »im Milieu dieses Unternehmens sich eine Selbstverständlichkeit herausgebildet hat, mit der für Mitarbeiter und Vorstände ein solcher Betriebsausflug gebucht, organisiert und durchgeführt werden konnte«.[235] Vielleicht gehört es aber auch – im Sinne einer Kompensation für die Kastration, die allen ›Geldarbeitern‹ zugemutet wird – zu den Fürsorgepflichten eines Finanzdienstleisters gegenüber seinen Mitarbeitern.

Leyendecker, der sein Buch *Die große Gier* genannt hat, analysiert das Thema der ›Lustreisen‹ unter dem Aspekt moralischen Handelns. Die Gier, die zu den sieben Todsünden gehört, impliziert aber ein Verhalten, das durch Disziplin beherrschbar ist. Sie gehört zu den ›Sünden‹, *weil* sie vermieden werden kann. Viele der Aussagen, die Leyendecker zitiert, besagen etwas anderes; sie rücken die Lustreisen in den Bereich des sexuellen Söldnerwesens. So etwa, wenn Hans-Jürgen Uhl (Ex-Bundestagsabgeordneter, Ex- IG-Metaller, Ex-Aufsichtsrat, Ex-Betriebsrat, Ex-Geschäftsführer im Gesamt- und Konzernbetriebsrat bei VW), der an den Lustreisen auf Firmenkosten teilgenommen hatte und im Rahmen der VW-Affäre wegen Beihilfe zu Untreue und falscher eidesstattlicher Versicherungen verurteilt wurde, vor Gericht aussagt: »Ich habe mich in der letzten Zeit oft gefragt, wie es zu diesem Verhalten gekommen sein mag, das nicht zu meinen persönlichen und politischen Wertvorstellungen passt. Was die Kontakte zu Prostituierten angeht, bin ich über mein Verhalten bis heute fassungslos. Es ist daher nur der Versuch einer Erklärung, wenn ich sage, dass in dieser Zeit meiner Betriebsratszugehörigkeit eine Atmosphäre entstanden ist, die mich teilweise die Bodenhaftung hat verlieren lassen.«[236] Deutlicher kann es dieser Freier kaum ausdrücken, dass er ein Unfreier war; dass er nicht Agent und Subjekt seines Handelns war, sondern von einer Kraft

›geleitet wurde‹, die sich seiner Sexualität bemächtigt hatte. Klossowskis Überlegungen klingen wie ein Kommentar zur Aussage von Uhl: »Das Gehalt in klingender Münze aufheben, um den Arbeiter in lebenden Objekten der Sensation zu bezahlen, ist nur praktikabel, wenn das lebendige Objekt selbst als Arbeitsleistung bewertet wird und unter der Voraussetzung, dass das Auskommen bereits gewährleistet ist.«[237]

Auch andere Aussagen im VW-Prozess machten ganz deutlich, dass das Geld im Vordergrund stand und die Sexualität nur eine *Form* von Währung war. »Gebauer resümiert seine Erfahrungen mit der Attitüde eines Buchhalters. ›Die Organisation insgesamt, sowohl auf dem normalen Gebiet als auch auf dem Gebiet der Versorgung mit Prostituierten, lief fünfzehn Jahre lang absolut ohne Beanstandung. Es gab also nie irgendetwas, was nicht funktionierte. Na gut, vielleicht fehlte mal eine Tasse oder so. Mehr aber nicht.‹ Versorgung hat funktioniert, keine Beanstandung.« Leyendecker merkt an, dass die Begrifflichkeit direkt aus der Warenwelt übernommen ist und »auf die Käuflichkeit von Individuen baut. In dieser verlogenen Welt hat alles und vor allem jeder seinen Preis. Nur der Verlust des Anstands zählte nicht.«[238] So berechtigt Leyendeckers Appell an den Anstand sein mag – sein moralisches Urteil geht daran vorbei, dass Gebauer auch etwas über die Funktionsweise der modernen Ökonomie mitteilt: Die ›Versorgung mit Prostituierten‹ gehörte zu seinen normalen Arbeitsaufgaben – und diese hat er ›über fünfzehn Jahre ohne Beanstandung‹ erfüllt. Die meisten der Beteiligten – Personalchef Peter Hartz, Betriebsratsvorsitzender Klaus Volkert oder ›Maitre de plaisir‹ Klaus Joachim Gebauer – waren soziale Aufsteiger, die es in die Liga derer geschafft hatten, die Geld haben und nicht ›dran glauben müssen‹. »Man hat das Gefühl der vollen Anerkennung bekommen«, sagte Klaus Volkert in einem Dokumentarfilm von 2007, in dem er sich zum ersten Mal nach dem Prozess zu seinem Verhalten äußerte.[239] Im Gegensatz zu allen anderen Angeklagten, die mit Geldstrafen davonkamen, wurde Volkert im Februar 2008 zu einer Gefängnisstrafe verurteilt.

In seinem Essay führt Klossowski die Reproduktionsfähigkeit des menschlichen Körpers als Grund für seine Eignung als Währung an. Die Wollust suche neue Objekte, »um sie *an die Stelle der Fortpflanzungsfunktion zu setzen und letztere somit unendlich aufzuschieben*. Was aber sind diese Substitutionen, diese Listen, anderes als *gezielte Dividenden* auf den *Vermehrungstrieb*?« Erst durch die Befreiung vom »Herdentrieb« der Fortpflanzungsfunktion entwickle die Sexualität ihre wahre Intensität, »*als das, was nicht austauschbar*, und deswegen *unerschwinglich* ist«.[240] Der sexuelle Körper entwickelt seinen höchsten Wert als ›Währung‹ also gerade dadurch, dass er sich der Fortpflanzung entzieht. In der Tat berichtet die Geschichte der Sexualität im Abendland von einem von der Reproduktion befreiten Lustgewinn. Die Geschichte der Prostitution handelt von nichts anderem. Nicht durch Zufall leben und schreiben Casanova und de Sade in der Zeit des aufkommenden Papiergeldes. Auch im Roman oder im Film ›funktioniert‹ Eros vor allem dann, wenn er nicht durch Zeugung und Empfängnis beeinträchtigt wird: Das gilt für die zahllosen Filme über Prostituierte ebenso wie für die Darstellung von Homosexualität, Sex im Alter etc.

Bedenkt man jedoch, wie eng die Geschichte des Geldes mit der Geschichte des Fortpflanzungstriebs verbunden ist, so überrascht der Verzicht auf die Metaphorik der Vermehrung. Hat das Geld nicht immer seine Fruchtbarkeit, seine Wachstumspotenz, seine Reproduktionsfähigkeit in den Mittelpunkt gestellt? Hat es nicht sogar die Analogie zur menschlichen Fortpflanzungsfähigkeit gesucht, indem das Geld als »Sprössling« imaginiert wurde und Euripides von einer Reproduktion durch Geld träumte? Ausgerechnet jetzt, wo sich mit dem Finanzkapitalismus der von Aristoteles verworfene Traum einer ›natürlichen‹ Vermehrung des Geldes realisiert, soll das Geld den Bezug zur Fortpflanzung aufgeben und sich auf die Sexualität beschränken? Mir scheint, dass Klossowski seine ›Währung‹ nicht ganz zu Ende gedacht hat.

Die Trennung von Sexualität und Fortpflanzung, die sich zeitgleich mit der Ablösung des Geldes von materiellen Bindungen vollzog, stellte die ›befreite‹ Sexualität in den Dienst des Geldes. Dazu bedurfte es der Verhütungsmittel, die auch prompt – parallel zu den frei flottierenden Währungen – auf den Markt kamen. Zeitgleich mit den Verhütungsmitteln tauchten die modernen Reproduktionstechniken auf. 1970 wurde in Minnesota die erste kommerzielle Sperma-Bank eröffnet.[241] Die ersten Hormonbehandlungen zur Erhöhung der Fruchtbarkeit waren schon in den 1960er Jahren durchgeführt worden. Ab Mitte der 1970er Jahre »ermöglichten Fortschritte in Medizin, Biologie und Chemie die Produktion von Kindern durch eine Vielfalt von High-tech-Methoden und die Manipulation ihrer genetischen Zusammensetzung vor der Geburt. Die Wissenschaft machte es auch möglich, dass kommerzielle Einrichtungen für diese Dienste hohe Summen verlangen, so dass Eltern bis zu 100 000 Dollar für das zahlen, was andere umsonst bekommen.«[242]

Wie eng Verhütung und Reproduktionsmedizin *zusammenhängen,* zeigen die Aussagen von Carl Djerassi, der sich selbst als die ›Mutter der Pille‹ bezeichnet. In einem 2010 ausgestrahlten Film *50 Jahre Antibaby-Pille* sagt er: »Die Zukunft wird so sein: Sterilisierung im Alter von 20 Jahren oder wann immer wir anfangen wollen mit sexuellem Verkehr, und [vorher gehen Sie hin, um] Ihre Gameten, also die Eier und die Spermien einzufrieren, also diese kommen auf ein Bankkonto, Ihre Gameten. Und wenn Sie dann Ihr Kind haben wollen, das erwünschte Kind, dann gehen Sie zur Bank, zu Ihrem Konto, mit Iban und Ihrer Nummer, und sagen, bitte, Konto Nr. soundso, ich möchte mein Ei heute haben, und dann haben Sie eine künstliche Befruchtung …«[243] (Man kann sich natürlich fragen, welche Folgen ein Stromausfall hat. Kommt es dann – wie beim drohenden Crash – zu einem Run auf die Depots?)

Ich denke, dass in Fort Knox bald nicht mehr Gold, sondern eingefrorene Embryos gelagert werden. Sie sind das eigentliche ›Kapital‹ einer Nation und Garant der Währung. Kommt es (wie nach dem Unfall von Fukushima) zu Todesfällen oder der Erkrankung großer Bevölkerungsteile, ist der Fortbestand der Nation gesichert. Dieser Gedanke ist nicht ganz abwegig, bedenkt man, dass es im norwegischen Svalbard auf Spitzbergen seit 1984 einen *Global Seed Vault* gibt, wo die Samen von fast allen Pflanzenarten in einem hoch gesicherten ehemaligen Kohlebergwerk gelagert sind. Wie vorangegangene Machbarkeitsstudien zeigten, können sich in der Anlage die meisten Arten über Hunderte von Jahren erhalten. Sie stellt eine Versicherung gegen den Verlust vom Samen der Genbanken und gegen das Verschwinden von Arten im Fall regionaler oder globaler Konflikte dar. Die Bezeichnung von besonders haltbaren Samen – etwa der Judäischen Dattelpalme, die 2005 nach mehr als 2000 Jahren erneut zum Sprießen gebracht wurde – als ›orthodoxe Samen‹ erscheint wie eine Anleihe der Biologie an das Ewigkeitsversprechen der Religionen. In Analogie zum *Svalbard Global Seed Vault* gibt es inzwischen weltweit ein halbes Dutzend Banken für die Erhaltung von Tierarten: etwa den *Frozen Zoo* in San Diego und das *Audubon Center for the Research of Endangered Species*. Gelagert werden DNA, Sperma, Eier, Embryonen, Stammzellen, Blut- und Gewebeproben. Auf der Homepage des San-Diego-Instituts ist zu lesen: »Der Frozen Zoo dient als zunehmend wertvolle Ressource für die Erforschung der biologischen Konservation, der Evolution und der menschlichen Gesundheit.« Je nach Ort unterscheiden sich die gelagerten Arten. In den Vereinigten Arabischen Emiraten hat man sich auf aussterbende Arten des ›Arabian Wildlife‹ spezialisiert: etwa den arabischen Leoparden, von dem nur noch 50 in der freien Natur zu finden sind. Angesichts dieser vielen Depots ist es nur noch eine Frage der Zeit, bis sich die Industrieländer in ähnlichen Hochsicherheitstrakten auch gegen das Aussterben der menschlichen Populationen absichern. Die in der freien Marktwirtschaft entstandenen Samenbanken und Depots für eingefrorene Embryonen sind nur die Vorläufer eines nationalen Artenschutzes für Menschen.

Im letzten Abschnitt dieses Buches möchte ich darstellen, dass Reproduktion nicht nur metaphorisch, sondern auch faktisch in Kategorien von Geld zu denken ist. Es gibt nicht nur einen Sextourismus, sondern auch einen Fertilitätstourismus – und beide bewegen sich in denselben Bahnen wie der intensivste Geldfluss. Die Reproduktionsmedizin ist, wie ich meine, der deutlichste Hinweis darauf, dass heute, im 21. Jahrhundert, der menschliche Körper den Goldstandard ersetzt: Er soll uns erlauben, weiterhin ans Geld zu glauben.

Dass sowohl Sexualität als auch Reproduktion dem Gesetz des Geldes unterliegen, löst auch den Widerspruch zwischen freier Sexualität und Beherrschung der Natur. In seinem Buch *Triebstruktur des Geldes* schreibt Horst Kurnitzky: »Alle bekannten gesellschaftlichen Organisationsformen haben gemeinsam, daß ihre innere soziale Organisation, die zu einem großen Teil in der Unterdrückung unmittelbarer Triebwünsche besteht, geradezu die Voraussetzung für eine erfolgreiche Beherrschung der äußeren Natur zum Zweck der Ausbeutung ist.« Die Mutter als Idol der Reproduktion, so sagt er, stand »der Emanzipation der weiblichen Sexualität vom Anfang im Wege«.[244] Das 20. Jahrhundert brachte die große Liberalisierung der Sexualgesetzgebung: In den kapitalintensiven Industrieländern ist so gut wie jede Art von Sexualbeziehung erlaubt (außer Sex mit Kindern). *Zugleich* brachte sie aber auch eine Form von Naturbeherrschung, wie sie die menschliche Gesellschaft bisher noch nicht kannte. Wie ist dieser Widerspruch zu erklären? Im Gegensatz zu früheren Formen der Naturdomestizierung geht es heute um die *Herstellung* von Natur: menschliche Körper eingeschlossen. Damit löst sich der Widerspruch zwischen Naturbeherrschung und einer ›befreiten‹ Sexualität. Anders ausgedrückt: Das Geld sucht seine ›lebendige Beglaubigung‹ nicht nur in der käuflichen Sexualität, sondern auch in käuflichen Kindern. Dafür bedarf es einer Fortpflanzung, die dem Vermehrungstrieb des Geldes entspricht. Mit der Pille, so hat Djerassi deutlich gemacht, wurde nicht nur der Sexualtrieb, sondern auch die Reproduktionsfähigkeit des Geldes ›freigesetzt‹.

Bevor ich auf die modernen Reproduktionstechniken eingehe, muss ich noch einmal historisch zurückgreifen: Am Wandel der Bedeutung des Blutes für die Abstammung lässt sich deutlich die Entwicklung einer vom Geld bestimmten Genealogie ablesen.

BLUTLINIEN

Die Metaphorik des Blutes hat, wie ich schon dargestellt habe, in der Geschichte des Geldes eine lange Tradition. Sie spielt auch für die Metaphorik der Verwandtschaft eine wichtige Rolle. Mit Geld konnte sich eine Familie von einer Blutschuld freikaufen oder eine Braut erwerben, um neue Blutsverwandtschaft zu zeugen. Diese Blutlinien verändern sich mit der Einführung des Papiergelds.

Wenn zur Zeit der Französischen Revolution das Schafott als »Altar des Vaterlandes« und die Hinrichtung durch die Guillotine als »rote Messe« bezeichnet wurden,[245] so zeugte dies einerseits von der Entmachtung der Kirche, andererseits aber auch von einem Wandel der Eigentums- und Vermögensverhältnisse. Zur Zeit der Feudalherrschaft waren Blutsverwandtschaft und Besitz (der zumeist auf Landbesitz beruhte) eng miteinander verbunden. Mit dem Industriekapitalismus und der damit einhergehenden ›Geldaristokratie‹ änderte sich das. Der Gedanke der verwandtschaftlichen Blutlinie trat zurück; stattdessen etablierte das Geld seine eigene ›Blutlinie‹. Zwar erfuhren die traditionellen Bilder des Blutes im 19. und 20. Jahrhundert noch einmal eine Renaissance: im Rassismus und den antisemitischen Bildern vom ›fremden‹ Blut des Juden. Und diese Bilder spielten auch noch nach der Einrichtung der Blutbanken eine Rolle: So äußerten Nutzer amerikanischer *blood banks* die Befürchtung, dass es zu einer Vermischung schwarzen und weißen Blutes kommen könne, ebenso wie das NS-Regime Gesetze zum ›Schutz deutschen Blutes‹ erließ. Der jüdische Arzt Hans Serelmann kam 1935 ins Konzentrationslager, weil er (mangels anderer Blutkonserven) einem ›arischen‹ Patienten durch eigene Blutspende das Leben gerettet hatte.[246] Doch, mit Ausnahme dieser gewaltsamen Rückfälle in ›alte‹ Vorstellungen von Blutsverwandtschaft, sollte sich eher die vom Geld bestimmte Blutlinie durchsetzen.

Das war aber nur möglich, weil der Gedanke der ›Blutlinie‹ von Anfang an höchst artifiziellen Charakter hatte: »Der Mann überwindet die inhärente Unsicherheit seiner biologischen Kontinuität, indem er eine normative Kontrolle über das Sexualverhalten der Frauen ausübt. Darauf beruht die Blut-Institution: Sie ist ein artifizieller Kontinuitätsmodus, der die Reproduktionslinien und den Kern der Geschlechterstruktur in patriarchalen Gesellschaften definiert.«[247] Die als ›natürlich‹ daherkommende patrilineare ›Blutlinie‹ entstand also, *weil* die Nachkommenschaft nicht evident war. Nur durch die Kontrolle der weiblichen Sexualität konnte sich der in Griechenland und Rom allmächtige *pater familias* sicher sein, dass seine Kinder mit ihm biologisch verwandt waren. Dasselbe galt auch da, wo – wie in den jüdischen Traditionen – die Identität des Individuums matrilinear bestimmt wird: Jude ist, wer eine Jüdin zur Mutter hat. Auch hier gab es eine scharfe Kontrolle der weiblichen Sexualität: mit dem Ziel, durch die weibliche Blutlinie die männliche zu garantieren. Die biblische Aufforderung »sei fruchtbar und vermehre dich« ergeht ausschließlich an den Mann, nicht an die Frau, setzt also eine strikte Monogamie voraus.[248]

Patrilinearität wurde durch das Gesetz bestimmt, war also Teil des großen Umbruchs, der sich mit den Alphabeten, der Geldwirtschaft und einer damit einhergehenden neuen Sozialordnung vollzog. Sie schuf Normen für die Ehe, die Bestrafung von Ehebruch und die Legitimität von Nachkommen. Uneheliche Kinder waren *filius nullius* – sie hatten keine Erbschaftsansprüche und durften kein öffentliches Amt bekleiden. Eliten konnten so die Kontinuität ihrer Herrschaftsansprüche und vermögende Familien ihre Besitz-verhältnisse sichern. Allmählich wurden die so geschaffenen Normen mit einem gött-lichen Willen oder der ›Natur‹ gleichgesetzt. Doch gerade der Unvergänglichkeitsan-spruch der patrilinearen Blutlinien zeigt, wie wenig diese mit ›Natur‹ zu tun haben. »Korporationen, also künstliche Wesen, die durch das Gesetz geschaffen werden, sterben nicht. So sind die männlichen Blutlinien fortwährend und unauslöschlich.«[249] War eine Blutlinie mangels Nachkommen vom Aussterben bedroht, konnte ein ›Sprössling‹ adop-tiert werden. Die volle Adoption *(adrogatio)* implizierte die Unterstellung unter einen neuen Vater und war nur bei einem Subjekt möglich, das nicht schon einem anderen Vater unterstand. Die einfache Adoption *(adoptio)* dagegen beendete eine väterliche *potestas* und ersetzte sie durch eine andere.[250] In Rom implizierte das eine Transaktion: Väter verkauften ihre Söhne an einen anderen Herrn. Mit Blutsverwandtschaft hatten diese ›Blutlinien‹ wenig zu tun.

Auch wenn der Sohn für mündig erklärt wurde, war Geld im Spiel. Der Begriff ›Eman-zipation‹ »bezeichnet ursprünglich die Entlassung des Sohnes aus der väterlichen Gewalt durch dreifachen (Schein-)Verkauf an einen Dritten (pater fiduciarius). Der Vertrauens-vater mußte vorher versprechen, daß er den Sohn nicht behalten wolle. Nach jedem Scheinverkauf remanzipierte der Käufer den Sohn an den leiblichen Vater. Der ihn nach der dritten remancipatio in Freiheit setzte.«[251] Das Geld bestimmte also sowohl über die väterliche Erblinie als auch über den Subjektstatus des erwachsenen Mannes. Es war ›Geburtshelfer‹ bei der Entbiologisierung der genealogischen Kette und wurde auf diese Weise zum eigentlichen ›Erzeuger‹.

Mit der Entstehung der Geldwirtschaft, so Irmgard Schultz, wurden Frauen aus der familiären Genealogie ausgeschlossen. Mit seinen Reformen von 508–507 v. Chr. (als die Geldwirtschaft in Griechenland Fuß zu fassen begann) führte Kleisthenes eine staats-ähnliche Verwaltung ein. Das Neue an der Reform war einerseits die Verlagerung der ökonomischen Macht vom Tempel auf den Staat; andererseits wurde aber auch die bisher auf Blutsverwandtschaft beruhende Stammes- und Familienmacht zerschlagen und stattdessen ein Rat geschaffen, der die verschiedenen Regionen repräsentierte.[252] In Griechenland stand der größere Teil der Bevölkerung – Frauen und Sklaven – außer-halb des neuen Gleichheitsprinzips. Ihre Körper wurden als ›Waren‹ begriffen: Sklaven wurden auf »Körpermärkten« gehandelt.[253] Das griechische Wort für Körper – *sōma* – bezeichnete auch Sklaven und Sklavinnen.[254] Und Frauen waren in erster Linie ein Mittel zur Herstellung von Blutlinien. Nach der makedonischen Expansion setzten sich wieder die Macht einzelner Häuser und damit das Prinzip der Blutsverwandtschaft durch. Damit gab es auch wieder eine größere Sichtbarkeit von Frauen, die zum Teil sogar öffentliche Ämter übernahmen.[255] Die patrilineare Blutlinie dagegen schließt Frauen von öffentlichen Ämtern aus.

In der Neuzeit, so Schultz, stellt sich die Staatslogik »als *Vernunftgenealogie des individuellen Besitzrechts für Männer*« dar. Bei dieser Entwicklung spielte der französische Staatstheoretiker Jean Bodin eine wichtige Rolle. Er reflektierte die »heilige Dreieinigkeit von Staats-, Familien- und Geldform«, indem er das Prinzip der Souveränität des Staates entwickelte und einerseits auf dem Emissionsrecht basieren ließ.[256] Andererseits nahm er der Kirche »die Gerichtsbarkeit über den entscheidenden Bereich der Ehe- und Familiengesetze aus der Hand«. Die Abtreibung wurde kriminalisiert und vom Staat mit der Todesstrafe verfolgt. Von nun an war Nachkommenschaft nicht mehr Sache der Familie, sondern wurde »zur staatlichen Strafrechtssache«. Bodin berief sich auf das Römische Recht. Doch im Unterschied zur Antike, wo das Gewaltmonopol beim Vater lag, unterstand es bei ihm dem Staat. Mit Bodin wird der Staat faktisch zum ›Vater‹; er allein hat Gewalt über die Zeugung neuen Lebens und den Tod.[257] Er ist ein ›geistiger Vater‹, aber seine ›geistige Vaterschaft‹ wurde von Bodin ›naturalisiert‹: »Die Gewalt aber, zu befehlen, hat die Natur niemandem gegeben außer dem Vater, der ein wahres Bild und Abbild des allmächtigen Gottes und Vaters aller Dinge ist.«[258] Diese neue Gestalt des ›Vaters‹ ging »einher mit einer neuen Höherschätzung der ›geistigen Zeugung‹ über die körperliche Zeugung«.[259] Die ›Vergeistigung‹ der Vaterschaft ebnete den Weg für die Macht des Geldes über die Genealogie.

Mit dem Industriezeitalter verschmelzen leibliche Vaterschaft und die ›geistige Vaterschaft‹ des Geldes. Es entsteht die ›Geldaristokratie‹, die von vielen Schriftstellern des 19. Jahrhunderts beschrieben wurde. In John Galsworthys *Forsyte Saga* heißt es: »Ein Statistiker würde bemerkt haben, daß das Geburtenverhältnis sich dem Verhältnis der Geldverzinsung angepasst hatte. Der Großvater Forsyte, Anfang des neunzehnten Jahrhunderts, hatte für das seine zehn Prozent bekommen, daher zehn Kinder. Jene zehn, außer vier von ihnen, die nicht geheiratet hatten, und Juley, deren Gatte Septimus Small natürlich sehr bald gestorben war, hatten durchschnittlich vier, fünf Prozent für das ihre erhalten und dementsprechend produziert.«[260]

Als Geld und Reproduktion näher zusammenrückten, nahm die Bedeutung der Adoption wieder zu. In der Feudalgesellschaft hatte es zwar Pflegefamilien (*foster families*) gegeben, die verwaiste Kinder aufnahmen. Aber das Konzept einer Adoption, die nicht-blutsverwandten Kindern denselben Status wie ehelichen Kindern verleiht, entwickelte sich erst mit der Blüte des Kapitalismus und setzte sich endgültig in den 1920er Jahren durch. Dabei spielte die freie Marktwirtschaft eine wichtige Rolle. Sie schuf ein »fließendes Sozialsystem« und förderte die Vorstellung, »dass der Mensch nicht in einen

Stand hineingeboren wird, sondern seinen Platz in der Welt selbst bestimmt«. Beruhte die alte Blutlinie der feudalen Zeit auf Landbesitz, so orientierte sie sich nun am »Markt liquiden Kapitals«.[261]

Die enge Verbindung von Geld und Vaterschaft schlug sich, wie Bettina Bock von Wülfingen dargestellt hat, in einer Angleichung des Vokabulars von Geld und Biologie nieder: Begriffe wie das ›Erbe‹, die ›Vererbung‹ oder die ›Anlage‹ definierten einerseits Nachlässe und Depots, wanderten ab 1850 aber auch aus dem juristisch-wirtschaftlichen in den biologischen Diskurs hinüber. So beschrieb Rudolf Leuckart 1853 im *Handwörterbuch der Physiologie* zum Stichwort ›Zeugung‹, dass sich das ›Material‹, aus dem neues Leben erwächst, einem elterlichen Überschuss verdankt, der in neuem Leben angelegt werden kann: »Es ist gewissermaßen Capital, das [sich] im Getriebe des individuellen Lebens allmälig erübrigt und für andere Zwecke bestimmt wird. Je günstiger sich das Verhältniß zwischen Erwerb und Verbrauch, die Bilanz zwischen den Einnahmen und Ausgaben gestaltet, desto schneller wird dieser Ueberschuß natürlich herbeigeschafft werden, desto mehr das zurückgelegte Capital in bestimmter Zeit anwachsen.«[262] Ähnlich auch der Physiologe Oscar Hertwig: »Wie sich ein kleines, gut angelegtes Capital durch Zinsen vermehren und ins Ungemessene vergrössern kann, so wächst auch die in der Artzelle eingeschlossene Erbmasse mit kleinen Anfängen beginnend, indem von Generation zu Generation Eigenschaften, welche im Lebensprocess der Art neu erworben werden, zum überlieferten Stammgut hinzugeschlagen werden.«[263]

Das Hauptinteresse der Biologie richtete sich auf die Zeugungsvorgänge, um die schon im 18. Jahrhundert ein heftiger Streit entbrannt war. Es ging nun um den männlichen und den weiblichen Anteil bei der Zeugung neuen Lebens. 1876 konnte Hertwig dank verbesserter Mikroskopiertechnik sehen, dass bei der Befruchtung männliche und weibliche Zellkerne mit einander »copulieren«, also zu einer befruchteten Eizelle verschmelzen. Das stellte das Konzept der Erbschaft (biologischer wie finanzieller Art) vor völlig neue Fragen: Es entstand ein »Kampf zwischen den Ressourcen«, bei dem es um die Frage ging, welche der Zellen (die männliche oder die weibliche) mehr Anteil am ›Erbmaterial‹ hat. Zunächst versuchte man die Frage nach dem wahren ›Erblasser‹ im Sinne des Industriezeitalters zu regeln: Dem männlichen, aktiven Part steht die weibliche, konservierende Tätigkeit gegenüber. In dieser Vorstellung wurde das Plasma, das die weibliche Eizelle umgibt, zum nährenden Boden für die ›eigentliche‹ Zelle. »Mit der Unterscheidung von Zellplasma und Zellkern und der Deutung der Funktion dieser Strukturen setzte sich auch innerhalb der Zelle ein ökonomisches Prinzip der Arbeitsteilung durch, das das bürgerliche Alltagsleben durchzog.«[264] Doch dieses Prinzip ließ sich nicht lange aufrechterhalten.

417

In der biologischen Forschung rückte um 1900 der Zellkern an die Stelle des Blutes – als Symbol für die Stammlinie. Er nahm den Charakter eines ›Wertes‹ an, der von Generation zu Generation weitervererbt wird und bot mithin eine ähnliche Form von ›Unsterblichkeit‹ wie vorher die patrilineare ›Blutlinie‹. »Was für den zellkernmikroskopisch erfahrenen Sigmund Freud ›der Kern des Unbewussten‹ ist, in dem sich für das Individuum kaum zugänglich individuelle Geschichte ablagert, ist für die Vererbungstheorie das zelluläre Gedächtnis früherer Generationen im Zellkern. Allerdings, diese ›Gedächtnisspur‹ im Zellkern [...] ist nicht nur Schicksal, sondern auch materialisiertes Potential.« Die Möglichkeiten des Organismus – als »Pluripotenz« bezeichnet – »stellen einen ›Schatz‹ dar oder, bereits in Nägelis Worten, ein ›Kapital‹, auf das jedes Individuum ›Zinsen‹ anhäufen kann«.[265] Wenige Generationen später gelang es dank der genetischen Forschung, einen so gut wie sicheren Vaterschaftsbeweis zu erbringen. Auf den ersten Blick könnte man meinen, dass sich damit die Fiktion der ›Blutlinie‹, die über die Kontrolle des Frauenkörpers verläuft, erübrigt. Tatsächlich war dies einer der Gründe für die Neuordnung der Geschlechterrollen, die den Frauen mehr Selbständigkeit zuwies. Aber das ist nur ein Teil der Erklärung – der andere besteht in der engen Korrelation von Geld und Zeugungskraft: Die traditionelle Blutlinie erübrigte sich, weil es dem Geld gelungen war, eine eigene zu etablieren.

Auf der einen Seite gibt es also ein Geld, das immer abstrakter wird; ab 1900 setzt sich das Papiergeld auch im privaten Verkehr durch. Auf der anderen Seite verlagert sich das Geld immer mehr in die vom Körper bestimmte Biologie, die zusammen mit den vielen von ihr generierten Zweigwissenschaften im 20. Jahrhundert die ›Lebenswissenschaften‹ konstituiert. Es kommt zu den großen Entdeckungen der genetischen Forschung, die sich in der Entstehung von ›Samenbanken‹ niederschlagen. Der Gedanke der Samenspende war schon Ende des 18. Jahrhunderts aufgekommen – und auch hier sind die zeitlichen Parallelen zur Geldentwicklung auffallend. 1765 und 1785 hatten ein deutscher Forscher, L. Jacobi, und ein italienischer Priester, Abbé Lazarro Spallanzani, die ersten Versuche an Fischen bzw. Säugetieren durchgeführt. (Anfang des Jahrhunderts waren die ersten Versuche mit Papiergeld durchgeführt worden.) 1799 experimentierte der englische Chirurg John Hunter mit Menschen. (1797 hatte das englische Parlament die Bank of England von der Pflicht zur Konvertierung ihrer Noten entbunden; in Frankreich waren die Assignaten eingeführt worden.) 1866 – es war die Gründerzeit des Industriekapitalismus – berichtete ein führender amerikanischer Gynäkologe, Marion Sims, er habe 55 künstliche Befruchtungen an sechs Frauen durchgeführt, in einem Fall sei es zu einer Schwangerschaft gekommen. Seine Publikationen führten zu weiteren Forschungen, vor allem in Europa. »Bis 1934 wurde von 127 Fällen mit 52 erfolgten

Schwangerschaften berichtet. In jedem dieser Fälle war die Frau mit dem Sperma ihres Mannes befruchtet worden.« Als zwei amerikanische Ärzte 1902 und 1909 von der Einführung eines *gespendeten* Spermas berichteten, kam es »zu einem öffentlichen Sturm der Entrüstung gegen diese sündige und ehebrecherische Prozedur«.[266] Aber der Gedanke der Fremdspende setzte sich schon bald durch.

Zumeist bewahrten die Familien und behandelnden Ärzte Stillschweigen über Fremdspenden, doch den Schätzungen von US-Behörden zufolge gab es 1960 schon 5000 bis 7000 Fälle im Jahr. Die ersten Samenspender waren zumeist Kollegen der behandelnden Ärzte: Erstens schien so die Diskretion gesichert; zweitens suchten die Praktiker für die Samenspende nach einem ›Material‹, »das ihnen genetisch ›überlegen‹ erschien« – und das war offenbar das eigene.[267] 1992 verurteilte ein Gericht im Bundesstaat Virginia den 55-jährigen Gynäkologen Cecil Jacobson, weil der von angeblich »ausgewählten Spendern« gewonnene Samen, mit dem er »dem Kinderwunsch unfruchtbarer Patientinnen nachkam«, ausschließlich von ihm selber stammte.[268]

In den meisten Fällen ist der Arzt nur der ›geistige Vater‹ des Zeugungsvorgangs, aber in der Öffentlichkeit wird er oft als der eigentliche ›Erzeuger‹ wahrgenommen. Als am 25. Juli 1978 das weltweit erste ›Retortenbaby‹, Louise Brown, geboren wurde, bezeichneten die Medien die beiden verantwortlichen Wissenschaftler, den Biologen Robert Edwards und den Gynäkologen Patrick Steptoe, als ›Väter‹ des in-vitro-gezeugten Kindes. In solchen Aussagen spiegelt sich, so Carmel Shalev, »die intellektuelle und moralische Schwierigkeit wider, die reproduktive von der sexuellen Aktivität zu trennen. Sie ist symptomatisch für das Eindringen der modernen Medizin in die eheliche Beziehung.« Ab 1947 organisierten New Yorker Studenten gezielt Samenspenden, mit denen sie ihr Einkommen aufbesserten. Die Gesundheitsbehörden erließen daraufhin eine Regulation, »laut der der Verkauf von menschlichem Samen nur durch einen ausgewiesenen Arzt durchgeführt werden darf«.[269] Kurz darauf entstanden die ersten professionellen Samenbanken. Es war die Zeit, in der der Finanzkapitalismus an Bedeutung zu gewinnen begann. Mit seiner Ausbreitung nahmen auch die Samenspenden zu. Im Herbst 2011 berichtete die *New York Times* von einem Samenspender mit 150 ›Sprösslingen‹. Manche ›erfolgreiche‹ Samenspender (die nur als Nummern bekannt sind) wissen heute, dass mit ihrem Samen Dutzende von Kindern gezeugt wurden. Einer von ihnen – siebzig bekannte ›Sprösslinge‹ – führt Buch in einer Excel-Tabelle. Das Geld, das mit dem Verkauf der ›Spende‹ gemacht wird, geht an die Samenbanken und Fertilitätskliniken, deren Verkaufsstrategie nicht reguliert ist. »Für den Handel mit Gebrauchtwagen gibt es mehr Regeln als für den mit Samen«, kommentiert die Wirtschaftswissenschaftlerin Debora Spar die Entwicklung dieses Marktes.[270]

Mit der Etablierung der Samenspende ist der Zusammenhang von Blutlinie und Erbschaft endgültig in Frage gestellt. »Der anonyme Spender erfüllt die Rolle eines mechanischen Produzenten einer ›off white‹ Flüssigkeit, die genetisches Material enthält. Der Verwalter der Samenbank zahlt ihm seinen Lohn, wird damit zum Eigentümer der Flüssigkeit und disponiert darüber nach eigenem Gutdünken.«[271] Das Geld übernimmt die Rolle der biologischen Vaterschaft. Hatte es im 19. Jahrhundert noch eine *Analogie* von biologischer und finanzieller Erbschaft gegeben, so wird nun das Geld zum Vater selbst. Das zeigt ein Urteil von 1968, dem ein Rechtsstreit über die Zahlung von Alimenten vorausgegangen war. In dem Urteil des Supreme Court von Kalifornien heißt es: »Ein Kind, das durch heterologe [i. e. Spender] Insemination gezeugt wurde, hat keinen ›natürlichen Vater‹ im üblichen Sinne. Der anonyme Spender kann nicht als ›natürlicher Vater‹ betrachtet werden, da er für die Verwendung seines Samens nicht mehr Verantwortung trägt als der Spender von Blut oder einer Niere. Da es keinen ›natürlichen Vater‹ gibt, kann nur der rechtliche Vater in Betracht gezogen werden.«[272] Andere Länder – Schweden etwa – haben Samenspender für Versorgungszahlungen herangezogen (soweit diese auffindbar sind). Doch insgesamt sind der Auftraggeber und das Geld, das für den Samen bezahlt wird, wichtiger als der leibliche Spender.

Dieses Ergebnis entspricht durchaus der alten Vorstellung der ›Blutlinie‹, in der der rechtliche Vater eine wichtigere Rolle spielte als der biologische Vater, soweit sie nicht identisch waren. Aber heute nimmt der Geldgeber die Funktion des ›rechtlichen Vaters‹ wahr. »Betrachtet man die Adoption in Zusammenhang mit den Innovationen der künstlichen Befruchtung, so wird eine Entwicklung von Status (biologischer Determination) zu Vertrag erkennbar.«[273] Vergleichbar der vom deutschen Bundesverfassungsgericht bestätigten freien Wahl des Geschlechts, laut der das ›gefühlte Geschlecht‹ über den Personenstand bestimmen kann, untersteht auch die Definition von Elternschaft nur noch einer ›vertraglichen Vereinbarung‹. Damit ist sie auch dem Prinzip der freien Marktwirtschaft unterworfen. Und sie wird zum Spiegelbild der monetären Vermehrung. »Kapitalistisches Eigentum scheint wie biologische Vaterschaft weitgehend nach dem Prinzip einer sich selbst regenerierenden männlichen Kontinuität zu funktionieren«, schreibt Shalev.[274] Ihr Buch erschien 1989, und sie plädiert darin für eine angemessene Bezahlung von Leihmutterschaft und Eispenden – in Analogie zum Handel mit Samenspenden. Natürlich spricht vieles für die Gleichbehandlung von männlichem und weiblichem Beitrag zur Reproduktionsmedizin. Zugleich trägt dies aber auch dazu bei, dass das Geld auch in der weiblichen Linie zum ›eigentlichen Erzeuger‹ wird.

Der *Oxford English Dictionary* definiert ›Kapital‹ als »akkumuliertes Vermögen, das zur kollektiven Reproduktion eingesetzt wird«. Geld kann sich vermehren, Menschen können sich vermehren – warum nicht beide Fortpflanzungsarten miteinander verbinden? Genau das scheint eine neue Zweipfund-Münze in England zu besagen: Auf der einen Seite trägt sie das Abbild der Queen, auf der anderen die Doppelhelix der DNA. In dieser ›Währung‹ gibt es also neben der traditionellen Beglaubigungsstrategie durch den Souverän eine zweite, die aber nicht an das Opfer, sondern an die Macht über die *Herstellung* von Leben appelliert. Die beiden Striche, die im Pfund- wie im Dollar-, Euro- oder Yen-Zeichen an das Stieropfer erinnern, wurden durch die zwei geschlungenen Striche ersetzt, die zu *dem* Symbol der modernen Genetik geworden sind. Und diese ist in mehr als einer Hinsicht dem Geld sehr ähnlich: So wie in der einen Münze oder dem einen Schein das Potential des ›ganzen Geldes‹ enthalten ist, enthält auch die eine Zelle das ganze Potential der genetischen Anlage. So wie das Geld als Zeichen für materielle Werte steht, ist auch das Gen Zeichen und Fleisch zugleich; und wie das Geld repräsentiert auch das Gen den individuellen und den kollektiven Körper.

Das moderne Konzept des Gens hat dazu geführt, dass der Körper nicht mehr als eine feste Gegebenheit betrachtet wird, sondern – vergleichbar dem Computer, der die Geldflüsse steuert – als ein ›Satz von Anweisungen‹, als ein ›Programm‹, das von einer Generation zur nächsten weitergegeben wird. In ihrem Buch *The DNA Mystique* schreiben Nelkin und Lindee: »Menschen sind die ›Computerausdrucke‹ ihrer Gene. Wenn

Englische Zweipfund-Münze mit Queen und Doppelhelix.

Wissenschaftler den Text entziffern und decodieren können, die Markierungen auf der Karte klassifizieren und Anweisungen lesen können, so die Vorstellung, dann werden sie auch die Essenz der menschlichen Wesen rekonstruieren, menschliche Krankheit und die menschliche Natur selbst entschlüsseln können, um so die letzten Antworten auf das Gebot ›Kenne dich selbst‹ zu geben. Der Genetiker Walter Gilbert beginnt seine öffentlichen Vorlesungen über Gensequenzierung damit, dass er eine Kompaktdiskette aus der Tasche zieht und dem Publikum verkündet: ›Das sind Sie‹«.[275] Die Geste des Genetikers erinnert an die Worte des Priesters während der Messe, wenn die Glocke den Akt der Verwandlung von Hostie und Wein in Fleisch und Blut verkündet. Tatsächlich lässt sich das ›unfassbare‹ Gen am ehesten mit der Hostie vergleichen, dem *corpus christi mysticum,* mit dem sowohl der Leib Christi, das ›Fleisch gewordene Wort‹, als auch die Gemeinde der Gläubigen bezeichnet wird. Beide Funktionen hat das Gen übernommen. Wie Hostie und Heiliges Abendmahl macht es das Göttliche ›gegenwärtig‹, es birgt die Erlösung von der ›Erbsünde‹ (erblicher Krankheit oder Behinderung); und wie bei der Transsubstantiation verspricht es wundersame Verwandlungen und Heilungen. Im zweiten Kapitel war von der Nähe der christlichen Inkarnationslehre zur Geschichte des Geldes die Rede. Im 20. Jahrhundert treffen alle drei zusammen: Hostie, ›Heiliges Geld‹ und ›Heiliges Gen‹.[276]

Der Rückgang der Geburtenraten (der keineswegs einen Rückgang des Kinderwunsches spiegelt), das erhöhte Alter, in dem Frauen ihren Kinderwunsch umsetzen wollen oder können, auch die Zahl von homosexuellen Paaren, die sich Kinder wünschen, hat das Bedürfnis nach assistierter Reproduktion wachsen lassen. In Europa liegt die Quote an Paaren und Individuen mit unerfülltem Kinderwunsch, je nach Land, bei 15 bis 22 Prozent, wobei er unter Frauen in Deutschland besonders hoch ist.[277] Die assistierte Reproduktion entspricht also einem tatsächlichen Bedürfnis von Individuen. Sie entspricht aber auch der Logik des Geldes. Auf einen solchen Konsens habe ich auch schon im Zusammenhang mit dem Wunsch nach einem transsexuellen Identitätswechsel hingewiesen: Das Bedürfnis ist ›authentisch‹, und es entspricht zugleich dem Bedürfnis der freien Marktwirtschaft nach frei flottierenden sexuellen Identitäten.

Die modernen Reproduktionstechniken umfassen mehrere Sparten: erstens die Samenspende, zweitens die Ei-Spende, drittens die Leihmutterschaft und viertens die intrauterine Insemination und die in-vitro-Fertilisation, die inzwischen gängige Praxis geworden ist. Seit der Geburt von Louise Joy Brown im Jahr 1978 sollen »mehr als drei Millionen im Reagenzglas gezeugte Kinder auf die Welt gekommen sein; jedes Jahr kommen weltweit rund 200 000 dazu. Allein in Deutschland sind seit den Neunzigerjahren fast 120 Kinderwunschzentren entstanden, in denen jährlich 50 000 bis 60 000 Anläufe unternommen werden.«[278] Schon 2004 war ein Prozent aller in den USA geborenen Kinder in-vitro gezeugt worden. In Deutschland entsteht laut einer Statistik von 2002 jedes 80. Kind in der Petrischale; 3,5 Prozent der Kinder in Europa werden durch assistierte Fertilisation gezeugt.[279] »Die einst verteufelte künstliche Fortpflanzung ist zum globalen Geschäft geworden. Und die ›Retortenkinder‹ gedeihen prächtig«, schreibt der *Spiegel*.[280]

Der teuerste Sektor der Reproduktionsmedizin betrifft den Beitrag des weiblichen Körpers zur künstlichen Reproduktion: Eizellenmarkt und Leihmutterschaft. Hier besteht das größte Ungleichgewicht zwischen ›Angebot‹ und ›Nachfrage‹, was sowohl die hohen Preise als auch die intensive Diskussion über die Kommerzialisierung der Reproduktionstechniken erklärt. 1999 sorgte eine Kleinanzeige im Campus-Magazin einer amerikanischen Ivy League Universität für Überraschung. »Es wurden 50 000 Dollar für eine spezifische Art von Eizelle geboten: Die Spenderin musste mindestens 1,70 Meter groß sein, einen SAT score von 1400 haben und keine hereditären medizinischen Probleme aufweisen.«[281] Inzwischen gibt es noch höhere Angebote – wobei die Preise vom Ansehen der Hochschule abhängen. Für ein ›Harvard-Ei‹ werden bis zu 100 000 Dollar geboten, für ein Ei der Universität von Oregon um die 5000.[282] Die Eizellenspende ist deshalb so teuer, weil die Anzahl von Eiern, über die eine Frau im Laufe ihres Lebens verfügt, pränatal festgelegt ist, im Gegensatz zum männlichen Samen, der im Laufe des Lebens neu produziert wird.[283] Hinzu kommt, dass sich unbefruchtete Eizellen bis vor kurzem nicht ohne Beschädigung einfrieren ließen. Das hat sich geändert* und wird in absehbarer Zeit dazu führen, dass die Eizellen von Frauen ebenso wie männlicher Samen ihren Weg in die Bankdepots machen – mit der Folge übrigens, dass die ›biologische Uhr‹, die es bisher Frauen schwermachte, Karriere und Kinderwunsch zu vereinbaren, nicht mehr so unerbittlich tickt. Auch bei dieser Prozedur spielt das Geld eine wichtige Rolle. Zurzeit belaufen sich die Kosten für Hormonbehandlung, Entnahme der Eier und deren Lagerung auf ca. 40 000 Dollar.[284] Die zweite Form weiblicher Dienstleistung auf dem Sektor der Reproduktionsmedizin ist die Leihmutter: Sie kostet zwischen 10 000 Dollar in Indien und 30 000 Dollar in den USA.

Die Reproduktionstechniken haben einen ›Fertilitätstourismus‹ zur Folge, der zwar noch nicht den Umfang des Sextourismus erreicht, aber ebenfalls hohe Wachstumsraten verzeichnet. Der Begriff ›reproduktiver Tourismus‹ wurde in den späten 1980er Jahren in Kanada gemünzt: zur Bezeichnung von Paaren und Frauen, die über die Grenze

---

* »Ironischerweise fand ein Großteil der Forschung auf diesem Gebiet in Italien und Spanien statt, wo der katholische Einfluss sich hemmend auf die Produktion von überschüssigen Embryonen auswirkte, mit der Folge, dass den Fertilitätsforschern viele ungenutzte Eier blieben.« Center for Genetics and Society, Weekly News v. 3. 6. 2011.

gingen, um von dem liberaleren (oder nicht geregelten) Reproduktionsmarkt in den USA zu profitieren. Gelegentlich ist auch von ›Reproduktionsexilanten‹ die Rede. Wegen unterschiedlicher Regulierungen in den EU-Ländern gibt es auch innerhalb der EU einen intensiven Fertilitätstourismus. Laut einer Studie von 2010 wird sie auf ein Minimum von 1000 bis 14 000 im Jahr geschätzt.[285] Bald nachdem die Währungen frei zu flottieren begannen, gab es also auch frei flottierende Samen, Eizellen, Embryonen und Kinder, die heute als neue Form von ›Kapital‹ zwischen den Ländern zirkulieren.

Während der männliche Samen in ›Banken‹ lagert und dort ›abgehoben‹ werden kann, werden Leihmütter und Eizellenspenden – wie Aktien oder Immobilien – von ›Maklern‹ vermittelt, die auch für die Qualität ihrer ›Produkte‹ einstehen. Die Eizellenspenderin wird von den intentionalen Eltern genau geprüft, während der Samenspender zumeist anonym bleibt. Allerdings wird auch das ›Produkt‹ der Samenspender genauen Prüfungen unterworfen. Zu den Kriterien für einen Ausschluss gehören etwa: erbliche Krankheiten, Homosexualität und eine promiske Lebensführung. Manche Samenbanken schließen auch Träger von Tattoos oder Piercings aus.[286]

Die erste kommerzielle Samenbank entstand 1970, 10 Jahre später gab es in den USA schon 17, und 1999 waren es über 100. Einige Banken spezialisieren sich. »Das *Repository for Germinal Choice* zum Beispiel bietet nur den Samen von ausgewählten Spendern an, darunter Nobelpreisträgern und Olympischen Athleten.«[287] (Da Nobelpreisträger die Ehrung zumeist in fortgeschrittenem Alter erhalten, dürfte das Alter ihres Samens allerdings die vorgesehene Altersgrenze von 39 Jahren überschreiten: Hier garantiert offenbar der Geist für die richtige Art von ›Fruchtbarkeit‹.) Im Jahr 2000 schätzte das Wall Street Journal den globalen Markt für Spermaexport auf 50 bis 100 Millionen Dollar im Jahr. Der größte Spermahändler der Welt ist eine dänische Firma: *Cryos International Sperm Bank* in Aarhus, 1991 vom Ökonomen Ole Schou gegründet. »Andere Fertilitätskliniken in Dänemark und anderswo riefen bei Cryos an und waren verblüfft zu erfahren, dass Schou hoch qualifiziertes Sperma faktisch über Nacht liefern kann.« 2002 exportierte die Firma in mehr als fünfzig Länder, darunter auch in arabische Staaten. Das Qualitätsmerkmal der Firma beruht auf zwei Faktoren: genaues Screening der Samenspender (das gilt auch für andere Firmen) und die durch das dänische Gesetz garantierte Anonymität des Spenders. Diese Anonymität, so Spar, macht »den dänischen Stoff« so erfolgreich.[288]

Auch im Hinblick auf die Anonymität hat Samen Ähnlichkeit mit Geld. Deshalb betitelte die *Frankfurter Allgemeine Sonntagszeitung* 2006 einen Bericht über die US-Samenspendepraxis mit ›Bankgeheimnis‹.[289] Wurde schon in der Antike Geld zu einem Analogon für den männlichen Samen und umgekehrt, so werden sie heute in eins gesetzt. Samen ist Kapital und dient zugleich dessen Beglaubigung. Die Auswahl der Spender ist rigoros: In den USA werden nur 2 bis 3 Prozent der potentiellen Samenlieferanten engagiert; sie dürfen nicht jünger als 18 und nicht älter als 39 Jahre alt sein. »Besonders groß ist das Interesse an Samen von Akademikern. So inserieren Samenbanken mit Vorliebe in Studentenzeitungen, manche mit dem Hinweis, daß sich mit Sperma leicht und schnell Geld verdienen lasse. Pro ›Portion‹ zahlt *Fairfax Cryobank* 150 Dollar, für Akademiker gibt es noch mal 50 Dollar extra. ›Wir haben Spender gehabt, die haben 20 000 Dollar im Jahr verdient‹, so William Jaeger [der Direktor der Samenbank]. Einige Kolumnisten mokieren sich schon, es sei wohl nur noch eine Frage der Zeit, bis Männer ihren Samen bei Ebay versteigern.«[290]

Während auf der einen Seite die ›Kapitalisierung des menschlichen Ejakulats‹ nicht mehr aufzuhalten ist, werden andererseits die Möglichkeiten eingeschränkt, den Samen frei zu verschenken. So drohte die US-Regierung im Jahr 2011 einem 36-jährigen Ingenieur aus San Francisco, der seinen Samen kostenlos via Internet anbietet (und schon 14 Kinder gezeugt hat), eine Geldbuße von 100 000 Dollar und einem Jahr Gefängnis an, sollte er seine Dienstleistung nicht einstellen. Trent Arsenault, der den potentiellen Empfängern genaue Auskunft über seine Herkunft und Lebensgewohnheiten gibt, verweigert die Zusammenarbeit mit Samenbanken, denn er will »die Eltern in spe kennenlernen – und eventuell auch eines Tages seine Kinder«.[291] Die Behörden lehnen die kostenlose Spende ab, weil der Samen des Spenders nicht medizinisch getestet wurde. Konsequent zu Ende gedacht, bedeutet dies, dass auch jede ›traditionelle‹ Zeugung eines Kindes gerichtlich verfolgt werden müsste und nur noch Samen aus den Banken zugelassen wird.

Am 1. April 2005 wurde in England das Gesetz, das Samen- und Eizellenspendern strikte Anonymität zusicherte, aufgehoben. Die so gezeugten Kinder haben seither Anrecht darauf, mit 18 Jahren den Namen ihrer leiblichen Eltern zu erfahren. In Deutschland galt dies schon seit den 1980er Jahren. Da man in England für den Stichtag einen drastischen Einbruch der Spendenbereitschaft – vor allem von Eizellen – erwartete, startete das Gesundheitsministerium kurz vorher die Kampagne: ›Give Life, give Hope‹. Zugleich wurde überlegt, Anreize durch eine lukrative finanzielle Entlohnung der Spenderinnen zu schaffen.[292] Sie wurde 2011 auf 750 Pfund erhöht, was in etwa dem Preis entspricht, der in Spanien bezahlt wird. Der Preis erscheint nicht sehr hoch, vor allem angesichts der nicht ungefährlichen Hormonbehandlungen, denen sich die Spenderinnen unterziehen müssen. Aber der zuständigen *Human Fertilisation and Embryology Authority (HFEA)* »war es wichtig, den Altruismus nicht zu schwächen, der mit der Eizellenspende einhergehen sollte«.[293] Columbia University dagegen zahlt 8000 Dollar für

Eizellen. Seit 2009 ist es in New York legal, Frauen dafür zu zahlen, dass sie Eier für die Forschung spenden. In anderen US-Staaten – darunter Kalifornien, Massachusetts und in vielen Ländern – ist es illegal.

Bei den Eizellenspenderinnen war von Anonymität nicht die Rede. In den USA stellen sie sich potentiellen Kunden im Internet vor; die Käufer können sehen, in welche ›Anlage‹ sie investieren. Inzwischen wollen die Eltern auch bei den Samenspendern Genaueres wissen – ihren Kindern zuliebe. Allein die Gefahr, dass die Kinder einem Sexualpartner begegnen, der von demselben Vater gezeugt wurde, legt dies nahe. Einerseits versuchen die Samenbanken, die Anonymität ihrer Spender zu wahren, andererseits kommen sie aber auch den Bedürfnissen ihrer Kunden durch detaillierte Informationen über ihre Spender entgegen: Hobbies, Familiengeschichte, Essgewohnheiten, Proben der Handschrift etc.[294] Einige Spender sind auch bereit, von ihren ›Sprösslingen‹ kontaktiert zu werden, wenn diese volljährig sind. Samenbanken machen mit dieser Möglichkeit ausdrücklich Werbung: »Ihr Kind wächst ohne Geheimnis auf. Sie werden nicht mit der Phantasie aufwachsen, dass ihr ›Vater‹ der verlorene König von Bayern oder Charles Manson ist.«[295] Bemerkenswert an dieser Werbung ist vor allem, dass nicht der soziale, sondern der *leibliche* Vater in Anführungsstriche gesetzt wird. Der leibliche Vater ist ein ›sogenannter‹ Vater.

Insgesamt werfen die Reproduktionstechniken – Ei- und Samenspende, Surrogatmutterschaft, Embryoadoption – die Frage nach den ›echten‹ Eltern auf. Schon 1990 war ein Gericht bei einem Streit zwischen den intentionalen Eltern und einer Leihmutter, die das Kind nach der Geburt nicht hergeben wollte (es war auch genetisch ihr Kind), zum Urteil gekommen, dass die Frau, »die die Zeugung des Kindes beabsichtigt hatte«, als »die natürliche Mutter« zu gelten hat. Ähnlich entschied auch der Oberste Gerichtshof von Kalifornien in einem anderen Fall: Die Frau, »die die Zeugung des Kindes arrangiert«, also bezahlt hat, sei die ›wahre Mutter‹.[296] Konsequent zu Ende gedacht impliziert dies, dass das Geld selbst zur Mutter oder zum Vater eines Kindes wird.

Es gab auch früher Leihmütter, die die Kinder anderer Frauen austrugen. Das geschah zumeist unter Zwang. Heute wird dieser durch Geld ersetzt. »Zumindest theoretisch ist das fehlende Stück des Puzzles das Geld. Wenn Frauen für das Austragen der Kinder *bezahlt* werden, ersetzt die finanzielle Kompensation den Zwang als Motivation. Das fehlende Angebot auf dem Markt könnte überwunden werden, indem der wichtigste Hebel des Handels – das Geld – betätigt wird, um den Nachschub an potentiellen Leihmüttern zu steigern. Leihmutterschaft könnte zu einer Art von ›häusliche Dienste gegen Gebühr‹-Job werden, vergleichbar Haushaltshilfen oder Kindermädchen.« Die Möglichkeit, Zwang in Freiwilligkeit zu überführen, bot das Geld erst seit dem späten

20. Jahrhundert, als die künstliche Befruchtung in die Petrischale verlegt wurde und die Leihmutter dem Samenspender und der Eizellenspenderin gar nicht mehr zu begegnen brauchte. In Deutschland, Frankreich und einigen australischen Provinzen ist die Surrogatmutterschaft verboten; in Kanada, Israel, England und manchen US-Staaten begrenzt zugelassen. Die US-Regierung, so schreibt Spar, ist »auffallend zurückhaltend, diesen ›emerging market‹ durch Gesetze zu regulieren«.[297] Ist es ein Zufall, dass sich dieselben Länder, die sich vor der letzten Finanzkrise für die Deregulierung des Finanzmarktes stark gemacht haben (vor allem die USA und Großbritannien), auch zu denen gehören, in denen die Reproduktionsmedizin ›liberal‹ gehandhabt wird? »Der Zeugungswunsch«, so Spar, »ist ein langsam wachsendes globales Business, das auf Technologie beruht und verleugnet, dass es seine Wurzeln im Markt hat.«[298] Man könnte es auch anders ausdrücken: Mit der Reproduktionsmedizin lässt sich nicht nur Geld machen, sie bietet auch eine moderne Form der Geld*deckung*.

1984 fand die erste erfolgreiche Transplantation eines eingefrorenen Embryos statt, seit 2001 gibt es in den USA auch die Möglichkeit der legalen Embryo-Adoption. Bis 2003 waren schon 9000 Embryos zur Adoption freigegeben worden – vor allem in England und den USA. Der Pool an eingefrorenen Embryos wird allein für die USA auf 400 000 geschätzt, wobei er sich jährlich um ca. 18 Prozent erhöht.[299] Zum Vergleich: In Kanada wurden 2003 rund 15 000 eingefrorene Embryonen gemeldet, in Deutschland waren es 2002 immerhin 70 000.[300] Das gibt eine »Idee vom Ausmaß des IVF-Booms in den USA«.[301] Seit 2006 entstand in San Francisco die erste ›Bank‹ für menschliche Embryonen. Die Tatsache, dass diese Bank, die sich selber den vielsagenden Namen *The Abraham Center of Life* gegeben hat, ihre ›Produkte‹ mit dem Hinweis anpreist, dass alle Embryonen von Spermaspendern mit College-Abschluss stammen (»viele haben sogar einen Doktortitel«), hat den Verdacht nahegelegt, dass es sich um ›Designer-Embryonen‹ handelt.[302] In New York befruchtet der Arzt Mark Sauer überzählige Eizellen von Spenderinnen mit Sperma von der Bank und bietet die Embryonen für 3000 Dollar ›zur Adoption‹ an: für Paare, die sich die hohen Kosten für eine künstliche Befruchtung mit selbstgewählter Ei- und Samenspende nicht leisten können. »Sauer sagt natürlich, keinesfalls wolle er den ›Gott in Weiß‹ spielen. Eher schon will er den neuen Henry Ford geben. Er hat nichts weiter getan, als die Prinzipien industrieller Produktion auf dem Fortpflanzungsmarkt einzuführen: serienmäßige Herstellung eines Luxusartikels für die Mittelschicht.«[303]

Alles zusammengenommen – die Kosten für Samenspende, Eispende, Leihmutterschaft, medizinische Leistungen, Maklergebühren und juristische Kosten (es kommt oft zu komplizierten Verträgen) – müssen Eltern für ihre ›high-tech-Kinder‹ mit Kosten von mindestens 120 000 Dollar rechnen. Wenn es nach einer in-vitro-Fertilisation nicht sofort zur Schwangerschaft kommt und die Prozedur wiederholt werden muss, kann der Betrag auch erheblich höher sein. Debora Spar von der Harvard Business School beschrieb 2006 den Fertilitätssektor als »eine Industrie, die sich auf 3 Milliarden Dollar beläuft«.[304] Und diese Zahl umfasse noch nicht die ›Nebenkosten‹ für Berater, Makler, Anwälte und Techniklieferanten. Lag um 1988 das Einkommen auf dem Sektor der Fruchtbarkeitsbehandlung noch bei 410 Millionen Dollar im Jahr, so betrugen die Gewinne allein von Ares-Serono, der größten bio-tech Firma der Welt, im Jahr 2004 schon 2,5 Milliarden Dollar.[305] Ein Drittel des Umsatzes kommt aus der Fertilitätsbehandlung. Es ist vor allem das Geld, das seine Fertilität unter Beweis stellt.

Die größten Gewinne werden mit Eizellenspenden erzielt. Die Existenz der Eizelle ist seit ca. 1830 bekannt. Bis dahin galt der weibliche Körper lediglich als ›Nährboden‹ für den männlichen Samen. Für die Eizellen gibt es im Wesentlichen zwei Anwendungsgebiete: die embryonale Stammzellenforschung und die Reproduktionsmedizin. Das Charakteristikum von embryonalen Stammzellen besteht darin, dass sie sich selbst erneuern, »d. h. sie teilen sich, und die Tochterzellen entsprechen in ihren Merkmalen über viele Generationen der Ausgangszelle«. Dabei können sie sich unter geeigneten Bedingungen in beinahe jeden Zelltyp des Körpers ausdifferenzieren, sind also »pluripotent«.[306] In dieser ›Pluripotenz‹ liegt einerseits die therapeutische Hoffnung, andererseits aber auch das Gewinnpotential. Auch hier ist es frappierend, wie ähnlich die Vermehrung der embryonalen Stammzellen und die des Geldes sind: Beide multiplizieren sich selbst.

Die nationale Gesetzgebung zur Reproduktionsmedizin unterscheidet sich erheblich von einem Land zum anderen. Kulturelle und religiöse Gründe spielen keine zentrale Rolle: Weder die islamischen Länder noch Israel haben Probleme mit den Reproduktionstechniken. Im islamischen Raum steht man »medizinischen Neuerungen zunächst offen gegenüber, ganz gemäß einem Ausspruch des Propheten Mohammed: ›Gott hat keine Krankheit ohne deren Medizin geschaffen.‹ Technische Erfindungen werden daher lediglich als eine weitere Entdeckung von Gottes Willen angesehen.«[307] Israel gilt sogar als »*global player* im IVF- und Eizellengeschäft«.[308] Dort gibt es weltweit die höchste Zahl von IVF-Behandlungen pro Einwohner, und sie werden bei voller staatlicher Unterstützung durchgeführt: Der Staat investiert jährlich etwa 57 Millionen US-Dollar pro Jahr in IVF-Behandlungen.[309] Die nationalen Unterschiede haben eher mit Fragen des Geldes zu tun. Werden in ›christlichen Ländern‹ ethische Bedenken über die Reproduktionsmedizin geäußert, so beziehen sich diese vor allem auf deren potentielle oder faktische Kommerzialisierung. Aber auch dieser Aspekt ist, wie die oben erwähnten

Beispiele der evangelikalen Genomforscher und -unternehmer zeigen, für viele Christen offenbar gut vereinbar mit ihren Überzeugungen: »Bei Scott und Terry mischt sich der Glaube an das Christentum mit dem Glauben an den Markt,« schreibt Rajan.[310]

Die Verwendung von Eizellen ist in den USA, Großbritannien, Südafrika, der Ukraine und Russland erlaubt, aber in Deutschland, Österreich, Schweiz, Norwegen und Schweden verboten. »In Italien ist die Eizellspende zwar verboten, was aber nur den öffentlichen, nicht jedoch den privaten Sektor betrifft, eine ›italienische Lösung‹ sozusagen.« In Deutschland ist zwar so gut wie alles geregelt und das meiste verboten. »Trotzdem sind es gerade deutsche Paare, die die IVF-Zentren beispielsweise in Spanien oder den benachbarten ost-europäischen Ländern aufsuchen.« Im Jahr 2006, so wurde geschätzt, wurden knapp 500 Kinder deutscher Paare infolge einer im Ausland erfolgten Eizellenspende geboren.[311] Weil es eine Einnahmequelle ist, hat sich in vielen osteuropäischen Ländern neben dem Prostitutionssektor auch der Reproduktionssektor entwickelt. »In Tschechien gibt es inzwischen 17 Reproduktionskliniken, in Polen 41, in der Ukraine 19. Ihre Zahl steigt. Sie liefern einen Rohstoff, der teurer ist als Gold und Diamanten. Sie besorgen Eizellen, die sie Spenderinnen für 300 Dollar pro Zyklus abkaufen und die auf dem Weltmarkt bis zu 5000 Dollar bringen.«[312]

Die Reproduktionsmedizin spricht vom »egg cell harvest« (›Eizellen-Ernte‹).[313] Solche Sprachbilder, so Carmel Shalev, lassen die Frauen, die sich diesen anstrengenden Prozeduren unterwerfen, »wie ein passiver Organismus erscheinen: ein Feld, das sein Getreide liefert, nachdem es durch die hormonale Landwirtschaft der medizinischen Technik gedüngt und kultiviert wurde. Die Helden der Schlacht gegen die Unfruchtbarkeit sind die Ärzte, die die Mittel des Kampfes erfinden, nicht die Frauen, deren Körper nur das Feld für die wissenschaftliche Forschung abgibt. Ihre passive Teilnahme wird als selbstverständlich vorausgesetzt, als menschliche Subjekte der medizinischen Versuche bleiben sie unbeachtet.«[314] Die Kritik ist berechtigt; zeigt zugleich aber auch, wie sehr die Reproduktionstechniken an die alte Thematik der agropastoralen Gesellschaften mit ihrem symbolischen ›Frauenopfer‹ in Form domestizierter Weiblichkeit anschließen.

Das gilt auch für die Frage der Bezahlung. Über die Entlohnung männlicher Samenspender gab es nie eine Diskussion, wohl aber über die von Eizellenspenderinnen und Leihmüttern. Faktisch erhalten diese beträchtliche Summen, weil der Markt es hergibt. Aber die Sprachregelung lautet, dass sie ihren Körper und ihre Fruchtbarkeit aus ›Mitgefühl‹ für die andere Frau zur Verfügung stellen. Dahinter verbirgt sich die alte Sprache der ›Gabe‹ und des zeremoniellen Tausches. Im Dokumentarfilm *Google Baby* stellt Dr. Nayna Patel, die Direktorin einer Leihmutterklinik in Gujarat, Indien, die Frauen, die für sie arbeiten, mit den Worten vor: »Alle meine Leihmütter sind sehr bescheiden, einfache, nette Frauen. Und sie sind sehr engagiert, sie sind treusorgend und religiös. Sie wollen ihre Aufgabe gut erfüllen.« Einer der Leihmütter erklärt sie bei Vertragsunterzeichnung: »One woman helping another.«[315] In *Frozen Angels,* einem anderen Dokumentarfilm, der die florierende Reproduktionsmedizin von Kalifornien zeigt, gibt es ähnliche Aussagen. In einem Interview zu ihrem Film wurde die Regisseurin Frauke Sandig nach den im Film wiederholt geäußerten ›altruistischen‹ Motiven der Frauen befragt: »Den Eizellenspenderinnen und Leihmüttern habe ich ihre menschlichen Argumente geglaubt. Sie sehen wirklich einen großen Sinn darin, Familien zu helfen, Kinder zu bekommen. Das gibt auch ihrem Leben einen Sinn, weil sie nun für andere Menschen im Mittelpunkt stehen. Es gibt aber sicher auch Eizellenspenderinnen, die sich damit Geld verdienen wollen. Die Agenturen verlangen jedoch, dass Leihmütter keine finanziellen Motive haben. Sie legen wirklich Wert darauf, dass die Mütter aus dem Mittelstand kommen. Aber bezahlt werden die Dienste ja schon.«[316]

Damit die Sprache der ›Gabe‹ erhalten bleibt, wird oft Stillschweigen über die tatsächlich bezahlten Summen vereinbart. Vor allem in den USA wird die Geldfrage nicht angesprochen, was »einen deregulierten und entsprechend blühenden Markt fördert«. Das Ethik-Komitee der Amerikanischen Gesellschaft für Reproduktionsmedizin fordert, dass Zahlungen von mehr als 5000 Dollar für eine Eizellspende begründet werden müssen. Ab 10 000 Dollar sei es unethisch. Dennoch werden wie oben erwähnt weit höhere Summen bezahlt: nicht nur von Privatleuten, sondern auch von staatlichen Institutionen, die die Bezahlung als ›Entschädigung‹ bezeichnen.[317] ›Entschädigung‹ ist ein Euphemismus, der – genauso wie das Wort ›Spende‹ – den Geldzweck mit der Begrifflichkeit der ›Gabe‹ verschleiert.

Der Rückgriff auf die Sprache des Gabentausches zeigt sich auch an anderen Erscheinungen. Auf dem Eizellenmarkt gibt es einen beträchtlichen ›Lieferengpass‹. Die gespendeten Eizellen decken nicht annähernd die Nachfrage der Reproduktionsmedizin und der Stammzellenforschung. Dieser »Egg cell shortage« führt dazu, dass »Frauen zur ›altruistischen Eizellspende‹« aufgefordert werden. Frauen, die sich einer IVF-Behandlung unterziehen, wird das Angebot unterbreitet, dass sie »einige ihrer Eizellen an andere Frauen oder an die Forschung abgeben und dafür die Kosten für ihre Behandlung reduziert werden«.[318] Druck wird sowohl auf die Frauen ausgeübt, die sich wegen eigener Unfruchtbarkeit behandeln lassen, als auch auf gesunde Frauen, die sich wegen der Infertilität ihres Partners einer IVF-Behandlung unterziehen. Der Vorgang heißt ›Egg sharing‹: Teilen und Geben als Grundprinzip. Auch hier verschleiert die Gabe das Geld.

Vorläufig ist es schwierig und kostenaufwendig, unbefruchtete Eizellen einzufrieren und zu lagern. So dürfte noch Zeit vergehen, bis Djerassis Vorstellungen vom individuellen Bankkonto, auf dem beide Geschlechter ihre ›Reproduktionsdepots‹ anlegen, zur allgemeinen Praxis geworden ist. Es sind vor allem selbständige, berufstätige Frauen, die die Errungenschaften der Reproduktionsmedizin in Anspruch nehmen. Weil sie oft erst in einem Alter an Mutterschaft denken können, in dem ihre Fortpflanzungsfähigkeit vermindert ist, verdankt die Reproduktionsmedizin den Bedürfnissen dieser Frauen einen Gutteil ihrer Fortschritte. Es gibt also eine gemeinsame Interessenlage von Reproduktionsmedizin und weiblicher Selbständigkeit. Allein 2002 haben mehr als 100 000 nicht verheiratete Amerikanerinnen im Alter zwischen 30 und 40 Jahren Kinder zur Welt gebracht. »Amerikanische Samenbanken schätzen, dass ein Drittel ihrer Kundinnen Single-Frauen sind. ›California Cryobank‹, eine der weltweit größten Samenbanken, macht sogar die Hälfte ihres Umsatzes mit dem Kinderwunsch nicht verheirateter oder geschiedener Frauen. Insgesamt, so schätzt man bei dem kalifornischen Versandhandel für Spermien, wurden mit dem verkauften Spendersamen schon mehr als 75 000 Kinder gezeugt.«[319]

In einer paradoxen Wende führen die Interessen dieser Frauen dazu, dass in der Reproduktionsmedizin die Sprache der ›Gabe‹ nun zunehmend durch die des Geldes ersetzt wird. Das wird deutlich, wenn sich Shalev für eine angemessene Bezahlung von Leihmutterschaft einsetzt, indem sie sich auf die Prinzipien der freien Marktwirtschaft beruft. »Die freie Persönlichkeit der Surrogatmutter ist nirgends offensichtlicher als da, wo sie einen ökonomischen Preis auf ihre Reproduktionstätigkeit erhebt«, schreibt sie. »Die Surrogatmutter zeugt intentional, sie trägt ein Kind außerhalb des Ehebundes aus; sie verwirft offen den Nexus von biologischer und sozialer Mutterschaft; und sie erhebt Anspruch auf das Recht, an der Marktökonomie zu partizipieren.«[320] Angesichts der Tatsache, dass die Reproduktionsmedizin im modernen Kapitalismus entstanden ist, ist dieses Argument nachvollziehbar. Zugleich erkennt man aber auch, wie sehr sich der Kapitalismus über das weibliche Selbstbestimmungsrecht ins Leben einschreibt. So wie die ›Rechte der Frauen‹ für die Liberalisierung von Prostitution und Pornographie verwendet werden, vertritt auch die Reproduktionsmedizin ihre Interessen unter dem Banner des ›Feminismus‹.

»Die Forderung nach weiblicher Selbstbestimmung in der Reproduktionsmedizin steht in Analogie zur sexuellen Selbstbestimmung der Frau. [...] Um die psychologischen Zwänge des Patriarchats zu überwinden, müssen Frauen sich selbst als Subjekte, Handelnde und Agenten ihrer sexuellen und reproduktiven Aktivitäten betrachten.«[321] Diese Aussage macht klar, dass Kapitalismus und Feminismus in der Reproduktionsmedizin an einem Strang ziehen. Darüber hinaus zeigt sie aber auch, dass Frauen, die eigentlich nicht prädestiniert waren, zu ›Agenten‹ des Geldes zu werden (sie repräsentierten die ›lebende Münze‹, mit der die Agenten handeln) nun auch *Akteure* der Eigendynamik des Geldes sind. Das Geld, darauf wies ich im vorigen Kapitel hin, löscht das Ich nicht aus; vielmehr stellt es das Ich in seinen Dienst – entsprechend der hohen Bedeutung, die dem Individuum in der freien Marktwirtschaft zukommt. Durch das Pochen auf das *Selbstbestimmungsrecht* treten nun auch Frauen in seinen Dienst. »Wir leben in einer Kultur, die Macht an den Geldbeutel bindet. Wenn Frauen in einem Zeitalter von Wissenschaft und Technik Macht über Reproduktion beanspruchen, ist es nur logisch, dass sie sich auch mit dem scheinbar abstoßenden Gedanken anfreunden, einen ökonomischen Preis für ihre reproduktive Tätigkeit zu erheben.«[322]

Hier begegnen wir erneut dem Bild des ›Geldbeutels‹. Es taucht in der griechischen Vasenmalerei auf: als Zeichen der Macht des erwachsenen Mannes über Ehefrau, Hetäre und Schüler. In der christlichen Ikonologie wird Marias jungfräulicher Schoß als ›Geldbeutel‹ dargestellt. Nun wird auch hier der weibliche Schoß mit dem Geldbeutel in eins gesetzt. Überhaupt hat die christliche Vorstellung der Jungfrauengeburt mit in-vitro-Fertilisation und Leihmutterschaft eine weltliche ›Realisierung‹ erfahren.

ZWEI MENSCHLICHE ARTEN?

Die Gleichsetzung von Kind und Kapital hat ein Sozialgefälle zur Folge. Das zeigt schon die moderne Adoptionswirtschaft. »In Familien, die sich aus der ersten und der dritten Welt zusammensetzen, kommen die Eltern immer aus den reicheren Staaten, während die Kinder aus der Armut migrieren. Die armen Staaten produzieren die Kinder, die reichen konsumieren sie.« Die Kinderadoption, so Spar, ist darauf angewiesen, dass es weiterhin arme Frauen gibt, die sich von ihren Kindern trennen müssen. Befürworter argumentieren, dass auf diese Weise Geld in die armen Länder fließt.[323] Genau dies ist aber nicht der Fall, wie der Reproduktionstourismus zeigt. 2004 kam es zu einem Skandal, als sich herausstellte, dass in der rumänischen Klinik *GlobalART* Eizellspenderinnen mit 250 Dollar ›entschädigt‹ wurden, während die Eizellen den Kundinnen für 8000 Dollar verkauft wurden. Bei der Klinik handelt es sich um ein international operierendes Unternehmen mit Sitz in den USA. Die Preise belaufen sich laut Homepage auf 8400 bis 13 650 Dollar. Und das Unternehmen kann jederzeit ›liefern‹: Alle 4 bis 6 Wochen seien neue Spenderinnen verfügbar. Oft ›begegnen‹ sich Eizellenspenderinnen, Samenspender und Kunden auf Zypern oder in anderen ›neutralen‹ Gebieten, womit Import- und Exportregulierungen umgangen werden.[324]

Die Kunden der avancierten Reproduktionstechniken gehören so gut wie alle den privilegierten Schichten der finanzstarken Länder an. »Sie sind Mitglieder einer globalen Elite und interagieren auf einem Luxusmarkt.«[325] In Los Angeles sind die Nutzer des »Fortpflanzungsmarktes« zu 90 Prozent wohlhabende Weiße. »Die Eigenschaften, die sie sich aussuchen, gehen in Richtung blond, blauäugig, schön – danach kommen erst Intelligenz und Bildung.«[326] Während in den USA der Markt für Eizellen weitgehend auf weiße US-Bürgerinnen zurückgreift, »ist er in Europa sozusagen ein an den Rand verlagertes Geschäft, das auf Einkommensgefälle sowie unterschiedlichen Gesetzgebungen auch innerhalb der EU-Staaten basiert«. Osteuropäerinnen sind wegen ihrer kaukasischen Merkmale gefragt. Sie erhalten für ihre Eizellen allerdings nur einen geringen Preis, während die Kundin »durchweg einen 20- bis 40-fach höheren Preis für die Eizellen bezahlen muss«. Dennoch bestreiten viele Eizellenspenderinnen mit dieser Tätigkeit ihren Lebensunterhalt. »Sie verdingen sich mit Reproduktionsarbeit. Eine rege Reisetätigkeit entsteht dadurch, die sich offensichtlich mit jener des Prostitutions-Frauenhandels überlappt.«[327] Bei den Leihmüttern, bei denen Hautfarbe und genetische Veranlagung keine Rolle spielen, sind es vor allem Inderinnen oder auch hispanische Frauen, die die Kinder für die Weißen austragen. »Man hört in Los Angeles neuerdings von einem anderen Typus Leihmutter: Immigrantinnen, die jene Kinder ihrer Arbeitgeber austragen, auf die sie dann als ›Nanny‹ aufpassen sollen. Man braucht nicht viel Fantasie, um sich auszumalen, dass da in den kommenden Jahren eine Dienstbotenklasse auf dem Fortpflanzungsmarkt entsteht.«[328]

Insgesamt entsteht so ein ›Reproduktionsprogramm‹ im Dienst der weißen wohlhabenden Schicht, die körperliche Leistungen von denen ohne Geld in Anspruch nimmt. An sich ist das schon ein Symptom dafür, dass sich das Geld in diesen Kindern reproduziert. Ein anderes ist die Art, wie der Markt über die Fortschritte in der Reproduktionsforschung bestimmt. Der Forschung ist es gleichgültig, ob die Eizellenspenderin weiße oder dunkle Haut hat. Sie setzt darauf, dass mittellose Frauen bereit sein werden, gegen 8000 Dollar die für die ›Spende‹ nötige (und nicht ungefährliche) Hormonbehandlung zu durchlaufen.[329]

In der Theorie, so Debora Spar, will niemand ›Designer Babies‹ und zu einer ›Brave New World‹ gehören. »Kein Mensch will oder gibt zu, in einer Welt leben zu wollen, in der reiche Eltern genetische Wertsteigerung für ihre Sprösslinge kaufen können, während die Armen auf die Gnade der Natur angewiesen sind. Und fast niemand befürwortet die Geschlechtsselektion. Aber individuell, von Fall zu Fall macht die genetische Selektion oft Sinn.« Bei den Nazis, so schreibt sie, führte der Staat die ›Selektion‹ durch. Die Präimplantationsdiagnostik verschafft dem Individuum die freie Wahl: »Statt der Regierung die Wahl zu überlassen, übergibt diese die Angelegenheit dem privaten Sektor, wo Eltern intime Entscheidungen über ihre Wunsch-Sprösslinge treffen. [...] Die Summe dieser vielen kleinen Entscheidungen hat ein breites Potential: Wie die alte Eugenik gestaltet sie die Vorstellung von ›Eignung‹ neu und macht Kinder zu perfekti-onierbaren Waren.« Es ist also der ›Markt‹, der über die Selektion bestimmt – und eben deshalb löst er Beklemmungen aus: »die Angst, dass Millionen von Konsumenten, jeder für sich, Einkäufe tätigen, die die Menschheit verändern.«[330]

Die moderne Reproduktionsmedizin ist ohne Darwins Erkenntnisse nicht denkbar. In der Evolutionstheorie geht es jedoch darum, dass sich der ›Fitteste‹ durchsetzt, dass sich also die Art, die den Bedingungen der Umwelt am besten angepasst ist, auch am ehesten reproduziert. Indem das Geld über die Reproduktion bestimmt, wird dieses Prinzip auf den Kopf gestellt. Es ist vor allem der Körper des wohlhabenden Weißen, der sich mit dieser Methode fortpflanzt, und dessen einziger Vorteil besteht darin, dass er über mehr (körperloses) Geld verfügt. Damit kann er sich viele Wünsche erfüllen. »In Zukunft werden wir auch mehr verfeinerte Details in die Selektion aufnehmen können – wie musikalische oder mathematische Begabung«, sagt Santiago Munne, Direktor des Instituts *Reprogenetics* in New Jersey, der den ersten PID-Test für das Downsyndrom entwickelt hat.[331] Dabei birgt die Reproduktionsmedizin freilich die Gefahr, alles andere als ›fitte‹ Körper hervorzubringen: Dass Mütter und Väter ihre Kinder in immer höherem Alter großziehen, ist angesichts der gestiegenen Lebenserwartung noch das Geringste. Wichtiger ist die Tatsache, dass Untersuchungen zeigen, dass in-vitro-gezeugte Kinder »ein erhöhtes Risiko von Geburtsdefekten haben«. Eine australische Studie wies sogar nach, dass IVF-Kinder doppelt so leicht Gefahr laufen, mehrere Geburtsdefekte und »ein höheres Risiko von frühem Kindheitskrebs« als traditionell gezeugte Kinder aufzuwei-sen.[332] Hinzu kommt, dass 35 Prozent aller IVF- und ICSI-Kinder wegen multipler Schwangerschaft als Frühgeburten zur Welt kommen. Die Folge sind hohe Kindersterb-lichkeitsraten oder Behinderungen. Viele dieser Kinder sind untergewichtig; 20 Prozent von ihnen weisen später Behinderungen auf, 45 Prozent finden sich in gesonderten Aus-bildungsstätten wieder.[333] Mag sein, dass verbesserte IVF- und ICSI-Methoden dieses Risiko in Zukunft mindern werden. Doch bis dahin gilt: In der freien Marktwirtschaft ist das ›Risiko‹ Voraussetzung für den Gewinn.

Die Einseitigkeit der Reproduktionsmethoden zugunsten wohlhabender Bevölke-rungsschichten verstärkt sich, sobald Klonen für Menschen zugelassen wird. Seit 1990 wird Vieh geklont, meistens in Instituten, die sich in den USA befinden. Es wird als »pharming« bezeichnet. Der erste auf diese Weise gezeugte Stier stammt aus dem Jahr 1997. Drei Jahre später kam es zum Klon einer preisgekrönten Holstein-Kuh, für die auf der World Dairy Expo 82 000 Dollar gezahlt wurden. »Bis 2001 konkurrierten mindestens drei Firmen miteinander auf dem Klon-Viehmarkt, indem sie ihre Produkte – meistens besonders große Stiere oder hoch produktive Milchkühe (prodigious milk cows) – quer über den amerikanischen Kontinent transportierten. Der Marktpreis für geklonte Kühe war 20000 bis 25000 Dollar, womit sie sich am obersten Ende des Aktienmarktes für ›lebende Werte‹ befanden.« Bald darauf wurden auch Schweine geklont. Als potentielle Organspender waren sie genetisch verändert worden, »so dass ihre Lebern, Herzen und Nieren mit weniger Wahrscheinlichkeit von menschlichen Empfängern abgestoßen werden«.[334] In jedem dieser Fälle diente das Klonen ausschließlich kommerziellen Zwecken.

Ist Klonen erst einmal bei Tieren erfolgreich, ist der Gedanke der Menschenzucht nicht mehr weit. Bisher sind es vor allem legale und ethische Einschränkungen, die die Forschung auf diesem Gebiet einschränken. Ihnen stehen die Wünsche potentieller Erzeuger gegenüber, die sich weder von den Risiken des Klonens (die noch erheblich höher sind als bei der bisherigen Reproduktionsmedizin) noch von dem frühen Alterungsprozess des geklonten Schafes ›Dolly‹ abschrecken lassen. Auf lange Sicht dürfte auch hier der ›Markt‹ darauf drängen, dass das, was denkbar ist, umgesetzt wird. »Sowohl die Geschichte als auch die Ökonomie suggerieren, dass ein Markt für reproduktives Klonen entstehen wird.«[335] Jeremy Rifkin, Präsident der *Foundation on Economic Trends* in Washington, sieht für die Zukunft die Suche »nach dem gesündesten Kind, das man sich für Geld kaufen kann«, voraus. Eben deshalb müsse die Reproduktionsmedizin dem Zugriff von Regierungen und Konzernen entzogen werden: »Einige wenige übernationale Konzerne reduzieren das Leben in Zukunft auf Nützlichkeitsprinzipien für ihren kommerziellen Gewinn. Die Kontrolle der Lebenswissenschaften durch diese Unternehmen wird alle Umsätze in der Telekommunikations-, der Unterhaltungs- oder Computerindustrie übertreffen. Die Konzentration ist alarmierend, speziell wenn man bedenkt, dass die biotechnische Revolution alle Aspekte unseres Lebens beeinflussen wird: Wie und was wir essen, wie wir uns treffen und heiraten, wie wir Kinder zeugen und wie unsere Nachkommen erzogen werden. Wer die Gene kontrolliert, kontrolliert das 21. Jahrhundert. Deshalb sollten Gene weder Regierungen noch Firmen gehören.«[336]

Wenn aber weder internationale Konzerne noch Regierungen die Herrschaft über die Reproduktionsmedizin ausüben – wer dann? Bleibt einzig der Markt mit seinen individuellen Konsumenten, und diese haben von Anfang an über die Entwicklungen des Sektors bestimmt. Nicht durch Zufall wurde 2011 ein Investmentbanker zum Direktor des (3 Milliarden Dollar schweren) staatlichen Zentrums für Stammzellenforschung (California Institute für Regenerative Medicine) ernannt.[337]

Ende des 19. Jahrhunderts veröffentlichte H. G. Wells den Roman *Die Zeitmaschine*, in dem er voraussagte, dass die immer größer werdende Kluft zwischen ›Kapitalist‹ und ›Arbeiter‹ zu einer Aufspaltung der menschlichen Spezies führen werde.[338] In seinem Roman *Remaking Eden* von 1997 führte Lee M. Silver diese Phantasie weiter und verlegt sie ins Jahr 2350: Wenn die Anhäufung genetischer Erkenntnisse und die Fortschritte der Technologien weiterhin mit der gegenwärtigen Geschwindigkeit vorangehen, so prognostiziert er, »werden sich bis zum Ende des dritten Jahrtausends aus zwei Klassen vollkommen getrennte Arten entwickelt haben«.[339] Die Menschen der einen Klasse werden als »die *Naturbelassenen* bezeichnet, die der zweiten als die *Gen-Angereicherten* oder einfach *GenReichen*«. Letztere, die etwa 10 Prozent der amerikanischen Bevölkerung ausmachen, sind die »moderne Vision des Erbadels: genetische Aristokraten«. Zwar gelingt es einigen aus der Klasse der ›Naturbelassenen‹, die genügend finanzielle Mittel aufbringen, »ihre Kinder in der Klasse der GenReichen plazieren zu können«. Aber diese Aufstiegsmöglichkeiten werden immer geringer, und da zudem die Mittel für das öffentliche Bildungswesen sinken, üben bald die GenReichen die Herrschaft über die ›Naturbelassenen‹ aus. Diese sind tätig als schlecht bezahlte Dienstboten und Arbeiter. »Zwischen GenReichen und Naturbelassenen gibt es zwar immer noch Mischehen und sexuelle Begegnungen, doch üben GenReich-Eltern, wie sich leicht denken läßt, auf ihre Kinder intensiven Druck aus, ihr teuer erworbenes genetisches Erbe nicht auf diese Weise zu verwässern.« Die biologische Beschaffenheit der beiden ›Arten‹ wird sich so sehr auseinander entwickeln, dass die Möglichkeit schwindet, »gemeinsam Nachkommen zu zeugen, und ihr erotisches Interesse aneinander wird dem entsprechen, das gegenwärtig Menschen für Schimpansen entwickeln«.[340]

Silver ist kein Science-Fiction-Autor, sondern Inhaber eines Lehrstuhls für Molekularbiologie an der Universität Princeton und Gutachter des amerikanischen Kongresses. Er ist mit dem Stand des biomedizinischen Wissens bestens vertraut und schrieb seinen Roman in durchaus kritischer Absicht. In seiner Einleitung zieht er den Vergleich von Reproduktionstechniken und Nukleartechnik. Das tat auch Aldous Huxley in seinem 1946 verfassten Vorwort zur Neuauflage von *Brave New World*. Auf den ersten Blick hat das Eine nichts mit dem Anderen zu tun. Aber es ist vielleicht kein Zufall, dass zwei Theoretiker, die sich mit den sozialen Folgen der Reproduktionstechniken beschäftigen, auf denselben Vergleich kommen. Für Silver besteht die Gemeinsamkeit in den hohen Investitionsbeträgen, die in diese beiden Sektoren fließen. Hier sieht er allerdings auch den entscheidenden Unterschied: »Die zentralen, für den Bau von Kernwaffen benötigten Ressourcen – große Reaktoren und angereichertes Uran oder Plutonium – werden von den Regierungen selbst streng kontrolliert. Die für die Reprogenetik benötigten Ressourcen – medizinische Präzisionsinstrumente, eine kleine Laboreinrichtung und einfach Chemikalien – sind dagegen ohne Einschränkung für jeden erhältlich, der sie bezahlen kann.« Bei den Reproduktionstechniken entscheidet ›der Markt‹ – und damit faktisch der einzelne Marktteilnehmer, vor allem die Eltern, die sich ›gutes Erbgut‹ wünschen. »In der Tat ist es in einer Gesellschaft, der individuelle Freiheit über alles geht, schwer, überhaupt eine legitime Basis für Anwendungsbeschränkungen der Reproduktion zu finden. Und genau darin liegt das Dilemma. Obwohl jeder individuelle Einsatz reprogenetischer Mittel als bloßer Ausdruck der persönlichen Wahlfreiheit angesehen werden kann, dem nicht die Absicht zugrunde liegt, die Gesellschaft insgesamt zu verändern, könnten sich dennoch dramatische Langzeitfolgen für die gesamte Menschheit ergeben.«[341] Bei der Reproduktionstechnik begegnen wir also – anders als bei der Nukleartechnik – Adam Smiths ›Unsichtbarer Hand‹, laut der der Markt von vielen einzelnen Akteuren gesteuert wird, die jeweils nur ihr Eigeninteresse verfolgen.

Die hohen Kosten sind jedoch nur die eine Gemeinsamkeit von Nuklear- und Reproduktionstechniken: Die andere besteht in der Rolle, die sie für die Beglaubigung des Geldes spielen. Im vierten Kapitel wurde die Nukleartechnik, die (egal, ob sie der Waffen- oder der Erzeugung von Energie dient) in sich die massivste Möglichkeit der Lebensvernichtung birgt, als eine der Beglaubigungsstrategien des Geldes dargestellt: durch die Berufung auf seinen Ursprung aus dem sakralen Opfer. Bei den Reproduktionstechnologien geht es um eine Beglaubigung durch die Berufung auf das Prinzip ›Leben‹: ein Leben, das im Namen des Geldes gezeugt und erzeugt wird. In diesen beiden ›Techniken‹ sind die beiden Prinzipien des Geldes – Opfer und Fruchtbarkeit – präsent: Sie sind die beiden Kehrseiten ein und derselben Medaille; und ihre Symbole – das Messer und die Ähre – befanden sich bereits auf den beiden Seiten der ersten Münzen. Wenn beide Autoren in ihren negativen Utopien Kernspaltung und Reproduktionsmedizin in einen Zusammenhang bringen, so erzählen sie letztlich von diesem Zusammenhang.

Ich bezweifle allerdings, dass die Zukunft so aussehen wird, wie Silver sie beschreibt. Es gibt schon jetzt eine gespaltene Welt, in der die ›Körper mit Geld‹ einen ›bios‹ in Auftrag geben, der von den › Körpern ohne Geld‹ ausgeführt wird. Eben diese Abhängigkeit der beiden Körper voneinander impliziert aber auch, dass es nicht zur Spaltung der Spezies kommt. Wohl aber beinhaltet die Entwicklung, dass einzig das Geld darüber bestimmt, zu welcher Gruppe der einzelne Körper gehört. In Indien, in dem so gut wie das gesamte genetische Spektrum der Weltbevölkerung zu finden ist, werden viele genetische Forschungen durchgeführt. Eines der Zentren ist das (nomen est omen) ›Wellspring-Hospital‹, das in dem Stadtviertel Parel in Mumbai errichtet wurde. Hier befand sich früher eine mittlerweile zusammengebrochene Textilindustrie. Das Hospital gehört der Firma *Genomed,* die dort Forschungen zu Schizophrenie, Diabetes Typ2 und Pharmakogenomik macht. Das ›Kapital‹ dieser Firma ist nicht nur die Infrastruktur und gut ausgebildete Fachkräfte, »sondern die indische Bevölkerung selbst«. Denn im Stadtteil Parel gibt es viele Arbeitslose, die früher für die Textilindustrie gearbeitet haben. »Auch wenn die Beteiligten sich dazu nicht äußerten, kann man wohl davon ausgehen, daß das Wellspring nicht zufällig in Parel gebaut wurde, denn hier stehen den Forschern viele arbeitslose Menschen zur Verfügung, die sich leicht für bezahlte klinische Versuche gewinnen lassen. […] Vor diesem Hintergrund ist es demnach ethisch äußerst fragwürdig, überhaupt von ›freiwilligen Versuchsteilnehmern‹ zu sprechen. Vielmehr zeigt das Beispiel Wellspring/Parel, wie die Widersprüche des Kapitalismus und das Absterben eines ganzen Industriezweigs in Mumbai zur Entstehung einer neuen Kategorie von Subjekten geführt hat, an denen nun pharmakogenomische Versuche durchgeführt werden.« Die Arbeitslosen von Parel werden »als Versuchspersonen sozusagen zu ›Durchgangsstationen‹ des Biokapitals«.[342]

Das Beispiel zeigt einerseits die Beweglichkeit des Kapitalismus und seine Fähigkeit, Zerstörung ›kreativ‹ umzusetzen. Aber es zeigt auch etwas anderes: Im Beispiel Parel laufen die beiden theologischen Ursprünge und Logiken des Geldes zusammen: Opfer und Inkarnation. Sollte es wirklich kein Entrinnen aus dieser Logik geben?

CONCLUSIO: VERSUCH EINER ANTWORT

Unter dem Namen ›Donor 401‹ verbirgt sich einer der prominentesten Samenspender Amerikas: ein »wahrer Superman«, 1,95 Meter groß, blaue Augen, Sportler mit Masterabschluss. »Der Medienwirbel hat bislang 18 amerikanische Familien mit 25 Kindern von ›Donor 401‹ zutage gefördert. Wie viele Nachkommen der Supersamenspender tatsächlich hat, weiß niemand ganz genau. Denn ein entsprechendes Register, wie es mittlerweile einige fordern, denen das boomende Geschäft mit der Reproduktionsmedizin Sorgen bereitet, gibt es in den Vereinigten Staaten nicht.«[1] Tatsächlich gibt es, wie im letzten Kapitel beschrieben, inzwischen Spender, deren geeignete ›Anlagen‹ zu noch mehr ›Sprösslingen‹ geführt haben. Der Kreis schließt sich: Für die Opferrituale der Antike wurden nur die edelsten Stiere verwendet; sie mussten von den Priestern für ›rein‹ erklärt werden, bevor sie zur Tötung freigeben wurden. Heute dienen die edelsten ›Zuchtbullen‹ der Fortpflanzung: Auch sie müssen ›rein‹ sein – das heißt genetisch ausgestattet mit weißer Haut und blonden Haaren. In beiden Fällen dienen sie der Beglaubigung des Geldes. Eines hat sich freilich geändert: Der Stier der Antike war ein Substitut für das Menschenopfer. Nun substituiert der Mensch das Geld. Bedeutet dies das Ende der Opferlogik des Geldes? Wohl kaum. Denn beides – Opfer und Inkarnation – gehören zusammen. Das Eine ist die Vorbedingung für das Andere: ohne Opfer keine Inkarnation. Diese Erkenntnis bietet einen Schlüssel, um moderne Finanz- und Wirtschaftsprozesse zu verstehen. Allerdings muss man, um den Zusammenhang zu sehen, bis auf die Ursprungsgeschichte des Geldes zurückgehen, wie ich es hier versucht habe. Wenn es ein Gebiet gibt, das nach einer Betrachtung der Geschichte unter der Perspektive der ›longue durée‹ verlangt, so das Geld.

Seitdem ich an diesem Buch gearbeitet habe, fragten mich manchmal Menschen nach meinen Zukunftsvisionen zum Geld. Ob ich für seine Abschaffung sei, war eine immer wieder gestellte Frage. Ich halte eine solche Idee nicht nur für vollkommen unrealistisch – alle Versuche, auf das Geld zu verzichten, sind entweder gescheitert oder wurden in kleinen, hermetisch geschlossenen Gemeinschaften realisiert –, sondern auch für falsch. Der Versuch, das Geld abzuschaffen, hat zu totalitären Regimes geführt – ein hoher Preis für die Phantasie einer Gesellschaft ohne Geld. Daneben lässt der Vorschlag aber auch die vielen positiven Seiten des Geldes außer Acht: Das Geld sorgt für die Abschaffung der Leibeigenschaft, durchbrach die strenge Klassenhierachie des Feudalismus, verhalf vielen Menschen zu erträglichen Lebensbedingungen und gab dem Erfindergeist eine Reihe von kaum zu überschätzenden neuen Anstößen.

Die historische Eigendynamik des Geldes lässt sich nicht aufhalten, aber sie lässt sich kanalisieren. In dieser Hinsicht habe ich gewisse Hoffnungen, bei denen ich sowohl auf die Eigengesetzlichkeit der Geschichte als auch auf die des Geldes setze. Die Geschichte zeigt, dass jede historische Neuerung zugleich die Kritiker dieser Neuerung hervorbringt: Freie Marktwirtschaft und Aufklärung erschienen zeitgleich auf der Bühne der Geschichte. Die Kritik am Kapitalismus ist ebenso alt wie der Kapitalismus selbst, schreibt Baechler: Sie begleitet ihn während seiner gesamten Entwicklung »wie einen Schatten. Es lässt sich behaupten, ohne auch nur im geringsten auf ein Paradox auszusein, dass der Antikapitalismus – geschichtlich betrachtet – der wichtigste Ausdruck des Kapitalismus ist.«[2]

Meine Hoffnung beruht auch auf den Menschen. Ich habe im Buch mehrfach wiederholt: Das Geld zerstört nicht das Ich; vielmehr bedarf es starker Ichs, um die ihm eigene Dynamik zu realisieren. Nun haben diese ›starken Ichs‹ aber auch gelegentlich die Neigung, sich von ihrem Dienstherren zu verabschieden und auf ›die andere Seite‹ überzulaufen, also zu Agenten der Geld*kritik* zu werden. Auf diese ›Überläufer‹ und ›Deserteure‹ setze ich – und dass es sie gab und gibt, zeigen unter anderem die vielen, auch in diesem Buch zitierten Theorien zum Geld. Ich gestehe, dass ich dabei auch eine gewisse Hoffnung auf die Frauen setze. Nicht dass ich an ein bestimmtes ›Naturell‹ von Frauen glaubte – an mehreren Beispielen habe ich vielmehr darzustellen versucht, dass Kapitalismus und ›Selbstbestimmung‹ der Frau durchaus eine gemeinsame Interessenlage finden können.

Wenn ich dennoch – und ganz vorsichtig – eine gewisse Hoffnung auf den Einfluss der Frauen setze, so aus einem anderen Grund: In der Geschichte des nominalistischen Geldes hatte der weibliche Körper nicht denselben Preis zu entrichten wie der männliche. Die Kompensation für den männlichen Körper bestand in der ›geistigen Potenz‹, die viele ›Agenten‹ in den Dienst der Eigenmacht des Geldes gestellt haben. Da Frauen den Preis dieser symbolischen Kastration nicht zu zahlen hatten (ich spreche nicht von individuellen Frauen, sondern von den kollektiven Imaginationen der Gesellschaft über die Frauenrolle), haben sie weniger Bedarf nach dieser Kompensation. Mag sein, dass es ihnen deshalb auch leichter fällt, ihre Begeisterung für das Geld im Zaum zu halten und weniger Diensteifer zu entwickeln.

Ich habe eine Kulturgeschichte des Geldes zu erzählen versucht, die Aspekte berücksichtigt, die in anderen Geldgeschichten nicht oder nur am Rande vorkommen. Sie

440

versteht sich nicht als die ›große Narration‹, sondern als Darstellung *eines* Prozesses, der die Existenz anderer Prozesse nicht ausschließt. Rückblickend glaube ich zu erkennen, dass es um die Geschichte des Unbewussten des Geldes geht. Hat das Geld ein Unbewusstes? Natürlich nicht. Aber das Geld ›prägt‹ das Unbewusste von Menschen, so wie eine Münze geprägt wird – und diese Geschichte lässt sich erzählen. Sie offenbart, wie Einflüsse der Gemeinschaft im Unbewussten des Einzelnen ›abgelagert‹ werden.

Freuds *Traumdeutung* und Simmels *Philosophie des Geldes* (die er ursprünglich ›Psychologie des Geldes‹ nennen wollte) erschienen in demselben Jahr: 1900. Die beiden Autoren waren fast derselbe Jahrgang, beide kamen aus bürgerlichen jüdischen Familien. Ihre Schriften wurden prägend für ein ganzes Zeitalter. Allein, sie nahmen sich gegenseitig nicht wahr oder begegneten dem anderen mit Ablehnung. Und dennoch, so hat Gerd Grözinger in einer akribischen Studie nachgewiesen, verband sie einiges: nicht nur ihr ähnlicher Hintergrund, auch die Stoffe, mit denen sie sich beschäftigten, die Interpretation und Thesen, zu denen sie gelangten. Über seine Nachwirkung schrieb Simmel in sein Tagebuch: »Meine Hinterlassenschaft ist wie eine im baren Geld, das an viele Erben verteilt wird, und jeder setzt sein Teil in irgendeinem Erwerb um, der seiner Natur entspricht: dem die Provenienz aus jener Hinterlassenschaft nicht anzusehen ist.«[3] Bei Freud war es anders: Er hat eine Schule hinterlassen. Aber seine eigentliche große ›Erbschaft‹ besteht in der *allgemeinen* Ansicht, dass es so etwas wie das Unterbewusste gibt und dieses Macht über unser Fühlen, Denken und Handeln ausübt. Freud und Simmel, so Grözinger, waren »zwar ein unwahrscheinliches Paar – sie hätten aber ein recht erfolgreiches Gespann bilden können«.[4] Der Unterschied zwischen ihnen bestand darin, dass der eine vom Individuum ausging und der andere von der Gesellschaft. Deshalb fanden sie nicht zueinander. Aber eben das macht sie auch zu einem guten Gespann: Beim Zusammenlesen ihrer Arbeiten wird das Zusammenwirken von Gemeinschaft und Individuum offenbar – und das Geld ist einer der wichtigsten Klebstoffe zwischen diesen beiden Polen.

Was ich mit diesem Buch ganz gewiss nicht beabsichtige – und es lässt sich auch schwerlich in diesem Sinne lesen –, ist die Umreißung einer neuen Geldutopie. Ich verfüge über keinen Gegenentwurf zur Geschichte des Geldes, und es gibt auch keinen. Im Namen von Utopien wurden schon viele und grausame Kriege geführt. Dagegen wurde noch nie ein Krieg im Namen der Skepsis geführt. Auf sie setze ich meine – ich betone: bescheidenen – Hoffnungen. Man hat Skepsis und Zweifel immer wieder als Zeichen von Ohnmacht, Entscheidungsunfähigkeit und Schwäche beschrieben. In Wirklichkeit steckt eine ungeheuere – und innovative – Kraft in ihnen. Sie beruht auf der Macht der Erkenntnis und der Bereitschaft zur Einsicht. Aber sie ist nicht nur reaktiv, sie agiert auch: Sie handelt, indem sie andere zögern lässt zu handeln. Das kann schon viel sein. In *The Great Transformation* hat Karl Polanyi dafür passende Worte gefunden: »Warum sollte denn eine letztlich siegreiche Entwicklung einen Beweis darstellen für die Wirkungslosigkeit der Bemühungen, ihr Fortschreiten zu verlangsamen? Warum will man denn nicht wahrhaben, dass diese Maßnahmen gerade in dem Errungenen, d. h. einem gedrosselten Veränderungsrhythmus, ihr Ziel erreicht haben?«[5]

Als Polanyi dies schrieb – sein Buch erschien 1944 –, gab es jeden erdenklichen Grund, nach radikaleren Möglichkeiten des Eingriffs in die Geschichte zu fragen. Aber er begnügte sich mit der Möglichkeit, dem Fortschritt Zügel anzulegen. Etwas Ähnliches gilt heute für die Regulierung des Finanzwesens. Sie ist eine wichtige Zukunftsstrategie. Denn je mehr sich der Finanzkapitalismus der Regulierung entzieht, desto mehr wird das Geld nach einer Deckung verlangen, die seinem theologischen Ursprung aus Opfer und Inkarnation entspricht. Das Geld lässt sich ›domestizieren‹, das zeigen viele historische Beispiele. Zumeist kamen sie aber erst *nach* den Krisen – wie dem Crash von 1929 – zum Zuge. Warum sollte nicht eines Tages auch eine vorbeugende Regulierung möglich sein? Die Geschichte des Geldes ist eine Geschichte der Domestizierung des Menschen. Eben deshalb müsste eine domestizierte Gesellschaft aber auch über die Mittel verfügen, der Eigendynamik des Geldes Zügel anzulegen.

Abschließend stellt sich noch eine grundlegende Frage. Ich habe darzustellen versucht, dass symbolisches Opfer und moderne Inkarnationslogik dem abstrakten Geld eine ›Deckung‹ verschaffen. Warum kommt es dann überhaupt zu den großen Geldkrisen? Genügt diese Deckung nicht zur Beglaubigung des Geldes? Die Antwort ist einfach: Die ›Deckung‹ durch das symbolische Opfer funktioniert immer nur nachträglich; der Preis des Geldes wird nicht im Voraus entrichtet, sondern funktioniert wie eine ›Rückversicherung‹. Ebenso prekär ist die Inkarnationslogik durch die Reproduktionstechniken. Diese stellt nichts weiter als eine ›Beleibung‹ der Zeichen dar, durch die sich das Geld faktisch selbst beglaubigt. Auch sie kann nie vorbeugend der Krise entgegenwirken.

Es gibt jedoch einen Faktor, der das Zeug zur Prophylaxe hat: Vertrauen. Dieses beruht – das wurde im Buch mehrfach thematisiert – auf dem Vertrauen in die Gemeinschaft. Gewiss, das, was wir als Gemeinschaft bezeichnen, hat sich in den letzten 200 Jahren ständig geändert. Deutschland ist das beste Beispiel: Noch Anfang des 19. Jahrhunderts gab es die einzelnen Fürstentümer und Stadtstaaten, dann folgte das Reich (mit wechselnden Grenzen und drei extrem unterschiedlichen politischen Systemen: Monarchie, Republik, Diktatur), danach zwei deutsche Staaten, später ein vereinter Staat, und nun ist Deutschland ein Teil der europäischen Gemeinschaft. Jede dieser Gemeinschaften hatte und hat ihre eigene Währung. Mag sein, dass es im Zuge der Globalisierung auch eine Weltwährung geben wird – und mit ihr eine Weltgemeinschaft. Mit jeder neuen Definition von Gemeinschaft muss ein neues Vertrauen entstehen. Das erschwert natürlich das Vertrauen ins Geld.

Aber auch unter den Bedingungen solcher Veränderungen lässt sich Vertrauen herstellen – und je mehr sich der Gemeinschaftsbegriff ändert, desto wichtiger ist es. Einer der Gründe für den Verlust des Vertrauens ins Geld beruht auf der Tatsache, dass die Korrelation von Leistung und Verdienst nicht stimmt – und in den letzten Jahrzehnten immer weiter auseinander gegangen ist. Es ist unbegreiflich, dass Menschen bei einem vollen Arbeitstag von ihrer Arbeit nicht leben können – und andere ein Einkommen haben, das weit über ihre tatsächlichen Leistungen (und ihren Bedarf) hinausgeht. Die gerechte Verteilung von Einkommen und Ressourcen ist aber eine der Grundvoraussetzungen für Vertrauen und den Glauben an die Gemeinschaft. Damit ist soziale Gerechtigkeit auch die Basis eines Vertrauens ins Geld – und Voraussetzung für eine krisenfeste Ökonomie, an der auch die, denen es gut geht, Interesse haben müssten. Alle drei Dinge sind auf einander angewiesen: Gerechtigkeit, der Glaube ans Geld und der Glaube an die Gemeinschaft. Fehlt eines, steht die Krise ins Haus.

Zum Abschluss des zweiten Akts vom *Faust II* richtet sich Mephistopheles an das Publikum mit den Worten: »Am Ende hängen wir doch ab/von Kreaturen, die wir machten.« Es stimmt, Menschen haben das Geld gemacht, und sie hängen nun am Tropf dieser ihrer Erfindung. Aber nichts hindert sie, den Zulauf aus diesem Tropf einem Regulativ zu unterwerfen, das uns mehr von den Vorteilen und weniger von den Nachteilen des Geldes spüren lässt.

ANMERKUNGEN

EINLEITUNG

1 A. Mitchell Innes, What is Money (1913), in: L. Randall Wray (Hg.), Credit and the State Theories of Money. The Contributions of A. Mitchell Innes, Cheltenham, UK/Northampton 2004, S. 14–49.

2 Aristoteles, Politik 1258b-10, in: ders., Philosophische Schriften in sechs Bänden, nach der Übersetzung von Eugen Rolfes bearbeitet von Günther Bien, Hamburg 1995, Bd. 4, S. 23.

3 John Maynard Keynes, Allgemeine Theorie der Beschäftigung, des Zinses und des Geldes, übers. von Fritz Wagner (1936), Berlin 1983, S. 189.

4 André Orléan, La monnaie autoréferentielle: réflexions sur les évolutions monétaires contemporaines, in: Michel Aglietta, André Orléan (Hg.), La monnaie souveraine, Paris 1998, S. 359–386, S. 362.

5 Alfred Kallir, Sign and Design: The Psychogenetic Sources of the Alphabet, London 1961, S. 243. (dt.: Sign and Design. Die psychogenetischen Quellen des Alphabets. Berlin 2002).

6 Kallir, S. 243–246.

7 Friedrich Kluge, Etymologisches Wörterbuch der deutschen Sprache, hg. v. Elmar Seebold et al., Berlin, New York 1989, S. 354.

8 Oxford Dictionary of English Etymology, Oxford 1966.

9 Christine Lagarde, in: Inside Job, Film von Charles Ferguson, USA 2010.

10 Bernhard Laum, Heiliges Geld. Eine historische Untersuchung über den sakralen Ursprung des Geldes, Tübingen 1924. (Berlin 2006).

11 Rudolf Wolfgang Müller, Geld und Geist. Zur Entstehungsgeschichte von Identitätsbewußtsein und Rationalität seit der Antike, Frankfurt/New York 1977.

12 Vgl. Jochen Hörisch, Bedeutsamkeit. Über den Zusammenhang von Zeit, Sinn und Medien, München 2009, S. 295 f.

13 Sitta von Reden, Exchange in Ancient Greece (1995), London 2003, S. 171; s. a. Keith Hart, Heads or Tails? Two Sides of the Coin, in: Man 21, 1986, S. 637–656, S. 638.

14 Waltraud Schelkle, Motive ökonomischer Geldkritik, in: dies./Manfred Nitsch (Hg.), Rätsel Geld. Annäherungen aus ökonomischer, soziologischer und historischer Sicht, Marburg 1998, S. 11–44, S. 12.

15 André Orléan im Gespräch mit Stefan Fuchs, Wirtschaftsweise ratlos? Deutschlandfunk v. 20. 11. 2011.

16 Orléan, La monnaie autoréferentielle, S. 366.

17 Michel Aglietta, André Orléan, La monnaie entre violence et confiance, Paris 2002.

18 Orléan, Deutschlandfunk v. 20. 11. 2011.

19 Christoph Binswanger, Die Glaubensgemeinschaft der Ökonomen. Essays zur Kultur der Wirtschaft, München 1998.

20 Joseph A. Schumpeter, History of Economic Analysis, London 1954, S. 10.

21 Schumpeter, History of Economic Analysis, S. 12 f.

22 Paul Krugman, How Did Economists Get it so Wrong? The Great Recession was the result not only of lax regulation in Washington and reckless risk-taking on Wall Street but also of faulty theorizing in academia. New York Times Magazine, September 6, 2009, S. 36–43, S. 37.

23 Charles Ferguson, in: Inside Job, Film USA 2010.

24 Paul Krugman, How Did Economists Get it so Wrong?, S. 37.

25 Hörisch, Bedeutsamkeit, S. 295.

26 Urs Stäheli, Spektakuläre Spekulation. Das Populäre der Ökonomie, Frankfurt/M 2007.

27 Vgl. Christina von Braun, Dorothea Dornhof, Eva Johach (Hg.), Das Unbewusste: Krisis und Kapital der Wissenschaft, Bielefeld 2009.

28 Eva Illouz, Die Errettung der modernen Seele. Therapien, Gefühle und die Kultur der Selbsthilfe, übers. v. Michael Adrian, Frankfurt/M. 2009; dies., Gefühle in Zeiten des Kapitalismus, übers. v. Martin Hartmann, Frankfurt/M. 2007.

I. GABE, GOLD, GELD, GENUS

1   Hörisch, Bedeutsamkeit , S. 301.

2   Brian Rotman, Die Null und das Nichts. Eine Semiotik des Nullpunkts, übers. v. Petra Sonnenfeld, Berlin 2000.

3   The Encyclopaedia Britannica, Volume 17, London/New York 1911, S. 694–709, S. 699.

4   Verordnung über die Errichtung der Deutschen Rentenbank am 15. 10. 1923, RGBl., I, S. 963, § 1.

5   John Maynard Keynes, Vom Gelde (A Treatise on Money, 1930), übers. v. Carl und Louise Krämer, München/Leipzig 1932, S. 3.

6   Gunnar Heinsohn, Muss die abendländische Zivilisation auf immer unerklärbar bleiben? Patriarchat und Geldwirtschaft, in: Waltraud Schelkle et al., Rätsel Geld, S. 209–270, S. 239.

7   Ebd., S. 251.

8   Ebd., S. 263.

9   Sitta von Reden, Geld – das revolutionäre Medium, in: Gott und das Geld, Welt und Umwelt der Bibel, Nr. 47, Stuttgart 2008, S. 16–21, S. 20.

10 Zit. n. Der Tagesspiegel v. 1. 1. 2009.

11 Carmen M. Reinhart, Kenneth S. Rogoff, This Time is different. Eight Centuries of Financial Folly, Princeton and Oxford 2009, S. 159.

12 Reinhart/Rogoff, S. 279.

13 Vgl. Hans Christoph Binswanger, Geld und Magie. Eine ökonomische Deutung von Goethes Faust, Hamburg 2009.

14 Karl Polanyi, The Great Transformation. Politische und ökonomische Ursprünge von Gesellschaften und Wirtschaftssystemen (1944), übers. v. Heinrich Jelinek, Frankfurt/M. 1990, S. 243.

15 Ebd., S. 243 f., 272.

16 John Kenneth Galbraith, Geld. Woher es kommt, wohin es geht (1975), übers. v. Karl Otto von Czernicki, München/Zürich 1976, S. 70 f.

17 Ebd., S. 71 ff.

18 Keynes, Vom Gelde, S. 532.

19 Reden, Geld – das revolutionäre Medium, S. 18 ff.

20 Bernard Lewis, The Emergence of Modern Turkey, Oxford 1968, S. 28 ff.

21 Laum, S. 128 f. Die unterschiedlichen Angaben (13½ und. 13⅓) sind so im Original wiedergeben.

22 Pauly-Wissowa-Kroll, Realenc. Supp. III, 1918, S. 592, zit. n. Laum, S. 129.

23 Willem Vissering, On Chinese Currency. Coin and Paper Money. Leiden 1877, Einführung, S. 6.

24 Ebd., S. 7.

25 Alexander Del Mar, History of Monetary Systems, Chicago 1895, New York 1969, S. 76 ff.

26 Ebd., S. 104.

27 Zit. n. Der Tagesspiegel v. 12. 10. 2011.

28 Friedrich A. von Hayek, Entnationalisierung des Geldes. Eine Analyse der Theorie und Praxis konkurrierender Umlaufsmittel, übers. v. Wendula Gräfin von Klinckowstroem, Tübingen 1977, S. 17.
29 Günter Schmölders, Psychologie des Geldes (1966), München 1982, S. 218.
30 Ebd., S. 153 f.
31 Georg Simmel, Philosophie des Geldes, in: Gesammelte Werke, Berlin 1977, Bd. 1, S. 155.
32 Schmölders, S. 221.
33 Ebd., S. 222.
34 Ferdinando Galiani, Über das Geld (1751), übers. und kommentiert v. Werner Tabarelli, Düsseldorf 1999, S. 196.
35 Webster's Seventh Collegiate Dictionary, Springfield Mass., 1967, S. 782.
36 Michael Hutter, Die frühe Form der Münze, in: Dirk Baecker (Hg.), Probleme der Form, Frankfurt/M. 1993, S. 159–180, S. 160.
37 Ebd., S. 162.
38 John H. Kroll, Silver in Solon's Laws, in: Richard Ashton/Silvia Hurter (Hg.), Studies in Greek Numismatics in Memory of Martin Jessop Price, London 1998, S. 225–232, S. 230.
39 Hutter, Die frühe Form der Münze, S. 165.
40 Ebd., S. 165–169.
41 Denise Schmandt-Besserat, An Ancient Token System: The Precursor to Numerals and Writing, in: Archaeology 39, 1986, S. 32–39; dies., Vom Ursprung der Schrift, in: Spektrum der Wissenschaft, 1982, S. 37 ff.
42 Hutter, Die frühe Form der Münze, S. 169.
43 Ebd., S. 170 f.
44 Bernhard Weisser, Das erste Massenmedium, in: Gott und das Geld. Welt und Umwelt der Bibel, Nr. 47, Stuttgart 2008. S. 34–37, S. 35.
45 Michael Hutter, Signum non olet: Grundzüge einer Zeichentheorie des Geldes, in: Schelkle et al., Rätsel Geld, S. 325–352, S. 340.
46 Ernst Curtius, Über den religiösen Charakter der griechischen Münze, in: Monatsberichte der Königlich Preußischen Akademie der Wissenschaften zu Berlin, Berlin 1870. Nachdruck in: Museum des Geldes, Ausstellungskatalog, zusammengestellt von Jürgen Harten und Horst Kurnitzky, Museum des Geldes. Über die seltsame Natur des Geldes in Kunst, Wissenschaft und Leben. Bd. 1, Städtische Kunsthalle Düsseldorf 1978 S. 106–113, S. 108.
47 Curtius, S. 106, 108.
48 Ebd., S. 112.
49 Hutter, Die frühe Form der Münze, S. 177 f.
50 Laum, S. 149 f.
51 Curtius, S. 108.
52 Weisser, S. 36 f.
53 Curtius, S. 108.
54 Laum, S. 150 f.
55 Ebd., S. 153.
56 Del Mar, S. 110, 108.
57 Ebd., S. 76.
58 Weisser, S. 37.
59 Del Mar, S. 114 f.
60 Reinhart/Rogoff, S. 174.
61 Reden, Geld – das revolutionäre Medium, S. 18, 21.
62 Ebd., S. 20.
63 Encyc. Brit., S. 702.
64 Reinhart/Rogoff, S. 88.

65 Ebd., S. 175.

66 Ebd., S. 175.

67 Hayek, Entnationalisierung, S. 14.

68 Denise Schmandt-Besserat, Vom Ursprung der Schrift, S. 37 ff.; s. a. dies., The Emergence of Recording, in: American Anthropologist, 1982, Vol. 84, No. 4, pp. 871–878; dies., How Writing Came About, Austin 1996; dies., Accounting with Tokens in the Ancient Near East, available at: http://www.utexas.edu/cola/centers/lrc/numerls/dsb/dsb1.html.

69 Innes, S. 34.

70 Ebd., S. 33.

71 Ebd., S. 16.

72 Vgl. L. Randall Wray, Stephanie Bell, Introduction: in: L. Randall Wray (Hg.), Credit and State Theories of Money. The Contributions of A. Mitchell Innes, S. 1–13, S. 1 f.

73 Thomas Lautz, Steinreich in der Südsee. Traditionelle Zahlungsmittel und ihre Herkunft, in: Geldmuseum d. Deutschen Bundesbank (Hg.),Vorträge zur Geldgeschichte 2004, Frankfurt/M. 2006, S. 49–70.

74 Lautz, S. 67.

75 Schmölders, S. 25.

76 Lautz. S. 65, 68.

77 Adam Smith, Der Wohlstand der Nationen. Eine Untersuchung seiner Natur und seiner Ursachen (1776), übers. und mit einer umfassenden Würdigung des Gesamtwerkes hg. v. Horst Claus Recktenwalde, München 1990, S. 27.

78 Marcel Hénaff, Der Preis der Wahrheit. Gabe, Geld und Philosophie, übers. v. Eva Moldenhauer, Frankfurt/M. 2009, S. 454.

79 Marcel Mauss, Die Gabe. Form und Funktion des Austausches in archaischen Gesellschaften, (1950), übers. v. Eva Moldenhauer, Frankfurt/M. 1990.

80 Hénaff, S. 195 f.

81 Adam Smith, Theorie der ethischen Gefühle, übers. und hg. v. Walter Eckstein, Marburg 1985, S. 316.

82 Hénaff, S. 189.

83 Ebd., S. 465.

84 Reden, Exchange, S. 172.

85 John Parry, On the Moral Perils of Exchange, in: ders./M. Bloch (Hg.), Money and the Morality of Exchange, Cambridge 1989, S. 64–93.

86 Hénaff, S. 476.

87 Ebd., S. 179.

88 Mauss, Die Gabe, S. 118.

89 Hénaff, S. 197.

90 Lautz, S. 59.

91 Hénaff, S. 467.

92 Claude Lévi-Strauss, Die elementaren Strukturen der Verwandtschaft (1949/1967), übers. v. Eva Moldenhauer, Frankfurt/M. 1993.

93 Marilyn Strathern, Subject or Object: Women and the Circulation of Valuables in Highlands New Guinea, in: R. Hirschen (Hg.), Women and Property. Women as Property, London und Canberra, 1984, S. 158–175, S. 172.

94 Lévi-Strauss, Die elementaren Strukturen, S. 106.

95 Lévi-Strauss, Die elementaren Strukturen, S. 642.

96 Hénaff, S. 467.

97 Lewis Hyde, The Gift. Imagination and the Erotic Life of Property, New York 1979, S. 96. In der zweiten Ausgabe, die auch der deutschen Ausgabe des Buchs zugrundeliegt, fehlt dieser Satz (wenn auch nicht Absatz), in dem Hyde eine solche Differenzierung zwischen ›Brautgeld‹ und ›Frauenkauf‹

vornimmt. Deutsche Ausgabe: Lewis Hyde, Die Gabe. Wie Kreativität die Welt bereichert, übers. v. Hans Günther Holl, Frankfurt 2008, S. 136 f.

98 Hénaff, S. 229.

99 Karl Ubl, Inzestverbot und Gesetzgebung. Die Konstruktion eines Verbrechens (300–1100), Berlin 2008.

100 Vgl. David Warren Sabean, Property, Production, and Family in Neckarshausen, 1770–1870, Cambridge Mass.1990; ders., Kinship in Neckarshausen, 1770–1870, Cambridge Mass. 1998.

101 Hénaff, S. 331, 333.

102 Ebd., S. 336.

103 Ebd., S. 346.

104 Ebd., S. 347 f.

105 R. Verdier, La Vengeance, zit. n. Hénaff, S. 349.

106 Thomas Hobbes, Leviathan. Oder Stoff, Form und Gewalt eines kirchlichen und bürgerlichen Staates, hg. und eingeleitet von Iring Fetscher, Frankfurt/M. 1999, S. 194.

107 Reinhart/Rogoff, S. 87.

108 Vgl. Christina von Braun, Versuch über den Schwindel. Religion, Schrift, Bild, Geschlecht, Zürich/München 2001. 5. Kapitel: Der Kollektivkörper.

109 Laum, S. 39.

110 Hénaff, S. 253, 259.

111 Ebd., S. 257, 268, 291.

112 Helmer Ringgren, Israelitische Religion, in: Christel Matthias Schröder (Hg.), Die Religion der Menschheit, Stuttgart 1963, Bd. 26, S. 153.

113 Ex 13,13.

114 Theologische Realenzyklopädie, Bd. 25, S. 260.

115 Hénaff, S. 269.

116 Ebd., S. 266 f.

117 Ebd., S. 408.

118 Karl Kerényi, Pythagoras und Orpheus, in: ders., Humanistische Seelenforschung, München/Wien 1966, S. 15–51, S. 48.

119 Jürgen Deutsch, Die Zahlungsmittel der Naturvölker in Afrika, Marburg/Lahn 1957, S. 18 f.

120 Deutsch, S. 19 f., 20, 27, 17.

121 Laum, S. 80.

122 Hénaff, S. 282.

123 Ebd., S. 277.

124 Mauss, Die Gabe, S. 43.

125 Hénaff, S. 282.

126 Horst Kurnitzky, Triebstruktur des Geldes. Ein Beitrag zur Theorie der Weiblichkeit, Berlin 1974, S. 30.

127 Laum, S. 17, 25.

128 Ebd., S. 49, 52, 29, 57, 48.

129 Wilhelm Gerloff, Die Entstehung des Geldes und die Anfänge des Geldwesens, Frankfurt/M. 1947, S. 80.

130 Emile Benveniste, Geben und Nehmen, in: ders., Indoeuropäische Institutionen. Wortschatz, Geschichte, Funktionen (1969), übers. v. Wolfram Bayer, Dieter Hornig, Kathrina Menke, Frankfurt/New York 1993, Band I, S. 53–99, 58 f.; s. a. Laum, S. 39.

131 Laum, S. 43.

132 Zit. n. Gunnar Heinsohn, Patriarchat und Geldwirtschaft, S. 255; vgl. auch Encyc. Brit, Stichwort: Herodot.

133 Laum, S. 85, 90, 86.

134 Hutter, Die frühe Form der Münze, S. 176.

135 Innes, S. 17.

136 Laum, S. 115, 117.

137 Ebd., S. 143.

138 Tabarelli, Einführung, in: Galiani, S. 54, FN.

139 Laum, S. 146.

140 Curtius, S. 110, 106 f.

141 Hutter, Signum non olet, S. 340.

142 Werbeflyer der Deutschen Bank von 2009.

143 Kallir, Sign and Design, S. 40.

144 Orléan, La monnaie autoréferentielle, S. 363, 366 f.

145 Ebd., S. 383.

146 Ebd., S. 379, 381.

147 Michel Aglietta, André Orléan, La monnaie entre violence et confiance, Paris 2002.

148 Orléan, La monnaie autoréferentielle, S. 386.

149 Reden, Exchange, S. 175.

150 Vgl. Nicole Loraux, Die Trauer der Mütter. Weibliche Leidenschaft und die Exzesse der Politik, übers. v. Eva Moldenhauer, Frankfurt/New York 1990.

151 Hénaff, S. 313.

152 Aristoteles, Nikomachische Ethik (1133b), nach der Übersetzung von Eugen Rolfes, bearbeitet von Günther Bien, in: ders., Philosophische Schriften in sechs Bänden, Bd. 3, Darmstadt 1995, S. 114.

153 Hörisch, Bedeutsamkeit, S. 294.

154 Hénaff, S. 493.

155 Paulys Real-Enzyklopädie der classischen Altertumswissenschaft, Stuttgart 1921, Bd. 21, S. 1053 f.

156 Meister Eckehart, Fragmente, in: Mystische Schriften, a. d. Mittelhochdeutschen übertr. v. Gustav Landauer, Frankfurt/M. 1991, S. 171. An anderer Stelle heißt es bei Eckehart: »Darum, was vor tausend Jahren geschehen ist und nach tausend Jahren geschehen wird und jetzt geschieht, das ist eins in der Ewigkeit. Darum, was Gott vor tausend Jahren getan und geschaffen hat und nach tausend Jahren tun wird und was er jetzt tut, das ist nichts als ein Werk.«, in: ders., Deutsche Predigten und Traktate, hg. u. übers. v. Josef Quint, Zürich 1970, S. 36.

157 Hans Joachim Stadermann, Tabu, Gewalt und Geld als Steuerungsmittel der Güterproduktion, in: Schelkle et al. (Hg.), Rätsel Geld, S. 145–171, S 158.

158 Stadermann, S. 159.

159 Reden, Exchange, S. 179.

160 Ebd., S. 179, 175, s. a. S. 190.

161 John H. Kroll, Silver in Solon's Laws.

162 Reden, Exchange, S. 190.

163 Vgl. Kroll, Silver in Solon's Laws.

164 Reden, Exchange, S. 179.

165 Harold Haarmann, Universalgeschichte der Schrift, New York/Frankfurt/M. 1992, S. 289.

166 Oxford Dictionary of Foreign Words and Phrases, Oxford 1997

167 Vgl. u. a. Jack Goody/Ian Watt, Konsequenzen der Literalität, in: dies./Kathleen Gough, Entstehung und Folgen der Schriftkultur, übers. v. Friedhelm Herborth, Frankfurt/M. 1986, S. 63–122.

168 Elisabeth Herrmann-Otto, Sklaverei und Freilassung in der griechisch-römischen Welt, Hildesheim 2009, S. 196.

169 Platon: Werke. Nomoi IV-VII. Übersetzung und Kommentar von Klaus Schöpsdau. Göttingen 2003, S. 12 (705a).

170 Hénaff, S. 101.

171 Nicole Loraux, Herakles. Der Über-Mann und das Weibliche, in: Renate Schlesier (Hg.), Faszination des Mythos, Frankfurt/M. 1985, S. 168.

172 Euripides, Die Schutzflehenden, in: Werke in drei Bänden, 1. Band, übers. v. Dietrich Ebener, hg. v. Jürgen Werner u. Walter Hagemann, Berlin/Weimar 1996, S. 286.
173 Walter Ong, Oralität und Literalität. Die Technologisierung des Wortes, übers. v. Walter Schömel, Opladen 1987, S. 19.
174 Vgl. Jan Assmann, Das kulturelle Gedächtnis. Schrift, Erinnerung und politische Identität in frühen Hochkulturen, München 1999, S. 288.
175 Zum ›fließenden Kanon‹ und seinen geschlechtlichen Implikationen vgl. Christina v. Braun, Versuch über den Schwindel, S. 97 ff.
176 Ong, S. 22.
177 Karl Kerényi, Dionysos. Urbild des unzerstörbaren Lebens, Stuttgart 1994, S. 13.
178 Ebd., S. 13.
179 Marc Shell, The Economy of Literature, Baltimore and London 1978, S. 12–62.
180 Ebd., S. 11.
181 Karl Marx, Ökonomisch-philosophische Manuskripte (1844), in: MEW, Erg. Bd. I, Berlin 1968, S. 571.
182 Ong, S. 15.
183 Vgl. Kallir, S. 8 f.
184 Hénaff, S. 267.
185 Lautz, S. 53.
186 Kurnitzky, Triebstruktur, S. 60, 67.
187 Ebd., S. 95, 73, 90 f.
188 Ebd., S. 116.
189 Ebd., S. 96, 107, 94, 128 f.
190 Harold Innis, Empire & Communications, Victoria/Toronto 1986, S. 7 f.
191 Alberto Alesina/Nathan Nunn/Paola Giuliano, On the Origins of Gender Roles: Women and the Plough, May 2011; s. a. The Plough and the Now. Deep-seated attitudes to women have roots in ancient agriculture, The Economist v. 24. 8. 2011.
192 Karl Braun, Der Tod des Stiers. Fest und Ritual in Spanien, München 1997, S. 76 f.
193 Ebd., S. 78.
194 Hénaff, S. 296 ff.
195 Kallir, S. 39.
196 Sigmund Freud, Die Traumdeutung, Gesammelte Werke, Bd. II/III, Frankfurt/M. 1942, S. 361.
197 Hénaff, S. 270.
198 Kallir, S. 23, 39, 50.
199 Ebd., S. 77.
200 Braun, Stier, S. 216.
201 Kurnitzky, Triebstruktur, S. 149.
202 Vgl. Marc Shell, Art and Money, Chicago 1995, S. 22 ff.
203 St. Gaudentius, De Diversis Capitulis, Serm. XIII, zit. n. Ernest Jones, Die Empfängnis der Jungfrau Maria durch das Ohr. Ein Beitrag zu der Beziehung zwischen Kunst und Religion, in: Jahrbuch der Psychoanalyse VI, 1914, S. 135–204, S. 194.
204 Laum, S. 81.
205 Michel Foucault, Le souci de soi, Histoire de la sexualité, Bd. 3, Paris 1984.
206 The Oxford English Dictionary (OED), Oxford 1964, S. 95.
207 Gary Taylor, Castration. An Abbreviated History of Western Manhood, New York 2002.
208 Lutz Mackensen, Ursprung der Wörter. Etymologisches Wörterbuch der deutschen Sprache, Wiesbaden 1985, S. 204.
209 Zit. n. Iwan Bloch, Handbuch der Gesamten Sexualwissenschaft in Einzeldarstellungen, Bd. 1: Die Prostitution, Berlin 1912, S. 544.

210 ›Deutsche Bank verbietet Bordellbesuche auf Firmenkosten‹, Spiegel-Online v. 19. 4. 2008

211 Jérôme Kerviel, Nur ein Rad im Getriebe. Memoiren eines Traders, übers. v. Isabel Lamberty-Klaas, München 2010.

212 Inside Job, Film von Charles Ferguson, USA 2010.

213 Wochenbericht des Deutschen Instituts für Wirtschaftsforschung Berlin, Nr. 18, v. 29. 4. 2009, S. 302–309, S. 302.

214 Wochenbericht DIW, S. 308.

215 Viviana A. Zelizer, The Social Meaning of Money. Pin Money, Paychecks, Poor Relief & Other Currencies, New York 1994, S. 65 f.

216 Zelizer, S. 27.

217 Arlie Hochschild, The Second Shift, New York 1990, S. 222, s. a. Zelizer, S. 69.

218 Zit. n. Der Tagesspiegel v. 21. 12. 2008.

219 Zit. n. Le Monde v. 22. 6. 2010.

220 International Herald Tribune v. 2. 2. 2009; Süddeutsche Zeitung v. 5. 5. 2011; Frankfurter Allgemeine Zeitung v. 26. 5. 2011, S. 31.

221 International Herald Tribune v. 2. 2. 2009.

222 Aristoteles, Politik, 1258 a 5.

223 Hénaff, S. 134.

224 Euripides, Hippolytus, übers. u. hrsg. v. Dietrich Bender, Berlin 1975, Vers 616 ff.

225 Hénaff, S. 58.

226 Ebd., S. 61.

227 Ebd., S. 536.

228 Hörisch, Bedeutsamkeit, S. 294 f.

229 Reden, Exchange, S. 202, 200, 204.

230 Ebd., S. 208.

231 Eva C. Keuls, Attic Vase-Painting and the Home Textile Industry, in: W. G. Moon (Hg.), Ancient Greek Art and Iconography, Wisconsin 1983, S. 209–230, S. 229; s. a. dies., The Reign of the Phallus, New York 1985, S. 260–264.

232 Beate Wagner, Zwischen Mythos und Realität. Die Frau in der frühgriechischen Gesellschaft, Frankfurt/M. 1982; Beate Wagner-Hasel, Der Stoff der Gaben, Kultur und Politik des Schenkens und Tauschens im archaischen Griechenland, Frankfurt/New York/Paris 2000.

233 Elke Hartmann, Frauen in der Antike. Weibliche Lebenswelten von Sappho bis Theodora, München 2007.

234 Irmgard Schultz, Der erregende Mythos vom Geld. Die neue Verbindung von Zeit, Geld und Geschlecht im Ökologiezeitalter, Frankfurt/New York 1994.

235 Ebd., S. 121.

236 Ebd., S. 113; s. a. Hartmann, Frauen in der Antike, S. 64–77.

237 Schultz, S. 113 f.

238 Ebd., S. 114.

239 Ebd., S. 115.

240 Vgl. Christina von Braun, Versuch über den Schwindel, Kapitel II.

241 Hutter, Die frühe Form der Münze, S. 174,

242 Ebd., S. 174.

243 Niklas Luhmann, Die Wirtschaft der Gesellschaft, Frankfurt/M. 1988, S. 201.

244 Hörisch, Bedeutsamkeit, S. 298, 300.

245 Hénaff, S. 265, 284.

246 Guy Lenôtre, Die Guillotine und die Scharfrichter zur Zeit der Französischen Revolution (1893), übers. v. Simon Michelet, Berlin 1996.

247 Hénaff, S. 307, 326, 40.

248 Ebd., S. 38.

249 Vgl. Hajo Riese, Geld: Das letzte Rätsel der Nationalökonomie, in: Schelkle et al. (Hg.), Rätsel Geld, S. 45–62.

250 Hénaff, S. 30 f.

251 Marcel Mauss, Origines de la Monnaie, in: Oeuvres, Bd. II, S. 106–112, zit. n. Hénaff, S. 456.

252 Jobless, Homeless, Sleepless, Sunday New York Times v. 6. 9. 2009.

253 Historic Success in Military Recruiting, Washington Post v. 14. 10. 2009.

254 Washington Post v. 14. 10. 2009.

255 New Exotic Investments Emerging on Wall Street. Packaging Life Insurance Policies Despite Fallout from Mortgage Crisis, v. Jenny Anderson, New York Sunday Times v. 6. 9. 2009.

256 Der Aktienhändler Jérôme Kerviel im Gespräch, Interview mit Le Monde, übersetzt und abgedruckt in NZZ Online v. 3. 2. 2008.

257 Vol. 360, S. 816.

258 Osagie K. Obasogie, Clinical Trials on Trial, in: New Scientist, 22. 1. 2011. Der Autor ist Jurist an UCLA San Francisco und Hastings College.

259 Osagie K. Obasogie, Clinical Trials on Trial.

260 Explosive Growth in Foreign Drug Testing Raises Ethical Questions, PBS Newshour v. 23. 8. 2011.

II. GELD UND GLAUBE

1 Michel de Montaigne, Schutzschrift für Raimond von Sebonde, in: ders., Essais [Versuche] nebst des Verfassers Leben, nach der Ausgabe von Pierre Coste, übers. v. Johann Daniel Tietz, Zürich 1992, Bd. 2, S. 138.

2 Max Weber, Die Wirtschaftsethik der Weltreligionen. Konfuzianismus und Taoismus, in: Schriften 1915–1920, Max Webers Gesamtausgabe I., Bd. 19, Tübingen 1989, S. 476.

3 Vgl. Christina von Braun, Glauben, Wissen und Geschlecht in den drei Religionen des Buches, Wien 2009; dies., The Symbol of the Cross, in: dies./Ulrike Brunotte/Gabriele Dietze/Daniela Hrzán/Gabriele Jähnert/Dagmar Pruin (Hg.), Holy War and Gender. ›Gotteskrieg‹ und Geschlecht, Münster/Berlin 2006, S. 55–75.

4 Leo Steinberg, The Sexuality of Christ in Renaissance Art and in Modern Oblivion (1983), 2., erw. Auflage, Chicago und London 1996.

5 Johannes Renger, Subsistenzproduktion und redistributive Palastwirtschaft: Wo bleibt die Nische für das Geld? Grenzen und Möglichkeiten für die Verwendung von Geld im alten Mesopotamien, in: Schelkle et al. (Hg.), Rätsel Geld, S. 271–324.

6 Encyc. Brit., S. 697.

7 Renger, S. 276.

8 Ebd., S. 288, 296, 307 f.

9 Elie Borowski, Geld in der Bibel. Wechselbeziehung von Geld und Opfer in der Bibel, in: Harten/Kurnitzky, Museum des Geldes, S. 114–115.

10 Ebd., S. 114.

11 Ebd., S. 114, 115.

12 Ebd., S. 115.

13 Bruno Bettelheim, Die symbolischen Wunden. Pubertätsriten und der Neid des Mannes, Frankfurt/M. 1982, S. 128.

14 Vgl. Steinberg, The Sexuality of Christ.

15 Ygal Blumenberg, Wie kann aus der Begrenzung die Vollständigkeit entspringen? Psychoanalytische Überlegungen zur Beschneidung in der jüdischen Tradition, in: Christina von Braun, Christoph Wulf (Hg.), Mythen des Blutes, Frankfurt/M. 2007, S. 227–242, S. 241.

16 Jacques Derrida, Zirkumfession, in: Jacques Derrida. Ein Portrait, von Geoffrey Bennington u. Jacques Derrida, übers. v. Stefan Lorenzer, Frankfurt/M. 1994, S. 82 f.

17 Vgl. Christina von Braun/Bettina Mathes, Verschleierte Wirklichkeit. Die Frau, der Islam und der Westen, Berlin 2007, S. 94–148.

18 Susannah Heschel, Sind Juden Männer? Können Frauen jüdisch sein? Die gesellschaftliche Definition des männlich/weiblichen Körpers, in: Sander Gilman/Robert Jütte/Gabriele Kohlbauer-Fritz (Hg), »Der schejne Jidd«. Das Bild des »jüdischen Körpers« in Mythos und Ritual, Wien 1998, S. 86–96, S. 95.

19 Ausführlicher: von Braun, Glauben, Wissen und Geschlecht in den drei Religionen des Buches.

20 Vgl. Carmel Shalev, Be Fruitful and Multiply – Spilling Seed in Vain. Religion and Biopolitics of Reproductive Technology in Israel, in: Claudia Bruns/Jana Husmann et al. (Hg.), Fundamentalism and Gender, (erscheint 2012).

21 Peter Brown, Die Keuschheit der Engel. Sexuelle Entsagung, Askese und Körperlichkeit im frühen Christentum, übers. v. Martin Pfeiffer, München 1994.

22 Simcha Ejges, Das Geld im Talmud. Versuch einer systematischen Darstellung der wirtschaftlichen Geldtheorie und -praxis nach talmudischen Qellen, Dissertation Gießen 1930, Druck Wilna 1930, S. 4, 17, 14, 15; s. a. auch Herodot, III, 95.

23 Der Begriff der ›Textgemeinschaft‹ (Textual Community) ist übernommen von Brian Stock, The Implications of Literacy: Written Language and Models of Interpretation in the Eleventh and Twelfth Centuries, Princeton N.J. 1983.

24 Ejges, S. 5 f.

25 Estelle Villeneuve, Eine kleine Geschichte des Geldes im Antiken Judäa, in: Gott und Geld, S. 22–26.

26 Ebd., S. 22, 23.

27 Weisser, Das erste Massenmedium. S. 35.

28 Villeneuve, S. 25.

29 Ejges, S. 26.

30 Villeneuve, S. 25 f.

31 Ebd., S. 26.

32 Vgl. Lawrence H. Schiffmann, The Making of the Mishnah and the Talmud, in: Printing of the Talmud. From Bomberg to Schottenheim, Katalog zur gleichnamigen Ausstellung des Yeshiva University Museums at the Center for Jewish History, New York 2005, S. 7; s. a. Shamma Friedman, The Transmission of the Talmud and the Computer Age, in: Printing of the Talmud, S. 145 f.

33 Ejges, S. 23, 9.

34 Ebd., S. 26–28.

35 Ebd., S. 31 f.

36 Encyc. Brit, S. 703.

37 Ejges, S. 47, 29, 35 f.

38 Ebd., S. 39.

39 Ebd., S. 40.

40 Ebd., S. 87 f., 89.

41 Encyclopaedia Judaica, Jerusalem, o. J., Bd. 12, S. 244.

42 Ejges, S. 74 f.

43 Encyc. Jud., Bd. 12, S. 244.

44 Ejges, S. 79.

45 Vgl. von Braun/Mathes, Verschleierte Wirklichkeit, Kapitel VIII.

46 Maxime Rodinson, Islam und Kapitalismus, übers. v. Renate Schubert, mit einer Einleitung von Bassam Tibi, Frankfurt/M. 1986.

47 Rodinson, S. 56, 41, 44.

48 Hyde, Die Gabe, S. 155. (In der englischsprachigen Originalausgabe expliziter: S. 112).

49 Ebd., S. 180.

50 Rodinson, S. 47, 65 f., 194 f.

51 Ebd., S. 114.

52 Charles C. Torrey, The Commercial-theological Terms in the Koran, Leyden 1892, S. 48.

53 Marc Shell, Art and Money, S. 129.

54 Vgl. von Braun/Mathes, Verschleierte Wirklichkeit, Kapitel V.

55 Rémi Brague, Europa – eine exzentrische Identität, Frankfurt/M. 1993, S. 120. Ich verdanke den Hinweis auf dieses Werk Geert Henrich, Identitätskonstruktion und Geschichtsbilder im Modernediskurs, in: Angelika Hartmann (Hg.), Geschichte und Erinnerung im Islam, Göttingen 2004.

56 Ivesa Lübben, Nationalstaat und islamische umma bei Hasan al-Bannā. Gründungsmythos und Annäherung an gesellschaftliche Realität, in: Angelika Hartmann (Hg.), Geschichte und Erinnerung im Islam, S. 117–144, S. 142.

57 Rodinson, S. 208.

58 Laum, S. 99.

59 Rodinson, S. 131.

60 Zit. n. ebd., S. 61.

61 Vgl. Edmund Schreiber, Die volkswirtschaftlichen Anschauungen der Scholastik seit Thomas von Aquin, Jena 1913; Raymond Roover, La pensée économique des scholastiques, Montréal/Paris 1971.

62 Martin Burckhardt, Nachwort in: Nicolas von Oresme, De Mutatione Monetarium. Traktat über Geldabwertung, übers. v. Wolfram Burckhardt, Berlin 1999, S. 101.

63 Karl Marx, Zur Judenfrage (1844), in: Karl Marx/Friedrich Engels – Werke, Berlin 1957, Bd. 1, S. 347–377, 374 f.

64 Karl Marx, Zur Judenfrage, S. 353.

65 Theodor Lessing, Der jüdische Selbsthaß (1930), Nachdruck München 1984.

66 Otto Weininger, Geschlecht und Charakter (1902), Wien/Leipzig 1917, S. 449 f.

67 Volker Elis Pilgrim, Adieu Marx, Gewalt und Ausbeutung im Hause des Wortführers, Reinbek 1990, S. 229.

68 Ebd., S. 243, 241.

69 Yosef Hayim Yerushalmi, Freuds Moses. Endliches und unendliches Judentum, übers. v. Wolfgang Heuß, Berlin 1992, S. 28.

70 Vgl. Astrid Deuber-Mankowsky, Der frühe Walter Benjamin und Hermann Cohen. Jüdische Werte, Kritische Philosophie, Vergängliche Erfahrung, Berlin 2000.

71 Galbraith, Geld, S. 45.

72 Ebd., S. 46.

73 Karl Marx, Zur Kritik der politischen Ökonomie (1859), in: MEW Bd. 13, Berlin 1957, S. 130 f.

74 David Ricardo, The Works and Correspondance of David Ricardo, Band IV, Pamphlets, 1815–1823, hg. v. Piero Staffa, Cambridge 1951, S. 62.

75 Vgl. Alfred Sohn-Rethel, Warenform – Denkform, Frankfurt/M. 1971.

76 Karl Marx, Das Kapital, Bd. 1, 2. Kapitel: Der Austauschprozeß, in: MEW Bd. 23, S. 107; s. a. Bd. 24, S. 54 f., Bd. 25, S. 484.

77 Simmel, Geld, S. 185.

78 Karl Marx, Ökonomisch-philosophische Manuskripte, S. 547.

79 Simmel, Geld, S. 99.

80 Hayek, Entnationalisierung S. 130.

81 Ebd., S. 88.

82 Ebd., S. 31, 100.

83 Moses Hess, Über das Geldwesen (1845), in: ders., Philosophische und sozialistische Schriften (1837–1850), hg. v. Auguste Cornu und Wolfgang Mönke, Berlin 1961, S. 329–348, S. 337.

84 Walter Benjamin, Kapitalismus als Religion (Fragment), in: Gesammelte Schriften, Hg. Rolf Tiedemann und Hermann Schweppenhäuser, 7 Bde., Frankfurt/M. 1991, Bd. VI, S. 100 ff.

85 Werner Sombart, Luxus und Kapitalismus, 1912, neu aufgelegt unter dem Titel ›Liebe, Luxus, Kapitalismus‹, München 1967.

86 Werner Sombart, Die Juden und das Wirtschaftsleben (1911), Leipzig 1920, S. 242 f.

87 Albrecht Fuess, Die islamische Schlachtrede und die ›Geistliche Anleitung‹, in: Hans G. Kippenberg/ Tilman Seidensticker (Hg.), Terror im Dienste Gottes. Die ›geistliche Anleitung‹ der Attentäter des 11. September 2001, Frankfurt/M. 2004, S. 55–66, S. 56.

88 John L. Esposito, Von Kopftuch bis Scharia. Was man über den Islam wissen sollte, übers. v. Henning Thies, Leipzig 2003, S. 24.

89 Bernd Kluge, Von Theudebert zu Richard Löwenherz. Geschichte und Geschichten um Geld im Mittelalter, in: Vorträge zur Geldgeschichte 2004, hg. v. Geldmuseum d. Deutschen Bundesbank, Frankfurt/M. 2006, S. 19–47, S. 20.

90 Encyc. Brit., S. 700.

91 Kluge, S. 20.

92 Zit. n. ebd., S. 21.

93 Stock, S. 32 ff.

94 Georges Duby, Guerriers et paysans, Paris 1973, S. 67.

95 Ebd., S. 67.

96 Reden, Gott und Geld, S. 18.

97 Ernst H. Kantorowicz, Die zwei Körper des Königs. Eine Studie zur politischen Theologie des Mittelalters (1957), übers. v. Walter Theimer u. Brigitte Hellmann, München 1990.

98 Ebd., S. 203 f.

99 Hörisch, Bedeutsamkeit, S. 317 f.

100 Joseph Pohle, The Real Presence of Christ in the Eucharist, in: The Catholic Encyclopedia. Vol. 5., New York 1909, Nihil Obstat der Kirche: 1. Mai 1909.

101 Die theologische Dimension von Adam Smiths ›unsichtbarer Hand‹ behandelt auch Giorgio Agamben, Herrschaft und Herrlichkeit. Zur theologischen Genealogie von Ökonomie und Regierung, aus dem Italienischen v. Andreas Hiepko, Frankfurt/M. 2010, S. 332–342.

102 Hörisch, Bedeutsamkeit, S. 321.

103 Ebd., S. 326 f.

104 Vgl. Christina von Braun, Der Ewige Judenhass, Filmtrilogie, WDR/NDR 1990, Teil I: Christlicher Antijudaismus; s. a. vgl. Karl Hausberger, Die ›Deggendorfer Gnad‹, Grundzüge ihrer Entstehung und Geschichte, in: Regensburger Bistumsblatt: Kirchengeschichte, 16. 2. 1992.

105 Shell, Art and Money, S. 8.

106 Henaff, S. 408.

107 Emile Benveniste, Unentgeltlichkeit und Dankbarkeit, in: ders., Indoeuropäische Institutionen, Band I, S. 156–159, S. 156.

108 Friedrich Nietzsche, Zur Genealogie der Moral, Zweite Abhandlung, 20, in: Kritische Studienausgabe, München 1988, S. 329 f.

109 Vgl. Charles Mackay, Extraordinary Popular Delusions and the Madness of the Crowds (1841), Reprint der Ausgabe von 1852, New York 1960, S. 70 f.

110 Vgl. Christina von Braun, Böses Blut. Mythen und Wirkungsgeschichte der Syphilis. Film (WDR), 1993/94.

111 Daniel Defoe, The Anatomy of Exchange Alley (1719), in: Defoe, Political and Economic Writings of Daniel Defoe, Bd. 6, Finance, hg. v. John McVeagh, London 2000, S. 129–156, S. 130.

112 Zit. n. Pierre Legendre, ›Die Juden interpretieren verrückt‹. Gutachten zu einem klassischen Text, übers. v. Anton Schütz, in: Psyche 43, Jan. 1989. S. 20–39, S. 24.

113 Ausführlicher dazu: Christina von Braun, Schuld, Schulden, Beschuldigungen: Das Medium Geld

im christlich-jüdischen Verhältnis, in: Alexandra Przyrembel/Jörg Schönert (Hg.), ›Jud Süß‹. Hofjude, literarische Figur, antisemitisches Zerrbild, Frankfurt/M. 2006, S. 311–325; Christina von Braun, Eva-Maria Ziege (Hg.), Das bewegliche Vorurteil. Aspekte des Internationalen Antisemitismus, Würzburg 2004.

114 Hellmut Haasis, Joseph Süß Oppenheimer, genannt Jud Süß. Finanzier, Freidenker, Justizopfer, Reinbek 1998. S. 183.

115 Hénaff, S. 269.

116 Ebd., S. 318.

117 Ich verdanke diesen Hinweis Eggert Blum.

118 Hénaff, S. 319.

119 Ansprache vor der Wirtschaftshochschule in Vallendar bei Koblenz am 14. 1. 2010, zit. n. Der Tagesspiegel v. 15. 1. 2010.

120 Im Interview mit John Arlidge in der Sunday Times of London, zit. n. New York Times, 11. 11. 2009.

121 Shell, Art and Money, S. 7 f., 21, 64, 66.

122 Mt 6,24; Lk 16,13; Mk 12, 13–17.

123 Jean-Pierre Lémonon, Der Denar des Kaisers, in: Gott und Geld, S. 52–55, S. 55.

124 Shell, Art and Money, S. 12, 15.

125 Edward B. Pusey, The Real Presence of the Body and Blood or Our Lord Jesus Christ; The Doctrine of the English Church, London 1857/1869, zit. n. ebd., S. 14 f.

126 Etwa bei Gregor von Nazianz, Orat. 45,21.

127 Shell, Art and Money, S. 89.

128 Bernhard Overbeck, Das Münchner Medaillon Constantins. Ein Beitrag zur Entwicklung des Christentums in spätrömischer Zeit, in: Vorträge zur Geldgeschichte 2004, hg. v. Geldmuseum d. Deutschen Bundesbank, Frankfurt/M. 2006. S. 71–93, 81.

129 Ebd., S. 82.

130 Ebd., S. 84.

131 Vgl. Christina von Braun, Die Macht des Drachen. Wandlungen eines Symbols, Mainz (ZDF) 1982.

132 Judy Allen/Jane Griffiths, The Book of the Dragon, London/New York 1979, S. 119; Jacqueline Simpson, British Dragons, London 1980, S. 146; Hans Egli, Das Schlangensymbol, Olten/Freiburg i. Br., 1982, S. 223.

133 Overbeck, S. 86 f.

134 Encyc. Brit., S. 792.

135 Shell, Art and Money, S. 49, 51.

136 Thomas Rainer, Judas, der König und die Münze. Zur Wunderkraft des Geldes im Spätmittelalter, in: Markus Mayr (Hg.), Von Goldenen Gebeinen. Wirtschaft und Reliquie im Mittelalter, Innsbruck/Wien/München 2001, S. 28–65.

137 Ebd., S. 35.

138 Ebd., S. 35 f.

139 Ebd., S. 37.

140 Ebd., S. 37, 39.

141 Erwin Panofsky, Die Perspektive als symbolische Form (1924–25), in: ders., Deutschsprachige Aufsätze II., hg. v. Karen Michels und Martin Warnke, Berlin 1998, Bd. 2, S. 664–757, S. 666. Der letzte Satz ist ein Zitat von Ernst Cassirer, Philosophie der symbolischen Formen II (1925), Darmstadt 1977, S. 107 f.

142 Braun, Stier, S. 109 ff.

143 Shell, Art and Money, S. 22 f.

144 Zit. n. ebd., S. 24.

145 Ebd., S. 24.

146 Vgl. Mimi Levy Lipis, Hybrid Houses in Judaism. How Objects and Metaphors Construct Hybrid Places of Belonging, Farnham, Surrey 2011.

147 Vgl. Martin Buckhardt, Vom Geist der Maschine. Eine Geschichte kultureller Umbrüche, Frankfurt/M. 1999, S. 136 ff.

148 Marc Shell, Art and Money, S. 126.

149 Ebd., S. 30. Shell bezieht sich hier auf: Thomas Laqueur, Making Sex: Body and Gender from the Greeks to Freud, Cambridge Mass. 1990, S. 63; dt. Auf den Leib geschrieben. Die Inszenierung der Geschlechter von der Antike bis Freud, Frankfurt/New York 1990.

150 Vgl. Webster's New Collegiate Dictionary, Springfield Mass. 1967.

151 Shell, Art and Money, S. 24 f.

152 Ebd., S. 31.

153 Zit. n. Oskar Panizza, Agnes Blannbekin, eine österreichische Schwärmerin aus dem 13. Jahrhundert nach den Quellen, in: Züricher Diskußjonen 1897, Bd. 10, S. 1–15, nachgedruckt in: Claudia Gehrke (Hg.), Ich habe einen Körper, München 1981, S. 49–74, S. 49.

154 Steinberg, S. 50.

155 Zit. n. ebd., S. 54 f., 51, 53.

156 Shell, Art and Money, S. 37, 36.

157 Arnold Angenendt, Kollekte – Messstiftungen – Ablass, in: Gott und Geld, S. 56–59, S. 58.

158 Angenendt, S. 58.

159 Horst Kurnitzky, Der Heilige Markt, Frankfurt/M. 1994, S. 37; ders., Triebstruktur, S. 151 f.

160 Josef Kulischer, Allgemeine Wirtschaftsgeschichte des Mittelalters und der Neuzeit, Darmstadt 1958. Bd. 1, S. 91.

161 Ebd., Bd. 1, S. 91.

162 Ebd., Bd. 1, S. 91 f.

163 Ebd., Bd. 1, S. 92.

164 Kurnitzky, Markt, S. 36.

165 Kulischer, Bd. 1, S. 93–96.

166 Kluge, S. 23–25.

167 Ebd., S. 26 ff.

168 Oresme, S. 37 f.

169 Kluge, S. 28, 29.

170 Ebd., S. 31.

171 Zit. n. ebd., S. 33.

172 Ebd., S. 36 f.

173 Beispiele ebd., S. 40.

174 Ebd., S. 42.

175 Jacques Le Goff, Kaufleute und Bankiers im Mittelalter, übers. v. Friedel Weinert, Frankfurt/M. 1989, S. 60.

176 Le Goff, Kaufleute, S. 62.

177 Ebd., S. 32.

178 Ebd., S. 84 f.

179 Ebd., S. 86.

180 Ebd., S. 90, 68, 74.

181 Ebd., S. 79.

182 Ebd., Beispiele S. 87.

183 Ebd., S. 92–94.

184 Angenendt, S. 57.

185 Irini Athanassakis, Die Aktie als Bild. Zur Kulturgeschichte von Wertpapieren, Wien/New York 2008, S. 102.

186 Ebd., S. 114, 105.

187 Angenendt, S. 59.

188 Jacques Le Goff, Your Money or your Life. Economy and Religion in the Middle Ages, translated by Patricia Ranum, New York 1990 (Originaltitel: La Bourse et la Vie, Paris 1986), S. 68.

189 Ders., Die Geburt des Fegefeuers, übers. v. Ariane Forkel, Stuttgart 1984, S. 14.

190 Ebd., S. 198 f.

191 Ebd., S. 276, 23, 435.

192 Le Goff, Your Money, S. 76.

193 Le Goff, Kaufleute, S. 88.

194 Le Goff, Your Money, S. 92 f.

195 Le Goff, Kaufleute, S. 94, 103.

196 Max Weber, Die protestantische Ethik und der Geist des Kapitalismus (Nachdruck der Fassung der von Max Weber redigierten Aufsätze von 1920), hg. v. Dirk Kaesler, München 2004, S. 155, 193.

197 Weber, Prot. Ethik, S. 146.

198 Sascha O. Becker/Ludger Wößmann, Was Weber Wrong? A Human Capital Theory of Protestant Economic History, in: Quarterly Journal of Economics 124 (2), 2009, S. 531–596.

199 Max Horkheimer/Theodor W. Adorno, Die Dialektik der Aufklärung, Frankfurt/M. 1969, S. 40.

200 Spiegel-Online v. 7. 10. 2007.

201 Zit. n. Angenendt, S. 59.

202 Galbraith, Geld, S. 249.

203 Die Religion in Geschichte und Gegenwart, hg. v. Hans Frh. v. Campenhausen et al., hg. v. Kurt Galling, Tübingen 1986, Bd. 2, S. 1311.

204 Schelkle, Motive ökonomischer Geldkritik, S. 12.

205 Vgl. von Braun/Mathes, Verschleierte Wirklichkeit, S. 60 ff.

206 Vgl. Ulrich Woronowicz, Zins und Zinsverbot in der theologischen Diskussion. Unter besonderer Berücksichtigung der DDR-›Kirche im Sozialismus‹, in: Schelkle et al (Hg.), Rätsel Geld, S. 173–207, S. 176.

207 Erhard S. Gerstenberger, Das alttestamentarische Zinsverbot und wie man es umging, in: Gott und Geld, S. 49–51, S. 49, 50.

208 Hutter, Signum non olet, S. 336.

209 Woronowicz, S. 176 f.

210 Encyc. Jud., Bd. 12, S. 245.

211 Gerstenberger, S. 49.

212 Vgl. von Braun, Versuch über den Schwindel, S. 83 ff.

213 Ejges, S. 81, 82.

214 Martin Leutzsch, Der Umgang mit der Schuldsklaverei in der Bibel, in: Gott und das Geld, S. 44–47, S. 46.

215 Leutzsch, S. 46.

216 Le Monde v. 17. 12. 2008.

217 Encyc. Jud., Bd. 12, S. 246.

218 Gerstenberger, S. 50 f.

219 H.-G. von Mutius, in: Theologische Realenzyklopädie (TRE) 36, S. 676.

220 Gerstenberger, S. 51.

221 Encyc. Jud., Bd. 12, S. 247.

222 Ebd., S. 248.

223 Ebd., S. 254, 255.

224 Hyde, Die Gabe, S. 169.

225 Woronowicz, S. 177.

226 Le Goff, Kaufleute, S. 71 f., 92.

227 Ebd., S. 92.

228 Hörisch, Bedeutsamkeit, S. 325, 327 f.

229 Gerstenberger, S. 51.

230 Mt 11,19; 21,12 f.; Lk 18,11; Joh 2,14–17.

231 Gerstenberger, S. 51.

232 Martin Luther, Von Kaufhandlung und Wucher, 1524, in: Luther, Schriften, Berlin/Weimar 1970, S. 182 ff., S. 238; ders., Von den Jüden und ihren Lügen (1543), in: Schriften, Predigten, Vorlesungen, Disputationen, Weimar 1919, Bd. 53, S. 522 ff.

233 Encyc. Jud., Bd. 12, S. 253.

234 Shell, Art and Money, S. 156 f.

235 Benjamin N. Nelson, The Idea of Usury. From Tribal Brotherhood to Universal Otherhood, Princeton 1949, S. XV.

236 Nelson, XVIII f.

237 Ebd., S. 3, 4, 7, 20.

238 Ebd., S. 44–49, 65–67.

239 Ebd., S. 73–75, 78 f., 80.

240 Ebd., S. IX.

241 Ebd., S. 106 f., 112 f., 81, 137.

242 Peter Brown, Die Keuschheit der Engel, S. 74.

243 Julia Kristeva, Fremde sind wir uns selbst, übers. v. Xenia Rajewski, Frankfurt/M. 1990, S. 73.

244 Hans Conrad Zander, Der erste Single. Jesus, der Familienfeind, Gütersloh 2010, Klappentext.

245 Zander, S. 34, 44.

246 Hess, S. 334.

III: Geld und Gemeinschaft

1 Giorgio Agamben, Herrschaft und Herrlichkeit, S. 342.

2 José Casanova, Religion, the New Millenium, and Globalization, Sociology of Religion 62, 2001, Nr. 4, S. 415–441.

3 Helmut Schmidt, Religion in der Verantwortung. Gefährdungen des Friedens im Zeitalter der Globalisierung, Berlin 2011.

4 Johann Hinrich Claussen, in: Süddeutsche Zeitung v. 5. 5. 2011.

5 Charles Taylor, Ein säkulares Zeitalter, 2007, übers. v. Joachim Schulte, Frankfurt/M. 2009.

6 Harvey Cox, The Secular City (1965), deutsch: Stadt ohne Gott?, übers. v. Werner Simpfendörfer, Stuttgart 1968, S. 272.

7 Eric Voegelin, Die politischen Religionen (1938), München 1992.

8 Dietrich Bonhoeffer, Widerstand und Ergebung. Briefe und Aufzeichnungen aus der Haft, hg. v. Eberhard Bethge, München 1951, S. 181.

9 Cox, S. 272 f.

10 Vgl. von Braun/Mathes, Verschleierte Wirklichkeit, S. 333 ff.

11 Emile Benveniste, Die Gastfreundschaft, in: ders., Indoeuropäische Institutionen, 1. Buch, 7. Kapitel, S. 71–83, S. 71.

12 Hénaff, S. 227.

13 Benveniste, S. 71.

14 Hénaff, S. 227 f.

15 Benveniste, S. 76.

16 Aristoteles, Nikomachische Ethik (1133b), S. 114.

17 Benveniste, S. 76.

18 Oresme, S. 67, 63, 57.

19 Kantorowicz, S. 31.

20 Hobbes, Leviathan. S. 194.

21 Kantorowicz, S. 31.

22 Karl Marx, Grundrisse der Kritik der politischen Ökonomie (Rohentwurf) 1857–58, 2 Bde., Moskau 1939/1941, Reprint Berlin, DDR, 1953, S. 133 f.,

23 Ebd., S. 136.

24 Marx, Das Geld, (1844), in: Ökonomisch-philosophische Manuskripte, MEW, Erg. Bd. 1, Berlin 1968, S. 565.

25 Orléan, La monnaie autoréferentielle, S. 384.

26 Ebd., S. 372.

27 Ebd.

28 Hyde, Die Gabe, S. 124 f.

29 Martin Riesebrodt, Fundamentalismus als patriarchalische Protestbewegung: Amerikanische Protestanten und iranische Schiiten im Vergleich, Tübingen 1990, S. 19 f.

30 Riesebrodt, S. 21.

31 Gerd Dethlefs, Eine fundamentalistische Revolution: Das Reich der Wiedertäufer zu Münster 1534/1535, in: Vorträge zur Geldgeschichte 2005, hg. v. Geldmuseum der Deutschen Bundesbank, Frankfurt/M. 2007, S. 33–54.

32 Dethlefs, S. 39.

33 Ebd., S. 41.

34 Ebd.

35 Ebd., S. 36, 37.

36 Ebd., S. 37.

37 Ebd., S. 41 f.

38 Ebd., S. 43.

39 Ebd., S. 44, 46, 45.

40 Ebd., S. 50–52.

41 Shell, Art and Money, S. 16 f.

42 Vgl. Braun/Mathes, Verschleierte Wirklichkeit, S. 230 ff.; s. a. Fuat Sezgin (Hg.), Wissenschaft und Technik im Islam, 5 Bde., Institut f. d. Geschichte d. Arabisch-Islamischen Wissenschaften, Universität Frankfurt, Frankfurt/M. 2003.

43 Erich Schön, Der Verlust der Sinnlichkeit/oder Die Verwandlungen des Lesers, Stuttgart 1987.

44 Ebd., S. 35, 41.

45 Ebd., S. 42.

46 Ebd., S. 69–82.

47 Ebd., S. 83–86.

48 Ebd., S. 86–93.

49 Ebd., S. 56.

50 Marshall McLuhan, Die Magischen Kanäle (1964), übers. v. Meinrad Amann, Düsseldorf/Wien/New York/Moskau 1992, S. 36.

51 Schön, S. 96

52 Vgl. Christina von Braun, Von Wunschtraum zu Alptraum. Eine Geschichte des utopischen Denkens, Film, München (BR) 1984; s. a. dies., Der Einbruch der Wohnstube in die Fremde, in: dies., Die schamlose Schönheit des Vergangenen, Frankfurt/M. 1989, S. 15–35.

53 Schön, S. 109.

54 Simmel, Geld, S. 413.

55 Benedict Anderson, Die Erfindung der Nation. Zur Karriere eines folgenreichen Konzepts (1983), übers. v. Benedict Burkart u. Christoph Münz, Berlin 1998, S. 13.

56 Anderson, Die Erfindung der Nation, S. 22 f.

57 Ebd., S. 30, 36 f.

58 Weber, Prot. Ethik, S. 156.

59 David S. Landes, Revolution in Time. Clocks and the Making of the Modern World (1983), Cambridge Mass. 1983, S. 72.

60 Michel Foucault, Überwachen und Strafen. Die Geburt des Gefängnisses (1975), übers. v. Walter Seitter, Frankfurt/M. 1994.

61 Landes, S. 58.

62 Ebd., S. 74; s. a. Mayr: »Im mittelalterlichen Europa hat sich das Bedürfnis nach einem verläßlichen Zeitmesser am stärksten in der Verwaltung organisierter Gemeinschaften bemerkbar gemacht.« Otto Mayr, Uhrwerk und Waage, München 1987, S. 32 f.

63 Landes, S. 83.

64 Lewis Mumford, Technics and Civilization (1934), New York 1963, S. 15; s. a. Landes, S. 70.

65 Landes, S. 76.

66 Ebd., S. 78, 241.

67 Ebd., S. 6.

68 Martin Burckhardt, Die wuchernden Zeichen, Nachwort zu Oresme, S. 77–119, S. 108 f.

69 Landes, S. 97, 96.

70 Ebd., S. 97, 281, 85.

71 René Descartes, Untersuchungen über die Grundlagen der Philosophie, worin das Dasein Gottes und die Unterschiedenheit der menschlichen Seele von ihrem Körper bewiesen wird«, in: ders., Philosophische Werke, übers. v. J. H. von Kirchmann, Abteilung I-III, Berlin 1870, Abt. II, S. 110.

72 Landes, S. 99 f.

73 Mumford, S. 14 f.

74 Benjamin Nelson betont die Ähnlichkeit von Geld und Kloster für die Gleichstellung: Nelson, S. VII. Zur sozialen Mobilität s. Simmel, Geld, S. 375 ff.

75 Reden, Geld – das revolutionäre Medium, S. 21.

76 Vgl. Kurnitzky, Der heilige Markt, S. 27.

77 Vgl. von Braun, Die schamlose Schönheit des Vergangenen, S. 24.

78 Joseph A. Schumpeter, Kapitalismus, Sozialismus und Demokratie (1942), übers. v. Susanne Preiswerk, Tübingen 1952, hier: 1987, S. 204, FN.

79 Schumpeter, Kapitalismus, S. 203 f.

80 Pierre Bourdieu, Die feinen Unterschiede. Kritik der gesellschaftlichen Urteilskraft (1979), übers. v. Bernd Schwibs u. Achim Russer, Frankfurt/M. 1992.

81 Die Religion in Geschichte und Gegenwart. Handwörterbuch für Theologie und Religionswissenschaft, hg. v. Kurt Galling et al., Tübingen (im Folgenden: RGG), 2. Bd., S. 1317.

82 Ebd., S. 1317.

83 Ebd., S. 1318.

84 Le Goff, Kaufleute, S. 63.

85 Schumpeter, Kapitalismus, S. 136.

86 Burckhardt, Die wuchernden Zeichen, S. 82 f.

87 Thomas W. Blomquist, The Dawn of Banking in an Italian Commune: Thirteenth Century Lucca, in: The Dawn of Medieval Banking, hg. v. Center for Medieval and Renaissance Studies, University of California Los Angeles, New Haven/London 1979, S. 53–75, S. 64 f.

88 Le Goff, Kaufleute, S. 65.

89 Galbraith, Geld, S. 68, 78.

90 Ebd., S. 88 f.

91   Müller, Geld und Geist, S. 28.

92   Schumpeter, Kapitalismus, S. 212.

93   Ebd., S. 218.

94   Rodinson, S. 279 f.

95   Müller, Geld und Geist, S. 89.

96   Polanyi, S. 88 f.

97   Ebd., S. 216 f.

98   Ebd., S. 75.

99   Ebd., S. 54.

100 Ebd., S. 243 f.

101 Ebd., S. 146.

102 Ebd., S. 227.

103 Ebd., S. 128.

104 Orléan, La monnaie autoréferentielle, S. 376.

105 Polanyi, S. 19, 192 f.

106 Ebd., S. 206.

107 Ebd., S. 182.

108 Ebd., S. 47.

109 Ebd., S. 292, 314 f.

110 Ebd., S. 19.

111 Werner Sombart, Der moderne Kapitalismus, Bd. 2: Das europäische Wirtschaftsleben im Zeitalter des Frühkapitalismus, vornehmlich im 16., 17. und 18. Jahrhundert, München/Leipzig 1902, Bd. 3, Das Wirtschaftsleben im Zeitalter des Hochkapitalismus, Berlin 1955 (unveränderter Neudruck).

112 John Maynard Keynes, Allgemeine Theorie, S. 272 f.

113 Keynes, Allgemeine Theorie, S. 152.

114 Ebd., u. a. S. 190.

115 Ebd., S. 318.

116 Laum, S. 49 ff.

117 Galbraith, Geld, S. 227 f.

118 Die Vize-Chefin der Bank of China, Hu Xiaolian, forderte die Ablösung des Dollars als globale Währung und die Einführung einer neuen Währung, vgl. Der Tagesspiegel v. 25. 3. 2009.

119 Galbraith, Geld, S. 40 f., 39, 49.

120 Ebd., S. 43.

121 Walter Bagehot, Lombard Street. A Description of the Money Market (1873), London 1927, S. 36, 41 f.

122 Hayek, Entnationalisierung, S. 94, IX, XI, 96 f.

123 Bagehot, S. 142.

124 Hayek, Entnationalisierung, S. 97 f.

125 Ebd., S. 13, X, 89.

126 Ebd., S. X, 19, 71.

127 Ebd., S. 10.

128 Vgl. Kantorowicz, Die Zwei Körper, S. 405 f., FN 319.

129 Orléan, La monnaie autoréferentielle, S. 371.

130 Hayek, Entnationalisierung, S. 37.

131 Ebd., S. 112, 114.

132 Galbraith, Geld, S. 300.

133 Ebd., S. 194.

134 Der Spiegel, Nr. 11, 2009.

135 John Kenneth Galbraith, Die Ökonomie des unschuldigen Betrugs. Vom Realitätsverlust der heutigen Wirtschaft, übers. v. Torsten Schmidt, München 2004.

136 Ebd., S. 71, 67.
137 Lars Gertenbach, Die Kultivierung des Marktes. Foucault und die Gouvernementalität des Neoliberalismus, Berlin 2008, S. 98.
138 Galbraith, Ökonomie, S. 85, 115.
139 Colin Crouch, Das befremdliche Überleben des Neoliberalismus, übers. v. Frank Jakubzik, Frankfurt/M. 2011.
140 Ebd., S. 102, 138 f.
141 Ebd., S. 148, 203.
142 James K. Galbraith im Gespräch mit Stefan Fuchs, in: Wirtschaftsweise ratlos? Deutschlandfunk v. 27. 11. 2011; s. a. ders., The Predator State, New York 2008.
143 Ebd.
144 Hayek, Entnationalisierung, S. 2.
145 Géopolitique, Nr. 53, Frühjahr 1996.
146 Thomas K. McCraw, Joseph A. Schumpeter. Eine Biographie, übers. v. Doris Gerstner und Michael Hein, Hamburg 2008, S. 10.
147 Richard Swedberg, Joseph A. Schumpeter. Eine Biographie (1991), übers. v. Johannes G. Pankau, Stuttgart 1994, S. 165.
148 Joseph A. Schumpeter, Business Cycles: A Theoretical, Historical, and Statistical Analysis of the Capitalist Process, New York/London 1939; deutsch: Konjunkturzyklen. Eine theoretische, historische und statistische Analyse des kapitalistischen Prozesses, Göttingen 1961.
149 Joseph. A. Schumpeter, History of Economic Analysis, hg. v. Elizabeth Boody Schumpeter, New York/London 1954, deutsch: J. A. Schumpeter, Geschichte der ökonomischen Analyse, Göttingen 1965.
150 Schumpeter, Kapitalismus, S. 137 f.
151 McCraw, S. 581.
152 Schumpeter, Kapitalismus, S. 115.
153 Joseph A. Schumpeter, The Instability of Capitalism, in: Economic Journal, Nr. 38, (1928), S. 361.
154 Ebd., S. 386.
155 Joseph A. Schumpeter, Theorie der wirtschaftlichen Entwicklung. Eine Untersuchung über Unternehmensgewinn, Kapital, Kredit, Zins und den Konjunkturzyklus, Leipzig 1912, neu bearbeitete Auflage 1924, S. 165 f., 205.
156 Zit. n. McCraw, S. 186.
157 Joseph A. Schumpeter, Das Wesen des Geldes, aus dem Nachlaß hg. und mit einer Einführung versehen von Fritz Karl Mann, Göttingen 1970, S. 1.
158 Schumpeter, History of Economic Analysis, S. 12 f.
159 Schumpeter, Theoretical problems of Economic Growth, in: ders., Essays, Cambridge 1951, S. 231.
160 Schumpeter, Das Wesen des Geldes, S. 12.
161 Schumpeter, History of Economic Analysis, S. 10.
162 Schumpeter, Kapitalismus, S. 64, 69.
163 Ebd., S. 113, 114.
164 Ebd., S. 239–241.
165 Ebd., S. 242.
166 Jean-François Lyotard, Postmoderne Realitäten, übers. v. Gabriele Ricke und Ronald Vouillié, in: Peter Engelmann (Hg.) (1993), Wien 1998, S. 201.
167 Luc Boltanski, Ève Chiapello, Der neue Geist des Kapitalismus, übers. v. Michael Tillmann, Konstanz 2002, S. 68.
168 Schumpeter, Kapitalismus, S. 231.
169 Ebd., S. 267, 273, 274, 298; s. a. S. 311, 322.
170 Ebd., S. 334 ff., 477 f.

171 Ebd., S. 313, 332.

172 Ebd., S. 333, 347, 357 f.

173 Ebd., S. 366 ff.

174 Ebd., S. 217, 230.

175 Süddeutsche Zeitung v. 2. 4. 2009.

176 Schumpeter, Kapitalismus, S. 216, 313.

177 Joseph A. Schumpeter. Economic Theory and Entrepreneurial History, in: ders., Essays, Cambridge 1951, S. 255.

178 McCraw, S. 206, 45 f., 207.

179 Ebd., S. 467.

180 Karl Marx und Friedrich Engels, Manifest der Kommunistischen Partei. Grundsätze des Kommunismus, in: MEW Bd. 4, Berlin 1959, S. 466 f.

181 China puts its cash where the state is, New York Times v. 31. 8. 2010.

182 Bankenrettung mit Gewinn – das amerikanische Vorbild, in: Handelsblatt v. 12. 10. 2011.

183 New York Times v. 31. 8. 2010.

184 Schumpeter, Kapitalismus, S. 273, FN.

185 Ebd., S. 218.

186 Adam Smith, Der Wohlstand der Nationen, Buch IV, Kap. II, S. 371.

187 Schumpeter, Kapitalismus, S. 206, 255, 260.

188 Ebd., S. 255 f.

189 Ebd., S. 208.

190 Ebd., S. 262, 351.

191 Werner Sombart, Die Juden und das Wirtschaftsleben, Leipzig 1911.

192 Swedberg, S. 261.

193 Schumpeter, Kapitalismus, S. 223.

194 Swedberg, S. 260. Der zitierte Zeuge entstammt der Biographie von Robert Loring Allen, Opening Doors: The Life and Work of Joseph Schumpeter, New Brunswick 1991, Bd. 2, S. 60.

195 Zit. n. Swedberg, S. 196.

196 Ebd., S. 14.

197 Zit. n. ebd., S. 206, 196.

198 Vgl. dazu Dietz Berings materialreiche und differenzierte Untersuchung: Die Intellektuellen, Geschichte eines Schimpfwortes, Stuttgart 1978, S. 94 ff.

199 Schumpeter, Kapitalismus, S. 252 ff., 237, 244.

200 Ebd., S. 137 f.

201 McCraw, S. 508.

202 Schumpeter, Kapitalismus, S. 138.

203 Vgl. Christina von Braun, Nicht ich. Logik, Lüge, Libido (1985), Berlin 2009, 2. Kapitel.

204 Charles Darwin, Die Entstehung der Arten durch die natürliche Zuchtwahl, übers. v. Carl W. Neumann, Stuttgart 1963, S. 666 f. u. 678.

205 Mircea Eliade, Kosmos und Geschichte. Der Mythos der ewigen Wiederkehr (1949), übers. v. Günther Spaltmann (1953), Frankfurt/M. 1984, S. 157 f.

206 Joseph Schumpeter, L'avenir de l'entreprise privée devant les tendances socialistes modernes, in: Associations professionelles des industriels. Premier congrès patronal: Comment sauvegarder l'entreprise privée, Montréal 1946, S. 103–108.

207 Ebd.

208 Der Vortrag erschien auch als Kapitel in der dritten Auflage von Kapitalismus, Sozialismus und Demokratie (1950).

IV: GELD UND GEIST

1 Deutsche Übersetzung: das Recht des Staates, »den Sprachgebrauch zu ändern«, Keynes, Vom Gelde, S. 4.
2 Oswald Spengler, Der Untergang des Abendlandes. Umrisse einer Morphologie der Weltgeschichte (1922), München 1997, S. 1175.
3 Richard Swedberg, Principles of Economic Sociology, Princeton N. J. 2003, S. 105–109.
4 Manuel Castells, Der Aufstieg der Netzwerkgesellschaft (1996), in: ders., Das Informationszeitalter, Teil I, übers. v. Reinhart Kößler, Opladen 2003, S. 467.
5 Ebd., S. 467, 468 ff., 532.
6 Arjun Appadurai, Global Ethnoscapes: Notes and Queries for a Transnational Anthropology, in: ders., Modernity at Large: Cultural Dimensions of Globalization, Minneapolis 1996.
7 Rotman, S. 29.
8 Reichert, S. 26.
9 James N. Rosenau, Ernst-Otto Czempiel, Governance without Government, Cambridge 1992.
10 Michael Hardt/Antonio Negri, Empire. Die neue Weltordnung (2000), übers. v. Thomas Atzert und Andreas Wirthensohn, Frankfurt/Darmstadt 2002, S. 11.
11 Encyc. Brit., S. 695.
12 Spengler, S. 1167.
13 Hutter, Signum non olet, S. 328, 329, 332.
14 Vgl. Schelkle, Motive ökonomischer Geldkritik, S. 12.
15 Reichert, S. 13 f.
16 Schelkle, Motive ökonomischer Geldkritik, S. 12.
17 Hutter, Signum non olet, S. 334 f., 341.
18 Ebd., S. 342.
19 Hans Jörg Rheinberger, Alles, was überhaupt zu einer Inskription führen kann, In: Ulrich Raulff/ Gary Smith (Hg.), Wissensbilder. Strategien der Überlieferung, Berlin 1999, S. 265–278, S. 272 f.
20 Hutter, Signum non olet, S. 343 f., FN.
21 Zit. n. Shell, Art and Money, S. 172.
22 Ernesto Laclau, Why do Empty Signifiers Matter to Politics? In: Jeffrey Weeks (Hg.), The Lesser Evil and the Greater Good: The Theory and Politics auf Social Diversity, London 1994, S. 167–178.
23 Karl Marx, Grundrisse der Kritik der politischen Ökonomie (1857–1858), Berlin 1953, S. 181 f.
24 Hutter, Signum non olet, S. 345.
25 Karl Marx, Ökonomisch-philosophische Manuskripte, S. 547.
26 Orléan Wirtschaftsweise ratlos? Deutschlandfunk v. 20. 11. 2011.
27 Hutter, Signum non olet, S. 351.
28 Vissering, 1. Kapitel, S. 4.
29 Ebd., S. 7.
30 Ebd., S. 12.
31 Zit. n. ebd., S. 33.
32 Kurt Hentschel, Frühes Papiergeld aus Nordamerika, in: Vorträge zur Geldgeschichte 2005, hg. v. Geldmuseum der Deutschen Bundesbank, Frankfurt/M. 2007, S. 5–32, S. 6.
33 Hentschel, S. 6.
34 Ebd., S. 6.
35 Adam Smith, Wohlstand der Nationen, Buch. II, Kapitel 2, S. 264 f.
36 Vissering, S. 163.
37 Ebd., S. 168, 171 f., 14.
38 Ebd., S. 179, 17, 16, 17.

39 Ebd., S. 161, 219.
40 Hentschel, S. 7.
41 Vissering, S. 25.
42 Vgl. u. a. Jack Goody/Ian Watt, Konsequenzen der Literalität, S. 63–122.
43 Vgl. Jan Assmann, Das kulturelle Gedächtnis, S. 182.
44 Hentschel, S. 9, 11 f.
45 Galbraith, Geld, S. 58, 56.
46 Ebd., S. 61.
47 Hentschel, S. 12; vgl. auch Galbraith, Geld, S. 58 f.
48 Ebd., S. 59.
49 Zit. n. Hentschel, S. 12.
50 Ebd., S. 15, 19.
51 Galbraith, Geld, S. 63.
52 Hentschel, S. 20, 22.
53 Ebd., S. 26.
54 Ebd. S. 30 f.
55 Galbraith, Geld, S 65.
56 Ebd., S. 53.
57 Ebd., S. 64.
58 Ebd., S. 66, 116, 119.
59 Vgl. Ulrike Brunotte, Puritanismus und Pioniergeist. Die Faszination der Wildnis im frühen Neu-England, New York/Berlin 2000.
60 Arthur C. Brooks, The Battle: How the Fight between Free Enterprise and Big Government Will Shape America's Future, Philadelphia PA 2010.
61 Arthur C. Brooks, America's New Culture War: Free Enterprise vs. Government control, in: Washington Post v. 23. 5. 2010.
62 Thomas Jefferson. First inaugural address, Washington D. C., Wednesday March 4, 1801.
63 Ebd.
64 Spengler, S. 166.
65 Athanassakis, S. 86.
66 Christian Stoess, Der Reichsbankschatz, in: Vorträge zur Geldgeschichte 2005, hg. v. Geldmuseum der Deutschen Bundesbank, Frankfurt/M. 2007, S. 55–75, S. 60.
67 Adam Smith, Der Wohlstand der Nationen, Buch II, Kapitel 2, S. 265.
68 Stoess, S. 61.
69 Ebd.
70 Ebd., S. 56, 57.
71 Galbraith, Geld, S. 156, 73.
72 Encyc. Brit., S. 703.
73 Spengler, S. 1182 FN.
74 Athanassakis, S. 53.
75 Karl Marx, Das Geld, in: Ökonomisch-philosophische Manuskripte, S. 566.
76 Karl Marx, Kritik der Hegelschen Dialektik und Philosophie überhaupt, in: MEW, Erg. Bd. 1, Berlin 1968, S. 573.
77 Ebd., S. 571.
78 Binswanger, S. 23.
79 Ebd., S. 24.
80 Ebd., S. 19, 26 f., 30.
81 Ebd., S. 33, 35, 45.
82 Ebd., S. 46, 55 f.

83 Ebd., S. 57.
84 Ebd., S. 121 f.
85 Vorrede zur 2. Auflage der ›Kritik der reinen Vernunft‹, in: Immanuel Kant, Kritik der reinen Vernunft (1781), Leipzig 1922, S. 15.
86 Spengler, S. 1163.
87 Günter Schmölders, Von der ›Quantitätstheorie‹ zur ›Liquiditätstheorie‹ des Geldes, in: Akademie der Wissenschaften und der Literatur, Abhandlungen der geistes- und sozialwissenschaftlichen Klasse, Wiesbaden, Jg. 1960, Nr. 12, S. 1121.
88 Heinz Pentzlin, Das Geld, Berlin/Frankfurt/Wien 1982, S. 269.
89 Joseph Vogl, Das Gespenst des Kapitals, Zürich 2010, S. 28 f.
90 Der Spiegel, Nr. 8., 16. 2. 2009, S. 74.
91 Dirk Baecker, Das Nullelement, Vorwort zu Rotman, S. 7–17, S. 8.
92 Ebd., S. 38, 31.
93 Ebd., S. 36, 24 f.
94 Ebd., S. 102–105.
95 Georges Ifrah, Universalgeschichte der Zahlen, übers. v. Alexander v. Plasen, Frankfurt/M. 1993.
96 Karl Menninger, Zahlwort und Ziffer, eine Kulturgeschichte der Zahl (1934), Göttingen 1979, S. 67.
97 Daniela Döring, Zeugende Zahlen. Mittelmaß und Durchschnittstypen in Proportion, Statistik und Konfektion, Berlin 2011, S. 34.
98 Rotman, S. 147.
99 Ebd., S. 25.
100 Burckhardt, Die wuchernden Zeichen, S. 88 f.
101 Werner Sombart, Der Moderne Kapitalismus, Bd. II, S. 119.
102 Karl Marx, Auszüge aus James Mills Buch »Éléments d'économie politique« (1844), in: MEW, Erg. Bd. 1, Berlin 1968, S. 446.
103 Menninger, Zahlwort und Ziffer, S. 42.
104 Spengler, S 1164.
105 Irmgard Schultz, S. 196.
106 Rotman, S. 31 f.
107 Ebd., S. 118, 47, 57.
108 Ebd., S. 28.
109 Ebd., S. 51. Rotman zitiert hier Ernst Gombrich, Meditations on a Hobby Horse, London 1963, S. 17.
110 Ebd., S. 51.
111 Ebd., S. 70.
112 Irmgard Schultz, S. 189.
113 Rotman, S. 63, 26.
114 Ebd., S. 106.
115 Aristoteles, Über die Zeugung der Geschöpfe, Buch I, Bd. 14, S. 66 f.
116 Ellen Harlizius-Klück, Das Gewebe der Geschlechter und der Faden der Logik, Wien 2005; s. a. dies., Weberei als episteme und die Genese der deduktiven Mathematik in vier Umschweifen entwickelt aus Platons Dialog Politikos, Berlin 2004.
117 Döring, S. 37, s. a. Harlizius-Klück.
118 Rotman, S. 45.
119 Vgl. Daniela Hammer-Tugendhat, Erotik und Geschlechterdifferenz. Aspekte zur Aktmalerei Tizians, in: Daniela Erlach/Karl Vocelka (Hg.), Privatisierung der Triebe? Sexualität in der Frühen Neuzeit, Frankfurt/M. 1994, S. 367–446.
120 Rotman, S. 100 f.
121 Kallir, S. 250.

122 Rotman, S. 98 f.

123 Kallir, S. 249, 253.

124 Ebd., S. 252.

125 Rotman, S. 101.

126 Ebd., S. 128.

127 Ebd., S. 59.

128 Shell, Art and Money, S. 108.

129 Rotman, S. 158 f.

130 Stäheli, Spektakuläre Spekulation, S. 54

131 Reinhart/Rogoff, S. 174, 180, 283.

132 Süddeutsche Zeitung v. 12./13. 5. 2010, S. 27.

133 Reinhart/Rogoff, S. 70.

134 Ebd., S. 147, 87 f.

135 Ebd., S. 141, 170 f., 133.

136 Ebd., S. 160.

137 Ebd., S. 141, 153.

138 Ebd., S. 210.

139 Ebd., S. 209–211.

140 Morris Copeland, A Study of Moneyflows in the United States, Publications of the National Bureau of Economic Research No. 54. New York: National Bureau of Economic Research, 1952.

141 Copeland, S. 29.

142 Anne Mayhew, Money as Electricity, A paper prepared for »After the Crash, Beyond Liquidity«, A Conference on Money and Metaphors held at the University of Virginia, October 31, 2009.

143 Reichert, S. 13, 15.

144 Adam Smith (George Goodman), The Money Game, (1967), New York 1976, S. 17.

145 Reichert, S. 21 f., 50 f.

146 Ebd., S. 55, 59, 145, 154.

147 Ebd., S. 65, 193, 74, 84 f.

148 Ebd., S. 79, 64, 133.

149 Vgl. Pentzlin, S. 208, 211.

150 Encyc. Brit., S. 695.

151 Edward Chancellor, Devil Take the Hindmost. A History of Financial Speculation (1999), London 2000, S. 164.

152 Vgl. Michel Aglietta, André Orléan, La monnaie souveraine, Paris 1997.

153 Vgl. u. a. Le Monde v. 8. 6. 2010.

154 Spengler, S. 961 f.

155 Ebd., S. 1178.

156 Le Monde, 28. 6. 2008.

157 Interview im Tagesspiegel v. 27. 6. 2010.

158 Reichert, S. 192, 194.

159 Interview im Tagesspiegel v. 27. 6. 2010.

160 Der Spiegel, Nr. 8., 16. 2. 2009, S. 74.

161 Ruth Ayaß, Interaktion ohne Gegenüber, in: Michael Jäckel/Manfred Mai (Hg.), Online-Vergesellschaftung? Mediensoziologische Perspektiven auf neue Kommunikationstechnologien, Wiesbaden 2005, S. 33–50, S. 43.

162 Interview im Tagesspiegel v. 27. 6. 2010.

163 Der Spiegel, Nr. 50, 2011.

164 Reinhart/Rogoff, S. 179.

165 Ebd., S. 65.

166 Lawrence Malkin, Hitlers Geldfälscher. Wie die Nazis planten, das internationale Währungssystem auszuhebeln, übers. v. Helmut Ettinger, Bergisch-Gladbach 2008, S. 18 f.

167 Andrew Scheng, Banking Regulation Commission, in: Inside Job, Film von Charles Ferguson, USA 2010.

168 Benjamin Günther, Versicherungsforen Leipzig, Studie: Berechnung einer risikoadäquaten Versicherungsprämie zur Deckung von Haftpflichtrisiken, die aus dem Betrieb von Kernkraftwerken resultieren, Erscheinungsdatum: 11. 5. 2011. Die Studie ist im Internet zugänglich.

169 Günther, Versicherungsforen, Zusammenfassung, S. 8.

170 Kurzüberblick zum Forschungsvorhaben des DIW: Bestandsaufnahme und methodische Bewertung vorliegender Ansätze zur Quantifizierung der Förderung erneuerbarer Energien im Vergleich zur Förderung der Atomenergie in Deutschland, Mai 2007.

171 Vgl. Bundesverband Erneuerbarer Energien e. V., Subventionen für die Kernenergie und die Stein- und Braunkohle, abgerufen am 13. 1. 2011.

172 Swantje Küchler/Bettina Meyer, Forum Ökologisch-Soziale Marktwirtschaft, Was Strom wirklich kostet, 2010, Kurzfassung, S. 6. Die Studie ist im Internet zugänglich.

173 Luc Gagnon/Camille Bélanger/Yohiji Uchiyama, Life Cycle Assessment of Electricity Generation Options: The status of Research in Year 2001, in: Energy Policy, 2002, Bd. 30, 14, S. 1267–1278.

174 Der Spiegel v. 1. 2. 1990.

175 Encyc. Brit., S. 695.

176 Zit n. Hyde, Die Gabe, S. 87.

177 Brigitte Young, Vortrag Grüne Akademie, 10./11. 7. 2009.

178 Franz Radermacher, Weltfinanzkrise: Hintergründe, Wirkungsmechanismen, Perspektiven, in: Interner Bericht des Forschungsinstituts für anwendungsorientierte Wissensverarbeitung, Ulm März 2009, S. 13.

179 Der Tagesspiegel v. 1. 1. 2009.

180 Radermacher, S. 13 f.

181 Crouch, S. 161.

182 Radermacher, S. 19.

183 Spiegel-Online, 13. 2. 2005.

184 Crouch, S. 101.

185 Hans Leyendecker, Die große Gier. Korruption, Kartelle, Lustreisen: Warum unsere Wirtschaft eine neue Moral braucht, Berlin 2007, S. 252.

186 Crouch, S. 101 f.

187 Leyendecker, S. 27.

188 Heiner Ganßmann, Geld, Arbeit und Herrschaft, in: Schelkle et al, Rätsel Geld, S. 125–143, S. 141.

189 Süddeutsche Zeitung v. 28. 2./1. 3. 2009.

190 Crouch, S. 157.

191 Deutsche Ausgabe, Gleichheit ist Glück. Warum gerechte Gesellschaften für alle besser sind, Berlin 2009.

192 Galbraith, in: Wirtschaftsweise ratlos? Deutschlandfunk v. 27. 11. 2011.

193 Karl Marx, Auszüge aus James Mills Buch ›Éléments d'économie politique‹, S. 449.

194 Stadermann, S. 165.

195 Polanyi, Transformation, S. 57 ff.

196 René Girard, Das Heilige und die Gewalt, übers. v. Elisabeth Mainberger-Ruh, Frankfurt/M. 1994.

197 Galbraith, Ökonomie, S. 72.

198 Crouch, S. 169.

199 Herrmann-Otto, S. 217.

200 Ebd., S. 217.

201 Castells, S. 530.

202 Wilhelm Heitmeyer (Hg.), Deutsche Zustände, Folge 8, Berlin 2010.

203 Der Tagesspiegel v. 31. 1. 2010.

204 Jan Goebel/Martin Gornig/Hartmut Häußermann, Die Polarisierung der Einkommen. Die Mittelschicht verliert, in: Wochenbericht des DIW, Berlin Nr. 24, 2010.

205 New York Times v. 14. 11. 2009.

206 Georges Bataille, Michelet, in: Michelet, Die Hexe, mit Beiträgen von Roland Barthes und Georges Bataille, hg. v. Traugott König, München 1984, S. 258.

207 Simmel, Geld, S. 375 ff.

208 Götz Aly, Hitlers Volksstaat. Raub, Rassenkrieg und nationaler Sozialismus, Frankfurt/M. 2005.

209 Elias Canetti, Masse und Macht (1960), Frankfurt/M. 1980, S. 205 ff.

210 Rotman, S. 146.

211 Castells, S. 510.

212 Martin Van Creveld, Technology and War from 2000 BC to the Present, New York 1989.

213 Hénaff, S. 40.

ZWISCHENKAPITEL

GELD ZWISCHEN GEIST UND GEFÜHL: KUNST ALS WÄHRUNG

1 Boltanski/Chiapello, S. 506.

2 Thomas Zaunschirm, Vertrauen ins Nichts, in: Harald Szeemann (Hg.), Geld und Wert. Das letzte Tabu, Zürich 2002, S. 87.

3 Hyde, Die Gabe, S. 13 f.

4 Ebd.

5 Matthäus 25,14–30; Lukas 19, 12–27.

6 O-Ton in: Deutschlandfunk, Kalenderblatt, Vor hundert Jahren geboren, der Maler Georg Meistermann, Sendung von Hildegard Wenner und Cornelia Rühe, ausgestrahlt am 16. 6. 2011.

7 Schumpeter, Kapitalismus, S. 206.

8 Shell, Art and Money, S. 107.

9 Ebd., S. 52 f.

10 Ebd., S. 53.

11 Galiani, 5. Kapitel, S. 217.

12 Shell, Art and Money, S. 43 f.

13 Jürgen Harten, Die vitale Mumie. Konzept für Vergleichsmöglichkeiten zwischen Kunst und Geld, in: ders., Horst Kurnitzky (Hg.), Museum des Geldes, S. 48–73, S. 59.

14 Caroline Walker Bynum, Christian Materiality. An Essay on Religion in Late Medieval Europe, New York 2011, S. 94 f.

15 Werner Muensterberger, Sammeln. Eine unbändige Leidenschaft (1994), übers. v. H. Jochen Bußmann, Frankfurt/M. 1999, S. 278.

16 Ebd., S. 272.

17 Manfred Sommer, Sammeln. Ein philosophischer Versuch, Frankfurt/M. 1999, S. 65 f.

18 Ebd., S. 65.

19 Ebd., S. 83, 84.

20 Muensterberger, S. 250 f.

21 Ebd., S. 282–286.

22 Ebd., S. 307, 309.

23 Ebd., S. 311.

24 Ebd., S. 304. (Quelle: John Evelyn, The Diary of John Evelyn, hg. v. E. S. de Beer, London 1959, S. 21 f.)

25 Ebd., S. 360, 296.

26 Ebd., S. 207, 282.

27 Ebd., S. 263.

28 Sommer, S. 84.

29 Ebd., S. 86.

30 Vgl. den Film Christina v. Braun, Eine Frau ist eine Frau ist eine Frau. Feminismus in der Kunst, WDR 1977.

31 Rose-Maria Gropp, in: Frankfurter Allgemeine Zeitung v. 29. 8. 2009.

32 Vilém Flusser, Für eine Philosophie der Fotografie, Göttingen 1991, S. 16.

33 Ebd., S. 13.

34 Oliver Wendell Holmes, Spiegel mit einem Gedächtnis. Essays zur Photographie (1859–69), übers. v. Michael Bischoff, hg. v. Michael C. Frank und Bernd Stiegler, München 2011.

35 Charles Baudelaire, Le public moderne et la photographie, Salon de 1859, in: Baudelaire, Oeuvres, texte établi et annoté par Y.-G. Le Dantec, Paris 1932, Bd. II, S. 220 f.

36 Holmes, S. 32, 22, 31.

37 Athanassakis, Die Aktie als Bild.

38 Ebd., S. 38 f., 32, 43.

39 Ebd., S. 95–97.

40 Isabelle Graw, Der Große Preis. Kunst zwischen Markt und Celebrity Kultur, Köln 2008, S. 68 f.

41 Zaunschirm, Vertrauen ins Nichts, S. 88.

42 Graw, S. 69, 14.

43 Ebd., S. 147. Graw verweist hier auf die wegweisende Untersuchung von Elisabeth Alice Honig, Painting and the Market in Early Antwerp, New Haven/London 1998; Michael North/David Ormond (Hg.), Art Markets in Europe 1400–1800, Aldershot/Hampshire/Brookfield/Vermont 1998.

44 Ebd., S. 147 f.

45 Ebd., S. 85.

46 Shell, Art and Money, S. 116.

47 Graw, S. 46, 10, 36.

48 Ebd., S. 142 f., 13, 29 f.

49 Ebd., S. 57.

50 Ebd., S. 64.

51 Boltanski/Chiapello, S. 459.

52 Beat Wyss, NEMA(rt)X – die Markt-Performance/Was ist Gegenwartskunst?, in: Neue Zürcher Zeitung v. 9. 6. 2001.

53 Graw, S. 81, 71–73, S. 154.

54 Ebd., S. 44.

55 Ebd., S. 58.

56 Ebd., S. 221 f.

57 Harten, Die vitale Mumie, in: Museum des Geldes, S. 55.

58 Shell, Art and Money, S. 85.

59 Beispiele bei Lawrence Weschler, Onward and Upward with the Arts: Value, in: The New Yorker, 18. 1. 1988, S. 33–56 u. 25. 1. 1988, S. 88–98.

60 Shell, Art and Money, S. 96, 87.

61 Harten, Die vitale Mumie, in: Museum des Geldes, S. 55.

62 Graw, S. 221 f.

63 Ebd., S. 187.

64 Ebd., S. 188, 191.

65 Ebd., S. 224.
66 Ebd., S. 15 f.
67 Georg Franck, Ökonomie der Aufmerksamkeit. Ein Entwurf (1998), München 2007, S. 100.
68 Franck, S. 54.
69 Ebd., S. 11, 14, 114.
70 Graw, S. 166.
71 Zaunschirm, Vertrauen ins Nichts, S. 84.
72 ›Der Weg nach vorne für Europas Sozialdemokraten‹, veröffentlicht am 8. 6. 1999.
73 Alain Ehrenberg, La fatigue d'être soi. Dépression et société, Paris 1998.
74 Alain Ehrenberg, Das erschöpfte Selbst. Depression und Gesellschaft in der Gegenwart, übers. v. Manuela Lenzen und Martin Klaus, Frankfurt/M. 2004.
75 Graw, S. 78, 117, 119.
76 Sie zitiert dafür viele Beispiele, S. 175 ff.
77 Graw, S. 176, 183.
78 Monika Wagner, Das Material der Kunst. Eine andere Geschichte der Moderne. München 2001, S. 228.
79 Ebd., S. 223 f.
80 Ebd., S. 272.
81 Ebd., S. 292.
82 Der Begriff ist eine Schöpfung des Künstlers Paul Cotton, zit. n. Shell, Art and Money, S. 85.
83 Lawrence Malkin, Hitlers Geldfälscher, S. 17.
84 Royal Bank of Canada, The Story of Canada's Currency, Ottawa 1966, S. 13.
85 Malkin, S. 47.
86 Ebd., S. 74 f.
87 Zit. n. ebd., S. 66.
88 Ebd., S. 138.
89 Ebd., S. 157.
90 Ebd., S. 171, 181.
91 Ebd., S. 17.
92 Ebd., S. 222.
93 Ebd., S. 215.

V. GELD UND GEFÜHLE

1 Holmes, S. 74, 84.
2 Kluge, Etymologisches Wörterbuch, Stichwort ›Inflation‹.
3 Webster's Seventh Collegiate Dictionary, Stichwort ›Inflation‹.
4 Carl Gustav Jung, Gesammelte Werke in 20 Bde., Zürich/Olten 1958–1994, Bd. 7, § 227.
5 Jung, GW Bd. 7, § 227.
6 Ebd., § 110.
7 Ebd., § 563.
8 Gerhard Stumm, Alfred Pritz, Wörterbuch der Psychotherapie, New York/Wien 2000, S. 309.
9 Sigmund Freud, Charakter und Analerotik, in: Gesammelte Werke, Frankfurt/M. 1966 Bd. VII, S. 207 f.
10 Sándor Ferenczi, Zur Ontogenie des Geldinteresses, in: Ernest Bornemann (Hg.), Psychoanalyse des Geldes. Eine kritische Untersuchung psychoanalytischer Geldtheorien, Frankfurt/M. 1973, S. 96–104, S. 102.

11 Heinrich Heine, Französische Zustände, in: ders., Historisch-kritische Gesamtausgabe der Werke, hg. v. Manfred Windfuhr, Hamburg 1973–1997, Bd. XII, 163, Art. VIII.

12 Fritz Breithaupt, Der Ich-Effekt des Geldes. Zur Geschichte einer Legitimationsfigur, Frankfurt/M. 2008, S. 139 f.

13 Ebd., S. 139 f.

14 Charles Mackay, Extraordinary Popular Delusions, and the Madness of the Crowds (1841), deutsch: gekürzt, übers. v. Stephan Gebauer, in: Max Otte (Hg.), Gier und Wahnsinn, Warum der Crash immer wieder kommt, München 2010, S. 15–110, S. 94 f.

15 Vogl, Das Gespenst des Kapitals, S. 174.

16 Havelock Ellis, The Mechanism of Detumescence, in: ders., Psychology of Sex, Vol. II., part I, S. 132 ff.

17 Vgl. von Braun, Nicht ich.; dies., Männliche Hysterie, Weibliche Askese. Zum Paradigmenwechsel der Geschlechterrollen, in: dies., Die schamlose Schönheit des Vergangenen, S. 51–80.

18 Vgl. von Braun, Nicht ich, 2. Kapitel.

19 Sigmund Freud, GW Bd. I, S. 10.

20 André Kostolany, Vorwort, in: Don Joseph de la Vega, Verwirrung der Verwirrungen. Vier Dialoge über die Börse in Amsterdam, (Amsterdam 1688), hg. von André Kostolany, Kulmbach 1994, S. 3.

21 Vega, Verwirrung der Verwirrungen, S. 52.

22 Josef Breuer, Fräulein Anna O. …, in: ders./Sigmund Freud, Studien über Hysterie (1895), Frankfurt/M. 1970, S. 156.

23 Jacques Lacan, Funktion und Feld des Sprechens und der Sprache in der Psychoanalyse, übers. v. Klaus Laermann, in: Lacan, Schriften, Bd. I, Frankfurt/M. 1975, S. 100.

24 Zit. n. Rita Schober, Das Geld – geschichtliche Befunde und erfundene Geschichte, Nachwort zu: Émile Zola, Das Geld, übers. v. Wolfgang Günther, Berlin 1983, S. 306.

25 Zola, Das Geld, S. 195.

26 Ebd., S. 86.

27 Ebd., S. 102.

28 Pierre-Joseph Proudhon, Manuel Speculateur à la Bourse (1857), deutsch : Handbuch des Börsenspekulanten, hg. v. Gerhard Senft, Wien/Berlin 2009, S. 8.

29 Proudhon, S. 18.

30 Ebd., S. 17.

31 Ebd., S. 28.

32 Sigmund Freud, Eine Schwierigkeit der Psychoanalyse, GW Bd. XII, S. 3–12, S. 11.

33 Adam Smith, The Money Game, S. 25.

34 Keynes, Allgemeine Theorie, S. 132.

35 Ebd., S. 131.

36 Breithaupt, S. 119.

37 Mike Dash, Tulpenwahn. Die verrückteste Spekulation der Geschichte, übers. v. Elfriede Peschel, München 2001, S. 222.

38 Ebd., S. 73 f.

39 Ebd., S. 128, 96, 162.

40 Vega, S. 68.

41 Dash, S. 23, 26, 29 f., 40,

42 Ebd., S. 81, 84, 91 f., 105.

43 Ebd., S. 109 f.

44 Ebd., S. 117, 123, 129.

45 Ebd., S. 136.

46 Ebd., S. 137.

47 Ebd., S. 143 f.

48 Ebd., S. 144 f.

49 Max Weber, Schriften zur Börse (1894), in: ders., Börsenwesen, Schriften und Reden (1893–1898), in: Gesamtausgabe, Tübingen 1999, Abt. 1, Bd. 5.1, S. 135–174, S. 140.

50 Dash, S. 165 f., 178.

51 Ebd., S. 192.

52 Ebd., S. 202 ff.

53 Ebd., S. 218.

54 Ebd., S. 227, 237.

55 Spengler, Untergang, S. 1147.

56 Schumpeter, Das Wesen des Geldes, S. 1.

57 Freud, Das Unbehagen in der Kultur, in: GW, Bd. XIV, S. 442 f.

58 Breithaupt, S. 117.

59 Hyde, Die Gabe, S. 81, 99.

60 Ebd., S. 101 f.

61 Ebd., S. 106.

62 Simmel, Geld, S. 413.

63 John B. Watson in: Fred C. Kelly, Why You Win or Lose. The Psychology of Speculation (1930), New York 1962, S. XIV.

64 Aglietta, Orléan, La monnaie souveraine.

65 50 Jahre Antibaby-Pille. Film von Michaela Kirst, D/USA 2010, Ausstrahlung Arte am 12. 11. 2010.

66 Zit. n. Arlie Hochschild, New York Times Book Review vom 18. 10. 2009.

67 Illouz, Gefühle, S. 115 f.

68 Ebd., S. 132.

69 Anderson, Erfindung der Nation, S. 16.

70 Niklas Hoffmann, Unser Lastenheft. Was Facebook mit den Daten seiner Nutzer vorhat, Süddeutsche Zeitung v. 10. 1. 2011.

71 Hoffmann, Unser Lastenheft.

72 Riese, Geld, S. 48, 47, 50, 53.

73 Ebd., S. 56.

74 Schmölders, S. 29.

75 Riese, Geld, S. 56 f., 59 f.

76 Sigmund Freud, Das Unbewusste, in: GW, Bd. 10, S. 286; ders., Neue Folge der Vorlesungen zur Einführung in die Psychoanalyse, in: GW, Bd. 15, S. 80.

77 Jacques Lacan, Funktion und Feld des Sprechens und der Sprache in der Psychoanalyse, S. 100.

78 Nicolas Abraham, Notules sur le fantôme, in: Nicolas Abraham/Maria Torok, L'Écorce et le noyau, Paris 1987, S. 426–433, S. 426 f.

79 Abraham/Torok, S. 265 f.

80 Ebd., S. 430.

81 Irving Fischer, The Money Illusion, New York 1928; deutsch: Die Illusion des Geldes, Berlin 1928.

82 Irving Fisher/Hans R. L. Cohrssen, Stable Money. A history of the movement, New York 1934; deutsch: Feste Währung. Illusion und Wirklichkeit, Heidelberg 1948, S. 8 f.

83 Schmölders, S. 146.

84 Simmel, Geld, S. 164 f.

85 Gustave Le Bon, Psychologie der Massen (1895), deutsch m. einer Einführung von Helmut Dingeldey, Stuttgart 1973, S. 20.

86 Ebd., S. 83.

87 Ebd., S. 82.

88 Ebd., S. 3.

89 André Kostolany, 2 × 2 = 5–1. Börse ist Psychologie, in: Bernhard Jünemann, Dirk Schellenberger (Hg.), Psychologie für Börsenprofis. Die Macht der Gefühle bei der Geldanlage, Stuttgart 2000, S. XIII – XVI, S. XIV,

90 Wolfgang Gerke, ›Herrschaft der Androiden?‹. Konsequenzen der Kapitalmarkttheorie für das Anlegerverhalten, in: Jünemann/Schellenberger, S. 21–45, S. 39.

91 Jünemann/Schellenberger (Hg.), Psychologie für Börsenprofis.

92 Klaus Deppermann, Back to the Future. Zyklenanalyse an den Finanzmärkten, in: Jünemann/Schellenberger, S. 220–231, S. 223.

93 Kostolany, in: Jünemann/Schellenberger, S. XIII.

94 Ebd., S. XV.

95 Jünemann/Schellenberger, Fühlen, Wollen, Können. Investmentpsychologie als modernes Anlagekonzept, in: dies. (Hg.), Psychologie für Börsenprofis, S. XIX-XXI, S. XIX.

96 Bernhard Jünemann, Versuch und Irrtum. Die Börse als Entdeckungsverfahren, in: ders./Schellenberger, S. 3–20, S. 15.

97 Jünemann, Versuch und Irrtum, S. 19.

98 Dirk Schellenberger, ›Reich werden wie …‹. Der Dagobert-Approach: Profile erfolgreicher Anleger, in: Jünemann/Schellenberger. S. 143–164, S. 145, 154, 162.

99 Jünemann, Versuch und Irrtum, S. 18.

100 Gerke, Androiden, S. 23.

101 Ebd., S. 32.

102 Ebd., S. 32 f., 34 f.

103 Alfons Cortés, ›Die vernetzte Masse‹. Parteienbildung und Erwartungen an der Börse, in: Jünemann/Schellenberger, S. 65–82, S. 67.

104 Heinz-Werner Rapp, ›Der tägliche Wahnsinn hat Methode‹. Behavioral Finance: Paradigmenwechsel in der Kapitalmarktforschung, in: Jünemann/Schellenberger, S. 85–123, S. 101.

105 Robert J. Shiller, Stock Prices and Social Dynamics, in: Brookings Papers on Economic Activity, 1984, Vol. 2, S. 457–498, S. 457.

106 Schellenberger, ›Reich werden‹, S. 148.

107 Schmölders, S. 168 f., 172.

108 Ebd., S. 163–165.

109 Ebd., S. 183.

110 Adam Smith, The Principles Which Lead and Direct Philosophical Enquiries: Illustrated by the History of Astronomy, in: Early Writings, London 1967, S. 48 f., zit. n. Stefan Andriopoulos, The Invisible Hand. Supernatural Agency in Political Economy and the Gothic Novel, in: ELH 66, 1999, S. 739–758, S. 740.

111 Reichert, S. 14, 29 f., 32–34.

112 Ebd., S. 35 f.

113 Vgl. Yeshayahu Leibowitz, in: Christina von Braun, Der Ewige Judenhass, Filmtrilogie, 1990, Teil III.

114 Walter Benjamin, Kapitalismus als Religion, S. 100 ff.

115 Breithaupt, S. 34.

116 Zit. n. Schmölders, S. 20.

117 Breithaupt, S. 127

118 Ebd., S. 10.

119 Ebd., S. 10 f.

120 Ebd., S. 12.

121 Ebd., S. 17 f.

122 Ebd., S. 64 f.

123 Karl Philipp Moritz, zit. n. Breithaupt, S 67.

124 Breithaupt, S. 45.
125 Ebd., S. 92.
126 Ebd., S. 19.
127 Ebd., S. 55.
128 Ebd., S. 93.
129 Karl Marx, Lohnarbeit und Kapital (1849), in: MEW, Bd. 6, Berlin 1968, S. 397–423, S. 409.
130 Breithaupt, S. 87 f.
131 Vgl. Christina von Braun, Böses Blut. Mythen und Wirkungsgeschichte der Syphilis, Film 1994; s. a. dies./Christoph Wulf (Hg.), Mythen des Blutes, Frankfurt/M. 2007.
132 Breithaupt, S. 148.
133 Ebd., S. 183.
134 Ebd., S. 23.
135 Ebd., S. 235, 243.
136 Reichert, S. 23.
137 Ebd., S. 173.
138 Gerhard Sanden, Die Zwanzig- bis Dreißigjährigen tarnen sich, in: Handelsblatt, Jg. IX, Nr. 30, v. 12. 3. 1954, S. 4, zit. n. Helmut Schelsky, Die skeptische Generation. Eine Soziologie der Jugend, 1957, S. 382.
139 Stäheli, S. 11.
140 Flusser, Philosophie der Fotografie, S. 16.
141 Stäheli, S. 306, 317.
142 Zit. n. ebd., S. 331.
143 Ebd., S. 347.
144 Zit n. ebd., S. 166.
145 Zit. n. ebd., S. 336.
146 Ebd., S. 318, 320, 338.
147 Vgl. Christina von Braun, Der Frauenkörper als Norm und Anomalie des Gemeinschaftskörpers, in: dies./Gaby Dietze (Hg.), Die Multiple Persönlichkeit. Krankheit, Medium oder Metapher. Zu den geistesgeschichtlichen Hintergründen eines modernen Krankheitsbildes. Frankfurt 1998, S. 62–85.
148 Stäheli, S. 359.
149 Gabriel Tarde, L'opinion et la foule, Paris 1898.
150 Stäheli, S. 345.
151 Humphrey B. Neill, Tape Reading and Market Tactics, 1933, zit. n. Stäheli, S. 251.
152 Stäheli, S. 251.
153 Ebd., S. 348 ff.
154 Ebd., S. 231, 233, 239.
155 Zit. n. ebd., S. 252.
156 Henry Harper, The Psychology of Speculation (1926), zit. n. Stäheli, S. 247.
157 Stäheli, S. 235, 241, 263.
158 Le Bon, S. 22.
159 Stäheli, S. 268.
160 Ebd., S. 8 f.
161 Ebd., S. 271 f.
162 Vgl. von Braun, Nicht ich. 1. Kapitel; s. a. Dorothea Dornhof, Orte des Wissens im Verborgenen. Kulturhistorische Studien zu Herrschaftsbereichen des Dämonischen, Königstein/Taunus 2005.
163 Stäheli, S. 272 FN.
164 Ebd., S. 290.
165 Vgl. von Braun, Männliche Hysterie, weibliche Askese.
166 Stäheli, S. 276.

167 Marieke de Goede, Mastering Lady Credit. Discourses of Financial Crisis in Historical Perspective (2000), zit. n. ebd., S. 277.
168 Weininger, Geschlecht und Charakter, S. ll4 ff.
169 Stäheli, S. 273.
170 Mary Gabriel, Notorious Victoria. The Life of Victoria Woodhull (1998), zit. n. ebd., S. 282.
171 Interview mit Woodhull in Wall Street Journal 1927, zit. n. ebd., S. 281.
172 Henry Clews, Fifty Years in Wall Street (1908), zit. n. ebd., S. 284.
173 Stäheli, S. 285, 290.
174 Ebd., S. 294 f., FN.
175 Ebd., S. 273.
176 Smith, The Money Game, S. 27.
177 Stäheli, S. 31.
178 Ebd., S. 340.
179 Ebd., S. 159.
180 Ebd., S. 163 f.
181 Ebd., S. 151.
182 Ralph H. Mottram, A History of Financial Speculation (1929), zit. n. ebd., S. 180.
183 Stäheli, S. 173, 174, 176.
184 Henry Harper, The Psychology of Speculation. Zit. n. Stäheli, S. 136
185 Stäheli, S. 95.
186 Zit. n. ebd., S. 310 f.
187 Sidis, zit. n. ebd., S. 309.
188 Zit. n. ebd., S. 303.
189 Stäheli, S. 218, 220.
190 William van Antwerp, The Stock Exchange from Within (1914), zit. n. ebd., S. 221.
191 Van Antwerp, zit. n. ebd., S. 221.
192 Hartley Whiters, Stock and Shares (1910), zit. n. ebd, S. 222.
193 Stäheli, S. 278.
194 Rademacher, Weltfinanzkrise, S. 15
195 Ebd., S. 7.
196 Illouz, Gefühle, S. 23.
197 Arlie Hochschild, New York Times Book Review v. 18. 10. 2009.
198 Illouz, Errettung, S. 238, 239 f., 237.
199 Ebd., S. 254.
200 Illouz, Gefühle, S. 40 f.
201 Ebd., S. 40 f.
202 Ebd., S. 25, 29 f., 35.
203 Ebd., S. 51.
204 Ebd., S. 92.
205 Ebd., S. 70.
206 Alfred Charles Kinsey, Sexual Behavior in the Human Male (1948); deutsch: Das sexuelle Verhalten des Mannes (1955); ders., Sexual Behavior in the Human Female (1953); deutsch: Das sexuelle Verhalten der Frau, 1954.
207 Der Spiegel, Nr. 48, 2000.
208 Illouz, Gefühle, S. 86.
209 Ebd., S. 88 f.
210 Illouz, Errettung, S. 359.
211 Micki McGee, Self-Help, Inc. Makeover Culture in American Life (2005), zit. n. ebd., S. 273.
212 Illouz, Errettung, S. 299, 316.

213 Ebd., S. 326.

214 Illouz, Gefühle, S. 114. Sie bezieht sich hier auf: Deborah Lupton, The Embodied Computer/User, in: Mike Featherstone und Roger Burrows (Hg.), Cyberspace/Cyberbodies/Cyberpunk. Cultures of Technological Embodiment, London 1996, S. 100.

215 Illouz, Gefühle, S. 115.

216 Ebd., S. 117 f.

217 Ebd., S. 123.

218 Ebd., S. 124.

219 Ebd., S. 127.

220 Arlie Hochschild, New York Times Book Review v. 18. 10. 2009.

221 Illouz, Gefühle, S. 129, 131.

222 Ebd., S. 144.

223 Ebd., S. 157.

224 Illouz, Errettung, S. 16 f., 20, 22 f.

225 Ebd., S. 25.

226 Ebd., S. 58 ff.

227 Ebd., S. 90.

228 Ebd., S. 93 f.

229 Ebd., S. 110.

230 Ebd., S. 170.

231 Ebd., S. 242.

232 Ebd., S. 118.

233 Ebd., S. 144.

234 Ebd., S. 178 f.

235 Rotman, S. 149.

236 Illouz, Errettung, S. 187.

237 Tilo Held, Multiple Persönlichkeitsstörung – ein psychiatriepolitisches Konstrukt, in: von Braun/Dietze (Hg.), Multiple Persönlichkeit, S. 18–31; Ian Hacking, Kindesmißbrauch – Geschichte eines Diskurses, in: von Braun/Dietze, Multiple Persönlichkeit, S. 117–164.

238 Illouz, Errettung, S. 190.

239 Schumpeter, Kapitalismus, S. 208.

240 Richard Poulin, La Mondialisation des industries du sexe. Prostitution, pornographie, traite des femmes et des enfants, Paris 2005, S. 11.

241 Poulin, S. 21 f.

242 Ebd., S. 187.

243 William Masters, Virginia Johnson, Spaß an der Ehe. Erfahrungen und Ratschläge der erfolgreichsten Ehepaartherapeuten der Welt, München 1981, S. 47.

244 Deutsch: Die sexuelle Reaktion. Frankfurt/M. 1967.

245 Aktenzeichen 1 BvR 3295/07.

246 Süddeutsche Zeitung 29./30. 1. 2011.

247 Ebd.

248 Le Monde v. 30. 8. 2011.

249 Ebd., 12. 9. 2011

250 Boltanski/Chiapello, S. 68.

251 Illouz, Errettung, S. 369.

VI. GELD, GESCHLECHT, GENETIK

1 Rotman, S. 151.
2 Kaushik Sunder Rajan, Biokapitalismus. Werte im postgenomischen Zeitalter, Frankfurt/M. 2009, S. 177.
3 Rajan, S. 58.
4 Cynthia Robbins-Roth, Zukunftsbranche Biotechnologie. Von der Alchemie zum Börsengang, Wiesbaden, 2001.
5 Rajan, S. 29.
6 Rajan, S. 131.
7 Zit. n. Rajan, S. 206.
8 Rajan, S. 132.
9 Zit. n. Rajan, S. 132.
10 Rajan, S. 132.
11 Vgl. Christina von Braun, Das Gen als ›corpus Christi mysticum‹, in: Jahrbuch des Wissenschaftszentrums Nordrhein-Westfalen, Düsseldorf 2000; dies., Gen und Bit als ›corpus Christi mysticum‹, in: Die Politik der Maschine. Computer Odyssee 2001. Interface 5, Hg. v. dies., Hartmut Böhme, Martin Burckhardt, Wolfgang Coy, Friedrich Kittler, Hans-Ulrich Reck, Hamburg 2002, S. 501–511.
12 Rajan, S. 207.
13 Rajan, S. 209.
14 Max Weber, Gesammelte Aufsätze zur Religionssoziologie, Tübingen 1988, S. 41.
15 Valentin Groebner, Mit Haut und Haar. Der menschliche Körper als Ware im Europa der Frühen Neuzeit, in: Andreas Exenberger/Josef Nussbaumer (Hg.), Von Körpermärkten, Innsbruck 2008, S. 27–38, S. 29.
16 Groebner, S. 28–31.
17 Benjamin Franklin, Advice to a Young Tradesman, Written by an Old One, July 21st 1748, in: Benjamin Franklin, Writings, hg. v. J. A. Leo Lemay, New York 1987, S. 320.
18 Werner Tabarelli, Vorwort zu Galiani, S. 52.
19 Galiani, Buch II, S. 188.
20 Galiani, Buch IV, Kapitel II.
21 Galiani, S. 214 f.
22 Faust II, 2. Akt, ›Laboratorium‹.
23 Faust II, 2. Akt, ›Felsbuchten des Ägäischen Meers‹.
24 Faust II, 2. Akt, ›Laboratorium‹.
25 Binswanger, S. 92 f.
26 Faust II, 2. Akt, ›Felsbuchten des Ägäischen Meers‹.
27 Karl Marx, Das Kapital, in: MEW Bd. 23, Buch I, Berlin 1962, S. 147.
28 Marx, Das Kapital, Buch I, S. 107, 117 f., 122, 147.
29 Hartmut Böhme, Fetischismus und Kultur. Eine andere Theorie der Moderne, Reinbek 2006, S. 325.
30 Böhme, S. 325.
31 Marlene Hopfgartner, Zur Geschichte der Organtransplantation, in: Exenberger/Nussbaumer, Körpermärkte, S. 59–77, S. 60.
32 Hopfgartner, S. 62 f.
33 Reichert, S. 77.
34 New York Times v. 29. 9. 2009.
35 Center for Genetics and Society (CGS) Weekly News v. 1. 7. 2011.
36 Marcy Darnovsky, The Consequences of Unnatural Selection: 160 Million Missing Girls, in: CGS Weekly v. 10. 6. 2011.

37 Darnovsky.

38 Reichert, S. 45.

39 Reichert, S. 46.

40 Groebner, S. 33. Er zitiert Nancy Sheper-Hughes, Bodies for Sale – Whole or Parts, in: Nancy Scheper-Hughes/Lois Wacquant (Hg.), Commodifying Bodies, London 2002.

41 Groebner, S. 33 f.

42 Zit. n. Groebner, S. 34.

43 Andrea Leitner, Magdalena Thöni, Hannes Winner, Menschliche Körper und der Wert des menschlichen Lebens. Eine monetäre Bewertung mittels der Schmerzengeldentscheidungen, in: Exenberger/ Nussbaumer, Körpermärkte, S. 79–97, S. 81. (sic: Schmerzengeld = österreichisch)

44 Leitner et al., S. 89.

45 Josef Nussbaumer, Verwandlungen. Eine kleine statistische Auswahl, wie Menschen und Körperteile zu Geld werden., in: Exenberger/Nussbaumer, Körpermärkte, S. 133–149, S. 133.

46 Nussbaumer, Verwandlungen, S. 134–137.

47 Medicine under the Microscope, in: Science, Vol. 326 v. 27. 11. 2009, S. 1183.

48 Vgl. Christina von Braun, Schönheit verzweifelt gesucht. Eine Geschichte der Schönheit, Feature, Arte 8. 12. 2002.

49 Um nur einige Titel zu nennen: Naomi Wolf, Der Mythos Schönheit; Ulrich Renz, Schönheit. Eine Wissenschaft für sich; Waltraud Posch, Projekt Körper: Wie der Kult um die Schönheit unser Leben prägt; Winfried Menninghaus, Das Versprechen der Schönheit; Nancy Etcoff, Nur die Schönsten überleben. Die Ästhetik des Menschen.

50 Jesse McKinley, The Senate's Proposed Tax on Nips and Tucks Angers Patients and Surgeons Alike, New York Times v. 30. 11. 2009.

51 New York Times v. 14. 11. 2009.

52 Jennifer Smith Maguire, Leisure and the Obligation of Self-Work: An Examination of the Fitness Field, in: Leisure Studies, January 2008, Vol. 27, No. 1, S. 59–75.

53 Maguire, S. 61.

54 Welt am Sonntag v. 3. 2. 2008.

55 Maguire S. 66, Sie zitiert hier American College of Sports Medicine, 1998, S. 17.

56 M. Z. Levy, J. Shafran, Gym Psyche: The Insider's Guide to Health Clubs, New York S. 19–20.

57 Maguire, S. 68.

58 S. Schlosberg, L. Neporent, Fitness for Dummies (1996), zit. n. Maguire, S. 70.

59 Maguire, S. 70.

60 Curtius, Über den religiösen Charakter der griechischen Münze, S. 107.

61 Kurnitzky, Triebstruktur, S. 33.

62 Nussbaumer, Verwandlungen, S. 142.

63 Kurnitzky, Triebstruktur, S. 155.

64 Karl Marx, Lohnarbeit und Kapital, S. 410.

65 Harten, Vitale Mumie, S. 58.

66 Kurnitzky, Triebstruktur, S. 15.

67 Kurnitzky, Triebstruktur, S. 156.

68 Harten, Vitale Mumie, S. 62.

69 Kurnitzky, Triebstruktur, S. 155.

70 Müller, Geld und Geist. S. 89.

71 Ganßmann, Geld, Arbeit und Herrschaft, in: Schelkle et al, Rätsel Geld, S. 137.

72 Galbraith, Ökonomie des unschuldigen Betrugs, S. 60.

73 Herrmann-Otto, S. 59 f.

74 Herrmann-Otto, S. 74 f.

75 Kroll, Silver in Solon's Laws.

76 Herrmann-Otto, S. 76 f.

77 Herrmann-Otto, S. 17.

78 Platon: Werke. Nomoi IV-VII (777C), S. 80.

79 Herrmann-Otto, S. 17, 19.

80 Herrmann-Otto, S. 73.

81 Moses I. Finley, Die Sklaverei in der Antike, übers. v. Christoph Schwingenstein, Andreas Wittenburg und Kai Brodersen, München 1981, S. 114.

82 Finley, S. 111.

83 Herrmann-Otto, S. 85.

84 Finley, S. 114 f.

85 Herrmann-Otto, S. 71 f.

86 Herrmann-Otto, S. 95–98.

87 Herrmann-Otto, S. 112, 115, 127.

88 Herrmann-Otto, S. 181, 186, 188.

89 Herrmann-Otto, S. 170.

90 Nussbaumer, Verwandlungen, S. 133.

91 Herrmann-Otto, S. 172, 196, 193.

92 Finley, S. 106 ff.

93 Herrmann-Otto, S. 49.

94 Karl Marx, Das Geld, S. 564.

95 Oliver Stoll, Gemeinschaft in der Fremde: Xenophons ›Anabasis‹ als Quelle zum Söldnertum im Klassischen Griechenland, in: Göttinger Forum für Altertumswissenschaft 5 (2002), S. 123–183, S. 127.

96 Herrmann-Otto, S. 59.

97 Benveniste, Die Ökonomie, S. 134 f.

98 Groebner, S. 30.

99 Diodorus, Buch XVI, in: Diodors von Sizilien historische Bibliothek, übersetzt von Julius Friedrich Wurm, Stuttgart 1838, Buch 16, S. 1450.

100 Diodorus, Buch XVIII, S. 1815.

101 Diodorus, Buch XVI, S. 1478.

102 Theopomp, in: Felix Jacoby, Die Fragmente der griechischen Historiker (FGrHist), Nr. 115 F, S. 225.

103 Isokrates, Rede über den Frieden, in: Isokrates. Sämtliche Werke, übersetzt von Christine Ley-Hutton, eingeleitet und erläutert von Kai Brodersen, Stuttgart 1993–1997, Band 1: Reden I-VIII. S. 44–48.

104 Lexikon des Mittelalters, Stuttgart/Weimar 2000.

105 Zum Abschnitt über den Dreißigjährigen Krieg beziehe ich mich vor allem auf: Claus von Wagner, Niclas Müller, Der Söldner im Dreißigjährigen Krieg, in: Gudrun Gersmann/Torsten Reimer (Hg.), München im Dreißigjährigen Krieg. Ein universitäres Lehrprojekt, 1. Version vom 6. 12. 2000, URL: http://www.krieg.historicum.net/themen/m30jk/soeldner.htm

106 Vgl. von Eugen v. Frauenholz, Das Heerwesen in der Zeit des Dreißigjährigen Krieges. I. Teil: Das Söldnertum, München 1938, S. 37.

107 Geoffrey Parker, Der Dreißigjährige Krieg, Frankfurt/M. 1991, S. 286.

108 Perin Sörensson, Der Dreißigjährige Krieg. Perspektiven und Strukturen, in: Hans Ulrich Rudolf (Hg.), Darmstadt (Wege der Forschung Bd. 451) 1977, S. 441.

109 Wagner, Müller, Der Söldner im Dreißigjährigen Krieg.

110 Parker, S. 290.

111 Wagner, Müller, Der Söldner im Dreißigjährigen Krieg.

112 Parker, S. 281.

113 Wagner, Müller, Der Söldner im Dreißigjährigen Krieg.

114 Parker, S. 288.

115 Sörensson, S. 446.

116 Lexikon des Mittelalters.

117 Lexikon des Mittelalters.

118 Wagner, Müller, Der Söldner im Dreißigjährigen Krieg.

119 Lexikon des Mittelalters.

120 Wagner, Müller, Der Söldner im Dreißigjährigen Krieg.

121 Georg Schmidt, Der Dreißigjährige Krieg, München 1999, S. 87.

122 Tagesspiegel v. 11. 9. 2011.

123 Müller, Geist und Geld, S. 326.

124 Müller, Geist und Geld, S. 329, 332 f.

125 Müller, Geist und Geld, S. 334.

126 Leslie Kurke, Coins, Bodies, Games, and Gold. The Politics of Meaning in Archaic Greece, Princeton 1999, S. 182.

127 Franz W. Krassel, Privatrecht und Prostitution. Eine sozial-juristische Studie, Leipzig Wien 1894, zit. n. Iwan Bloch, Handbuch der Gesamten Sexualwissenschaft in Einzeldarstellungen, Bd. 1: Die Prostitution, Berlin 1912, S. 30.

128 Bloch, S. 36.

129 Bloch, S. 385.

130 Simmel, Geld, S. 413 f.

131 Simmel, Geld, S. 351.

132 Simmel, Geld, S. 329.

133 Simmel, Geld, S. 350.

134 Simmel, Geld, S. 415 f., 425, 416.

135 Weininger, Geschlecht und Charakter, S. 114 ff.

136 Simmel, Geld, S. 387 f.

137 Bloch, S. 51, 70.

138 Kurnitzky, Triebstruktur, S. 129.

139 Vgl. Christina von Braun, Das Geld und die Prostitution, in: Sabine Grenz, Martin Lücke (Hg.), Verhandlungen im Zwielicht, Bielefeld 2006, S. 23–42; dies./Mathes, Verschleierte Wirklichkeit, Kapitel VIII.

140 Julia Assante, Bad Girls and Kinky Boys? The Modern Prostitution of Ishtar, Her Clergy and Her Cults, in: Tanja S. Scheer (Hg., unter Mitarbeit v. Martin Lindner), Tempelprostitution im Altertum. Fakten und Fiktionen, Berlin 2009, S. 23–54, S. 25 f.

141 Assante, Bad Girls, S. 26.

142 Julia Assante, What Makes a Prostitute a Prostitute? Modern Definitions and Ancient Meanings, in: Historiae 4, 2007, S. 117–132, S. 119.

143 Assante, Prostitute, S. 119 f.

144 Assante, Bad Girls, S. 25, 49.

145 Tanja Scheer, Einführung, in: dies. (Hg.), Tempelprostitution, S. 9–22, S. 12.

146 Assante, Bad Girls, S. 32.

147 Assante, Prostitute, S. 130.

148 Assante, Prostitute, S. 129 f., 125.

149 Assante, Prostitute, S. 125, 127.

150 Stephanie Budin, Strabo's Hierodules: Corinth, Comana, and Eryx, in: Scheer (Hg.), Tempelprostitution. S. 198–220, S. 207.

151 Budin. S. 200, 203 f.

152 Budin. S. 207.

153 Budin. S. 198.

154 Pierre Dufour, Histoire de la Prostitution chez tous les peuples du monde depuis l'antiquité la plus

reculée junsqu'à nos jours, 6 Bde. Paris 1851, deutsch: Geschichte der Prostitution, ins Deutsche übertragen von Adolf Stille und Bruno Schweiger, 1901 ergänzt von Franz Helbing, neu bearbeitet und bis zur Gegenwart fortgeführt von Paul Langenscheidt, Berlin 1925.

155 Curtius, S. 110 f. Zur Kritik an Dufour und an Kurnitzky, der sich auf Dufour bezieht und das Geld im Zusammenhang mit der Tempelprostitution sieht, vgl. Schultz, S. 110.

156 Scheer, Tempelprostitution in Korinth? in: dies. (Hg.), Tempelprostitution, S. 221–266, S. 225.

157 Scheer, Tempelprostitution in Korinth? S. 235–237.

158 Scheer, Tempelprostitution in Korinth? S. 253–255.

159 Curtius, S. 112.

160 Scheer, Tempelprostitution in Korinth? S. 256 f.

161 Scheer, Tempelprostitution in Korinth? S. 257.

162 Scheer, Tempelprostitution in Korinth? S. 224.

163 Kurke, S. 229–233, 237 f.

164 Kurke, S. 243.

165 Kurke, S. XI, 4.

166 Kurke, S. 12.

167 Kurke, S. 18.

168 Sitta von Reden, Geld – das revolutionäre Medium, in: Gott und Geld, S. 21.

169 Reden, Exchange in Ancient Greece, S. 122.

170 Kurke, S. 22.

171 Reden, Exchange in Ancient Greece, S. 120.

172 Bloch, S. 705.

173 Reden, Exchange in Ancient Greece, S. 125 f.

174 Philemons Lob der Gesetze Solons, zit. n. Kurke, S. 197.

175 Kurke, S. 217.

176 Kurke, S. 220.

177 Kurke, S. 178.

178 J. N. Davidson, Consuming Passions. Appetite, Addiction and Spending in Classical Athens (1994), zit. n. Kurke, S. 141 f.

179 I. Kopytoff, The Cultural Biography of Things: Commoditization as Process, in: A. Appudarai (Hg.), The Social Life of Things. Commodities in Cultural Perspective, Cambridge 1986, S. 64–91, S. 69.

180 Kurke, S. 181 f.

181 Reden, Exchange in Ancient Greece, S. 121.

182 David Halperin, One Hundred Years of Homosexuality and Other Essays on Greek Love, New York/London 1990, S. 88–104.

183 Davidson, zit. n. Kurke, S. 198.

184 Schultz, S. 124.

185 Reden, Exchange in Ancient Greece, S. 122.

186 Edward E. Cohen, Free and Unfree Sexual Work: An Economic Analysis of Athenian Prostitution, in: Christopher A. Faraone/Laura K. McCure (Hg.), Prostitutes and Courtesans of the Ancient World, Madison 2006, S. 29–124.

187 Kurke, S. 223.

188 Bloch, S. 641 ff.

189 Oresme, S. 45, 61.

190 Bloch, S. 739.

191 Jacques Roussiaud, Dame Venus, Prostitution im Mittelalter (1984), übers. v. Ernst Voltmer, München 1989, S. 17.

192 Bloch, S. 731 f.

193 Bloch, S. 672.

194 Bloch, S. 759.

195 Simmel, Geld, S. 278 f.

196 Auguste Philippe Edouard Rabutaux, De la prostitution en Europe depuis l'antiquité jusqu'à la fin du XVIe siècle, Paris 1851, S. 58 f.; s. a. Bloch, S. 721.

197 Sombart, Liebe, Luxus und Kapitalismus, S. 75 f.

198 Dorothea Mey, »Geld beruhigt echt …«. Über die Ruhe und Unruhe, die der ›Lohn für Liebe‹ mit sich bringt – gezeigt am Beispiel der Kurtisane Cora Pearl aus dem Paris des Zweiten Kaiserreichs, in: Beiträge zur feministischen Theorie und Praxis, 8. Jg. 1985, Heft 15/16, S. 19–34, S. 23; vgl. auch: Dorothea Mey, Die Liebe und das Geld. Zum Mythos und zur Lebenswirklichkeit von Hausfrauen und Kurtisanen in der Mitte des 19. Jahrhunderts in Frankreich. Weinheim/Basel 1987.

199 Sombart, Liebe, Luxus und Kapitalismus, S. 82

200 Schultz, S. 77.

201 Schultz, S. 79.

202 Schultz, S. 63.

203 Mey, Cora Pearl, S. 22.

204 Mey, Cora Pearl, S. 24–26.

205 Mey, Cora Pearl, S. 26–28.

206 Mey, Cora Pearl, S. 28–31.

207 Mey, Cora Pearl, S. 32.

208 Catherine Hakim, Erotisches Kapital. Das Geheimnis des erfolgreichen Menschen, übers. v. Susanne Kuhlmann-Krieg, Frankfurt/M. 2011.

209 Süddeutsche Zeitung v. 27. 1. 2011.

210 Poulin, La Mondialisation des industries du sexe, S. 44, 69 f., 22.

211 Poulin, S. 21 f., 12.

212 Poulin, S. 27 f., 22.

213 Sabine Dusch, Le Trafic d'êtres humains, Paris 2002, S. 109.

214 Poulin, S. 11.

215 Poulin, S. 21 f.

216 Karla Sponar, Fast ungestört und salonfähig. Menschenhandel – eine neue Form der Sklaverei, Deutschlandfunk, Hintergrund Politik, 9. 12. 2004.

217 Poulin, S. 23.

218 Zur religiösen Ritualisierung der Prostitution vgl. Sabine Grenz, (Un)heimliche Lust. Über den Konsum sexueller Dienstleistungen, Wiesbaden 2005.

219 Poulin, S. 13.

220 Mey, Cora Pearl, S. 19.

221 Non à la pénalisation de nos clients, in: Libération v. 12. 7. 2006.

222 Poulin, S. 187.

223 Süddeutsche Zeitung v. 10. 3. 2004.

224 Poulin, S. 18.

225 Michel Foucault, Sexualität und Wahrheit. Der Wille zum Wissen, übers. v. Ulrich Raulff und Walter Seitter, Frankfurt/M. 1979, S. 163 f.

226 Poulin, S. 185.

227 Poulin, S. 86.

228 Non à la pénalisation de nos clients, in: Libération v. 12. 7. 2006.

229 Athanassakis, S. 249.

230 Pierre Klossowski, Die lebende Münze, übers. v. Martin Burckhardt, Berlin 1998, S. 88 f.

231 Klossowski, S. 86.

232 Klossowski, S. 82 f.

233 Hans Leyendecker, Die große Gier, S. 200 f.

234 Julia Voss, Milieu und Moral, in: Frankfurter Allgemeine Zeitung v. 26. 5. 2011, S. 31.

235 Voss, S. 31.

236 Leyendecker, S. 204.

237 Klossowski, S. 83.

238 Leyendecker, S. 196 f.

239 Hubert Seipel, Die Macht, die Gier und der Größenwahn: Wie der Milliardär Ferdinand Piëch und der Schmied Klaus Volkert VW beherrschten, ARD, 23. 5. 2007.

240 Klossowski, S. 18 f. (Hervorhebung im Original).

241 Debora L. Spar, The Baby Business. How Money, Science, and Politics Drive the Commerce of Conception, Boston 2006, S. 35.

242 Spar, S. XIII f.

243 50 Jahre Antibaby-Pille.

244 Kurnitzky, Triebstruktur, S. 146.

245 Kurnitzky, Der Heilige Markt, S. 66.

246 Hopfgartner, S. 63.

247 Carmel Shalev, Birth Power. The Case for Surrogacy, New Haven and London 1989 S. 15.

248 Shalev, Birth Power, S. 27.

249 Shalev, Birth Power, S. 29, 18.

250 Shalev, Birth Power, S. 37 f.

251 Stadermann, S. 157.

252 Schultz, S. 127 f.

253 Ingomar Weiler, Über Sklavenhandel und Sklavenpreise in der Antike, in: Exenberger/Nussbaumer (Hg.), Körpermärkte, S. 15–39, S. 17.

254 Hans Joachim Gehrke, Sklaverei. III. Griechenland, in; Der Neue Pauly II, S. 624–627, S. 624.

255 Beate Wagner-Haasel, Das Private wird politisch. Die Perspektive ›Geschlecht‹ in den Altertumswissenschaften, in: Ursula Becker, Jörn Rüsen (Hg.), Weiblichkeit in geschichtlicher Perspektive, Frankfurt/M. 1988, S. 36.

256 Schultz, S. 133, 137.

257 Schultz, S. 140, 142 f.

258 Bodin, zit. n. Schultz, S. 147.

259 Schultz, S. 147.

260 John Galsworthy, Die Forsyte Saga. 2. Buch: In Fesseln, übers. v. Luise Wolf, Reinbek 1954, S. 263.

261 Shalev, Birth Power, S. 38.

262 Rudolf Leuckart, Zeugung, in: Rudolph Wagner (Hg.), Handwörterbuch der Physiologie mit Rücksicht auf physiologische Pathologie, Bd. 4., Braunschweig 1853, S. 708–999, S. 719, zit. n. Bettina Bock v. Wülfingen, Economies and the Cell. Conception and Heredity Around 1900 and 2000, Habilitationsschrift, Berlin 2012, Kap. 2.2, S. 168.

263 Oscar Hertwig, Die Zelle und die Gewebe. Grundzüge der allgemeinen Anatomie und Physiologie, Jena 1893, S. 271 f., zit. n. Bock von Wülfingen, S. 170.

264 Bettina Bock von Wülfingen, Die ökonomische Zelle im Reich der Pflanzen und Tiere. Ausstellungszeitung des Theaters Hebbel am Ufer, »Zellen. Life Science, Urban Farming«, 11.–21. 11. 2010, S. 8–9, S. 8.

265 Bock v. Wülfingen, Die ökonomische Zelle.

266 Shalev, Birth Power, S. 59 f.

267 Shalev, Birth Power, S. 60, 68.

268 Der Spiegel Nr. 17, 1992.

269 Shalev, Birth Power, S. 62, 69.

270 One Sperm Donor, 150 Offsprings, New York Times v. 5. 9. 2011

271 Shalev, Birth Power, S. 75.

272 Zit. n. Shalev, Birth Power, S. 79.

273 Shalev, Birth Power, S. 11.

274 Shalev, Birth Power, S. 164.

275 Dorothy Nelkin/M. Susan Lindee, The DNA Mystique. The Gene as a Cultural Icon, New York 1995, S. 6.

276 Zur Analogie von christlicher Lehre und Genetik vgl. Christina von Braun, Versuch über den Schwindel, S. 372–385; dies., Das heilige Gen, in: Süddeutsche Zeitung v. 27. 6. 2000.

277 Gabriele Werner-Felmayer, Menschliche Eizellen – ein kostbares Gut, in: Exenberger/Nussbaumer (Hg.), Körpermärkte, S. 99–118, S. 106.

278 Wirtschaftswoche v. 9. 7. 2007.

279 Frankfurter Allgemeine Zeitung v. 29. 7. 2002.

280 Der Spiegel 4, 2002.

281 Spar, S. 46.

282 Elizabeth Reis, Young Women's Eggs: Elite and Ordinary, in: Biopolitical Times v. 15. 9. 2011.

283 Werner-Felmayer, S. 101 f.

284 Jennifer Ludden, Egg Freezing Puts the Biological Clock on Hold, in: Center for Genetics and Society, Weekly News v. 3. 6. 2011.

285 Die Studie wurde durchgeführt von der European Society of Human Reproduction and Embryology (ESHRE), Taskforce on Cross Border Reproductive Care, zit. n. Center for Genetics and Society, Weekly News v. 4. 2. 2011.

286 Michi Knecht, Anna Heinitz, Scout Burghard, Sebastian Mohr (Hg.), Samenbanken – Samenspender: Ethnographische und historische Perspektiven auf Männlichkeit in der Reproduktionsmedizin. Reihe: Berliner Blätter, Heft 51, Münster 2010.

287 Spar, S. 37.

288 Spar, S. 38.

289 Frankfurter Allgemeine Sonntagszeitung v. 2. 7. 2006.

290 Frankfurter Allgemeine Sonntagszeitung v. 2. 7. 2006.

291 Spiegel Online v. 20. 12. 2011.

292 Frankfurter Allgemeine Zeitung v. 10. 3. 2005.

293 The Independent v. 20. 10. 2011.

294 Spar, S. 39.

295 Spar, S. 39.

296 Spar, S. 84 f.

297 Spar, S. 74, 71.

298 Spar, S. 5 f.

299 Spar, S. 91.

300 Die Woche v. 08. 2. 2002.

301 Werner-Felmayer, S. 107.

302 San Francisco Chronicle v. 8. 8. 2006.

303 Die Zeit v. 7. 6. 2001.

304 Spar, S. 3.

305 Spar, S. 40.

306 Werner-Felmayer, S. 104.

307 ›Gottes Wille im Genom‹, in: Die Zeit v. 6. 9. 2007.

308 Werner-Felmayer, S. 113.

309 Carmel Shalev/Sigal Gooldin, The Uses and Misuses of in-vitro-Fertilization in Israel: Some Sociological and Ethical Considerations, in: NASHIM 12, 2006, S. 151–176.

310 Rajan, S. 203.

311 Werner-Felmayer, S. 107.

312 Die Presse (Wien) v. 5. 6. 2006.

313 Werner-Felmayer, S. 106.

314 Shalev, Birth Power, S. 112.

315 Google Baby, Film v. Zippi Brand Frank, Israel 2009.

316 Sonntag aktuell v. 30. 10. 2005

317 Werner-Felmayer, S. 107, 110.

318 Werner-Felmayer, S. 109.

319 ›Mutterglück um jeden Preis‹, in: Frankfurter Allgemeine Zeitung v. 6. 12. 2007.

320 Shalev, Birth Power, S. 165 f.

321 Shalev, Birth Power, S. 156.

322 Shalev, Birth Power, S. 166.

323 Spar, S. 185.

324 Werner-Felmayer, S. 111 f.

325 Spar, S. 64.

326 Frauke Sandig im Interview zu ihrem Film ›Frozen Angels‹, in: Sonntag aktuell vom 30. 10. 2005.
vgl. Frauke Sandig/Eric Black, Frozen Angels, D/USA 2005.

327 Werner-Felmayer, S. 112.

328 Die Zeit v. 7. 6. 2001.

329 After Setbacks in Harvesting Stem Cells, a New Approach Shows Promise, New York Times v.
5. 10. 2011.

330 Spar, S. 123 f.

331 Sharon Kirkey, Postmedia News, Montreal Gazette v. 19. 9. 2011.

332 Spar, S. 56.

333 Spar, S. 229.

334 Spar, S. 141 f.

335 Spar, S. 145.

336 Die Welt v. 27. 6. 2000.

337 CGS Weekly News v. 1. 7. 2011.

338 H. G. Wells, Die Zeitmaschine (1895), Deutsch: 1904, hier zit. n. der Ausgabe v. München 1996,
S. 78.

339 Lee Silver: Das geklonte Paradies. Künstliche Zeugung und Lebensdesign im neuen Jahrtausend.
(1997), übers. v. Henning Thies und Susanne Kuhlmann-Krieg, München 1998, S. 18.

340 Silver, S. 14–18.

341 Silver, S. 19–21 f.

342 Rajan, S. 107 f., 111.

CONCLUSIO: VERSUCH EINER ANTWORT

1 Frankfurter Allgemeine Sonntagszeitung v. 2. 7. 2006.
2 Jean Baechler, Le capitalisme, Paris 1995, Bd. 2, S. 268.
3 Georg Simmel, Fragmente und Aufsätze. Aus dem Nachlaß und Veröffentlichungen der letzten Jahre (1923), zit. n. Gerd Grözinger, Von der Philosophie zur Psychoanalyse des Geldes. Georg Simmel & Sigmund Freud, in: Jürgen G. Backhaus/Hans-Joachim Stadermann (Hg.), Georg Simmels Philosophie des Geldes. Einhundert Jahre danach, Marburg 2000, S. 143–184, S. 180.
4 Grözinger, S. 181.
5 Polanyi, S. 85.

LITERATURVERZEICHNIS

Abraham, Nicolas/Torok, Maria, L'Écorce et le noyau, Paris 1987.

Agamben, Giorgio, Herrschaft und Herrlichkeit. Zur theologischen Genealogie von Ökonomie und Regierung, übers. v. Andreas Hiepko, Frankfurt/M. 2010, S. 332–342.

Aglietta, Michel/Orléan, André, La monnaie entre violence et confiance, Paris 2002.

Alesina, Alberto/Nunn, Nathan/Giuliano, Paola, On the Origins of Gender Roles: Women and the Plough, May 2011, http://www.nber.org/papers/w17098.

Aly, Götz, Hitlers Volksstaat. Raub, Rassenkrieg und nationaler Sozialismus, Frankfurt/M. 2005.

Anderson, Benedict, Die Erfindung der Nation. Zur Karriere eines folgenreichen Konzepts (1983), übers. v. Benedict Burkart u. Christoph Münz, Berlin 1998.

Angenendt, Arnold, Kollekte – Messstiftungen – Ablass, in: Gott und das Geld, in: Welt und Umwelt der Bibel, Nr. 47, 13. Jg. 1. Quartal, Stuttgart 2008, S. 56–59.

Appudarai, Arjun, Modernity at Large. Cultural Dimensions of Globalization, Minneapolis 1996.

Aristoteles, Philosophische Schriften in sechs Bänden, nach der Übers. v. Eugen Rolfes bearbeitet v. Günther Bien, Hamburg 1995.

Assante, Julia, Bad Girls and Kinky Boys? The Modern Prostitution of Ishtar, Her Clergy and Her Cults, in: Tempelprostitution im Altertum. Fakten und Fiktionen, hg. v. Tanja S. Scheer unter Mitarbeit v. Martin Lindner, Berlin 2009, S. 23–54.

Dies., What Makes a Prostitute a Prostitute? Modern Definitions and Ancient Meanings, in: Historiae 4, 2007, S. 117–132.

Assmann, Jan, Das kulturelle Gedächtnis. Schrift, Erinnerung und politische Identität in frühen Hochkulturen, München 1999.

Athanassakis, Irini, Die Akie als Bild. Zur Kulturgeschichte von Wertpapieren, Wien u. New York 2008.

Ayaß, Ruth, Interaktion ohne Gegenüber, in: Online-Vergesellschaftung? Mediensoziologische Perspektiven auf neue Kommunikationstechnologien, hg. v. Michael Jäckel u. Manfred Mai, Wiesbaden 2005, S. 33–50.

Baechler, Jean, Le capitalisme, Paris 1995.

Bagehot, Walter, Lombard Street. A Description of the Money Market (1873), London 1927.

Bataille, Georges, in: Jules Michelet, Die Hexe, mit Beiträgen v. Roland Barthes u. Georges Bataille, hg. v. Traugott König, München 1984.

Baudelaire, Charles, Le public moderne et la photographie, Salon de 1859, in: Baudelaire, Œuvres, texte établi et annoté par Y.-G. Le Dantec, Bd. II, Paris 1932.

Becker, Sascha O./Wößmann, Ludger, Was Weber Wrong? A Human Capital Theory of Protestant Economic History, in: Quarterly Journal of Economics 124 (2), 2009, S. 531–596.

Benjamin, Walter, Kapitalismus als Religion (Fragment), in: Gesammelte Schriften, 7 Bde., hg. v. Rolf Tiedemann u. Hermann Schweppenhäuser, Bd. VI, Frankfurt/M. 1991, S. 100–102.

Benveniste, Emile, Indoeuropäische Institutionen. Wortschatz, Geschichte, Funktionen (1969), übers. v. Wolfram Bayer, Dieter Hornig u. Kathrina Menke, Frankfurt/M. u. New York 1993.

Bering, Dietz, Die Intellektuellen, Geschichte eines Schimpfwortes, Stuttgart 1978.

Bettelheim, Bruno, Die symbolischen Wunden. Pubertätsriten und der Neid des Mannes (1954), Frankfurt/M. 1982.

Binswanger, Hans Christoph, Die Glaubensgemeinschaft der Ökonomen. Essays zur Kultur der Wirtschaft, München 1998.

Ders., Geld und Magie. Eine ökonomische Deutung von Goethes Faust, Hamburg 2009.

Bloch, Iwan, Handbuch der Gesamten Sexualwissenschaft in Einzeldarstellungen, Bd. 1: Die Prostitution, Berlin 1912.

Blomquist, Thomas W., The Dawn of Banking in an Italian Commune: Thirteenth Century Lucca, in: The Dawn of Medieval Banking, hg. v. Center for Medieval and Renaissance Studies, University of California Los Angeles, New Haven u. London 1979, S. 53–75.

Blumenberg, Ygal, Wie kann aus der Begrenzung die Vollständigkeit entspringen? Psychoanalytische Überlegungen zur Beschneidung in der jüdischen Tradition, in: Mythen des Blutes, hg. v. Christina von Braun u. Christoph Wulf, Frankfurt/M. 2007, S. 227–242.

Bock von Wülfingen, Bettina, Economies and the Cell. Conception and Heredity Around 1900 and 2000. Habilitationsschrift, Berlin 2012.

Böhme, Hartmut, Fetischismus und Kultur. Eine andere Theorie der Moderne, Reinbek 2006.

Boltanski, Luc/Chiapello, Ève, Der neue Geist des Kapitalismus, übers. v. Michael Tillmann, Konstanz 2002.

Bonhoeffer, Dietrich, Widerstand und Ergebung. Briefe und Aufzeichnungen aus der Haft, hg. v. Eberhard Bethge, München 1951.

Borowski, Elie, Geld in der Bibel. Wechselbeziehung von Geld und Opfer in der Bibel, in: Museum des Geldes, Ausstellungskatalog, zusammengestellt v. Jürgen Harten u. Horst Kurnitzky, Museum des Geldes. Über die seltsame Natur des Geldes in Kunst, Wissenschaft und Leben. Bd. 1, Städtische Kunsthalle Düsseldorf 1978, S. 114–115.

Bourdieu, Pierre, Die feinen Unterschiede. Kritik der gesellschaftlichen Urteilskraft (1979), übers. v. Bernd Schwibs u. Achim Russer, Frankfurt/M. 1992.

Brague, Rémi, Europa – eine exzentrische Identität, Frankfurt/M. 1993.

Brand Frank, Zippi, Google Baby, Film, Israel 2009.

Braun, Christina von, Böses Blut. Mythen und Wirkungsgeschichte der Syphilis. Film WDR, 1993/94.

Dies., Der Einbruch der Wohnstube in die Fremde, in: Braun, Christina von, Die schamlose Schönheit des Vergangenen, Frankfurt/M. 1989.

Dies., Der Ewige Judenhass, Filmtrilogie, WDR/NDR 1990.

Dies., Der Frauenkörper als Norm und Anomalie des Gemeinschaftskörpers, in: Die Multiple Persönlichkeit. Krankheit, Medium oder Metapher. Zu den geistesgeschichtlichen Hintergründen eines modernen Krankheitsbildes, hg. v. Christina von Braun u. Gaby Dietze, Frankfurt/M. 1998.

Dies., Glauben, Wissen und Geschlecht in den drei Religionen des Buches, Wien 2009.

Dies., Männliche Hysterie, Weibliche Askese. Zum Paradigmenwechsel der Geschlechterrollen, in: Die schamlose Schönheit des Vergangenen, Frankfurt/M. 1989, S. 51–80.

Dies., Nicht ich. Logik, Lüge, Libido (1985), Berlin 2009.

Dies., Schönheit verzweifelt gesucht. Eine Geschichte der Schönheit, Film, Arte 2002.

Dies., Schuld, Schulden, Beschuldigungen: Das Medium Geld im christlich-jüdischen Verhältnis, in: ›Jud Süß‹. Hofjude, literarische Figur, antisemitisches Zerrbild, hg. v. Alexandra Przyrembel u. Jörg Schönert, Frankfurt/M. 2006, S. 311–325.

Dies., The Symbol of the Cross, in: Holy War and Gender. ›Gotteskrieg‹ und Geschlecht, hg. v. Christina von Braun, Ulrike Brunotte, Gabriele Dietze, Daniela Hrzán, Gabriele Jähnert u. Dagmar Pruin, Münster u. Berlin 2006, S. 55–75.

Dies., Versuch über den Schwindel. Religion, Schrift, Bild, Geschlecht. Zürich u. München 2001.

Dies., Von Wunschtraum zu Alptraum. Eine Geschichte des utopischen Denkens, Film, München 1984.

Dies./Ziege, Eva-Maria (Hg.), Das bewegliche Vorurteil. Aspekte des Internationalen Antisemitismus, Würzburg 2004.

Dies./Wulf, Christoph (Hg.), Mythen des Blutes, Frankfurt/M. 2007.

Dies./Dornhof, Dorothea/Johach, Eva (Hg.), Das Unbewusste: Krisis und Kapital der Wissenschaft, Bielefeld 2009.

Dies./Mathes, Bettina, Verschleierte Wirklichkeit. Die Frau, der Islam und der Westen, Berlin 2007.

Braun, Karl, Der Tod des Stiers. Fest und Ritual in Spanien, München 1997.

Breithaupt, Fritz, Der Ich-Effekt des Geldes. Zur Geschichte einer Legitimationsfigur, Frankfurt/M. 2008.

Breuer, Josef, Fräulein Anna O. …., in: Sigmund Freud, Studien über Hysterie (1895). Frankfurt/M. 1970.

Brooks, Arthur C., The Battle: How the Fight between Free Enterprise and Big Government Will Shape America's Future, Philadelphia 2010.

Brown, Peter, Die Keuschheit der Engel. Sexuelle Entsagung, Askese und Körperlichkeit im frühen Christentum, übers. v. Martin Pfeiffer, München 1994.

Brunotte, Ulrike, Puritanismus und Pioniergeist. Die Faszination der Wildnis im frühen Neu-England, New York u. Berlin 2000.

Budin, Stephanie, Strabo's Hierodules: Corinth, Comana, und Eryx, in: Tempelprostitution im Altertum. Fakten und Fiktionen, hg. v. Tanja S. Scheer, unter Mitarbeit v. Martin Lindner, Berlin 2009, S. 198–220.

Burckhardt, Martin, Vom Geist der Maschine. Ein Geschichte kultureller Umbrüche, Frankfurt/M. 1999.

Campenhamen, Hans, et al. (Hg.), Die Religion in Geschichte und Gegenwart, Tübingen 1986.

Canetti, Elias, Masse und Macht (1960), Frankfurt/M. 1980.

Casanova, José, Religion, the New Millenium, and Globalization, Sociology of Religion 62, 2001, Nr. 4, S. 415–441.

Castells, Manuel, Das Informationszeitalter (1996–98), Bd. 1: Der Aufstieg der Netzwerkgesellschaft, übers. v. Reinhart Kößler, Opladen 2003.

Chancellor, Edward, Devil Take the Hindmost. A History of Financial Speculation (1999), London 2000.

Cohen, Edward E., Free and Unfree Sexual Work: An Economic Analysis of Athenian Prostitution, in: Prostitutes and Courtesans of the Ancient World, hg. v. Christopher A. Faraone u. Laura K. McClure, Madison 2006, S. 29–124.

Copeland, Morris, A Study of Moneyflows in the United States, Publications of the National Bureau of Economic Research No. 54. New York 1952.

Cox, Harvey, The Secular City (1965), dt.: Stadt ohne Gott?, übers. v. Werner Simpfendörfer, Stuttgart 1968.

Creveld, Martin van, Technology and War from 2000 BC to the Present, New York 1989.

Crouch, Colin, Das befremdliche Überleben des Neoliberalismus, übers. v. Frank Jakubzik, Frankfurt/M. 2011.

Curtius, Ernst, Über den religiösen Charakter der griechischen Münze, in: Monatsberichte der Königlich Preußischen Akademie der Wissenschaften zu Berlin, Berlin 1870. Nachdruck in: Museum des Geldes, Ausstellungskatalog, zusammengestellt von Jürgen Harten u. Horst Kurnitzky, Museum des Geldes. Über die seltsame Natur des Geldes in Kunst, Wissenschaft und Leben. Bd. 1, Städtische Kunsthalle Düsseldorf 1978, S. 106–113.

Darwin, Charles, Die Entstehung der Arten durch die natürliche Zuchtwahl, übers. v. Carl W. Neumann, Stuttgart 1963.

Defoe, Daniel, The Anatomy of Exchange Alley (1719), in: Political and Economic Writings of Daniel Defoe, Bd. 6, Finance, hg. v. John McVeagh, London 2000, S. 129–156.

Del Mar, Alexander, History of Monetary Systems (1895), New York 1969.

Derrida, Jacques, Zirkumfession, in: Geoffrey Bennington u. Jacques Derrida, Jacques Derrida. Ein Portrait, übers. v. Stefan Lorenzer, Frankfurt/M. 1994.

Descartes, René, Philosophische Werke, Abteilung I-III, übers. v. J. H. von Kirchmann, Berlin 1870.

Dethlefs, Gerd, Eine fundamentalistische Revolution: Das Reich der Wiedertäufer zu Münster 1534/1535, in: Vorträge zur Geldgeschichte 2005, hg. v. Geldmuseum der Deutschen Bundesbank, Frankfurt/M. 2007, S. 33–54.

Deuber-Mankowsky, Astrid, Der frühe Walter Benjamin und Hermann Cohen. Jüdische Werte, Kritische Philosophie, Vergängliche Erfahrung, Berlin 2000.

Deutsch, Jürgen, Die Zahlungsmittel der Naturvölker in Afrika, Marburg 1957.

Diodorus, Buch XVI, in: Diodorus von Sizilien historische Bibliothek, übers. v. Julius Friedrich Wurm, Stuttgart 1838.

Döring, Daniela, Zeugende Zahlen. Mittelmaß und Durchschnittstypen in Proportion, Statistik und Konfektion, Berlin 2011.

Duby, Georges, Guerriers et paysans, Paris 1973.

Dufour, Pierre, Histoire de la Prostitution chez tous les peuples du monde depuis l'antiquité la plus reculée junsqu'à nos jours, 6 Bde. Paris 1851, dt.: Geschichte der Prostitution, übers. v. Adolf Stille u. Bruno Schweiger, 1901 ergänzt v. Franz Helbing, neu bearbeitet u. bis zur Gegenwart fortgeführt v. Paul Langenscheidt, Berlin 1925.

Dusch, Sabine, Le Trafic d'êtres humains, Paris 2002.

Eckehart, Meister, Fragmente, in: Meister Eckehart, Mystische Schriften, a. d. Mittelhochdeutschen übertr. v. Gustov Landauer, Frankfurt/M. 1999

Ehrenberg, Alain, La fatigue d'être soi. Dépression et société, Paris 1998, dt.: Das erschöpfte Selbst. Depression und Gesellschaft in der Gegenwart, übers. v. Manuela Lenzen u. Martin Klaus, Frankfurt/M. 2004.

Ejges, Simcha, Das Geld im Talmud. Versuch einer systematischen Darstellung der wirtschaftlichen Geldtheorie und -praxis nach talmudischen Qellen, Dissertation Gießen u. Wilna 1930.

Eliade, Mircea, Kosmos und Geschichte. Der Mythos der ewigen Wiederkehr (1949), übers. v. Günther Spaltmann, Frankfurt/M. 1984.

Esposito, John L., Von Kopftuch bis Scharia. Was man über den Islam wissen sollte, übers. v. Henning Thies, Leipzig 2003.

Euripides, Hippolytus, übers. u. hg. v. Dietrich Bender, Berlin 1975.

Ders., Werke in drei Bänden, 1. Bd., übers. v. Dietrich Ebener, hg. v. Jürgen Werner u. Walter Hagemann, Berlin u. Weimar 1996.

Exenberger, Andreas/Nussbaumer, Josef (Hg.), Von Körpermärkten, Innsbruck 2008.

Ferenczi, Sándor, Zur Ontogenie des Geldinteresses, in: Psychoanalyse des Geldes. Eine kritische Untersuchung psychoanalytischer Geldtheorien, hg. v. Ernest Borneman, Frankfurt/M. 1973, S. 96–104.

Ferguson, Charles, Inside Job, Film, USA 2010.

Finley, Moses I., Die Sklaverei in der Antike, übers. v. Christoph Schwingenstein, Andreas Wittenburg u. Kai Brodersen, München 1981.

Fisher, Irving, The Money Illusion (1928), dt.: Die Illusion des Geldes, Berlin 1928.

Ders./Cohrssen, Hans R. L., Stable Money. A history of the movement (1934), dt.: Feste Währung. Illusion und Wirklichkeit, Heidelberg 1948.

Flusser, Vilém, Für eine Philosophie der Fotografie, Göttingen 1991.

Foucault, Michel, Le souci de soi, Histoire de la sexualité, Bd. 3, Paris 1984.

Ders., Sexualität und Wahrheit. Der Wille zum Wissen, übers. v. Ulrich Raulff u. Walter Seitter, Frankfurt/M. 1979.

Franck, Georg, Ökonomie der Aufmerksamkeit. Ein Entwurf (1998), München 2007.

Franklin, Benjamin, Advice to a Young Tradesman, Written by an Old One, July 21st 1748, in: Benjamin Franklin, Writings, hg. v. J. A. Leo Lemay, New York 1987.

Frauenholz, Eugen von, Das Heerwesen in der Zeit des Dreißigjährigen Krieges. I. Teil: Das Söldnertum, München 1938.

Freud, Sigmund, Charakter und Analerotik, in: Gesammelte Werke (GW), Frankfurt/M. 1952 f., Bd. VII.

Ders., Das Unbehagen in der Kultur, GW, Bd. XIV.

Ders., Das Unbewusste, GW, Bd. X.

Ders., Die Traumdeutung, GW, Bd. II u. III.

Ders., Eine Schwierigkeit der Psychoanalyse, GW, Bd. XII.

Ders., Neue Folge der Vorlesungen zur Einführung in die Psychoanalyse, GW, Bd. XV.

Fuess, Albrecht, Die islamische Schlachtrede und die ›Geistliche Anleitung‹, in: Terror im Dienste Gottes. Die ›Geistliche Anleitung‹ der Attentäter des 11. September 2001, hg. v. Hans G. Kippenberg u. Tilman Seidensticker, Frankfurt/M. 2004, S. 55–66.

Galbraith, John Kenneth, Die Ökonomie des unschuldigen Betrugs. Vom Realitätsverlust der heutigen Wirtschaft, übers. v. Torsten Schmidt, München 2004.

Ders., Geld. Woher es kommt, wohin es geht (1975), übers. v. Karl Otto von Czernicki, München u. Zürich 1976.

Galbraith, James K., The Predator State, New York 2008.

Galiani, Ferdinando, Über das Geld (1751), übers. u. kommentiert v. Werner Tabarelli, Düsseldorf 1999.

Galsworthy, John, Die Forsyte Saga, übers. v. Luise Wolf, Reinbek 1954.

Ganßmann, Heiner, Geld, Arbeit und Herrschaft, in: Rätsel Geld. Annäherungen aus ökonomischer, soziologischer und historischer Sicht, hg. v. Waltraud Schelkle u. Manfred Nitsch, Marburg 1998, S. 125–143.

Gerloff, Wilhelm, Die Entstehung des Geldes und die Anfänge des Geldwesens, Frankfurt/M. 1947.

Gerstenberger, Erhard S., Das alttestamentarische Zinsverbot und wie man es umging, in: Gott und das Geld, in: Welt und Umwelt der Bibel, Nr. 47, 13. Jg. 1. Quartal, Stuttgart 2008, S. 49–51.

Gertenbach, Lars, Die Kultivierung des Marktes. Foucault und die Gouvernementalität des Neoliberalismus, Berlin 2008.

Girard, René, Das Heilige und die Gewalt, übers. v. Elisabeth Mainberger-Ruh, Frankfurt/M. 1994.

Goody, Jack/Watt, Ian, Konsequenzen der Literalität, in: Jack Goody, Ian Watt u. Kathleen Gough, Entstehung und Folgen der Schriftkultur, übers. v. Friedhelm Herborth, Frankfurt/M. 1986, S. 63–122.

Gott und das Geld, in: Welt und Umwelt der Bibel, Nr. 47, 13. Jg. 1. Quartal, Stuttgart 2008.

Graw, Isabelle, Der Große Preis. Kunst zwischen Markt und Celebrity Kultur, Köln 2008.

Grenz, Sabine, (Un)heimliche Lust. Über den Konsum sexueller Dienstleistungen, Wiesbaden 2005.

Grenz, Sabine/Lücke, Martin (Hg.), Verhandlungen im Zwielicht, Bielefeld 2006.

Groebner, Valentin, Mit Haut und Haar. Der menschliche Körper als Ware im Europa der Frühen Neuzeit, in: Von Körpermärkten, hg. v. Andreas Exenberger u. Josef Nussbaumer, Innsbruck 2008, S. 27–38.

Grözinger, Gerd, Von der Philosophie zur Psychoanalyse des Geldes. Georg Simmel und Sigmund Freud, in: Georg Simmels Philosophie des Geldes. Einhundert Jahre danach, hg. v. Jürgen G. Backhaus u. Hans-Joachim Stadermann, Marburg 2000, S. 143–184.

Haarmann, Harold, Universalgeschichte der Schrift, New York u. Frankfurt/M. 1992.

Haasis, Hellmut, Joseph Süß Oppenheimer, genannt Jud Süß. Finanzier, Freidenker, Justizopfer, Reinbek 1998.

Hakim, Catherine, Erotisches Kapital. Das Geheimnis des erfolgreichen Menschen, übers. v. Susanne Kuhlmann-Krieg, Frankfurt/M. 2011.

Halperin, David, One Hundred Years of Homosexuality and Other Essays on Greek Love, New York u. London 1990.

Hammer-Tugendhat, Daniela, Erotik und Geschlechterdifferenz. Aspekte zur Aktmalerei Tizians, in: Privatisierung der Triebe? Sexualität in der Frühen Neuzeit, hg. v. Daniela Erlach u. Karl Vocelka, Frankfurt/M. 1994.

Hardt, Michael/Negri, Antonio, Empire. Die neue Weltordnung, übers. v. Thomas Atzert u. Andreas Wirthensohn, Frankfurt/M. u. Darmstadt 2002.

Harlizius-Klück, Ellen, Das Gewebe der Geschlechter und der Faden der Logik, Wien 2005.

Dies., Weberei als episteme und die Genese der deduktiven Mathematik in vier Umschweifen entwickelt aus Platons Dialog Politikos, Berlin 2004.

Harten, Jürgen, Die vitale Mumie. Konzept für Vergleichsmöglichkeiten zwischen Kunst und Geld, in: Museum des Geldes, Ausstellungskatalog, zusammengestellt von Jürgen Harten u. Horst Kurnitzky,

493

Museum des Geldes. Über die seltsame Natur des Geldes in Kunst, Wissenschaft und Leben. Bd. 1, Städtische Kunsthalle Düsseldorf 1978, S. 48–73.

Hartmann, Elke, Frauen in der Antike. Weibliche Lebenswelten von Sappho bis Theodora, München 2007.

Hayek, Friedrich A. von, Entnationalisierung des Geldes. Eine Analyse der Theorie und Praxis konkurrierender Umlaufsmittel, übers. v. Wendula Gräfin von Klinckowstroem, Tübingen 1977.

Heine, Heinrich, Französische Zustände, in: Heinrich Heine, Historisch-kritische Gesamtausgabe der Werke, hg. v. Manfred Windfuhr, Bd. XII, Hamburg 1973–1997.

Heinsohn, Gunnar, Muss die abendländische Zivilisation auf immer unerklärbar bleiben? Patriarchat und Geldwirtschaft, in: Rätsel Geld. Annäherungen aus ökonomischer, soziologischer und historischer Sicht, hg. v. Waltraud Schelkle u. Manfred Nitsch, Marburg 1998, S. 209–270.

Hénaff, Marcel, Der Preis der Wahrheit. Gabe, Geld und Philosophie, übers. v. Eva Moldenhauer, Frankfurt/M. 2009.

Hentschel, Kurt, Frühes Papiergeld aus Nordamerika, in: Vorträge zur Geldgeschichte 2005, hg. v. Geldmuseum der Deutschen Bundesbank, Frankfurt/M. 2007, S. 5–32.

Herrmann-Otto, Elisabeth, Sklaverei und Freilassung in der griechisch-römischen Welt, Hildesheim 2009, S. 196.

Heschel, Susannah, Sind Juden Männer? Können Frauen jüdisch sein? Die gesellschaftliche Definition des männlich/weiblichen Körpers, in: ›Der schejne Jidd‹. Das Bild des ›jüdischen Körpers‹ in Mythos und Ritual, hg. v. Sander Gilman, Robert Jütte, Gabriele Kohlbauer-Fritz, Wien 1998, S. 86–96.

Hess, Moses, Über das Geldwesen (1845), in: Moses Hess, Philosophische und sozialistische Schriften (1837–1850), hg. v. Auguste Cornu u. Wolfgang Mönke, Berlin 1961, S. 329–348.

Hobbes, Thomas, Leviathan. Oder Stoff, Form und Gewalt eines kirchlichen und bürgerlichen Staates, hg. u. eingeleitet von Iring Fetscher, Frankfurt/M. 1999.

Hochschild, Arlie, The Second Shift, New York 1990.

Holmes, Oliver Wendell, Spiegel mit einem Gedächtnis. Essays zur Photographie (1859–69), übers. v. Michael Bischoff, Michael C. Frank u. Bernd Stiegler, München 2011.

Hopfgartner, Marlene, Zur Geschichte der Organtransplantation, in: Von Körpermärkten, hg. v. Andreas Exenberger u. Josef Nussbaumer, Innsbruck 2008, S. 59–77.

Hörisch, Jochen, Bedeutsamkeit. Über den Zusammenhang von Zeit, Sinn und Medien, München 2009.

Horkheimer, Max/Adorno, Theodor W., Die Dialektik der Aufklärung, Frankfurt/M. 1969.

Hutter, Michael, Die frühe Form der Münze, in: Probleme der Form, hg. v. Dirk Baecker, Frankfurt/M. 1993, S. 159–180.

Ders., Signum non olet: Grundzüge einer Zeichentheorie des Geldes, in: Rätsel Geld. Annäherungen aus ökonomischer, soziologischer und historischer Sicht, hg. v. Waltraud Schelkle u. Manfred Nitsch, Marburg 1998, S. 325–352.

Hyde, Lewis, The Gift. Imagination and the Erotic Life of Property, New York 1979; Nicht ganz identisch die dt. Ausgabe: Die Gabe. Wie Kreativität die Welt bereichert, übers. v. Hans Günther Holl, Frankfurt/M. 2008.

Ifrah, Georges, Universalgeschichte der Zahlen, übers. v. Alexander v. Plasen, Frankfurt/M. 1993.

Illouz, Eva, Die Errettung der modernen Seele. Therapien, Gefühle und die Kultur der Selbsthilfe, übers. v. Michael Adrian, Frankfurt/M. 2009.

Dies., Gefühle in Zeiten des Kapitalismus, übers. v. Martin Hartmann, Frankfurt/M. 2007.

Innes, A. Mitchell, What is Money (1913), in: Credit and the State Theories of Money. The Contributions of A. Mitchell Innes, hg. v. L. Randall Wray, Cheltenham u. Northampton 2004, S. 14–49.

Innis, Harold, Empire & Communications, Victoria u. Toronto 1986.

Isokrates, Rede über den Frieden, in: Isokrates. Sämtliche Werke, übers. v. Christine Ley-Hutton, eingeleitet u. erläutert v. Kai Brodersen, Stuttgart 1993–1997.

Jones, Ernest, Die Empfängnis der Jungfrau Maria durch das Ohr. Ein Beitrag zu der Beziehung zwischen Kunst und Religion, in: Jahrbuch der Psychoanalyse VI, 1914, S. 135–204.

Jünemann, Bernhard/Schellenberger, Dirk (Hg.), Psychologie für Börsenprofis. Die Macht der Gefühle bei der Geldanlage, Stuttgart 2000.

Jung, Carl Gustav, Gesammelte Werke in 20 Bde., Zürich u. Olten 1958–1994.

Kallir, Alfred, Sign and Design: The Psychogenetic Sources of the Alphabet (1961), dt.: Sign and Design. Die psychogenetischen Quellen des Alphabets. Berlin 2002.

Kant, Immanuel, Kritik der reinen Vernunft (1781), Leipzig 1922.

Kantorowicz, Ernst H., Die zwei Körper des Königs. Eine Studie zur politischen Theologie des Mittelalters (1957), übers. v. Walter Theimer u. Brigitte Hellmann, München 1990.

Kelly, Fred C., Why You Win or Lose. The Psychology of Speculation (1930), New York 1962.

Kerényi, Karl, Dionysos. Urbild des unzerstörbaren Lebens, Stuttgart 1994.

Ders., Pythagoras und Orpheus, in: Humanistische Seelenforschung, München u. Wien 1966, S. 15–51.

Kerviel, Jérôme, Nur ein Rad im Getriebe. Memoiren eines Traders, übers. v. Isabel Lamberty-Klaas, München 2010.

Keuls, Eva C., Attic Vase-Painting and the Home Textile Industry, in: Ancient Greek Art and Iconography, hg. v. W. G. Moon, Wisconsin 1983, S. 209–230.

Dies., The Reign of the Phallus, New York 1985.

Keynes, John Maynard, Allgemeine Theorie der Beschäftigung, des Zinses und des Geldes, übers. v. Fritz Wagner (1936), Berlin 1983.

Ders., Vom Gelde (A Treatise on Money, 1930), übers. v. Carl u. Louise Krämer, München u. Leipzig 1932.

Kinsey, Alfred Charles, Sexual Behavior in the Human Female (1953), dt.: Das sexuelle Verhalten der Frau, Frankfurt/M. 1954.

Ders., Sexual Behavior in the Human Male (1948), dt.: Das sexuelle Verhalten des Mannes, Frankfurt/M. 1955.

Kirst, Michaela, 50 Jahre Antibaby-Pille. Film D/USA 2010.

Klossowski, Pierre, Die lebende Münze, übers. v. Martin Burckhardt, Berlin 1998.

Kluge, Bernd, Von Theudebert zu Richard Löwenherz. Geschichte und Geschichten um Geld im Mittelalter, in: Vorträge zur Geldgeschichte 2004, hg. v. Geldmuseum der Deutschen Bundesbank, Frankfurt/M. 2006, S. 19–47.

Knecht, Michi/Heinitz, Anna/Burghard, Scout/Mohr, Sebastian (Hg.), Samenbanken – Samenspender: Ethnographische und historische Perspektiven auf Männlichkeit in der Reproduktionsmedizin. Reihe: Berliner Blätter, Heft 51, Münster 2010.

Kopytoff, Igor, The Cultural Biography of Things: Commoditization as Process, in: The Social Life of Things. Commodities in Cultural Perspective, hg. v. Arjun Appudarai, Cambridge 1986, S. 64–91.

Kristeva, Julia, Fremde sind wir uns selbst, übers. v. Xenia Rajewski, Frankfurt/M. 1990.

Kroll, John H., Silver in Solon's Laws, in: Studies in Greek Numismatics in Memory of Martin Jessop Price, hg. v. Richard Ashton u. Silvia Hurter, London 1998, S. 225–232.

Krugman, Paul, How Did Economists Get it so Wrong? The Great Recession was the Result not only of Lax Regulation in Washington and Reckless Risk-Taking on Wall Street but also of Faulty Theorizing in Academia, New York Times Magazine, September 6, 2009, S. 36–43.

Kulischer, Josef, Allgemeine Wirtschaftsgeschichte des Mittelalters und der Neuzeit, Darmstadt 1958.

Kurke, Leslie, Coins, Bodies, Games, and Gold. The Politics of Meaning in Archaic Greece, Princeton 1999.

Kurnitzky, Horst, Der Heilige Markt, Frankfurt/M. 1994.

Ders., Triebstruktur des Geldes. Ein Beitrag zur Theorie der Weiblichkeit, Berlin 1974.

Lacan, Jacques, Funktion und Feld des Sprechens und der Sprache in der Psychoanalyse, übers. v. Klaus Laermann, in: Lacan, Schriften, Bd. I, Frankfurt/M. 1975.

Laclau, Ernesto, Why do Empty Signifiers Matter to Politics? In: The Lesser Evil and the Greater Good: The Theory and Politics auf Social Diversity, hg. v. Jeffrey Weeks, London 1994, S. 167–178.

Landes, David S., Revolution in Time. Clocks and the Making of the Modern World, Cambridge Mass. 1983.

Laum, Bernhard, Heiliges Geld. Eine historische Untersuchung über den sakralen Ursprung des Geldes (1924), Berlin 2006.

Lautz, Thomas, Steinreich in der Südsee. Traditionelle Zahlungsmittel und ihre Herkunft, in: hg. v. Geldmuseum der Deutschen Bundesbank, Vorträge zur Geldgeschichte 2004, Frankfurt/M. 2006, S. 49–70.

Le Bon, Gustave, Psychologie der Massen (1895), dt. m. einer Einführung v. Helmut Dingeldey, Stuttgart 1973.

Le Goff, Jacques, Die Geburt des Fegefeuers, übers. v. Ariane Forkel, Stuttgart 1984.

Ders., Kaufleute und Bankiers im Mittelalter, übers. v. Friedel Weinert, Frankfurt/M. 1989.

Ders., La Bourse et la Vie, Paris 1986, engl.: Your Money or your Life. Economy and Religion in the Middle Ages, übers. v. Patricia Ranum, New York 1990.

Legendre, Pierre, ›Die Juden interpretieren verrückt‹. Gutachten zu einem klassischen Text, übers. v. Anton Schütz, in: Psyche 43, Jan. 1989. S. 20–39.

Leitner, Andrea/Thöni, Magdalena/Winner, Hannes, Menschliche Körper und der Wert des menschlichen Lebens. Eine monetäre Bewertung mittels der Schmerzensgeldentscheidungen, in: Von Körpermärkten, hg. v. Andreas Exenberger u. Josef Nussbaumer, Innsbruck 2008, S. 79–97.

Lémonon, Jean-Pierre, Der Denar des Kaisers, in: Gott und das Geld, in: Welt und Umwelt der Bibel, Nr. 47, 13. Jg. 1. Quartal, Stuttgart 2008, S. 52–55.

Lenôtre, Guy, Die Guillotine und die Scharfrichter zur Zeit der Französischen Revolution (1893), übers. v. Simon Michelet, Berlin 1996.

Lessing, Theodor, Der jüdische Selbsthaß (1930), Nachdruck München 1984.

Leutzsch, Martin, Der Umgang mit der Schuldsklaverei in der Bibel, in: Gott und das Geld, in: Welt und Umwelt der Bibel, Nr. 47, 13. Jg. 1. Quartal, Stuttgart 2008, S. 44–47.

Lévi-Strauss, Claude, Die elementaren Strukturen der Verwandtschaft (1949/1967), übers. v. Eva Moldenhauer, Frankfurt/M. 1993.

Levy Lipis, Mimi, Hybrid Houses in Judaism. How Objects and Metaphors Construct Hybrid Places of Belonging, Farnham 2011.

Lewis, Bernard, The Emergence of Modern Turkey, Oxford 1968.

Leyendecker, Hans, Die große Gier. Korruption, Kartelle, Lustreisen: Warum unsere Wirtschaft eine neue Moral braucht, Berlin 2007.

Loraux, Nicole, Die Trauer der Mütter. Weibliche Leidenschaft und die Exzesse der Politik, übers. v. Eva Moldenhauer, Frankfurt/M. u. New York 1990.

Dies., Herakles. Der Über-Mann und das Weibliche, in: Faszination des Mythos, hg. v. Renate Schlesier, Frankfurt/M. 1985.

Lübben, Ivesa, Nationalstaat und islamische umma bei Hasan al-Bannā. Gründungsmythos und Annäherung an gesellschaftliche Realität, in: Geschichte und Erinnerung im Islam, hg. v. Angelika Hartmann, Göttingen 2004, S. 117–144.

Luhmann, Niklas, Die Wirtschaft der Gesellschaft, Frankfurt/M. 1988.

Luther, Martin, Von den Jüden und ihren Lügen (1543), in: Schriften, Predigten, Vorlesungen, Disputationen, Weimar 1919, Bd. 53, S. 522 f.

Ders., Von Kaufhandlung und Wucher, 1524, in: Martin Luther, Schriften, Berlin u. Weimar 1970.

Lyotard, Jean-François, Postmoderne Realitäten, übers. v. Gabriele Ricke u. Ronald Vouillié, hg. v. Peter Engelmann (1993), Wien 1998.

Mackay, Charles, Extraordinary Popular Delusions and the Madness of the Crowds (1841), Nachdruck der Ausgabe von 1852, New York 1960; gek. Übers. v. Stephan Gebauer, in: Gier und Wahnsinn, Warum der Crash immer wieder kommt, hg. v. Max Otte, München 2010, S. 15–110.

Malkin, Lawrence, Hitlers Geldfälscher. Wie die Nazis planten, das internationale Währungssystem auszuhebeln, übers. v. Helmut Ettinger, Bergisch-Gladbach 2008.

Marx, Karl, Auszüge aus James Mills Buch »Éléments d'économie politique« (1844), in: Karl Marx u. Friedrich Engels, Ökonomisch-philosophische Manuskripte, Werke (MEW), Erg. Bd. 1, Berlin 1968.

Ders., Das Geld, (1844), MEW, Erg. Bd. 1, Berlin 1968.

Ders., Das Kapital, MEW, Bd. 23, Berlin 1962.

Ders., Grundrisse der Kritik der politischen Ökonomie (Rohentwurf) 1857–58, 2 Bde. Moskau 1939/1941, Reprint Berlin, DDR, 1953.

Ders., Kritik der Hegelschen Dialektik und Philosophie überhaupt, MEW, Erg. Bd. 1, Berlin 1968.

Ders., Lohnarbeit und Kapital (1849), MEW, Bd. 6, S. 397–423, Berlin 1968.

Ders., Ökonomisch-philosophische Manuskripte (1844), MEW, Erg. Bd. 1, Berlin 1968.

Ders., Zur Judenfrage (1844), MEW, Bd. 1, Berlin 1957.

Ders., Zur Kritik der politischen Ökonomie (1859), MEW, Bd. 13, Berlin 1957.

Ders./Engels, Friedrich, Manifest der Kommunistischen Partei. Grundsätze des Kommunismus, MEW, Bd. 4, Berlin 1959.

Masters, William/Johnson, Virginia, Spaß an der Ehe. Erfahrungen und Ratschläge der erfolgreichsten Ehepaartherapeuten der Welt, München 1981.

Mauss, Marcel, Die Gabe. Form und Funktion des Austausches in archaischen Gesellschaften (1950), übers. v. Eva Moldenhauer, Frankfurt/M. 1990.

McCraw, Thomas K., Joseph A. Schumpeter. Eine Biographie, übers. v. Doris Gerstner und Michael Hein, Hamburg 2008.

McLuhan, Marshall, Die Magischen Kanäle (1964), übers. v. Meinrad Amann, Düsseldorf, Wien, New York u. Moskau 1992.

Menninger, Karl, Zahlwort und Ziffer, eine Kulturgeschichte der Zahl (1934), Göttingen 1979.

Mey, Dorothea, »Geld beruhigt echt …«. Über die Ruhe und Unruhe, die der ›Lohn für Liebe‹ mit sich bringt – gezeigt am Beispiel der Kurtisane Cora Pearl aus dem Paris des Zweiten Kaiserreichs, in: Beiträge zur feministischen Theorie und Praxis, 8. Jg., Heft 15/16, 1985, S. 19–34.

Dies., Die Liebe und das Geld. Zum Mythos und zur Lebenswirklichkeit von Hausfrauen und Kurtisanen in der Mitte des 19. Jahrhunderts in Frankreich. Weinheim u. Basel 1987.

Montaigne, Michel de, Schutzschrift für Raimond von Sebonde, in: Essais [Versuche] nebst des Verfassers Leben, nach der Ausgabe von Pierre Coste, übers. v. Johann Daniel Tietz, Zürich 1992.

Muensterberger, Werner, Sammeln. Eine unbändige Leidenschaft (1994), übers. v. H. Jochen Bußmann, Frankfurt/M. 1999.

Müller, Rudolf Wolfgang, Geld und Geist. Zur Entstehungsgeschichte von Identitätsbewußtsein und Rationalität seit der Antike, Frankfurt/M. u. New York 1977.

Mumford, Lewis, Technics and Civilization (1934), New York 1963.

Nelkin, Dorothy/Lindee, M. Susan, The DNA Mystique. The Gene as a Cultural Icon, New York 1995.

Nelson, Benjamin N., The Idea of Usury. From Tribal Brotherhood to Universal Otherhood, Princeton 1949.

Nibbrig, Bernhard, Geldpolitik, in: Hans-Jürgen Albers (Hg.), Handbuch der ökonomischen Bildung, München 2005, S. 403–449, 405 f.

Nietzsche, Friedrich, Zur Genealogie der Moral, Zweite Abhandlung, 20, in: Kritische Studienausgabe, München 1988.

Nussbaumer, Josef, Verwandlungen. Eine kleine statistische Auswahl, wie Menschen und Körperteile zu Geld werden, in: Von Körpermärkten, hg. v. Andreas Exenberger, Josef Nussbaumer, Innsbruck 2008, S. 133–149.

Ong, Walter, Oralität und Literalität. Die Technologisierung des Wortes, übers. v. Walter Schömel, Opladen 1987.

Oresme, Nicolas von, De Mutatione Monetarum. Traktat über Geldabwertung, übers. v. Wolfram Burckhardt, hg. v. Martin Burckhardt, Berlin 1999.

Orléan, André, La monnaie autoréferentielle: réflexions sur les évolutions monétaires contemporaines, in: La monnaie souveraine, hg. v. Michel Aglietta u. André Orléan, Paris 1998, S. 359–386.

Overbeck, Bernhard, Das Münchner Medaillon Constantins. Ein Beitrag zur Entwicklung des Christentums in spätrömischer Zeit, in: Vorträge zur Geldgeschichte 2004, hg. v. Geldmuseum der Deutschen Bundesbank, Frankfurt/M. 2006. S. 71–93.

Panizza, Oskar, Agnes Blannbekin, eine österreichische Schwärmerin aus dem 13. Jahrhundert nach den Quellen, in: Züricher Diskußjonen 1897, Bd. 10, S. 1–15, nachgedruckt in: Ich habe einen Körper, hg. v. Claudia Gehrke, München 1981, S. 49–74.

Panofsky, Erwin, Die Perspektive als symbolische Form (1924–25), in: Deutschsprachige Aufsätze II., hg. v. Karen Michels u. Martin Warnke, Berlin 1998.

Parker, Geoffrey, Der Dreißigjährige Krieg, Frankfurt/M. 1991.

Parry, John, On the Moral Perils of Exchange, in: Money and the Morality of Exchange, hg. v. John Parry u. Maurice Bloch, Cambridge 1989.

Pentzlin, Heinz, Das Geld, Berlin, Frankfurt/M. u. Wien 1982.

Pilgrim, Volker Elis, Adieu Marx, Gewalt und Ausbeutung im Hause des Wortführers, Reinbek 1990.

Platon, Werke. Übers. u. Kommentar v. Klaus Schöpsdau. Göttingen 2003.

Pohle, Joseph, The Real Presence of Christ in the Eucharist, in: The New Catholic Encyclopedia. Vol. 5. New York 1909.

Polanyi, Karl, The Great Transformation. Politische und ökonomische Ursprünge von Gesellschaften und Wirtschaftssystemen (1944), übers. v. Heinrich Jelinek Frankfurt/M. 1990.

Poulin, Richard, La Mondialisation des industries du sexe. Prostitution, pornographie, traite des femmes et des enfants, Paris 2005.

Proudhon, Pierre-Joseph, Manuel du Speculateur à la Bourse (1857), dt.: Handbuch des Börsenspekulanten, hg. v. Gerhard Senft, Wien u. Berlin 2009.

Rabutaux, Auguste Philippe Edouard, De la prostitution en Europe depuis l'antiquité jusqu'à la fin du XVIe siècle, Paris 1851.

Rainer, Thomas, Judas, der König und die Münze. Zur Wunderkraft des Geldes im Spätmittelalter, in: Von Goldenen Gebeinen. Wirtschaft und Reliquie im Mittelalter, hg. v. Markus Mayr, Innsbruck, Wien u. München 2011, S. 28–65.

Rajan, Kaushik Sunder, Biokapitalismus. Werte im postgenomischen Zeitalter, Frankfurt/M. 2009.

Reden, Sitta von, Exchange in Ancient Greece (1995), London 2003.

Dies., Geld – das revolutionäre Medium, in: Gott und das Geld, Welt und Umwelt der Bibel, Nr. 47, Stuttgart 2008, S. 16–21.

Reichert, Rámon, Das Wissen der Börse. Medien und Praktiken des Finanzmarktes, Bielefeld 2009.

Reinhart, Carmen M./Rogoff, Kenneth S., This Time is different. Eight Centuries of Financial Folly, Princeton u. Oxford 2009.

Renger, Johannes, Subsistenzproduktion und redistributive Palastwirtschaft: Wo bleibt die Nische für das Geld? Grenzen und Möglichkeiten für die Verwendung von Geld im alten Mesopotamien, in: Rätsel Geld. Annäherungen aus ökonomischer, soziologischer und historischer Sicht, hg. v. Waltraud Schelkle u. Manfred Nitsch, Marburg 1998, S. 271–324.

Rheinberger, Hans Jörg, Alles, was überhaupt zu einer Inskription führen kann, In: Wissensbilder. Strategien der Überlieferung, hg. v. Ulrich Raulff u. Gary Smith, Berlin 1999.

Ricardo, David, The Works and Correspondance of David Ricardo, Bd. IV, Pamphlets, 1815–1823, hg. v. Piero Staffa, Cambridge 1951.

Riese, Hajo, Geld: Das letzte Rätsel der Nationalökonomie, in: Rätsel Geld. Annäherungen aus ökonomischer, soziologischer und historischer Sicht, hg. v. Waltraud Schelkle u. Manfred Nitsch, Marburg 1998, S. 45–62.

Riesebrodt, Martin, Fundamentalismus als patriarchalische Protestbewegung: Amerikanische Protestanten und iranische Schiiten im Vergleich, Tübingen 1990.

Ringgren, Helmer, Israelitische Religion, in: Die Religion der Menschheit, Bd. 26, hg. v. Christel Matthias Schröder, Stuttgart 1963.

Robbins-Roth, Cynthia, Zukunftsbranche Biotechnologie. Von der Alchemie zum Börsengang, Wiesbaden 2001.

Rodinson, Maxime, Islam und Kapitalismus, übers. v. Renate Schubert, m. einer Einleitung von Bassam Tibi, Frankfurt/M. 1986.

Roover, Raymond, La pensée économique des scholastiques, Montréal u. Paris 1971.

Rosenau, James N./Czempiel, Ernst-Otto, Governance without Government, Cambridge 1992.

Rotman, Brian, Die Null und das Nichts. Eine Semiotik des Nullpunkts, übers. v. Petra Sonnenfeld, Berlin 2000.

Roussiaud, Jacques, Dame Venus, Prostitution im Mittelalter (1984), übers. v. Ernst Voltmer, München 1989.

Sabean, David Warren, Kinship in Neckarshausen, 1770–1870, Cambridge Mass. 1998.

Ders., Property, Production, and Family in Neckarshausen, 1770–1870, Cambridge Mass. 1990.

Sandig, Frauke/Black, Eric, Frozen Angels, Film, D/USA 2005.

Schelkle, Waltraud/Nitsch, Manfred (Hg.), Rätsel Geld. Annäherungen aus ökonomischer, soziologischer und historischer Sicht, Marburg 1998.

Schelsky, Helmut, Die skeptische Generation. Eine Soziologie der Jugend, Düsseldorf 1957.

Schiffmann, Lawrence H., The Making of the Mishnah and the Talmud, in: Printing of the Talmud. From Bomberg to Schottenheim, Katalog zur gleichnamigen Ausstellung des Yeshiva University Museums at the Center for Jewish History, New York 2005.

Schmandt-Besserat, Denise, An Ancient Token System: The Precursor to Numerals and Writing, in: Archaeology 39, 1986, S. 32–39.

Dies., How Writing Came About, Austin 1996.

Dies., The Emergence of Recording, in: American Anthropologist, 1982, Vol. 84, No. 4, S. 871–878.

Dies., Vom Ursprung der Schrift, in: Spektrum der Wissenschaft, 1982, S. 37 ff.

Schmidt, Georg, Der Dreißigjährige Krieg, München 1999.

Schmidt, Helmut, Religion in der Verantwortung. Gefährdungen des Friedens im Zeitalter der Globalisierung, Berlin 2011.

Schmölders, Günter, Psychologie des Geldes (1966), München 1982.

Ders. Von der ›Quantitätstheorie‹ zur ›Liquiditätstheorie‹ des Geldes, in: Akademie der Wissenschaften und der Literatur, Abhandlungen der geistes- und sozialwissenschaftlichen Klasse, Wiesbaden Jg. 1960, Nr. 12.

Schön, Erich, Der Verlust der Sinnlichkeit/oder Die Verwandlungen des Lesers, Stuttgart 1987.

Schreiber, Edmund, Die volkswirtschaftlichen Anschauungen der Scholastik seit Thomas von Aquin, Jena 1913.

Schultz, Irmgard, Der erregende Mythos vom Geld. Die neue Verbindung von Zeit, Geld und Geschlecht im Ökologiezeitalter, Frankfurt/M. u. New York 1994.

Schumpeter, Joseph A., Business Cycles: A Theoretical, Historical, and Statistical Analysis of the Capitalist Process (1939), dt.: Konjunkturzyklen. Eine theoretische, historische und statistische Analyse des kapitalistischen Prozesses, Göttingen 1961.

Schumpeter, Joseph A., Das Wesen des Geldes, aus dem Nachlass herausgegeben u. mit einer Einführung versehen v. Fritz Karl Mann, Göttingen 1970.

Ders., Economic Theory and Entrepreneurial History, in: Essays, Cambridge 1951.

Ders., Kapitalismus, Sozialismus und Demokratie (1942), übers. v. Susanne Preiswerk, Tübingen 1952/1987.

Ders., L'avenir de l'entreprise privée devant les tendances socialistes modernes, in: Associations professionelles des industriels. Premier congrès patronal: Comment sauvegarder l'entreprise privée, Montréal 1946, S. 103–108.

Ders., Theorie der wirtschaftlichen Entwicklung. Eine Untersuchung über Unternehmensgewinn, Kapital, Kredit, Zins und den Konjunkturzyklus, Leipzig 1912, neu bearbeitete Auflage 1924.

Ders., History of Economic Analysis, hg. v. Elizabeth Boody Schumpeter (1954), dt.: Geschichte der ökonomischen Analyse, Göttingen 1965.

Sezgin, Fuat (Hg.), Wissenschaft und Technik im Islam, 5 Bde., Institut f. d. Geschichte d. Arabisch-Islamischen Wissenschaften, Universität Frankfurt, Frankfurt/M. 2003.

Shalev, Carmel, Be Fruitful and Multiply – Spilling Seed in Vain. Religion and Biopolitics of Reproductive Technology in Israel, in: Fundamentalism and Gender, hg. v. Claudia Bruns, Jana Husmann et al, 2012.

Dies., Birth Power. The Case for Surrogacy, New Haven u. London 1989.

Dies./Gooldin, Sigal, The Uses and Misuses of in-vitro-Fertilization in Israel: Some Sociological and Ethical Considerations, in: NASHIM 12, 2006, S. 151–176.

Shell, Marc, The Economy of Literature, Baltimore u. London 1978.

Silver, Lee, Das geklonte Paradies. Künstliche Zeugung und Lebensdesign im neuen Jahrtausend (1997), übers. v. Henning Thies u. Susanne Kuhlmann-Krieg, München 1998.

Simmel, Georg, Philosophie des Geldes, in: Gesammelte Werke, Bd. 1, Berlin 1977.

Smith Maguire, Jennifer, Leisure and the Obligation of Self-Work: An Examination of the Fitness Field, in: Leisure Studies, January 2008, Vol. 27, No. 1, S. 59–75.

Smith, Adam, Der Wohlstand der Nationen. Eine Untersuchung seiner Natur und seiner Ursachen (1776), übers. u. mit einer umfassenden Würdigung des Gesamtwerkes hg. v. Horst Claus Recktenwalde, München 1990.

Ders., The Theory of Moral Sentiments (1759), dt.: Theorie der ethischen Gefühle, übers. u. hg. v. Walter Eckstein, Marburg 1985.

Smith, Adam (George Goodman), The Money Game (1967), New York 1976.

Sombart, Werner, Der moderne Kapitalismus, Bd. 2: Das europäische Wirtschaftsleben im Zeitalter des Frühkapitalismus, vornehmlich im 16., 17. und 18. Jahrhundert, München u. Leipzig 1902, Bd. 3, Das Wirtschaftsleben im Zeitalter des Hochkapitalismus, Berlin 1955 (unveränderter Neudruck).

Ders., Die Juden und das Wirtschaftsleben (1911), Leipzig 1920.

Ders., Werner, Luxus und Kapitalismus, 1912, neu aufgelegt unter dem Titel ›Liebe, Luxus, Kapitalismus‹, München 1967.

Sommer, Manfred, Sammeln. Ein philosophischer Versuch, Frankfurt/M. 1999.

Sörensson, Perin, Der Dreißigjährige Krieg. Perspektiven und Strukturen, in: Wege der Forschung, Bd. 451, hg. v. Hans Ulrich Rudolf, Darmstadt 1977.

Spar, Debora L., The Baby Business. How Money, Science, and Politics Drive the Commerce of Conception, Boston 2006.

Spengler, Oswald, Der Untergang des Abendlandes. Umrisse eine Morphologie der Weltgeschichte (1922), München 1997.

Stadermann, Hans Joachim, Tabu, Gewalt und Geld als Steuerungsmittel der Güterproduktion, in: Rätsel Geld. Annäherungen aus ökonomischer, soziologischer und historischer Sicht, hg. v. Waltraud Schelkle u. Manfred Nitsch, Marburg 1998, S. 145–171.

Stäheli, Urs, Spektakuläre Spekulation. Das Populäre der Ökonomie, Frankfurt/M. 2007.

Steinberg, Leo, The Sexuality of Christ in Renaissance Art and in Modern Oblivion (1983), 2. Erweiterte Auflage, Chicago u. London 1996.

Stock, Brian, The Implications of Literacy: Written Language and Models of Interpretation in the Eleventh and Twelfth Centuries, Princeton 1983.

Stoess, Christian, Der Reichsbankschatz, in: Vorträge zur Geldgeschichte 2005, hg. v. Geldmuseum der Deutschen Bundesbank, Frankfurt/M. 2007, S. 55–75.

Stoll, Oliver, Gemeinschaft in der Fremde: Xenophons ›Anabasis‹ als Quelle zum Söldnertum im Klassischen Griechenland, in: Göttinger Forum für Altertumswissenschaft 5 (2002), S. 123–183.

Strathern, Marilyn, Subject or Object: Women and the Circulation of Valuables in Highlands New Guinea, in: Women and Property. Women as Property, hg. v. R. Hirschen, London u. Canberra 1984, S. 158–175.

Stumm, Gerhard/Pritz, Alfred, Wörterbuch der Psychotherapie, New York u. Wien 2000.

Swedberg, Richard, Joseph A. Schumpeter. Eine Biographie (1991), übers. v. Johannes G. Pankau, Stuttgart 1994.

Ders., Principles of Economic Sociology, Princeton 2003.

Tarde, Gabriel, L'opinion et la foule, Paris 1898.

Taylor, Charles, Ein säkulares Zeitalter (2007), übers. v. Joachim Schulte, Frankfurt/M. 2009.

Taylor, Gary, Castration. An Abbreviated History of Western Manhood, New York 2002.

Torrey, Charles C., The Commercial-theological Terms in the Koran, Leyden 1892.

Ubl, Karl, Inzestverbot und Gesetzgebung. Die Konstruktion eines Verbrechens (300–1100), Berlin 2008.

Villeneuve, Estelle, Eine kleine Geschichte des Geldes im Antiken Judäa, in: Gott und das Geld, in: Welt und Umwelt der Bibel, Nr. 47, 13. Jg. 1. Quartal, Stuttgart 2008, S. 22–26.

Vissering, Willem, On Chinese Currency. Coin and Paper Money, Leiden 1877.

Voegelin, Eric, Die politischen Religionen (1938), München 1992.

Vogl, Joseph, Das Gespenst des Kapitals, Zürich 2010.

Wagner, Beate, Zwischen Mythos und Realität. Die Frau in der frühgriechischen Gesellschaft, Frankfurt/M. 1982.

Wagner, Claus von/Müller, Niclas, Der Söldner im Dreißigjährigen Krieg, in: München im Dreißigjährigen Krieg. Ein universitäres Lehrprojekt, hg. v. Gudrun Gersmann u. Torsten Reimer, 1. Version vom 06. 12. 2000, URL: http://www.krieg.historicum.net/themen/m30jk/soeldner.html

Wagner, Monika, Das Material der Kunst. Eine andere Geschichte der Moderne. München 2001.

Wagner-Hasel, Beate, Das Private wird politisch. Die Perspektive ›Geschlecht‹ in den Altertumswissenschaften, in: Weiblichkeit in geschichtlicher Perspektive, hg. v. Ursula Becker u. Jörn Rüsen, Frankfurt/M. 1988, S. 11–50.

Dies., Der Stoff der Gaben, Kultur und Politik des Schenkens und Tauschens im archaischen Griechenland, Frankfurt/M., New York u. Paris 2000.

Walker Bynum, Caroline, Christian Materiality. An Essay on Religion in Late Medieval Europe, New York 2011.

Weber, Max, Die protestantische Ethik und der Geist des Kapitalismus (Nachdruck der Fassung der von Max Weber redigierten Aufsätze von 1920), hg. v. Dirk Kaesler, München 2004.

Ders., Die Wirtschaftsethik der Weltreligionen. Konfuzianismus und Taoismus, in: Schriften 1915–1920, Max Webers Gesamtausgabe I., Bd. 19, Tübingen 1989.

Ders., Gesammelte Aufsätze zur Religionssoziologie, Tübingen 1988.

Ders., Schriften zur Börse (1894), in: Börsenwesen, Schriften und Reden (1893–1898), in: Gesamtausgabe, Abt. 1, Bd. 5.1, Tübingen 1999, S. 135–174.

Weiler, Ingomar, Über Sklavenhandel und Sklavenpreise in der Antike, in: Von Körpermärkten, hg. v. Andreas Exenberger u. Josef Nussbaumer, Innsbruck 2008, S. 15–39.

Weininger, Otto, Geschlecht und Charakter (1902), Wien u. Leipzig 1917.

Weisser, Bernhard, Das erste Massenmedium, in: Gott und das Geld. Welt und Umwelt der Bibel, Nr. 47, Stuttgart 2008. S. 34–37.

Werner-Felmayer, Gabriele, Menschliche Eizellen – ein kostbares Gut, in: Von Körpermärkten, hg. v. Andreas Exenberger u. Josef Nussbaumer, Innsbruck 2008, S. 99–118.

Woronowicz, Ulrich, Zins und Zinsverbot in der theologischen Diskussion. Unter besonderer Berücksichtigung der DDR-›Kirche im Sozialismus‹, in: Rätsel Geld. Annäherungen aus ökonomischer, soziologischer und historischer Sicht, hg. v. Waltraud Schelkle u. Manfred Nitsch, Marburg 1998, S. 173–207.

Wray, L. Randall/Bell, Stephanie, Introduction: in: Credit and State Theories of Money. The Contributions of A. Mitchell Innes, hg. v. L. Randall Wray, Cheltenham u. Northampton 2004, S. 1–13.

Yerushalmi, Yosef Hayim, Freuds Moses. Endliches und unendliches Judentum, übers. v. Wolfgang Heuß, Berlin 1992.

Zander, Hans Conrad, Der erste Single. Jesus, der Familienfeind, Gütersloh 2010.

Zaunschirm, Thomas, Vertrauen ins Nichts, in: Geld und Wert. Das letzte Tabu, hg. v. Harald Szeemann, Zürich 2002.

Zelizer, Viviana A., The Social Meaning of Money. Pin Money, Paychecks, Poor Relief & Other Currencies, New York 1994.

Zola, Émile, Das Geld, übers. v. Wolfgang Günther, Berlin 1983.

BILDNACHWEIS

Wagenführ, Horst, Der goldene Kompass. Vom Werden und Wandel des Geldes, Stuttgart 1959 S. 29, 31, 240

Picture alliance, Frankfurt/Main S. 30, 65, 341

Kuhn, Günter, Rabus, Bernhard, Geld ist was gilt. Primargeld: Vormünzliche Zahlungsmittel aus aller Welt, München 2009 S. 35

Kurnitzky, Horst, Museum des Geldes. Über die seltsame Natur des Geldes in Kunst, Wissenschaft und Leben, Düsseldorf 1978 S. 45

Rentenbank, Frankfurt/Main S. 47

DWS Investments, Frankfurt/Main S. 49

Magnum Photos/Agentur Focus S. 68 (Foto: David Alan Harvey), 316 (Foto: René Burri)

Kurnitzky, Horst, Triebstruktur des Geldes. Ein Beitrag zur Theorie der Weiblichkeit, Berlin 1974 S. 88, 230

Brandburne, Weber (Hg.), Blut. Kunst Macht Politik Pathologie, Frankfurt/Main u. a. 2001 S. 116

Shell, Marc, Art and Money, Chicago 1995 S. 123, 130, 132, 134, 305

Archiv für Kunst und Geschichte, Berlin S. 128

Hentschel, Kurt, Frühes Papiergeld aus Nordamerika, in: Geldgeschichte 2005, hg. v. Geldmuseum der Deutschen Bundesbank, Frankfurt/Main 2007 S. 232

Athanassakis, Irini, Die Akie als Bild. Zur Kulturgeschichte von Wertpapieren, Wien/New York 2008 S. 236, 358, 408

Trotz intensiver Recherchen konnte nicht alle Rechteinhaber ausfindig gemacht werden. Berechtigte Ansprüche bitten wir an den Verlag zu richten.